A PROVA NO

DIREITO PROCESSUAL CIVIL

877

R349p   Reichelt, Luis Alberto

        A prova no direito processual civil / Luis Alberto Reichelt.
– Porto Alegre: Livraria do Advogado Editora, 2009.
        380 p.; 25 cm.

        ISBN 978-85-7348-608-7

        1. Prova: Processo civil. I. Título.

                  CDU – 347.94

        Índice para catálogo sistemático:
Prova: Processo civil   347.94

(Bibliotecária responsável: Marta Roberto, CRB-10/652)

Luis Alberto Reichelt

A PROVA NO
DIREITO PROCESSUAL CIVIL

livraria
DO ADVOGADO
editora

Porto Alegre, 2009

Capa, projeto gráfico e diagramação
Livraria do Advogado Editora

Revisão
Rosane Marques Borba

Direitos desta edição reservados por
Livraria do Advogado Editora Ltda.
Rua Riachuelo, 1338
90010-273 Porto Alegre RS
Fone/fax: 0800-51-7522
editora@livrariadoadvogado.com.br
www.doadvogado.com.br

Impresso no Brasil / Printed in Brazil

Dedico este livro aos meus pais, Werner e Nilda. Foi em casa que aprendi, dentre inúmeras outras coisas, que o caminho a ser trilhado para conseguir algo na vida é sempre o do trabalho honesto e consistente e que a humildade é um dom que sempre deve ser cultivado.

Agradecimentos

Primeiramente, a Deus, que sempre iluminou o caminho que trilhei nessa longa jornada. Se meu esforço hoje rende frutos, é porque Ele sempre esteve do meu lado.

À Universidade Federal do Rio Grande do Sul, em especial ao Programa de Pós-Graduação em Direito, pela oferta de ensino público e gratuito, pautado na qualidade do debate acadêmico e na formação de um ambiente democrático.

Ao Prof. Dr. Carlos Alberto Alvaro de Oliveira, que, mais do que aceitar a incumbência de ser meu orientador nessa etapa, teve papel decisivo na minha formação profissional e humana. Tenho muito orgulho de dizer que sou eterno aluno de um dos maiores expoentes do processo civil contemporâneo, acompanhando um verdadeiro protagonista de debates que colocam a ciência como ferramenta a serviço do progresso cultural.

Aos amigos e colegas da Procuradoria-Geral da Fazenda Nacional no Rio Grande do Sul (na unidade regional e na estadual) e do Centro Universitário Ritter dos Reis (em Porto Alegre e em Canoas), pelas incansáveis palavras de apoio e de amizade nesta longa caminhada.

Aos meus pais, Werner e Nilda, e ao meu irmão, Marcos, pelas inúmeras lições de vida que me deram e dão até hoje, as quais certamente permeiam este trabalho. Neles encontro esteio seguro dos valores nos quais acredito, servindo como estrelas para as quais eu olhava quando, ao longo dessa travessia, buscava saber onde ficava o norte.

À Dani, pelo amor incondicional, traduzidos em constante apoio e em muita paciência, fundamentais para que eu pudesse construir esta tese.

"... siamo messaggi dentro le bottiglie
che forse un Dio raccoglie
la storia da riscrivere
sui libri della realtà ..."

Laura Pausini, *Siamo Noi*

Prefácio

Julgar é essencialmente ato de pensamento, porque implica o *iudicium*. Valorar a prova é também julgar. Se assim é, não se trata apenas de demonstrar a correção de determinada assertiva fática, mas igualmente de persuadir o juiz nesse sentido.

Partindo dessa premissa fundamental, inserida na concepção da prova como argumento, a tese de Luis Alberto Reichelt está destinada a constituir um marco no estudo da matéria entre nós. E isso pela ampla abrangência da investigação e espectro das pesquisas realizadas, apoiadas em bibliografia da melhor qualidade, e, ainda, pela aplicação prática dos conceitos estabelecidos. Afinal, qualquer livro de direito processual não pode descurar desse aspecto fundamental, especialmente em tempos como os nossos, sempre ávidos de maior efetividade.

De início, a tese identifica três modelos fundamentais a respeito do conceito e da função da prova no processo e os fins a que se destina a demonstração probatória. Nessa seara, procura estabelecer, a modo de premissa, o paradigma atual da ciência jurídica. Determinado esse parâmetro, passa a examinar temas conexos de maior relevância prática e teórica. Entre esses, destacam-se o conceito de probabilidade e a racionalidade na formação do convencimento judicial, assim como a admissibilidade e a relevância da prova, sua valoração dinâmica e seu regime jurídico no sistema processual brasileiro.

A par disso, o livro examina o dever de colaboração na atividade de instrução processual, os poderes instrutórios do juiz, as regras de julgamento de caráter probatório, especialmente sobre os ônus da prova, a inversão deste e sua dinamização.

Como se vê, estamos diante de um verdadeiro tratado sobre a prova.

Esteada em ampla base doutrinária e jurisprudencial, submetida sempre a rigorosa análise crítica, como é adequado a qualquer trabalho científico, o livro está fadado a repercutir de forma significativa sobre a prática judicial, como útil ferramenta de apoio que pretende ser. Eis a academia servindo à vida da sociedade civil, uma de suas mais importantes finalidades. Por este lançamento estão de parabéns o autor e a pujante Livraria do Advogado Editora.

Prof. Dr. Carlos Alberto Alvaro de Oliveira
Titular de Processo Civil dos Cursos de Graduação e Pós-Graduação da
Faculdade de Direito da Universidade Federal do Rio Grande do Sul – UFRGS.

Sumário

Introdução

As exigências de instrumentalidade, de efetividade e de segurança jurídica que pautam o processo civil contemporâneo, mais do que meras idéias vagas em um discurso pautado ao sabor de interesses momentâneos, são pautas que regulam o modo de ser da dialética processual e os resultados que dela se deve esperar. E, sob essa perspectiva, uma das mais importantes questões a serem enfrentadas pelos estudiosos do processo civil contemporâneo é a temática da prova das alegações sobre fatos considerados juridicamente relevantes, a qual compreende a análise da regulação do caminho a ser percorrido na investigação dos autos e, ao mesmo tempo, dos frutos que dele se extrai.

O escopo primeiro deste trabalho é o da identificação de pautas que permeiam o controle da racionalidade do discurso jurídico em sede de prova no processo civil contemporâneo. O estudo ora empreendido parte de uma premissa, qual seja a de que o modelo hoje existente é fruto de um processo de evolução histórica, traduzindo os valores e orientações lógicas que permeiam a realidade cultural atual. A presente investigação compreende a análise crítica do conceito, do objeto e da finalidade da prova no processo civil e a compatibilidade de tais noções em face das principais temáticas correlatas à prova à luz do direito positivo brasileiro.

A compreensão de um modelo no qual a prova vem definida como um argumento empregado na tarefa de persuasão racional do juiz, tendo por objetivo a formação do convencimento jurisdicional, demanda a adoção de um esforço situado em duas dimensões fundamentais. A primeira delas exige a decomposição da estrutura argumentativa que lhe é subjacente, com o exame dos seus diversos componentes, delimitando-se os seus significados e funções. A idéia é romper as barreiras da superficialidade, de maneira a identificar critérios de controle de racionalidade da prova cível, os quais apresentarão dúplice utilidade. De um lado, esses critérios atuam na dimensão da atividade desenvolvida pelos sujeitos do processo nos autos com vistas à construção do panorama a ser empregado na composição de um retrato possível da realidade a ser considerado pelo órgão jurisdicional. Por outro lado, tais parâmetros oferecem, ainda, ganhos no que se refere à identificação dos fatores envolvidos na equação da formação do convencimento jurisdicional e da pauta de racionalidade a ser respeitada no que diz respeito ao entrelaçamento de argumentos diante dos olhos do julgador.

Essa análise, porém, seria estéril se não demonstrarmos que as conclusões obtidas representam uma contribuição para a compreensão da realidade hoje existente em sede de direito positivo. A simples referência a noções como *prova como argumento*, *persuasão racional do juiz* e *formação do convencimento jurisdicional* pouco ou nada contribuem se não forem acompanhadas de um esforço na busca de construção dos seus respectivos significados de maneira compatível com os ditames que compõem o ordenamento jurídico vigente. O estudo das normas que regulam as atividades de instrução e de valoração da prova permite demonstrar que a pauta de racionalidade subjacente à prova como argumento não se constitui apenas em uma construção teórica, mas sim em fenômeno cujas raízes podem ser encontradas nas orientações lógicas e axiológicas acolhidas em um determinado âmbito social, histórico e cultural.

A presente obra é dividida em três partes. Na primeira delas, dividida em dois capítulos, a proposta inicial é a de expor o referencial a partir do qual será traçada a discussão em torno do conceito, do objeto e da finalidade da prova no processo civil, sendo feita uma exposição do fenômeno da prova em uma perspectiva histórica, ao final da qual são identificados três modelos básicos. Paralelamente, são também apresentadas as linhas gerais do panorama doutrinário atual em torno do conceito, do objeto e da finalidade da prova.

A segunda parte do trabalho, dedicada à rediscussão em torno do conceito, do objeto e da finalidade da prova no processo civil, estrutura-se, da mesma maneira, em dois capítulos. Primeiramente, propor-se o exame de razões que impõem uma mudança de referencial no estudo do conceito, do objeto e da finalidade da prova no processo civil. O resultado obtido nessa mudança, que envolve a definição da prova como argumento, é o cerne do segundo capítulo.

Por fim, a terceira parte da tese dedica-se à exposição das relações entre prova, persuasão racional do juiz e formação do convencimento jurisdicional. O primeiro dos três capítulos que compõem esse estudo envolve a adoção de uma perspectiva analítica a respeito da estrutura argumentativa da prova cível. A compreensão de tal exposição, por sua vez, serve como subsídio para o estudo da racionalidade subjacente à formação do convencimento jurisdicional no que diz respeito à prova cível, tema do segundo capítulo. Examina-se a valoração da prova sob a égide da idéia de probabilidade, investigam-se, ainda, os componentes envolvidos na determinação de sua natureza dinâmica e analisam-se as implicações que lhe são pertinentes no que se refere ao regime jurídico de direito positivo aplicável aos meios de prova. Um ulterior capítulo é o que se dedica ao exame das implicações produzidas no que se refere ao estudo da atividade de instrução processual, abrangendo as temáticas da admissibilidade e da relevância da prova e, também, da repartição dos direitos, dos deveres e dos ônus entre os diversos sujeitos que participam da dinâmica processual em esforços relacionados ao fenômeno da prova.

Parte I

Fundamentos para uma discussão em torno do conceito, do objeto e da função da prova no processo civil contemporâneo

A primeira dificuldade a ser considerada no estudo da idéia de prova situa-se na apuração do significado inerente a esse vocábulo. A busca das raízes etimológicas do termo *prova*, primeiro recurso a ser adotado em uma investigação que tem por objeto um fenômeno cuja delimitação se faz problemática primeiramente no plano da linguagem, não é, por si só, um meio capaz de reduzir a complexidade do conteúdo que lhe é associado. Se, de um lado, tal investigação oferta indícios da relação entre prova e justiça – veja-se, nesse sentido, que *probus*, em latim, significa bom, reto, correto, honrado,[1] remetendo à noção de autenticidade[2] – ainda assim a investigação fica longe de apresentar uma solução satisfatória.

Outro indicativo do insucesso ao qual está fadada a investigação do conceito e da função da prova que tome por ferramenta a pura linguagem reside no seu caráter polissêmico. A multiplicidade de acepções pode ser vista na lição de Luigi Paolo Comoglio, Corrado Ferri e Michele Taruffo, para quem "il termine 'prova' ha, nel linguaggio giuridico corrente, un significato complesso". Segundo tais autores, a palavra *prova* vem

---

[1] A respeito das dificuldades da investigação da idéia de prova a partir de raízes etimológicas, é elucidativa a lição de LEVY-BRUHL, Henri. *La preuve judiciaire*. Paris: Librairie Marcel Rivière et Cie, 1963, p. 14-15: "son étymologie ne nous sera pas d'un très grand secours: les mots utilisés dans les langues odernes pour la désigner n'apprennent presque rien sur sa nature. C'est ainsi que preuve en français, et les mots de la même famille des langues voisines viennent de la même racine que le mot latin probatio. Or ce mot se rattache à probus qui signifie bon, honnête, ce qui implique l'evolution sémantique suivante: la preuve serait l'opération par laquelle un fait, une allégation, et., deviendrait valable, ou plus valable, prendrait plus de force. Il y a là une indication juste, une orientation précieuse sur la nature de la preuve, mais cela rest bien obscur (il ne pourait, du reste, em être autrement). Le mot allemand Beweis, apparenté aux termes fraçais avis, aviser, ne signifie pas autre chose qu'um indice. Quant à l'anglais evidence, il n'est pas plus instructif. Nous verrons même que l'évidence, au sens que le mot a em fraçais, s'oppose em une certaine mesure à la preuve. Le vocabulaire ne saurait donc nous donner de grandes lumières sur le but, la fonction de la preuve". Assim também ensina SANTOS, Moacyr Amaral: "o vocábulo prova vem do latim probatio – prova, ensaio, verificação, exame, argumento, razão, aprovação, confirmação, e se deriva do verbo probare (probo, as, are) – provar, ensaiar, verificar, examinar, reconhecer por experiência, aprovar, estar satisfeito com alguma coisa, persuadir alguém de alguma coisa, demonstrar". Ver: *Prova judiciária no cível e no comercial*. v. 1. 5. ed. atual. São Paulo: Saraiva, 1983, p. 1. Veja-se, ainda, as palavras de DELLEPIANE, Antonio. *Teoria general de la prueba*. Buenos Aires: Valerio Abeledo Editor, 1919, p. 18: "en el sentido ordinario, prueba es sinónimo de ensayo, de experimentación, de revisión, realizados con el fin de aquilatar la bondad, eficacia o exactitud de algo, trátese de una cosa material o de una operación mental traducida o no em actos, em resultados", e, ainda, a lição de MENDES, João de Castro. *Do conceito de prova em processo civil*. Lisboa: Ática, 1961, p. 40-50, com exposição do significado semântico da palavra em diversos idiomas e com a realização da análise etimológica correspondente.

[2] Essa é a conclusão de SENTÍS MELENDO, Santiago. *La prueba* – los grandes temas del derecho probatorio. Buenos Aires: Ediciones Juridicas Europa-America, 1978, p. 33-34: "así, pues, lo que resulta probado es bueno, es corecto, podríamos decir que es auténtico; que responde a la realidad. Esta, y no outra, es la verdadera significación del sustantivo probo y del verbo probar: verificación o demonstración de autenticidad".

---

utilizada para indicar os instrumentos e procedimentos cognoscitivos que servem para construção de verificação dos fatos da causa, e, como gênero, toda coisa, fato ou pessoa que pode ser utilizada para tal desiderato, sendo empregada como sinônimo de *meio de prova*. Referem eles, ainda, que também é utilizado o termo *prova* para indicar o resultado do emprego de um meio de prova ou da valoração do juiz, ou seja, para designar a demonstração racional quanto à verdade de um fato. Nessa esteira, haveria prova quando a atividade probatória redundasse em sucesso, de maneira que o fato pudesse ser dado como verificado. Outra acepção por eles mencionada é a que toma como prova os procedimentos com os quais, mediante o emprego dos meios de prova, se faz possível a individuação dos dados cognoscitivos sobre os quais se fundamenta a verificação dos fatos.[3]

Outra dificuldade a ser considerada envolve o fato de o conceito de prova ser, ainda, fortemente influenciado por fatores que formam o contexto no qual ele se insere. Nessa perspectiva, a determinação do sentido da idéia de prova no âmbito do processo civil contemporâneo é, antes de tudo, o resultado do contraste de todo um conjunto de fatores que atuam em um panorama histórico-cultural. A compreensão do seu significado e do seu caráter instrumental reclama a consideração das profundas marcas deixadas pelas diversas forças políticas, culturais e ideológicas que atuam ao longo do tempo, forjando, de forma gradual e constante, os traços do seu objeto de estudo.[4]

Deste modo, a investigação a ser empreendida impõe sejam levadas em conta duas perspectivas complementares entre si. O ato de revisitar a história não significa, contudo, que se possa simplesmente negar os esforços empreendidos pela doutrina contemporânea para a definição da temática aqui examinada. A fim de que se possa, em um segundo momento, rediscutir o conceito e a função da prova no processo civil contemporâneo, impõe-se que se delimite o atual estado da problemática em questão, elencando-se as conclusões atualmente compartilhadas pela maioria da doutrina.

---

[3] Ver COMOGLIO, Luigi Paolo; FERRI, Conrrado; TARUFFO, Michele. *Lezioni sul processo civile*. 2. ed. Bolonha: Società Editrice Il Mulino, 1998, p. 610-611: "talvolta esso viene usato per indicare gli strumenti e i procedimenti conoscitivi che servono per accertare i fatti della causa, e in genere ogni cosa, fatto o persona che può essere utilizzata a questo scopo. In questo caso esso è sinonimo di mezzo di prova, o di altre analoghe locuzioni. Il termine 'prova' viene tuttavia usato molto spesso anche per indicare l'esito di un mezzo di prova o della valutazione del giudice, ossia per designare la raggiunta dimostrazione della verità di un fatto. Si ha la prova del fatto quando l'attività probatoria ha avuto buon esito e si può dire che il fatto è stato accertato. In una ulteriore accezione, infine, 'prova' designa anche i procedimenti con cui, muovendo dal mezzo di prova, si giunge all'individuazione dei dati conoscitivi sui quali si fonda l'accertamento dei fatti". Daí concluírem no sentido de que "tutte queste accezzioni rientrano nell'uso corrente del termine 'prova'; è comunque utile tenerle distinte, ed in ogni caso individuare di volta in volta qual è l'accezione in cui esso viene usato".. Seguindo essa mesma última orientação em termos de distinção, destaque-se, ainda, MARINONI, Luiz Guilherme; ARENHART, Sérgio Cruz. *Comentários ao Código de Processo Civil*. v. 5. t. 1. 2. ed. São Paulo: Revista dos Tribunais, 2005 a, p. 88-90.

[4] Nas palavras de VERDE, Giovanni. Prova (teoria generale e diritto processuale civile). In: *Enciclopedia del Diritto*. v. 37. Milano: Giuffrè Editore, 1988, p. 579-649, especialmente p.589-590: "sembra preferibile utilizzare i concetti che sono coerenti con i dati dell'universo in cui si intende operare. E non è dubbio che, nell'ámbito dell'ordinamento giuridico, il concetto di prova sia recepito in una dimensione più ampia di quella che ad esso è assegnata nell'ámbito delle scienze empiriche".

Capítulo I

A delimitação do conceito e da função da prova no processo civil: uma perspectiva histórica

A análise do conceito e da função da prova de acordo em perspectiva histórica revela a existência de uma linha de pensamento dialeticamente orientada, na qual cada passo é, antes, o fruto de uma relação de contraste entre os dois que o antecedem. Nesse sentido, a constante sucessão histórica de modelos a respeito do tema em debate não deve ser vista como a simples superação de paradigmas em seqüência. Ao contrário, a observação atenta permite concluir no sentido de que cada uma das diversas experiências vividas ao longo da história oferece a sua parcela de contribuição para a formação do estado de coisas hoje existente.

A fim de viabilizar o estudo do conceito e da função da prova em perspectiva histórica, levar-se-á em conta cortes epistemológicos consagrados pela doutrina em geral, os quais permitem separar os modelos de processo que se sucedem em função das transformações dos paradigmas históricos, culturais e de direito positivo vigentes em cada época. Nesse sentido, observar-se-á uma gradual oscilação no que se refere a diversos fatores, dentre os quais os meios de prova disponíveis, a relação entre os poderes das partes e do juiz em sede de atividade de instrução e os critérios empregados para os fins de formação do convencimento jurisdicional.

1. AS DIVERSAS EXPERIÊNCIAS DO PROCESSO CIVIL ROMANO

A evolução histórica do Direito Romano pode ser dividida em três grandes períodos: o *período arcaico* (que contempla desde a fundação presumida da cidade em 753 a. C. até aproximadamente o século II a. C.), o *período clássico* (que tem como marco inicial o advento da *Lex Aebutia*, editada entre os anos de 149 e 125 a. C, estendendo-se até o século III d.C.) e o *período tardio* ou *pós-clássico*.[5] A cada um desses períodos corresponde o que José Reinaldo Lima Lopes define como um "perfil dominante" de Direito Processual Civil: ao primeiro, o processo segundo as "ações da lei" (*legis ac-*

---

[5] A nomenclatura dos períodos aqui empregada é correspondente àquela trazida por CRUZ E TUCCI, José Rogério; AZEVEDO, Luiz Carlos de. *Lições de história do processo civil romano*. São Paulo: Editora Revista dos Tribunais, 2001 a, p. 27-37 e LOPES, José Reinaldo de Lima. *O Direito na História* – lições introdutórias. São Paulo: Max Limonad, 2000, p. 43.

tiones); ao segundo, o processo formular (*per formulas*); ao terceiro, a *cognitio extra ordinem* ou *cognitio extraordinaria*.[6]

Essa identificação de três fases do desenvolvimento do processo civil romano pode ser considerada, também, a partir de peculiaridades relacionadas à prova das alegações formuladas pelas partes. Desta forma, nos períodos das *legis actiones* e do processo formular, a atividade instrutória tomava lugar na fase *in iudicium*, e a tarefa do juiz (em tal estágio do *ordo iudiciorum privatorum*) era a de saber se os fatos com base nos quais as partes se sentiram impelidas a fazer as suas alegações haviam existido e se efetivamente justificavam as suas conclusões relacionadas à *actio* intentada.[7]

Ao tempo das *legis actiones*, eram aceitos como meios de prova o juramento, a confissão e o testemunho, sendo esse último o meio considerado mais importante dentre todos.[8] Outro rol de meios de prova pode ser encontrado mais adiante, em obra escrita ao tempo da transição entre as *legis actiones* e o processo formulário, no qual são elencados os seguintes meios: "*praeiudicia* (sentenças precedentemente prolatadas), *fama atque rumores* (opinião pública), *tormenta* (tortura), *tabulae* (documentos), *ius iurandum* (juramento) e *testes* (testemunha)".[9]

Analisando-se detidamente o regime jurídico aplicável aos meios de prova vigentes ao tempo das *legis actiones*, observa-se que apenas homens livres poderiam figurar como testemunhas, sendo a importância de suas declarações valorada em face do caráter e da posição social do indivíduo indagado.[10] Destaque-se que a prova testemunhal poderia ser também produzida através de declaração escrita obtida fora do ambiente forense, porém essa recebia menor peso que a declaração oral.[11] Quanto à prova documental, tem-se que a mesma é dotada de especial força cogente,[12] principalmente a partir do advento do processo formular, quando passa a ser considerada a mais importante junto

---

[6] O paralelo aqui traçado desenha-se originalmente por LOPES, loc, cit. A idéia de um *perfil dominante* vem também trazida por ENGELMANN, Arthur. The Roman Procedure. In: ENGELMANN, Arthur *et alli. A History of Continental Civil Procedure*. New York: Augustus M. Kelley Publishers, 1969 c, p. 242-243, ao afirmar que a transição entre os modelos de processo civil vigentes ao longo da História do Direito Romano foi gradual, sendo possível identificar eras nas quais se deu a coexistência entre as *legis actiones* e o processo formular e entre o processo formular e a *cognitio extraordinaria*. No mesmo sentido, ver CRUZ E TUCCI; AZEVEDO, 2001, op. cit, p. 76. ("o processo formular nasce 'no vigor' das ações da lei, como alternativa mais moderna, menos formalista, mais ágil e funcional do que aquelas") e p. 138 (*"Diante de tantos elementos originais, que certamente contribuíram para a afirmação da* cognitio*, procede a crítica de Riccobono contra a tese sustentada pelos autores que vislumbram a introdução* ex abrupto *do novo sistema processual. Pelo contrário, não há como negar a concorrência da* cognitio extraordinaria *com o regime do* ordo iudiciorum...").

[7] ENGELMANN, 1969 c, op. cit., p. 348.

[8] CRUZ E TUCCI; AZEVEDO, 2001 a, op. cit., p. 58. No mesmo sentido, ver WALTER, Gerhard. *Libre apreciación de la prueba* (investigación acerca del significado, las condiciones y límites del libre convencimiento judicial). Traduzido do original alemão por Tomás Banzhaf. Bogotá: Editorial Temis Librería, 1985, p. 13, referindo que "se utilizaban principalmente como medios de prueba, la deposición de las partes, en particular la corroborada por juramento, y la testificación jurada".

[9] A referência aqui formulada é às *Institutiones oratoriae* de M. Fábio Quintiliano, citadas por CRUZ E TUCCI; AZEVEDO, 2001 a, op. cit., p. 125.

[10] ENGELMANN, 1969 c, op. cit., p. 361.

[11] ENGELMANN, 1969 c, op. cit., p. 361. Referindo-se a tal regra de valoração da prova no contexto do processo formular, fazendo menção à chamada prova testemunhal *per tabulas*, ver CRUZ E TUCCI; AZEVEDO, 2001 a, op. cit., p. 125.

[12] ENGELMANN, loc. cit.

Luis Alberto Reichelt

com a prova testemunhal.[13] Com as alterações que resultaram na formação do modelo da *cognitio extraordinaria*, reforça-se ainda mais a importância da prova documental nesse contexto, proibindo-se, de outro lado, o testemunho de parentes consangüíneos (ao tempo do Principado)[14] e, em um segundo momento (Dominato), institucionalizando-se a regra *testis unus, testis nullus.*[15] Com as reformas de Justiniano, manteve-se a posição privilegiada dos *instrumenta* entre os meios de prova, agilizando-se a marcha processual com a possibilidade de serem ouvidas as testemunhas por precatória nos casos em que residissem em local distante da sede do juízo.[16]

A adequada compreensão do papel dos meios de prova, contudo, somente pode ser apreendida de forma plena em se considerando o papel que a retórica, fator de primária importância sobre a educação no mundo romano, acaba por exercer na concepção vigente no que se refere ao raciocínio lógico a ser empregado pelo julgador.[17] Nesse sentido, o modo pelo qual a teoria dos *status* vem a ser assimilada no processo é o sinal que revela o grau de aceitação dos princípios tópico-retóricos e, em particular, da concepção de prova como *argumentum.*[18]

O influxo de tal pensamento sobre o sistema jurídico foi praticamente nulo durante o período das *legis actiones*, uma vez que o procedimento não se apresentava como uma representação de um conflito entre duas teses opostas.[19] Nessa primeira etapa da história do processo civil romano, a formação do convencimento judicial era o resultado de juízos divinos ou de procedimentos similares nos quais as questões eram decididas por sinais divinos provocados com esse fim.[20] Tem-se a ausência, portanto, de qualquer racionalidade nesse tipo de decisão, inexistindo um elo logicamente controlável entre as conclusões obtidas e as provas produzidas.[21]

Tudo isso muda com o advento do processo formulário, no qual há a coincidência entre o abandono de um sistema de provas irracionais e o forte influxo da retórica sobre a atuação do ordenamento jurídico em tema de instrução a partir do século I a. C.[22] Característico de tal fenômeno é o fato de que um estudo sistemático da prova era tarefa usualmente abraçada pelas obras de retórica, ao passo que os juristas somente mais tarde vieram a deitar os olhos sobre o tema, e, mesmo assim, sem um senso de organização do material examinado e sem uma maior precisão em sede de conceitos gerais.[23] Apesar disso, é possível identificar sintomas da importância de ambas as disciplinas na constru-

---

[13] CRUZ E TUCCI; AZEVEDO, 2001 a, cit., p. 125.

[14] CRUZ E TUCCI; AZEVEDO, 2001 a, cit., p. 146.

[15] CRUZ E TUCCI; AZEVEDO, 2001 a, cit., p. 156. Ver, ainda, sobre o momento histórico da introdução da última regra citada, WALTER, 1985, op. cit., p. 18.

[16] CRUZ E TUCCI; AZEVEDO, 2001 a, cit., p. 161.

[17] GIULIANI, Alessandro. *Il concetto di prova* (contributo alla lógica giuridica). Milano: Giuffrè Editore, 1961, p. 89, 101. Sobre a importância da retórica na formação do jurista romano, ver, ainda, FERRAZ JR., Tércio Sampaio. *A ciência do Direito.* 2. ed. São Paulo: Atlas, 1980, p. 20.

[18] GIULIANI, 1961, cit., p. 102.

[19] GIULIANI, 1961, cit., p. 103.

[20] WALTER, 1985, op. cit., p. 14.

[21] PUGLIESE, Giovanni. La prova nel Processo Romano Clássico. *JUS – Revista di Scienze Giuridiche*, n. 9, p. 386-424, 1960, em especial, p. 387-388. Merece referência, ainda, ALVARO DE OLIVEIRA, Carlos Alberto. *Do formalismo no processo civil.* São Paulo: Saraiva, 2009, p. 19.

[22] PUGLIESE, 1960, op. cit., p. 390-395.

[23] PUGLIESE, 1960, op. cit., p. 403.

ção da ordem então vigente: unindo prova e argumentação em uma relação de conteúdo e continente, os juristas aplicaram à sua atividade a distinção entre *provas artificiales* (que compreendiam as espécies particulares de dedução e de indução) e *provas inartificiales* (nas quais são abarcadas as testemunhas, os documentos escritos, os juramentos, dentre outras).[24]

Sintoma de tal transformação pode ser visto no tratamento dispensado à problemática da prova testemunhal, que passa a ser examinada a partir de alguns princípios fundamentais: a existência de normas de exclusão, a sujeição ao contraditório na condução dos questionamentos (em um modelo próximo ao do *cross-examination* anglo-saxônico) e a livre valoração da prova.[25] Se, de um lado, a inspeção ocular e a prova pericial não desempenhavam provavelmente o papel que hoje exercem sobre o convencimento judicial, uma vez que, nas palavras de Gerhard Walter, "la vida y el mundo eran más fáciles de conocer", é certo que as regras de experiência tinham inquestionável aplicabilidade, mantendo íntima relação com o princípio da livre apreciação da prova.[26] O significado da liberdade do magistrado quanto à formação do seu convencimento pode ser sintetizado na antítese entre a possibilidade de jurar não ter compreendido absolutamente nada sobre os fatos da causa ("sibi non liquere") e o caráter imperativo da incidência das regras reguladoras do ônus de prova.[27]

Essa concepção possui os seus contornos modificados com o advento do período pós-clássico, com o surgimento de novas necessidades, em especial no que tange à obrigatória obtenção de decisões. O papel da idéia de ônus de prova – valor vigente como princípio integrante da educação do jurista à luz de uma lógica da argumentação – revela de forma única o significado do influxo da retórica ao longo da história do processo civil romano, com especial força no período justinianeu. A máxima *onus probandi incumbit ei qui dicit,* deste modo, apresenta-se como um verdadeiro ônus de persuasão, esteada sob uma idéia de normal ("provável") que não possuía um aspecto objetivo ou estatístico, não sendo, assim, considerada como *id quod plerunque accidit.* Desta maneira, a busca desse padrão de normalidade era orientada a partir de um conjunto de critérios que deveriam prevalecer *até que houvesse prova em contrário*, tomando-se como premissa básica a de que *a mudança não pode ser presumida, mas deve ser provada.*[28]

As peculiaridades das normas que orientavam o sistema vigente em termos de instrução e de formação da convicção judicial indicam que, na última fase da evolução do processo civil romano, estariam presentes os germes da formação de dois sistemas jurídicos de prova legal: um primeiro, que viria a ser historicamente empregado nos ordenamentos jurídicos de Direito Continental, ao contemplar uma valoração preventiva das provas por parte do legislador; um segundo, ao qual estão ligadas as experiências do Direito Anglo-Saxônico, no que diz respeito à existência de um conjunto de limites e de proibições à admissibilidade das provas.[29] Tal fato merece relevo visto que permi-

---

[24] PUGLIESE, 1960, op. cit., p. 399-400.

[25] GIULIANI, 1961, op. cit., p. 103-105 e PUGLIESE, 1960, op. cit., p. 410-411. No mesmo sentido, afirmando a vigência do princípio da libre valoração da prova à época do processo formular, ver CRUZ E TUCCI; AZEVEDO, 2001 a, op. cit., p. 126 e WALTER, 1985, op. cit., p. 14.

[26] WALTER, 1985, op. cit., p. 16.

[27] ALVARO DE OLIVEIRA, 2009, op. cit., p. 23.

[28] GIULIANI, 1961, op. cit., p. 105-108.

[29] GIULIANI, 1961, op. cit., p. 109-110. O entendimento quanto à existência de um sistema de prova legal no último período da história do processo civil romano, contudo, é temperado pela assertiva de ENGELMANN,

te que seja historicamente demonstrado que a presença do influxo da retórica sobre a concepção das técnicas de formação do convencimento judicial não se dá apenas em modelos baseados na livre apreciação da prova mas também pode ocorrer naqueles em que existem limitações a essa liberdade, ainda que graduais.

2. O MODELO GERMÂNICO DA ALTA IDADE MÉDIA

Com o desaparecimento do Império Romano do Ocidente e com o advento da *Lex Salica*, editada entre os anos de 486 e 496 d. C.,[30] passa a existir um modelo de processo próprio de uma sociedade na qual "a sofisticação conceitualizante do Direito cede passo à coleção de casos especiais e aos costumes".[31] Na realidade do processo civil germânico, cujos padrões influenciaram o regime jurídico do processo civil canônico até o século XI,[32] imperava, como norte, a rigidez das formas dos atos processuais, cabendo ao juiz, representante da comunidade, o papel de fiscal da atividade desenvolvida pelas partes.[33]

A adequada compreensão da forma como se deu a concepção de tal regime em matéria de prova cível pressupõe a consideração de que a transição entre o modelo anterior e o acima apontado surge como fruto de uma gradual sobreposição de valores. O crescente influxo do Direito Germânico, decorrente das invasões bárbaras que assolaram o território italiano, deixou profundas marcas sobre o modelo vigente em tema de prova cível, no qual ainda se faziam presentes resquícios do padrão romano. O regime da *Lex Visigothorum*, datada da metade do século VII, atrelava o juiz ao dever de buscar a verdade mediante a livre apreciação da prova, com forte destaque ao papel exercido pelas provas documental e testemunhal.[34] Nos territórios invadidos pelos lombardos, onde a influência germânica faz-se mais sentida em tema de prova, também é possível identificar sinais de preservação do Direito Romano, especialmente no que se refere à

1969 c, op. cit., p. 364, que afirma que "the only thing characterizing the imperial constitutions on this subject is a deep-seated distrust of witness testimony. Nevertheless, the principle of free evaluation of the proof was never completely discarded". Em posição análoga a essa última, ver WALTER, 1985, op. cit., que, após ensinar que "la libertad para estimar el valor probatorio de las distintas probanzas fue anulada pieza tras pieza, para dar lugar a un procedimiento normado de valoración" (p. 17), afirma, mais adiante, que "logrado el número, o sea, dos testigos por regla y más en los otros casos, ello no hacia prueba automáticamente. Se trataba solo de un presupuesto de admisión de esa prueba, cumplido el cual siempre cabía valorar las deposiciones y la credibilidad de los testigos (...) En síntesis, en lo que toca al período posclásico, se puede admitir que no hubo una teoria de pruebas legales en el sentido de que el valor probatorio de un medio estuviese determinado de antemano de un modo abstracto y general, sin que le cupiera al juez alguna valoración en su juzgamiento. Pero tampoco puede sostenerse que rigiera el principio de la libre apreciación dela prueba" (p. 18-19). Ver, ainda, PUGLIESE, 1960, op. cit., p. 410, ao afirmar, textualmente, que "ugualmente postclassica è ritenuta l'altra máxima 'unus testis nullus testis'".

[30] A referência adotada quanto ao advento da *Lex Salica*, tema discutido entre os autores, é de ENGELMANN, Arthur. The Germanic Procedure. In: ENGELMANN, Arthur et alii. *A History of Continental Civil Procedure*. New York: Augustus M. Kelley Publishers, 1969 a, p. 85.

[31] LOPES, 2000, op. cit., p. 69.

[32] CRUZ E TUCCI, José Rogério; AZEVEDO, Luiz Carlos de. *Lições de processo civil canônico* (História e Direito vigente). São Paulo: Editora Revista dos Tribunais, 2001 b, p. 36.

[33] ENGELMANN, 1969 a, op. cit., p. 85.

[34] ENGELMANN, Arthur. The Romano-Canonical Procedure. In: ENGELMANN, Arthur et alii. *A History of Continental Civil Procedure*. New York: Augustus M. Kelley Publishers, 1969 d, p. 420-421.

---

diversidade dos meios de prova disponíveis,[35] preservando-se, ainda, a retórica como matéria integrante do currículo de formação dos juristas entre os séculos VII e XI.[36]

O perfil dominante ao longo de toda a Alta Idade Média, no entanto, encontra-se melhor retratado no modelo vigente na realidade germânica. Nesse contexto, a tarefa de julgamento da lide precedia a própria atividade instrutória; fixava-se, pois, qual a prova, o modo e o lugar no qual a mesma deve ser produzida, bem como os efeitos do sucesso ou do fracasso da parte em tal esforço. Neste sentido, o objetivo da atividade de instrução, em tal contexto, já não é mais o de convencer o julgador a respeito da verdade de algum fato através do apelo às suas faculdades intelectuais, mas tão-somente o de satisfazer a forma prescrita em contrato firmado pelas partes.[37] Havia, ainda, um conteúdo ético inserido na idéia da existência de uma demanda em juízo, de maneira que a atividade probatória também tinha como finalidade o reestabelecimento da honra daquele que era considerado como sendo pessoalmente ferido nesse princípio ético, de maneira a afastar a reprimenda que lhe havia sido dirigida pelo demandante.[38]

Nesse contexto, forma e substância colocavam-se em uma relação muito mais íntima do que em outros sistemas processuais. Assim, para cada modelo de ação, cabia uma diferente maneira de defesa e, especialmente, uma distinta decisão sobre as regras de ônus de prova e os meios considerados lícitos ou necessários. Neste sentido, os esforços das partes eram dirigidos no sentido de garantir o direito à prova, e a tarefa do julgador consistia em determinar a qual das alegações correspondia o direito à prova.[39] O critério a ser utilizado pelo julgador para sustentar a prevalência de uma afirmação – e, por conseqüência, para determinar a quem incumbia a atribuição do ônus de prova – era o fato de não existir uma contra-afirmação (negativa) formulada por um dos pólos do debate, tornando ímpar o número de alegações em contraste apresentadas pelas partes.[40]

Os meios de prova que seriam empregados pelas partes, por sua vez, não poderiam ser considerados meios lógicos ou racionais, no sentido de serem aptos a servir à formação da convicção do juiz quanto à verdade dos fatos, mas sim destinados a formar a

---

[35] Sintomática a afirmação de ENGELMANN, 1969d, op, cit., p. 422, ao afirmar que "of all the Germanic peoples who conquered Roman territory the Lombards paid the least respect to the Roman governmental institutions which they encountered", apresentando, mais adiante, ao falar do sistema jurídico vigente no século XI em tal realidade geográfica, que "the law of proof is Germanic" (p. 426).

[36] GIULIANI, 1961, op. cit., p. 128.

[37] ENGELMANN, 1969, op. cit., p. 85-86. WALTER, 1985, op. cit., p. 46-47, observa que "los litigantes tenían que dirigir su alegación y su petición al juez, quien, sin embargo, no decidía, sino que consultaba a los sentenciadores (Urteilsfinder). A su vez, la sentencia que estos daban era una sentencia puramente probatoria, esto es, que en ella se establecía cuál de las partes seria autorizada para presentar pruebas y con qué medios y también qué sería de justicia tomándose por base el resultado de esa prueba". No mesmo sentido, ainda, ver SCHWARZEMBERG, Claudio. Processo civile (Storia del Diritto). In: *Novisimo Digesto Italiano*. v. 13. Torino: UTET, p. 1120-1157, especialmente p. 1139 ("… non veniva richiesta la necesita del convincimento dei giudici Della verità dei fatti; chi doveva o voleva provare doveva unicamente eseguire, nelle forme prescritte, la prova richiesta dal giudice e solo allora la sua affermazione era ritenuta vera").

[38] WALTER, 1985, op, cit., p. 48, aponta para o fato de que a demanda era uma reprimenda dirigida ao demandado, a quem cabia o dever de provar não ser merecedor de tal ofensa.

[39] ENGELMANN, 1969 a, op. cit., p. 135.

[40] Arthur Engelmann menciona textualmente que "the allegation entitled to preference in the matter of the proof-right was the one which had impaired ('entkräftet') the opposing allegation" (ENGELMANN, 1969 a, op. cit., p. 137-138).

convicção das partes quanto à realização de justiça no caso concreto.[41] No que se refere ao uso da prova testemunhal, destaca-se que o seu limite não é atrelado à narração de fatos obtida a partir de percepção sensorial: ao contrário, a testemunha simplesmente efetuava um juramento no sentido de confirmar as alegações de uma das partes, sustentando ter tido conhecimento da procedência das mesmas por inferência ou por confiança na pessoa do litigante.[42]

A compreensão a respeito de como os instrumentos de prova então aceitos (juramento, duelo e ordálios[43]) são considerados suficientes para a determinação do direito aplicável pressupõe a compreensão do tratamento que a eles é dispensado com vistas ao conjunto de condições espirituais e morais presentes naquela sociedade. No âmbito do processo civil italiano da primeira metade da Idade Média, a necessidade de proteger as partes contra os riscos da "iniqüidade e da falsidade do juiz desonesto" justificava a adoção de medidas como a tomada de provas em segredo e a obediência a regras rígidas em sede de apreciação da prova.[44] No processo civil germânico, por sua vez, parte-se dos pressupostos de que somente prestará o juramento quem estiver convencido do seu direito e de que quem tem a razão e a justiça ao seu lado sairá ileso e indene de um juízo divino. Da mesma forma, a realização de duelo baseava-se na crença de que as forças divinas ajudarão a parte a triunfar na busca da justa proteção devida ao seu direito.[45]

Ainda no que se refere ao processo germânico, constata-se que havia uma ordem a ser seguida no emprego dos meios de prova anteriormente citados. No juramento, que era o meio de prova mais simples (apesar de haver a necessidade de adesão conjunta de testemunhas em certos casos) e mais importante de que dispunham as partes, aquele que o implementava dizia que seria maldito se as suas afirmações não fossem condizentes com a verdade. A parte que desejasse evitar que a lide fosse resolvida através do juramento deveria censurar a afirmação da outra, procedendo-se, assim, ao duelo. No caso de dificuldades na produção das provas anteriormente mencionadas, passar-se-ia ao emprego de ordálias.[46]

Deve-se considerar, ainda, a importância exercida pelo modelo de pensamento lógico no qual o regime jurídico aplicável à produção e à importância das provas se insere: as técnicas de retórica ligadas à tradição ermagórea foram mantidas como parte da

---

[41] WALTER, 1985, op. cit., p. 48. No mesmo sentido, ver VAN CAENEGEN, R. History of European Civil Procedure. *International Enciclopedia of Comparative Law*. New York: Oceana Publications Inc., p. 9: "the modes of proof were to a large extent irrational. Appeals to supernatural forces were frequent: oaths sworn by witnesses or the party and his oath-helpers played an important role, as did a variety of ordeals, imponed by the typical proof-judgments of the period, i. e, interlocutory of final judgments indicating the mode of proof and who was to administer it. Direct heavenly intervention was resorted to and Chalemagne forbade any doubts concening ordeals; the whole process was steeped in a religious atmosphere and the Church had provided liturgies for the administration of various modes of proof that appealed to God".

[42] ENGELMANN, 1969 a, op. cit., p. 158.

[43] Em sentido contrário, ver ENGELMANN, 1969 a, op. cit., p. 154, para quem devem ser acrescidos outros dois meios de prova aos acima elencados, a saber, o testemunho judicial e os documentos. Outra orientação a esse respeito, ainda, parece estar presente em SCHWARZEMBERG, op. cit., p. 1140, quando se refere ao duelo como a mais importante e antiga das ordálias.

[44] ALVARO DE OLIVEIRA, 1997, op. cit., p. 25.

[45] WALTER, 1985, op. cit., p. 48. Segue essa mesma linha SCHWARZEMBERG, op. cit., p. 1139, apontando que "quando le parti si erano presentate davanti al tribunale, l'attore, impiegando, probabilmente, determinate parole sacramentali, formulava la sua pretesa, giurando di essere in buona fedee di chiedere il giusto, invocando, sulle sue intenzioni il iustum iudicium Dei".

[46] WALTER, 1985, op. cit., p. 49-50.

---

educação jurídica ainda após a queda do Império Romano.[47] Impõe-se lembrar, aqui, o pensamento de Santo Agostinho, que, carregando consigo toda uma tradição pós-aristotélica e, ao mesmo tempo, ao apresentar coerência com o pensamento de Platão, concebia a coexistência de duas espécies de retórica (*a verdadeira eloqüência* e *a arte da persuasão*). A correta compreensão do papel e dos limites da prova no processo civil daquele período histórico somente é possível desde que se tenha consciência de que o fato de que essa *arte da persuasão* era concebida como sendo destinada não à aquisição de um conhecimento *necessário* (que era o relacionado às questões divinas). Ao contrário, segundo as obras que seguem essa tradição, estava ela atrelada ao exame das coisas humanas, à análise daquilo que era considerado *contingente, possível*.[48]

Esse espírito parece estar presente na lógica vigente na realidade germânica da primeira etapa da era medieval. O fato de a produção de provas ser considerada necessária somente em relação a fatos controvertidos pelas partes, não se exigindo tal atividade no que se refere a fatos alegados por uma das partes e admitidos pela outra,[49] evidencia o comprometimento do sistema com uma noção de verdade, a qual era considerada como resultado obtido a partir do quadro de provas e de regras aplicadas ao caso concreto trazido pelas partes, mas que nem sempre retrata com precisão nos autos os fatos conforme efetivamente ocorreram. Deste modo, o rígido formalismo a ser respeitado quando da produção da prova, associado à existência de precisos limites impostos para a sua apreciação, funcionam como fatores igualmente ligados a tal perspectiva: a dificuldade de se satisfazer os requisitos impostos pelo ordenamento jurídico em sede de instrução acaba por produzir na mente do julgador o sentimento de certeza de que toda alegação considerada provada efetivamente é verdadeira.[50]

É possível identificar alguns incrementos no que diz respeito ao elemento racional relativamente ao procedimento instrutório a partir do século IX,[51] concebendo-se a idéia de julgamento como o resultado de um procedimento do qual participavam quatro pessoas (*iudex, testis, accusator, defensor*), em um diálogo que retrata a estrutura típica da teoria ermagórea dos *status*.[52] Seguindo a linha da tradição estóica, a obra de Manlio Severino Boezio foi a semente que deu origem à subordinação da retórica à dialética, com a afirmação de tendências formalistas no campo da Lógica, fenômeno que ganha força especial a partir do século IX.[53]

Em suma, o que se observa é que o papel da prova no processo civil dessa primeira era medieval é, em linhas gerais, a tradução da coexistência em contraste de um pensamento lógico-filosófico que é voltado ao conhecimento de uma verdade provável, cuja presença pressupõe sejam atendidas certas condições que, não raro, são limites intransponíveis à própria razão.

---

[47] GIULIANI, 1961, op. cit., p. 118-119, 128.

[48] Alessandro Giuliani enfatiza o papel da obra de Aurélio Cassiodoro no que se refere a essa separação dos dois planos (humano e divino), cada qual passível de uma forma de conhecimento próprio. Ver: GIULIANI, 1961, op. cit., p. 121-123.

[49] ENGELMANN, 1969 a, op. cit., p. 154.

[50] ENGELMANN, 1969 a, op. cit., p. 153.

[51] VAN CAENEGEN, op. cit., p. 9.

[52] GIULIANI, 1961, op. cit., p. 129.

[53] GIULIANI, 1961, op. cit., p. 124-127, 130.

3. A PROVA NO PROCESSO CIVIL DA BAIXA IDADE MÉDIA: A FORMAÇÃO DO *ORDO IUDICIARIUS MEDIOEVALE*

O crescimento da importância do papel da dialética como verdadeira representação da lógica vigente não coincide, contudo, com um contexto de desaparecimento total da retórica ao tempo da transição entre as duas grandes fases da Idade Média. Ao contrário, esta passa a exercer um outro papel nesse panorama, qual seja o de freio a temperar as tendências lógico-formalistas anteriormente apontadas, mantendo-se, de outro lado, como uma das artes liberais e interage com outros campos, como o da Teologia e o do Direito.[54]

Tal observação é importante, pois evidencia um dos fatores envolvidos na gradual transição entre o modelo anteriormente vigente em tema de prova e a nova ordem que viria a se estabelecer. Neste sentido, o crescente esvaziamento do arsenal de meios ritualísticos de prova associados ao sobrenatural e a uma concepção mágica do mundo – que foram eliminados do ordenamento jurídico vigente ou, quando mantidos, reduzidos a um papel inferior – vem acompanhado pela introdução de técnicas destinadas à investigação racional e à análise crítica das provas disponíveis. Muda, também, o objetivo a ser alcançado ao final da atividade instrutória, que passa a ser a do *convencimento do juiz ou do júri.*[55]

A assimilação da teoria dos *status* permitiu, nesse contexto, a elaboração de uma teoria jurídica da prova construída sob a perspectiva de uma lógica da argumentação. Estabeleceu-se, desta maneira, o princípio de que o terreno da discussão deve ser rigidamente delimitado. Retoma-se, aqui, o conceito de prova, próprio da tópica ciceroniana: "probatio quidem est rei dubiae et per argumenta iudici fidem faciens".[56] A adoção do conceito de prova como *argumentum* fez com que, contrapondo-se ao método demonstrativo, a prova passasse a ser considerada como um instrumento para a persuasão do magistrado através da argumentação construída pela parte, sendo, assim, intimamente atrelada a todo o pensamento lógico então dominante.[57]

No modelo do *ordo iudiciarius medioevale*, vigente nos séculos XI e XII, identifica-se um sistema jurídico em tema de prova que traz à tona ideais que se mantinham latentes na primeira fase da era medieval.[58] O encontro da tradição retórica com a releitura da dialética aristotélica, colocadas em um quadro cujo pano de fundo é a consciência da

---

[54] GIULIANI, 1961, op. cit., p. 130. No mesmo sentido, ver VAN CAENEGEN, op. cit., p. 17, referindo, como marca da cultura jurídica vigente ao tempo da redescoberta do *Corpus Iuris Civilis*, que "the intellectual methods were tose of scholasticism, which were applied to other 'sacred texts' in the field of theology, philosophy, physics and medicine, i.e, gathering of the relevant passages, literal explanation through glosses, comparison of parallel places and explanation of apparent contradictions through distinctions, use of definitions, formulation of general principles deduced from authorities and compilation of exhaustive and systematic treatises of a highly abstract nature in the form of summae".

[55] VAN CAENEGEN, op. cit., p. 13.

[56] GIULIANI, 1961, op. cit., p. 137.

[57] GIULIANI, Alessandro. Prova (filosofia). In: *Enciclopedia del Diritto*. v. 27. Milano: Giuffrè Editore, 1988 b, p. 518-579, em especial p. 525. Vai além o autor, afirmando, mais adiante, que "la violazione dell'ordo iuidiciarius non è solo contro i principi della lógica, ma anche contro quelli della giustizia naturale". (p. 535).

[58] GIULIANI, 1988 b, op. cit., p. 531. Considerando o *ordo iudiciarius medioevale* como tradução do processo romano-canônico, ver NÖRR, Knüt Wolfgang. *Zur Stellung des Richters im Gelehrten Prozeß der Frühzeit:* Iudex secundum allegata non secundum conscientiam iudicat. München: C. H. Beck, 1967, p. 4.

---

falibilidade do raciocínio humano nos raciocínios práticos, faz surgir um regime jurídico erguido sobre alicerces sólidos: a lealdade dos sujeitos do debate, a igualdade entre as partes (com a correspondente imparcialidade própria do juiz, que não analisa fatos que por elas não tenham sido trazidos aos autos – *iudex non potest in facto supplere*) e a livre apreciação da prova. Essa última traduz de forma especial a lógica do provável vigente àquela época, a qual é axiologicamente orientada, na qual o princípio retórico dos *onus probandi* vem associado a uma teoria das presunções, as quais funcionam como critérios de orientação da pesquisa. Exemplos sintomáticos da influência da releitura medieval da dialética aristotélica sobre os contornos do ordenamento jurídico daquele período podem ser encontrados, ainda, na retomada da idéia de que a mudança deve ser provada (presumindo-se, pois, a continuidade como padrão de normalidade), de maneira que o dever de provar a veracidade do fato é colocado sobre os ombros de quem o alega (*actore non probante reus absolvitur*).[59] Desta forma, o emprego de presunções exerce, aqui, um fundamental papel, já que o conhecimento de uma verdade possível restaria inviável se tudo o que fosse alegado pelas partes fosse considerado igualmente provável.[60]

Analisada sob essa perspectiva, a prova testemunhal, que ocupa lugar de destaque em relação aos demais meios de prova,[61] ganha contornos especiais. A sua admissibilidade e a sua validade vêm condicionadas ao fato de que a testemunha somente poderia trazer ao debate conhecimentos obtidos a partir de sua percepção sensorial, não sendo lícito, de outro lado, fazer inferências a partir daquilo que efetivamente é de seu conhecimento. Essa distinção entre *fato percebido* e *fato deduzido* ou *inferido* acaba por funcionar como marco para separar o papel da testemunha em relação à tarefa do julgador, atuando como uma das várias regras de exclusão consideradas para fins de determinação do quadro a ser tomado em conta pelo julgador para a construção de sua decisão.[62] A consciência quanto à falibilidade humana – associada, no caso em exame, aos riscos de a testemunha enganar o julgador ou, até mesmo, de ela mesmo estar enganada – impõe o dever de o testemunho ser valorado não somente no que diz respeito à sua *scientia* mas também no que se refere à sua *fides,*[63] estando tal juízo, por sua vez, condicionado ao respeito ao contraditório.[64]

4. A REAÇÃO AO MODELO DO *ORDO IUDICIARIUS MEDIOEVALE*: O TRIUNFO DA TEORIA DA PROVA LEGAL

A partir da metade do século XIII, os valores lógico-culturais que sustentavam o *ordo iudiciarius medioevale* começam a ser objeto de crítica. A crença na capacidade

---

[59] GIULIANI, 1988 b, op. cit., p. 531-533 e, especificamente sobre o conceito de normal, as considerações do mesmo autor em 1961, op. cit., p. 165. Sobre as regras de ônus de prova, ver, ainda, ENGELMANN, 1969 d, op. cit., p. 479 e GIULIANI, 1961, op. cit., p. 166.

[60] GIULIANI, 1961, op. cit., p. 167.

[61] VAN CAENEGEN, op. cit., p. 19. No mesmo sentido, ver GIULIANI, 1988 b, op. cit., p. 534.

[62] GIULIANI, 1988 b, op. cit., p. 534-535. Sobre as regras de exclusão, estende-se o autor mais detalhadamente em 1961, op. cit., p. 171-172.

[63] GIULIANI, 1988 b, op. cit., p. 534 e GIULIANI., 1961, op. cit., p. 175-186. WALTER, 1985, op. cit., p. 34, refere a limites sobre as pessoas que poderiam comparecer aos autos como testemunhas. Ver, ainda, CRUZ E TUCCI; AZEVEDO, 2001 b, op. cit., p. 52, lembrando os autores que "a capacidade da testemunha e sobretudo a credibilidade que inspirava determinaram a edição de inúmeros princípios recolhidos no Decreto de Graciano".

[64] ENGELMANN, 1969 d, op. cit., p. 481. No mesmo sentido, ver GIULIANI, 1961, op. cit., p. 164.

---

da evidência e da razão como fatores reveladores da verdade é sintoma de uma importante mudança de perspectiva: o problema da *verdade do conhecimento* coloca-se como questão prejudicial em relação àquele do *conhecimento da verdade*. As regras referentes à produção de provas deixam de ser atreladas à retórica, passando a serem fruto de princípios lógicos de outra dimensão: o postulado fundamental é o do *caráter progressivo do conhecimento*.[65]

A noção de *prova* deixa de ter como objetivo a persuasão do magistrado, passando a ser conexa à experiência e à observação sensível do julgador. As conseqüências desse novo modelo são imediatas: na presença do *notorium* (*notorium est quod ante oculos situm est, vel veritas in mentibus hominum ita radicata, ut evelli vel occultari non possit*), seja ele o *notorium facti permanentis* (relativo à percepção de um fato contínuo que perdura no tempo), seja ele o *notorium facti transeuntis* (concernente à notoriedade de um fato que não permanece no tempo, mas que vem retratado pela memória coletiva), vem eliminada a necessidade de produção de outras provas. O fato de a confissão permitir o conhecimento direto pelo julgador dos fatos alegados funciona como justificativa para o recurso à coação física e à tortura no caso de uma evidência imperfeita. Por outro lado, essa primazia do conhecimento direto dos fatos pelo magistrado faz com que o *notum per aliud* ocupe uma posição inferior no que diz respeito à hierarquia das provas.[66]

A importância dada ao caráter progressivo do conhecimento acarreta, ainda, outras conseqüências igualmente relevantes. A dialética, que anteriormente se inseria no domínio da opinião, do provável, do verossímil, gradualmente vai sendo transformada em uma ciência absoluta.[67] A partir do final do século XIII, a idéia de *provável* assume um novo significado, não mais sendo considerada em contraposição ao domínio do *necessário*, visto que a verdade judicial ou formal passa a ser considerada uma *forma de racionalização da verdade real*. O influxo da lógica tomista faz com que a dialética passe a ser a tradução de máximas como "ut in pluribius veritatem attingat" e "testis unus, testis nullus"; com isso, a decisão quanto à verdade dos fatos deixa de ser fruto do convencimento do juiz, passando a ser o resultado de uma operação aritmética:[68] é o advento do sistema da *prova legal*, que haveria de imperar no processo romano-canônico até o final do Ancién Régime.[69]

A data de 1250 assume, portanto, o papel de linha de demarcação ideal entre dois períodos bem distintos, nos quais são presentes duas concepções opostas de certeza legal, correspondentes a duas visões em torno da idéia de verdade judicial.[70] A função do juiz, nesse segundo contexto, é puramente passiva, técnica, aritmética, uma vez que a valoração da prova é estabelecida de antemão pelo ordenamento jurídico.[71]

---

[65] GIULIANI, 1988 b, op. cit., p. 537-539.

[66] GIULIANI, 1988 b, op. cit., p. 540-541. Sobre a importância do *notorium*, ver VAN CAENEGEN, op. cit., p. 20.

[67] GIULIANI, 1961, op. cit., p. 156-157.

[68] GIULIANI, 1961, op. cit., p. 185-187.

[69] VAN CAENEGEN, op. cit., p. 20. Ver, ainda, GIULIANI, 1961, op. cit., p. 160 e ENGELMANN, 1969 d, op. cit., p. 478-479 ("The Romanic procedure, therefore, is under t sway of the so-called 'legal theory' of proof").

[70] GIULIANI, 1961, op. cit., p. 160.

[71] GIULIANI, 1961, op. cit., p. 187. No mesmo sentido, ver MILLAR, Robert Wyness. The formative principles of civil procedure. In: ENGELMANN, Arthur et alii. *A History of Continental Civil Procedure*. New York: Augustus M. Kelley Publishers, 1969 a, p. 41.

O desejo de racionalização do procedimento acaba por permear diversas manifestações legislativas subseqüentes. A instituição do procedimento sumário, decorrente da edição do decreto papal *Clementina Saepe*, é resultado dessa mesma orientação: o objetivo a ser alcançado pelo processo, em tal modelo, não era a formação de uma cognição materialmente sumária, mas sim o de examinar o problema em sua plenitude através de um método que extirpasse do sistema jurídico-processual as formalidades ou os expedientes desnecessários. O prestígio à forma oral, aliado ao reforço dos poderes instrutórios do juiz, acabou por resultar em um modelo amplamente acolhido no seio de outros sistemas processuais laicos.[72]

Ainda, a regulamentação da atividade de produção de provas no regime processual canônico, longa e minudente, consagrava como objetivo a ser alcançado a obtenção da verdade dos fatos. A decretal *Cum Causam*, de Honório III, estabelecia que o valor a ser atribuído aos diversos meios de prova dependeria do grau de certeza que cada um deles era capaz de produzir. Por outro lado, a parte que não conseguisse produzir uma prova decisiva nesse sentido (*probatio plena*) tinha o dever de complementá-la com o juramento de necessidade (*iuramentum necessarium* ou *suppletorium*).[73]

Deitados os olhos sobre a realidade germânica do início do século XIII, observa-se que também aqui o perfil do ordenamento jurídico em matéria de prova ganha novas feições. O aumento do comércio e a conseqüente necessidade de se fazer maior uso de instrumentos escritos relacionados ao registro de tais transações trouxe consigo a maior valorização da prova documental, que passava, nesse contexto, a ser considerada em condição de prevalência em relação à prova testemunhal. Tal preferência tinha lugar toda vez que o documento fosse tratado como verdadeiro ou fosse provada tal condição, considerando-se que não houvesse discussão quanto ao seu conteúdo.[74] Os juramentos, por sua vez, passaram a ocupar posição secundária em relação à prova testemunhal.[75] O emprego de ordálios, até então respaldado pela Igreja Católica, passou a ser proibido por aquela instituição a partir de 1215, desaparecendo do ordenamento jurídico de forma gradual.[76]

Por trás de tudo isso, há uma perspectiva fundamental: o objetivo da prova não era mais a simples fixação de uma verdade formal, mas sim o convencimento do magistrado a respeito da verdade real. Ao ocorrer o conflito entre as afirmações de duas testemunhas a respeito de um dado fato, a decisão era tomada com base na livre apreciação da-

---

[72] ENGELMANN, 1969 d, op. cit., p. 497. Sobre a importância da *Clementina Saepe*, ver, ainda, VAN CAENEGEN, op. cit., p. 20-21, CRUZ E TUCCI; AZEVEDO, 2001 b, op. cit., p. 57, 59-60. ALVARO DE OLIVEIRA, 2009, op. cit., p. 38 ss.

[73] CRUZ E TUCCI; AZEVEDO, 2001 b, op. cit., p. 62. Sobre o *juramentum necessarium*, ver ENGELMANN, 1969 d, op. cit., p. 483 e VAN CAENEGEN, op. cit., p. 20.

[74] ENGELMANN, 1969 a, op. cit., p. 162 e VAN CAENEGEN, op. cit., p. 43. Em sentido contrário, WALTER, 1985, op. cit., p. 55, observa:("Puesto que el objetivo de la prueba documental ya no era declarar la verdad formal, sino determinar la verdad real, se admitió también la prueba contraria de testigos e documentos. Y como la relación entre estos no estaba fijada legalmente, no había tampoco un orden de prevalencia que diese mayor favor a una u otra: a veces lo eran los testigos, otras veces los documentos").

[75] VAN CAENEGEN, op. cit., p. 43.

[76] ENGELMANN, 1969 a, op. cit., p. 155. Reforça o autor esse entendimento em outro texto (1969 b, op. cit., p. 513), ao mencionar que "empty formalism, moreover, was all that remained of the strictness of form inherent in the old procedure. Nor could it be otherwise, for the significance of form had ceased to be understood. Faith in the infallibility of the 'judgement of God' had long disappeared; and, in the 1300s and 1400s, men could hardly be still believing that observance of a prescribed formality afforded adequate guaranty for the truth of a given allegation". Confirma essa posição, ainda, WALTER, 1985, op. cit., p. 52-53.

Luis Alberto Reichelt

prova.[77] E aqui se tem uma situação peculiar, ou seja, a possibilidade de conhecimento imediato das fontes de prova pelo julgador, que exerce papel fundamental no sistema do processo romano-canônico (no sentido de justificar o declínio da retórica em detrimento da dialética em um sistema de prova legal), funciona, na realidade germânica, como uma justificativa para a adoção de um modelo que, no final do século XV, apresenta na livre apreciação da prova uma de suas principais marcas.[78] Essa situação revela-se ainda mais paradoxal se for considerada a definitiva influência exercida pelo Direito Romano-Canônico sobre a formação do processo civil germânico nos séculos XIV e XV.[79]

Naqueles ambientes onde ainda vigorava um sistema de livre apreciação da prova, observa-se a passagem para um modelo de prova tarifada, o qual é resultado direto da intervenção do soberano na regulamentação do *ordo iudiciarius*. Ao final do século XVI, começa o Estado a editar leis que veiculam orientações contrastantes com as bases éticas e lógicas do modelo do *ordo iudiciarius medioevale*.[80] Tanto na realidade italiana[81] quanto no mundo germânico, a recepção do Processo Romano-Canônico era considerada causa da desordem na administração da atividade jurisdicional e do surgimento das *lites immortales*. Neste sentido, a solução encontrada para sanar aquelas mazelas apontava em duas direções: *retomar o formalismo probatório da primeira metade da Idade Média* e *afirmar a necessidade de moralização do processo, que fundamenta a obrigação de dizer a verdade imponível a todos os sujeitos que dele participam*. Deste modo, a edição de normas processuais pelo Estado é considerada a forma excelente para que se possa estabelecer um padrão de certeza dos padrões morais a serem observados.[82]

Surge, então, na realidade germânica, um novo modelo de processo em tema de prova, no qual convivem institutos da primeira etapa da Idade Média (como, por exemplo, a *Beweisurteil*) e outros contemporâneos, como a bilateralidade na atividade de produção de provas. A oitiva de testemunhas sem a presença da parte contrária (que poteriormente era apenas comunicada do protocolo de sua manifestação), o aumento do emprego de juramentos e o reforço dos poderes do juiz coexistiam em uma mesma realidade na qual tinham lugar o emprego de prova documental (o processo, inclusive, adotava forma eminentemente escrita) e a garantia de que ambas as partes teriam acesso a todas as provas ulteriormente produzidas (*testes et documenta productione fiunt communia*).[83]

O procedimento germânico em sede de instrução probatória era rico em detalhes, tendo por ponto de partida a prolação de uma decisão (*Beweisinterlokut*) que determinava o tema a ser provado (geralmente fatos controvertidos e considerados relevantes), as regras sobre ônus de prova (fundamentalmente inspiradas nas máximas *ei incumbit probatio, qui dicit, non qui negat* e *reus excipiendo fit actor*) e os prazos dentro dos quais deveria ocorrer a produção de provas. Seguiam-se, então, três etapas: a especifi-

---

[77] WALTER, 1985, op. cit., p. 54-55.

[78] WALTER, 1985, op. cit., p. 57, afirma que "la íntima relación existente entre la libre apreciación y la recepción inmediata de la prueba había vuelto a ponerse de manifiesto en este proceso que estudiamos".

[79] Sobre tal influência, ver WALTER, 1985, op. cit., p. 84-85.

[80] GIULIANI, 1988 b, op. cit., p. 542.

[81] GIULIANI, 1988 b, op. cit., p. 545.

[82] GIULIANI, 1988 b, op. cit., p. 557-558.

[83] VAN CAENEGEN, op. cit., p. 57-59.

cação das provas, a produção ou a recepção das provas e a determinação das provas.[84] O julgamento, por sua vez, buscava a obtenção da verdade em conformidade com o especificado pela agora dominante teoria da prova legal.[85]

A técnica empregada em sede de instrução probatória, nesse momento histórico, retrata com fidelidade a importância das novas orientações lógico-filosóficas sobre a formação do processo civil em vigor àquela época. No modelo pensado por Pierre de la Rammé (também conhecido como *Petrus Ramus*), a premissa inicial é a de que os fatos contingentes – próprios da experiência jurisdicional – podem ser submetidos à verificação e a controle, da mesma forma que ocorre com os fatos empíricos, mediante o emprego de um método de investigação considerado "neutro", no qual *fatos* e *normas* são estudados em campos separados. O reforço dos poderes do juiz – com especial destaque para a preocupação com a imediatidade do conhecimento dos fatos – e a ruptura com a tradição que equacionava o emprego de provas com a vigência de regras de exclusão (orientadas em função da *quaestio iuris* a ser enfrentada), são sintomas da adoção dessa nova postura.[86]

O sucesso desse novo modelo vem retratado em obras como a *Dicaelogica* de Johannes Althusius, na qual a classificação das matérias vem elencada em dicotomias, dentre as quais a primeira é aquela que divide os planos dos *fatos* e do *direito*. Em tema de prova, merecem destaque o não-reconhecimento de valor lógico ao princípio retórico dos *onus probandi* (e, como decorrência, a rejeição à idéia de limitação do campo de investigação) e a possibilidade de o julgador substituir as partes na investigação da verdade dos fatos.[87] Essa nova concepção, por sua vez, acabou por atrair os olhares dos processualistas germânicos, sobretudo daqueles mais interessados em problemas vinculados à Lógica, como Brunneman, e, mais adiante, Leibniz.[88]

5. RUMO À IDADE CONTEMPORÂNEA: AS DIVERSAS CONCEPÇÕES DOS PAPÉIS DOS SUJEITOS DO PROCESSO EM SEDE DE ATIVIDADE INSTRUTÓRIA

Com o surgimento do direito comum germânico, que tem como marco fundamental a reforma legislativa de 1654, passou-se a reconhecer o fato de que o regime processual vigente na maior parte do território tinha origens no costume, influenciado pelo estudo do Direito Romano e por ordenamentos jurídicos estrangeiros.[89] Nesse sentido, consolida-se a adoção da teoria da prova legal,[90] que vinha aplicada em um procedi-

---

[84] ENGELMANN, Arthur. Modern Continental Procedure – Germany and Austria. In: ENGELMANN, Arthur *et alli. A History of Continental Civil Procedure*. New York: Augustus M. Kelley Publishers, 1969 b, p. 553-556. Sobre o tema, ver, ainda, VAN CAENEGEN, op. cit., p. 58-59 e GIULIANI, 1988 b, op. cit., p. 554-555.

[85] ENGELMANN, 1969 b, op. cit., p. 564 e VAN CAENEGEN, op. cit., p. 59.

[86] GIULIANI, 1988 b, op. cit., p. 552.

[87] GIULIANI, 1988 b, op. cit., p. 552-553.

[88] PICCARDI, Nicola. Processo (Dir. Moderno). In: *Enciclopedia del Diritto*. v.36. Milano: Giuffrè Editore, p. 101-118, especialmente p. 109-110.

[89] ENGELMANN, 1969 b, op. cit., p. 540-542. Sobre o modelo de *common law* anteriormente aludido, ver, ainda, VAN CAENEGEN, op. cit., p. 56-57.

[90] ENGELMANN, 1969 b, op. cit., p. 564.

mento no qual era tratado nulo o julgamento baseado em provas não-documentadas nos autos[91] e garantido o direito da parte a ser ouvida antes de ser proferida a sentença.[92]

Nem mesmo a inquestionável importância da última reforma legislativa referida para a formação de um ordenamento jurídico geral aplicável em território germânico foi capaz de impedir o surgimento de críticas fortemente contundentes a esse novo e complexo sistema. Eram objeto de reclamação a excessiva rigidez do princípio da eventualidade (que forçava as partes a colocar perante o órgão jurisdicional todos os fatos de alguma forma relacionados à controvérsia em cada estágio da marcha processual, ainda que os mesmos não fossem efetivamente relevantes para o deslinde da questão a ser enfrentada), o sigilo do procedimento (que envolvia os magistrados em uma redoma, a ponto de afastá-los do controle social), a passividade dos juízes (perigosa para os que não eram defendidos por bons advogados) e o uso de terminologia de origem estrangeira, inacessível ao cidadão comum. Em sede de regulamentação da atividade de instrução, destacam-se as observações referentes à excessiva rigidez no emprego da forma documental (trazendo, com isso, prejuízos no que diz respeito à imediatidade em termos de conhecimento das fontes de prova), o desprezo às regras de experiência em detrimento de um formalismo exacerbado em sede de regulação da atividade de produção e de apreciação da prova.[93]

Concebido como resposta a essa insatisfação, o *Codex Marchicus*, de 1748, veicula um regime jurídico da prova inspirado em um novo padrão de racionalidade. Segundo tais normas, o autor deve demonstrar o fundamento da sua pretensão de maneira plena (*vollig*), atendendo os termos da *forma probandi* estabelecida (*ordentlich*). É estabelecida, ainda, uma ordenação hierárquica dos meios de prova, a saber, a confissão, os documentos públicos e privados, a inspeção judicial, as testemunhas e o juramento.[94] Por trás disso, encontra-se toda uma escola de pensamento jusnaturalista, a qual encontrava na aritmética própria do sistema da prova legal muitas sugestões a serem seguidas em sua tentativa de superar os limites da verdade provável.[95]

---

[91] VAN CAENEGEN, op. cit., p. 56.

[92] WALTER, 1985, op. cit., p. 85.

[93] ENGELMANN, 1969 b, op. cit., p. 588-589, afirma esse autor, em relação a essa última crítica, que "it was a decided mistake to bind the judge by set rules of proof, instead of leaving him free to follow his own experience and sound judgement. The presence of these rules led to proof being demanded of facts which in the nature of things were not open to dispute but which were nevertheless disputed. In particular, it brought about resort to the judicial oath when, to the mind of any intelligent person, the truth was as plain as day. Besides, the whole law of oaths was much too formalistic, and the practice of allowing a mere oath upon belief ('Glaubenseid') encouraged loose swearing and involved the scrupulous in painful struggles of conscience" (p. 589). Sobre as referidas críticas na realidade germânica, vide VAN CAENEGEN, op. cit., p. 92.

[94] GIULIANI, 1988 b, op. cit., p. 564-565. Sobre o papel dos juízes, em especial nos processos referentes a causas de menor valor, Bruno Cavallone observa que restava inteiramente atribuído aos juízes dos *Untergerichte* o poder-dever de instruir de ofício a causa, mantendo-se, ao que parece, a orientação anterior no que se refere a tais demandas. Ver: CAVALLONE, Bruno. I poteri istruttorii del guidice – premessa storico crítica. In: ——. *Il giudice e la prova nel processo civile*. Padova: Cedam, 1991 b, p. 3-98, especialmente a p. 56.

[95] GIULIANI, 1961, op. cit., p. 235. Merece destaque o trecho no qual o autor cita a máxima cunhada por Pufendorf: "Inde recte plus defertur fidei instrumentis authenticis, et nulla corruptela vitiatis, quan dictis testium", que retrata com fidelidade o espírito dominante por trás do conceito de prova legal então adotado, com o esvaziamento da importância antes atribuída à prova testemunhal. Ver, ainda, ENGELMANN, 1969 b, op. cit., p. 543 ("After the middle of the 1700s, the natural law school began to extand its influence to the sphere of procedural science").

A edição de tal diploma, juntamente com a do *Codex Pomeranicus*, foi de fundamental importância na caminhada rumo à construção de uma codificação unificadora das normas de direito processual que vigoraram em todo o território germânico, a qual somente ocorreu posteriormente, com o advento da *Allgemeine Gerichtsordnung für die preussische Staaten*, em 1793. Em tal diploma, vem consagrado expressamente o dever do magistrado de obter a verdade, sendo imposta às partes a obrigação de fornecer ao juiz (considerado como *advocatus partium generalis*, na expressão de Leibniz) todo o apoio necessário para que seja alcançado tal escopo,[96] exercendo, desse modo, papel especial dentre os diversos meios de prova o livre interrogatório dos litigantes.[97] Uma novidade importante, sintonizada com o espírito de obtenção da verdade real, é a consagração da livre apreciação da prova como norte a ser seguido.[98] Todas essas orientações, por sua vez, retratavam uma linha de pensamento segundo a qual um ordenamento processual ditado por governantes iluminados e aplicado por juízes dotados de razão traria consigo uma orientação de investigação da verdade de uma maneira mais direta e segura.[99]

Além das orientações ético-políticas acima mencionadas, é possível identificar nos diplomas processuais editados ao longo dos séculos XVII e XVIII traços próprios das novas orientações em sede de lógica imperantes naquela realidade histórica. O influxo do pensamento ramístico (e, mais adiante, cartesiano) traz consigo a aplicação do método matemático no ordenamento jurídico traduzido de diversas maneiras. A tentativa dos estudiosos dos fenômenos processuais de reordenar a multiplicidade dos seus objetos de estudo sob a base de proposições fundamentais, almejando a construção de um verdadeiro sistema, anda lado a lado com o advento da intervenção estatal, consubstanciada na edição de codificações. Em substituição à busca de uma verdade provável, coloca-se a fé na existência de uma verdade objetiva, absoluta, preconstituída, identificada, ora com a verdade dita *formal* (no caso da prova legal), ora com a verdade *material* (no caso da livre apreciação da prova). O crescente reforço dos poderes do juiz ao longo de tal período, diretamente associado à acentuação da assimetria entre os poderes do magistrado e a liberdade das partes, somente pode ser adequadamente compreendido se forem levados em consideração os novos ventos que sopravam em termos de pensamento lógico.[100]

Entretanto, a adoção de um modelo de processo inspirado em uma radical aplicação do princípio inquisitório não obteve o sucesso desejado.[101] O excessivo volume de trabalho posto sobre os ombros do magistrado[102] e a dificuldade de manter a sua impar-

---

[96] ENGELMANN, 1969 b, op. cit., p. 590-591. No mesmo sentido, ver GIULIANI, 1988 b, op. cit., p. 565 e CAVALLONE, 1991 b, op. cit., p. 16-17.

[97] GIULIANI, 1988 b, op. cit., p. 565.

[98] VAN CAENEGEN, op. cit., p. 92.

[99] CAVALLONE, 1991 b, op. cit., p. 59-60. No mesmo sentido, aponta FAZZALARI, Elio. Valori permanenti del processo. *Rivista di Dirtto Processuale*, n. 44, p. 1-11, 1989, especialmente p. 7.

[100] PICCARDI, op. cit., p. 111-114, 117.

[101] GIULIANI, 1988 b, op. cit., p. 565.

[102] Esclarecedora a lição de ENGELMANN, 1969 b, op. cit., p. 593: "undoubtedly an important advance had been made from the common law procedure. But the enhancement of the 'officium judicis' turned to be a mistake. The method followed led to this consequence, namely, that the judge, having first caused the matter in dispute to be narrated to him, drew from such narration the requisite conclusions and formulated and arranged the demands of the parties, as well as the facts relied upon in their support, all in accordance with his own view of the case. When, with, the utmost pains, he had so substantiated the complaint in his

cialidade[103] foram graves conseqüências decorrentes da aplicação da metodologia estabelecida em tal codificação. Outra razão a justificar a ruína dessa experiência proposta pode ser encontrada, ainda, no fato de ser ela desatrelada de uma linha evolutiva histórica,[104] ao contrário dos dois *Codex* que o precederam, que repetiam muitos dos elementos já presentes na praxe forense, relativamente ao comportamento do magistrado.[105]

Em 1833 e 1846, como resposta a essa insatisfação, foram editadas novas ordenanças, sustentadas, sobretudo, no princípio dispositivo como solução, a fim de limitar o poder do juiz. Tal legislação, pensada originalmente para solucionar causas de pequeno valor em um procedimento sumário, acabou por ser adotada mais adiante como regulamentação a ser seguida como regra geral.[106] Mais adiante, há o advento de uma série de regulamentações alimentadas pelo crescente desejo de um procedimento dotado de oralidade e de publicidade, próprios da influência de idéias tipicamente liberais, de maneira que ganha cada vez mais espaço o sistema da livre convicção do juiz em detrimento do declínio do sistema da prova legal.[107]

Foi nessa linha de evolução de pensamento que ocorreu o advento do *Zivilprozessordnung* de 1877. O pensamento liberal exerce grande força na determinação do conteúdo do novo ordenamento processual: a considerável diminuição da rigidez formal no que se refere à apresentação de provas e o rompimento com o modelo anteriormente inspirado na *Eventualmaxime* são sinais dessa mudança.[108] O fato de as partes serem tomadas como verdadeiras *dominae* do processo, dispondo livremente quanto ao objeto da lide e quanto ao desenvolvimento da própria marcha processual, trouxe como conseqüência a atribuição de um papel passivo ao juiz no debate do processo. Sob essa perspectiva, a adoção de um modelo baseado na idéia de livre apreciação da prova não é suficiente para que o juiz possa ser considerado um verdadeiro investigador da verdade.[109]

O mesmo sentimento liberal pode ser encontrado nas entrelinhas do Código de processo civil italiano de 1865, no qual o juiz também ocupa um papel de mero espectador da luta entre as partes na atividade de preparação e da colheita do material objeto

---

own mind, that escape for the defendant seemed well-nigh impossible, it was then incumbent upon him to turn to the defense and, with equal assiduity, to examine each and all of the defendant's contentions, in an effort to discover the best way of defeating the plaintiff. He was, therefore, obliged continually to engage in the process of assailing his own conclusions. Indeed, if he were acting as sole judge, the situation was such as to compel him to sit in judgment upon his own theory of the case. And if the decision rested with other judges, it might easily happen that the theory which the 'Instrument' had imposed upon the parties and his conception of the facts essential to support their allegations were rejected as erroneous in whole or in part".

[103]VAN CAENEGEN, op. cit., p. 92-93. No mesmo sentido, ENGELMANN, 1969 b, op. cit., p. 593-594.

[104]NÖRR, Knüt Wolfgang. Temi fondamentali della Riforma del processo civile nell'Ottocento in Germania, *Jus,* n. 21, p. 411-420, 1974, especialmente p. 411.

[105]TARUFFO, Michele. L'obbligo di motivazione della sentenza tra Diritto Comune e Illuminismo. In: *Rivista di Diritto Processuale,* n. 29, p. 265-295, 1975, em especial p. 273.

[106] ENGELMANN, 1969 b, op. cit., p. 594-595.

[107]VAN CAENEGEN, op. cit., p. 93 e WALTER, 1985, op. cit., p. 92-93.

[108]VAN CAENEGEN, loc. cit. Fala-se em considerável diminuição da rigidez formal anteriormente nominada, visto que autores como ENGELMANN, 1969 b, op. cit., p. 609 e WALTER, 1985, op. cit., p. 93 referem a existência de situações excepcionais nas quais se aceita a sujeição ao sistema da prova legal.

[109] TROCKER, Nicolò. *Processo civile e Costituzione* – problemi di diritto tedesco e italiano. Milano: Giuffrè Editore, 1974, p. 4-5. Sobre o emprego do princípio dispositivo no procedimento ordinário da *Zivilprozessordnung* de 1877, ver, ainda, ENGELMANN, 1969 b, op. cit., p. 606 e CAVALLONE, 1991 b, op. cit., p. 63.

---

de cognição. Igualmente inspirado no *Code de Procédure Civile* francês de 1806, não acolheu, todavia, o espírito de maior simplificação do procedimento, pois manteve a eventualidade rigorosa e, com isso, ensejou-se a multiplicação de decisões interlocutórias passíveis de recurso.[110] Ao contrário, a atividade de instrução, considerada como a fase central do processo, desenvolvia-se entre as partes e, por sua iniciativa, através da troca de documentos e sem a intervenção judicial.[111] Aqui, a livre apreciação da prova acaba por se revelar ainda mais restrita que na realidade germânica, visto que o formalismo do procedimento soma-se aos limites já enfrentados naquele contexto.

O advento da *Zivilprozessordnung* austríaca de 1895, fruto das geniais idéias de Franz Klein, ocorre no ínterim de uma era caracterizada pelas tentativas de reforma da legislação processual italiana e germânica, e funciona como espírito a impulsionar tais movimentos de transformação. Os resultados de tais esforços começam a ser colhidos na reforma legislativa introduzida em 1924, pela qual foram reforçados os poderes de direção material do processo atribuídos ao juiz, determinando-lhe a adoção de todas as medidas úteis e convenientes a fim de delimitar com as partes o tema controvertido e colher o material instrutório, necessário para a construção da decisão. No entanto, somente com o advento da reforma do Código de Processo Civil alemão, em 1933, é que se pode falar em uma superação do modelo anterior, merecendo destaque, no que diz respeito à produção de provas, o reforço do princípio da imediatidade do juiz em relação às provas, passando a ser limitados os casos nos quais a prova é colhida perante o *Einzelrichter*, juiz encarregado da chamada *preparação* da causa.[112]

Esse reforço dos poderes do juiz, contudo, não pode ser asssociado diretamente ao influxo do momento cultural vivido na realidade alemã daquela época, fortemente influenciada por uma ideologia totalitária. Ao contrário, a reforma da *Zilvilprozessordnung* de 1933 é fruto de uma evolução histórica, como já foi dito acima, sendo o ápice de um processo reformador da ordem anteriormente estabelecida. Isso não significa, porém, que a ideologia nacional-socialista não viesse a ser sentida no seio de leis editadas a seguir, como a de 1935, que reforça ainda mais os poderes do juiz, desenhando um modelo de processo no qual se acentua o princípio inquisitório, e, a de 1942, que restringe a obrigação de o juiz motivar as suas decisões.[113]

Registra-se que um dos grandes méritos do modelo austríaco de 1895, amplamente acolhido na legislação alemã de 1933, não encontrou correspondência na reforma italiana de 1940, que também proclama idéias presentes naquela realidade: a abolição do juramento como prova não-passível de controvérsia.[114] O fortalecimento dos poderes

---

[110] TROCKER, 1974, op. cit., p. 11-13. Em sentido contrário, afirma que, sob a égide de tal codificação, "si tratta della loro completa autonomia e liberta, ma anche di una particolare disciplina delle attività processuali", que "si svolgono essenzialmente in forma scritta, senza significativi limiti di tempo, e sulla base di uma regolamentazione analitica delle forme degli atti", ver COMOGLIO; FERRI; TARUFFO, 1998, op. cit., p. 37. Sobre o Código de Processo Civil italiano de 1865, em especial no que diz respeito aos meios de prova nele previstos, ver MILLAR, Robert Wyness. Modern Continental Procedure – Italy. In: ENGELMANN, Arthur et alii. *A History of Continental Civil Procedure*. New York: Augustus M. Kelley Publishers, 1969 b, p. 814-816.

[111] COMOGLIO; FERRI; TARUFFO, 1998, op. cit., p. 37.

[112] A linha de evolução histórica aqui traçada é narrada em detalhes por TROCKER, 1974, op. cit., p. 27-48, 54-59.

[113] TROCKER, 1974, op. cit., p. 64-68.

[114] DENTI, Vittorio. L'evoluzione del diritto delle prove nei processi civili contemporane. In: DENTI, Vittorio. *Processo civile e giustizia sociale*. Milano: Edizione de Comunità, 1971, p. 79-122, em especial p. 91.

---

do juiz, que já começava a ser delineado desde as reformas do rito sumário em 1901 e, mais substancialmente, do Processo do Trabalho em 1928, vem incorporado como uma tendência que deve conviver com a tradicional consideração do processo como *coisa das partes*. Como resultado disso, são atribuídos ao magistrado alguns poderes de direção processual e poucos poderes instrutórios, mantendo-se íntegros os amplos poderes das partes de disposição quanto ao objeto do processo. A contra-reforma legislativa de 1950, por sua vez, voltou a reduzir os poderes do juiz, em um quadro que somente ganharia novas cores a partir das reformas introduzidas na última década do século XX, em especial nas alterações introduzidas no Código de Processo Civil italiano em 1995 e 1997. Quanto a esta última, fica nítido o reforço dos poderes do juiz, a exemplo do disposto na norma que veicula o poder de dispor de ofício quanto ao emprego da prova testemunhal relativamente a pessoas referidas pelas partes como conhecedoras dos fatos alegados,[115] vigendo, na atual codificação italiana, o princípio da livre apreciação da prova.[116]

6. CONCLUSÃO PRELIMINAR: A IDENTIFICAÇÃO DE TRÊS MODELOS FUNDAMENTAIS A RESPEITO DO CONCEITO E DA FUNÇÃO DA PROVA NO PROCESSO CIVIL

A observação do panorama histórico acima desenhado oferece muito mais do que o conhecimento de experiências anteriores à atualmente vivida, inegavelmente importantes para a compreensão da realidade contemporânea. O estudo da história do conceito e da função da prova no processo civil revela ao estudioso a possibilidade de sistematizar o rico universo examinado em perspectiva diacronica. A concepção de grandes modelos fundamentais, nesse sentido, é fruto da identificação de traços comuns às diferentes vivências listadas ao longo dessa linha do tempo.

A identificação de modelos paradigmáticos impõe, antes de tudo, que seja considerada a finalidade à qual a prova serve. Tal critério, por sua vez, exerce fundamental influência na delimitação dos papéis dos participantes do debate processual e no instrumental a ser por eles utilizado na tarefa do atendimento ao respectivo fim.

Levando em conta esses critérios, Alessandro Giuliani reconheceu três grandes paradigmas em sede de conceito e de função de prova: a prova como *experimentum*, a prova como *ratio* e a prova como *argumentum*.[117] O exame crítico de tais modelos, mais do que uma mera homenagem ao autor citado, constitui requisito fundamental para que se possa identificar as diversas conformações da idéia de prova em razão dos diferentes parâmetros de racionalidade que podem nortear o fenômeno da formação do convencimento jurisdicional.

6.1. A prova como *experimentum*

A concepção da noção de prova como *experimentum* tem como premissa fundamental a idéia de equiparação entre a prova jurídica e a prova lógico-científica.[118] Essa

---

[115] COMOGLIO; FERRI; TARUFFO, 1998, op. cit., p. 40-54.

[116] COMOGLIO; FERRI; TARUFFO, 1998, op. cit., p. 623.

[117] GIULIANI, 1988 b, op. cit., p. 524-529.

[118] Emprega-se a expressão *lógico-científica* em face da pretensão de exclusividade própria do pensamento cartesiano, relativamente à sua aplicabilidade como referencial a ser empregado, para que raciocínios e

paridade, por sua vez, alicerça-se na suposição da existência de dois pontos comuns entre os conceitos acima elencados: a *consideração da verdade material como objetivo final da investigação* e a *identidade entre as atividades do juiz e do historiador.*[119]

No domínio da prova como *experimentum*, a técnica empregada em sede de investigação envolve a aquisição de informações sobre uma hipótese segundo uma ordem progressiva, estruturada, com o objetivo de esgotar o campo de investigação. Nesse sentido, sustenta-se que tanto o magistrado como o pesquisador histórico empregam raciocínios demonstrativos para retratar relações de causa e efeito entre eventos, lançando mão de técnicas relacionadas com a existência de critérios de *clareza*, de *regularidade*, de *sucessão*. Em não sendo possível a obtenção da verdade real (possibilidade que se admite em função de o passado não ser passível de observação imediata por aquele que o examina), preencher-se-iam as lacunas eventualmente restantes graças ao emprego de cálculos de probabilidade,[120] expressos em regras relacionadas à prova legal ou à repartição dos *onus probandi.*[121]

O modelo de prova como *experimentum* pode ser flagrado naquelas experiências históricas nas quais a livre apreciação da prova, tratada como um instrumento comprometido com a obtenção da verdade real, é acompanhada da centralização dos poderes instrutórios nas mãos do magistrado. Reflexos da consideração da prova como *experimentum* podem ser localizados, contudo, até hoje em estudos que defendem o uso de cálculos matemáticos como ferramentas idôneas para a determinação de graus de probabilidade de hipóteses de fato.[122]

Não são poucos os problemas identificados nas tentativas de aplicação da idéia de prova como *experimentum* à realidade. A experiência histórica revela a sua incompatibilidade com o espírito de economia da investigação, bem como os perigos do exagero decorrente do comprometimento com a pureza da ciência jurídica, não sendo apto tal paradigma, pois, para explicar adequadamente o fenômeno da passagem do plano dos fatos ao plano das normas.[123]

Ao lado disso, outros complicadores podem ser observados em estudos que discutem a sua aplicabilidade para os problemas atuais. Os entraves que surgem nos casos em que a complexidade e a dinamicidade da realidade histórica desafiam o emprego exclusivo de critérios de probabilidade baseados em fórmulas matemáticas, juntamente com a dificuldade de se estabelecer as *prior probabilities* ou *base rate informations* que

---

conclusões possam ser considerados *cientificamente corretos*. Sobre o tema, ver GADAMER, Hans-Georg. *Verdade e método* – traços fundamentais de uma Hermenêutica Filosófica. Traduzido do alemão por Flávio Paulo Meurer. v. 1. 4. ed. Petrópolis: Vozes, 2002, p. 59: "o conceito moderno de ciência e o conceito de método a ele subordinado não podem ser suficientes. O que faz das ciências do espírito uma ciência é mais compreensível com base na tradição do conceito de formação do que da idéia de método da ciência moderna", referindo-se, mais adiante, à idéia de "reivindicação de exclusividade dessa nova ciência".

[119] Sobre o tema, ver CALAMANDREI, Piero. Il giudice e lo storico. In: *Rivista di Diritto Processuale Civile*, n. 16, p. 105-128, 1939 e TARUFFO, Michele. Il giudice e lo storico: considerazioni metodologiche. In: *Rivista di Diritto Processuale*, n. 22, p. 438-465, 1967.

[120] GIULIANI, 1988 b, op. cit., p. 527.

[121] CALAMANDREI, 1939, op. cit., p. 115.

[122] TARUFFO, Michele. *La prova dei fatti giuridici* – nozioni generali. Milano: Giuffrè Editore, 1992 a, p. 166 ss.

[123] GIULIANI, 1988 b, op. cit., p. 527. Ver, ainda, CALAMANDREI, 1939, op. cit., p. 107-108, em lição alicerçada na distinção entre questões de fato e questões de Direito, sobre a qual sustenta a distinção entre as atividades do juiz e do historiador.

---

sustentam os juízos de cálculos probabilísticos, são sintomas da inconsistência inerente à racionalidade de tal modelo.[124]

Deve-se também considerar que a equiparação proposta entre os papéis exercidos pelo juiz e pelo historiador não parece adequada, ao menos nos termos em que está proposta pela idéia de prova como *experimentum*. Isso porque o magistrado está diante de versões conflituais da realidade associadas a interesses que se pretendem fazer valer em um mecanismo dialético, de maneira que a obtenção da verdade, em tal contexto, é também sinal de êxito da controvérsia.[125] Ao contrário do que ocorre com o historiador, o juiz não investiga o que quiser, mas somente se debruça sobre os fatos dentro dos limites da narrativa tecida pelas partes.[126] A defesa de um possível paralelo entre as atividades do juiz e do historiador cai em desgraça, ainda, em função da peculiaridade da racionalidade do julgador, decorrente da inserção do instrumental de que dispõe em um contexto no qual a investigação empreendida é orientada segundo parâmetros éticos e jurídicos.[127]

6.2. A prova como *ratio*

De acordo com o modelo de prova como *ratio*, a aceitação da idéia de verdade formal atua como fator para a eliminação do subjetivismo da decisão jurisdicional. Diferencia-se tal perspectiva da anteriormente mencionada, pois a lógica de *aquisição gradual de informações* própria da idéia da prova como *experimentum* passa a ser substituída por uma *teoria formal da disputa*, considerada como modelo de discussão racional a ser adotado como parâmetro para a construção de uma decisão. Segundo tal paradigma, a solução de problemas jurídicos em geral não depende da demonstração da verdade dos fatos alegados nos autos, mas tão-somente da consideração de provas produzidas em conformidade com os parâmetros objetivos de racionalidade.[128]

Tal fundamentação teórica serviu de inspiração tanto para a construção de referenciais históricos baseados na idéia de prova legal quanto para outros pautados na idéia

---

[124] TARUFFO, 1992 a, op. cit., p. 191-194, especialmente p. 192-193.

[125] PASTORE, Baldissare. *Giudizio, prova, ragione pratica.* Milano: Giuffrè Editore, 1996, p. 137. Veja-se, ainda, as palavras de PATTI, Salvatore. Libero convincimento e valutazione delle prove. *Rivista di Diritto Processuale*, n.40, p. 481-519, 1985, especialmente p. 494: "com riferimento all'attività del giudice in un sistema di prove legali, parangonandola con intelligenza a quella dello storico, è stato rilevato che mentre il secondo valuta discrezionalmente l'attendibilità delle informazioni raccolte e stabilisce una 'graduatoria de credibilità', soltanto in parte corrispondente alla sua coscienza di critico, il giudice deve ciecamente contentarsi della esperienza racchiusa nelle prove legali pur quando è intimamente convinto della non corrispondenza tra la certezza formalmente raggiunta e la verità. Com riferimento all'attività del giudice in occasione della valutazione di prova libere, gli inconvenienti del sistema sono evidenti e ben noti nel casi in cui il giudice, con una certa frettolosità o 'generosità' ritenga provato un fatto nonostante l'obbiettività sussistenza di dubbi. Ma gli inconvenienti – a nostro avviso – sono più gravi nel caso opposto, cioè quando il giudice, sia pure in perfetta buona fede, sussistendo il dubbio non si sente di proclamarsi convinto".

[126] Assim já afirmavam CALAMANDREI, 1939, op. cit., p. 109-111 e TARUFFO, 1967, op. cit., p. 443-444.

[127] É interessante o comentário de CARRATTA, Antonio. Funzione dimonstrativa della prova (verità del fatto nel processo e sistema probatório). *Rivista di Diritto Processuale*, n. 56, p. 73-103, 2001, especialmente p. 93, ao elencar as semelhanças e diferenças entre o cientista, o historiador e o juiz, conclui no sentido de que a especificidade da prova judiciária, fruto do contexto altamente formalizado próprio no qual se inserem os fenômenos examinados em âmbito jurídico-processual, serve como traço a identificar a peculiaridade do raciocínio empregado por esse último em sede de prova. Sobre outras diferenças entre as atividades do juiz e do historiador, em amplo estudo, conferir CALAMANDREI, 1939, op. cit., *passim*.

[128] GIULIANI, 1988 b, op. cit., p. 527-528.

---

de livre apreciação da prova. O que caracteriza tal modelo é o fato de os poderes do magistrado em sede de instrução serem consideravelmente reduzidos em relação ao das partes, estabelecendo-se um modelo de distribuição de cargas entre os participantes do debate eminentemente assimétrico.

A idéia de prova como *ratio* possui como principal virtude a ênfase dada à necessidade de identificação de parâmetros de racionalidade objetiva dentro dos quais se desenvolve o controle das assertivas por parte do magistrado. Coloca em evidência, ainda, a limitação das faculdades humanas envolvidas na tarefa de reconstrução de um passado que nem sempre deixa rastros passíveis de observação direta, dando atenção para o fato de que a atividade jurisdicional tem por escopo fundamental a necessidade de solucionar de forma rápida e racional o conflito dos litigantes, e não a investigação da verdade real.[129]

Não obstante a existência de eventuais vantagens em tal concepção, tais ganhos não justificam que sejam ignoradas as graves críticas às quais a concepção de prova como *ratio* está sujeita. O desapego de tal modelo em relação à idéia de verdade como resultado a ser almejado ao final do processo, reduzindo-se a idéia de justiça à de mera observação da legalidade no debate processual, é o principal obstáculo a ser levantado contra a sua prevalência no processo civil contemporâneo. O esvaziamento dos poderes do juiz, alçado por certos modelos históricos ao patamar de remédio contra os excessos praticados em um passado anterior, já se revelou também como sendo uma solução inadequada para o problema da distribuição de cargas entre os envolvidos na atividade de construção do panorama a ser considerado pelo julgador na decisão a ser proferida para o caso proposto pelas partes.[130]

6.3 A prova como *argumentum*

Uma terceira proposta de definição do conceito e de função da prova presente ao longo da evolução histórica do processo civil é aquela que a toma como *argumentum*. Essa noção revela avanços no que diz respeito à superação da idéia de demonstração como único método científico possível a ser adotado para retratar a realidade dos fatos, trazendo à baila a discussão em torno da *revalorização da retórica* como ferramenta capaz de retratar a verdade. Nesse contexto, a prova passa a ser um *argumento destinado à construção de uma representação do mundo examinado produzida no âmbito do eticamente possível*.

A técnica de investigação a ser empregada também apresenta peculiaridades: lança-se mão de critérios de relevância da prova veiculados sob a forma de regras de exclusão, segundo as quais para cada tipo de controvérsia haveria diferentes tipos de prova a serem produzidas. As regra sobre ônus de prova – em sintonia com o espírito de economia dos esforços empreendidos em sede de investigação – correspondem a razões de caráter lógico e ético, sendo a idéia de existência de parâmetros de normalidade considerada como fenômeno inserido no domínio do provável, o qual é axiologicamente orientado. O olhar para o passado não separa fato e norma, de maneira que a reconstrução da realidade histórica não pode ser dissociada da sua valoração. Tudo isso acontece em um diálogo do qual todos os sujeitos do processo participam constantemente, o qual é conduzido por um juiz imparcial, mas não passivo.[131]

---

[129] GIULIANI, 1988b, op. cit., p. 527.
[130] GIULIANI, 1988b, op. cit., p. 528.
[131] GIULIANI, 1988b, op. cit., p. 524-525.

O amadurecimento cultural, fruto da análise crítica da experiência histórica, tratou de construir soluções para os dois grandes obstáculos que ocasionaram o insucesso do *ordo iudiciarius medioevale*, aquele que foi o modelo que melhor retratou tal concepção. De um lado, o compromisso ético-jurídico do ordenamento jurídico processual com a obtenção da verdade revela a existência de um parâmetro moral mínimo a ser seguido por todos os sujeitos que integram o debate, evitando os riscos de surgimento de diálogos estéreis ou viciados. Por outro lado, a fixação de um procedimento orientado à luz da idéia de economia da pesquisa pode ser tratada como a veiculação, no ordenamento jurídico vigente, do anteriormente tão desejado equilíbrio entre dialética e retórica.

Outros obstáculos foram levantados pela doutrina para indicar a invalidade da sua adoção na realidade contemporânea. Questiona-se a ausência de critérios explicativos de como, quando e em quais condições se forma o convencimento do juiz em um contexto de persuasão.[132] Aponta-se o surgimento de confusão entre eficácia e validade da argumentação retórica em sede de prova, referindo-se a necessidade de apresentação de critérios idôneos que possibilitem o controle do raciocínio judicial no que se refere a tais aspectos.[133] Esvazia-se, nesse sentido, até mesmo a validade da adoção de tal concepção, no momento em que a mesma não se impõe através de comandos de caráter prescritivo, mas somente se apresenta de forma acidental.[134] Por fim, o restrito âmbito de vigência de tal proposta de definição de prova em perspectiva histórica e jurídico-comparada seria outro fator a indicar a inviabilidade de sua adoção,[135] decorrente de uma espécie de supervalorização do restrito âmbito de atuação do raciocínio argumentativo quando se trata de atividade judicial.[136]

---

[132] TARUFFO, 1992 a, op. cit., p. 328, afirma que "anche ammettendo che la prova venga usata come strumento di persuasione nei confronti del giudice, ciò non spiega se, come, quando e a quali condizioni essa raggiunga lo scopo, ossia convinca davvero il giudice a scegliere una versione dei fatti invece che um'altra. Si tratterebbe allora di una concezione della prova largamente incompleta, ed anzi fondamentalmente inconsistente perché non consente di stabilire quando la prova esplica la funzione persuasiva che tipicamente le viene attribuita. Ma se non riesce a distinguere tra uma prova persuasiva e uma prova che non lo è si ha uma teoria che non serve a nulla, perché non distingue ciò che costituisce uma prova da ciò che non há alcuna efficacia probatoria". Em crítica à perspectiva de Perelman a respeito do tema, VERDE, 1988, op. cit., p. 587-588, adota posição semelhante, apontando que o mesmo é "sfuggente e indefinito: si situa, a ben vedere, in proprietà intrinseche della argomentazione – tale da convincere qualsiasi uditorio – che necessariamente si riferiscono a un'ideologia conservatrice o esaltano e premiano gli strumenti di manipolazione del consenso utilizzabili nella società attuale".

[133] TARUFFO, 1992 a, op. cit., p. 329, trata do "vizio della concezione retorica della razionalità consistente nell'incapacità di distinguere tra argumentazioni efficaci e argomentazioni valide: allo stesso modo, infatti, non si distingue tra prove persuasive e prove idonee a dare um fondamento razionale al giudizio di fatto".

[134] Esse *caráter prescritivo* é utilizado por TARUFFO, 1992 a, op. cit., p. 329, como razão para rechaçar a idéia de prova como *argumentum*, sob o fundamento de que tal visão "non considera che la persuasione (come la non-persuasione) è um fatto empirico che riguarda la situazione soggettiva di taluno (per quanto qui interessa: il giudice) (...)".

[135] TARUFFO, 1992 a, op. cit., p. 323-327.

[136] VERDE, 1988, op. cit., p. 587, refere que "non è vero che il ragionamento del giudice sia esclusivamente argomentativo: accanto ai giudizi di valore si ritrovano i giudizi di validità, passibili di dimostrazione logica e tali da assumere un ruolo rilevante nel delinearne la struttura".

Capítulo II

A tradicional visão doutrinária a respeito do conceito, do objeto e da função da prova no processo civil

O panorama histórico acima traçado oferece um ponto de partida útil para uma investigação sistemática a respeito do conceito, do objeto e da função da prova no processo civil contemporâneo. Contudo, a adoção de uma perspectiva crítica sobre os paradigmas hoje vigentes exige mais do que o olhar para o passado. Impõe-se, pois, primeiramente, conhecer o atual estado das coisas, através da adoção de uma postura eminentemente descritiva frente ao amplo panorama atualmente existente em relação à temática em questão.

1. O PANORAMA DOUTRINÁRIO ATUAL A RESPEITO DO CONCEITO DE PROVA NO PROCESSO CIVIL

A delimitação do significado da idéia de *prova* no âmbito do processo civil é tarefa que exige esforço e atenção redobrados, dada a sua complexidade. Em uma primeira dimensão, urge que seja apresentada uma resposta satisfatória às necessidades inerentes à formação de todo um sistema jurídico no qual tal noção atua como referência elementar de unidade, atrelando outras dela decorrentes. Deste modo, a precisão na definição do conceito de prova é de fundamental importância para a compreensão de diversas noções dele derivadas (como, por exemplo, a distinção entre meios e fontes de prova e as noções de ônus de prova e de apreciação da prova), de maneira a evitar o surgimento de incompatibilidades capazes de produzir uma indesejável quebra de sistema.[137]

O desafio, porém, revela-se ainda maior se foram levadas em consideração que todas essas definições decorrentes do conceito de prova envolvem boa parte do instru-

---

[137] O desafio apontado acima reside em garantir a unidade inerente a todo e qualquer sistema. Nas palavras de CANNARIS, Claus Wilhelm. *Pensamento sistemático e conceito de sistema na ciência do Direito.* Tradução para o português por Antonio Menezes Cordeiro. 2. ed. Lisboa: Fundação Calouste Gulbenkian, 1996, p. 12, essas duas características "estão, uma para com a outra, na mais estreita relação de intercâmbio, mas são, no fundo, de separar. No que respeita, em primeiro lugar, à ordenação, pretende-se, com ela – quando se recorra a uma formulação muito geral, para evitar qualquer restrição precipitada – exprimir um estado de coisas intrínseco racionalmente apreensível, isto é, fundado na realidade. No que toca à unidade, verifica-se que este factor modifica o que resulta já da ordenação, por não permitir uma dispersão numa multitude de singularidades desconexas, antes devendo deixá-las reconduzir-se a uns quantos princípios fundamentais".

---

mental colocado à disposição dos sujeitos integrantes do diálogo processual a respeito de um problema proposto ao órgão jurisdicional, que, na qualidade de terceiro imparcial, determina qual é o desfecho a ser dado ao debate travado nos autos. A definição do conceito de prova envolve, portanto, a solução de um problema não meramente teórico, mas sim eminentemente prático.

Essa pluralidade de finalidades acarreta o surgimento de dificuldades a serem superadas na busca de um conceito de prova moldado às exigências contemporâneas, as quais podem ser vistas na análise atenta de alguns dos principais esforços doutrinários realizados em torno do tema. Deitados os olhos sobre o estudo do magistério de Francisco Carnelutti, é possível encontrar sinais da dificuldade de delimitação de um conceito único de prova, sendo sintomático, nesse sentido, o itinerário percorrido pelo autor para a construção da definição que emprega em sua obra clássica a respeito do tema. Após fazer a referência feita a um significado de prova próprio da linguagem comum ("controllo della verità di una proposizione"), e de fazer distinção entre prova e o procedimento empregado para a realização da prova, expõe o referido autor o que denomina de um conceito jurídico de prova: "dimostrazione della verità di un fatto data con i mezzi legali (per legitimos modos) o, più brevemente, dimostrazione della verità legale di um fatto".[138]

Semelhante impasse parece ser aquele com o qual se depara João Batista Lopes, para quem a solução a ser adotada passa pela consideração da idéia de prova em dois sentidos, a saber, um objetivo e outro subjetivo. "Sob o aspecto objetivo", ensina o autor, a prova "é o conjunto de meios produtores de certeza jurídica ou o conjunto de meios utilizados para demonstrar a existência de fatos relevantes para o processo". No que se refere ao aspecto subjetivo, define o autor como sendo "a própria convicção que se forma no espírito do julgador a respeito da existência ou da inexistência de fatos alegados no processo".[139] Essa é a mesma posição seguida por Moacyr Amaral Santos: em sentido objetivo, a prova seria "o meio – pessoa, coisa documento – por que a verdade chega ao espírito de quem a aprecia; são os meios de demonstração da verdade dos fatos sobre os quais versa a ação", ao passo que, em sentido subjetivo, "é a própria convicção da verdade sobre os fatos alegados".[140] A distinção ora efetuada é referida, ainda, por Humberto Theodoro Jr.[141] e por José Eduardo Carreira Alvim.[142]

Em outros autores, o que se observa é o esforço centralizado na distinção de três conceitos relacionados à prova, quais sejam os de *atividade*, de *meio* e de *resultado*. Um primeiro exemplo de tal posição pode ser encontrado em Dante Barrios de Angelis, para quem, "el concepto de prueba es múltiple; por lo menos puede reconocerse la existencia de tres conceptos de prueba – o aspectos de su noción: 1) prueba como aptitud, o ente poseedor de la aptitud, de producir certeza; 2) prueba como actividad, destinada al establecimiento de la certeza; 3) prueba como grado de certeza".[143]

---

[138] CARNELUTTI, Francesco. *La prova civile* – parte generale – il concetto giuridico della prova. Milano: Giuffrè Editore, 1992, p. 44-48.

[139] LOPES, João Batista. *A prova no direito processual civil*. 2. ed. rev., atual. e ampl. São Paulo: Revista dos Tribunais, 2002, p. 26.

[140] SANTOS, 1983, op. cit., p. 8.

[141] THEODORO JR., Humberto. *Curso de direito processual civil*. v. 1. 41. ed. Rio de Janeiro: Forense, 2004, p. 381.

[142] CARREIRA ALVIM, José Eduardo. *Teoria geral do processo*. 8. ed. ampl. e atual. Rio de Janeiro: Forense, 2003, p. 252.

[143] BARRIOS DE ANGELIS, Dante. *Teoría del proceso*. 2. ed. Montevidéu; Buenos Aires: Editorial B. de F. Ltda, 2002, p. 188. No mesmo sentido, SENTÍS MELENDO, 1978, op. cit., p. 35-36: "ahora bien: el

---

Essa mesma perspectiva foi bem apanhada, ainda, por Eduardo Cambi, ao referir que "como atividade, a prova é sinônimo de instrução ou conjunto de atos, realizados pelo juiz e pelas partes, com a finalidade de reconstrução dos fatos que constituem o suporte das pretensões deduzidas e da própria decisão. (...) Como meio, a prova é vista como um instrumento pelo qual as informações sobre os fatos são introduzidas no processo. (...) Como resultado, prova é sinônimo de êxito ou de valoração consubstanciado na convicção do juiz".[144]

Seguindo a mesma linha de pensamento acima traçada, Antônio Carlos de Araújo Cintra afirma que a palavra *prova* pode "designar a atividade desenvolvida no processo com a finalidade de fornecer ao juiz elementos destinados a permitir a reconstrução mental dos fatos relevantes para o julgamento da lide ou de questão processual", servindo, ainda, para "nomear os elementos fornecidos ao juiz, pela atividade probatória, para que este, com eles, reconstrua mentalmente aqueles fatos relevantes". O mesmo vocábulo designa, ainda, segundo a lição ora citada, como acepção possível, uma "imagem produzida na mente do juiz pelos elementos fornecidos pela atividade probatória".[145] Essa distinção é examinada por Marina Gascón Abellan como uma das problemáticas relacionadas ao emprego da palavra *prova*, distinguindo esse vocábulo como meios de prova ("lo que permite conocer los hechos relevantes de la causa; es decir, lo que permite formular o verificar enunciados asertivos que sirven para reconstruir esos hechos"), como resultado probatório ("el conocimiento ya obtenido de hecho controvertido o el enunciado fáctico verificado que lo describe") e como procedimento probatório ("procedimiento intelectivo (uma constatación o uma inferencia) mediante el cual, a partir de los medios de prueba, se conocen hechos relevantes para la decisión; es decir, se formulan o se verifican enunciados asertivos sobre esos hechos").[146] Também é essa tripartição que norteia a visão defendida por Ovídio A. Baptista da Silva e por Vittorio Denti.[147]

---

idioma no se detiene en ese significado. Si la prueba e verificación o demostración, también se entiende por prueba la 'acción o efecto de probar'; y tendremos así la actividad probatoria y el resultado probatorio; y prueba será 'razón, argumento, instrumento u outro medio con que se pretende mostrar y hacer patente la verdad o falsedad de uma cosa'; tendremos entonces los argumentos de prueba y los medios de prueba aunque no servirán para 'hacer patente la verdad o falsedad de uma cosa', sino la verdad o falsedad de lo que se haya afirmado respecto de uma cosa, ya que objeto de prueba no son las cosas ni los hechos sino las afirmaciones. Em resumen, se há dicho con razón que el concepto de prueba no debe buscarse en el ámbito del derecho procesal por ser más bien próprio de la ciencia extrajurídica; que su figura es poliédricaç y esto aun sin salirse del campo juridico; en ese concepto o – si queremos – con ese vocablo se confunden los elementos, los medios, las razones o motivos y el resultado". Da mesma forma, VERDE, 1988, op. cit., p. 588: "con eso si allude al fatto rappresentativo (o mezzo o fonte della rappresentazione); ovvero al procedimento attraverso il quale le parti e il giudice acquisiscono al processo il mezzo di prova; ovvero ancora al risultato del procedimento probatorio, vale a dire alla rappresentazione che ne deriva e, più propriamente, al convincimento che il giudice se ne forma". Nesse último sentido, ver CAMBI, Eduardo. *Direito constitucional à prova no processo civil.* São Paulo: Revista dos Tribunais, 2001, p. 47.

[144] CAMBI, 2001, op. cit., p. 48.

[145] CINTRA, Antônio Carlos de Araújo. *Comentários ao Código de Processo Civil.* v. 4. 2. ed. Rio de Janeiro: Forense, 2003, p. 1-2.

[146] ABELLAN, Marina Gascón. *Los hechos em el Derecho* – bases argumentales de la prueba. 2. ed. Madrid: Marcial Pons Ediciones Jurídicas e Sociales S.A., 2004, p. 83-86.

[147] SILVA, Ovídio A. Baptista da. *Curso de processo civil.* v. 1. 6. ed. São Paulo: Revista dos Tribunais, 2003, p. 335-336: "no domínio do processo civil, onde o sentido da palavra prova não difere substancialmente do sentido comum, ela pode significar tanto a atividade que os sujeitos do processo realizam para demonstrar a existência dos fatos formadores de seus direitos, que haverão de basear a convicção do julgador, quanto o instrumento por meio do qual essa verificação se faz. No primeiro sentido, diz-se que a parte

Essa lista de significados pode aumentar ainda mais se for considerado o contraste das diversas correntes doutrinárias existentes a respeito do conceito de prova. É interessante, nesse sentido, o panorama construído por Hernando Devis Echandía, ao referir seis significados a respeito da noção aludida: a) "hechos que sirven de prueba a otros hechos"; b) "todo medio que sirve para conocer cualquier cosa o hecho"; c) "convicción que con ella se produce en la mente del juez"; d) "conjunto de motivos o razones que nos suministran el conocimiento de los hechos, para los fines del proceso, que de los medios aportados se deducen"; e) "matéria que debe probarse o el objeto de la prueba"; e f) "actividad de comprobación de os sujetos procesales o de terceros y el procedimiento en que se desarrolla la prueba".

Da análise de tais definições, identifica o autor o que chama de três aspectos fundamentais do conceito de prova judicial: uma *manifestação formal* (correpondente aos meios utilizados para levar ao juiz o conhecimento dos fatos, inerentes às duas primeiras definições acima elencadas); um *conteúdo substancial* ou *essencial* (que se refere às razões ou aos motivos que desses meios se deduzem em favor da existência ou da inexistência dos fatos – elemento presente na quarta definição examinada); e um resultado subjetivo (relativo ao convencimento que com as provas se trata de produzir na mente do julgador – noção inerente à terceira, à quarta e à sexta acepções). Conclui, pois, por analisar a idéia de prova a partir dessa tríplice acepção (que, em suma, coincide com a tripartição anteriormente retratada), ao declarar que "prueba judicial (em particular) es todo motivo o razón aportado al proceso por los medios y procedimientos aceptados em la ley, para llevarle al juez el convencimiento o la certeza sobre los hechos".[148]

Outra via encontrada na doutrina é aquela que sustenta ser possível a construção de um conceito único de prova. Essa é a posição seguida por Santiago Sentís Melendo, para quem a prova é "verificación – de afirmaciones – utilizando fuentes que se llevan al proceso por determinados medios – aportadas aquéllas por los litigantes y dispuestos éstos por el juez – con las garantías jurídicas establecidas – ajustándose al procedimiento legal – adquiridas para el proceso – y valoradas de acuerdo a normas de sana crítica – para llegar el juez a una convicción libre".[149] Enfatiza o autor a relação entre prova e

---

produziu a prova, para significar que ela, através da exigição de algum elemento indicador da existência do fato que se pretende provar, fez chegar ao juiz certa circunstância capaz de convencê-lo da veracidade da sua afirmação. No segundo sentido, a palavra prova é empregada para significar não mais a ação de provar, mas o próprio instrumento utilizado, ou o meio com que a prova se faz". Mais adiante, completa o autor, afirmando que "pode-se empregar o mesmo vocábulo prova para significar o convencimento que se adquire a respeito da existência de um determinado fato".

DENTI, Vittorio. Scientificità della prova e libera valutazione de giudice. In: *Rivista di Diritto Processuale*, n. 27, p. 414-437, 1972, especialmente p. 414: "questi significati possono essere ridotti a ter: "1) in una prima accezione, 'prova' designa i mezzi dei quali ci si può servire per la dimostrazione del thema probandum, ossia i documenti, le testimonianze, gli indizi, ecc. (è questo um significato assai vicino a quello di 'evidence'); 2) in una seconda accezione, 'prova' designa il procedimento probatorio, ossia il complesso delle attività, più o meno compiutamente regolate dalla legge, attraverso le quali il giudice e le parti acquisiscono al processo i mezzi di prova; 3) in una terza accezione, 'prova' designa il risultato del procedimento probatorio, ossia il convincimento al quale il giudice perviene attraverso i mezzi di prova (è questo um significato prossimo a quello di 'proof')".

[148] DEVIS ECHANDÍA, Hernando. *Teoria general de la prueba judicial*. t. 1. 6. ed. Buenos Aires: Víctor P. de Zavalía S. A., 1988 a, p. 20-34.

[149] SENTÍS MELENDO, Santiago. *La prueba* – los grandes temas del derecho probatorio. Buenos Aires: Ediciones Juridicas Europa-America, 1978, p. 22.

liberdade, referindo que "si se há de someter a formas determinadas, es precisamente porque esas formas son el precio de la libertad", pois "donde la libertad no existe, estaremos ante un fenómeno procesal no probatorio; que podrá ser indispensable para que se ponga fin al proceso, resolviendo el litigio; pero que sólo constituirá un sucedáneo de prueba y no una manifestación de esta".[150]

Essa idéia de prova como atividade permeia também os conceitos propostos por Antonio Dellepiane e por Francisco Cavalcanti Pontes de Miranda. Nas palavras do primeiro autor citado, a prova, "en el sentido de accón de probar, es la confrontación de la versión de cada parte con los elementos o medios producidos para abonarlas".[151] Para o segundo autor, "prova é o ato judicial ou processual, pelo qual o juiz se faz certo a respeito do fato controverso ou do assento duvidoso que os litigantes trazem a juízo".[152]

A construção de um conceito único de prova também é a via escolhida, ainda que a partir de uma perspectiva diversa, por Luiz Guilherme Marinoni e Sérgio Cruz Arenhart. De acordo com os referidos autores, "a prova, em direito processual, é todo meio retórico, regulado pela lei, e dirigido a, dentro dos parâmetros fixados pelo Direito e de critérios racionais, convencer o Estado-juiz da validade das proposições, objeto de impugnação, feitas no processo". Sustentam o seu conceito como sendo válido, inclusive como resposta às duras críticas anteriormente elencadas ao conceito de prova como *argumentum*.[153]

Outra proposta de conceito de prova é a apresentada por Henri Levy-Bruhl. Ao definir a prova como "um mécanisme destiné à établir une conviction sur um point incertain", passa o autor, mais adiante, a examinar a distinção entre prova judiciária e prova científica, situando as peculiaridades da prova em três dimensões fundamentais: o seu domínio (que envolve a tarefa de "diminuer le plus possible la marge de l'incertitude, à rapprocher le probable du réel, le vraisemblable du vrai"), a sua função (uma função de persuasão – "la preuve judiciaire a pour objet de faire obtenir par l'intéressé la ratification, l'homologation de la collectivité", de maneira que "la recherche de la vérité passe au second plan, ne joue qu'um rôle secondaire") e os seus meios empregados (variando o regime das provas de acordo com "les valeurs auxquelles le groupe social attache le plus de créance").[154]

Em suma, não se pode afirmar que existe consenso a respeito do conceito de prova no processo civil. Não obstante isso, a investigação até aqui desenvolvida logra sucesso no que se refere à delimitação de diversos conceitos de prova que apresentam, ao menos aparentemente, um mínimo comum no que diz respeito ao seu objeto e à sua finalidade. Impõe-se, nesse sentido, passar ao estudo de tais elementos, a fim de que se possa integrar as lacunas deixadas pelos autores no emprego de linguagem aberta para a confecção de suas definições.

---

[150] SENTÍS MELENDO, Santiago. 1978, op. cit., p. 84.

[151] DELLEPIANE, 1919, op., cit., p. 19-20.

[152] PONTES DE MIRANDA, Francisco Cavalcanti. *Comentários ao Código de Processo Civil*. t. 4. 3. ed. rev. e aument., com atualização legislativa efetuada por Sérgio Bermudes. Rio de Janeiro: Forense, 1997 b, p. 246.

[153] MARINONI; ARENHART, 2005 a, op. cit., p. 91, sendo que a resposta que os referidos autores apresentaram às críticas endereçadas por Giovanni Verde à idéia de prova como *argumentum* encontra-se nas páginas 92-93.

[154] LEVY-BRUHL, 1963, op. cit., p. 15, 25, 29, 41.

2. SOBRE O OBJETO DA PROVA NO PROCESSO CIVIL

Quando se trata de investigar o atual estado da arte relativamente ao problema do objeto da prova,[155] observa-se que os esforços da doutrina tradicional são direcionados ao esclarecimento de dois pontos fundamentais: a separação entre questões de fato e questões de Direito e a distinção entre fatos e alegações sobre fatos.[156] Paralelamente a isso, é possível apontar a existência de preocupação concernente às relações entre o objeto da prova ora examinado e os casos nos quais a ordem jurídica afirma a desnecessidade de produção de provas. Tratar-se-á, a seguir, de examinar tais aspectos.

2.1. A distinção entre *questões de fato* e *questões de Direito*

O ponto de partida tradicionalmente empregado pela doutrina que se debruça sobre o tema do objeto da prova é a distinção entre *questões de fato* e *questões de Direito*. Não por acaso Francesco Carnelutti inicia a sua obra fazendo menção à importância de tal distinção, ao sinalizar o que denomina de um "duplice tema della attività del giudice: posizione della norma giuridica, posizione della situazione di fatto; o, como si dice nel linguaggio corrente: questione di diritto (Rechtsfrage), questione di fatto (Tatfrage)".[157]

A partir da consideração de dois campos separados de forma pura e autônoma, toma-se a sentença, em uma visão tradicional, como sendo o resultado da soma de dois processos decisórios setoriais,[158] os quais são conjugados em um silogismo. A cada uma dessas dimensões corresponde uma modalidade de fundamentação e de regime jurídico processual, os quais, na prática, se entrecruzam e se conjugam, sem que isso, no entanto, importe no surgimento de qualquer espécie de confusão entre tais planos.

2.2. A distinção entre *fatos* e *alegações sobre fatos*

Outro referencial importante no estudo do objeto da prova é o que envolve a distinção entre fatos e alegações sobre fatos. Sob essa perspectiva, é possível identificar diversas linhas de orientação seguidas pela doutrina contemporânea.

---

[155] A fim de esclarecer o norte da investigação acima empreendida, impõe-se trazer as observações de Cândido Rangel Dinamarco: "a palavra objeto resulta do encontro da preposição latina ob, com o verbo *jactio*, dando o verbo composto *objicio*. Ora, ob significa diante de, defronte, à vista de; e *jactio* quer dizer lançar, atirar, arremessar. Daí o significado de *objicio*, que é propor (pro + por), ou seja, pôr diante de). E objeto, que é a expressão vernacular do substantivo latino formado a partir desse verbo, serve para designar algo que se põe diante de uma pessoa ou como alvo de alguma atividade. Objeto é, em outras palavras, 'tudo que física ou moralmente se apresenta e se oferece aos nossos sentidos ou à nossa alma' (Caldas Aulete)" *Instituições de Direito Processual Civil.* v. 3. 5. ed. São Paulo: Malheiros Editores, 2005, p. 58-59.

[156] VERDE, 1988, op. cit., p. 590, refere que, no contexto do ordenamento jurídico, o conceito de prova "nasce dalla contrapposizione tra fatto e qualificazione giuridica del fatto, per riferirsi a tutti quegli strumenti in base ai quali si possa fissare l'ipotesi cui la norma rende possibile di collegare gli effetti giuridici richiesti".

[157] CARNELUTTI, 1992, op. cit., p. 15-16.

[158] A posição aqui externada inspira-se na lição de PASTORE, 1996, op. cit., p. 57: "nelle nostre organizzazioni giuridiche, tipicamente, la decisione giudiziaria è vista come il risultato di attività volte all'interpretazione delle norme applicabili al caso ed all'accertamento delle circostanze concrete alle quali le nrome vengono applicate. Tali attività, per lo più, vengono rappresentate come nettamente separate ed autonome, sicché la sentenza è vista come il risultato della somma di processi decisionali settoriali".

Uma primeira vertente é a seguida por Humberto Theodoro Jr., que, em estudo à luz do ordenamento processual civil brasileiro vigente, refere que "são, pois, os fatos litigiosos o objeto da prova", efetuando a tradicional contraposição ao afirmar, mais adiante, que "o Direito, ordinariamente não se prova, pois jura novit curia".[159] Essa também é a opinião de João Batista Lopes,[160] Vicente Greco Filho,[161] Moacyr Amaral Santos,[162] Antônio Carlos de Araújo Cintra,[163] José Frederico Marques,[164] Ovídio A. Baptista da Silva,[165] José Eduardo Carreira Alvim,[166] Gian Antonio Micheli[167] e Hernando Devis Echandía.[168]

Outra variante a respeito do tema é a que, ainda sob o manto da dicotomia aludida, sustenta ser objeto da prova não os fatos, mas sim as *alegações sobre ele formuladas*. Essa posição, defendida por Cândido Rangel Dinamarco,[169] Luiz Guilherme Marinoni, Sérgio

---

[159] THEODORO JR., 2004, op. cit., p. 382.

[160] LOPES, 2002, op. cit., p. 32: "só se provam fatos, não direitos".

[161] GRECO FILHO, Vicente. *Direito processual civil brasileiro*. v. 2. 16. ed. São Paulo: Saraiva, 2003 b, p. 183: "o objeto da prova são os fatos. (...) Excepcionalmente, o direito também pode ser objeto de prova".

[162] SANTOS, 1983, op. cit., p. 7: "ressalta-se, desde logo, sem necessidade de maiores esclarecimentos, que o objeto da prova são os fatos sobre os quais versa a ação e devem ser verificados. Dir-se-á que, às vezes, se torna preciso fazer a prova de uma lei ou mesmo de um costume. Na verdade isso acontece quando se alega direito estadual, municipal ou costumeiro, singular ou estrangeiro, casos em que deverão ser provados o seu teor e vigência. Mas nem por isso, nem porque se trata de provar o teor e a vigência de uma lei ou costume, o objeto da prova deixa de ser o fato: na hipótese, é o fato da existência – ou seja, o teor e a vigência da lei ou costume ".

[163] CINTRA, 2003, op. cit., p. 5-6: "conforme entendimento dominante, objeto da prova, em princípio, são os fatos. (...) No tocante ao direito, prevalece a regra segundo a qual iura novit curia, cujo sentido é o de indicar a obrigação e o poder do juiz de pesquisar, com os meios de que dispõe, a norma que deve aplicar. Na realidade, o direito, como tal, é insuscetível de prova. Esta diz respeito ao plano do ser, da existência, e não do dever ser".

[164] MARQUES, José Frederico. *Manual de direito processual civil*. v. 2. 2. ed. São Paulo: Saraiva, 1976, p. 176: "Objeto da prova, ou thema probandum, são os fatos que devem ser demonstrados no processo para o juiz formar sua convicção. (...) No processo civil brasileiro, o objeto in abstracto da prova é constituído pelos fatos e elementos empíricos do litígio. A regra legal, a norma, ou preceito do ius scriptum não constitui, de regra, objeto da prova".

[165] SILVA, 2003, op. cit., p. 339: "segundo um princípio elementar de direito probatório, apenas os fatos devem ser objeto de prova, desde que a regra de direito presume-se conhecida do juiz".

[166] CARREIRA ALVIM, 2003, op. cit., p. 253: "A prova judiciária tem um objeto (*thema probandum*), que são os fatos da causa. Toda pretensão tem por fundamento um fato e é este é que constitui o objeto da prova". Arremata o autor, linhas depois: "fato exprime tudo o que não é o direito".

[167] MICHELI, Gian Antonio. *La carga de la prueba*. Traduzido do italiano por Santiago Sentís Melendo. Buenos Aires: Ediciones Jurídicas Europa-América, 1961 b, p. 112: "es enseñanza común que el objeto de la prueba está constituído por los hechos controvertidos, esto es por aquellos hechos cuya existencia, o modalidad de ser, no es pacífica en juicio, puesto que se impugna por el adversario".

[168] DEVIS ECHANDÍA, 1988 a, op. cit., p. 155: "(...) objeto de prueba judicial en general es todo aquello que, siendo de interés para el proceso, puede ser susceptible de demostración histórica (como algo que existió, existe o puede llegar a existir) y no simplemente lógica (como sería la demostración de um silogismo o de um principio filosófico); es decir, que objeto de prueba judicial son los hechos presentes, pasados o futuros, y lo que puede asimilarse a éstos (costumbre y ley extrajera)".

[169] DINAMARCO, 2005, op. cit., p. 58: "objeto da prova é o conjunto das alegações controvertidas das partes em relação a fatos relevantes para o julgamento da causa, não sendo estes notórios nem presumidos. Fazem parte dele as alegações relativas aos fatos pertinentes à causa e não os fatos em si mesmos. (...) O fato existe ou inexiste, aconteceu ou não aconteceu, sendo portanto insuscetível dessas adjetivações ou qualificações. As alegações, sim, é que podem ser verazes ou mentirosas – e daí a pertinência de prová-las, ou seja, demonstrar que são boas e verazes. Diz-se, também, em situações particularizadas, que determi-

Cruz Arenhart,[170] Carlos Alberto Alvaro de Oliveira,[171] Francisco Cavalcanti Pontes de Miranda,[172] Santiago Sentís Melendo,[173] Friedrich Stein,[174] Francesco Carnelutti,[175] Michele

---

nada alegação é objeto de prova". Contrapõe o autor o plano dos fatos ao plano das normas, ao afirmar, mais adiante, que "também não constituem objeto da prova os direitos subjetivos, as obrigações e demais situações puramente jurídicas" (p. 59).

[170] MARINONI; ARENHART, 2005 a, op. cit., p. 142-143: "o fato não pode ser qualificado de 'certo', 'induvidoso' ou 'verdadeiro'. Ele existe ou não existe, sem comportar qualificação. Ora, se o fato obviamente existe independentemente do processo, esse apenas pode servir para declarar a verdade acerca de uma afirmação de fato. A sentença de cognição exauriente, fundada no convencimento do juiz, declara somente a verdade ou a falsidade de uma afirmação. (...) Em suma: não se prova que o direito existe, mas sim que a afirmação de que o direito existe é verdadeira, declarando-se a existência do direito".

[171] ALVARO DE OLIVEIRA, 2009, op. cit., p. 176-185, em ampla exposição a respeito do que chama de "investigação dos fatos da causa", em especial à p. 179, quando afirma, relativamente à aplicabilidade dos limites à ciência privada do juiz, que "a aplicação extremada dessa concepção da divisão do trabalho entre os sujeitos processuais impõe não só a inadmissibilidade do conhecimento ou da ciência privada do juiz quanto ao fato como também seja considerado tão-somente o fato alegado pelas partes e por elas provado, com os meios que requererem" e, mais adiante, à p. 180, sobre o "equívoco de colocar-se no mesmo plano as iniciativas do juiz em tema de prova (operantes apenas no plano da 'formelle Prozessleitung') e as que incidem por sua vez sobre as alegações, que concernem efetivamente ao plano da 'matéria', ou seja, do 'objeto' do processo".

[172] Essa é a posição de PONTES DE MIRANDA, ainda que, em um primeiro momento, pareça defender a primeira posição ("há prova de fatos do mundo factico e prova de fatos do mundo jurídico (...)", 1997 b, op. cit., p. 245). Isso fica evidente quando o autor afirma que "no processo, os juízes ignoram, oficialmente, os fatos. Quem alega é que se refere a fatos" (p. 254).

[173] SENTÍS MELENDO, 1978, op. cit., p. 12-13 "(...) no es raro, y hasta es lo corriente, que se nos diga: se prueban hechos. No. Los hechos no se prueban, los hechos existen. Lo que se prueba son afirmaciones, que podrán referirse a hechos. La parte – siempre la parte; no el juez – formula afirmaciones; no viene a traerle al juez sus dudas sino su seguridad – real o ficticia – sobre lo que sabe; no viene a pedirle al juez que averigüe sino a decirle lo que ella há averiguado; para que el juez constate, compruebe, verifique (ésta es la expresión exacta) si esas afirmaciones coinciden con la realidad. (...) Las afirmaciones, normalmente, generalmente, se refieren a hechos; de ahí viene la confusión que hace decir que se prueban hechos; de ahí viene también la confusión de que aparezca en algún precepto legal la idea de que, em determinadas circunstancias, las normas jurídicas son hechos; y que se diga que el derecho hay que probarlo. No es que el derecho haya de probarse; lo que ocurre es que se hace necesario colaborar con el juez; que hay que ayudarlo en su función juzgadora".

[174] Inicialmente, STEIN, Friedrich. *El conocimiento privado del juez*. Traduzido para o espanhol por Andrés de la Oliva Santos. Madrid: Centro de Estudios Ramón Areces, 1990, p. 7, afirma que "el objeto de la prueba procesal sólo lo pueden consisuir los preceptos jurídicos y los hechos, puesto que el juez tiene siempre la misión de subsumir supuestos de hecho, es decir, conjuntos de hechos, em los preceptos legales, com objeto de afirmar o negar la procedencia de las consecuencias jurídicas de dichos supuestos fácticos". Contudo, não demora a explicar a sua posição de forma clara: "pues aun cuando son los hechos, y no su afirmación, los que constituyen el objeto de la prueba, lo cierto es que el juez sólo se enfrenta directamente com los hechos en la inspección ocular. Em todos los demás casos se le presentan como afirmaciones de las partes, como manifestaciones del fiscal o del acusado, como declaraciones de terceros (testimonio): siempre y em todos los casos omo el juicio de um hombre sobre los hechos, que sólo constituyen el objeto de la acividad investigadora y decisoria del juez em cuanto entran a formar parte de su conciencia"(p. 10).

[175] CARNELUTTI, 1992, op. cit., p. 44: "(...) è giusto riconoscere che oggetto della prova non sono i fatti ma le affermazioni; le affermazioni non si conoscono ma si controllano, i fatti non si controllano ma si conoscono", referindo, mais adiante, que "è notevole come col nome di prova non si designino se non quei procedimenti, mediante i quali il giudice controlla i fatti affermati dalle parti. Di prova non si parla per le norme di diritto, rispetto alle quali la funzione del giudice non è punto ristretta a un controllo delle affermazioni dei contendenti (...)".

Taruffo[176] e Giovanni Verde[177] como sendo um avanço em relação àquela anteriormente referida, é objeto de críticas severas por parte daqueles que se mantêm fiéis à perspectiva mais tradicional, como Gian Antonio Micheli[178] e Hernando Devis Echandía.[179]

Deste modo, em perspectiva sistemática, é possível observar a existência de efetivo debate a respeito do tema: de um lado, há quem sustente que apenas os fatos (para a primeira corrente acima aludida) constituem o objeto da prova; de outro, outros entendem que somente as alegações sobre fatos (para a segunda posição) é que poderiam compor o objeto de controvérsia ao longo do debate travado entre as partes.

Paralelamente a tudo o que foi acima exposto, é possível, ainda, identificar outras questões relevantes no que se refere ao estudo da prova. É o que se verá a seguir.

2.3. A desnecessidade de prova dos fatos notórios

Independentemente da escolha feita em relação a esse segundo tema anteriormente examinado, há consenso no sentido de ser juridicamente desnecessária a prova de fatos notórios, na esteira do constante no art. 334, I, do Código de Processo Civil.

O desafio que se segue, na perspectiva dos estudos a respeito desse ponto, é o de definir o significado da idéia de fato notório. Nos termos da clássica lição de Friedrich Stein, "son notorios para el tribunal, em primer lugar, los hechos del dominio público de cuya notoriedad preprocesal participan los concretos jueces que conocen. Con esto se les autoriza por segunda vez a utilizar em el proceso sus conocimientos privados, ya que la percepción a través de la cual han llegado a poseer el conocimiento de los hechos públicamente notorios no la han realizado en cuanto jueces, sino como personas privadas".[180]

---

[176] TARUFFO, 1992 a, op. cit., p. 67-71 e, especialmente, p. 95: "anche le qualificazioni in termini di verità/falsità non si riferiscono, ovviamente, ai fatti intesi come accadimenti del mondo materiale, ma solo alle enunciazioni che li riguardano. (...) La 'verità del fatto' è dunche solo uma formula ellittica che indica la vertà dell'enunciato che há per oggetto un fatto".

[177] VERDE, 1988, op. cit., p. 582, assim se pronuncia a respeito do tema: "quanto all'osservazione che il fatto non è um dato, ma il risultato dell'attività ricostruttiva o meglio della scelta tra le contrapposte affermazioni delle parti ad opera del giudice, essa si inserisce nell'opinione comunemente accolta secondo cui l'oggetto della prova non è costituito da eventi concreti, colti nella loro realtà immediata, ma da proposizioni aventi ad oggetto i fatti (proposizioni descrittive, in cui il fatto rappresenta il soggetto logico, al quale viene attribuito un predicato di esistenza o un predicato descrittivo generico). E proprio perché il processo è um fenomeno dinamico, che può essere correttamente osservato soltanto nel suo divenire, le proposizioni descrittive delle parti devono essere prese in considerazione come ipotesi che nel processo possono trovare o no la loro conferma, cosi che nulla esclude che queste ipotesi, che nel processo possono trovare o no la loro conferma, cosi che nulla esclude che queste ipotesi, appunto perché prospettate come fattuali, possono essere oggetto, in primo luogo, di un predicato di esistenza e, pois, essere valutate alla stregua di diversi criteri".

[178] MICHELI, 1961b, op. cit., p. 112, criticando a visão de Carnelutti, assim se pronuncia: "pero me parece que de este modo la consideración del fenómeno resulta fragmentaria, puesto que si bien es verdad que las partes tratarán de demostrar el fundamento de las respectivas afirmaciones, el juez estará, sobre todo, preocupado por determinar si los hechos, aducidos por las partes, tienen algún fundamento".

[179] DEVIS ECHANDÍA, 1988 a, op. cit., p. 156: "si la tesis que considera las afirmaciones de la prueba em general fuera correcta, necesariamente el objeto de cada uno de los medios de prueba estaría constituído también por esas afirmaciones; pero esto es evidentemente falso, porque objeto del testimonio, de la confesión, del dictamen de los peritos y de la inspección judicial, son los hechos narrados por el tercero y por la parte, examinados por los peritos o percibidos por el juez"

[180] STEIN, 1990, op. cit., p. 149. Essa também é a posição de VERDE, 1988, op. cit., p. 618-619: "diventa in queste modo chiara la ragione per la quale i fatti notori possono essere presi in considerazione senza bisogno di prova. Si deve trattare di fatti i quali, per essere conosciuti dalla comunità di cui il giudice è

Outro critério para apurar a notoriedade de um fato é o empregado por Humberto Theodoro Jr., para quem "são notórios os acontecimentos ou situações de conhecimento geral inconteste", alertando que "o conceito de generalidade não pode se referir à unanimidade de um povo, já que a notoriedade pode ocorrer apenas em um determinado círculo social ou profissional".[181] A essa lição somam-se as de Vicente Greco Filho, para quem "a notoriedade deve também atingir o conhecimento do tribunal de segundo grau de jurisdição, que em tese poderá julgar o recurso, sob pena de, futuramente, nascer dúvida sobre sua existência",[182] e a de Cândido Rangel Dinamarco, que lembra que "como a notoriedade de fatos é em si excepcional, mesmo neste mundo das telecomunicações globais eletrônicas, não se pode liberalizar imprudentemente o seu conceito e extensão, a ponto de dispensar a prova à vista de meros rumores, boataria ou mesmo certa publicidade pela imprensa".[183] Quanto a esse último aspecto, atenta-se para a visão peculiar de Francesco Carnelutti, o qual reputa "sistematicamente più corretto considerare la notorietà come una forma di prova", no sentido de permitir ao juiz a integração de lacunas que restariam existentes no caso de ele só poder lançar mão de sua percepção.[184]

---

componente, escludono che questi, nell'utilizzarli, assuma la posizione di parte". Veja-se, ainda, as ponderações de MICHELI, 1961b, op. cit., p. 119, que, rebatendo as críticas feitas a Friedrich Stein conclui no sentido de que "si la noción ofrecida por Stein no es absolutamente precisa, tampoco la crítica ahora reproducida es del todo satisfactoria, puesto que postula una noción de hecho notorio en forma absoluta que no responde a la realidad".

[181] THEODORO JR., 2004, op. cit., p. 383. Veja-se, nesse sentido, ainda, as palavras de PONTES DE MIRANDA, 1997 b, op. cit., p. 275: "a notoriedade, quando se trata de tribunal, não é a notoriedade oficial (todos os juízes sabem do fato); porque a pluralidade (conhecimento só entre juízes) não faz notório o fato, uma vez que a unidade (conhecimento pelo juiz singular) não o faria. O fato de todos os juízes conhecerem leva a 'pensar-se' que seja notório, porém não é esse o sentido de notoriedade probante". E, mais adiante, completa: "os elementos generalidade e verdade são essenciais ao conceito de fato notório"(p. 276). Essa visão pode ser encontrada, ainda, em GRECO FILHO, 2003 b, op. cit., p. 183 ("o fato notório é o de conhecimento geral e por isso mesmo de prova desnecessária ou inútil. Observe-se que para a dispensa da prova não há necessidade de que a notoriedade seja absoluta, ou seja, que o conhecimento seja de todos e em todos os lugares. Basta a notoriedade relativa, local ou regional e pessoal do foro"), LOPES, 2002, op. cit., p. 32 ("deve-se afastar, porém, a idéia de que notório seja o fato conhecido de todos, porque, em nível processual, raros são os fatos que possuem esse atributo. (...) Mais adequado é afirmar que a notoriedade é um conceito relativo, que depende de circunstâncias de tempo e de lugar"), DEVIS ECHANDÍA, 1988 a, op. cit., p. 229 ("tampoco es necesario que el hecho revista carácter nacional y mucho menos internacional; en esto hay acuerdo en la doctrina, pues se acepta que la notoriedad puede ser local, o estar limitada al medio social donde há tenido ocurrencia el hecho o del cual forman parte las personas que litigan, según el caso, siempre que el juez la conozca o adquiera su conocimiento en el momento de decidir. (...) Exigir que todos conozcan el hecho para que exista notoriedad es contrario a la realidad social y cultural, y conduce a hacer inoperante esta noción"), SENTÍS MELENDO, 1978, op. cit., p. 138 ("(...) También es necesario distinguir o que se há denominado notoriedad local que se da em um ámbito territorialmente restringido pero formando parte de la cultura media de la colectividad"), SANTOS, 1983, op. cit., p. 178 ("com efeito, em cada esfera social, da mais letrada à mais humilde, há uma porção de conhecimentos que, tendo passado por uma experiência contínua ou prolongada, ou, quando não, pelo crivo da crítica coletiva, fruto da ciência, da arte, da técnica ou dos fatos quotidianos, faz parte de sua communis opinio", frisando, mais adiante, o que chama de caracteres gerais dos fatos notórios: "a notoriedade é um conceito essencialmente relativo (...) Para que um fato seja notório não é preciso que, efetivamente, ele seja conhecido, bastando que o possa ser por meio de ciência pública ou comum (...) Não é necessário, para um fato ser considerado notório, que com ele tenham tido relação direta os componentes de dada esfera social" (p. 180-181) e DINAMARCO, 2005, op. cit., p. 64 ("é necessário que o conhecimento do fato integre o comumente sabido, ao menos em determinado estrato social").

[182] GRECO FILHO, 2003 b, op. cit., p. 183.

[183] DINAMARCO, 2005, op. cit., p. 64.

[184] CARNELUTTI, 1992, op. cit., p. 26, nota 19, remetendo a noções constantes de fls. 74 ss.

Um terceiro paradigma a ser empregado para a identificação da notoriedade dos fatos (ou alegações sobre fatos) pode ser visto no entendimento defendido por Luiz Guilherme Marinoni e Sérgio Cruz Arenhart. Nas palavras dos autores, "o notório é um fato do conhecimento do homem médio – ou mesmo de um grupo restrito, quando o fato diz respeito somente a ele –, mas cuja forma de conhecimento nada tem a ver com o senso comum e com o modo como o homem pensa a realidade que o cerca".[185] Esse critério, contudo, sofre restrições na lição de Santiago Sentís Melendo: "(...) pero el conocimiento adquirido o las impresiones recibidas en tal forma pueden haber contribuido a originar una sospecha".[186]

A visão atual no que se refere ao estudo do tema em cotejo enfatiza a importância da discussão a respeito dos limites a serem observados relativamente ao emprego do conhecimento privado do juiz na delimitação dos fatos a serem considerados para a construção da decisão judicial.[187] Sob essa perspectiva, a flexibilização do aforismo *da mihi factum, dabo tibi ius* apresenta-se como tendência, visto que, nas palavras de Carlos Alberto Alvaro de Oliveira, "a indicação do material fático da causa deixou de ser tarefa exclusiva das partes".[188]

2.4. A desnecessidade de prova dos fatos (ou alegações sobre fatos) jurídicos em favor dos quais milita a presunção de existência

Orientação semelhante àquela acima exposta pauta a doutrina ao examinar o problema da inexigibilidade de prova dos fatos (ou alegações sobre fatos) em favor dos quais milite a presunção de existência, nos termos do previsto no art. 334, IV, do Código de Processo Civil brasileiro.

Comentando o dispositivo legal citado, Moacyr Amaral Santos observa que "provados os fatos que servem de base à presunção, a lei presume o fato probando. A lei o considera intuitivo".[189] Análoga é a posição de Antônio Carlos de Araújo Cintra, para quem "esse raciocínio é feito, naturalmente, pelo juiz ou é feito pelo legislador, impondo-se ao juiz",[190] com o que se permite distinguir as presunções judiciais (*hominis*) das presunções legais.

De outro lado, Luiz Guilherme Marinoni e Sérgio Cruz Arenhart defendem que o comando legal antes referido trata de presunção absoluta (*iuris et de iure*), que não admite prova em contrário. Com base nisso, afirmam os referidos autores que "o raciocínio presuntivo, em tal hipótese, fica apenas como suposto, pois é totalmente irrelevante para a aplicação da presunção. Fixada a hipótese normativa, a presunção desvincula-se do raciocínio que a autorizou, incidindo no caso concreto independentemente de qualquer outra valoração lógica. Vale dizer: a presunção abstrai-se totalmente da razão da

---

[185] MARINONI; ARENHART, 2005 a, op. cit., p. 155.

[186] SENTÍS MELENDO, 1978, op. cit., p. 12-138.

[187] Debruçando-se sobre o tema, MICHELI, 1961 b, op. cit., p. 119 conclui no sentido de que "el problema está más bien en ver los limites dentro de los cuales el juez mismo tiene la facultad de utilizar en el proceso cogniciones que no le son procuradas por las partes, o que él no há conseguido en el curso del procedimiento". Essa também é a posição de SANTOS, 1983, op. cit., p. 175, VERDE, 1988, op. cit., p. 618 e CINTRA, 2003, op. cit., p. 25-26.

[188] ALVARO DE OLIVEIRA, 2009, op. cit., p. 184.

[189] SANTOS, 1983, op. cit., p. 245.

[190] CINTRA, 2003, op. cit., p. 29.

---

sua existência e a lógica que subsidiou a sua previsão não tem qualquer relevância em juízo".[191]

Esse entendimento, contudo, não pode ser afirmado como um entendimento já amplamente pacificado em sede doutrinária. Diversas são as posições adotadas pelos autores que se propõem ao enfrentamento da questão ora suscitada. Uma primeira dissidência que pode ser citada é a encontrada na lição de Cândido Rangel Dinamarco, para quem as presunções mencionadas no art. 334, IV, do Código de Processo Civil são do tipo relativa (*iuris tantum*), podendo ser afastadas diante de prova que as infirmem.[192] Outra visão, por sua vez, pode ser vista na posição de Francisco Cavalcanti Pontes de Miranda, que sustenta posição intermediária: "as presunções legais de que fala o art. 334, IV, são as absolutas e as relativas; mas o direito material é que dá o conceito e a natureza da regra jurídica", e afirma que, "se o art. 334, IV, apenas fosse concernente às praesumpiones iuris et de iure, teríamos superfluidade, porque no próprio conceito estão incluídas a desnecessidade de outra prova e a impossibilidade de prova contrária".[193] Por fim, uma outra vertente a respeito do tema é a encontrada em José Frederico Marques, que inclui o estudo do art. 334, IV, no capítulo das presunções legais,[194] contrapondo-se, com isso, à posição de João Batista Lopes.[195]

A fim de enriquecer o panorama ora mencionado, vale lembrar que o ordenamento jurídico brasileiro é pródigo nas normas que dispõem sobre presunções. Na sistemática do art. 230 do Código Civil, não se admite a *praesumptio hominis* nos casos em que a lei exclui a prova testemunhal. Igual destaque deve ser dado, ainda, aos comandos inscritos nos arts. 302, 319, 343 § 1º e 359 do Código de Processo Civil, endereços comuns em torno dos quais convergem os esforços doutrinários a respeito do tema.

A orientação seguida pelo ordenamento jurídico brasileiro no que diz respeito ao tratamento dado ao instituto das presunções, na maior parte dos casos, é similar àquela seguida pelos sistemas jurídicos de outros países. No que se refere aos países de língua espanhola, refere Hernando Devis Echandía que "la presunción no es una prueba, sino exención o dispensa de la prueba",[196] no que é acompanhado por Dante Barrios de Angelis, para quem as presunções "tampoco son admitidas como medio de prueba por la mayor parte de la doctrina. Ya porque se considere que lo que se prueba es el indicio, o los indicios, en que aquélla se funda; ya porque se entienda que el legislador comete una confusión, identificando erróneamente indicio y presunción".[197] Sobre essa última observação, Santiago Sentís Melendo afirma que "las presunciones legales no son pruebas sino normas que hacen referencia a cómo debe resolverse un determinado problema jurídico; nada tienen que hacer en el Código procesal las presunciones; las judiciales, aunque no estuvieran en ningún sitio, no determinarían ninguna modificación; las cosas ocurrirían de la misma manera; estorban o son inútiles, tanto en un cuerpo legal como en outro".[198]

---

[191] MARINONI; ARENHART, 2005 a, op. cit., p. 457.

[192] DINAMARCO, 2005, op. cit., p. 119 ss.

[193] PONTES DE MIRANDA, 1997 b, op. cit., p. 278, 280.

[194] MARQUES, 1976, op. cit., p. 245.

[195] LOPES, 2002, op. cit., p. 35.

[196] DEVIS ECHANDÍA, 1988 a, op. cit., p. 204. Ver também, do mesmo autor, um estado aprofundado do tema em 1988 b, op. cit., p. 693-708.

[197] BARRIOS DE ANGELIS, 2002, op. cit., p. 190.

[198] SENTÍS MELENDO, 1978, op. cit., p. 12-130.

Na realidade italiana, merecem atenção as lições de Francesco Carnelutti[199] e Gian Antonio Micheli[200] quando discorrem sobre os diversos significados atribuídos à palavra *presunção*, bem como sobre as dificuldades decorrentes do uso indiscriminado de tal vocábulo. Essa imprecisão é, também, o ponto de partida da análise de Michele Taruffo, que, em crítica ao art. 2727 do Código Civil italiano, após afirmar ser "evidente che la presunzione risulta da un'inferenza formulata dal giudice, che giunge ad una conclusione concernente il fatto da provare (il 'fatto ignorato') muovendo da un altro fatto già conosciuto o provato (il 'fatto noto'), che serve de premessa per un ragionamento, solitamente fondato su massime d'esperienza", aponta a paradoxal posição adotada pelo legislador, que, às vezes, opta por deixar o raciocínio presuntivo sob a guarda da "'prudenza' del giudice" e, em outros casos, desconfia dessa mesma prudência.[201] Outra discussão importante é a levantada por Franco Cordopatri a respeito da "arbitraria graduazione fra la certezza indotta dalla prova e quella discendente dalla presunzione", a qual faz com que "questa ultima si vede attribuire un capacità conoscitiva diminuita".[202] Em crítica semelhante, Luigi Montesano refere a reduzida força atribuída à função demonstrativa das presunções em certas situações.[203]

No âmbito do mundo germânico, Friedrich Stein observa que "a partir de hechos indiciarios no controvertidos o probados, del tráfico comercial con mercancías de venta rápida, de la posesión del pagaré, de la fata de condiciones de seguridad, etc., el tribunal, en base a sua experiencia, concluye en el hecho presunto jurídicamente relevante, a saber, la posibilidad de venta, la adquisición del pagaré, la producción del daño y la culpa".[204]

Erich Döring relata que "la conclusión indiciaria es muy a menudo turbada por todo tipo de dudas", analisando os reflexos da sua freqüente fragilidade no que tange à necessidade de estimar o seu peso dentro do panorama geral formado ao final da fase instrutória, que depende da sua significação.[205] Sugestiva, ainda, é a distinção proposta por Leo Rosemberg entre ficções e presunções, ao afirmar que, no caso das primeiras, a presença de um fato autoriza que se possa "fingir" a existência de um outro fato, ao passo que, nas últimas, a prova do fato indiciário faz com que o outro fato seja "suposto", diferenciando, ainda, as duas figuras em função das suas respectivas finalidades e de

---

[199] Ver: CARNELUTTI, 1992, op. cit., p. 85, nota 88, com ampla referência bibliográfica a respeito do tema.

[200] Ver: MICHELI, 1961b, op. cit., 95 ss, com especial ênfase para a distinção entre ônus de prova e presunções, sendo essas últimas classificadas pelo autor em presunções *iuris* e presunções *hominis*.

[201] TARUFFO, 1992 a, op. cit., p. 444.

[202] CORDOPATRI, Franco. Presunzione (Diritto Processuale Civile). In: *Enciclopedia del Diritto*. v. 35. Milano: Giuffrè Editore, 1988, p. 274-304, especialmente p. 298.

[203] MONTESANO, Luigi. Le 'prove atipiche' nelle 'presunzioni' e negli 'argomenti' del giudice civile. In: *Rivista di Diritto Processuale*, n. 35, p. 233-251, 1980, especialmente p. 244-245, trata da "diffidenza del legislatore verso la forza dimostrativa delle presunzioni giudiziali, che lo induce, nella chiara dizione dell'art. 2729, comma 1° c.c., a vincolare il magistrato più strettamente di quel che fa nell'art. 116, comma 1° c.p.c. e perfino a statuire – come si specificherà in seguito – l'insufficienza, per la prova in discorso, della 'presunzione' tratta da una sola base materiale; diffidenza che non ha alcuna giustificazione per le prove critiche fornite da mezzi istruttori predisposti ad assunti ad hoc; è assurdo ad, esempio, ritenere meno attendibile di una testimonianza il singolo risultato di una consulenza, di un'ispezione o di um esperimento, che ben può avere, di per sè, l'evidenza dell'applicazione di una legge scientifica (...)".

[204] STEIN, Friedrich, 1990, op. cit., p. 35.

[205] DÖHRING, Erich. *La prueba* – su practica y apreciación. Traduzido do alemão por Tomás A. Banzhaf. Buenos Aires: Ediciones Jurídicas Europa América, 1972, p. 346.

seus respectivos conteúdos.[206] Aluda-se, por fim, às preciosas observações de Gerhard Walter, quando, após afirmar que "puede darse por firme que em la prueba por presunción simple los requisitos para probar um hecho se reducen", conclui no sentido de que o uso de presunções não pode ser confundido com o emprego de técnicas de redução do módulo de prova.[207]

2.5. A existência de controvérsia sobre fatos (ou alegações sobre fatos) como pressuposto para a apuração da necessidade de provas

Igualmente importante é a problemática que cerca a afirmação de que a prova dos fatos (ou alegações sobre fatos) é condicionada à presença de controvérsia quanto à existência ou não dos mesmos. Aliás, esse é o ponto de partida da narrativa de Francesco Carnelutti, que afirma a existência de um dever imponível ao juiz, segundo o qual "egli non può non porre (ommettere) una situazione di fatto che sia affermata a tutte le parte", asseverando que "i fatti non affermati non possono essere posti; i fatti affermati concordemente debbono essere posti". Segundo o autor, o fundamento de tal dever é princípio dispositivo, referindo que a necessidade de afirmação unilateral de um fato e a suficiência da sua afirmação bilateral (para que essas possam ser empregadas na construção da sentença) são reflexos do seu significado, expresso nas máximas *ne procedat iudex ex officio* e *ne eat iudex ultra petita partium*.[208] Essa posição, por sua vez, encontra eco no magistério de Giovanni Verde[209] e de Ovídio A. Araújo da Silva.[210]

A presença de controvérsia é tomada como requisito obrigatório para que haja a necessidade de produção de provas nos autos é defendida, ainda, por Vicente Greco Filho,[211] Moacyr Amaral Santos,[212] João Batista Lopes,[213] Hernando Devis Echandía[214] e Gian Antonio Micheli.[215] Em sentido contrário, Dante Barrios de Angelis sustenta que o caráter de contestado ou controvertido não se coloca como requisito geral para que o fato seja considerado como sendo objeto de prova.[216]

---

[206] ROSENBERG, Leo. *Die Beweislast* – Auf der Grundlage des Bürgerlichen Gesetzbuchs um der Zivilprozessordnung, 5. ed. München; Berlin: C. H. Becklische Verlagsbuchhandlung, 1965, p. 213: "die Form der Fiktion: wenn der Tatbestand vorliegt (sog. Fiktionsbasis), wird a fingiert, ähnelt der Form der Vermutung: wenn b vorliegt, wird a vermutet. Aber Zweck um Inhalt der Fiktion sind ganz andere als bei der Vermutung".

[207] WALTER, 1985, op. cit., p. 229, 239-240.

[208] CARNELUTTI, 1992, op. cit., p. 20-26.

[209] VERDE, 1988, op. cit., p. 613-617, especialmente p. 614: "il fatto non contestato non há bisogno, in conclusione, di prova, perché le parti in qualche maniera ne hanno disposto, autorizzando (e obbligando) il giudice a tenerne conto senza necessità che egli si convinca dell'effettiva esistenza del medesimo".

[210] SILVA, 2003, op. cit., p. 344.

[211] GRECO FILHO, 2003 b, op. cit., p. 183.

[212] SANTOS, 1983, op. cit., p. 243-244.

[213] LOPES, 2002, op. cit., p. 32.

[214] DEVIS ECHANDÍA, 1988 a, op. cit., p. 203, referindo o autor que tal requisito "es aceptado por la mayoría de los autores".

[215] MICHELI, 1961b, op. cit., p. 116, em brevíssima passagem, afirma que "no puede desconocerse, por tanto, a la negación el valor procesal que normalmente se le atribuye, puesto que la misma, en sustancia, convierte en necesitada de prueba a la afirmación (...)".

[216] Eis a lição de BARRIOS DE ANGELIS, 2002, op. cit., p. 192: "no incluímos el carácter de contestados o controvertidos, como requisito general, porque no existen en el proceso voluntario; y porque sólo se requiere su cualidad en el proceso contencioso cuando la ley presume su aceptación si no se contradicen".

A necessidade de ressalvas ao entendimento dominante acima referido vem justificada na visão de Humberto Theodoro Jr.. Ao analisar a interpretação a ser dada ao disposto no art. 334, III, do Código de Processo Civil, refere o autor que a prova do fato incontroverso configura "inutilidade e pura perda de tempo, em detrimento da celeridade processual que é almejada como ideal do processo moderno", lembrando, de outro lado, que, "nas hipóteses de direitos indisponíveis, porém, como os provenientes do estado da pessoa natural, a falta de contestação não dispensa a parte do ônus de provar mesmo os fatos incontroversos".[217]

Conclusão similar a essa última é a defendida por Cândido Rangel Dinamarco, em lição na qual enfatiza a importância da noção de controvérsia, definida como "choque de razões, alegações ou fundamentos divergentes, que se excluem".[218] Ao abraçar a distinção proposta por Francesco Carnelutti, para quem a conduta de não-admissão de um fato alegado por apenas uma das partes não se confunde com a da negação do mesmo fato,[219] explica o primeiro autor que "consideram-se afirmações colidentes com outra feita antes a pura e simples negativa do fato alegado ou a proposta de outra versão que exclua aquela já feita".[220] Com base nisso, toma a existência de controvérsia como sendo requisito geral para a sistematização das situações nas quais se faz necessária a produção de provas e, ainda, identifica as situações que fogem a tal regime geral (*alegações não controvertidas, porém dependentes de prova*, e *alegações que independem de prova, apesar da controvérsia*).[221] Nesse ponto, segue o autor orientação similar àquela defendida por Antônio Carlos de Araújo Cintra.[222]

Esse enfoque também enseja o surgimento de cortes epistemológicos distintos relativamente ao exame dos fatos não-impugnados pela parte em contestação. Criticando a posição de José Joaquim Calmon de Passos, para quem o fato não-impugnado deve ser considerado como fato provado,[223] Luiz Guilherme Marinoni e Sérgio Cruz Arenhart referem que "a regra do art. 302 apenas dispensa o fato não-contestado de prova", concluindo que a norma aludida "não tem por escopo fornecer ao juiz elemento de convicção, mas reduzir a massa dos fatos controversos, visando tornar mais eficiente a prestação jurisdicional".[224]

2.6. A prova do teor e da vigência do texto de lei

É dispensada a prova, ainda, como regra geral, em relação ao teor e à vigência de textos legais, excetuado o constante das hipóteses elencadas no art. 337 do Código de Processo Civil brasileiro. Se, de um lado, a exegese de tal dispositivo legal (e daqueles que lhe são correspondentes em vigor nos ordenamentos jurídicos estrangeiros) é usualmente associada à aplicabilidade da máxima *iura novit curia,*[225] nos casos em que

---

[217] THEODORO JR., 2004, op. cit., p. 383.

[218] DINAMARCO, 2005, op. cit., p. 59.

[219] CARNELUTTI, 1992, op. cit., p. 26.

[220] DINAMARCO, 2005, op. cit., p. 59-60.

[221] DINAMARCO, 2005, op. cit., p. 62-65.

[222] CINTRA, 2003, op. cit., p. 28-29.

[223] CALMON DE PASSOS, José Joaquim. *Comentários ao Código de Processo Civil*. v. 3. Rio de Janeiro: Forense, 2004, p. 313.

[224] MARINONI; ARENHART, 2005 a, op. cit., p. 445 ss.

[225] No Brasil, ver SANTOS, 1983, op. cit., p. 199; THEODORO JR., 2004, op. cit., p. 382; CARREIRA ALVIM, 2003, op. cit., p. 269; DINAMARCO, 2005, op. cit., p. 69-70; PONTES DE MIRANDA, 1997 b,

a doutrina se estende para além da literalidade do respectivo texto surgem distinções relevantes.

Ensina Moacyr Amaral Santos que, no contexto do art. 212 do Código de Processo Civil brasileiro de 1939, impor-se-ia a obrigatoriedade de a parte produzir a prova do direito estadual, municipal, costumeiro, singular ou estrangeiro, ao passo que ao juiz a produção de tal prova somente era considerada como faculdade, de maneira que, nos casos em que dispensada a parte de tal prova, presumir-se-ia que a norma era de conhecimento do magistrado. Ao criticar tal exegese, fundamentalmente, por impor um regime demasiadamente rigoroso, defende o autor citado que "o juiz, homem culto, especializado, geralmente conhece ou tem facilidade de conhecer de pronto a lei estrangeira, estadual e municipal. Assim, na maior parte dos casos, atribuía-se à parte o ônus de fazer uma prova inteiramente desnecessária, o que é contra a índole do processo". Reconhecendo no magistrado tal caráter, sustenta Moacyr Amaral Santos, em comentário à atual redação do art. 337 do Código de Processo Civil vigente, que o referido comando "não se refere às leis do Município ou às do Estado em que o juiz exerça a jurisdição", por ele consideradas de obrigatório conhecimento.[226] Essa posição é parcialmente compartilhada por João Batista Lopes, para quem "não se afigura razoável o juiz desconhecer a legislação estadual, também obrigatoriamente publicada na imprensa oficial", ressalvando esse autor que "o preceito só se aplicaria ao direito municipal (cuja prova se faz mediante certidão) e ao consuetudinário (que pode ser provado por precedentes jurisprudenciais ou outros elementos)".[227]

A radicalidade da premissa que sustenta o entendimento acima exposto é referida por Cândido Rangel Dinamarco, ao afirmar que "a regra iura novit curia não chega ao ponto irreal de pressupor que o juiz conheça todas as normas jurídicas do mundo inteiro ou mesmo aquelas particulares que o homem nem sempre conhece bem". Nesse sentido, a atenuação de tal dever, contudo, não autoriza, segundo o autor, a possibilidade de "exigir em qualquer hipótese a prova do direito municipal e do estadual". Nesse aspecto, o referido autor concorda com Moacyr Amaral Santos no que diz respeito à desnecessidade de prova do direito estadual e municipal referentes à localidade onde o juiz atua, considerados como sendo de "acesso praticamente tão fácil quanto as federais".[228] Endossam esse mesmo entendimento, ainda, Luiz Guilherme Marinoni, Sérgio Cruz Arenhart,[229] Vicente Greco Filho,[230] José Frederico Marques[231] e José Eduardo Carreira Alvim.[232]

Vale lembrar, ainda, que parte da doutrina faz importantes ressalvas à posição dominante acima referida. Nesse sentido, Francisco Cavalcanti Pontes de Miranda enfatiza que a obrigatoriedade da prova do direito estadual ou municipal somente se aplica

---

op. cit., p. 283; CINTRA, 2003, op. cit., p. 34; LOPES, 2002, op. cit., p. 34-35. Relativamente às experiências estrangeiras, ver VERDE, 1988, op. cit., p. 623; MICHELI, 1961, op. cit., p. 121-122; SENTÍS MELENDO, 1978, op. cit., p. 14.

[226] SANTOS, 1983, op. cit., p. 201-206.

[227] LOPES, 2002, op. cit., p. 35.

[228] DINAMARCO, 2005, op. cit., p. 69-70.

[229] MARINONI; ARENHART, 2005 a, op. cit., p. 471.

[230] GRECO FILHO, 2003b, op. cit., p. 184.

[231] MARQUES, 1976, op. cit., p. 176.

[232] CARREIRA ALVIM, 2003, op. cit., p. 269.

em caso de determinação expressa à parte.[233] Antônio Carlos de Araújo Cintra, por sua vez, aponta que a presunção de conhecimento do direito estadual e municipal se aplica de maneira distinta, dependendo da instância em que se encontre o debate. Conforme o citado autor, "os juízes de primeiro grau não podem determinar a produção de prova de direito do Município ou do Estado em que exercem a atividade jurisdicional, pois se presume que dele tem conhecimento. Os juízes de instância superior, por sua vez, devem conhecer do direito da entidade política a que corresponde a sua competência territorial. Assim, não incide a regra em exame, no tocante ao direito estadual a ser aplicado pelos desembargadores dos Tribunais de Justiça ou pelos juízes de Tribunais de Alçada, podendo eles, entretanto, reclamar a prova do teor e da vigência de direito municipal relevante para a solução do litígio".[234]

O enfoque nos poderes do juiz também são a tônica da posição de Moacyr Amaral Santos, ao afirmar que o magistrado, em caso de desconhecimento, pode exigir a prova da vigência e o teor do direito estrangeiro.[235] Segue também essa orientação Antônio Carlos de Araújo Cintra, para quem "o conhecimento do direito estrangeiro aplicável no caso concreto depende da superação de uma série de dificuldades ainda maior do que a aquisição do conhecimento da lei municipal ou estadual estranha ao âmbito territorial do juiz. De início, há a barreira das diferenças de idioma, agravada pelas peculiaridades da linguagem jurídica de cada sistema. Além disso, o acesso às fontes do direito estrangeiro, mesmo na língua original, não é fácil, pois não são muitas as bibliotecas que contêm publicações de leis, decretos ou outras manifestações do direito escrito de outros países, bem como repertórios de jurisprudência e livros de doutrina estrangeiros. Por último, que tais obstáculos sejam superados, ainda é preciso um razoáel conhecimento de espírito, da índole, dos princípios gerais que informam o direito estrangeiro em questão, pois sem isso o acesso ao texto de lei pertinente, seja direito, seja através da mais fiel tradução, seria ainda insuficiente para sua adequada aplicação".[236] A necessidade de sintonia com o entendimento dos tribunais estrangeiros a respeito da norma alienígena é também referida por Luiz Guilherme Marinoni e Sérgio Cruz Arenhart.[237]

Outra interessante observação a respeito do tema pode ser vista na lição de Francisco Cavalcanti Pontes de Miranda. Segundo o referido autor, há que se diferenciar o *direito das gentes* em relação ao *direito estrangeiro*, visto que, segundo seu entendimento, somente esse último é que pode ser objeto de prova, pois o primeiro é "supra-estatal".[238]

Outro problema que surge quando do exame da exegese do art. 337 diz respeito à prova do direito consuetudinário. Nesse sentido, o primeiro debate a ser examinado é o que se refere ao alcance do objeto de prova, sendo necessária a delimitação dos elementos necessários para a constituição de um costume, bem como da distinção dessa categoria relativamente a outras assemelhadas.[239]

---

[233] PONTES DE MIRANDA, 1997b, op. cit., p. 284.

[234] CINTRA, 2003, op. cit., p. 28-34.

[235] SANTOS, 1983, op. cit., p. 206-209.

[236] CINTRA, 2003, op. cit., p. 28-35.

[237] MARINONI; ARENHART, 2005 a, op. cit., p. 472.

[238] PONTES DE MIRANDA, 1997 b, op. cit., p. 285.

[239] Sobre a distinção entre costume, regra jurídica, costume ou uso reiterado, ver PONTES DE MIRANDA, 1997 b, op. cit., p. 288. Quanto à distinção entre costume, fato notório e regras de experência, ver MARINONI; ARENHART, 2005a, op. cit., p. 472-474.

Sobre esse tema, distintas são as posições trazidas pela doutrina. Para Antônio Carlos de Araújo Cintra, dois são os requisitos para a existência de uma norma costumeira: a sua observância constante e a *opinio necessitatis*.[240] Francisco Cavalcanti Pontes de Miranda, por sua vez, refere em tal panorama a generalidade, a uniformidade, a freqüência, a continuidade e o conhecimento pelo público, sendo considerado irrelevante pelo autor o tempo decorrente até que a regra costumeira se imponha na sociedade.[241] Outra posição é a de Moacyr Amaral Santos, que elenca três requisitos para a configuração de costumes com conteúdo normativo: a) o uso longo, constante e uniforme de uma dada relação de fato; b) a sua não-contrariedade à lei expressa; c) a convicção de que se obedece a uma norma jurídica.[242]

Questão igualmente importante é a que diz respeito às remissões feitas pela doutrina a outros conceitos na tentativa de definir o motivo da necessidade ou não da prova de normas costumeiras. Deste modo, Moacyr Amaral Santos sustenta que "o direito costumeiro não carece de prova, ou porque deva o juiz em razão de suas funções conhecê-lo ou porque não deva ignorar a notoriedade dos fatos dos quais resulta", afastando-se tal determinação no caso de o magistrado não dispor de "conhecimento suficiente" a seu respeito.[243] Tal posição contrasta com a de Luiz Guilherme Marinoni e Sérgio Cruz Arenhart, para quem o costume e o fato notório não podem ser confundidos.[244]

Cumpre mencionar, ainda, a existência de vozes que sustentam a impropriedade existente no ato de falar em prova das normas jurídicas, ressalvando a necessidade de atenção quanto ao significado de tal expressão. Observe-se, nesse sentido, o ensinamento de Francesco Carnelutti ao referir que a semelhança entre o aparato probatório e o de investigação das normas jurídicas seria apenas aparente, ressaltando o autor a existência de diferenças tanto no que diz respeito ao procedimento lógico de conhecimento de informações em cada caso quanto no que se refere às regras jurídicas que limitam a forma e os resultados desse procedimento lógico em um determinado esquema.[245] Da mesma forma, Dante Barrios de Angelis refere que a norma ou a lei não são um fato no sentido de mudança física, química, biológica ou psíquica, mas apenas no que denomina de um "sentido muy particular de ente, o existente, de cuya presencia es comprobable, pero por medios distintos de la percepción",[246] com o que justifica o autor o recurso a esforços no âmbito da analogia para conseguir definir a norma como objeto de prova. Esse mesmo raciocínio é compartilhado, ainda, por Hernando Devis Echandía, para quem "una cosa es que, de acuerdo con la política legislativa de cada país, se exija, o, por el contrario, se excuse la prueba de la norma jurídica, especialmente la consuetudinaria y extrajera, y otra muy diferente la de que desde un punto de vista abstracto no puedan ser objeto de prueba judicial, es decir, que no sea posible aducir pruebas acerca de esa norma", ainda afirmando que "lo contrario es confundir el objeto con el tema o la necesidad de la prueba".[247]

---

[240] CINTRA, 2003, op. cit., p. 28-35.

[241] PONTES DE MIRANDA, 1997b, op. cit., p. 286.

[242] SANTOS, 1983, op. cit., p. 222-225.

[243] SANTOS, 1983, op. cit., p. 209-213.

[244] MARINONI; ARENHART, 2005a, op. cit., p. 472-474.

[245] CARNELUTTI, 1992, op. cit., p. 17-18.

[246] BARRIOS DE ANGELIS, 2002, op. cit., p. 192.

[247] DEVIS ECHANDÍA, 1988 a, op. cit., p. 181-183, sendo o trecho transcrito encontrado à p. 182.

3. SOBRE OS FINS DA ATIVIDADE DE PRODUÇÃO DE PROVAS NO PROCESSO CIVIL

O problema dos fins relacionados à atividade de produção de provas no âmbito da realidade processual civil revela o caráter instrumental inerente à natureza do fenômeno examinado, constituindo uma importante perspectiva a ser considerada com vistas à compreensão do problema da prova. Um exemplo sintomático da relevância dessa temática pode ser visto na abordagem proposta por Francesco Carnelutti, o qual, ao examinar o conceito jurídico de prova, dedicou toda a primeira parte de sua célebre obra ao exame de tal dimensão teleológica.[248]

A investigação dos posicionamentos existentes a respeito dos fins associados à atividade instrutória no âmbito do processo civil produz como resultado a possibilidade de identificação de algumas linhas comuns na abordagem do tema, ainda que com breves variações. Nesse sentido, observa-se que os esforços dos estudiosos gravitam em torno de três tônicas fundamentais, a saber, a *apuração da verdade quanto aos fatos (ou às alegações sobre fatos)*, a *produção de certeza jurídica* e a *formação do convencimento judicial*.

3.1. Prova e investigação da verdade

Uma primeira perspectiva a respeito do tema é a que sustenta que a prova tem como finalidade a apuração da verdade quanto aos fatos (ou alegações sobre fatos). A respeito dessa perspectiva, Moacyr Amaral Santos observa que "a verdade sobre o fato precisa aparecer para que um direito possa realizar-se ou tornar-se efetivo. Mas verdade em sua máxima expressão, determinada pela prova, sem o que estaria burlada a segurança oferecida pelo Estado aos seus indivíduos, seus componentes. Se a verdde pudesse ser a resultante das impressões pessoais do julgador, sem atenção aos meios que a apresentam no processo, a justiça seria o arbítrio e o Direito, a manifestação despótica da vontade do encarregado pelo Estado de distribuí-lo".[249]

Semelhante orientação vem seguida por Antonio Dellepiane, ao designar como objetivo da prova "la verdad, o cierta clase de verdad". Nas palavras do autor ora citado, "para que este fenómeno pueda producirse, conviene que el juez goce de completa libertad para ir a la verdad; que la ley no imponga, a la conciencia de los magistrados, reglas imperativas que los fuercen a tener por verdadero aquello que no sienten y creen como tal".[250]

Essa posição, contudo, não é imune a críticas. A principal delas pode ser sintetizada nas palavras de Ovídio A. Baptista da Silva, quando assinala que "(...) seria uma pura e pretensiosa ingenuidade imaginar que o processo civil seja instrumento capaz de permitir a determinação da verdade absoluta a respeito dos fatos".[251] Posição análoga vem defendida por Antônio Carlos de Araújo Cintra, o qual, após referir que "o sistema de provas no processo supõe a possibilidade de se alcançar judicialmente a verdade a respeito dos fatos litigiosos", entendida como "adequaetio rei et intellectus iudicis",

---

[248] CARNELUTTI, 1992, op. cit., p. 15 ss.

[249] SANTOS, 1983, op. cit., p. 6-7.

[250] DELLEPIANE, 1919, op. cit., p. 39-44.

[251] SILVA, 2003, op. cit., p. 337.

ensina que "a imagem mental dos fatos do litígio, composta pelo juiz, como resultado da atividade probatória, pode corresponder, ou não, aos fatos reais a que se refere". Conforme o último autor ora citado, "nem há como ter, em qualquer caso concreto, absoluta certeza a respeito dessa correspondência. Se a certeza é inatingível, nem por isso o será a verdade que, apesar de tudo, deve ser procurada no processo, através de provas".[252]

A crítica acima mencionada, por sua vez, enseja o surgimento de correntes doutrinárias que envidam esforços para a construção de respostas possíveis a tal óbice.

Uma primeira posição a esse respeito é a que se ergue em torno da tentativa de considerar a verdade como fim da atividade de produção de provas (e de todo o processo) a partir da atribuição de um significado restrito a tal vocábulo. Sob essa perspectiva, sustenta Eduardo Cambi a necessidade de consideração de uma "verdade que seja objetivável e, por isso, relativa ao processo civil", a qual "deve ser resultante de critérios objetivos e ser perseguida dentro de limites razoáveis, para que toda espécie de radicalismos seja expurgada do sistema processual".[253] Da mesma forma, Carlos Alberto Alvaro de Oliveira refere ao que chama de "relatividade da obtenção da verdade", a qual "ainda mais se acentua se atentarmos ao caráter conflituoso do processo, às dificuldades de obtenção da prova dos fatos nas circunstâncias geralmente acanhadas que cercam a investigação judicial, às limitações materiais do juiz, e às restrições ainda hoje existentes para a admissão de certas provas ou à proeminência legal concedida à prova documental, sem falar nas reservas detalhadas e formalistas estabelecidas para certos meios de prova". Reforça o autor, ainda, a necessidade de que sejam traçadas ponderações dentro do contexto do que designa "milenar antagonismo" entre as noções de "verdade material (ou real) e verdade formal".[254]

Essa contraposição exerce importante influência na determinação da pauta do debate em torno da finalidade da prova no processo civil. Nas palavras de José Eduardo Carreira Alvim, por verdade material considera-se "aquela a que chega o julgador, reveladora dos fatos tal como ocorreram historicamente e não como querem as partes que tenham ocorrido". Verdade formal, de outro lado, é "aquela que resulta do processo, embora possa não encontrar exata correspondência com os fatos, como aconteceram historicamente". Forte em tal distinção, arremata o autor, posicionando-se diante da dicotomia aludida ao afirmar que "no processo civil, a disponibilidade dos interesses em litígio faz com que apareça como verdadeiro aquilo que o é apenas em parte ou não é de modo absoluto".[255]

Discorrendo sobre a idéia de verdade formal, Luiz Guilherme Marinoni e Sérgio Cruz Arenhart declaram que "diversamente da noção de verdade substancial, aqui não há necessidade de identificação absoluta do conceito extraído com a essência do objeto. O conceito de verdade formal identifica-se muito mais com uma 'ficção' da verdade'. Obedecidas as regras do ônus de prova e decorrida a fase instrutória da ação, cumpre ao juiz ter a reconstrução histórica promovida no processo como completa, considerando o resultado obtido como verdade – mesmo que saiba que tal produto está longe de representar a verdade sobre o caso em exame".[256]

---

[252] CINTRA, 2003, op. cit., p. 2-3. No mesmo sentido, GRECO FILHO, 2003 b, op. cit., p. 182.

[253] CAMBI, 2001, op. cit., p. 58, 68.

[254] ALVARO DE OLIVEIRA, 2009, op. cit., p. 178.

[255] CARREIRA ALVIM, 2003, op. cit., p. 275.

[256] MARINONI; ARENHART, 2005 a, op. cit., p. 55-56.

Entendimento similar é defendido por Valentín Silva Melero, o qual, após defender a eliminação da dicotomia verdade material – verdade formal, indica como fim da atividade de instrução a obtenção de "una verdad, desde luego no absoluta, en todo caso legal o parcial y que há sido calificada recientemente como 'justa en su modo de formación, empero no en su contenido', y que si bien es bastante expresiva no es admisible con carácter general, ya que la aspiración es llegar a que sea justa en todos los casos, aunque estemos peruadidos de que se trata de un objeto no siempre alcanzable".[257]

A exposição feita por Humberto Theodoro Jr. a esse respeito é paradigmática para fins de compreensão do entendimento firmado pela primeira corrente anteriormente mencionada. Nas palavras do autor, "o processo moderno procura solucionar os litígios à luz da verdade real e é, na prova dos autos, que o juiz busca localizar essa verdade. Como, todavia, o processo não pode deixar de prestar a tutela jurisdicional, isto é, não pode deixar de dar solução jurídica à lide, muitas vezes essa solução, na prática, não corresponde exatamente à verdade real. (...) Em conseqüência, deve-se reconhecer que o direito processual se contenta com a verdade processual, ou seja, aquela que aparenta ser, segundo os elementos do processo, a realidade".[258]

Partindo da premissa de que o processo deve se contentar, no mais das vezes, com menos do que a verdade real, ensina Piero Calamandrei que "tutto il sistema probatorio civile è preordinato non solo a consentire, ma addrittura a imporre al giudice di accontentarsi nel giudicare sui fatti, di quel surrogato della verità che è la verosimiglianza". Distingue o referido autor, ainda, a idéia de *verossimilhança* em relação a outras categorias análogas, como a possibilidade e a probabilidade: "possibile è ciò che può esser vero; verosimile è ciò che há l'apparenza di esser vero. Probabile sarebbe, etimologicamente, ciò che sipuò provare come vero; ma nel linguaggio filosofico e teologico la parola si trova adoperata nel senso di ragionevole, 'ciò che a crederlo è contrario alla ragione'", ressaltando, contudo, que "queste differenze non hanno un preciso riscontro nel vocabolario dei giuristi: tutt'al più, se si prende come termine di riferimento l'accertamento della verità, si può dire che queste ter qualificazione (possibile, verosimile, probabile) costituiscono, in quest'ordine, una graduale approssimazione, una progressiva accentuazione verso il riconuscimento di ciò che è vero".[259]

3.2. Prova e produção de certeza jurídica

A clássica lição de Francesco Carnelutti funciona como resposta aos que defendem a exclusividade da investigação da verdade como fim a ser perseguido através do emprego de provas no âmbito processual civil, dando a tônica da segunda corrente a respeito do tema. Após qualificar como metáfora a antítese tradicionalmente estabelecida entre as noções de verdade material e de verdade formal ou jurídica ("onde la verità formale o giuridica o coincide con la vertà materiale, e non è che verità, o ne diverge, e non è che una non verità"), conclui Carnelutti no sentido de que "il processo di ricerca assoggettato a norme giuridiche, che ne costringono e ne deformano la purezza logica, non può essere sinceramente considerato come un mezzo per la conoscenza della verità

[257] MELERO, Valentin Silva. *La prueba procesal*. t.1. Madrid: Editorial Revista de Derecho Privado, 1963, p. 27.

[258] THEODORO JR., 2004, op. cit., p. 383-384.

[259] CALAMANDREI, Piero. Verità e verosimiglianza nel processo civile. In: *Rivista di Diritto Processuale*, n.10, p. 164-192, 1955, especialmente p. 165, 170-171.

dei fatti, bensì per una fissazione o determinazione dei fatti medesimi, che può coincidere o non coincidere con la verità di questi e ne rimane affatto indipendente".[260]

Tal assertiva, por sua vez, funciona como ponto de partida a construção de perspectivas das mais diversas espécies. A partir de tal referencial, mostra-se possível justificar, de um lado, explicações racionais a respeito do problema da prova e de sua função, e, de outro, definições que a consideram como um *nonsense*, seja em função da irracionalidade que pode decorrer do desapego à idéia de verdade, seja por força de ideologias para as quais o processo não pode ou não deve ser orientado em função de tal escopo.[261]

Outra vertente existente de questionamento nesse sentido é a proposta por Carlos Alberto Alvaro de Oliveira. Referindo a importância do exame em torno da "natureza da certeza a ser buscada no processo, pois a investigação probatória pode redobrar na medida em que se procure chegar mais perto da realidade fática, com reflexo imediato na atividade exercida pelo órgão judicial", menciona o autor ora citado, mais adiante, o fato de a verdade "não constituir fim em si mesmo, senão simples meio para aplicação do direito ao caso concreto, tão-somente colaborando para que o processo alcance sua finalidade".[262] No que se refere a esse último aspecto, é possível afirmar que o autor segue orientação similar àquela adotada por Carlo Furno, para quem "in realtà nessun tipo di processo ha per fine il raggiungimento della certezza dei fatti di causa: chi lo affermasse, confonderebbe grossolanamente il mezzo col fine. La certezza storica è un mezzo indispensabile, che serve al fine ultimo e proprio del processo: nè la circostanza che essa è indispensabile, deve confondere l'ordine dei concetti".[263] Seguindo na mesma direção, esboça João Batista Lopes raciocínio análogo ao apontar que "a prova dos fatos controversos é indispensável não só para a apuração da verdade (e da certeza) mas também para conferir segurança às decisões judiciais e credibilidade à atividade jurisdicional".[264]

Entrelaçando os ensinamentos acima referidos, ensina Cândido Rangel Dinamarco que "o resultado a ser obtido mediante a instrução probatória é o conhecimento dos fatos e a conseqüente firmeza para proferir a decisão".[265] A noção de certeza, anteriormente referida, também é objeto de feroz crítica por parte do referido autor, para quem "em todos os campos do exercício do poder, contudo, a exigência de certeza é somente uma ilusão, talvez uma generosa quimera. Aquilo que muitas vezes os juristas se acostumaram a interpretar como exigência de certeza para as decisões nunca passa de mera probabilidade, variando somente o grau de probabilidade exigida e, inversamente, os limites toleráveis de risco. E isso transparece, no processo de conhecimento, especialmente (embora não apenas) no tocante às questões de fato. Probabilidade é a situação decorrente da preponderância dos motivos convergentes à aceitação de determinada proposição, sobre motivos divergentes. A probabilidade é menos que a certeza, porque

---

[260] CARNELUTTI, 1992, op. cit., p. 29. Mais adiante, repete o autor: "la verità è come l'acqua: o è pura, o non è verità. Qundo la ricerca della verità materiale è limitata nel senso che questa non possa essere in ogni caso e con ogni mezzo conosciuta, sia il limite posto più o meno rigoroso, il risultato è sempre questo: che non si tratta più di una ricerca della vertà materiale, ma di un processo di fissazione formale dei fatti".

[261] Essas considerações são feitas por TARUFFO, 1992 a, op. cit., p. 59-60.

[262] ALVARO DE OLIVEIRA, 2009, op. cit., p. 176.

[263] FURNO, Carlo. *Contributo alla teoria della prova legale*. Pádua: Cedam, 1940, p. 28-29.

[264] LOPES, 2002, op. cit., p. 27.

[265] DINAMARCO, 2005, op. cit., p. 43.

os motivos divergentes não ficam afastados mas somente suplantados; e mais do que a credibilidade, ou verossimilhança, em que na mente do observador os motivos convergentes e os divergentes compareçem na situação de equivalência e, se o espírito não se anima a afirmar, também não ousa negar".[266]

3.3. Prova e formação do convencimento judicial

Outra fórmula empregada pela doutrina para designar a finalidade da prova é a da *formação da convicção judicial*. De acordo com José Eduardo Carreira Alvim, a função da prova seria a de "formar a convicção (do juiz) sobre a veracidade ou não dos fatos alegados pelas partes. Primeiro, cria a certeza quanto à existência dos fatos e, depois, esta certeza, tornada inabalável pela exclusão de todos os motivos contrários, faz-se convicção", concluindo que, diante disso, "diz-se que um fato está provado, ou seja, formou-se no espírito do juiz a certeza quanto à sua existência ou veracidade".[267]

A posição acima citada encontra forte eco em outras vozes doutrinárias. Veja-se, a esse respeito, as lições de Francisco Cavalcanti Pontes de Miranda ("a prova tem por fito levar a convicção ao juiz"),[268] José Frederico Marques,[269] Vicente Greco Filho,[270] Humberto Theodoro Jr.,[271] Carlos Alberto Alvaro de Oliveira[272] e Gerhard Walter.[273]

Tomando emprestados diversos dos elementos constantes das lições acima analisadas, Luiz Guilherme Marinoni e Sérgio Cruz Arenhart concluem no sentido de que a função da prova é a de "convencer o juiz da validade (ou verossimilhança) das proposições fáticas formuladas inicialmente (tanto como afirmações, pretensões e exceções) que tenham sido objeto de questionamento". Na esteira da lição ora citada, a prova permite o "embasamento concreto das proposições formuladas, de forma a convencer o juiz de sua validade, diante da impugnação por outro sujeito do diálogo". Partindo da premissa de que "a essência da verdade é inatingível", estando fora do alcance do magistrado, diferenciam os referidos autores as idéias de *busca da verdade* e de *convicção da verdade*, sendo essa última formada em um contexto no qual a limitação das provas é uma realidade inafastável.[274]

Outra síntese possível decorrente da concatenação dos posicionamentos acima referidos é a realizada por Santiago Sentís Melendo, para quem "la finalidad de la prueba es lograr la convicción del juez, pero lograda ésta su resultado es la la fijación de los

---

[266] DINAMARCO, Cândido Rangel. *A instrumentalidade do processo*. 7. ed. São Paulo: Malheiros Editores, 1999, p. 238-339.

[267] CARREIRA ALVIM, 2003, op. cit., p. 253.

[268] PONTES DE MIRANDA, 1997 b, op. cit., p. 257.

[269] MARQUES, 1976, op. cit., p. 176, afirma que os fatos devem ser demonstrados no processo "para o juiz formar sua convicção".

[270] GRECO FILHO, 2003 b, op. cit., p. 182: "a finalidade da prova é o convencimento do juiz, que é seu destinatário. No processo, a prova não tem um fim em si mesma ou um fim moral ou filosófico; sua finalidade é prática, qual seja, convencer o juiz. Não se busca a certeza absoluta, a qual, aliás, é sempre impossível, mas a certeza relativa suficiente na convicção do magistrado".

[271] Após tecer as considerações transcritas linhas acima, THEODORO JR., 2004, op. cit., p. 384, conclui no sentido de que "a prova se destina a produzir a certeza ou convicção do julgador a respeito dos fatos litigiosos".

[272] ALVARO DE OLIVEIRA, 2009, op. cit., p. 179.

[273] WALTER, 1985, op. cit., p. 303.

[274] MARINONI; ARENHART, 2005 a, op. cit., p. 85, 121-124.

hechos", distinguindo o que chama de *fins* e *resultados* da prova.[275] Essa distinção encontra eco no ensinamento de Hernando Devis Echandía, o qual, depois de aludir que o fim da prova "consiste en producir el convencimiento del juez sobre los hechos que interesan al proceso", designa como resultado da prova "la conclusión que de ella saca el juez, de acuerdo con sus motivos, fundamentos o argumentos".[276]

A centralização do foco das atenções no tema da formação do convencimento do juiz funciona como ponto de partida da célebre construção de Carlo Furno, para fins de enfrentamento da distinção entre verdade material e verdade formal, relacionando tais noções com a idéia de certeza jurídica. Definindo verdade material como "la certezza storica acquisita al processo per via di uno o più esperimenti probatori, le cui resultanze debbono essere apprezzate dal giudice con piena ed assoluta libertà di criterio", contrapõe o autor tal noção à de verdade formal, entendida como "la certezza storica acquisita al processo non più attraverso il vaglio critico liberamente esercitato sul materiale istruttorio dall'organo giudicante; ma bensì in virtù di un sistema legale di accertamento definitivo dei fatti". Com base em tais parâmetros, conclui no sentido de que "quella distinzione che prima sembrava richiamarsi alla essenza, alla qualità della verità (materiale, formale), è posta a designare semplicemente il modo (giudiziale, legale) in cui la medesima certezza storica può essere ottenuta nel processo", de maneira a diferenciar o que chama de *certeza histórica judicial* e *certeza histórica legal.*[277]

A essas formas de certeza histórica usualmente são associados, como se observa, dois sistemas fundamentais relacionados à idéia de *apreciação da prova pelo julgador*: o da *livre apreciação da prova* e o da *prova legal.* Esses dois sistemas, por sua vez, apresentam variantes diversas, servindo tal nomenclatura como manto a envolver variadas nuanças do mesmo fenômeno. No âmbito dos ordenamentos jurídicos de *civil law*, a dicotomia apontada simboliza a existência de dois extremos que se contrapõem e que, em um paradoxo aparente, podem se fazer presentes dentro de um mesmo ordenamento jurídico. Assim ocorre no caso da prova legal concebida como maneira de excluir qualquer possibilidade efetiva de valoração quanto à eficácia da prova, limitando as chances de aproximação com a verdade real, que se contrapõe a uma versão do sistema do livre convencimento, permeada pelo voluntarismo e pela irracionalidade, segundo a qual o juiz se pronuncia sobre as alegações de fato com base em critérios não-passíveis de conhecimento, não-racionalizáveis. Conforme relatam Michele Taruffo[278] e Cândido Rangel Dinamarco,[279] esse contraste paradoxal é presente em ordenamentos como o italiano, que abraça ambas as realidades em um mesmo panorama.

A essa versão do sistema do livre convencimento do juiz, Michele Taruffo contrapõe a alternativa de concepção de um modelo pautado pela aplicação de critérios racionais para a determinação judicial dos fatos que compõem o objeto da discussão dos autos. Tal modelo apresenta-se, ainda segundo a lição do referido autor, como "tendenzialmente orientato a fondare una versione veritiera del fatto stesso, almeno nei limiti

---

[275] SENTÍS MELENDO, 1978, op. cit., p. 118.

[276] DEVIS ECHANDÍA, 1988 a, op. cit., p. 254.

[277] FURNO, 1940, op. cit., p. 18-19.

[278] TARUFFO, 1992 a, op. cit., p. 372.

[279] DINAMARCO, 2005, op. cit., p. 105: "em síntese: a) ainda que livre, o convencimento do juiz deve ser racional e não emocional;) ele deve necessariamente resultar do material colhido nos autos do processo; c) o juiz tem o dever de justificá-lo ao motivar a decisão; d) em certos casos, o valor da prova é dimensionado pela lei e não pelo juiz. Segue-se que no Direito atual o juiz valora livremente a prova, mas não tão livremente assim".

in cui si può ritenere che l'approssimazione del giudizio alla realtà empirica possa realizzarsi nel processo", no que também apresenta vantagens relativamente a uma versão radical de um modelo pautado na idéia de prova legal. A partir de tal perspectiva, Taruffo refere que a liberdade do juiz nesse modelo racional fica "orientada", de maneira que "non equivalga a discrezionalità assoluta o ad arbitrio soggettivo nel giudizio di fatto", libertando-se o convencimento do juiz de vínculos legais que podem impedir a aproximação com a realidade, mas não se escusando do dever de observação de critérios de valoração racional.[280]

Curiosamente, a racionalização da valoração da prova também funcionava como argumento para justificar a adoção do sistema da prova legal no passado, quando atuava tal concepção como resposta que permitia a eliminação das provas ditas irracionais e do arbítrio subjetivo do juiz. De acordo com Giovanni Verde, a previsão de uma hierarquia das provas vem associada a um sentimento de desconfiança quanto ao juiz, colocando-se, em tal contexto, como instrumento para evitar *a priori* praxes judiciais autoritárias.[281]

É também sob o mesmo do desejo de racionalidade na formação do convencimento judicial que se ergue a concepção vigente no *common law* em torno do tema. Em um sistema no qual não se conhece regras de prova legal destinadas ao estabelecimento prévio do valor a ser associado às provas, a alternativa concebida foi a de adotar um modelo no qual o livre convencimento do juiz convive com a idéia de que seja descartada a possibilidade de estabelecimento judicial de uma verdade certa e absoluta sobre os fatos da causa.[282]

O ponto de encontro dos sistemas da prova legal e da livre apreciação da prova na realidade italiana é assim descrito por Salvatore Patti: "si può parlare di libero convincimento soltanto quando l'iter logico del giudice non incontra lo sbarramento della prova legale". Partindo de tal premissa, diferencia o autor as idéias de livre apreciação da prova e de livre convencimento do juiz, ao afirmar que a primeira indica "un'attività, um modo di procedere, che necessariamente precede il formarsi – soprattutto il momento conclusivo – del convincimento", de maneira que a segunda noção aludida, por sua vez, diz respeito ao "risultato di un'attività e ovviamente può essere libero – ma addrittura, potrebbe dirsi, può esistere – soltanto se è libera la attività che ne costituisce il pressupposto".[283]

Dessa última lição ergue-se um outro enfoque usualmente associado ao problema da formação do convencimento jurisidicional, qual seja, o *da necessidade de motivação das decisões judiciais*. A exigência de exposição dos fundamentos que levam às conclusões do magistrado no que se refere à apreciação da prova vem atrelada pela doutrina às exigências de "racionalidade e atenção exclusiva aos elementos de convicção constantes dos autos".[284] Fala-se, nesse sentido, em *persuasão racional do juiz* como forma de referir a um modelo no qual "o julgamento deve ser fruto de uma operação lógica armada com base nos elementos de convicção existentes nos autos".[285]

---

[280] TARUFFO, 1992 a, op. cit., p. 373-375.

[281] VERDE, Giovani. La prova nel processo civile (profili di teoria generale). In: *Rivista di Diritto Processuale*, n. 43, p. 2-25, 1998, especialmente p. 10.

[282] TARUFFO, Michele. Modelli di prova e di procedimento probatório. In: *Rivista di Diritto Processuale*, n. 45, p. 420-448, 1990, especialmente p. 429.

[283] PATTI, 1985, op. cit., p. 485-486.

[284] DINAMARCO, 2005, op. cit., p. 107.

[285] THEODORO JR., 2004, op. cit., p. 385. Assim também considera SANTOS, 1983, op. cit., p. 398-399; "o juiz, não obstante aprecie as provas livremente, não segue as suas impressões pessoais, mas tira a sua

Essa concepção que liga o problema da apreciação das provas ao dever de motivação, contudo, não é imune a críticas. Observe-se, nesse sentido, a posição de Santiago Sentís Melendo, para quem "el que las sentencias no se motiven no exime de responsabilidad, no ya legal sino también moral, que todo juzgador siente aunque se le pueda hacer difícil expresarla con palabras", mencionando a existência de sistemas nos quais o juiz expõe imediatamente as suas conclusões às partes e, após, traz à tona as razões que o levaram a tais resultados.[286]

Uma ulterior proposta a respeito do significado atual da idéia de livre apreciação da prova é aquela resultante do caminho empreendido na investigação desenvolvida por Gerhard Walter. Após haver identificado três modelos diferentes que se referem à constatação dos fatos (um baseado na noção de convicção quanto à verdade; outro, esteado na idéia de controle por terceiros, e um último, que denomina "modelo da verossimilhança"), conclui o referido autor no sentido de que o problema da formação do convencimento diz respeito à idéia de *módulo de prova*, deslocando o foco das atenções para esse último aspecto.[287]

---

convicção das provas produzidas, ponderando sobre a qualidade e *vis probandi* destas; a convicção está na consciência formada pelas provas, não arbitrária e sem peias, e sim condicionada a regras jurídicas, a regras de lógica, a regras de experiência, tanto que o juiz deve mencionar na sentença os motivos que a formaram. A liberdade que se concede ao juiz na apreciação da prova não é um mero arbítrio, senão um critério de atuação ajustado aos deveres profissionais. Há liberdade no sentido de que aprecie as provas livremente, uma vez que na apreciação não se afaste dos fatos estabelecidos, das provas colhidas, das regras científicas – regras jurídicas, regras de lógica, regras de experiência". Sobre o tema, veja-se, ainda, TARUFFO, 1992 a, op. cit., p. 373-377, em ampla exposição sobre o que chama de uma "concezione razionale della valutazione delle prove".

[286] SENTÍS MELENDO, 1978, op. cit., p. 273.

[287] WALTER, 1985, op. cit., p. 165-167. Vale trazer, aqui, a lição do autor, segundo a qual, "partiendo de la base de que la convicción de la verdad, consciente de su imperfección, pero al mismo tiempo consciente de la certidumbre personal de la verdad, y la convicción de una verosimilitud rayana en certeza que exige igualmente certidumbre personal, son modelo de constatación idénticos, que presentan un mismo 'módulo de prueba', nos abocaremos a investigar si uno de estos dos modelos subyace a todas las especies procedimentales sin excepción alguna" (WALTER, 1985, op. cit., p. 171). Após concluir no sentido da existência de exceções (e, nesse sentido, de colocar em dúvida a validade da própria regra geral (p. 177), reforça o autor a observação anteriormente feita, ao referir que "el concepto de la libre apreciación de la prueba obtuvo así su significado principal por su emancipación de las reglas de apreciación; ese es el sentido de la palabra 'libre'. Mas el concepto de la libre convicción no nos dice nada, como bien lo señala Maassen, sobre el modelo de la prueba" (WALTER, 1985, op. cit., p. 178).

Parte II

A redefinição dos contornos do conceito de prova no processo civil contemporâneo

Examinados os principais traços que caracterizam a perspectiva doutrinária tradicional no que se refere ao estudo do conceito, do objeto e da finalidade da prova no processo civil, impõe-se considerar a existência de razões que impõem a reabertura da discussão em torno de tais pontos. Trata-se, aqui, de um passo fundamental para que se possa construir um novo paradigma no que se refere às questões acima elencadas, condizente com as peculiaridades presentes na realidade contemporânea.

As crescentes demandas de uma sociedade na qual os avanços culturais e científicos verificados a partir da segunda metade do século XX acabaram por forjar o modo de ser do homem contemporâneo. Nesse contexto, o império das novas orientações que permeiam o conceito de ciência próprio da Pós-Modernidade faz com que as afirmações até então concebidos deixem de ser vistos como dogmas intocáveis e se convertam em pontos de partida para novas reflexões.

O roteiro a ser seguido nesta segunda parte do estudo deve ser condizente com as aspirações acima expostas. Para tanto, impõe-se examinar, primeiramente, o conjunto de fatores que justifica a necessidade de revisão do paradigma hoje existente, para que, em um segundo momento, seja possível a exposição de uma proposta em torno do conceito, do objeto e da finalidade da prova no processo civil.

Capítulo I

Os motivos que levam à necessidade de rediscussão do conceito, do objeto e da função da prova no processo civil contemporâneo

O estudo dos fatores da realidade contemporânea que indicam a necessidade de novas reflexões sobre o conceito, a função e o objeto da prova no processo civil pode ser sistematizado a partir de um corte epistemológico que os separa em dois grandes grupos. O primeiro conjunto é o dos elementos relacionados à mudança verificada a partir da segunda metade do século XX, relativamente aos novos paradigmas que transformaram o modo de ser da ciência jurídica contemporânea. A segunda categoria é a composta por um universo de vetores inscritos no ordenamento jurídico processual no qual se encontram comandos não só sintonizados com as novas orientações em termos de pensamento lógico, mas também concebidos com vistas à preservação de valores constitucionais fundamentais.

1. DAS RELAÇÕES ENTRE DIREITO E ARGUMENTAÇÃO

O emprego de uma abordagem analítico-argumentativa no exame dos fenômenos jurídicos constitui-se em marca característica do espírito e da atitude dos estudos empreendidos a partir do final do século XX. A adoção de tal postura surge sob o signo da insatisfação com o modo de pensar até então dominante, segundo o qual as soluções de problemas jurídicos seriam veiculadas de forma hipotética e genérica em catálogos estruturados sob a forma de sistemas fechados e construídas através do emprego de silogismos nos quais as premissas pretensamente verdadeiras levariam a soluções da mesma natureza.

A compreensão do panorama contemporâneo acima descrito, contudo, pressupõe sejam feitas algumas considerações preliminares. Primeiro de tudo, cumpre lembrar que o atual estágio de evolução no que se refere ao método empregado no enfrentamento dos fenômenos jurídicos não pode ser descrito como uma realidade na qual todos os agentes que nela interagem seguem uma orientação unívoca. De outro lado, isso não significa, por certo, que não se possa encontrar pontos de convergência entre as diversas posições que compõem tal universo heterogêneo.

O panorama acima descrito pode ser examinado a partir do exame do pensamento de alguns dos principais protagonistas do debate sobre as relações entre Direito e argumentação. O roteiro a ser seguido compreenderá, nesse sentido, o exame do pensamento de Theodor Viehweg, Chaïm Perelman, Robert Alexy e Alessandro Giuliani.

1.1. Viehweg e a redescoberta do método tópico

A obra de Theodor Viehweg intitulada *Topik und Jurisprudenz*, datada de 1953, pode ser considerada como um marco fundamental para a construção da ciência jurídica contemporânea. Em tal estudo, Viehweg lança novas luzes sobre a forma de pensar do jurista em sua atividade cotidiana e, ao mesmo tempo, propõe uma reflexão a respeito da estruturação das premissas de estruturação da própria ciência jurídica.

A obra de Viehweg tem como premissa primeira do seu desenvolvimento a distinção entre dois métodos científicos historicamente aplicados ao estudo da ciência jurídica. O primeiro deles, denominado *tópica*, guarda as suas raízes nas obras de Aristóteles e de Cícero, caracterizando-se pelo fato de o ponto de partida adotado pelo intérprete estar localizado no âmbito do *senso comum*, atrelado ao campo do *verossímil*, em uma realidade que é delimitada em função de um *problema* proposto para exame. Segundo tal técnica, da conjugação desses dados (*topoi*) em uma trama de pontos de vista, a conclusão a ser obtida acaba sendo o resultado do emprego de uma técnica do pensamento problemático.

O segundo método investigado, referido por Gian Battista Vico sob a alcunha de *método crítico* e por Viehweg como *cartesianismo* (em alusão à obra de René Descartes), caracteriza-se pelo fato de a adoção de um *primum verum* e do emprego do *more geometrico* permitir a formação de cadeias de raciocínio nas quais os resultados obtidos são *deduções* dessa primeira premissa. Associa Viehweg o fenômeno da prevalência histórica desse método ao desaparecimento da tópica e, ainda, ao advento de uma ciência do Direito revestida de uma orientação eminentemente sistemática.[1]

A abordagem dos fenômenos jurídicos a partir de uma perspectiva problemática envolve mais do que um posicionamento meramente teórico. Nas palavras de Viehweg, "el planteamiento de un problema opera una selección de sistemas, y conduce usualmente a una pluralidad de sistemas conciliabilidad dentro de un sistema omnicomprensivo no se demuenstra", ao passo que "el establecimiento de un sistema opera una selección de problemas". Com isso, resta limitado o horizonte de investigação do jurista, sendo inviabilizado o enfrentamento de uma série de possibilidades existentes com vistas à construção de soluções para questões práticas.

Esse mesmo viés prático pode ser observado no que se refere à função dos *topoi*, que, segundo o referido autor, é a de "servir a una discusión de problemas", tendo os seus significados moldados em face do problema ao qual estão relacionados. Nesse contexto, o debate é a única instância de controle dos argumentos empregados, em um processo no qual "lo que en la disputa ha quedado probado en virtud de aceptación, es admisible como premisa". Refira-se, outrossim, que o emprego da tópica pressupõe o privilégio da *ars inveniendi* em detrimento do pensamento sistemático, enfatizando Viehweg que, "cuando se logra establecer un sistema deductivo, al que toda ciencia desde el punto de vista lógico debe aspirar, la tópica tiene que ser abandonada", de maneira que "la deducción hace innecesaria la invención".[2]

---

[1] VIEHWEG, Theodor. *Topica y jurisprudencia*. Traduzido para o espanhol por Luiz Diez-Picazo Ponce de Leon. Madri: Taurus Ediciones, 1964, p. 27 e 111 ss.

[2] VIEHWEG, 1964, op. cit., p. 51, 56, 63.

A importância da proposta de Viehweg no que se refere à necessidade de mudança de perspectiva no enfrentamento dos fenômenos jurídicos pode ser aferida a partir da intesidade do debate gerado a partir de suas proposições.

Um primeiro indicativo a esse respeito pode ser visto nas críticas tecidas por Claus-Wilhelm Cannaris, para quem o empenho de Viehweg em estudar o fenômeno dos sistemas jurídicos é decorrente dos "estímulos provocatórios" inerentes às idéias veiculadas no clássico anteriormente referido. Examinando as críticas referentes à validade do emprego da noção de sistema no âmbito da ciência jurídica, Cannaris afirma que tais questionamentos seriam, na verdade, endereçados a um modelo específico de sistema, mais especificamente o dos *sistemas fechados*. Nesse sentido, refere o autor que a técnica de orientação a partir do problema não pode ser considerada como exclusividade dos defensores da tópica, mas, ao contrário, deve ser vista como uma perspectiva que permeia todo o pensamento científico, visto que "um 'problema' nada mais é do que uma questão cuja resposta não é, de antemão, clara". E, sob essa perspectiva, conclui Cannaris no sentido de que a tópica não deve ser tratada como um método incompatível com o conceito de sistema jurídico.[3]

O grande impasse vislumbrado por Cannaris nas tentativas de aplicação da tópica reside na impossibilidade de afastamento do direito objetivo na construção de soluções para os problemas examinados pelos juristas. Refere o autor, desse modo, a insuficiência da idéia de *topoi*, entendendo ser necessária a presença de critérios que determinem quais serão as razões que devem imperar com vistas à oferta de respostas válidas.[4]

A tais críticas podem ser somadas outras ainda mais contundentes. Nesse sentido, vale lembrar a posição de Manoel Atienza, para quem "praticamente todas as noções básicas da tópica são extremamente imprecisas e, inclusive, equívocas", em especial as de *problema*, *topos*, *lógica* e *sistema*. Não obstante Atienza qualifique o modelo proposto por Viehweg como "indubitavelmente ingênuo", entendendo que este não veicula um método ou um elemento de controle que permita discutir racionalmente as questões relacionadas à idéia de justiça, reconhece o autor méritos em tal construção. Isso fica evidente quando faz alusão à presença das idéias de "necessidade de raciocinar também onde não cabem fundamentações conclusivas" e de "explorar, no raciocínio jurídico, os aspectos que permanecem ocultos se examinados de uma perspectiva exclusivamente lógica".[5]

Após referir a ênfase dada por Viehweg em sua exposição à temática da interpretação e da aplicação do Direito, Plauto Faraco de Azevedo observa que "a mensagem da tópica, sob este aspecto, vem ao encontro da necessidade de, sem abandonar o sistema sem o qual o Direito, hoje, não é pensável, repensar o conceito de Direito a partir do seu componente hermenêutico, de conseqüências teórico-práticas de maior relevância". Segundo o referido autor, deve ser atribuído à tópica o mérito de fazer com que "o pensamento sistemático não se transmute em lógico-dedutivo-conceitual", sem, contudo, ser capaz de colocar o jurista "ao abrigo da incidência da ideologia no pensamento jurídico".[6]

---

[3] CANNARIS, 1996, op. cit., p. 243-251.

[4] CANNARIS, 1996, op. cit., p. 251-262.

[5] ATIENZA, Manoel. *As razões do Direito* – teorias da argumentação jurídica – Perelman, Viehweg, Alexy, MacCormick e outros. Traduzido do espanhol por Maria Cristina Guimarães Cupertino. São Paulo: Landy Livraria Editora, 2003, p. 52-58.

[6] AZEVEDO, Plauto Faraco de. Do método jurídico – reflexões em torno da tópica. In: *Ajuris*, n. 64, p. 5-26, 1995, especialmente p. 18-20 e 25-26.

A redescoberta da tópica jurídica na metade do século XX decorre da convergência de uma série de fatores que se conjugam em um contexto. A insatisfação com as ferramentas até então existentes serviu como convite à concepção de uma alternativa que atendesse às exigências da realidade contemporânea. Destaque especial, nesse sentido, deve ser dado ao desgaste do positivismo jurídico, apontado pela doutrina como fator desencadeador do movimento que culminou com a retomada das lições a respeito do chamado pensamento tópico. Nas palavras de Paulo Bonavides, "a exaustão posterior do positivismo racionalista, a par da descrença generalizada em suas soluções, fez inevitável a ressurreição da tópica como método".[7] Comunga de tal entendimento Plauto Faraco de Azevedo, referindo a contraposição entre a concepção pluridimensional do Direito e a "tentativa positivista de cisão do discurso jurídico em múltiplos setores, entre si incomunicáveis", segundo a qual "a atividade do jurista deve exaurir-se no conhecimento 'puro' da ordem jurídica, sobre que lhe cabe formular somente juízos de constatação". Dessa postura resulta, nas palavras do citado autor, um "singular empobrecimento da aplicação do Direito, circunscrita que fica a um automatismo indiferente ao valor e ao efeito social das normas jurídicas, inconciliável com a responsabilidade do jurista, especialmente do juiz".[8]

O inegável impacto do pensamento tópico na abordagem dos fenômenos examinados pela ciência jurídica contemporânea oferece alternativas para a construção de soluções para impasses aparentemente insolúveis à luz da perspectiva metodológica jurídica anteriormente em vigor.[9] Isso não significa, por certo, que se esteja diante da ruína total da perspectiva científica sistemática, a qual possui suas raízes intimamente ligadas ao desejo humano de explicar a totalidade da realidade que está à sua volta, tradução do anseio de quem vislumbra uma ordenação superior a ela subjacente. Da adequada conjugação de tais abordagens resulta uma metodologia que atribui o devido valor ao caso individual, oferecendo soluções que se integram como parte de um todo não apenas no plano jurídico mas também nos planos social, político, econômico e ético. Ao mesmo tempo, preserva-se a possibilidade de que se possa identificar outras respostas que não tenham sido pensadas previamente ao surgimento do questionamento formulado pelo estudioso, rompendo com as rígidas fronteiras impostas pela idéia de sistema fechado.

1.2. A Nova Retórica de Chaïm Perelman

A retomada da dimensão problemática de aplicação das normas jurídicas a casos concretos proposta por Viehweg encontra correspondência em outros estudos igual-

---

[7] BONAVIDES, Paulo. O método tópico de interpretação constitucional. In: *Revista de Direito Público*, n. 98, ano 24, p. 5-11, abr./jun.1991, especialmente p. 5.

[8] AZEVEDO, 1995, op. cit., p. 21.

[9] De acordo com LARENZ, Karl. *Metodología da ciência do Direito*. Traduzido para o português por José Lamego. 4. ed. Lisboa: Fundação Calouste Gulbenkian, 2005, p. 204, "o livro de Viehweg suscitou um interesse pouco habitual. Não pode, efectivamente, negar-se que os juristas argumentam, por várias vias, 'topicamente', por exemplo, nas audiências de discussão e julgamento. Os argumentos ou 'tópicos' que utilizam têm, porém, pesos distintos. Não são pura e simplesmente invocados e alinhados entre si, mas possuem um valor posicional específico e cobram significado sempre em certo e determinado contexto. Mesmo quando se argumenta de modo muito próximo a um argumentar 'topicamente', no sentido de que determinados 'tópicos' são utilizados na discussão, postos à prova, seja no sentido da sua rejeição ou do seu acolhimento, a obrigação de fundamentação da sentença torna necessário um processo intelectual ordenado, em que cada argumento obtenha o seu lugar respectivo, processo que conduza a uma determinada inferência silogística. Por meio de uma mera recolha de pontos de vista relevantes no plano jurídico, um catálogo de 'tópicos', não se alcança tal resultado. O apelo à tópica seria de reduzida valia se não pudesse oferecer mais que isso".

---

mente relevantes, as quais propõem desenvolvimentos ulteriores para os pontos de partida antes considerados. Exemplo disso pode ser visto em *La Nouvelle Rhetorique: Traité de L'Argumentation*, de Chaïm Perelman e Lucie Olbrechts-Tyteca, obra que inaugura toda uma série de construções que, partindo das premissas expostas por Viehweg, acabam por se estender sobre os domínios da retórica e da dialética e culminam por demonstrar a sua aplicabilidade na realidade da ciência jurídica. Sob essa perspectiva, a adesão à tradição cartesiana vem considerada como uma "limitação indevida e perfeitamente injustificada do campo onde intervém nossa faculdade de raciocinar e de provar".[10]

A mesma abordagem proposta relativamente à visão de Viehweg será respeitada no exame das linhas gerais da Nova Retórica. Assim sendo, após a exposição das linhas gerais do pensamento de Perelman (tomado aqui como referência por haver dado continuidade aos estudos da temática em outras obras de igual importância em relação àquela anteriormente citada), seguir-se-á a exposição das principais críticas dirigidas a essa perspectiva.

A perspectiva adotada por Perelman toma como ponto de partida o mesmo referencial adotado por Viehweg, dando ênfase à redescoberta da distinção aristotélica entre *raciocínios analíticos* ("aqueles que, partindo de premissas necessárias, ou pelo menos indiscutivelmente verdadeiras, redundam, graças a inferências válidas, em conclusões igualmente necessárias ou válidas") e *raciocínios dialéticos* ("que se referem não às demonstrações científicas, mas às deliberações e às controvérsias. Dizem respeito aos meios de persuadir e de convencer pelo discurso, de criticar as teses do adversário, de defender e justificar as suas próprias, valendo-se de argumentos mais ou menos fortes").[11] Concentrando seus esforços nesse segundo gênero, Perelman distingue os âmbitos das atividades de *demonstração* ("quando se trata de demonstrar uma proposição, basta indicar mediante quais procedimentos ela pode ser obtida como última expressão de uma seqüência dedutiva, cujos primeiros elementos são fornecidos por quem construiu o sistema axiomático dentro do qual se efetua a demonstração") das de *argumentação* ("quando se trata de argumentar, de influenciar, por meio de discurso, a intensidade de adesão de um auditório a certas teses, já não é possível menosprezar completamente, considerando-as irrelevantes, as condições psíquicas e sociais sem as quais a argumentação ficaria sem objeto ou sem efeito. Pois toda argumentação visa à adesão dos espíritos e, por isso mesmo, pressupõe

---

[10] PERELMAN, Chaïm; OLBRECHTS-TYTECA, Lucie. *Tratado da argumentação* – a Nova Retórica. Traduzido do francês por Maria Ermantina Galvão. São Paulo: Martins Fontes, 2002, p. 3. Em outra obra, o primeiro autor desenvolve a idéia apontada, afirmando que "Descartes e os racionalistas puderam deixar de lado a retórica na medida em que a verdade das premissas era garantida pela evidência, resultante do fato de se referirem a idéias claras e distintas, a respeito das quais nenhuma discussão era possível. Pressupondo a evidência do ponto de partida, os racionalistas desinteressaram-se de todos os problemas levantados pelo manejo de uma linguagem. Mas, assim que uma palavra pode ser tomada em vários sentidos, assim que se trata de aclarar uma noção vaga ou confusa, surge um problema de escolha e de decisão, que a lógica formal é incapaz de resolver; cumpre fornecer as razões da escolha para obter a adesão à solução proposta, e o estudo dos argumentos depende da retórica". Ver: PERELMAN, Chaïm. *Lógica jurídica* – Nova Retórica. Traduzido do francês por Vergínia K. Pupi. São Paulo: Martins Fontes, 2004, p. 142.

[11] PERELMAN, 2004, op. cit., p. 1-2. Após referir à influência de Sócrates sobre o pensamento de Aristóteles, refere VIEHWEG, 1964, op. cit., p. 33-34, que esse último "le sigue en este intento y se esfuerza por vez primera en distinguir dentro de su peculiar modo de hablar y de trabajar, lo apodictico frente al gran terreno de lo que és solo dialéctico. Pretende que el primero sea el campo de la verdad para los filósofos, mientras que el segundo – dice, separándose en parte de la terminología platônica – es lo que se expresa en dialeguezai, es decir, en disputar, y lo que debe asignarse, por tanto, a los retóricos y a los sofistas como campo de lo meramente opinable".

Luis Alberto Reichelt

a existência de um contato intelectual").[12] E, em mais uma aproximação, informa o autor que situará os esforços relacionados aos seus estudos nessa última dimensão.

Os conceitos empregados por Perelman em sua análise formam um universo peculiar. As relações entre o orador e o auditório, as singularidades inerentes ao papel de cada um desses sujeitos e as diferentes conformações que cada um deles pode adotar, as diversas funções exercidas pela argumentação (correspondentes aos diversos gêneros oratórios) compõem alguns dos fatores examinados pelo referido autor. Tomando tais noções em uma acepção vaga no que se refere às fronteiras possíveis de sua significação, Perelman empreende uma tentativa de explicação dos fenômenos argumentativos, em um exame que não se resume aos domínios do jurídico, mas que se propõe como aplicável a outros campos do saber humano.[13]

Após referir que o objetivo da argumentação corresponde à tarefa de buscar a adesão dos espíritos que compõem o auditório (ou de intensificar essa adesão), Perelman distingue a *argumentação persuasiva* (aquela que "pretende valer só para um auditório particular") em relação à *argumentação convincente* (aquela que "deveria obter a adesão de todo ser racional").[14] Refere o autor que, no âmbito da retórica, a noção de *auditório* ocupa posição central, "pois um discurso só pode ser eficaz se é adaptado ao auditório que se quer persuadir ou convencer".[15]

Ao focalizar a problemática da diferenciação de espécies de auditório às quais se dirige o orador na atividade argumentativa, propõe Perelman a análise de três diferentes modelos: "o primeiro, constituído pela humanidade inteira, ou pelo menos por todos os homens adultos e normais, que chamaremos de auditório universal; o segundo formado, no diálogo, unicamente pelo interlocutor a quem se dirige; o terceiro, enfim, constituído pelo próprio sujeito, quando ele delibera ou figura as razões de seus atos". Esclarece o autor que esses três tipos de auditório não são absolutamente independentes entre si, de maneira que cada auditório concreto particular, em última instância, impõe a prévia consideração de um outro universal, o qual serve de parâmetro ideal a ser tratado para fins de avaliação daquele particular. Igualmente importante é a perspectiva da deliberação íntima feita pelo próprio orador, na qual ele mesmo atua também como auditório, seja ao construir as razões de maneira prévia à argumentação com terceiros, seja ao expor os motivos *a posteriori*.[16]

A preocupação com o problema da adesão do auditório ao discurso do orador também é objeto da análise efetuada por Perelman. A esse respeito, distingue três gêneros de discurso, a saber, o deliberativo, o judiciário e o epidíctico, cada qual voltado a um âmbito de atuação, e associa diversas formas de adesão e de resultados a cada uma das respectivas modalidades. Valendo-se de tal diferenciação, afirma o autor que os discursos deliberativos e judiciais "utilizam disposições já existentes no auditório", de maneira que "os valores são meios que permitem determinar uma ação". Nesse sentido, contrapõe o autor tal panorama àquele outro que se verifica no âmbito da argumentação epidíctica,

[12] PERELMAN; OLBRECHTS-TYTECA, 2002, op. cit., p. 142.

[13] Como referido por PERELMAN; OLBRECHTS-TYTECA, 2002, op. cit., p. 7, "por razões de comodidade técnica e para jamais perder de vista esse papel essencial do auditório, quando utilizarmos os termos 'discurso', 'orador' e 'auditório', entenderemos com isso a argumentação, aquele que a apresenta e aqueles a quem ela se dirige, sem nos determos no fato de que se trata de uma apresentação por palavra ou pela escrita, sem distinguir discurso em forma e expressão fragmentária do pensamento".

[14] PERELMAN; OLBRECHTS-TYTECA, 2002, op. cit., p. 31. Sobre a distinção entre *persuadir* e *convencer*, ver, ainda, PERELMAN, 2004, op. cit., p. 143-145.

[15] PERELMAN, 2004, op. cit., p. 143.

[16] PERELMAN; OLBRECHTS-TYTECA, 2002, op. cit., p. 31-34, 39, 45-50.

na qual "a comunhão em torno dos valores é uma finalidade que se persegue, independentemente das circunstâncias precisas em que tal comunhão será posta à prova". Definindo o problema da argumentação como uma "ação que tende sempre a modificar um estado de coisas preexistente", Perelman conclui no sentido de que ela produz resultados similares aos alcançados mediante o uso da violência, pressupondo, contudo, a renúncia ao emprego de tal via como meio único para que se possa alcançar esses mesmos objetivos.[17]

No exame das diversas espécies de acordos empregados como pontos de partida da argumentação, Perelman diferencia aqueles situados no plano do *real* ("que comporta os fatos, as verdades e as presunções") em relação àqueles posicionados no âmbito do *preferível* ("os valores, as hierarquias e os lugares do preferível"). Segundo Perelman, os acordos relacionados ao real não exigem adesão do autor da argumentação, pois os primeiros configuram acordos universais, sendo que os fatos e as verdades gozam de adesão máxima do auditório, ao passo que, em relação às presunções, "espera-se que essa adesão seja reforçada por outros elementos". Refere o autor, ainda, que "o domínio das probabilidades é, portanto, vinculado ao dos fatos e das verdades e se caracteriza, para cada auditório, em função destes", e contrapõe a idéia de *verossimilhança* (aplicável a proposições, "notadamente as conclusões indutivas", não sendo quantitativamente mensurável) à de *probabilidade* ("relação numérica entre duas proposições que se aplicam a dados empíricos específicos, bem definidos, simples"). Na esteira da tal dicotomia, enquanto os fatos e as verdades seriam ligados ao plano das probabilidades, as presunções, por sua vez, estariam intimamente relacionadas à idéia de verossimilhança.[18]

Outro ponto de destaque na obra de Perelman é o exame dos problemas da escolha e da interpretação dos dados, definidos como sendo objetos em torno dos quais são estabelecidos os acordos. No que diz respeito à primeira temática, Perelman comenta que a possibilidade de escolha "não implica que se possa refugar elementos que não serão utilizados", concluindo, mais adiante, no sentido de que "o fato de selecionar certos elementos e de apresentá-los ao auditório já implica a importância e a pertinência deles no debate. Isso porque semelhante escolha confere a esses elementos uma presença", a qual "atua de um modo direto sobre a nossa sensibilidade", sendo um dado psicológico que "exerce uma ação já no nível da percepção". Ao lançar mão da idéia de *presença*, o autor apresenta um dos pilares principais que fundamentam o que denomina de uma *conclusão inevitável*: "toda argumentação é seletiva. Ela escolhe os elementos e a forma de torná-los presentes".[19]

Com relação ao problema da interpretação dos dados envolvidos no discurso, afirma Perelman que, no âmbito da argumentação, tal dimensão se contrapõe àquela na qual impera o que chama de um "acordo provisório ou convencional, unívoco e fora de discussão", originalmente existente a respeito dos dados apresentados, inerente à apresentação dos mesmos no diálogo. Segundo o autor ora examinado, no âmbito da argumentação, "por vezes, o esforço daqueles que argumentam não visa tanto impor uma determinada interpretação como mostrar a ambigüidade da situação e as diversas maneiras de compreendê-la", o que não exclui a possibilidade de, eventualmente, a parte "postular a unicidade de interpretação não só num caso determinado mas também como regra geral".[20]

---

[17] PERELMAN; OLBRECHTS-TYTECA, p. 51-70, remetendo, mais adiante, à distinção feita por Aristóteles (p. 147).

[18] PERELMAN; OLBRECHTS-TYTECA, 2002, op. cit., p. 73-129.

[19] PERELMAN; OLBRECHTS-TYTECA, 2002, op. cit., p. 131-136. Sobre a idéia de presença, ver, também, PERELMAN, 2004, op. cit., p. 160 ss.

[20] PERELMAN; OLBRECHTS-TYTECA, 2002, op. cit., p. 136-143.

Luis Alberto Reichelt

A partir do exame do problema da apresentação dos argumentos, Perelman consegue identificar duas características por ele consideradas indispensáveis para que haja uma figura de retórica: "uma estrutura discernível, independente do conteúdo, ou seja, uma forma (seja ela conforme a distinção dos lógicos modernos, sintática, semântica ou pragmática), e um emprego que se afasta do modo normal de expressar-se e, com isso, chama a atenção". Essa constatação atua como o ponto de partida para o empreendimento de toda uma extensa reflexão em torno dos "esquemas de argumentos para os quais os casos particulares examinados servem apenas de exemplos, que poderiam ser substituídos por mil outros". Nessa perspectiva, estabelece o autor a distinção entre *esquemas de ligação* (nos quais insere os por ele denominados *argumentos quase-lógicos* e *argumentos que fundam a estrutura do real*) e *esquemas de dissociação*. Os *argumentos quase-lógicos* são definidos como aqueles que "pretendem certa força de convicção, na medida em que se apresentam como comparáveis a raciocínios formais, lógicos ou matemáticos", sendo dotados de uma "aparência demonstrativa", ao passo que os *argumentos baseados na estrutura do real* seriam aqueles que se valem da idéia de "solidariedade entre juízos admitidos e outros que se procura promover". Os argumentos baseados em esquemas de dissociação, por sua vez, tomam por base a chamada técnica de *ruptura de ligação*, a qual consiste "em afirmar que são indevidamente associados elementos que deveriam ficar separados e independentes".[21]

A complexidade e a extensão do exame empreendido por Perelman fazem com que sua obra possa ser objeto de críticas das mais diversas naturezas. Passar-se-á, nesse sentido, à análise crítica das principais reflexões construídas em torno das idéias acima mencionadas.

Uma primeira crítica a ser considerada, situada no âmbito do problema da "renúncia al instrumental analítico moderno" (a qual "afecta especialmente a la investigación sobre las técnicas de argumentación"), é aquela endereçada por Robert Alexy. O fato de Perelman não haver adentrado no estudo da estrutura lógica dos argumentos que examina é considerado por Alexy como fator que impossibilita a descoberta sistemática de premissas encobertas. Essa mesma premissa, segundo Alexy, impede que seja possível colocar em destaque o tema dos meios persuasivos empregados para efetuar passos que não sejam concludentes do ponto de vista lógico.[22]

A tal posicionamento soma-se a visão de Manoel Atienza, que vislumbra ser baseada em erro a afirmação de Perelman no sentido de que a passagem das premissas às conclusões no âmbito da argumentação ocorre de maneira distinta em relação à maneira como tal transição se desenvolve no universo das deduções. Em outra passagem, afirma Atienza, ainda, na sua visão, "não parece que a Nova Retórica perelmaniana forneça critérios eficientes para distinguir os argumentos fortes dos fracos, se se atribui à noção de força de um argumento um significado empírico".[23]

---

[21] PERELMAN; OLBRECHTS-TYTECA, 2002, op. cit., p. 189 e seguintes, em especial p. 191, 211 ss (especialmente p. 212, 215-217, 219), 297 e 467-471. A mesma temática é enfrentada por PERELMAN, 2004, op. cit., p. 170-180.

[22] ALEXY, Robert. *Teoria de la argumentación jurídica* – la teoria del discurso racional como teoria de la fundamentación jurídica. Traduzido para o espanhol por Manuel Atienza e Isabel Espejo. Madrid: Centro de Estudios Constitucionales, 1997, p. 167.

[23] ATIENZA, 2003, op. cit., p. 80, 89-90.

Essa última crítica, por sua vez, resta atenuada diante da defesa da posição de Perelman por Alessandro Giuliani, para quem a resposta a tais impasses acima referidos parece já haver sido ofertada pelos próprios autores do *Tratado da Argumentação*. Observa Giuliani que, segundo Perelman, o raciocínio formal resulta de um procedimento de simplificação, possível somente em condições particulares, no âmbito interno de sistemas formais e delimitados.[24]

A obscuridade dos conceitos empregados por Perelman também é objeto de sérios questionamentos em âmbito doutrinário. Aponte-se, nesse sentido, como exemplos sintomáticos do relevo de tais análises, a opinião de Alexy, em crítica à noção de auditório universal,[25] e de Atienza, que estende essa objeção à generalidade dos conceitos empregados por Perelman. Destaca Atienza, ainda, a fragilidade do significado dado ao critério de razoabilidade empregado por Perelman, o qual é concebido com vistas a "abrir uma via intermediária entre o racional (quer dizer, as razões necessárias, constringentes) e o irracional (o arbirário)" e, sob a égide de um contexto caracterizado pelo pluralismo, serve como parâmetro para a construção de soluções que não serão "perfeitas, únicas e definitivas", mas "aceitáveis, modificáveis e aperfeiçoáveis".[26] Ao lado disso, estende Atienza também aos ensinamentos de Perelman as objeções anteriormente tecidas em face da proposta de Viehweg, enfatizando que "o fator tópico-retórico não constitui uma essência fixa e nem caracteriza exclusivamente o discurso jurídico".[27]

Outra análise que merece atenção é aquela realizada por Ariani Bueno Sudatti, para quem a noção de auditório universal é defensável como um imperativo ético. De acordo com a autora, "o apelo à universalidade da razão traduz, como imperativo ético, a idealização de um quadro argumentativo onde as circunstâncias políticas, econômicas e sociais que afetam o orador e o auditório procuram ser superadas em nome da qualidade da argumentação e da boa-fé que animam as partes. É esse imperativo ético que justifica um esforço, jamais plenamente realizável, de despojamento e de busca máxima da melhor, da verdadeira solução para a controvérsia".[28] Esse mesmo ponto de vista é compartilhado por Alessandro Giuliani, o qual refere, ainda, que "l'argomentazione non può prescindere dal consenso, e pertanto le nozioni di 'uditorio' e di 'giustificazione' hanno um ruolo importante nella teoria dell'argomentazione".[29]

Analisando a obra de Perelman no que se refere ao problema da prova judiciária, aponta Giuliani o que chama de três teses implícitas da Nova Retórica sobre a temática em referência, quais sejam: "la prova giudiziaria costituisce l'antitesi dell'evidenza, la quale esclude la conoscenza del passato e la responsabilità del giudice"; "prova e verità sono strumenti per rendere la giustizia"; a existência de uma "interferenza tra l'interpretazione della legge e l'interpretazione dei fatti".[30]

A contribuição de Perelman reside, em última instância, no fato de tornar evidente a impotência da lógica demonstrativa diante da complexidade do fenômeno argumen-

---

[24] GIULIANI, Alessandro. Logica del Diritto (Teoria dell'Argomentazione). In: *Enciclopedia del Diritto*. v.25. Milano: Giuffrè Edittore, 1988 a, p. 13-34, especialmente p. 23.

[25] ALEXY, 1997, op. cit., p. 168-171.

[26] ATIENZA, 2003, op. cit., p. 78-85.

[27] ATIENZA, 2003, op. cit., p. 87.

[28] SUDATI, Ariani Bueno, *Raciocínio jurídico e Nova Retórica*. São Paulo: Editora Quartier Latin do Brasil, 2003, p. 159-161.

[29] GIULIANI, 1998 a, op. cit., p. 22.

[30] GIULIANI, 1998 a, op. cit., 1988 b, p. 578.

Luis Alberto Reichelt

tativo, realidade inafastável que permeia o convívio daqueles que se colocam em constante estado de relação na teia social. Impõe-se referir que, mesmo nos aspectos em que o sentido das expressões inicialmente soa vago, é possível identificar indícios da presença de algo que extrapola os limites da racionalidade cartesiana. Rompe-se, com isso, com aquela perspectiva lógica que não só dominava os esforços científicos com vistas à compreensão da realidade, mas também que também acabava por limitar as possibilidades de investigação de um mundo que se revela muito mais dinâmico e rico em nuanças do que aquele conhecido ao tempo em que concebido o paradigma científico anteriormente vigente.

1.3. O pensamento de Alessandro Giuliani

O peso das reflexões propostas por Alessandro Giuliani a respeito do problema da argumentação jurídica pode ser sentido a partir da análise das premissas por ele elencadas como ponto de partida. Nesse sentido, uma primeira consideração de relevo efetuada por Giuliani pode ser vista no momento em que o autor ora referido afirma que "la teoria dell'argomentazione sfugge alla possibilità di una trattazione sistematica, in quanto non può prescindere da scelte e preferenze sul piano delle premesse filosofiche più generali". Tal referência é fundamental, visto que, segundo sua perspectiva, *argumentação*, *tópica* e *dialética* constituem expressões largamente coincidentes. E, sob essa perspectiva, enfatiza Giuliani que a correta compreensão do problema da lógica da argumentação em uma perspectiva atual pressupõe "una migliore conoscenza storica della topica (ivi ricompreendendo dialettica, retorica e sofistica)".[31]

No que se refere ao aspecto analítico da argumentação, merece atenção a passagem na qual Giuliani afirma haver herdado da tradição tópica algumas certezas, quais sejam: a) a finalidade da dialética é a investigação da verdade, de maneira que o seu distanciamento relativamente a esse fim representa um abuso; b) a relação entre dialética e verdade é um reflexo de uma vocação da razão humana, qual seja, a "disposizione naturale per il vero". Segundo o autor, essa razão, por sua vez, é tomada em um sentido clássico, segundo o qual a preocupação central reside no problema dos fins a serem almejados e dos conflitos práticos existentes no que se refere ao atendimento de tais objetivos. Na esteira de tal pensamento, a idéia de razão apresenta um significado contraposto àquele próprio da perspectiva moderna: esta, de um lado, mostra-se focada em um caráter instrumental, subjetivo, formalizado, ao passo que o referencial clássico se apega a uma orientação prática, objetiva, de cunho axiológico.[32]

Na visão de Giuliani, a dialética é considerada como uma "logica dell'opinione, del probabile". Por esse prisma, seu campo de atuação envolve um setor considerado intermediário entre o âmbito do certamente verdadeiro (próprio dos raciocínios apodíticos, em que é possível conseguir raciocínios certos, rigorosos, demonstrativos) e o do certamente falso (próprio do raciocínio puramente sofístico). Desta maneira, a dialética coloca-se a serviço da obtenção de uma verdade possível como resultado final de um debate.[33]

A concepção de uma ordenação da dialética à luz de critérios éticos é uma das principais marcas da análise efetuada por Giuliani. À luz do paradigma proposto pelo

---

[31] GIULIANI, 1998 a, op. cit., p. 14-15.

[32] GIULIANI, 1998 a, op. cit., p. 23-24.

[33] GIULIANI. *Giustizia ed ordine econômico*. Milano: Giuffrè Editore, 1997, p. 4, 11.

autor ora citado, a dialética tem por objetivo estabelecer uma situação de *reciprocidade* na investigação do *verdadeiro* e do *justo*. Nesse sentido, defende Giuliani que o consenso que sustenta o diálogo – "sempre soggetto a revisione e confutazione" – é o substituto de uma dificilmente alcançável ordem ontológica. Da mesma forma, a confiança na veracidade dos juízos práticos relaciona-se à consciência quanto à impossibilidade de manutenção do mesmo critério rigoroso em todos os campos de investigação, que é *conduzida em termos negativos*. A força exercida por essa orientação ética do debate dialético pode ser sentida a partir da observação da abordagem proposta pelo autor no exame do problema da patologia da argumentação, observando Giuliani que a investigação do erro possui a função de *neutralizar a potencialidade negativa da falsidade*. Sob essa perspectiva, o contraditório acaba por se revelar o instrumento indispensável para a correção recíproca dos integrantes do diálogo e a sofística vem alçada à condição de lógica da confutação, como exame das vias impercorríveis da investigação. Desta maneira, o caráter confutatório e justificativo do procedimento probatório desenvolvido no seio da dialética é diretamente ligado à natureza contraditória da investigação, que não deve ser fruto de uma razão isolada. A preocupação com o erro dá à busca da verdade um caráter rigidamente seletivo, de maneira que a justiça do resultado não pode ser dissociada do seu valor axiológico.[34]

A afirmativa de Giuliani no sentido da impossibilidade de sistematização da lógica da argumentação ganha ares de paradoxo quando se observa que, na visão do autor mencionado, a problemática ora estudada possui dois capítulos fundamentais: a *teoria da controvérsia* e a *teoria da prova*. Tomando por objeto o estudo dos problemas dialéticos, cujo paradigma é representado pela controvérsia judicial, essa lógica se resolve em uma *metodologia de relevância desenvolvida em termos negativos*, concebida como um sistema de *regras de exclusão* e de *proibições lógicas*. A controvérsia (definida como uma "'situazione' argomentativa") exerce a função de centro de argumentação, de modo que as diversas questões nela inseridas são organizadas pelo operador do método dialético, a quem incumbe dirigir a investigação, assegurando uma situação de reciprocidade às partes. Deste modo, ao se identificarem os pontos de discordância entre os participantes do debate, aqueles aspectos em face dos quais há consenso restam excluídos pelo terceiro imparcial que conduz à discussão.[35]

Como se vê, o estudo das regras de exclusão ocupa lugar de destaque na perspectiva defendida por Giuliani. De acordo com o autor, a importância de tais regras reside, primeiramente, no fato de que "dalla correttezza e precisione nell'individuazione dei fenomeni patologici dipende il successo di uma terapia del disordine nella comunicazione umana". Tais comandos ainda exercem um papel fundamental, ainda, no que se refere à garantia da igualdade entre os sujeitos que se contrapõem na dialética processual, funcionando o contraditório como ferramenta destinada à correção das desigualdades substanciais. Esse papel fica evidente quando se considera a função compensatória exercida pelas regras probatórias, destinadas a corrigir diversas desigualdades que constituem

---

[34] GIULIANI, 1988 a, op. cit., p. 24-26. Em outro estudo, reforça o autor tais assertivas, afirmando que "la sofistica insomma rinvia ad una teoria della conoscenza consapevole della debolezza delle facoltà della ragione umana, la quale non è statica ed incorrutibile, ma soggetta a leggi di sviluppo e di decadenza, ed influenzata dalle passione. (...) La possibilità dell'errore non è in relazione alla percezione dei sensi (i quali possono ingannarsi, ma non possono ingannare), ma al procedimento inferenziale; la sofistica pertanto è il capitolo fondamentale della teoria dell'argomentazione, in quanto analisi delle inferenze argomentative irrelevanti" (GIULIANI, 1988 b, op. cit., p. 523-524).

[35] GIULIANI, 1988 a, op. cit., p. 28-30.

violações de princípios de justiça natural, a exemplo do que ocorre na fixação de parâmetros de probabilidade axiologicamente orientados, como o *in dubio pro reo*.[36]

O primeiro grande mérito a ser reconhecido na concepção proposta por Giuliani encontra-se no fato de ser a mesma tratada em função da orientação de condutas, centralizando o referido autor o foco de seus estudos no problema da tarefa do juiz no que se refere à condução da atuação prática dos sujeitos envolvidos no debate processual. Observe-se, nesse sentido, a constante preocupação com o estabelecimento de um modelo de ordem isonômico ao longo do procedimento de investigação (no que o autor é fortemente influenciado pela experiência medieval) e, ao mesmo tempo, com a preservação da imparcialidade do responsável pela condução do debate (no que se faz flagrante a influência perelmaniana).[37] Ao desenvolver uma linha de pensamento na qual toma emprestados conceitos ora radicados na cultura grega clássica, ora retomados em estudos contemporâneos, resta presente na lição de Giuliani o objetivo de fornecer uma explicação para o fenômeno prático da argumentação, na qual há o reconhecimento da importância presente na conjugação de regras eminentemente técnicas com preceitos situados em uma dimensão ética.

1.4. A lição de Robert Alexy

Uma segunda proposta a ser considerada no exame da perspectiva argumentativa de abordagem dos fenômenos jurídicos pode ser vista na lição de Robert Alexy. No modelo proposto pelo autor ora citado, sua primeira preocupação é a da construção de um esboço de uma teoria do discurso prático racional geral, da qual o esforço no âmbito da ciência jurídica deve ser considerado um caso especial. Após examinar um conjunto de fontes fortemente caracterizado pela sua heterogeneidade e pela riqueza em detalhes, constrói Alexy um panorama de regras que, em suas palavras, "no se refieren, como las de la lógica, sólo a proposiciones, sino también al comportamiento del hablante". Nessa perspectiva, o respeito a tais regras não é considerado pelo autor como sinônimo de um resultado certo, mas tão-somente como uma garantia de *racionalidade*.[38]

Ao definir a teoria do discurso racional como uma teoria normativa, no sentido de que "en ella se establecen y fundamentan criterios para la racionalidad del discurso", Alexy vislumbra quatro caminhos possíveis com vistas à fundamentação das regras aplicáveis ao debate, referindo, contudo, que nenhuma delas seria imune a críticas. Em primeiro lugar, explora o autor referido aquilo que define como sendo uma maneira *técnica* de fundamentar as normas, segundo a qual os meios nelas previstos são considerados instrumentos à obtenção de determinados fins. Com tal maneira convive, ainda, uma segunda forma de fundamentação, chamada por Alexy de *empírica*, segundo a qual o respeito efetivo a uma norma serve como razão justificadora da sua aplicabili-

---

[36] GIULIANI, 1988 a, op. cit., p. 524.

[37] Nas palavras de PERELMAN; OLBRECHTS-TYTECA, 2002, op. cit., p. 67, "ser imparcial não é ser objetivo, é fazer parte de um mesmo grupo que aqueles a que se julga, sem ter previamente tomado partido por nenhum deles (...) A imparcialidade, se concebida como a de um espectador, pode parecer a ausência de qualquer atração, uma afetação desprovida de participação nos debates, uma atitude que transcende as discussões. Em contrapartida, se ela deve caracterizar um agente, é antes um equilíbrio de forças, uma atenção máxima aos interesses em causa, mas repartida igualmente entre os pontos de vista. A imparcialidade encontra-se, assim, nos campos em que o pensamento e a ação estão intimamente associados, entre a objetividade que não confere ao terceiro nenhuma qualidade para intervir e o espírito sectário que o desqualifica".

[38] ALEXY, 1997, op. cit., p. 175-177.

dade. Outra fundamentação referida pelo autor ora citado é aquela por ele designada *definitória*, pela qual o conjunto de regras deve ser respeitado na medida em que é dado como existente, sendo veiculado sob a forma de um fenômeno de linguagem que, uma vez expresso, prescinde de razões ulteriores. Por fim, a quarta modalidade de fundamentação é a que Alexy nomeia de pragmática, justificada no fato de a validade de certas regras atuar como "condición de posibilidad de la comunicación lingüística".[39]

Um outro ponto interessante na perspectiva proposta por Alexy é a classificação por ele proposta no estudo das regras aplicáveis ao discurso prático geral. Divide o autor tais regras em seis categorias: *regras fundamentais* (aquelas de cuja validade depende a possibilidade de qualquer comunicação lingüística na qual se discuta a verdade ou a correção de algo), *regras de razão* (aquelas que "definen las condiciones más importantes para la racionalidad del discurso"), *regras sobre o ônus de argumentação* (que tratam da extensão e da distribuição de tais ônus), *regras de prioridade* (as que determinam qual é a fundamentação que goza de primazia nos casos em que regras distintas acabem por levar a resultados incompatíveis entre si), *regras de fundamentação* (aquelas que determinam diretamente o conteúdo das proposições e das regras a serem fundamentadas) e *regras de transição* (as que permitem aos sujeitos do discurso passar de uma forma de discurso para outra, como, por exemplo, da discussão a respeito de questões de fato àquela que se refere a problemas de comunicação). O respeito a tais regras, segundo o autor, aumenta a probabilidade de obtenção de acordos em questões práticas, mas não garante que se possa obter um acordo para cada questão, nem que o acordo eventualmente alcançado possa ser considerado definitivo e irrevogável.[40]

A referência a tal classificação possui papel relevante na proposta de Alexy, na medida em que o autor, mais adiante, propõe sejam elas transpostas para o campo do discurso jurídico, que é tomado como sendo um caso especial do discurso prático geral. Sob essa perspectiva, as regras aplicáveis ao discurso prático acabam por ganhar desenvolvimentos especiais, visto que "en los discursos jurídicos se trata de la justificación de un caso especial de proposiciones normativas, las decisiones jurídicas". Distingue Alexy dois aspectos dessa justificação, a saber, a *justificação interna* (na qual "se trata de ver si la decisión si sigue lógicamente de las premisas que se aducen como fundamentación") e a *justificação externa* (que tem por objeto "la correción de estas premisas").[41]

No que se refere à justificação interna da argumentação jurídica, Alexy examina o conteúdo de cinco regras a serem observadas, quais sejam: a) para a fundamentação de uma decisão jurídica, é preciso que seja empregada ao menos uma norma universal, a qual garante que sejam tratados do mesmo modo todos os seres de uma mesma categoria; b) a decisão jurídica deve ser uma decorrência lógica de, ao menos, uma norma universal, que é somada a outras proposições; c) sempre que exista dúvida sobre se a situação examinada é aquela descrita na norma ou uma causa que leva ao seu surgimento, é preciso que seja utilizada uma regra que decida tal questão; d) são necessários os passos de desenvolvimento da argumentação que permitam formular argumentos cuja aplicação ao caso em questão não seja mais discutível; e) deve-se articular o maior número possível de passos de desenvolvimento

---

[39] ALEXY, 1997, op. cit., p. 178-184.
[40] ALEXY, 1997, op. cit., p. 184-201.
[41] ALEXY, 1997, op. cit., p. 205-214.

da argumentação. Nesse diapasão, o respeito a tais tais regras assegura, na visão de Alexy, um certo grau de racionalidade, a qual é relativa à própria racionalidade das premissas.[42]

Passando à análise da justificação externa, Alexy distingue três espécies de premissas que podem ser objeto de fundamentação. Segundo o autor, tais premissas podem ser classificadas em: a) *regras de direito positivo* (fundamentadas segundo os critérios de validade estabelecidos em cada ordenamento jurídico); b) *enunciados empíricos* (que envolvem o emprego de meios que, nas palavras do autor, vão "desde los métodos de las ciencias empíricas, pasando por las máximas de la presunción racional, hasta las reglas de la carga de la prueba en el proceso"); c) *premissas que não são nem enunciados empíricos, nem regras de direito positivo* (concernetes à dimensão em que se situa o problema da argumentação jurídica).[43]

A identificação desse conjunto de premissas serve como ponto de partida para que se possa aferir a qualidade do avanço proposto por Alexy com vistas ao estudo a respeito do conceito e da função da prova no processo civil contemporâneo. Ao propor o exame da argumentação em perspectiva analítica, Alexy oferece condições adequadas não só no que se refere à delimitação do âmbito do problema da prova das alegações sobre fatos, mas também no que tange à preservação da relação existente entre esta e o todo dos fenômenos jurídicos. Da mesma forma que Giuliani, propõe-se Alexy a empreender um estudo pautado por um olhar que se volta tanto à compreensão da dimensão *teórica* inerente ao tema referido quanto ao seu exame em perspectiva *prática*, buscando oferecer a sua contribuição para a identificação de critérios de racionalidade do discurso jurídico.

A grande crítica que se refere à proposta apresentada por Alexy no que se refere ao discurso jurídico reside no fato de que, apesar de ser ofertada sob a égide de uma perspectiva prática, seus contornos acabam sendo desenvolvidos à luz de *condições ideais de discurso*, as quais nem sempre se fazem respeitadas no caso concreto. Nesse sentido, mostra-se acertada a crítica tecida por Manoel Atienza ao afirmar que "se se considera não apenas o resultado, a decisão, mas também o procedimento para chegar a ela, é fácil ver que, neste, muitas regras do discurso são desrespeitadas: na argumentação que empreendem as partes pode faltar o requisito da simetria, da ausência de coação e da sinceridade". Aponta Atienza, ainda, que, no caso do processo, "o que em geral parece motivar a conduta das partes não é tanto que o julgamento seja justo ou correto, e sim que o resutado a que se chegue lhes seja vantajoso; o que as leva a agir não é a busca cooperativa da verdade, mas a satisfação dos seus interesses".[44]

Essa mesma ressalva, que poderia ser igualmente endereçada à análise de Giuliani anteriormente referida, serve, antes de tudo, de indicativo da importância da veiculação de comandos jurídicos que estipulem a obrigatoriedade de obediência a padrões éticos. Nessa perespectiva, mostra-se fundamental não só a criação de mecanismos que garantam a obediência, por parte dos sujeitos do processo, a tais ditames ético-jurídicos, mas também a cominação e aplicação de normas destinadas à responsabilização de tais sujeitos para o caso de desobediência a essas determinações.

---

[42] ALEXY, 1997, op. cit., p. 214-222.
[43] ALEXY, 1997, op. cit., p. 222-225.
[44] ATIENZA, 2003, op. cit., p. 195-200.

1.5. Conclusão preliminar: a argumentação jurídica e os avanços nos estudos em torno do processo e da prova

O exame dos fenômenos jurídicos a partir de uma perspectiva argumentativa permite a obtenção de uma série de ganhos de qualidade se comparado com os resultados alcançados a partir do emprego de outros paradigmas. Assim ocorre na medida em que os paradigmas inicialmente examinados em relação ao conceito, ao objeto e à função da prova no âmbito do processo civil traduzem, antes de tudo, o respeito a uma orientação jurídico-científica que começa a apresentar sintomas de sua superação.

A questão proposta não é meramente teórica, mas possui inegáveis reflexos de ordem prática. Sob o signo do paradigma da modernidade, os fenômenos de natureza processual acabam invariavelmente descritos de maneira reducionista, sendo negligenciados importantes aspectos envolvidos na sua composição, e, com isso, os estudos em torno do tema da prova no processo civil acabam resultando, não raro, na obtenção de explicações vagas e imprecisas para temas inquestionavelmente complexos. Observe-se, nesse sentido, como exemplo sintomático dessa visão, a existência de esforços doutrinários que apontam a *persuasão racional do juiz* como escopo da atividade de instrução e que, paradoxalmente, não deixam claro qual o efetivo significado a ser associado a tal locução. Semelhante situação pode ser vista, ainda a título de exemplo, nas lições que lançam mão do recurso à noção de *proporcionalidade* com vistas à determinação dos limites a serem observados na análise quanto à licitude ou não do emprego de determinada prova, sem, contudo, especificar de que forma tal idéia atua na consecução de tal escopo.

Como se vê, a preservação do paradigma lógico que serviu de referência para a construção do discurso tradicional em torno da prova no processo civil impõe o pagamento de um preço caro. Em ambos os casos acima citados, o recurso a uma fórmula vaga funciona como um instrumento que, ao menos aparentemente, garante uma solução para aquelas questões que extrapolam os limites da racionalidade do sistema proposto. De outro lado, o emprego desse mesmo expediente acaba por deixar de lado toda uma série de aspectos que, se levados em conta, certamente revelariam a existência das efetivas razões que apontam no sentido do acerto ou do erro das decisões tomadas em relação aos problemas acima suscitados.

A adoção de uma perspectiva argumentativa no exame dos fenômenos processuais permite compreender, dentre outras coisas, qual a influência exercida pela bagagem cultural das partes e do juiz no processo de interpretação e aplicação das normas de direito processual. O apego aos paradigmas de racionalidade anteriormente vigentes inviabiliza o estreitamento das distâncias existentes entre as diversas formas de expressão cultural que permeiam a sociedade contemporânea e o estudo dos fenômenos processuais. Rompe-se, aqui, com a suposta impermeabilidade do fenômeno jurídico, que sempre vinha justificada sob o argumento da necessidade de respeito a uma ordenação da realidade, a qual simplesmente não mais guarda correspondência com o mundo contemporâneo. A consideração dos documentos digitais como meios de prova e o emprego de prova pericial para a investigação de questões relacionadas ao código genético são tarefas que demandam a releitura daquelas ferramentas processuais conhecidas, as quais ganham novas feições em razão do universo ao qual são aplicadas.

Deste modo, a análise dos fenômenos processuais em perspectiva argumentativa constitui-se em um avanço rumo ao aprimoramento de um sistema em constate evolução. A influência das novas orientações de racionalidade acima expostas é fortemente sentida na conformação da estrutura subjacente ao debate processual. Debates como os existentes em torno da igualdade entre as partes ou, ainda, a respeito da validade do maior ou menor ativismo judicial somente podem ser compreendidos em sua inteireza se levada em conta a existência de comandos que consagram orientações lógicas e éticas, as quais são incorporadas pelo direito positivo. Mais do que uma simples sugestão ao intérprete ou ao aplicador dos comandos inseridos no ordenamento jurídico vigente, tais orientações lógicas acabam sendo apresentadas a tais sujeitos através de um conjunto de *postulados normativos aplicativos*,[45] os quais são dotados de caráter inegavelmente deontológico.

Esses postulados normativos aplicativos, por sua vez, formam um panorama igualmente rico em detalhes, no qual é possível identificar três dimensões fundamentais. A primeira delas é a aquela na qual a afirmação no sentido de que *a ordenação das atividades dos sujeitos do discurso deve ser pautada em função do problema proposto para análise ao órgão jurisdicional* é conjugada com aquela outra segundo a qual *a solução do impasse apresentado ao julgador é fruto de uma atuação coordenada entre os seus diversos participantes*. Dessa combinação resulta, como uma realidade inarredável, a conclusão no sentido de que o *pensamento tópico* e da *orientação dialética* acabam atuando como vetores fundamentais na tarefa de ordenação do diálogo travado nos autos.

A exigência de respeito a tais postulados normativos aplicativos traz consigo, como reflexo necessário, a renovação dos questionamentos até então efetuados no debate em torno do objeto e da finalidade da prova no âmbito do processo civil. Anteriormente definida como raciocínio feito por um dos sujeitos destinado à demonstração da verdade dos fatos (ou alegações sobre fatos), a prova passa a ser tratada como *razão construída de forma conjunta pelos sujeitos do processo*. Sua existência, por sua vez, passa a ser justificada em função da necessidade de oferta de subsídios envolvidos na construção de uma solução para um problema a ser examinado, o qual serve como referencial a ser levado em conta na análise quanto à pertinência dos esforços envidados em sede de instrução processual.

Uma segunda dimensão a ser considerada é aquela na qual a *necessidade de obediência ao pensamento sistemático* vem combinada com o *crescente influxo da retórica*. Tem-se, aqui, uma equação na qual a tolerância do reconhecimento de âmbitos próprios de atuação dá o tom da convivência entre realidades aparentemente incompatíveis, fazendo com que estas ainda assim possam coexistir. O pensamento sistemático e a retórica atuam como forças que se complementam, suprindo as suas respectivas lacunas mediante os avanços proporcionados pela combinação harmônica de suas atuações correspondentes.

De um lado, a importância do papel do pensamento sistemático pode ser vista nas nas suas funções principais, quais sejam, a de *símbolo de existência de pontos de referência sobre os quais não paira dúvida* (e, por via de consequência, da *desnecessidade de maior esforço argumentativo na busca do significado das premissas a serem empregadas na construção da decisão jurisdicional*) e de *sinal da existência de uma relação de pertinência entre a solução obtida ao final do debate processual e o universo maior no qual a mesma se insere, do qual ela se apresenta como parte*. Sob a ótica ora proposta, normas que dispõem sobre a relevância das provas (como, por exemplo, a dispensa de provas dos fatos notórios e das alegações sobre fatos em relação às quais

---

[45] Sobre a definição de postulados normativos aplicativos, ver ÁVILA, Humberto. *Teoria dos princípios* – da definição à aplicação dos princípios jurídicos. São Paulo: Malheiros, 2003, p. 79-82.

---

não há controvérsia), ou, ainda, sobre o emprego de regras de experiência na construção de provas indiretas deixam de ser valorizadas apenas como ditames de direito positivo. Tais comandos passam a ser reconhecidos como projeções possíveis de outros que são preexistentes a qualquer atuação estatal, os quais são simplesmente incorporados pelo regime jurídico e atuam como limites inarredáveis que devem ser observados no exercício da atividade jurisdicional, garantindo a racionalidade inerente a tal atuação estatal.

O influxo da retórica, por sua vez, serve de instrumento para superar as dificuldades originadas a partir da *incompletude do sistema jurídico* e da *obscuridade característica ao significado dos comandos que dele fazem parte.* Da mesma maneira, a retórica atua como referencial a pautar os esforços empreendidos pelos sujeitos do processo quando, *ultrapassadas as fronteiras da dimensão em que convivem com as certezas, passam os participantes do debate a caminhar no âmbito das possibilidades.* Sob a égide de tal perspectiva, os raciocínios indutivos passam a ter sua importância devidamente valorizada no processo de investigação da verdade, permitindo a superação do dogma do caráter eminentemente dedutivo dos raciocínios relacionados à prova.

Por fim, um terceiro prisma é aquele no qual são conjugados, em uma relação de convívio harmônico, a *obediência à racionalidade do pensamento analítico* e a *observância a comandos de conteúdo eminentemente ético.* O respeito a critérios de racionalidade e de justiça exige que se pense a ordenação do processo como uma forma de permitir o acompanhamento, passo a passo, da dinâmica de formação do convencimento jurisdicional. Ao mesmo tempo, essa mesma ordenação pressupõe a obediência a valores que transcendem o mundo do meramente jurídico, os quais permeiam o conteúdo dos comandos que compõem o sistema normativo de maneira a pautar a conduta dos sujeitos processuais em uma dimensão cultural. Nessa perspectiva, razão e valor são dimensões que se entrelaçam na dinâmica de interpretação da realidade com vistas à construção de decisões, permeando o raciocínio judicial de maneira a garantir sua orientação no que se refere à forma e ao conteúdo.

2. O REDIMENSIONAMENTO DAS RELAÇÕES ENTRE OS SUJEITOS DO PROCESSO COMO INSTRUMENTO PARA A REALIZAÇÃO DOS FINS TUTELADOS PELO ORDENAMENTO JURÍDICO

A análise da equação na qual se combinam os direitos, os deveres e os ônus e as faculdades associadas a cada um dos sujeitos do processo constitui-se em passo necessário para que se possa compreender o papel da prova no âmbito do Direito Processual Civil. O enfrentamento de tal temática, contudo, impõe sejam tecidas algumas considerações de ordem preliminar.

Nessa perspectiva, uma primeira premissa a ser considerada em tal debate envolve a influência dos diversos componentes da realidade contemporânea que pautam a correta repartição das cargas a serem associadas às partes e ao juiz na construção do diálogo dos autos. A complexidade característica da sociedade pós-moderna faz com que a conformação entre a atividade jurisdicional e a proteção de fins de ordem pública evidencia a necessidade de clareza e precisão na determinação desses fins.[46] Nesse sentido, ao

---

[46] De acordo com LACERDA, Galeno. O código e o formalismo processual. In: *Revista da AJURIS*, v. 28, p. 7-14, 1983, em especial p. 10, "certa, sem dúvida, a presença de interesse público na determinação

mesmo tempo em que o processo se apresenta como uma das vias institucionais concebidas pelo Estado contemporâneo com vistas à veiculação de manifestações do poder soberano,[47] é certo também que o exercício desse poder é atividade sempre desenvolvida em um contexto cultural.

Sob essa perspectiva, mostra-se fundamental tecer aglumas considerações sobre a forma pela qual se dá o redesenho da íntima relação existente entre *jurisdição* e *democracia* na realidade contemporânea. A exemplo do que ocorre no que se refere às demais manifestações do poder soberano do Estado, também a atividade jurisdicional – caracterizada pelo fato de o seu exercício ser empreendido por um terceiro imparcial que, na qualidade de titular de poder que lhe foi outorgado pelo ordenamento jurídico, determina o direito vigente aplicável a um dado caso proposto e compromete-se com a sua efetividade – deve conformar-se em função das noções de *participação* e de *representação*, inseparáveis do significado associado pela visão contemporânea construída em torno do princípio democrático.[48] A realização de um modelo eficiente de participação democrática através do processo impõe ao órgão jurisdicional o dever de exercer a sua tarefa levando em conta as posições externadas pelos demais sujeitos processuais que com ele interagem no debate dos autos. Sob o manto de tal orientação, aos sujeitos processuais garante-se não apenas o direito a formulação de pleitos à autoridade estatal que conduz o debate dos autos, mas também o de se sentirem representados nas diversas manifestações de poder veiculadas na realidade processual. Com isso, a jurisdição e o processo passam a ser tratados como instrumentos efetivamente capazes de garantir o respeito ao princípio democrático.[49]

Dessa reflexão nasce uma ulterior conclusão necessária: o reconhecimento quanto à a existência de objetivos que devem ser alcançados através do processo e da atividade

---

do rito. Mas, acima dele, se ergue outro, também público, de maior relevância: o de que o processo sirva, como instrumento, à justiça humana e concreta, a que se reduz, na verdade, sua única e fundamental razão de ser. O equívoco dos que enchem a boca com o interesse público reside praticamente nisso: que na compreensão desse conceito altamente abstrato e genérico não existe apenas um interesse, mas nela se situa, ao contrário, uma extensão enorme de interesses diferenciados, tão ampla quanto aquela que diversifica os interesses privados".

[47] Nas palavras de DINAMARCO, 1999, op. cit., p. 95, "a imperatividade das decisões estatais constitui reflexo da situação de supremacia do próprio Estado, entre as entidades dotadas de poder. Tão distinto é o poder exercido pelo Estado, que este chega a ser até identificado àquele, sendo conceituado, pela mesma voz doutrinária autorizadíssima, como uma institucionalização do poder".

[48] Segundo CANOTILHO, Joaquim José Gomes. *Direito Constitucional e teoria da Constituição*. 6.ed. Coimbra: Livraria Almedina, 2002, p. 289, "afastando-se das concepções restritivas de democracia, a Constituição alicerçou a dimensão participativa como outra componente essencial da democracia. As premissas antropológico-políticas da participação são conhecidas: o homem só se transforma em homem através da autodeterminação e a autodeterminação reside primariamente na participação política (orientação de 'input'). Entre o conceito de democracia reduzida a um processo de representação e o conceito de democracia como optimização de participação, a Lei Fundamental 'apostou' num conceito 'complexo-normativo', traduzido numa relação dialéctica (mas também integradora) dos dois elementos – representativo e participativo".

[49] Conforme lembra DINAMARCO, 1999, op. cit., p. 113, "o exercício da ação e da defesa, ao longo do procedimento e ao lado dos atos de jurisdição, constitui ao mesmo tempo cooperação trazida para o correto exercício desta e participação que não pode ser obstada aos interessados. A participação, portanto, não é do titular do poder (no caso jurisdição), mas das pessoas sobre quem o poder se exerce". Mais adiante, complementa o autor, referindo que "democracia é participação e não só pela via política do voto ou ocupação eletiva de cargos públicos a participação pode ter lugar. Todas as formas de influência sobre os centros do poder são participativas, no sentido de que representam algum peso para a tomada de decisões; conferir ou conquistar a capacidade de influir é praticar democracia" (p. 171).

---

jurisdicional, a exemplo do que ocorre no que se refere à necessidade de respeito aos ideais democráticos, atua como verdadeira limitação à arbitrariedade nas manifestações processuais. Essa perspectiva teleológica faz com que se justifique sejam caladas as vozes daqueles que falam nos autos simplesmente por falar, sem qualquer compromisso com os objetivos maiores a serem alcançados no debate processual. O direito da parte de falar no processo e o de reconhecer a sua fala considerada para a construção da decisão jurisdicional deixa de ser visto como uma liberdade absoluta, e ganha novos contornos. Sob o signo dessa nova ótica, tal direito passa a ser considerado como um poder cujo regular exercício demanda que a manifestação do litigante seja *revestida de forma adequada ao fim ao qual se destina* e *dotada de pertinência em relação aos objetivos perseguidos através do processo.*

Da mesma forma, o compromisso com os resultados a serem atingidos funciona como farol constante a indicar o rumo a ser necessariamente seguido pelo magistrado na tarefa de conduzir o processo a um porto seguro. O formalismo processual, atrelado aos escopos do fenômeno que ganha corpo nos autos, funciona como parâmetro de balizamento dos limites dentro dos quais a participação das partes e o exercício do poder atribuído pelo ordenamento jurídico ao magistrado encontram seu fundamento de validade.[50]

Feitas tais considerações, impõe-se deitar os olhos atentamente sobre o regime específico da definição dos contornos dos direitos, dos deveres e dos ônus distribuídos entre os sujeitos do debate processual. Nesse sentido, duas são as dimensões fundamentais dentro das quais se trava a discussão a respeito do equacionamento das cargas distribuídas entre os diversos participantes do diálogo processual. A primeira delas é aquela concernente à delimitação dos respectivos significados do *princípio dispositivo* e do *princípio da imparcialidade do juiz*, envolvendo um exame que lança luzes sobre os problemas da intensidade da intervenção estatal na determinação do conteúdo do processo e da identificação dos fins tutelados pelo ordenamento jurídico. A segunda, por sua vez, diz respeito à consideração do papel do princípio do contraditório como comando que dá concretização e efetividade ao princípio democrático no âmbito processual.

2.1. O princípio dispositivo, a imparcialidade do juiz e o redimensionamento da distribuição de cargas de participação atribuídas aos sujeitos do processo: entre a liberdade das partes e o exercício de poder jurisdicional

A compreensão dos contornos do processo civil contemporâneo – e, nesse contexto, da estrutura na qual se insere todo o regramento relacionado à prova cível – demanda necessariamente o exame da mecânica de distribuição de cargas entre os sujeitos que nele interagem. As reflexões construídas nessa seara refletem, em última instância, a atual conformação do papel do Estado em face da liberdade dos indivíduos que nele convivem, em uma estrutura ordenada em função da necessidade de que seja assegurado o respeito aos objetivos com os quais esse mesmo Estado se compromete. No âmbito

---

[50] Para ALVARO DE OLIVEIRA, 2009, op. cit., p. 9, "o formalismo processual contém, portanto, a própria idéia do processo como organização da desordem, emprestando previsibilidade a todo o procedimento. Se o processo não obedecesse a uma ordem determinada, cada ato devendo ser praticado a seu devido tempo e lugar, fácil entender que o litígio desembocaria numa disputa desordenada, sem limites ou garantias para as partes, prevalecendo ou podendo prevalecer a arbitrariedade e a parcialidade do órgão judicial ou a chicana do adversário".

do processo civil, esse debate ganha concretude através das diversas formas pelas quais se dá a harmonização entre o princípio da imparcialidade do juiz e o princípio dispositivo.

Da análise das principais reflexões doutrinárias tecidas em torno do princípio dispositivo,[51] obsrva-se que estas apontam para a a lição de Tito Carnacini,[52] a qual atua como ponto de convergência entre as diversas visões construídas a respeito do tema. Em um raciocínio linear, o referido autor constrói um encadeamento de premissas a partir do qual sefaz possível um verdadeiro salto de qualidade na abordagem da temática ora examinada. A primeira delas é uma idéia fundamental: "se da un lato è la parte che ricorre al processo civile per ottenere la tutela giurisdizionale e attraverso questa il conseguimento dei propri scopi ultra-processuali, dall'altro è il processo il quale a sua volta richiede dalla parte medesima un contributo essenziale e che, per essere idoneo, deve innanzitutto manifestarsi nelle forme proprie al tipo di procedimento prescelto".[53]

Em um segundo momento, com base nessa dualidade de dimensões de instrumentalidade (do processo a serviço dos interesses das partes, e das partes em favor do processo), o autor distingue dois campos nos quais se desenvolve a atividade dos litigantes, cada qual deles sujeito a um regime jurídico próprio. O primeiro, em suas palavras, é aquele no qual "la parte si muove nell'ambito del regime che l'ordinamento giuridico accorda per la tutela dei singoli interessi materiali", referente à atuação na *determinação do objeto do debate processual*. O segundo, por sua vez, corresponde àquele no qual "la parte si trova alle prese con quella che è la tecnica peculiare al tipo di processo prescelto, cioè con quel complesso di conoscenze che, pur avendo natura giuridica poiché tale è l'attività che esse precedono e di cui sono in funzione, riguardano in particolare la conformazione interna dello strumento del quale ci si serve e trovano applicazione nel realizzarla", concernente à seara do *emprego dos meios dispostos pela ordem jurídica processual para a demonstração do direito por elas alegado.*[54]

A proposta no sentido da distinção entre o regime de tutela do interesse material de *quo agitur* e o regime interno processual aplicável em face da atividade desenvolvida ao longo do debate dos autos (especialmente no que se refere à prova do direito alegado) serve como ponto de partida para que se possa propor maiores especificações no que se refere ao conteúdo do princípio dispositivo. Nessa esteira, abrem-se as portas para que se justifique a retomada de uma célebre distinção encontrada na doutrina alemã, qual seja aquela que separa o *Dispositionsprinzip* (ou *Dispositionsmaxime*) e o *Verhandlungsprinzip* (ou *Verhandlungsmaxime*),[55] possibilitando a identificação de microssistemas jurídicos aplicáveis a dois problemas eminentemente distintos, cada

[51] Nesse sentido, cumpre referir as lições de CAPPELLETTI, Mauro. *La testimonianza della parte nel sistema dell'oralità* – parte prima. Milano: Giuffrè Editore, 1974, p. 303 ss; CAVALLONE, 1991 b, op. cit., p. 29 ss; TROCKER, 1974, op. cit., p. 373-375; RICCI, Edoardo F. Il principio dispositivo come problema di Diritto vigente. *Rivista di Diritto Processuale*, n. 29, p. 380-389, 1974; DENTI, 1971, op. cit., p. 88; DINAMARCO, 1999, op. cit., p. 220; ALVARO DE OLIVEIRA, 2009, op. cit., p. 180.

[52] CARNACINI, Tito. Tutela giurisdizionale e tecnica del processo. In: AZZARITI, Gaetano (apres.). *Studi in onore di Enrico Redenti*. Milano: Giuffrè Edittore, 1957, p. 693-772.

[53] CARNACINI, 1957, op. cit., p. 700.

[54] CARNACINI, 1957, op. cit., p. 707-709.

[55] CARNACINI, 1957, op. cit., p. 707-709 e 715-716. Ver, no que se refere a esse primeiro âmbito de atuação das partes, a crítica de CAPPELLETTI, 1974, op. cit., p. 317, que afirma que o princípio dispositivo não pode "semplicemente farsi derivare, addrittura identificarsi e confondersi con la disponibilità del diritto sostanziale, e quindi con la natura privata di questo".

qual com a sua importância e com as suas peculiaridades. A partir dessa separação, é possível afirmar, com Nicolò Trocker, que "si distingue cioè tra la regola per cui spetta alle parti instaurare il processo e delimitare l'oggetto dello stesso, e la regola per cui spetta alle parti svolgere nel processo le attività e introdurvi i materiali probatori utili per la decisione".[56]

O salto de qualidade presente na perspectiva ora referida pode ser encontrado na contraposição com outras experiências doutrinárias. A esse respeito, vale relembrar a reflexão proposta por por Robert Wyness Millar, o qual narra a existência de posição doutrinária segundo a qual, sob o manto da *Dispositionsprinzip,* "the party has full control over his substantive law and procedural rights involved in the cause and denotes his power of free election as to the exercesi or non-exercise of these rights". Segundo o autor ora citado, a noção de *Verhandlungsmaxime,* em tal perspectiva, corresponderia à idéia de que "the scope and content of the judicial controversy are to be defined by the parties or, controversely, that the court is restricted to a consideration of what the parties have put before it", a qual seria contraposta às de *Untersuchungsmaxime* e *Inquisitionsmaxime*, que por ele são consideradas como dotadas de idêntico conteúdo.[57]

Segundo Millar, "what this view does, therefore, is to deny to the principle of party-presentation the double idea, which involves according to what seems to be the common acceptation, of (a) party activity, and (b) judicial activity", visto que "the view in question expresses by the principle of dispositive election, confining the principle of party-presentation to the denotation of the second half, viz., judicial receptivity". A evidente inconsistência da diferenciação nos termos em que ora apresentada, não deixando clara a linha que separa as duas dimensões antes apontadas, leva Millar a concluir no sentido de que "if this position were sound, it is obvious that some term other than 'party-presentation' would have to be sought as em English equivalent of 'Verhandlungsmaxime'".[58]

Analisando a máxima *iudex secundum allegata et probata partium decidere debet*, aponta Mauro Cappelletti, com extrema precisão, que o monopólio das partes de disposição quanto ao alcance da *res in iudicium deducta* (e, por conseqüência, da *res iudicanda*) é um fenômeno que encontra raízes na disponibilidade atribuída à própria parte quanto ao direito por ela alegado. A liberdade quanto à determinação do objeto do debate pelas partes (e a adstrição do julgador aos limites por elas fixados) é considerada, nesse sentido, como um passo lógico necessário para que se possa falar no estabelecimento de um modelo de processo orientado segundo o princípio dispositivo. Diferentemente, a apregoada disponibilidade quanto às provas produzidas (e o correpondente atrelamento do julgador) seria um princípio "che un processo possa in tutto o in parte rinnegare, senza dover cessare com questo di essere dispositivo ossia d'ispirarsi alla massima della disponibilità conseguente al carattere privato dell'oggetto litigioso".[59]

---

[56] TROCKER, 1974, op. cit., p. 373. No mesmo sentido, ver BRÜGGEMANN, Dieter. *Judex statutor und judex investigator*. Bielefeld: Verlag Ernst und Werner Gieseking, 1968, p. 100, para quem "die Dispositionsmaxime mit Schwerpunkt auf die Befugnis abstellt, über die Enleitung des Verfahrens, seine Fordauer und den Inbegriff des Streites in Angriff und Verteidigung zu bestimmen, wahrend unter Verhandlungsmaxime die Befugnis verstanden wird, mit Mageblichkeit den Tatsachenstoff in den Prozeβ einzuführen, über seine Festtellungsbedürftigkeit zu enscheiden und seine Festellung zu betreiben".

[57] MILLAR, 1969 a, op. cit., p. 11-13.

[58] MILLAR, 1969 a, op. cit., p. 15.

[59] CAPPELLETTI, 1974, op. cit., p. 331.

Posição análoga àquela acima apontada é perfilada por Carlos Alberto Alvaro de Oliveira ao afirmar, com igual acerto, que "de modo nenhum pode ser confundido o momento inicial, consistente na alegação dos fatos jurídicos, que dão substrato à pretensão sub judice, com o momento posterior, interno ao processo, concernente às demonstrações de cunho probatório". Isso porque esse primeiro momento "não se exaure tão-somente numa declaração de caráter informativo, mas numa declaração de vontade, que estabelece o elemento essencial do direito ou do contradireito – o elemento constitutivo causal –, com o qual a parte age ou se opõe ao agir de outrem, vinculando o juiz e forçando-o a exercer o seu ofício". De outro lado, na esteira da lição do autor ora referido, "instaurado porém o processo, o seu modo, ritmo e impulso escapam à disponibilidade das partes, elementos que devem ser disciplinados por normas legais cogentes".[60]

A fim de que se possa compreender o significado do princípio em comento sem sobressaltos, aponte-se, ainda, que a disponibilidade de direito aqui referida não pode, de forma alguma, ser reduzida à existência de direitos disponíveis na dimensão material. Seu verdadeiro âmbito de atuação é, antes, o da possibilidade ou não de a parte manifestar, no âmbito processual, a existência do seu interesse em pleitear proteção jurisdicional a um direito subjetivo por ela alegado.[61]

Seguindo os passos da lição de Cappelletti, observa-se que, sob a influência das orientações já anteriormente vigentes na Alemanha e na Áustria, os ordenamentos jurídicos processuais concebidos a partir do final da Segunda Guerra Mundial acabaram por estabelecer sistemas pautados na distinção ora apresentada. Diferenciam-se, assim, de um lado, as atividades de *alegações sobre fatos* (relacionadas ao monopólio de disposição das partes quanto à determinação do objeto do processo, vinculando o juiz ao dever de julgamento dentro desse âmbito de conhecimento da realidade dos fatos) e, de outro, aquelas referentes à *prova* de tais alegações (que passam a ser desenvolvidas também pelo julgador, que não mais fica adstrito às iniciativas anteriormente exclusivas das partes nesse plano).[62]

---

[60] ALVARO DE OLIVEIRA, 2009, op. cit., p. 180.

[61] Sobre o tema, apresentando diversos sintomas de relativizações do princípio dispositivo, ver, também, BARBOSA MOREIRA, José Carlos. O problema da "divisão de trabalho" entre juiz e partes: aspectos terminológicos. In: BARBOSA MOREIRA, José Carlos. *Temas de direito processual* – quarta série. São Paulo: Saraiva, 1989 c, p. 37-38. No mesmo sentido, ver: BARBOSA MOREIRA, José Carlos, Os poderes do juiz na direção e na instrução do processo. In: BARBOSA MOREIRA, José Carlos. *Temas de direito processual* – quarta série. São Paulo: Saraiva, 1989 b, p. 45-46. Nesse último texto, Barbosa Moreira critica a posição ora defendida, ao afirmar que "aceita a premissa de que ao titular do direito, em princípio, toca livremente resolver se ele deve ou não ser defendido em juízo, daí não se extrairá, sem manifesto salto lógico, que lhe assista idêntica liberdade de influir na maneira por que, uma vez submetida a lide ao órgão estatal, deva este atuar com o fim de estabelecer a norma jurídica concreta aplicável à espécie". Ao se aceitar o argumento acima transcrito, não se deve concordar com o mesmo diante da divergência frontal com a premissa acima proposta, qual seja, a de que a apresentação do direito em juízo não é mero ato informativo, mas sim verdadeira manifestação de vontade da parte estabelecida sob a forma de ônus.

[62] Paradigmática, nesse aspecto, é a lição de CAPPELLETTI, 1974, op. cit., p. 334-335, "(...) si deve poi dare ato, che anche negli ordinamenti tedesco ed austriaco, nonché, almeno fino all'ultimo dopoguerra, negli ordinamenti (ungherese, jugoslavo, polacco ecc., ved. Infra, parte II, cap. V) che a quelli si sono ispirati – e dunque proprio in quegli ordinamenti, dove da molto tempo ormai la corrente dottrinale sceveratrice è venuta rappresentando la grande maggioranza della dottrina processualistica – bnehché questa dottrina abbia generalmente sostratto alla sfera del Dispositionsprinzip, per inserirla in quella della Verhandlungsmaxime, l'allegazione dei fatti, tuttavia è accaduto che le leggi processuali abbiano conservato (o, per lo meno, ch'esse siano state prevalentemente interpretate dalla giurisprudenza pratica e scientifica nel senso che abbiano conservato) al potere monopolistico delle parti l'attività della allegazione dei fatti, con il relativo vincolo giudiciale a decidere nell'àmbito dei soli fatti allegati dalle parti: e ciò nonstante che le medesime

Dessas considerações é possível inferir a conclusão no sentido de que a determinação do significado do princípio dispositivo é, em última instância, símbolo dos valores cultivados em uma determinada realidade cultural, sintetizando as diversas vertentes que se entrelaçam ao longo de um processo de evolução histórica. A opção do legislador pela primazia da *Dispositionsmaxime* ou pela orientação diametralmente oposta (qual seja, a do princípio inquisitório) não pode ser tratada como algo absoluto ou objetivo, mas sim deve ser compreendida como resultado da combinação de fatores culturais e ideológicos que se combinam sob o céu de uma realidade histórica específica. Configura-se, sempre, em uma escolha que, por mais que inspirada em valores de caráter ideológico e inspirada em valores fundamentais, é substancialmente orientada de acordo com as contingências da realidade histórica de um dado campo do Direito e dos fins que lhe são associados.[63]

Esse caráter contingencial do princípio dispositivo é reconhecido de longa data. A esse respeito já lembrava Carnelutti, em sua célebre obra sobre a prova cível, que "il principio stesso non sia una caratteristica indefettibile, ma una direttiva di convenienza del processo civile, la quale può cedere a una direttiva opposta in quelle materie e per quei casi, rispetto ai quali o l'interesse pubblico allá realtà dei pressupposti della sentenza si faccia sentire più intenso ed esiga invece il sacrifício degli interessi privati contrarii o vi sia motivo di ritenere minor attitudine delle parti a tutelare i loro interessi opposti e con ciò minor probabilità che il gioco di questi coincida con la direzione del interesse pubblico".[64]

Esse alerta é importante, já que as chamadas *Prozessmaximen* que compõem o significado do princípio dispositivo não podem ser tomadas como conceitos sobre os quais tudo e nada pode ser pensado, mas sim devem ter a sua compatibilidade revisada sempre em face dos ditames constitucionais fundamentais vigentes.[65] O conteúdo e os limites dos poderes de iniciativa das partes e do juiz em termos de apresentação de fatos e de produção de provas devem ser compreendidos sempre à luz de sua disciplina positiva específica ou de considerações sistemáticas que partam de pontos efetivamente consistentes. Não se justifica, assim, qualquer iniciativa no sentido de pensar que os modelos concebidos no que se refere a tal repartição de poderes pudessem ser orientados à luz da simples contraposição entre o princípio dispositivo o princípio inquisitório.[66]

De outro lado, vale referir que a maior ou a menor intensidade da influência do princípio dispositivo na determinação dos contornos das relações entre as partes e o julgador pode ser modulada pelo legislador em função da maior ou menor importância atribuída a determinados interesses tutelados pelo ordenamento jurídico. Exemplo de tal fenômeno é trazido por Enrico Tullio Liebman[67] e Vittorio Denti,[68] os quais referem, na experiência italiana, a atribuição de poderes autônomos de iniciativa instrutória no âmbito dos feitos nos quais venham veiculadas questões de interesse público, concebida

---

leggi abbiano ormai del tutto o quasi del tutto abolito invece il vincolo giudiciale alle iniziative probatorie delle parti stesse".

[63] Esse é o raciocínio defendido por TROCKER, 1974, op. cit., p. 373-375.

[64] CARNELUTTI, 1992, op. cit, p. 22.

[65] BRÜGGEMANN, 1968, op. cit., p. 101.

[66] CAVALLONE, 1991a, op. cit., p. 319.

[67] LIEBMAN, Enrico Tullio. Fondamento del principio dispositivo. In: *Rivista di Diritto Processuale*, n. 15, p. 551-565, 1960, especialmente, p. 556 ss.

[68] DENTI, 1971, op. cit., p. 97.

como instrumento a fim de desonerar o julgador da necessidade de investigar os fatos da causa.[69]

Essa possibilidade de modulação da intensidade do princípio dispositivo não pode ser confundida, contudo, com a idéia de atribuição de total liberdade ao legislador ou ao julgador a esse respeito. Qualquer que seja o rumo adotado pelo ordenamento jurídico, está sempre o magistrado, na qualidade de terceiro *imparcial*,[70] diante de um problema que clama por resposta graças a parâmetros jurídicos pertinentes, devendo a sua atuação ser pautada pela sua *estraneidade* em relação à matéria sobre a qual deve exercitar o seu juízo, não interferindo na determinação do *thema decidendum*.[71] Independentemente da escolha do legislador quanto ao alcance dos poderes dos demais sujeitos do processo, é vedado ao julgador o *non liquet*.[72] Deste modo, é possível afirmar a existência de um núcleo duro intangível inerente ao próprio conceito de jurisdição, inflexível e inabalável em face de quaisquer tentativas de ataque por parte do Poder Legislativo, com suas raízes calcadas nas profundezas do princípio da separação de poderes e funções, inscrito no texto constitucional como cláusula pétrea.

Ao lado disso, impõe-se reconhecer que a determinação da intensidade da incidência do princípio dispositivo deve necessariamente guardar sintonia com o contexto cultural no qual tal comando se insere. As exigências características de uma sociedade complexa e conflituosa moldam a intervenção estatal na regulação das relações individuais de maneira que o papel do juiz deixe de ser o de um mero espectador da luta travada entre as partes. Ao contrário, torna-se imprescindível a sua participação efetiva no debate travado nos autos, a fim de que os objetivos tutelados pela ordem jurídica sejam efetivamente respeitados. A divisão de tarefas entre os participantes do processo ganha, na sociedade contemporânea, contornos moldados às suas exigências, rompendo com os modelos existentes em realidades históricas anteriores.[73]

---

[69] LIEBMAN, 1960, op. cit., p. 557, refere que o Código de Processo Civil italiano, em tal questão, partia da premissa de que "il domandare è psicologicamente incompatibile col giudicare e l'accrescere oltre misura i poteri d'iniziativa del giudice può indurlo a prender partito prima di aver giudicato e transformarsi da giudice sereno in appassionato difensore di una tesi già scelta in anticipo".

[70] Nesse sentido a lição de ALVARO DE OLIVEIRA, 2009, op. cit., p. 158, que considera a imparcialidade "aspecto essencial à própria natureza da jurisdição". No mesmo sentido, SILVA, 2003, op. cit., p. 40, ao afirmar que "o outro componente essencial do ato jurisdicional é a condição de terceiro imparcial em que se encontra o juiz em relação ao interesse sobre o qual recai sua atividade", e LIEBMAN, 1960, op. cit., p. 560 ("L'imparzialità è dunque una delle note distintive essenziali della figura del giudice").

[71] LIEBMAN, 1960, op. cit., p. 559.

[72] Sobre a idéia de *non liquet*, ver VERDE, 1988, op. cit., p. 579-649, especialmente p. 628. Vale observar, aqui, ainda, as palavras de MICHELI, 1961b, op. cit., p. 171, ao referir que "en un plano estrictamente jurídico, en cambio, se podrá más bien observar que, a la necesidad práctica de las partes de desplegar una determinada actividad procesal, si quieren conseguir un fin, se opone la necesidad jurídica, el deber del juez de juzgar en todo caso. Esta última constituye, en verdad, el aspecto no contingente del problema de la decisión, (...) mientras la primera, que se refiere más propiamente a la estructura del proceso, está destinada a manifestarse de diversa manera, de acuerdo con la relación entre poderes de las partes y poderes del juez, de acuerdo, por tanto, con la amplitud de la responsabilidad que recae sobre las partes, y de la libertad reconoscida reconoscida a ella al obrar en el proceso".

[73] No mesmo sentido, ver as palavras de BARBOSA MOREIRA, José Carlos. A função social do processo civil moderno e o papel do juiz e das partes na direção e na instrução do processo. In: *Revista de Processo*, n. 37, p. 140-150, 1985, especialmente p. 145: "A transição do liberalismo individualista para o 'Estado Social de Direito' assinala-se, como é sabido, por substancial incremento da participação dos órgãos públicos na vida da sociedade. Projetado no plano processual, traduz-se o fenômeno pela intensificação da atividade

Daí a conclusão no sentido de que a função do princípio dispositivo não é a de simplesmente tutelar a liberdade das partes relativamente à delimitação dos interesses a serem colocados em debate perante um julgador indiferente à complexidade do mundo no qual se insere o litígio a ser resolvido. Em verdade, o vigor efetivo do princípio dispositivo e do dever de imparcialidade do juiz pressupõe, antes, a proibição imposta ao magistrado de construir a sua decisão com base em temas e fontes de prova diversos daqueles indicados pelas partes.[74] Nesse sentido, impõe-se sejam tais valores concebidos como instrumento para que se possa desfrutar da iniciativa das partes para uma mais rápida e segura investigação da realidade examinada,[75] a qual é plenamente compatível com a consideração *ex officio* de fatos de comum conhecimento ao homem médio inserido no seio da sociedade na qual convivem os sujeitos do debate dos autos. Com isso, o correto equacionamento entre os comandos que regulam a atividade jurisdicional e o respeito ao princípio dispositivo tendem a produzir como resultado o equilíbrio desejado entre as cargas de participação dos sujeitos processuais, otimizando os esforços empreendidos na própria marcha processual.[76]

Cumpre referir que o harmônico entrelaçamento das forças associadas aos diversos sujeitos do processo passa, necessariamente, pela análise do papel a cada um deles atribuído. O bom funcionamento da engrenagem processual é, portanto, diretamente vinculado a uma adequada distribuição de direitos, dos deveres e dos ônus processuais entre os participantes do debate, a qual é estruturada em função dos fatores culturais, econômicos, sociais e políticos que cercam a realidade jurídica. Trata-se de condição necessária para que cada participante do diálogo dos autos possa exercer de maneira condizente a tarefa que lhe é atribuída.[77]

Sob a ótica da perspectiva acima apresentada, é inegável que a importância dada ao princípio dispositivo no âmbito do direito processual civil contemporâneo não permite seja tal máxima confundida com o império da liberdade absoluta das partes quanto à fixação dos fatos que podem ser objeto de conhecimento pelo magistrado. Ao contrário, o equilíbrio que deve nortear a atuação integrada dos sujeitos processuais demanda sejam devidamente conjugados os ônus de alegação imponíveis às partes quanto aos fatos que compõem o objeto do litígio com outras ferramentas igualmente relevantes, como, por exemplo, a possibilidade de o magistrado lançar mão de fatos notórios não-

---

do juiz, cuja imagem já não se pode comportar no arquétipo do observador distante e impassível da luta entre as partes, simples fiscal incumbido de vigiar-lhes o comportamento, para assegurar a observância das 'regras do jogo' e, no fim, proclamar o vencedor. Não menos que na economia, a emergência do 'social' também no processo derrui o império do laisser faire. Recusa-se aos litigantes a possibilidade de marcar soberanamente o compasso da marcha processual; equaciona-se em novos termos o capital problema da 'divisão de tarefas' entre as partes e o órgão de jurisdição".

[74] CAVALLONE, 1991 a, op. cit., p. 322.

[75] CARNELUTTI, 1992, op. cit., p. 20-21.

[76] BAUR, Fritz. Il processo e le correnti culturali contemporanee (rilievi attuali sulla Conferenza di Franz Klein dal Medesimo Titolo). In: *Rivista di Diritto Processuale*, n. 27, p. 253-271, 1972, especialmente p. 257, que afirma textualmente, ainda, a necessidade de "rimeditare il rapporto tra attività giudiziale e principio dispositivo in senso formale e sostanziale".

[77] COMOGLIO, Luigi Paolo. Direzione del processo e responsabilità del giudice. *Rivista di Diritto Processuale*, v. 32, p. 14-56, 1977, especialmente p. 26-27. No mesmo sentido, ver, ainda, aprofundando a idéia de trabalho conjunto coordenado entre os sujeitos processuais, GRASSO, Eduardo. La colaborazione nel processo civile. In: *Rivista di Diritto Processuale*, n. 21, p. 580-609, 1966, especialmente p. 586 e ALVARO DE OLIVEIRA, Carlos Alberto. Poderes do juiz e visão cooperativa do processo. *Revista da AJURIS*, n. 90, p. 55-84, 2003.

referidos pelos litigantes ao longo do debate,[78] ou, ainda, de reconhecer, *ex officio,* a prescrição. Nessa esteira, exige-se também do juiz uma atuação participativa positiva na construção do diálogo dos autos, preenchendo as lacunas do panorama desenhado pelas partes naqueles campos nos quais o interesse público se conjuga com a liberdade individual do autor e do réu.

A definição desse novo papel do magistrado não significa a impropriedade dos critérios de distribuição dos ônus de alegação colocados sobre os ombros dos litigantes, os quais são estabelecidos em função da existência de interesses disponíveis das partes e, mais do que tudo, radicados em critérios lógicos metajurídicos que impedem a sua distribuição pelo legislador.[79] No que se refere a tal aspecto, a consagração do princípio dispositivo no ordenamento processual civil, tomado no sentido da *Dispositionsmaxime,* é, antes de tudo, o reconhecimento da existência de uma estrutura que preexiste ao resultado do trabalho do Poder Legislativo, o qual apenas acolhe sob o manto das instituições um fenômeno radicado no seio da própria cultura social.

Uma importante contribuição para a compreensão da sistemática traduzida na *Dispositionsmaxime* pode ser encontrada nas palavras de Cândido Rangel Dinamarco quando observa que "entre os ônus processuais, o primeiro e de maior peso é o ônus de afirmar, especificamente considerado nos termos do ônus de demandar: sem a demanda inicial, processo algum se forma e a própria jurisdição não se exerce (nemo judex sine actore)". Diferencia o referido autor os ônus processuais impostos às partes em função da prática de *atos causativos* (aqueles que "operam o seu efeito na situação processual de imediato e por si próprio", sendo "'determinantes', dada a sua suficiência funcional") e de *atos indutivos* (aqueles que "atuam como condição para obter medidas favoráveis, são condutas destinadas a atuar sobre o espírito do juiz").[80]

Dessas premissas acima expostas, propõe Dinamarco importantes desenvolvimentos. Nesse sentido, conclui o autor no sentido de que "da necesidade de fundamentar as postulações decorre que ordinariamente o ônus de afirmar é inerente aos atos indutivos em geral". Aponta Dinamarco, ainda, que tal ônus "acompanha as partes em todo o processo, sendo desempenhado normalmente por atos indutivos de maior importância, como a afirmação (pelo réu) de fatos extintivos modificativos ou impeditivos, a da incompetência, suspeição ou impedimento do juiz, a da afirmação da procedência ou improcedência da demanda ao cabo da instrução, etc".[81] Ao mesmo tempo em que atua como termômetro da intensidade dos esforços da parte com vistas à obtenção e à possibilidade de exercício do direito pleiteado (ou, no caso do réu, combatido), o ônus de alegação imposto às partes ao longo da marcha processual serve como delimitador da fronteira que separa a atuação das partes e a do terceiro imparcial.

O interesse primordial do julgador deve ser sempre o de fazer com que o ordenamento jurídico seja plena e efetivamente aplicado aos fatos conforme narrados pelas partes. Não por acaso Cândido Rangel Dinamarco reconhece que o ônus de contestar, contraposto ao de afirmar, "chega ao maior grau possível de intensidade" no processo civil, "a ponto de os argumentos de fato contidos nas afirmações do autor não se erigirem em questões se não forem contestados e, não criada a dúvida em torno deles, fica-

---

[78] Nesse sentido, ver DENTI, 1971, op. cit., p. 97-99 e CAVALLONE , 1991 a, op. cit., p. 304-307.

[79] Essa é a posição de CARNELUTTI, 1992, op. cit., p. 23-24.

[80] DINAMARCO, 1999, op. cit., p. 202.

[81] DINAMARCO, 1999, op. cit., p. 202-203.

---

rem fora do campo probatório".[82] Daí restar claro que não cabe ao julgador se substituir à parte na tarefa de delimitação do alcance do problema a ser resolvido, a não ser no que se refere às lacunas deixadas nas narrativas das partes relativas a questões consideradas de ordem pública, em relação às quais se impõe o devido preenchimento *ex officio* pelo juiz.

A associação dos ônus de alegação e de contestação à prática de atos indutivos permite que sejam separados com clareza dois problemas distintos. O primeiro deles é o da *liberdade das partes de disposição quanto à existência de um debate processual em torno de um dado objeto jurídico*, em relação ao qual impera a liberdade das partes de determinar o que será objeto de discussão no processo. O debate em torno de tal questão constitui-se em projeção de outra problemática fundamental, qual seja aquela concernente à liberdade de exercício e de disposição relativamente aos direitos, aos deveres e aos ônus ditados pelo direito material que atrelam apenas as partes entre si.

O segundo dos problemas a ser consdierado, por sua vez, é o da *liberdade quanto à delimitação do objeto de um debate processual*, radicado na realidade do direito processual e colocado sob o manto do princípio dispositivo e do imperativo da imparcialidade do juiz. Aqui, a exigência imposta às partes de apresentar os componentes da causa a ser resolvida pelo julgador deve ser conjugada com o dever do juiz de conhecer a realidade a ser examinada apenas através do filtro dos autos, ressalvadas as possibilidades expressamente previstas em lei que diga o contrário.

Não obstante as questões ora propostas para análise se entrelacem na formação do cotidiano forense, é certo que a distinção proposta possui importância eminentemente prática. Sua validade é respaldada, antes de tudo, pela diversidade de regimes jurídicos aplicáveis a cada uma das temáticas acima elencadas. Nessa esteira, a distinção entre as duas dimensões do princípio dispositivo configura, antes de tudo, uma proposta de abordagem sistemática que permite ulteriores desenvolvimentos no que se refere a divesas projeções da realidade processual civil, em especial no que se refere ao estudo da prova.

2.2. O princípio do contraditório e a ordenação da atuação dos sujeitos do processo

Outro fator fundamental a ser considerado com vistas à determinação das feições do processo civil contemporâneo é, sem dúvida, a importância do princípio do contraditório na conformação de tal panorama. A fim de que se possa compreender, em um segundo momento, a exata dimensão do seu significado, impõe-se, primeiramente, examinar o cenário maior dentro do qual o referido princípio vem inserido.

2.2.1. O princípio do contraditório e a orientação dialética do processo

A garantia do contraditório possui caráter eminentemente instrumental, servindo de ferramenta destinada a assegurar o respeito a determinados pressupostos de ordenação do diálogo no qual se desenvolve o exercício do poder estatal. A compreensão do seu significado, por sua vez, demanda a identificação de alguns dos principais fatores que compõem o contexto cultural no qual se insere o debate processual.

---

[82] DINAMARCO, 1999, op. cit., p. 202-203.

O primeiro componente desse universo é uma constatação na qual se combinam um olhar descritivo, próprio do universo sociológico, e uma visão na qual se faz sentida a orientação impositivo-deontológica típica dos fenômenos jurídicos. Se, de um lado, é inegável que o responsável pela prolação da sentença efetivamente é o juiz, não se pode negar, de outro lado, que suas decisões devem ser, também, o resultado de todo um trabalho desenvolvido ao longo de uma marcha orientada de acordo com os limites e com as finalidades estabelecidos pelo ordenamento jurídico. Sob essa pespectiva, a sentença passa a ser vista como o produto final de toda uma seqüência de atos concatenados entre si, que é o procedimento, e garante sua legitimidade pelo fato de tal caminhada haver sido estabelecida em conformidade com os ditames impostos pelo ordenamento jurídico, que também estabelecem parâmetros com vistas à sua própria validade.[83]

Aproximando o olhar ainda mais perto do fenômeno examinado, observa-se que a legitimação da decisão é condicionada a algo mais do que o entrelaçamento aleatório das falas dos participantes do processo. A marcha procedimental da qual resulta o comando jurisdicional é implementada através de uma *atividade humana ordenada*, na qual as manifestações trazidas pelos sujeitos processuais durante o seu desenvolvimento formam uma *estrutura dialética*. Assim, o debate travado nos autos constitui-se em um constante contraponto de razões, destinado à construção da decisão jurisdicional, a qual determina o direito aplicável ao caso proposto e garante a sua realização. O exercício de poder estatal implementado através do processo, nessa perspectiva, é conseqüência do trabalho conjunto dos sujeitos envolvidos no debate dos autos, estruturado de maneira articulada.[84]

É a partir da aceitação de tais premissas que se faz possível afirmar com propriedade que o processo é, sem sombra de dúvida, *procedimento em contraditório*. É, pois, uma seqüência de atos ordenados sob a forma de uma estrutura dialética orientada com vistas à construção de uma sentença destinada a solucionar um problema veiculado nos limites dos chamados elementos da ação (partes, pedido e causa de pedir). Nessa esteira, aponte-se que os sujeitos do processo acabam por articular suas atuações de forma conjunta em torno da questão proposta, cada qual deles trazendo a sua parcela de colaboração para o seu enfrentamento. O contraste e a conjugação das diversas manifestações produzidas no debate fazem com que o poder seja exercido de forma democrática quando da prolação da decisão.[85]

---

[83] Em um Estado de Direito, o procedimento retrata, pois, os valores fundamentais inferidos da análise do ordenamento jurídico que estabelece os seus contornos. Significa dizer: o procedimento é retrato fiel dos valores que permeiam as decisões que por meio dele são obtidas. Não por acaso LUHMANN, Niklas. *Legitimação pelo procedimento*. Traduzido para o português por Tércio Sampaio Ferraz Júnior. Brasília: Editora Universidade de Brasília, 1980, p. 34, afirma que a legitimidade de uma decisão "depende, assim, não do reconhecimento 'voluntário', da convicção de responsabilidade pessoal, mas sim, pelo contrário, dum clima social que institucionaliza como evidência o reconhecimento das opções obrigatórias e que as encara, não como conseqüências duma decisão pessoal, mas sim como resultados do crédito da decisão oficial".

[84] No mesmo sentido, ALVARO DE OLIVEIRA, Carlos Alberto. A garantia do contraditório. *Revista da AJURIS*, n. 74, p. 103-120, 1998; DINAMARCO, Cândido Rangel. O princípio do contraditório e sua dupla destinação. In: DINAMARCO, Cândido Rangel. *Fundamentos do processo civil moderno*. v. 1. 3. ed. São Paulo: Malheiros, 2000, p. 124-135, especialmente p. 125 e CAMBI, 2001, op. cit., p. 124 ss.

[85] Nas palavras de FAZZALARI, Elio. Procedimento (teoria generale). In: Enciclopedia del Diritto, v. XXXV. Milão, Giuffrè Editore, 1986, p. 819-836, especialmente p. 827, "in sostanza, c'è 'processo' quando in una o più fasi dell'iter di formazione di un atto è contemplata la partecipazione non solo – ed ovviamente – del suo autore, ma anche dei destinatari dei suoi effetti, 'in contraditorio', in modo che costoro possano

A reflexão acima proposta permite, ainda, demonstrar a superação da idéia de relação jurídica processual. O tradicional diagrama angular que une autor, juiz e réu na formação de vínculos jurídicos, formando uma figura estática, cede lugar a uma concepção dinâmica, na qual os sujeitos processuais se encontram em constante debate, sempre orientado em conformidade com o disposto no ordenamento jurídico, tendo como destino final a construção da decisão final.[86] Durante a marcha do processo, convergem todas as atividades desenvolvidas nos autos em uma mesma direção, qual seja a da construção do quadro de elementos a partir da qual será concebida a sentença. Torna-se menos importante o fato de serem os sujeitos tratados um em relação ao outro, e ganha lugar uma visão na qual cada um deles passa a ser visto como indivíduo que exerce um papel dentro de uma estrutura dialética em constante movimento. Autor e réu deixam de ser apenas atores considerados lado a lado em um retrato estático no qual figuram em posição secundária em relação à do magistrado, e passam a ser considerados como pessoas que exercem funções dentro de uma mecânica destinada à construção conjunta da decisão a ser respeitada por todos.

Os avanços proporcionados a partir da adoção dessa nova concepção são consideráveis. Primeiro de tudo, observa-se que, sob a ótica do paradigma ora proposto, o que diferencia os sujeitos do processo, efetivamente, é a função que lhes é atribuída pelo ordenamento jurídico no debate. Nessa esteira, as partes e o juiz trabalham em uma atividade conjunta, ordenada, sempre com o objetivo de reconstituir da melhor maneira possível os fatos conforme efetivamente ocorreram e tornar possível a aplicação do Direito pertinente ao caso colocado *sub examen*. A distribuição de direitos, de deveres e de ônus entre os participantes – organizada de acordo com os parâmetros ditados pelo ordenamento jurídico – forma uma estrutura baseada na idéia de equilíbrio processual, a qual demanda um repensar em torno do apego cego aos raciocínios de comparação entre os sujeitos do processo. Com isso, a imprecisão no emprego de idéias como a da igualdade processual deixa de resultar na produção de dogmas que atravancam a realização dos resultados desejados pelo processo e passam a ter sua importância mensurada naquilo em que efetivamente possam, eventualmente, servirem de instrumento para a consecução de tais objetivos.[87]

Como se vê, a adequada compreeensão do caráter dialético do processo passa necessariamente pela prévia definição do significado da garantia do contraditório à luz das exigências jurídico-culturais contemporâneas. Esse, pois, é o desafio que a ser empreendido a seguir.

---

svolgere attività di cui l'autore dell'atto deve tener conto, i cui risultati, cioè, egli può disattendere, ma non ignorare". Em outra oportunidade, o mesmo autor afirma que existe processo quando "nell'iter di formazione di un provvedimento c'é contraddittorio, cioè è consentito a più interessati di partecipare alla fase di ricognizione dei pressupposti sul piede di reciproca e simmetrica parità, di svolgere attività, di cui l'autore deve tener conto, i cui risultati cioè elgi può disattendere, ma non obliterare". (FAZZALARI, Elio. Processo. In: *Novissimo Digesto Italiano*, v.13. Turim: UTET, 1982, p. 1067-1076, especialmente p. 1072).

[86] De acordo com FAZZALARI, Elio. La dottrina processualistica italiana: dall''Azione' al 'Processo' (1864-1994). *Rivista di Diritto Processuale*, n. 49, p. 911-925, 1994, especialmente p. 916. "Il rapporto giuridico è schema semplice, che non può contenere la complessità del processo, né, quale schema statico, può rappresentarne la dinamica". A dinamicidade inerente ao fenômeno processual já vem retratada de há longa data, ainda, na lição de LACERDA, Galego. O Código como sistema legal de adequação do processo. In: *Revista do Instituto dos Advogados do Rio Grande do Sul,* Edição Comemorativa do Cinqüentenário, p. 161-170, especialmente p. 161.

[87] Para um maior desenvolvimento em torno da idéia de equilíbrio processual e dos fatores que lhe estão relacionados, em especial no que se refere à igualdade processual, ver: REICHELT, Luis Alberto. *Equilíbrio processual*. 2002. 263p. Dissertação (Mestrado em Direito). Faculdade de Direito, UFRGS.

2.2.2. O conteúdo jurídico da garantia do contraditório
no processo civil contemporâneo

Em uma primeira aproximação em direção ao significado da garantia do contraditório, observa-se que a sua consagração no âmbito constitucional (art. 5°, LV, da Carta Magna brasileira) exerce uma função política indiscutível. Graças à força de tal determinação por parte do Poder Constituinte, reforçou-se ainda mais a idéia de que o princípio democrático possui uma dimensão processual de primeira grandeza, situada no plano dos direitos individuais fundamentais, a qual constitui verdadeira escolha por um caminho que não permite retrocesso, nem mesmo por ato do Poder Constituinte derivado.[88]

Descendo os olhos ao nível do detalhamento dessa garantia, é possível constatar que, na realidade processual civil contemporânea, o alcance do princípio do contraditório não pode ser reduzido a uma única máxima. Seu significado é composto, antes de tudo, de um feixe de garantias que devem ser observadas ao longo do desenvolvimento da marcha do processo, envolvendo: a) o direito dos sujeitos processuais à participação no debate processual; b) o direito à instauração de um diálogo entre os sujeitos processuais; c) o direito ao estabelecimento de uma mecânica de colaboração entre os sujeitos processuais, a qual é estabelecida com vistas à construção do provimento jurisdicional; e d) o direito dos sujeitos processuais a não serem surpreendidos quando da prolação da decisão jurisdicional.

No que diz respeito à garantia do contraditório como direito dos sujeitos processuais à participação no debate processual, deve-se apontar que aquela é inerente ao caráter dialético próprio do processo. A efetiva existência dessa orientação dialética do diálogo processual pressupõe que os sujeitos que nele atuam sejam dotados da capacidade de nele falar sobre todo e qualquer elemento constante dos autos que, de alguma maneira, possa exercer influência na determinação do tratamento que lhes será dispensado pela decisão jurisdicional.[89] Deste modo, impõe-se reconhecer que, no momento em que a esfera jurídica de um sujeito esteja afetada em função do conteúdo do diálogo travado no processo, faz-se necessário garantir o direito a um debate no qual tal indivíduo possua efetivas condições de manifestação.[90]

---

[88] CAMBI, 2001, op. cit., p. 131 ss.

[89] A posição acima desenvolvida está em conformidade com o ensinamento de FERRAND, Frédérique. Le principe contradictoire et l'expertise en Droit Comparé europeen. In: *Revue Internationale de Droit Comparé*, n. 2, v. 52, p. 345-369, 2002, especialmente a p. 355, que, ao analisar a realidade alemã, ensina que "d'après, la jurisprudence constitutionnelle, découlent du principe général de l'article 103, alinéa 1.er: le droit d'être informé de l'existtence de la procédure intentée par le demandeur; le droit de s'exprimer lors de la procédure jurisdictionnelle: chaque intéressé doit être mis en mesure de s'exprimer sur les faits et les fondements juridiuqes avant que le jugement soint rendu; il doit aussi pouvoir formuler des demandes (de preuve etc) et développer plus spécialement certains points de son arguentation". No mesmo sentido, ver CAMBI, 2001, op. cit., p. 131, para quem "a garantia do contraditório é sinônimo de participação processual". Essa também é a posição da Corte Européia de Direitos Humanos no caso *Mantovanelli x França*, em que se declarou que "chaque partie doit en principe avoir la faculté non seulement de faire connaître les éléments qui sont nécessaires au succès de ses prétentions, mais aussi de prendre connaissance et de discuter toute pièce ou observation présentée au juge en vue d'influencer sa décision". Idêntico entendimento ao acima referido foi adotado pela mesma Corte nos casos *Lobo Machado x Portugal, Vermeulen x Bélgica* e *Nideröst-Huber x Suíça*.

[90] Para TROCKER, 1974, op. cit., p. 370, "la parte migliore della dottrina e della giurisprudenza tedesche há conesso l'esigenza di fondo del rechtliches Gehör al principio di partecipazione. E dato che scopo della partecipazione è quello di dare all'individuo partecipante una parte effettiva nel processo, la garanzia in esame si configura – secondo una definizione adottata dalla dottrina – come diritto di incidere sullo svolgimento e sull'esito della controversia, oppure, per usare una formula assai spesso ricorrente nella giurispru-

A jurisprudência reconhece como traço fundamental para o regular desenvolvimento do diálogo processual a necessidade de garantia aos sujeitos do debate do direito à manifestação nos autos em uma dimensão não meramente formal, mas sim efetiva. No julgamento do caso *Reinhardt e Slimane x França*, a Corte Européia de Direitos Humanos consagrou a necessidade de que seja assegurada à parte a *verdadeira possibilidade de manifestação sobre os elementos trazidos aos autos*, a fim de que não se incorra em ofensa a valores fundamentais processuais como a igualdade e o equilíbrio processual.[91] O mesmo posicionamento pode ser encontrado na jurisprudência pátria, a qual consagra a idéia de que *ninguém pode ser julgado sem ser ouvido*, sob pena de violação à dialética processual, considerada como elemento essencial do devido processo legal.[92]

Essa primeira perspectiva, por sua vez, não exclui a possibilidade excepcional de mitigação do contraditório diante de outros valores de igual hierarquia. Exemplo sintomático dessa visão pode ser visto na posição jurisprudencial segundo a qual a antecipação dos efeitos da tutela jurisdicional inaudita altera parte não constitui ofensa à garantia do contraditório se presentes razões que justifiquem a postergação da oitiva da parte contrária. Como se vê, a abertura de oportunidades de participação no debate deve ser concebida dentro dos limites do que se faz necessário e suficiente com vistas ao respeito ao princípio democrático e à efetividade do processo.

No que se refere à garantia de necessárias oportunidades de participação no debate processual, é preciso que se considere tal problemática não apenas dentro dos limites tradicionais da bilateralidade da audiência (*audiatur et altera pars*). Questões como a abertura de momento para a manifestação a ambas as partes em função de pedido de

---

denza della Corte costituzionale federale, come diritto di presentare istanze (e l'istanza è qui intesa come fondamentale strumento processuale per influire sulla formazione del provedimentogiurisdizionale) e di svolgere attività processuali a sostegno delle proprie ragioni". Essa também é a posição da Corte Européia de Direitos Humanos no caso *Mantovanelli x França*, em que se referiu que "chaque partie doit en principe avoir la faculté non seulement de faire connaître les éléments qui sont nécessaires au succès de ses prétentions, mais aussi de prendre connaissance et de discuter toute pièce ou observation présentée au juge en vue d'influencer sa décision". Idêntico entendimento ao acima referido foi adotado pela mesma Corte nos casos *Lobo Machado x Portugal, Vermeulen x Bélgica* e *Nideröst-Huber x Suíça*.

[91] Em tal julgado, foi referido que "la notification à l'avocat général du dossier du conseiller rapporteur contenant le rapport ainsi que le ou les projets d'arrêt alors que les requérants ne pouvaient être informés que du sens dudit rapport s'analyserait en une rupture de l'égalité des armes entre les seconds et le premier. L'absence de communication à Mme Reinhardt et M. Slimane-Kaïd des conclusions de l'avocat général aurait accentué ce déséquilibre. Le droit à une procédure contradictoire impliquerait en principe « la faculté pour les parties aux procès, pénal ou civil, de prendre connaissance de toute pièce ou observation présentée au juge, même par un magistrat indépendant, en vue d'influencer sa décision et de la discuter » (rapport, paragraphe 31). Les parties devraient en outre avoir une 'possibilité véritable' (ibidem) de commenter celles-ci. Or en l'espèce, s'ils avaient été présents à l'audience, les conseils des requérants n'auraient pu répliquer qu'ex abrupto auxdites conclusions. L'article 6 aurait donc été méconnu".

[92] "AGRAVO. DECISÃO MODIFICATIVA DE ACORDO JUDICIAL. NECESSIDADE DE PARTICIPAÇÃO DE TODAS AS PARTES QUE REALIZARAM OS ACORDOS. *Não pode ser proferida decisão sem que estejam presentes todas as partes envolvidas nos feitos. Tal exigência decorre do princípio do contraditório, fundamento lógico do processo. Ninguém pode ser julgado sem ser ouvido. A exclusão da participação do indivíduo em processo que diga respeito ao seu direito material viola a dialética processual (bilateralidade), a qual é elemento essencial do devido processo legal.* Mesmo que se possa dizer que razões de urgência e de interesse público poderiam excepcionar, de forma provisória, o contraditório, para o presente caso não há falar em urgência. NEGADO SEGUIMENTO". (Agravo de Instrumento n. 70007937980, 8.ª Câmara Cível do Tribunal de Justiça do Estado do Rio Grande do Sul, Relator Des. Rui Portanova, julgado em 30.12.2003). Grifo nosso.

---

efeito modificativo da sentença em sede de embargos declaratórios[93] e a chance de opinar sobre documentos acostados aos autos[94] ganham uma importância especial quando analisadas pelo o prisma acima proposto. O mesmo pode ser dito quanto à necessidade de garantir o pronunciamento às partes, em se tratando de emprego de prova emprestada.[95] Em tais casos, urge que seja garantido aos sujeitos processuais o direito de mani-

---

[93] Nesse sentido, veja-se o seguinte julgado do Supremo Tribunal Federal: "EMBARGOS DECLARATÓRIOS – EFEITO MODIFICATIVO – VISTA DA PARTE CONTRÁRIA. Os pronunciamentos do Supremo Tribunal Federal são reiterados no sentido da exigência de intimação do Embargado quando os declaratórios veiculem pedido de efeito modificativo" (Recurso Extraordinário n. 350396, 2.ª Turma, Rel. Min. Marco Aurélio, julgado em 14.12.1999).

[94] Esse raciocínio pode ser encontrado nos arestos a seguir ementados: "Processual civil. Documentos juntados aos autos sem a cientificação da parte adversa. Art. 398 do Código de Processo Civil. Desrespeito ao princípio do contraditório. A juntada de documentos nos autos sem a intimação da parte contrária, para que se manifeste ou produza sua contraprova, implica desobediência ao princípio do contraditório e, conseqüentemente, a nulidade da sentença. Precedentes jurisprudenciais do STJ. Apelação provida. Sentença desconstituída" (Apelação Cível n. 70001683820, 6.ª Câmara Cível do Tribunal de Justiça do Estado do Rio Grande do Sul, Rel. Ney Wiedemann Neto, julgado em 17.12.2003); "AGRAVO DE INSTRUMENTO. PROCESSO DE EXECUÇÃO. FRAUDE À EXECUÇÃO. AUSÊNCIA DE CONTRADITÓRIO. Tendo os exeqüentes pleiteado o reconhecimento da fraude à execução, juntando documentos, não oportunizada a manifestação da executada, cabe desconstituir a decisão, para que outra seja lançada, após contraditório. Agravo provido". (Agravo de Instrumento n. 70007719982, 16.ª Câmara Cível do Tribunal de Justiça do Estado do Rio Grande do Sul, Rel. Des. Helena Ruppenthal Cunha, julgado em 15.12.2003); "Processual Civil. Cerceamento de defesa. 'O princípio do contraditório, com assento constitucional, vincula-se diretamente ao princípio maior da igualdade substancial, sendo certo que essa igualdade, tão essencial ao processo dialético, não ocorre quando uma das partes se vê cerceada em seu direito de produzir ou debater a prova que se produziu. O simples equívoco na indicação da norma legal vulnerada não deve servir de obstáculo à apreciação do recurso especial quando nítido o teor da impugnação, mesmo porque ela se destina a preservar a autoridade e unidade do Direito federal e não apenas da lei federal' (RESP n. 998-PA, relatado pelo Eminente Ministro Sálvio de Figueiredo Teixeira). Recurso parcialmente conhecido e provido" (Recurso Especial n. 74472/DF, 4.ª Turma do Superior Tribunal de Justiça, relator Min. Cesar Asfor Rocha, DJU 24.06.1996).

[95] Nesse sentido, vale trazer a posição do Superior Tribunal de Justiça adotada no seguinte aresto: "RECURSO ESPECIAL – ALÍNEA 'A' – ADMINISTRATIVO – DESAPROPRIAÇÃO INDIRETA – AÇÃO DE INDENIZAÇÃO – PRESCRIÇÃO VINTENÁRIA – INCERTEZA QUANTO AO TERMO INICIAL – AUSÊNCIA DE PROVA NOS AUTOS – PROVA EMPRESTADA – CONTRADITÓRIO INDISPENSÁVEL – INEXISTÊNCIA DE VIOLAÇÃO AOS ARTS. 535, II, 131, 332 E 333 DO CPC E 10, PARÁGRAFO ÚNICO, DO DL N. 3.365/41, NA REDAÇÃO DADA PELA MP N. 2.183-56, DE 24 DE AGOSTO DE 2001. É firme a orientação deste Sodalício, consagrado pela Súmula n. 119, no sentido de que 'a ação de desapropriação indireta prescreve em vinte anos'. Não se aplicam às desapropriações indiretas o prazo prescricional de cinco anos previsto no artigo 10, parágrafo único, do Decreto n. 3.365/41, na redação dada pela MP n. 2.183-56, de 24 de agosto de 2001, visto que se trata de ação real, alcançada apenas pela prescrição aquisitiva. No particular, verifica-se que a ação de desapropriação indireta foi proposta em 12 de maio de 1999. A Corte de origem, como bem sintetizado no acórdão dos embargos de declaração, afastou a ocorrência da prescrição vintenária, sob o fundamento de que 'a perícia encomendada para este caso não especificou a data da ocupação da área para a construção da BR-163/SC, limitando-se a dizer que isto ocorreu em meados de 1979. Nada mais há nos autos que indique documentalmente a data correta. (...) Como a prova de que a desapropriação se sucedeu no primeiro quadrimestre de 1979 cabia ao DNER, por representar fato extintivo do direito do autor, (art. 333, II, do Código de Processo Civil), e não tendo ele a produzido, resta portanto a conclusão de que tal fato não ocorreu'. Com efeito, na impossibilidade de se precisar a data em que efetivamente ocorreu o apossamento da área para implantação da Rodovia (BR 163/SC), cumpria ao DNER trazer aos autos prova da ocorrência da prescrição. *Não podia ao julgador singular, em nome do livre convencimento motivado, e a teor do disposto no artigo 332 do CPC, recorrer a prova produzida em outro processo sem obedecer ao contraditório. 'A condição mais importante para que se dê validade e eficácia à prova emprestada é sua sujeição às pessoas dos litigantes, cuja conseqüência primordial é a obediência ao contraditório. Vê-se, portanto, que a prova emprestada do processo realizado entre terceiros é res inter alios e não produz nenhum efeito senão para aquelas partes' (Nelson Nery Junior*

---

festação sobre todo e qualquer elemento que possa exercer influência na dinâmica de construção da decisão que será prolatada nos autos.

Por outro lado, esse direito de participação não deve ser visto como um *mero direito a falar nos autos* ou como um *direito a falar nos autos sem quaisquer limites*. A participação que é garantida em função do respeito ao contraditório é tão-somente aquela *exercida em consonância com a finalidade do processo*, qual seja a construção da decisão para a questão proposta.[96] Diante disso, há casos nos quais a imposição de freios à possibilidade de manifestação dos sujeitos nos autos funciona como caminho necessário para que os objetivos do debate sejam adequadamente atendidos. Há casos nos quais a limitação da participação no debate, a exemplo do que ocorre no que diz respeito à restrição do estabelecimento do litisconsórcio facultativo autorizada pelo Código de Processo Civil pátrio,[97] é a melhor solução para que o processo se revele um instrumento eficiente com vistas à tarefa de proteção dos interesses consagrados pelo ordenamento jurídico.

No que se refere à segunda face associada à garantia do contraditório, tem-se que o estabelecimento de *diálogo* entre os sujeitos processuais é, antes de tudo, uma decorrência da *coexistência de uma pluralidade de vozes que se comunicam nos autos em torno de um problema a ser resolvido*.[98] Considerar o direito ao diálogo como a projeção

---

e *Rosa Maria de Andrade Nery, in 'CPC comentado e legislação extravagante', Revista dos Tribunais, São Paulo, 2003, nota 6 ao artigo 332, p. 720). Recurso especial não provido*" (Recurso Especial n. 526316, 2.ª Turma, Rel. Min. Franciulli Neto, DJU 03.11.2003). Grifo nosso.

[96] Assim decidiu o Superior Tribunal de Justiça no Recurso Especial n. 421342/AM, julgado pela 4ª Turma, do qual foi relator o Min. Sálvio de Figueiredo Teixeira, DJU 25.11.2002, assim ementado: "PROCESSUAL CIVIL. AÇÃO DE INDENIZAÇÃO. EXAME PERICIAL. REALIZAÇÃO. JUNTADA AOS AUTOS DO LAUDO. VISTA ÀS PARTES. NECESSIDADE. IMPOSSIBILIDADE DE PROFERIR SENTENÇA SEM DAR OPORTUNIDADE ÀS PARTES DE IMPUGNAÇÃO. PRINCÍPIO DO CONTRADITÓRIO. LEI N. 10.358/2001. NOVA REDAÇÃO DO PARÁGRAFO ÚNICO DO ART. 433, CPC. DOUTRINA. RECURSO PROVIDO. *I – O princípio do contraditório, garantia constitucional, serve como pilar do processo civil contemporâneo, permitindo às partes a participação na realização do provimento. II – Apresentado o laudo pericial, é defeso ao juiz proferir desde logo a sentença, devendo abrir vista às partes para que se manifestem sobre o mesmo, sob pena de violação do princípio do contraditório. III – A Lei n.* 10.358/2001 alterou o parágrafo único do art. 433, CPC, que passou a exigir expressamente a intimação das partes a respeito do laudo pericial". Grifo nosso.

[97] Essa orientação teleológica pode ser encontrada na jurisprudência do Superior Tribunal de Justiça no julgamento do Recurso Especial 398161/RJ, 2.ª Turma, relator Min. Franciulli Neto, DJU 23.06.2003: "PROCESSO CIVIL. APLICAÇÃO IMEDIATA DA LEI PROCESSUAL. LITISCONSÓRCIO. ART. 46, § 1º, DO CPC. DESDOBRAMENTO. POSSIBILIDADE. – O Juiz pode determinar a limitação dos litisconsortes ativos facultativos, em benefício do bom andamento do processo e da facilitação da defesa, mediante a aplicação de nova lei processual editada antes da sentença. – Recurso especial não – conhecido". Da mesma forma, ver a posição da Terceira Turma do Superior Tribunal de Justiça no Recurso Especial n. 435848/DF, relator Min. Castro Filho, DJU 23.09.2002: "PROCESSUAL CIVIL. RECURSO ESPECIAL RETIDO. DECISÃO INTERLOCUTÓRIA. LITISCONSÓRCIO FACULTATIVO. LIMITAÇÃO DO NÚMERO DE LITISCONSORTES. CABIMENTO. I – Consoante precedentes jurisprudenciais desta Corte, a regra do artigo 542, § 3º, do Código de Processo Civil, que determina a retenção do recurso especial não se aplica à decisão interlocutória que aprecia a fixação do valor da causa e ao número de litigantes no pólo ativo da relação processual. II – Em caso de litisconsórcio facultativo, o § único do artigo 46 do estatuto processual civil autoriza o juiz limitar o número de litisconsortes ativos ou passivos, quando o excessivo número de litigantes puder comprometer a rápida solução da lide ou dificultar o exercício do direito de defesa. III – Uma vez determinada a limitação do número de litigantes no pólo ativo da demanda, por imperativo lógico, a redução do valor da causa é medida que se impõe. Recurso especial a que se nega conhecimento".

[98] Nas palavras de Frédérique Ferrand, "le principe de la contradiction, en tant que 'faculté et obligation de dialogue', impose de donner connaissance à l'adversaire d'une instance afin que le défendeur puisse être

---

da garantia do contraditório é observar que a *parte possui o direito de se fazer ouvida pelo magistrado*, de maneira a obter resposta aos seus anseios relativamente ao objeto do debate processual. Tal traço, por sua vez, constitui-se em mais uma manifestação eloquente do caráter dialético inerente ao processo.[99]

A compreensão dessa segunda projeção da garantia do contraditório demanda, em suma, que se pense não só no *direito das partes a falarem no debate*, mas também no *direito a terem as suas manifestações ouvidas pelo magistrado quando da construção da decisão*. Deste modo, não é só o direito à coexistência de uma pluralidade de vozes que é garantido pela idéia de contraditório mas também o *direito à comunicação nos autos entre os sujeitos do debate*. Assegurando-se a todos os sujeitos envolvidos no debate todas as condições necessárias para o estabelecimento de um diálogo em torno do seu objeto, o resultado é a formação de uma estrutura dialética na qual todos constroem conjuntamente as bases sobre as quais será erguida a decisão final.[100]

O permanente contraste entre as posições colocadas lado a lado em torno de um tema comum – resultado da comunicação entre as manifestações existentes no debate dialético – funciona como fator a permitir maiores chances de sucesso na tentativa de construção de uma sentença justa. Esse aumento de chances resta ainda mais evidente na comparação entre o paradigma ora exposto com um modelo de processo no qual o julgador atue sozinho na construção da decisão.[101] Tomado nesse sentido de garantia de diálogo entre os sujeitos processuais, o contraditório faz com que o processo se constitua em um instrumento adequado à realização dos valores que o ordenamento jurídico consagra, satisfazendo os interesses não apenas dos integrantes do debate processual mas também de todos aqueles que pregam o respeito ao direito vigente.

Essa segunda perspectiva – infelizmente ainda não tão presente de forma consciente ou expressa na maioria dos casos enfrentados na realidade forense brasileira quanto se desejaria – não deve ser tratada como mera técnica de política de relações entre juízes e advogados, mas sim como verdadeiro *direito subjetivo assegurado a todos os integrantes do debate processual*. Nessa esteira, é possível ver em diversos comandos inscritos no ordenamento jurídico vigente o ponto de partida para a construção de normas que confirmam a validade da orientação ora defendida. Basta lembrar, por exem-

---

entendu et se défrendre: il impmlique également que les parties preuve sur lesquels elles entendent fonder leur demande ou leur défense" Ver: FERRAND, 2000, op. cit., p. 346.

[99] Eis a ementa do Recurso Especial n. 11760/DF, julgado pela 4.ª Turma do Superior Tribunal de Justiça, relator Min. Sálvio de Figueiredo Teixeira, DJU 07.06.1993: "Processo Civil. Exceção de incompetência. Intimação do excepto. Omissão. Nulidade. Recurso provido. I – Não tendo havido regular intimação do excepto para impugnar a exceção oposta, impõe-se reconhecer nulos os atos a partir de então praticados, se não sanado o vício. II – O processo, instrumento da jurisdição que é, é eminentemente dialético e fundado no princípio do contraditório, um dos pilares do devido processo legal".

[100] É nesse sentido que TROCKER, 1974, op. cit., p. 384, trata de "il contraddittorio trovi il suo pieno sviluppo nel processo civile di tipo dispositivo in cui la decisione scaturisce da un dialogo tra le parti, e resti praticamente bandito dal processo inquisitorio in cui 'la decisione si presenta come il frutto quasi esclusivo di un monologo".

[101] Caminha-se, aqui, na mesma linha de raciocínio de ALVARO DE OLIVEIRA, Carlos Alberto. O juiz e o princípio do contraditório. In: *Revista de Processo*, n.73, p. 7-14, 1994, especialmente p. 10, para quem, em uma realidade complexa como a contemporânea, a investigação solitária do órgão judicial, na busca da determinação quanto aos fatos e às normas a serem levadas em conta na decisão, apresenta-se inadequada: "o monólogo consigo mesmo limita necessariamente a perspectiva do observador, enquanto o diálogo, em compensação, recomendado pelo método dialético, amplia o quadro de análise, constrange à comparação, atenua o perigo de opiniões preconcebidas e favorece à formação de um juízo mais aberto e ponderado".

---

plo, a existência da possibilidade de propositura de embargos declaratórios em função de omissão por parte do magistrado: sob a égide da visão ora trazida, resta ainda mais evidente a conclusão no sentido de que ao magistrado é, pois, vedado o silêncio frente a um argumento relevante trazido pela parte.[102]

A construção da garantia do contraditório como *garantia de participação conjunta e ordenada na construção do provimento jurisdicional* (ou, para usar a expressão corrente na doutrina contemporânea, como *garantia de colaboração*[103]), por sua vez, coloca em destaque não só o caráter democrático da atividade de exercício de poder desenvolvida no processo, mas também a necessidade de ordenação de tal participação com vistas aos fins desejados no processo. Cabe, aqui, atentar sobre os pressupostos dessa linha de raciocínio, a fim de que se possa compreender o verdadeiro alcance dessa face da garantia do contraditório.

Não basta apenas autorizar ou proibir a participação dos sujeitos processuais como se essa fosse esporádica ou isolada: tal atitude seria idêntica à de tratar os atos processuais como se esses fossem isolados entre si, ignorando que todos fazem parte de uma estrutura maior, que é o procedimento.[104] De outro lado, em um debate no qual os elementos contrapostos convivem em uma realidade cada vez mais complexa, é preciso mais do que o mero contraste entre os argumentos trazidos pelos sujeitos processuais ao longo do debate: é indispensável que sejam as atividades por eles desenvolvidas *ordenadas* com vistas à construção de uma sentença justa.[105]

A *ordenação da participação das partes e do juiz do debate processual* é, portanto, uma garantia que deve ser assegurada a todos os sujeitos processuais. O direito

---

[102] Essa orientação encontra, contudo, restrição junto à posição do Superior Tribunal de Justiça, que entende ser desnecessária a análise de todos os argumentos trazidos pelas partes. Ver, nesse sentido, como exemplos de tal posição, os seguintes julgados: Embargos de Declaração em Recurso Especial n. 439465/MS, 2.ª Turma, relator Min. Castro Meira, DJU 25.02.2004; Recurso Especial n. 529692/RS, 1.ª Turma, relator Min. Luiz Fux, DJU 09.12.2003; Recurso Especial n. 457544/RJ, 6.ª Turma, relator Min. Paulo Gallotti, DJU 24.02.2003. O mesmo entendimento é esposado pela jurisprudência alemã, de acordo com WALTER, Gerhard. I diritti fondamentali nel processo civile tedesco. *Rivista di Diritto Processuale*, n.56, p. 733-749, 2001: "Il giudice non è tenuto a rendere conto di ogni allegazione nella motivazione della decisione. Egli però si deve confrontare in modo riconoscibile con le argomentazioni delle parti" (p. 736).

[103] O emprego adequado da palavra *colaboração* pode ser encontrado na lição de ALVARO DE OLIVEIRA, 1994, op. cit., p. 9, quando, ao analisar a ausência de nítida e de rígida repartição de funções entre as partes e o órgão judicial, observa que "da análise do que realmente se passa transparece claramente o entrelaçamento de ambas atividades, com mútua colaboração tanto na pesquisa dos fatos quanto na valorização jurídica da causa. Colaboração essa, acentue-se, possibilitada apenas pelo permanente diálogo entre os sujeitos processuais, com a comunicação das idéias subministradas por cada um deles: juízos históricos e valorizações jurídicas que possam ser empregados convenientemente na decisão".

[104] A noção de procedimento como seqüência de atos processuais vem corretamente explicada na lição de FAZZALARI, 1986, op. cit., p. 824: "la struttura del procedimento si coglie quando ci si trova di fronte ad una serie di 'norme' (fino a quella regolatrice di un atto finale: di solito un provvedimento; ma può trattarsi anche di un atto mero), ciascuna delle quali regola una determinata condotta (qualificandola come lecita o come doverosa), ma enuncia come presupposto del proprio operare il compimento di una attività regolata da altra norma della serie".

[105] De acordo com ALVARO DE OLIVEIRA, 1998, op. cit., p. 107, "esse novo enfoque, não por acaso, surge a partir dos anos cinqüenta deste século, momento em que amplamente se renovam os estudos de lógica jurídica e se revitaliza, com novas roupagens e idéias, o sentido problemático do Direito, precisamente quando – já prenunciado o Pós-Modernismo – mais agudos e prementes se tornavam os conflitos de valores e mais imprecisos e elásticos os conceitos. Recupera-se, assim, o valor essencial do diálogo judicial na formação do juízo, fruto da colaboração e cooperação das partes com o órgão judicial e deste com as partes, segundo as regras formais do processo".

Luis Alberto Reichelt

à participação somente é considerado efetivamente tutelado no momento em que estiver inserido em uma estrutura na qual haja coordenação adequada entre as diversas manifestações trazidas aos autos. A organização das oportunidades de participação no debate, nessa esteira, funciona como fator de otimização das chances de construção de uma decisão justa. O provimento jurisdicional passa a ser considerado como fruto de uma *atividade conjunta* que envolve a *atuação coordenada de todos os participantes do debate*, formando uma mecânica de *colaboração*, tomada no sentido de *trabalho desenvolvido em cooperação*.[106]

Essa ordenação não só funciona como fator de otimização para a realização dos escopos processuais, mas também atua como limite a ser observado para a construção de decisões nos casos em que alguém ouse desafiar os valores fundantes do processo civil contemporâneo.[107] Não se deve garantir a uma das partes o direito de se pronunciar no debate quando sua manifestação não puder ser interpretada como estando em sintonia com o aspecto teleológico do processo,[108] ou, ainda, quando tal manifestação versar sobre algum aspecto do debate processual que não importe em qualquer possibilidade de interferência jurisdicional sobre a esfera do litigante. Com efeito, as normas que fixam deveres de boa-fé imponíveis àqueles que atuam no processo são retratos fiéis de comandos que não ficam no plano da mera sugestão ou da recomendação de colaboração entre os participantes do debate, encontrando a sua razão última de ser na necessidade de respeito à garantia do contraditório. Os poderes de direção processual atribuídos ao julgador – tomada tal atividade tanto em seu aspecto formal quanto em sede de direção material – devem funcionar como limitadores a impedir manifestações impertinentes ou meramente protelatórias.

Vale dizer, ainda, que esses limites aplicam-se não apenas aos pronunciamentos dos sujeitos do processo, mas também atuam como norte a ser observado na atuação do magistrado. De um lado, é preciso que esse efetivamente se faça presente no debate, não figurando como mero espectador do litígio estabelecido entre os demais sujeitos do processo.[109] Por outro lado, o mesmo ativismo judicial, se alçado a dimensões exageradas, com a centralização irrazoável das atividades processuais nas mãos do julgador, também fere de morte o caráter democrático inerente ao processo e à jurisdição.[110]

---

[106] Também aqui TROCKER, 1974, op. cit., p. 389, traz grande contribuição quando declara que "il problema dei rapporti tra attribuizioni del giudice e poteri delle parti, mentre porta a risultati radicalmente diversi a seconda che lo si esamini nella prospettiva dell'uno o dell'altro dei princìpi processuali suddetti, ammete tendenzialmente una sola soluzione alla luce del precetto costituzionale: in ogni specie di giudizio la decisione deve scaturire da un 'dialogo', o se si preferisce, da una 'collaborazione' fra i rispettivi protagonisti".

[107] COMOGLIO, Luigi Paolo. I modelli di garanzia costituzionale del processo. *Rivista Trimestrale di Diritto e Procedura Civile*, n.45, p. 673-741, 1991, especialmente p. 689, afirma que "il contraddittorio su basi paritarie" é um dos componentes essenciais e constantes de um modelo internacional de direito a um processo justo.

[108] A locução *adequação teleológica* vem empregada por LACERDA, op. cit., p. 166 ss.

[109] Sobre os limites do ativismo judicial frente à garantia do contraditório, singular é o entendimento retratado na seguinte ementa: "(...) diante do cada vez maior sentido publicista que se tem atribuído ao processo contemporâneo, o juiz deixou de ser mero espectador inerte da batalha judicial, passando a assumir posição ativa, que lhe permite, dentre outras prerrogativas, determinar a produção de provas, desde que o faça com imparcialidade e resguardando o princípio do contraditório" (Recurso Especial n. 192681/PR, 4ª Turma, relator Min. Sálvio de Figueiredo Teixeira, DJU 24.03.2003). Grifo nosso.

[110] Na mesma linha, alicerçado em forte jurisprudência da Corte Européia de Direitos Humanos, argumenta TARZIA, Giuseppe. L'Art. 111 Cost. e le garanzie europee del processo civile. *Rivista di Diritto Processuale*, n. 56, p. 1-22, 2001, especialmente p. 11 e 14-16, com razão, que "il contraddittorio, d'altronde, deve essere pieno, né può fermarsi di fronte all'intervento di soggetti imparzialiali".

Com relação à garantia do contraditório como proteção às partes contra a surpresa no conteúdo das decisões jurisdicionais, trata-se de uma perspectiva que coloca em destaque a idéia de que o julgador encontra limites para a construção da decisão. Deve o juiz garantir a possibilidade de participação em um debate a todos os sujeitos processuais, propiciando o estabelecimento de um diálogo em torno da *quaestio* em pauta, a fim de permitir a formação de uma estrutura de colaboração com vistas à construção da decisão. Por força disso, não lhe é lícito alicerçar o seu pronunciamento em algum aspecto que não tenha sido previamente submetido à análise dos integrantes da discussão dos autos.

A garantia examinada acima ganha, aqui, uma dupla perspectiva. A primeira delas corresponde ao fato de que não pode o juiz deliberar em torno de questão que não tenha sido objeto de pedido das partes[111] ou interpretar de forma extensiva o pedido sem que as partes tenham sido previamente consultadas.[112] Trata-se, nesse sentido, da impossibilidade de a decisão jurisdicional surpreender as partes no que se refere ao conteúdo do debate travado. Surge, pois, o primeiro limite imposto ao magistrado, a saber, o de que somente pode funcionar como fundamento de sua decisão o elemento que houver sido previamente discutido com as partes nos autos,[113] isto é, a *previsibilidade (ou proteção contra a surpresa) em relação ao conteúdo da decisão jurisdicional.*

De outro lado, a mesma garantia entra em ação quando, em função da incidência de regra excepcional, o juiz, na condição de responsável pela direção da marcha pro-

---

[111] Ver, por exemplo, a posição adotada pelo Superior Tribunal de Justiça no Recurso Especial n. 153828/ SP, 1ª Turma, relator Min. Demócrito Reinaldo, DJU 01.02.1999: "(...) *Nega vigência ao art. 252 da Lei n. 6.015/73, a decisão jurisdicional que determina, 'de ofício' (no âmbito de expropriatória indireta), o cancelamento de registro imobiliário, sem suporte em pedido expresso da parte interessada e sem o devido asseguramento ao titular do domínio, o contraditório e a ampla defesa, apanhando-o de surpresa.* Recurso especial parcialmente provido. Decisão unânime".Grifo nosso.

[112] Célebre é o problema encontrado na jurisprudência a esse respeito, em se tratando dos efeitos da declaração de inconstitucionalidade de alíquotas progressivas em sede de IPTU, o qual pode ser elucidado no seguinte paradigma: "DIREITO TRIBUTÁRIO. IPTU. UTILIZAÇÃO DE ALÍQUOTAS PROGRESSIVAS E DIFERENCIADAS OU SELETIVAS, ATÉ A E.C. N. 29/2000. IMPOSSIBILIDADE CONSTITUCIONAL. SENTENÇA QUE NÃO SE LIMITA A DECRETAR A INCONSTITUCIONALIDADE DE DETERMINADA LEI, CONFORME PEDIDO, AVANÇANDO, PARA DECLARAR APLICÁVEL A LEI ANTERIOR, TAMBÉM CONTAMINADA PELO MESMO VÍCIO: IMPOSSIBILIDADE, POR *ULTRA PETITA*. 1. Tanto as alíquotas progressivas como as seletivas ou diferenciadas, utilizadas, para os efeitos do IPTU, até o advento da Emenda Constitucional n. 29/00, pela Lei Complementar n. 212/89 do Município de Porto Alegre, revelam os mesmos efeitos de cobrança discriminatória do tributo, atentando, conseqüentemente, contra a regra do § 1º do art. 145 da CF/88, que autoriza a aplicação do princípio da capacidade contributiva tão-somente para os impostos de natureza ¨pessoal¨, nos quais não se inclui aquele, que, segundo o STF, é de natureza ¨real¨. Como não é possível aproveitar lançamentos efetivados nessas circunstâncias, são eles juridicamente ineficazes, devendo ser desconstituídos. 2. *Se a pretensão é, tão-somente, no sentido de ver reconhecida a inconstitucionalidade de dispositivo de lei, em razão da sua progressividade e/ou seletividade desautorizada, não pode a sentença avançar para, em substituição, declarar aplicável a lei imediatamente anterior, mormente quando também ela padece, pelas mesmas razões, do vício da inconstitucionalidade. Sentença dessa ordem é ¨ultra petita¨, dela devendo ser expungida a parte em relação à qual desautorizadamente avançou, até porque destituída do prévio e necessário contraditório, que deve se cingir aos fatos declinados na inicial, sob pena de ser a parte autora tomada de surpresa em relação à sua discussão, ainda mais como no caso, em que a própria lei, alegadamente aplicável, está a exigir o mesmo estudo acerca da sua constitucionalidade e conseqüente possibilidade de aplicação ao caso concreto. Apelo do embargante provido, desprovido o do Município. Voto vencido*". (Apelação Cível n. 70005685649, Primeira Câmara Especial Cível do Tribunal de Justiça do Estado do Rio Grande do Sul, Rel. Ângela Maria Silveira, julgada em 08/09/2003). Grifo nosso.

[113] Ver, nesse sentido, WALTER, 2001, op. cit., p. 735-736: "la Corte può porre la base della sua decisione soltanto quel materiale su cui l'interessato è stato messo in condizione di esprimersi".

---

cessual, faz com que o debate tome rumo diferenciado daquele ordinariamente previsto. Nesses casos, a garantia de não-surpresa faz com que o magistrado deva submeter à análise das partes tal mudança de rumo em relação àquele ordinariamente adotado,[114] justificando a razoabilidade[115] de sua decisão. Tal proteção é decorrente da conjugação da garantia do contraditório com a idéia de *previsibilidade do processo.*[116]

2.3. Conclusões parciais: para uma interpretação teleológica da ordenação dos papéis dos sujeitos do processo

As novas significações associadas à garantia do contraditório, ao princípio dispositivo e à imparcialidade do juiz são fruto, em última instância, do sopro de novos ventos que perpassam as tradicionais estruturas e instituições herdadas na formação do modelo de Estado contemporâneo. A antiga estrutura de separação de tarefas entre os sujeitos processuais, fruto de uma pespectiva eminentemente liberal, cede lugar à noção de *ordenação dos poderes, dos deveres e dos ônus dos sujeitos processuais*, concebida em função da necessidade de proteção a valores sedimentados no seio da cultura pós-moderna.[117]

A compreensão dos significados atualmente atribuídos às garantias processuais constitucionais acima examinadas depende, fundamentalmente, de uma nova mudança de perspectiva em torno da função que as mesmas exercem no contexto do processo civil contemporâneo. Se antes tais comandos eram pensados tão-somente como freios ao arbítrio do poder estatal, hoje passam a ser concebidos como instrumentos necessários para que se faça possível a realização dos fins com os quais esse mesmo Estado se compromete. Dá-se às partes e ao juiz papéis no debate dos autos que são estabelecidos em função de escopos juridicamente determinados, como, por exemplo, a proteção da

---

[114] De acordo com ALVARO DE OLIVEIRA, 1998, op. cit., p. 112: "todavia, nada obstante a liberdade desfrutada pelo órgão judicial nessa matéria, podem e devem as partes aportar a sua cooperação também quanto à valorização jurídica da realidade externa ao processo, investigação que hoje de modo nenhum pode constituir labuta exclusiva do órgão judicial. Entendimento contrário significaria transformar o juiz numa máquina, pois, como já se ressaltou com agudeza, dentro de uma concepção puramente silogística, diria as partes date mihi factum e às leis date mihi jus e, recebidos tais elementos, emitiria a decisão com mecânica indiferença, como um aparelho emissor de bilhetes a toda instrução de duas moedas". Um interessante exemplo de tal perspectiva encontra-se no seguinte julgado: "Embargos declaratórios. Prova. Ônus. Inversão. Relação de consumo. Ainda que reconhecida a relação de consumo, onde se vislumbraria teoricamente possível a inversão do ônus da prova, com o mitigar do princípio *actori incumbit probatio*, tem o instituto cabimento somente se a parte não consegue, pelos meios ordinários, a prova do fato que pretende produzir. *Ademais, tal princípio não tem cabimento apriorístico, devendo ser estudado o caso em concreto, ocasião em que se verá ser ou não cabível. Ressalta que não pode tal regra ser aplicada na incidência do adverso, com o seu surpreender, o que violaria o princípio constitucional da ampla defesa e do contraditório*. Embargos rejeitados" (Embargos de Declaração n. 599420692, Décima Câmara Cível do Tribunal de Justiça do Estado do Rio Grande do Sul, rel. Des. Paulo Antônio Kretzmann, julgado em 01/07/1999). Grifo nosso.

[115] Sobre a relação entre o afastamento de normas gerais em casos peculiares e a idéia de razoabilidade, ver ÁVILA, 2003, op. cit., p. 97 ss.

[116] Sobre a garantia da previsibilidade do processo, ver WALTER, 2001, op. cit., p. 740-741.

[117] O paralelo aqui proposto encontra correspondência no texto de BONAVIDES, Paulo. *Curso de Direito Constitucional.* 13.ed. São Paulo: Malheiros, 2003, p. 634: "tocante ao princípio da separação de Poderes, enquanto inspirado pela doutrina da limitação do poder do Estado, é uma coisa; já, inspirado pela teoria dos direitos fundamentais, torna-se outra, ou seja, algo distinto; ali exibe rigidez e protege abstratamente o conceito de liberdade desenvolvido pela relação direta indivíduo-Estado; aqui ostenta flexibilidade e protege de maneira concreta a liberdade, supostamente institucionalizada na pluralidade de laços e das relações sociais".

---

liberdade, o respeito à democracia e a preservação dos direitos fundamentais. De outro lado, considera-se a atuação conjunta dessas atividades por eles desenvolvidas como algo igualmente atrelado a esses mesmos objetivos, que coincidem com os resultados almejados pelo Estado em seu compromisso fundamental. Desta maneira, os fins do processo deixam de ser pensados como fins exclusivamente seus, e passam a ser tratados como escopos atrelados a um instrumento que deve ser empregado como canal de transformação do mundo no qual se insere, atundo como ferramenta a serviço do Estado e dos indivíduos na construção de uma realidade mais justa.[118]

A importância dessa perspectiva funcional e teleológica no exame do conceito e da função da prova no processo civil pode ser vista nos prejuízos encontrados em modelos históricos nos quais a formação do convencimento judicial era na idéia de prova tarifada. Nas realidades onde imperou o modelo da prova legal, o desequilíbrio dos pesos colocados sobre os ombros dos participantes da dialética processual era acobertado pelo manto do medo da intervenção judicial na esfera da luta privada entre as partes. Muitas vezes, o problema de tais modelos nem era o de falta de objetivos a serem alcançados, mas residia nos equívocos envolvidos na escolha desses fins a serem tutelados. A determinação do conteúdo do contexto no qual hoje se insere o fenômeno da prova é, nesse sentido, o passo necessário para que se possa compreender o norte a ser seguido quando se fala na exigência de sintonia entre a orientação da atuação dos sujeitos do debate e a conformação constitucional das relações entre o poder estatal e a liberdade individual.[119]

É desse modo que se faz presente a exigência contemporânea de revalorização da orientação teleológica como critério a ser seguido na ordenação das atividades desenvolvidas pelas partes e pelo juiz ao longo do debate processual. O redimensionamento dos papéis associados ao princípio dispositivo e à garantia do contraditório são sintomas de uma transformação maior, a qual opera no seio de uma ordem jurídica cujos contornos são forjados sempre em função do atendimento das necessidades da sociedade à qual a mesma é aplicada.[120]

---

[118] Para DINAMARCO, 1999, op. cit., p. 153, "todo estudo teleológico da jurisdição e do sistema processual há de extrapolar os lindes do direito e da sua vida, projetando-se para fora. É preciso, além do objetivo puramente jurídico da jurisdição, encarar também as tarefas que lhe cabem perante a sociedade e perante o Estado como tal. O processualista contemporâneo tem a responsabilidade de conscientizar esses três planos, recusando-se a permanecer num só, sob pena de esterilidade nas suas construções, timidez ou endereçamento destoante das diretrizes do próprio Estado social".

[119] É imbuído desse espírito que DENTI, 1971, op. cit., p. 90, refere que "il principio della neutralità del giudice nell'attività probatoria è stato infirmato sia dal crescente interventismo degli Stati nella sfera privata, che ha allargato sempre più l'area dei processi che oggi si usa definire 'a contenuto obiettivo', sia dal tendenziale 'dirigismo' processuale dei regimi autoritari".

[120] ALVARO DE OLIVEIRA, 2009, op. cit., p. 200, comenta que "a prevalência de um ou outro aspecto depende dos valores imperantes em determinada sociedade e das condições concretas para a administração da justiça", em questão situada no plano da política judiciária. Completa o autor a sua linha de raciocínio, ao afirmar que "a tensão inarredável entre a plena realização do direito material, com a maior justiça possível, e o rápido e eficiente alcance desse desiderato, sempre presente na história do direito processual, põe no tablado das discussões a necessidade de serem estabelecidos limites à liberdade de agir dos litigantes, circunscrevendo-se de conseguinte seus poderes processuais". Esse argumento apresenta-se como proposta de tradução contextualizada do fenômeno acima descrito, como sua descrição sob o manto das exigências presentes na contemporaneidade e, ao mesmo tempo, como informação dos vetores seguidos em sede de política judiciária.

110

Capítulo II

A revisão do conceito, do objeto e da finalidade da prova em face das exigências do direito processual civil contemporâneo

A revisão do conceito, do objeto e da função da prova no processo civil contemporâneo constitui-se em caminho a ser percorrido com vistas à construção de um modelo efetivamente capaz de atender aos objetivos consagrados pelo ordenamento jurídico vigente. O desafio a ser enfrentado envolve não só a descrição do fenômeno estudado, mas também a compreensão da sua aplicabilidade prática.

A título de esclarecimento prévio, cumpre referir, ainda, que o estudo a seguir desenvolvido terá como pano de fundo o universo do Direito Processual Civil, em especial o universo do ordenamento jurídico pátrio. Não se nega, com isso, que as observações a seguir apresentadas eventualmente, eventualmente, sem prejuízo, ser transpostas para um diálogo situado em outras dimensões da ciência processual ou, ainda, de regimes jurídicos de outros países. Deste modo, a proposta a seguir caracterizada possui como meta examinar, prioritariamente, o conceito, o objeto e a finalidade de prova em um determinado contexto, mas não exclui a possibilidade de que seus termos possam, de alguma forma, ser transpostos para outras dimensões da ciência jurídica.

1. O CONCEITO DE PROVA NO CONTEXTO DO PROCESSO CIVIL CONTEMPORÂNEO

Por prova, no âmbito do processo civil contemporâneo, designa-se um *argumento empregado no contexto do debate processual, ordenado segundo normas ético-jurídicas e lógico-argumentativas*, o qual se diferencia em relação aos demais argumentos empregados em tal contexto em função do seu *conteúdo* e da sua *finalidade*. Seu *conteúdo* é o *resultado do contraste entre as alegações sobre fatos juridicamente relevantes que sejam objetivo de controvérsia ao longo do debate processual e aquilo que efetivamente se passou no mundo extraprocessual*. De outro lado, sua *finalidade* é a de *atuar como fator envolvido na atividade de persuasão racional do juiz, tornando presente diante dos olhos do magistrado um retrato possível da realidade considerada juridicamente relevante para o deslinde do debate processual, de maneira a influenciar na formação do seu convencimento*.

A definição acima proposta abre margem para uma série de reflexões possíveis. A primeira delas diz respeito à distinção entre *prova* e *meios de prova*, assim definidos os *instrumentos através dos quais são trazidos a conhecimento do julgador retratos possíveis da realidade histórica considerada juridicamente relevante*. Esses instrumentos podem adotar a forma de *relatos* (no caso do depoimento pessoal da parte ou da prova testemunhal), de *vestígios* (no caso da prova documental ou da exibição de coisa) ou, ainda, de *opiniões* pautadas em *critérios técnicos* ou *científicos* (no caso da prova pericial). Nesse sentido, fundamental esclarecer que os meios de prova constituem-se em instrumentos que podem ser empregados pelas partes ou pelo juiz para construir razões que integram a estrutura argumentativa da prova.

Cumpre apontar, ainda, que a definição da idéia de prova nos termos em que acima proposta torna evidente o *caráter instrumental* que lhe é inerente: trata-se de um argumento que tem por escopo a construção de um retrato possível da realidade histórica considerada juridicamente relevante para a solução da lide a ser analisada pelo julgador. O debate no qual são inseridos tais argumentos constitui-se em caminho que leva à resolução do problema proposto ao juiz para enfrentamento, e a sentença, por sua vez, é concebida como síntese na qual tais argumentos são conjugados com vistas à construção de um panorama cujas fronteiras são delimitadas em função da questão a ser resolvida pelo órgão jurisdicional.

Destaque especial deve ser dado, outrossim, ao traço que diferencia a prova cível em relação à idéia de prova empregada em outros ramos do saber humano, qual seja o fato de que *a sua estrutura argumentativa vem regulada por normas jurídicas nas quais vem veiculado o acolhimento, pelo ordenamento jurídico, de orientações originalmente situadas no plano da lógica e da ética*. Essa regulação, por sua vez, traz como conseqüência a *limitação das possibilidades de conhecimento em relação a uma realidade histórica investigada*, visto que a positivação de tais ditames modula o horizonte e a profundidade da investigação empreendida, interferindo nos contornos do panorama desenhado diante dos olhos do juiz a respeito das alegações tecidas pelas partes. Impõe-se lembrar, nesse sentido, que o emprego desse argumento pelos sujeitos do processo envolve a definição, por parte do ordenamento jurídico, de uma complexa teia de direitos, deveres e ônus que se entrelaçam na formação do regramento do agir dos sujeitos do diálogo travado nos autos.

Do conceito antes apresentado exsurge, ainda, a constatação quanto à existência de dimensões dentro das quais o problema da prova no processo civil pode e deve ser examinado. Uma primeira perspectiva é que situa o tema em uma *dimensão lógico-argumentativa*, referente à existência de limites que permitem o controle da racionalidade das conexões estabelecidas entre as premissas envolvidas na argumentação relacionada à atividade instrutória. Um segundo ângulo, por sua vez, é aquele no qual a abordagem do objeto do presente estudo se dá sob os holofotes das *orientações ético-jurídicas*, as quais inevitavelmente coexistem no universo dentro do qual é implementada a atividade de instrução processual e permeiam a formação do convencimento jurisdicional. Da consideração do objeto e da finalidade da prova sob o manto do espaço jurídico no qual se entrelaçam tais dimensões é que se permite construir um conceito de prova condizente com as exigências do processo civil contemporâneo.

A título de esclarecimento, refira-se que essa separação de dimensões corresponde a um corte epistemológico estabelecido com o objetivo de colocar em evidência os principais aspectos inerentes ao referido conceito, organizando o seu estudo em uma perspectiva analítica capaz de revelar o atendimento das exigências anteriormente apresentadas. Não se pretende, deste modo, estabelecer uma rígida separação de planos incomunicáveis, o que seria equivalente à de desafiar a força insuperável de uma realidade na qual tais dimensões se comunicam e convivem harmonicamente. O escopo de tal distinção é o de permitir a releitura do objeto e da função da prova com um olhar mais próximo dos detalhes que não são examinados pela visão tradicionalmente empregada em tal estudo, propiciando, com isso, respostas mais precisas a questões tradicionalmente enfrentadas por meio de afirmações de conteúdo impreciso.

2. O OBJETO DA PROVA NO CONTEXTO DO PROCESSO CIVIL CONTEMPORÂNEO

Da leitura do conceito anteriormente proposto, observa-se que a prova, ao ser definida como argumento, toma como objeto as *alegações sobre fatos juridicamente relevantes que sejam objeto de controvérsia ao longo do debate processual*, as quais são considerads em contraste com *dados obtidos a partir do contato com a realidade extraprocessual*. Esse contraste, por sua vez, tempo por escopo a apresentação, ao magistrado, de um retrato da realidade juridicamente relevante, o qual servirá como razão a ser considerada na construção de uma solução para o conflito que por ele deve ser resolvido.

O estudo do objeto da prova a partir da delimitação ora proposta reclama, primeiramente, uma abordagem séria a respeito da idéia de verdade. A observação dos estudos desenvolvidos em sede jusfilosófica em torno das acepções usualmente associadas a tal idéia revela a existência de importantes contribuições que podem ser levadas em conta com vistas a uma definição mais precisa no que se refere a esse aspecto da prova no processo civil. É dessa observação que se faz possível extrair a conclusão no sentido de que a prova tem por objeto a *alegação sobre fato*, e não o próprio fato.

De outro lado, a íntima relação entre o *objeto* e a *finalidade* da prova – nem sempre devidamente valorizada nos estudos tradicionalmente realizados no seio da ciência processual, que a toma como algo vago ou impreciso, sem descer a um exame analítico – abre as portas para que se possa analisar outras questões importantes referentes ao objeto da prova. Do exame quanto a essa relação é que se faz possível compreender a importância exercida pelas idéias de *relevância jurídica* e de *controvérsia,* as quais se constituem em traços essenciais das alegações sobre fatos que se colocam como objeto da prova.

2.1. As alegações sobre fatos como objeto da prova

Em uma primeira aproximação, é possível afirmar que o objeto da prova é constituído de *alegações sobre fatos*. A fim de que se possa compreender adequadamente o significado da afirmação acima apresnetada, impõe-se, em primeiro lugar, tecer algumas linhas em torno do conceito de verdade, examinando o seu significado a partir de uma perspectiva argumentativa. Com a adoção de tal expediente, tornar-se-á possível, em um segundo instante, efetuar reflexões ulteriores a respeito da função representativa associada à prova.

2.1.1. Sobre o(s) significado(s) da idéia de verdade

A polissemia associada à idéia de prova é uma dificuldade que também se ergue guando do estudo do significado da palavra verdade. Uma primeira abordagem possível a ser considerada com vistas à construção de um discurso consistente a respeito do problema pode ser construída a partir das palavras de Susan Haack, que refere o emprego da palavra verdade tanto como *definição* quanto como *critério*. Conforme a referida autora, "a idéia, de modo geral, é que enquanto uma definição dá o significado da palavra 'verdadeiro', um critério fornece um teste por meio do qual se diz se uma sentença (ou o que quer que seja) é verdadeira ou falsa – como, por exemplo, pode-se distinguir, de um lado, fixar o significado de 'febril' como ter uma temperatura mais alta que algum ponto dado e, de outro, especificar procedimentos para decidir se alguém *está* febril".[121]

Sob a perspectiva da lição acima transcrita, observa-se que as propostas apresentadas para explicar a idéia de verdade em perspectiva argumentativa são pautadas em duas abordagens possíveis. Um primeiro caminho que pode ser seguido é aquele no qual os olhos se voltam aos estudos nos quais se busca identificar o que significa algo ser *verdadeiro*, oferecendo um conceito de *verdade* como critério para aferição em um exame. Outra via que pode ser percorrida, por sua vez, envolve o exame dos *meios a serem empregados para que se possa examinar a veracidade ou não de uma narrativa ou hipótese*, envolvendo a identificação de um resultado segundo o qual algo é (ou não é) *condizente com a verdade*.[122] Trata-se, em verdade, de abordagens que se complementam, mas que não se confundem umas com as outras.

Seguindo a primeira trilha acima referida, é possível definir *verdade* como um *parâmetro empregado em um exame de correspondência de premissas*. Trazendo tal definição para o plano da realidade da ciência jurídica processual, tem-se que essa noção designa, nessa primeira acepção, *a realidade com a qual as alegações sobre fatos são contrastadas*. É nesse sentido que se diz que aquilo que a parte falou nos autos *corresponde ou não à verdade*, tomada esta como os fatos conforme historicamente acontecidos empregados em tal contraste.

O principal problema a ser enfrentado no emprego dessa significação da idéia de verdade diz respeito à definição do conteúdo e dos limites dessa realidade externa. Ao mesmo tempo em que certa visão doutrinária defende que a verdade histórica pode ser concebida como algo objetivo, outros autores entendem que o seu conhecimento é sempre fruto de uma apreciação subjetiva.[123] Há, ainda, numa terceira via, outros estudos sustentando que a aferição daquilo que aconteceu em termos históricos é, antes, o resultado do consenso obtido em uma situação de diálogo.[124]

---

[121] HAACK, Susan. *Filosofia das Lógicas*. Traduzido para o português por Cezar Augusto Mortari e Luiz Henrique de Araújo Dutra. São Paulo: Editora da UNESP, 2002, p. 130.

[122] Nas palavras de ABELLAN, 2004, op. cit., p. 70, "la definición o concepto de verdad establece lo que significa afirmar que una oración es verdadera, pero no dice nada sobre las condiciones en que puede afirmarse esa oración; o sea, sobre los criterios de verdad. Em cambio, los criterios de verdad son las condiciones que permiten afirmar una oración como verdadera; proporcionan, por tanto, los 'tests' que há de superar una oración para poder decir de ella que es verdadera".

[123] Sobre essas duas perspectivas, ver a exposição feita em torno das teorias pragmatistas da verdade realizada por ABELLAN, 2004, op. cit., p. 61.

[124] Defendendo a concepção de *verdade* como fruto de um *consenso* nas relações intersubjetivas, Jürgen Habermas afirma que "o entendimento mútuo não pode funcionar sem que os envolvidos se refiram a um único mundo objetivo e estabilizem, com isso, o espaço público intersubjetivamente partilhado, do qual pode se descolar tudo de meramente subjetivo. A suposição de um mundo objetivo, independente de

Críticas a cada uma dessas correntes a respeito do tema não faltam. De um lado, aqueles que se opõem à idéia do caráter objetivo da verdade sustentam a impossibilidade de seu efetivo conhecimento. A contraposição à natureza subjetiva do conhecimento da verdade, por sua vez, pode ser vista na referência, em âmbito doutrinário, aos riscos decorrentes de um relativismo ontológico, resultante da dependência da definição da verdade dos valores que influenciam o esquema empregado na sua cognição.[125] Também a perspectiva consensualista anteriormente referida é igualmente questionada, em especial no que se refere à validade dos critérios empregados e aos problemas relacionados à determinação do alcance do consenso.[126]

Uma segunda significação a ser considerada é a que associa a noção de verdade ao *resultado de correspondência, equivalência ou coerência obtido a partir do cotejo entre duas premissas*. Essa abordagem do tema pode ser flagrada nas palavras de Chaïm Perelman e Lucie Olbrechts-Tyteca, para os quais *verdades* são "sistemas mais complexos, relativos a ligações entre fatos, que se trate de teorias científicas ou de concepções filosóficas ou religiosas que transcendem a experiência".[127] Em ambos os casos, o que se verifica é a alusão a um adjetivo (*verdadeiro*), o qual é associado a um sujeito ou objeto quando presente um vínculo de *correspondência,*[128] *coerência*[129] ou de *equivalência*.

Desta última observação já se pode extrair uma conclusão necessária: *no momento em que se considera como sinônimo de verdade o resultado de uma análise na qual houve o respeito a um conjunto de regras de investigação, o que se constata é uma equiparação entre verdade e validade ou correção*. Na esteira de tal raciocínio, cumpre referir, com Jürgen Habermas, que "a 'verdade' de proposições descritivas significa que os estados de coisas enunciados 'existem', enquanto a 'correção' das proposições normativas refletem o caráter obrigatório dos modos de agir prescritos".[130]

A idéia de verdade como correspondência não é livre de críticas. Nesse sentido, A doutrina aponta a dificuldade de estabelecimento de uma relação de isomorfismo entre a estrutura de uma proposição e a realidade que lhe é correspondente, a qual, em certos casos, não se resolve nem mesmo ao se considerar a possibilidade da vagueza da

---

nossas descrições, preenche uma exigência funcional de nossos processos de cooperação e entendimento mútuo. Sem essa suposição, sairia dos eixos uma práxis que se apóia na distinção (de certo modo) platônica entre opinião e saber incondicional. Se devesse se revelar que não podemos proceder a essa distinção, a conseqüência seria mais um mal-entendido patológico a respeito de nós mesmos do que uma compreensão ilusória do mundo. Enquanto o ceticismo receia um erro epistemológico, o contextualismo suspeita de uma construção defeituosa em nossa maneira de viver". Ver: HABERMAS, Jürgen. Verdade e justificação. In: HABERMAS, Jürgen. *Verdade e justificação* – ensaios filosóficos. Traduzido para o português por Milton Camargo Mota. São Paulo: Brasil, 2004 b, p. 227-265, sendo o trecho transcrito encontrado à fls. 234. Analisando o conceito de Habermas, lembra ALEXY, 1997, op. cit., p. 112-113, que o autor diferencia fatos e objetos da experiência, ao declarar que esses últimos "están em el mundo", ao passo que "los hechos no son algo en el mundo de la misma manera que los objetos", porém referem-se a objetos lingüisticos.

[125] ABELLAN, 2004, op. cit., p. 61.

[126] ALEXY, 1997, op. cit., p. 142.

[127] PERELMAN; OLBRECHTS-TYTECA, 2002, op. cit., p. 77.

[128] Para um perfil histórico ordenado das perspectivas defensoras da idéia de verdade como correspondência, ver HAACK, 2002, op. cit., p. 133-136.

[129] Sobre teorias da verdade baseadas na idéia de coerência, ver HAACK, 2002, op. cit., p. 136-140.

[130] HABERMAS, Jürgen. Correção versus verdade – o sentido da validade deontológica de juízos e normas morais. In: HABERMAS, Jürgen. *Verdade e justificação* – ensaios filosóficos. Traduzido para o português por Milton Camargo Mota. São Paulo: Brasil, 2004 a, p. 267-310, especialmente p. 267.

linguagem empregada em tal mecanismo discursivo.[131] Da mesma forma, as perspectivas baseadas em um realismo epistemológico extremado combatem essa definição de verdade sob o argumento de que nenhum enunciado empírico poderia ser considerado incorrigível tão-somente em razão de relações de correspondência.[132] Some-se a tais críticas, ainda, aquela pautada na afirmativa de que a análise de correspondência não ser capaz de extrapolar as fronteiras do plano da linguagem, sem tornar impossível o controle do raciocínio em um discurso com mais participantes.[133]

Argumentos igualmente fortes são levantados contra a noção de verdade como coerência. Uma primeira questão suscitada envolve a dificuldade de saber o que é uma relação *apropriada* a ponto de poder ser considerada *coerente*. Tal exame envolve a identificação dos critérios de plausibilidade que devem ser empregados na análise quanto à admissão ou não de novos elementos em um dado sistema, de maneira que se preserve a amplitude e a consistência que caracterizam os vínculos entre os diversos elementos que nele coexistem.[134] De outro lado, a necessária associação entre verdade e coerência traria o risco, ainda, do surgimento de paradoxos nos quais versões formalmente corretas poderiam ser apresentadas ainda que não encontrem qualquer vínculo com a realidade social examinada.[135]

Como se vê, a segunda definição de verdade ora examinada corresponde, em última instância à idéia de justificabilidade do resultado do contraste de premissas. Trata-se, nesse sentido, de considerar verdadeiro aquele resultado cujo vínculo entre a hipótese desenhada e o parâmetro em face do qual a mesma foi contraposta seja passível de explicação racional. Também aqui há uma assimilação entre verdade e validade ou correção, visto que a conclusão do sujeito somente pode ser aceita como verdadeira se a justificação dada por ele obedecer a critérios aceitos como racionais.[136]

Sem prejuízo das críticas acima tecidas, tem-se que a idéia de verdade como resultado alcançado no cotejo entre premissas possui aplicação no âmbito processual civil. Assim ocorre na medida em que a idéia de uma relação entre entes que sejam compa-

---

[131] HAACK, 2002, op. cit., p. 134-136, observando, em relação à proposta de Austin, relativamente à existência de relações puramente convencionais entre as palavras e o mundo, que tal explicação "se aplica diretamente apenas a enunciados feitos por sentenças que contêm dêiticos (indexical sentences), uma vez que as convenções demonstrativas não teriam nenhum papel a desempenhar no caso de sentenças como 'Júlio César era calvo' ou 'Todas as mulas são estéreis', que não podem ser usadas em enunciados que se refiram a situações diferentes"; enfatiza, deste modo, a limitação da linguagem em face de fatores de tempo e de espaço.

[132] ABELLAN, 2004, op. cit., p. 54-55.

[133] Ao desenvolver uma crítica aos limites das idéias de coerência e de correspondência associadas à verdade, e ao demonstrar a existência de um ponto comum a permear tais perspectivas, Jürgen Habermas afirma que "evidentemente, não podemos comparar a expressão lingüística com uma peça da realidade não-interpretada ou 'nua' – ou seja, com um referente que escape à nossa inspeção, sempre presa à linguagem. Mas o conceito de correspondência podia ao menos levar em conta um aspecto semântico essencial do predicado de verdade; e esse aspecto de validade incondicional desaparece quando a verdade de um enunciado é compreendida como coerência com outros enunciados ou como assertibilidade justificada de um sistema coerente de asserções. Enquanto asserções bem justificadas podem se revelar falsas, compreendemos a verdade como uma propriedade 'inalienável' dos enunciados" Ver: HABERMAS, 2004 b, op. cit., p. 243.

[134] HAACK, 2002, op. cit., p. 138-139. Sobre a idéia de não-contradição no sistema em sede de coerência, ver ABELLAN, 2004, op. cit., p. 56.

[135] ABELLAN, loc. cit..

[136] A esse respeito, vale citar PASTORE, 1996, op. cit., p. 47, que alude à existência de condições de *aceitabilidade justificada* da decisão jurisdicional.

116

rados,[137] permite evidenciar um traço fundamental para a compreensão do fenômeno probatório. Trata-se de premissa necessária para que se possa afirmar a integração entre o *objeto* da prova com a sua estrutura lógica: a aceitação de um fato como efetivamente existente pressupõe, por certo, que o mesmo seja considerado sob a forma de versão ou possibilidade, a qual poderá ou não ser confirmada nos autos.[138]

2.1.2. Verdade, representação e prova

A prova é argumento que compreende um juízo de contraste no qual um dos parâmetros de referência a serem considerados é, obrigatoriamente, a realidade na qual os sujeitos se encontram historicamente situados, exigindo-se a apuração das respectivas circunstâncias particulares de tempo e de espaço, bem como dos demais elementos relevantes que integram o contexto da investigação.[139] Nessa esteira, é possível afirmar que tanto a noção de verdade quanto à idéia de prova pressupõem a *distinção entre a capacidade representativa de um fato e o próprio fato*.

O problema da distinção entre a realidade e a sua representação não é desconhecido da ciência processual. Nas palavras de Francesco Carnelutti, "la capacità rappresentativa di un fatto non esclude la sua esistenza autônoma; in altri terminni perché un fatto è capace di determinare l'idea di un altro non perde la capcità di determinare l'idea di sé stesso. Un quadro dà l'idea del paesaggio che vi è rappresentato, ma dà insieme e prima l'idea del quadro medesimo". Mais adiante, o referido autor esclarece que "l'elemento della scienza o della verità è esteriore, non interiore al concetto della testimonianza e del documento; questo è completo con l'elemento della rappresentazione".[140] No mesmo sentido Michele Taruffo observa que "si può dire di un quadro che è 'verosimile' se si ritiene che rappresenti abbastanza fedelmente un certo oggetto, oppure della descrizione di un fatto che è verosimile se è lecito supporre che esista un fatto simile a quello descritto".[141]

Cumpre referir, outrossim, que a abordagem ora proposta não se constitui em exclusividade da ciência processual, mas pode ser encontrada ainda em outros campos do saber humano. Observe-se, nesse sentido, a lição de Hans-Georg Gadamer ao sustentar que "o que, por outro lado ver a ser um quadro não é determinado, de forma alguma, pela sua auto-anulação. Pois não é um meio para um fim. Aqui é o próprio quadro o intensionado, na medida em que, o que importa é como nele se representa o representado. Isso significa contínua, antes, vinculada essencialmente ao representado, e até, é parte integrante dele. Essa é também a razão, porque o espelho reflete a imagem e não uma cópia: é a imagem daquilo que se representa no espelho e inseparável de sua presença.

---

[137] Não por acaso HABERMAS, 2004 b, op. cit., p. 249, conclui no sentido de que "o que importa ao mundo da vida é o papel pragmático de uma verdade bifronte, que serve de intermediária entre a certeza da ação e a assertibilidade discursivamente justificada. (...) Na transição do agir para o discurso, o ter-por-verdadeiro inicialmente ingênuo se liberta do modo da certeza da ação e toma a forma de um enunciado hipotético, cuja validade fica suspensa durante o discurso".

[138] Segundo FORIERS, Paul. Introduction au droit de la preuve. In: PERELMAN, Chaïm; FORIERS, Paul (org.). *La preuve em Droit*. Bruxelas: Établissements Émile Bruylant, 1981, p. 9, "nous savons que tout fait, même évident, même constant, n'est pas réputé tel en droit. C'est selon. On existence dans le discours du droit va être dépendante des constraintes de la preuve".

[139] PASTORE, 1996, op. cit., p. 36.

[140] CARNELUTTI, 1992, op. cit, p. 97, p. 99.

[141] TARUFFO, 1992 a, op. cit., p. 161.

O espelho pode, certamente, dar uma imagem distorcida, mas isso é apenas deficiência sua: Não está desempenhando corretamente sua função. (...) É a imagem do representado – é 'sua' imagem (e não a do espelho) que se mostra no espelho". E completa o autor: "O quadro não é totalmente absorvido na sua função de referência, mas tem participação, a partir de seu próprio ser, naquilo que reproduz".[142]

Assim, a verdade desejada ao final do processo é uma *característica* que se investiga em relação às alegações sobre fatos, qual seja a *existência ou não de um elo de correspondência ou equivalência entre as versões trazidas no debate processual e uma representação da realidade histórica que é produzida no debate processual. Verdade*, em uma acepção jurídico-processual, é conclusão que somente é possível quando são previamente distintos três fenômenos: *o fato examinado*, a *representação desse fato construída através do emprego dos meios de prova*, e a *assertiva feita pela parte em um debate processual a respeito do referido fato*. E, nesse caminho, a prova deve ser considerada como *argumento* que entrelaça a representação construída e as assertivas apresentadas, permitindo ao julgador afirmar a existência de correspondência ou equivalência entre as premissas cotejadas.

Revisita-se, aqui, o conceito de *equivalência*, o qual é tomado como instrumento para a explicação do objeto da prova. Sobre o tema, vale lembrar a célebre lição de Francesco Carnelutti segundo a qual "il fatto posto nella premessa minore può anche non coincidere con uno dei fatti ipotizzati dalla norma, in quanto il fatto confessato può non essere vero, onde il processo di trasformazione del comando contenuto nella norma giuridica mediante la sentenza non si limita all'isolamento di uno dei casi appartenenti alla categoria prevista, ma può spingersi alla sua sostituzione mediante un fatto diverso, che ne costituisce l'equivalente giudiziario. In altri termini, poiché nel sistema della fisazione formale alla esistenza (reale) del fatto equivale la sua fissazione con determinati mezzi, il mezzo di fissazione si surroga al fatto da fissare non come presupposto della norma, ma come presupposto della sua realizzazione".[143] Ressalvadas as limitações decorrentes dos riscos que carrega a idéia de *fixação formal dos fatos*, nos termos da análise já feita em torno dos três modelos fundamentais consagrados em perspectiva histórica, tem-se que a lição acima apontada mostra-se correta em se levando em conta que a prova efetivamente funciona como razão a ser considerada pelo julgador com vistas à identificação daquela situação que autoriza a produção das conseqüências jurídicas pretendidas pela parte autora.

A densidade desse vínculo de correspondência ou equivalência, por fim, varia na medida em que maior ou o menor grau de probabilidade associado à alegação sobre fato que compõe o objeto da prova, de maneira que igualmente variável é o número de equações possíveis no que se refere à formação do convencimento jurisdicional em relação a uma dada alegação. Nesse sentido, vale lembrar a análise de Jordi Ferrer Beltrán, ao afirmar que a relação entre prova e verdade pode ser descrita através da idéia de que, havendo o aporte de "elementos de juicio suficientes a favor de la verdad de una proposición", o julgador a tem como provada. Visto que o conceito de prova se insere em um contexto eminentemente relacional, "no se puede afirmar de modo absoluto que una proposición *p* está probada, sino únicamene con relación a un determinado conjunto de elementos de juicio (o medios de prueba)". O que o julgador faz, nesse sentido, é tomar por verdadeiro, para fins de construção de sua decisão, aquilo que é provado.[144]

---

[142] GADAMER, 2002, op. cit., p. 220 ss, em especial p. 226, 246.

[143] CARNELUTTI, 1992, op. cit., p. 34.

[144] BELTRÁN, Jordi Ferrer. *Prueba y verdad en el Derecho*. 2. ed. Madrid: Marcial Pons, 2005, p. 35, 74.

Luis Alberto Reichelt

Em exercício de síntese, é possível afirmar, portanto, que *a prova se constitui em um argumento que exerce a função de persuadir o magistrado de maneria que este acabe por concluir no sentido de que está diante da situação necessária para a produção da conseqüência jurídica que constitui o objeto do pedido de tutela jurisdicional.* Esse argumento sempre possui a pretensão de influenciar na formação do convencimento do juiz, servindo como razão a justificar a conclusão no sentido da correspondência entre a hipótese descrita em uma norma jurídica, a realidade dos fatos e a alegação trazida pela parte a esse respeito. O objeto da prova, nesse contexto, pode ser definido como sendo o *conjunto de alegações feitas pelas partes a respeito da realidade histórica considerada juridicamente relevante para a construção de um problema por elas proposto ao órgão jurisdicional para julgamento.*

2.2. A relevância jurídica das alegações sobre fatos e o objeto da prova

O objeto da prova não se constitui de toda e qualquer alegação sobre fato que seja apresentada no debate dos autos, mas apenas aquelas que sejam *consideradas juridicamente relevantes com vistas à construção da decisão a ser proferida nos autos.*

A correta caracterização da *relevância jurídica* associada às alegações sobre fatos que constituem o objeto da prova constitui-se em questão de considerável complexidade, a qual impõe a realização de um estudo orientado em múltiplas perspectivas. A primeira delas é a que leva em conta as relações lógicas entre as alegações tecidas pelas partes e a tutela jurisdicional por elas pretendida. A segunda, por sua vez, é a que compreende os reflexos decorrentes da presença de valorações e de implicações lógicas na aferição da validade de associação de tal qualificativo às versões da realidade trazidas pelas partes aos autos. Uma ulterior indagação a ser enfrentada, ainda, é a que envolve as relações entre a temática examinada e os limites dentro dos quais se faz legítimo o exercício do chamado papel criativo do juiz.

2.2.1. Das relações entre a relevância jurídica das alegações sobre fatos e o conteúdo das normas jurídicas que veiculam a tutela jurisdicional pretendida pelas partes

Para que uma alegação sobre fato possa ser considerada juridicamente relevante,[145] é preciso que ela guarde correlação com a norma que alberga a proteção que a parte pretenda obter através da atividade jurisdicional. O problema trazido ao magistrado para fins de exame compreende não só um pedido de proteção através da atuação jurisdicional, mas também uma narrativa a respeito de uma realidade fática, a qual se constitui em uma dentre as diversas hipóteses a serem consideradas pelo julgador com vistas à construção de uma decisão no que se refere à determinação quanto ao que se passou do ponto de vista histórico.

Essas narrativas são consideradas juridicamente relevantes na medida em que se moldam às descrições veiculadas nos comandos inscritos no ordenamento jurídico que veiculam a proteção jurídica solicitada pela parte. A reconstrução da realidade, nesse

---

[145] Referindo-se ao hábito de tratar em "fatos da causa" e "fatos relevantes" como um "modo ellittico e sostanzialmente improprio" de fazer menção a *enunciados relativos a fatos,* ver TARUFFO, Michele. Elementi per un'analisi del giudizio di fatto. In: *Rivista Trimestrale di Diritto e Procedura Civile,* n. 49, p. 785-821, 1995, especialmente p. 787.

sentido, assume um verdadeiro caráter problemático, visto que todas as versões trazidas ao debate processual são, em última instância, recortes obtidos a partir daanálise da totalidade daquilo que efetivamente aconteceu. A norma na qual vem estabelecida a proteção pretendida pela partefunciona, em tal contexto, como moldura a ser considerada com vistas à determinação e à compreensão dos atos e fatos que podem ser considerados juridicamente relevantes na tarefa de construção de uma resposta para o problema que deve ser resolvido pelo julgador.[146]

O raciocínio acima apresentado encontra eco em vozes autorizdas. Observe-se, nesse sentido, a posição de Michele Taruffo ao afirmar que "oggetto della decisione è il fatto che la norma definisce e qualifica come rilevante, ossia come punto di riferimento degli effeti che la norma stessa prevede. É la norma, in altri termini, che funziona come criterio di selezione nel senso di individuare, tra gli infiniti accadimenti del mondo reale, quelli che assumono rilevanza specifica per la sua applicazione".[147] O mesmo enfoque pauta as palavras de Chaïm Perelman ao referir que "assim como um físico ou um médico interessam-se por certos detalhes apenas porque confirmam ou infirmam certa teoria ou certa hipótese, assim também o juiz há de se interessar somente pelos detalhes que permitam ou impeçam a aplicação de uma regra de direito, que seria, em princípio, no sistema de direito continental, um texto de lei ou a cláusula de uma convenção estabelecida entre as partes".[148]

Com efeito, o conhecimento da realidade ofertado ao juiz através das alegações feitas pelas partes é composto de dados "essentiellement discursif et antinomique". Conforme Theodor Ivainer, esse conhecimento é alcançado pelo juiz "à travers des discours qui ont déjà retenu des faits pertinents et occulté des faits irrelevants", o qual constrói conclusões sobre a pertinência dos fatos em relação à causa a partir "des pertinences antithétiques qui sous-tendent les allégations respectives des parties". Daí concluir o autor, com acerto, no sentido de que "c'est dans ce corpus de versions sélectives, parce que partisanes, que le juge collectera ses propres faits pertinents".[149]

Como lembra Michele Taruffo, "l'infinità teorica delle possibili descrizioni, e il conesso problema del livello di descrizione adeguata del fatto, si risolvono sulla base di scelte dettate dal contesto pratico in cui si colloca la necessità di descrivere quel fatto". Essas escolhas são feitas, no âmbito do processo, levando-se em conta que "il contesto in funzione del quale si determina quale descrizione del fatto è appropriata, e quindi come va definito l'oggetto della prova, è quello della decisione".[150] A versão da realidade histórica veiculada nas alegações trazidas pela parte que é utilizada no raciocínio de correspondência ou equivalência é, portanto, apenas uma dentre as diversas formas de descrever essa realidade, a qual é forjada em função dos moldes da situação considerada de existência necessária para que se possa autorizar a produção de conseqüências jurídicas.

---

[146] Conforme PASTORE, 1996, op. cit., p. 37, , "in sede giudiziale, si hanno di fronte varie ipotesi intorno agli accadimenti concreti su cui si dovrà decidere", sendo que "la ricostruzione di tali accadimenti assume un carattere problematico proprio perchè la 'sezione del reale' che attiene al processo viene ritagliata, nella sua complessità, entro la totalità di ciò che accade, sulla base della rilevanza degli avvenimenti individuata in funzione della norma, usata nella determinazione e nella comprensione dell'azione".

[147] TARUFFO, 1992 a, op. cit., p. 75.

[148] PERELMAN, 2004, op. cit., p. 46.

[149] IVAINER, Theodor. L'interprétation des faits em Droit – essai de mise em perspective cybernétique des 'lumières du magistrat'. Paris: Librarie Génerale e Droit et de Jurisprudence, 1988, p. 49-50.

[150] TARUFFO, 1992 a, op. cit., p. 73.

Deste modo, é correto afirmar que as narrativas sobre fatos apresentadas pelas partes nos autos (bem como a leitura delas feita pelo julgador) são *axiologicamente orientadas em função da descrição presente na hipótese de incidência de uma dada norma jurídica que se pretende aplicada através da sentença.*[151] A versão da realidade construída pelas partes diante dos olhos do juiz toma como ponto de partida um *standard* previsto em uma dada norma, o qual possui a pretensão de ser referência no processo hermenêutico de determinação do significado da situação efetivamente ocorrida. O pedido formulado pela parte ao julgador corresponde à descrição da conseqüência jurídica da mesma norma, a qual se pretende que seja aplicada ao caso concreto apresentado, o qual é narrado como sendo uma situação "à qual vem associada a produção de conseqüências jurídicas".[152]

Deste modo, as alegações sobre fatos, como proposições de segundo grau,[153] constituem-se em expressões de linguagem cujo significado é complexo não só por serem construídas como versões de realidades históricas, mas também por serem delimitadas à luz de critérios estabelecidos em normas jurídicas. Uma síntese adequada do modo como a narrativa da realidade é orientada em função de objetivos determinados é aquela realizada por Baldissare Pastore ao afirmar que a norma "opera come criterio di selezione e serve come misura, 'metro di giudizio', regola di decisione del caso nella contingenza e particolarità che caratterizza l'agire", de maneira que se mostra lícito afirmar que "la norma rappresenta la misura di un possibile". A escolha das circunstâncias relevantes por parte do julgador, por sua vez, não só revela o "'livello del reale' in cui si pone il problema della prova" mas também "rimanda a scelte ed a valutazioni che richiedono un comprendere che è, nello stesso tempo, soggetivo ed oggettivo".[154]

A determinação do significado das alegações sobre fatos, deste modo, envolve a interpretação de linguagem dotada de uma dúplice pretensão de correspondência: de um lado, pretende servir como uma descrição fiel daquilo que se passou do ponto de vista histórico; de outro, almeja expressar a adequação da realidade descrita à hipótese de incidência da norma que veicula a proteção pleiteada ao órgão jurisdicional.

2.2.2. A influência de fatores de ordem valorativa na determinação do significado das alegações sobre fatos juridicamente relevantes que compõem o objeto da prova

Para que se possa aferir a relevância jurídica de uma alegação sobre fato, é preciso, antes de tudo, determinar o significado da linguagem empregada para descrever a realidade. O retrato da realidade proposto na versão trazida pelas partes é o resultado de uma complexa dinâmica de sobreposição de valorações que vão se entrelaçando e

---

[151] VERDE, 1998, op. cit., p. 3-4: "quanto all'influenza del contesto in cui una proposizione descrittiva-oggetto di prova si colloca, si sono, ad. es., confrontate le seguenti due proposizioni: a) la terra si abbassó rispetto al sole alle ore 6.00 del 20 dicembre 1990; b) il sole si alzò rispetto alla terra alle ore 6.00 del 20 dicembre 1990. A prima vista le due proposizioni descrivono lo stesso evento, ma ad un'analisi più attenta si scopre che la prima descrive il fenomeno dal punto di vista della teoria coperniciana, mentre la seconda è frutto della concezione tolemaica. Appare chiaro, allora, che la descrizione del fatto è quase sempre assiologicamente orientata".

[152] TARUFFO, 1992 a, op. cit., p. 70.

[153] MENDES, 1961, op. cit., p. 353-354, emprega tal expressão para designar como sendo o "conteúdo da demonstração" realizada através da prova.

[154] PASTORE, 1996, op. cit., p. 37.

moldando o significado dessa narrativa. A atividade de instrução incide, pois, sobre um objeto cujo alcance é influenciado por uma série de fatores que vão muito além de uma suposta pretensão de objetividade na narrativa dos atos.

A complexidade do fenômeno acima examinado pode ser vista na lição de Baldissare Pastore, para quem, "di 'fatti', invero, è evidentemente possibile parlare solo se essi sono individuati e distinti attraverso il linguaggio che li ritaglia a partire da un orizzonte di molteplici possibilità e determinazioni nel mondo totale. Il 'fatto', dunque, non esiste 'in sé'. Rappresenta piuttosto l'esito di un processo interpretativo. Affinché si possa dare un fatto bisogna prima introdurvi un senso". Segundo Pastore, "il modo in cui riconosciamo e attribuiamo senso dipende da quadri concettuali e teorici interni ad una pratica sociale e condivisi da una comunità interpretativa. I fatti sono, allora, (non l'immediata riproduzione – l'immediato rispecchiamento – di ciò che è avvenuto ma) il risultato di una attività interpretativa che ha come medium il linguaggio".[155]

Ainda segundo o autorizado magistério de Baldissare Pastore, aponte-se que "é un luogo comune, nella cultura giuridica, considerare il 'giudizio di fatto' come un'attività volta a 'rispecchiare' una realtà indipendente da mettere, poi, in rapporto con le norme. Ma il fatto, nel processo, non è un dato, bensi un 'costruito', ossia 'il risultato dell'attività probatoria svolta dalle parti e della valutazione delle prove operata dal giudice'. Il 'fatto', così, è legato alla prova che si vuole e si può fornire. Affinché si possa dare un 'fatto' bisogna prima introdurvi un senso. Il 'fatto' contiene l'insieme delle interpretazioni che gli danno senso. Le prove si caratterizano come rappresentazioni volte a questo fine".[156]

Sob essa perspectiva, o primeiro grande desafio a ser seguido com vistas à compreensão da temática da relevância jurídica das alegações sobre fatos que constituem o objeto da prova é, portanto, o da identificação dos principais traços que caracterizam a racionalidade dos procedimentos de interpretação dessas descrições da realidade.

Uma primeira observação a ser feita no que se refere ao processo de interpretação das alegações sobre fatos diz respeito à influência exercida de elementos valorativos inscritos nas normas que veiculam a tutela jurisdicional pretendidas pelas partes. Nesse sentido, afrma Michele Taruffo que "la determinazione del fatto che individua la base della controversia è il frutto di scelte che spesso contengono elementi valutativi, poiché è spesso valutativa l'interpretazione della norma che consente di individuare il criterio di rilevanza giudiridica dei fatti".[157]

Outra reflexão igualmente importante envolve a constatação no sentido da existência de uma *dupla mediação valorativa*, a qual se coloca como anteparo entre os olhos do juiz e a versão da realidade veiculada nos autos através da narrativa das partes. A primeira delas é descrita por Theodor Ivainer como sendo "celle des jugements de valeur qu'il aura porté sur 'le donné'", ao passo que a segunda, segundo o mesmo autor, constitui-se de um "système axiologique choisi ou élaboré par lui parce qu'il lui semble être connectable à la fois aux données et à l' 'hypohèse' abstraite prescrite par le droit positif".[158]

O panorama ora apresentado comporta reflexões ulteriores. Nesse sentido, assim como a determinação do significado da realidade feita através das narrativas das partes

---

[155] PASTORE, 1996, op. cit., p. 63.

[156] PASTORE, 1996, op. cit., p. 69-70.

[157] TARUFFO, 1992 a, op. cit., p. 80.

[158] IVAINER, 1988, op. cit., p. 50-51.

é, antes, fruto de um processo interpretativo que vai muito além da mera descrição, da mesma forma ocorre no que se refere à representação argumentativa produzida através da prova. Também esta última é um ato intelectualmente orientado com vistas à persuasão racional do juiz, destinado a interferir na formação do seu convencimento, envolvendo um processo permeado por uma série de valorações que interferem na determinação do significado do resultado alcançado.

A tarefa cognoscitivo-interpretativa do juiz vai muito além da simples subsunção das alegações sobre fatos à descrição hipotética contida em uma determinada norma. Assim ocorre na medida em que diversos filtros se interpõem entre os olhos do magistrado e os eventos historicamente situados: a plurissignificação da linguagem, o regramento jurídico da atividade de produção de provas, as narrativas formuladas pelas partes sobre recortes da realidade, o âmbito jurídico do problema proposto pelas partes para fins de exame.[159] O juiz não observa diretamente a realidade, mas tão-somente a toma sob a forma de uma *versão produzida nos autos, construída à luz de parâmetros histórico-ontológicos que se conjugam com outros de natureza valorativa e lógico-discursiva, todos eles acolhidos em comandos inseridos no ordenamento jurídico vigente*. Essa versão da realidade é uma *representação construída sobre o pano de fundo dos autos*, visto que, ao mesmo tempo em que busca retratar um recorte do mundo extraprocessual nos autos, é concebida a partir de um conjunto de escolhas metodológicas que limitam as possibilidades de investigação e conhecimento da realidade histórica, as quais são veiculadas através do ordenamento jurídico.[160] Como aponta Gian Franco Ricci, "l'indicazione dei fatti costitutivi del diritto non si presenta agli occhi del giudice con la dovuta linearità, ma piuttosto come 'un groviglio di vicende che si contrappongono, si coordinano, si implicano, si contraddicono, si ignorano, si ribadiscono in un fluttuare continuo di cui, il più delle volte, neppure gli stessi protagonisti sono pienamente consapevoli'".[161]

O caráter argumentativo-instrumental associado à prova permite evidenciar, do mesmo modo, que a equivalência existente entre a representação trazida nos autos e a realidade conforme ocorrida é *eminentemente jurídica*. Significa dizer: coloca-se diante dos olhos do julgador um retrato da realidade que, sob o ponto de vista jurídico, é construído como obra intelectual que entrelaça a realidade social e o ordenamento jurídico, com o objetivo de modelar o panorama a partir do qual será construída a solução para um problema proposto para julgamento.

Desta maneira, impõe-se concluir no sentido de que as afirmações trazidas pelas partes a respeito dos fatos não podem ser tomadas pelo julgador como meras declara-

---

[159] Nas palavras de KELSEN, Hans. *Teoria pura do Direito*. Traduzido para o português por João Baptista Machado. São Paulo: Martins Fontes, 1999, p. 4, "a norma funciona como esquema de interpretação. Por outras palavras: o juízo em que se enuncia que um ato de conduta humana constitui um ato jurídico (ou antijurídico) é o resultado de uma interpretação específica, de uma interpretação normativa. Mas também na visualização que o apresenta como um acontecer natural apenas se exprime uma determinada interpretação, diferente da interpretação normativa: a interpretação causal. A norma que empresta ao ato o significado de um ato jurídico (ou antijurídico) é ela própria produzida por um ato jurídico, que, por seu turno, recebe a sua significação jurídica de outra norma".

[160] Merece transcrição o argumento de GADAMER, 2002, op. cit., p. 229, nota 251, a respeito do conceito de *representação*: "re-presentação já não significa somente cópia ou representação plástica, nem mesmo 'representação', no sentido comercial de satisfazer o valor da compra, já que significa agora 'representação' (Vertretung) (no sentido de ser representante). O termo pode adotar este significado porque o copiado está presente por si mesmo na cópia. Re-presentar significa fazer com que algo esteja presente".

[161] RICCI, Gian Franco. L'allegazione dei fatti nel nuovo processo civile. *Rivista Trimestrale di Diritto e Procedura Civile*, n. 46, p 835-873, 1992, especialmente p. 845.

ções informativas a respeito da realidade histórica. Conforme já foi mencionado anteriormente, cada afirmação dos litigantes é, antes de tudo, uma verdadeira declaração de vontade, pela qual cada parte "dichiara di voler porre alla base dela propria azione o eccezione, una data situazione di fatto, affermata come la 'causa' del diritto, o del controdiritto, fatto valere in giudizio". Através de suas alegações, cada parte apresenta o elemento constitutivo causal da posição que sustenta em juízo, impondo ao magistrado o dever de responder a uma demanda ou à defesa a partir de tais premissas.[162]

2.2.3. A influência de fatores de ordem lógica na determinação do significado das alegações sobre fatos juridicamente relevantes que compõem o objeto da prova

A íntima relação entre o objeto da prova e a predeterminação pelas partes dos limites jurídicos do problema a ser enfrentado pelo magistrado na prolação da sentença de mérito é, acima de tudo, sintoma da decisiva influência do pensamento tópico na conformação da estrutura do processo. A abordagem ora referida toma por ponto de partida o problema proposto ao julgador, de maneira que a a análise quanto à pertinência ou não das alegações sobre fatos se dá em função da norma que veicula a tutela jurisdicional pretendida pela parte, na qual vêm delimitados os termos da qeustão a ser resolvida.

A articulação do raciocínio judicial na forma acima descrita leva em conta a estrutura das normas jurídicas em geral. Da interpretação do texto de lei, o intérprete infere a presença de uma descrição hipotética de uma situação, a qual é unida a um determinado resultado que estabelece uma permissão, uma proibição ou uma obrigação. A relação que une tais premissas, segundo a célebre lição de Hans Kelsen, constitui-se em um vínculo de imputação, o qual está situado no plano do dever-ser e é estabelecido em função de opções políticas vigentes em certos momentos histórico-culturais.[163]

Essa mesma orientação está presente na observação do papel desempenhado pelas partes no debate dialético processual, empenhadas sempre em expor ao magistrado as suas versões possíveis a respeito de uma situação concreta que entendem ser relacionada à conseqüência prevista na descrição normativa por elas desejada.[164] O que as partes fazem é, de um lado, propor uma descrição da realidade condizente a uma das premissas envolvidas nesse vínculo de imputação, e, de outro, pleitear a produção da conseqüência jurídica associada a tal causa.

O julgador, por sua vez, ao orientar a sua atividade segundo o princípio dispositivo e o dever de imparcialidade, toma como ponto de partida de seu raciocínio a conseqüên-

---

[162] CAPPELLETTI, Mauro. Iniziative probatorie del giudice e basi pregiu.diriche della struttura del Processo. *Rivista di Diritto Processuale*, n. 22, p. 407-428, 1967, especialmente p. 416-417.

[163] Distinguindo *causalidade* e *imputação*, KELSEN, 1999, op. cit., p. 100, assim se pronuncia: "a forma verbal em que são apresentados tanto o princípio da causalidade como o da imputação é um juízo hipotético em que um determinado pressuposto é ligado com uma determinada conseqüência. O sentido da ligação, porém, é – como já vimos – diferente nos dois casos. O princípio da causalidade afirma que, quando é A, B também é (ou será). O princípio da imputação afirma que, quando A é, B deve ser".

[164] PASTORE, 1996, op. cit., p. 147, refere que "le corti ricostruiscono il passato classificando gli avvenimenti secondo certi modelli. Ciò rimanda alla constatazione che l'individuazione delle circostanze oggetto del giudizio è legata allo schema legale impiegato per definire i termini della controversia, cosicché gli eventi passati 'significativi' sono quelli definiti in funzione dei criteri giuridici che si ritengono applicabili per decidere il caso. I fatti giuridici sono il risultato dell'interpretazione di eventi in riferimento ad ordinamenti normativi".

cia jurídica que vem veiculada como conteúdo do pedido formulado pela parte. Desse referencial parte o juiz para, em um segundo momento, investigar no ordenamento jurídico qual é a previsão normativa que autoriza a sua produção, em um raciocínio eminentemente tópico-indutivo. O conjunto de alegações sobre fatos apresentado pelas partes, por sua vez, funciona como uma teia de *topoi* disposta diante dos olhos do julgador, a quem cumpre definir quais dentre eles efetivamente são moldados à descrição normativa mencionada. E somente poderia ser assim, uma vez que o caráter necessário do vínculo de imputação que une premissas no plano normativo não pode ser automaticamente transposto para a realidade das condutas humanas, não raro caracterizadas pela sua imprevisibilidade.[165] Disso resulta, pois, a necessidade de uma atividade de investigação e de verificação das versões da realidade apresentadas pelas partes, a qual resulta na legitimação ou não da inferência proposta entre tais versões e as conseqüências jurídicas desejadas.

Essa orientação pode ser encontrada, ainda, na classificação das alegações sobre fatos em constitutivos, impeditivos, modificativos e extintivos do direito alegado pela parte autora, segundo à qual as diversas manifestações em sede de defesa acabam sendo orientadas em função da posição da narrativa da parte em relação à proteção pleiteada pelo autor. O rol de alternativas que se apresentam diante dos olhos do réu oscila entre a possibilidade de simples negativa direta quanto ao fato constitutivo do autor (ou de algum fato secundário que pudesse levar à conclusão quanto à existência da situação descrita pelo demandante) e a apresentação de alegações sobre fatos diversos que permitam a inferência no sentido da inviabilidade de produção daquela conclusão jurídica pretendida pela parte (ou de fatos secundários que indiquem a possibilidade de produção de tal resultado). Como se vê, o leque de opções lógicas é desenhado com vistas à possibilidade de inferência quanto à presença ou não das premissas necessárias para a produção da conseqüência jurídica pleiteada pelo autor.[166]

O prisma da formação do convencimento jurisdicional é aquele a partir do qual se faz possível compreender o fenômeno das relações entre os fatos sociais e as normas jurídicas em sua dimensão mais rica e complexa. Isso porque a atividade de produção de provas apresenta como ponto de partida a investigação da presença ou não dos vínculos de causalidade que permeiam a teia dos fatos sociais, mas não se limita apenas a isso. Sob essa perspectiva, é possível afirmar que o sistema jurídico no qual se inserem as normas que limitam a investigação histórica contempla, ainda, outras que ditam critérios para o preenchimento das lacunas eventualmente presentes ao final da atividade de instrução, relacionadas aos ônus de prova, ao comportamento processual das partes e às presunções. Situado o discurso judicial no plano da aferição da realidade por meio da instrução probatória, o raciocínio dos sujeitos do debate segue inspirado pela idéia de causalidade, ferramenta idônea à investigação de eventos históricos. Esgotados os esforços em sede de produção de provas, é então que o raciocínio judicial passa a ser pautado por comandos guiados pela noção de imputação, destinados a permitir que o

---

[165] Sobre a imprevisibilidade como característica da ação humana, ver ABELLAN, 2004, op. cit., p. 22.

[166] TARUFFO, 1995, op. cit., p. 796: "la difesa consistente nel negare o contestare le affermazioni di fatto dell'attore può essere effettuata con varie modalità (usate separatamente o congiuntamente), ossia: 1) negando direttamente la verità del FD allegato dall'attore (= asserendo che FFD); 2) negando la verità di uno o più fs, o di tutti i fs da cui potrebbe derivare per inferenza la verità del FD (= asserendo che F (fs1... fs4N); 3) affermando la verità di nuovi e diversi fs (fs5... fs5N), da cui può derivare per inferenza la falsità di um FD allegato dall'attore".

julgador possa proferir uma decisão para o caso concreto ainda que diante da dúvida quanto ao que efetivamente ocorreu sob ponto de vista histórico.

2.2.4. A relevância jurídica das alegações sobre fatos que compõem o objeto da prova e a função criativa do juiz

A exposição da estrutura argumentativa do raciocínio judicial nos moldes anteriormente referidos acrescenta novos elementos ao debate em torno da função do juiz na atividade de aplicação das normas jurídicas.

Uma primeira consideração a ser feita é a de que o magistrado exerce atividade eminentemente criativa, e não simplesmente descritiva. O emprego do pensamento tópico envolve sempre uma tarefa intelectual complexa, na qual a eleição da hipótese de incidência que leva à produção da conseqüência jurídica é uma tarefa que compreende, não raro, o percurso de caminhos não exatamente idênticos àqueles sugeridos pelas pessoas que apresentam o problema a ser solucionado. Nesse sentido, a verificação da presença ou não dos pressupostos considerados relevantes para a produção do resultado normativo pleiteado pelas partes acaba por se tornar, da mesma forma, uma tarefa igualmente criativa. Na medida em que a leitura da realidade feita pelo julgador é realizada por meio de diversos filtros, tais como a linguagem do debate dos autos, a sua bagagem cultural e os comandos ditados pelo ordenamento jurídico, impõe-se reconhecer que a atividade do juiz não se limita à simples constatação ou observação das hipóteses que são apresentadas pelas partes. Ao contrário, sua atuação compreende, em verdade, todo um processo de interpretação e atribuição de significado à realidade retratada nas hipóteses propostas pelos litigantes.

Diante de tal contexto, é possível afirmar a fragilidade da posição defensora da forte limitação dos poderes do juiz quanto à determinação do significado dos fatos jurídicos. O insucesso da tentativa, por parte dos defensores do pensamento liberal revolucionário da modernidade, de imposição do raciocínio silogístico-dedutivo no âmbito da atividade jurisdicional, decorre de uma equiparação artificial entre os papéis do juiz e do legislador.[167] Inúmeras razões demonstram o acerto dessa perspectiva. Primeiro de tudo, reconheça-se que tal perspectiva não se sustenta diante da consciência quanto à existência de outros critérios de hermenêutica que não apenas o da *mens legislatoris*. De outro lado, o crescente número de casos nos quais se verifica a dificuldade de definição *a priori* do significado da linguagem empregada em textos normativos (freqüentemente dotada de vago conteúdo semântico) é sintoma de que a atividade jurisdicional vai muito além do mero silogismo entre fatos e normas. Veja-se, nesse sentido, a inegável importância encontrada no emprego de cláusulas gerais e de conceitos jurídicos indeterminados em uma sociedade em veloz e incessante transformação, na qual as

---

[167] Veja-se, aqui, as palavras de PERELMAN, 2004, op. cit., p. 20-23: "Na concepção de Montesquieu, fortemente marcada pelo racionalismo de seu tempo, as leis serão a expressão mais da razão do que de uma vontade soberana e arbitrária. (...) Quanto aos juízes, eles serão apenas 'a boca que profere as palavras da lei; seres inanimados que não podem moderar-lhe nem a força nem o rigor'. (...) Será combinando essas diversas ideologias que a Revolução Francesa chegará a identificar o direito com o conjunto das leis, expressão da soberania nacional, sendo reduzido a mínimo o papel dos juízes, em virtude do princípio da separação dos poderes. O poder de julgar será apenas o de aplicar o texto da lei às situações particulares, graças a uma dedução correta e sem recorrer a interpretações que poderiam deformar a vontade do legislador". Da mesma forma, PASTORE, 1996, op. cit., p. 77, lembra que "l'ideale di una legislazione breve, chiara, semplice, coerente, completa, non soggetta a manipolazioni interpretative conduce il pensiero illuminista a vedere l'attività giudiziale come volta unicamente (e semplicisticamente) all'accertamento del fatto".

---

normas concebidas em um dado momento histórico ganham novas possibilidades de significação e de aplicação em face das novas exigências e conformações da realidade contemporânea.[168]

Disso tudo resulta que o modelo do silogismo judicial não pode mais ser empregado como um retrato fiel do funcionamento da relação de implicação existente entre os fatos que compõem a realidade social, a linguagem empregada nos autos para a referência a tais fatos e as normas a serem respeitadas pelos sujeitos que interagem em tal contexto. Somente rompendo com as fronteiras impostas por esse modelo é que se permite compreender que a interação entre tais dimensões pode ser vista sob diversos ângulos. De um lado, a realidade social, veiculada sob a forma de narrativa, atua, de um lado, como elemento fundamental para a identificação do significado da norma individual. Em outra perspectiva, observa-se que a norma jurídica funciona como medida de valoração de relevância para determinar quais são os aspectos de tal realidade que devem ser analisados para a solução do dilema proposto.[169]

A riqueza do processo interpretativo inerente à atividade jurisdicional diante das alegações sobre fatos formuladas pelas partes pode ser claramente flagrada nas palavras de Baldissare Pastore, o qual, após referir que "il linguaggio giuridico nomina, evoca, presenta le cose del mondo e nel mondo", de maneira que "l'accadere di un evento è dunque conesso al processo interpretativo", conclui no sentido de que "la rappresentazione dipende dall'interpretazione". Isso porque, segundo o autor ora citado, é impossível "parlare di una esperienza non interpretata, che rimarrebbe collocata al di là di tutti gli schemi concettuali, i paradigmi conoscitivi, le visioni del mondo, le forme di vita".[170] E, de fato, a redução de tal processo hermenêutico à contraposição pura e simples entre fatos e normas que se encontram em um silogismo coloca sob o manto da escuridão uma série de implicações lógicas fundamentais, as quais não apenas informam como se dá o juízo de atribuição de relevância jurídica à realidade mas também evidenciam o papel criativo do juiz.

Fórmulas como aquela proposta por Marina Gascón Abellan, no sentido de classificar os componentes da realidade a ser considerada pelo julgador como juridicamente relevante em fatos externos ("acontecimientos que se producen en la realidad sensible, sea con la intervención humana (hechos externos humanos), sea sin la intervención humana (hechos externos morales)"), fatos internos ou psicológicos ("motivos, intenciones o finalidad de una conducta, o el conocimiento de un hecho por parte de alguien") e

---

[168] TARUFFO, 1992 a, op. cit., p. 76, 86, 113-115. Ver, ainda, as observações de MENGONI, Luigi. L'argomentazione orientata alle conseguenze. In: *Rivista Trimestrale di Diritto e Procedura Civile*, n. 48, p.1-18, 1994, especialmente p. 6: "le ridotte capacità di analisi e di comprensione della realtà sociale sono rimediate dal legislatore con l'uso crescente della tecnica delle clausole generali, sai come tecnica (non casistica) di definizione della fattispecie normativa, sai come tecnica di integrazione o correzione giudiziale della legge".

[169] TARUFFO, 1992 a, op. cit., p. 80, refere que "in realtà la determinazione del fatto che individua la base della controversia è il frutto di scelte che spesso contengono elementi valutativi, poiché è spesso valutativa l'interpretazione della norma che consente di individuare il critério di rilevanza giuridica dei fatti". O mesmo entendimento vem exposto, em outra dimensão, por HABERMAS, 2004 b, op. cit., p. 242, que afirma que "não há nenhuma possibilidade natural de isolar as limitações da realidade que tornam um enunciado verdadeiro das regras semânticas que fixam essas condições de verdade. Só podemos explicar o que é um fato com o auxílio da verdade de um enunciado factual; e não podemos explicar o que é real senão nos termos do que é verdadeiro".

[170] PASTORE, 1996, op. cit., p. 147-148.

conceitos que devam ser preenchidos de conteúdo pelo juiz através de juízos de valor,[171] são merecedoras de crédito até o momento em que não se reduzem a uma mera decomposição estéril das premissas inseridas em um silogismo. Isso porque, nas palavras de Michele Taruffo, "qualunque situazione di fatto può essere sottoposta ad un proceso di scomposizione che muove in due direzione: qualitativa e quantitativa", em procedimentos que "non incontrano alcun limite teorico". Por força disso, "l'idea del senso comune per cui di ogni fatto esiste una descrizione 'oggettiva' ed appropriata appare dunque evidentemente inattendibile non sulla base di atteggiamenti soggettivistici, ma perché i livelli di analisi della stessa situazione possono essere fortemente (in teoria: illimitatamente) differenziati".[172]

O emprego de técnicas que permitem a aproximação do olhar a detalhes da situação considerada mostra-se bem-sucedido na medida em que a linguagem envolvida no processo interpretativo vier a atender às exigências de um nível mínimo de objetividade. É exatamente essa objetividade que permite ao julgador, em uma situação de diálogo, rechaçar dúvidas quanto ao significado que se pretende associar à realidade que lhe é apresentada pela parte sob a forma de uma versão. Tudo isso, contudo, ainda assim não exclui o fato de essas mesmas versões serem fortemente permeadas por orientações lógico-valorativas, as quais são associadas às narrativas trazidas pelos litigantes em função das posições e interesses por eles defendidos. Desse panorama resulta o considerável esvaziamento da possibilidade de o julgador conhecer, sob um prisma puramente objetivo, a realidade que lhe é apresentada como pressuposto para que se possa discutir a plausibilidade ou não do pleito formulado pelo autor.

Some-se a isso, ainda, o fato de que "los juicios de valor no son descriptivos: los enunciados que los expresan no son susceptibles de verdad o falsedad y desde luego dificilmente puede decirse que son empíricamente contrastables; con lo cual, tales juicios rebajan o anulan el ideal verificacionista que preside la comprobación de los hechos y la formación de la premisa menor".[173] Por força disso, é sempre o juiz "quien interpreta en todo caso el contenido del valor, por lo que sus operaciones en este aspecto no resultan muy diferentes de las que realiza al interpretar una norma o al calificar los hechos".[174] E, nessa esteira, o desafio a ser enfrentado é o do controle do raciocínio judicial no que se refere à obediência a limites éticos e ao respeito a critérios de racionalidade lógica.

Outro fator importante para a conformação do quadro acima referido é a opção feita pelo ordenamento jurídico no sentido de dar efetividade à máxima *iura novit curia*.[175] A imposição ao magistrado do dever de conhecer o direito objetivo em um ordenamento no qual diversas hipóteses de incidência podem ensejar o surgimento de uma mesma conseqüência jurídica (como ocorre, por exemplo, com as diversas causas de suspensão da exigibilidade do crédito tributário elencadas no art. 151 do Código Tributário Nacional) traz consigo a possibilidade de surgimento de diferentes formas de valoração das narrativas sobre fatos apresentadas pelas partes em face de um mesmo pedido. Nesse sentido, motra-se fundamental a atenção, por parte do julgador, para o ônus imposto às

[171] ABELLAN, 2004, op. cit., p. 75-76.

[172] TARUFFO, 1992 a, op. cit., p. 71-72.

[173] ABELLAN, 2004, op. cit., p. 79.

[174] ABELLAN, 2004, op. cit., p. 81.

[175] Sobre o referido princípio, ver MICHELI, Gian Antonio. Jura Novit Curia. In: *Rivista di Diritto Processuale*, n. 16, p. 575-605, 1961 a e RICCI, 1992, op. cit., p. 844.

partes de apresentar os fundamentos jurídicos[176] que embasam os seus respectivos pleitos, o qual serve de indicativo a ser seguido na construção do debate dialético do qual resultará o comando jurisdicional. De outro lado, vale lembrar, ainda, que a fórmula genérica do livre convencimento não dispensa o juiz da tarefa de apresentar sua convicção em matéria jurídica,[177] mas acaba por servir como indicativo da atribuição de uma certa margem de interpretação ao julgador no que se refere à determinação do alcance da norma que ditará os contornos do recorte da realidade considerado juridicamente relevante. Em todos os casos, a garantia do contraditório atua como importante critério a fixar os limites dessa liberdade de atuação jurisdicional, justificando-se o alerta de Eduardo Cambi no sentido de que, "na medida em que uma questão relevável de ofício possa influir na decisão da causa, ampliando o thema decidendum, as partes devem ter o direito de participar, na tentativa de influenciar, com as suas alegações e suas provas, na formação do convencimento do juiz".[178]

Desta forma, a identificação do conteúdo e dos limites dos elementos constantes na narrativa das partes que devem ser objeto de prova está longe de ser considerada uma tarefa simples ou fácil.[179] Referir que *o juiz só conhece dos fatos conforme narrados pelas partes* é, em última instância, lançar mão de um inaceitável reducionismo, no qual uma frase genérica vem empregada para descrever um fenômeno cuja riqueza de detalhes não pode ser acomodada na singeleza de tais palavras. Trata-se, pois, de um complexo fenômeno hermenêutico, no qual diversas forças atuam em conjunto em um processo orientado do ponto de vista ético e lógico, cujo escopo reside na definição do significado da realidade a ser examinada, a qual é considerada *juridicamente relevante.*[180]

Essa função criativa inerente à atividade jurisdicional, por sua vez, não pode ser confundida com a possibilidade de criação, pelo juiz, de uma realidade paralela que se

---

[176] É interessante a distinção proposta por GRECO FILHO, 2003 a, op. cit., p. 92, relativamente às idéias de "fundamento jurídico" e "fundamento legal", ao referir que, em face da máxima *iura novit curia*, apenas o primeiro deve ser obrigatoriamente declinado pelo autor na petição inicial. Essa posição restou expressamente albergada no âmbito do Superior Tribunal de Justiça, a exemplo do constante dos seguintes julgados: Recurso Especial n. 477.415/PE, relator Min. José Delgado, julgado pela Primeira Turma do Superior Tribunal de Justiça em 08/04/2003; Recurso Especial n. 233.446/RJ, relator Min. Sálvio de Figueiredo Teixeira, julgado pela Quarta Turma do Superior Tribunal de Justiça em 27/03/2001; Recurso Especial n. 57145/AM, relator Min. Ruy Rosado de Aguiar, julgado pela Quarta Turma do Superior Tribunal de Justiça em 21/03/1995; e Recurso Especial n. 30607/RJ, relator Min. Pedro Acioli, julgado pela Sexta Turma do Superior Tribunal de Justiça em 06/09/1993.

[177] Apesar disso, essa fórmula é encontrada em julgados do Superior Tribunal de Justiça. Nesse sentido, ver Agravo Regimental em Agravo de Instrumento n. 504.542/PR, rel. Min. Jorge Scartezzini, julgado pela Terceira Turma do Superior Tribunal de Justiça em 12/04/2005 ("na linha da jurisprudência desta Corte, o julgador não está obrigado a decidir de acordo com as alegações das partes, mas sim, mediante a apreciação dos aspectos pertinentes ao julgamento, conforme seu livre convencimento") e Recurso Especial n. 253.452/RJ, rel. Min. Humberto Gomes de Barros, julgado pela Quarta Turma do Superior Tribunal de Justiça em 03/08/2004 ("Na motivação do decisório, ao Juiz é facultado aplicar o direito em conformidade com o seu livre convencimento").

[178] CAMBI, 2001, op. cit., p. 146.

[179] TARUFFO, 1992 a, op. cit., p. 90, refere que "il fatto materiale che fonda l'applicazione della norma può essere individuato con linguggi diversi a seconda che la norma si serva o no (e del modo in cui se ne serve) di 'prestiti' dal linguaggio comune". E conclui: "constatare l'estrema variabilità dei caratteri che la determinazione del fatto può assumere, in funzione del linguaggio usato dalla norma, fornisce um'ulteriore conferma dell'inattendibilità dell'idea per cui il concetto di 'fatto giuridicamente rilevante' sarebbe semplice, o comunque facilmente riducibile ad unità" (p. 90-91).

[180] PASTORE, 1996, op. cit., p. 59.

---

substitui àquela dos fatos conforme ocorreram,[181] ou, ainda, com uma autorização para que a atividade jurisdicional possa ser exercida sem apego ao elemento causal constituído pelas alegações tecidas pelas partes.[182] É importante lembrar, nesse sentido, que a relação de imputação presente na estrutura da norma jurídica serve de critério de interpretação quanto à existência de vínculos lógicos dentro dos quais se dá a ordenação das narrativas feitas pelas partes. Isso não significa, por certo, que tais versões possíveis da realidade não possam ser orientadas por princípios de causalidade, mas certamente também não quer dizer que os vínculos de imputação que ligam as premissas cotejadas possam ser desatrelados das pautas de normalidade que lhes são subjacentes, usualmente expressas sob a forma de regras de experiência. Nesse sentido, mostra-se fundamental o papel exercido pela a referência, na motivação das decisões, à descrição normativa e aos parâmetros de hermenêutica aplicáveis em sede de formação do convencimento judicial, o qual serve como garantia em favor das partes contra o perigo do transpasse indevido das fronteiras que limitam a atuação do poder jurisdicional.

2.3. A natureza controvertida das alegações sobre fatos e o objeto da prova

O fato de o magistrado somente conhecer a realidade que compõe o objeto do debate a partir das versões apresentadas pelas partes não autoriza a conclusão no sentido de que a atividade de produção de provas envolva a investigação de todas as narrativas trazidas aos autos. A determinação dos limites da atividade de instrução processual pressupõe a consideração a idéia de *controvérsia* como traço característico das alegações em torno da quais gira a investigação histórica desenvolvida nos autos.

A análise do significado e da importância da idéia de controvérsia constitui um dos principais capítulos no estudo da prova no processo civil. Sintoma dessa relevância pode ser visto na lição de Baldissare Pastore, o qual refere que "la controversia è dunque via della verità, rappresenta una condizione della ricerca del vero". Evidencia o autor, assim, o caráter instrumental inerente a tal noção, o qual é intimamente vinculado à própria essência do processo como meio para veiculação da intervenção jurisdicional que dissipa o dissenso situado no que se refere à realidade juridicamente relevante.[183]

---

[181] É justamente nessa tentativa de substituição que KELSEN, 1999, op. cit., p. 263-268, identifica um caráter constitutivo da atuação do juiz em sede de análise de questões de fato. Segundo o autor, "no pensamento jurídico, o fato processualmente verificado vem ocupar o lugar do fato em si que, no pensamento não-jurídico, condiciona o ato de coerção" (p. 267). Ao lado das críticas acertadamente tecidas a tal lição por PASTORE, 1996, op. cit., p. 80-91, cabe somar mais uma: o ensinamento do autor ignora o fato de que *a realidade a ser examinada* não é aquela que o juiz *constrói*, mas sim é o *retrato dela construído nos autos*.

[182] CAPPELLETTI, 1967, op. cit., p. 416-417, observa que "un giudice il quale, richiesto dall'attore di decidere la condanna del convenuto a pagare una somma per l'atto illecito della quest'ultimo, lo condanasse invece per un atto del tutto diverso sarebbe um giudice che pronuncia senza azione, perchè l'acione proposta era individuata da um elemento causale del tutto diverso da quello, del giudice posto invece alla base della propria decisione", configurando tal situação o que o autor denomina de "un fenomeno di sottrazione del diritto stesso sostanziale dalla sfera della esclusiva disponibilità del soggetto che ne è titulare".

[183] Conforme PASTORE, 1996, op. cit., p. 221-222, "il giudizio, come sappiamo, nasce dalla controversia e la controversia sorge dal dis-senso. Nel processo, infatti, si controverte su eventi, azioni, situazioni che non hanno il medesimo senso per le persone interessate alla questione e in essa coinvolte. Il processo tende, così, a dissipare il dis-senso, precisando in modo univoco ciò che è equivoco, attraverso un'attività che oltre ad essere normativa (cioè rivolta ad attribuire diritti e doveri alle parti in causa) è anche conoscitiva: è infatti diretta alla determinazioni del rapporto controverso che si presenta, appunto, come contra-dizione".

A investigação em torno do papel da controvérsia na determinação do objeto da prova no processo civil constitui-se em tarefa cujo sucesso pressupõe sejam consideradas reflexões situadas em diversas dimensões. Nesse sentido, após apresentadas as relações entre a orientação dialética do processo e a formação de controvérsia no debate dos autos, examinar-se-á o problema dos ônus de alegação, em um estudo que compreende não só a dimensão lógica inerente a tal tema, mas também os aspectos de direito positivo, inclusive no que se refere aos limites que devem ser observados em relação ao princípio da estabilidade da demanda.

2.3.1. A orientação dialética do processo e a formação da controvérsia

O primeiro pressuposto necessário para que se possa falar na presença de controvérsia é o reconhecimento de que o debate processual constitui-se em um diálogo baseado em uma *estrutura dialética*.[184] Assim ocorre na medida em que o raciocínio dialético atua como instrumento destinado à individualização das versões apresentadas pelas partes em torno do problema investigado e à ordenação das contraposições entre elas surgidas ao longo do processo. Essa ordenação faz com que o julgador, na qualidade de terceiro imparcial, disponha de um eficaz instrumento no que se refere à necessidade de assegurar às partes uma situação de reciprocidade.[185]

Esse mesmo postulado lógico-jurídico determina, ainda, a estruturação do procedimento como uma ferramenta destinada à gradual aquisição de informações. No momento em que as narrativas trazidas pelas partes passam a ser vistas como versões que se entrelaçam umas em relação às outras durante o desenvolvimento da marcha processual, tem-se que a formação do convencimento jurisdicional acaba por traduzir uma verdadeira síntese desse mecanismo dialético.

A importância do papel exercido pela orientação dialética do processo na formação da controvérsia pode ser vista na posição defendida por Carlos Alberto Alvaro de Oliveira em torno da ordenação do procedimento. Analisando a dinâmica de combinação dos atos que compõem a teia procedimental, refere o autor citado que a seqüência por eles formada "caracteriza-se por ser disciplinada por uma série de normas coligadas entre si, de tal modo que a norma sucessiva da série tem sempre o seu suporte fáctico constitutivo composto por efeitos produzidos pela atuação da norma precedente". Por força disso, conclui o autor no sentido de que "o modelo procedimental decorre de uma seqüência de normas, cada qual regulando determinada conduta e ao mesmo tempo enunciando, como pressuposto da própria incidência, o cumprimento de uma atividade regulada por outra norma da série e assim até à norma reguladora do 'ato final'. Ao fim e ao cabo, o procedimento só pode ser concebido

---

[184] Nas palavras de PASTORE, 1996, op. cit., p. 225, "la logica della controversia, se non si vuole ridurre l'accertamento giudiziale del fatto alle operazioni solitarie di un giudice indagatore di una verità che si modella entro una configurazione scientifica, o di un giudice intuizionista, richiede strutturalmente un metodo dialettico volto ad ordinare la discussione argomentativa tra i soggetti che intervengono, da diverse prospettive, nel processo, influenzandone il corso".

[185] O panorama acima referido corresponde àquele descrito no pensamento de GIULIANI, 1988 a, op. cit., p. 29, para quem "al dialettico la controversia appare nella sua complessità e dinamicità come un centro di argomentazioni, dato che può contenere varie questioni: fra di esse egli cerca di stabilire un certo ordine, individuando i punti di disaccordo e le questioni pregiudiziali. Il dialettico organizza la controversia e dirige l'indagine, assicurando una situazione di reciprocità delle parti nella discussione: sotto tale profilo la sua attività s'identifica con quella di un giudice imparziale".

---

na perspectiva da conexão, antecipadamente prevista, entre as várias normas, atos e posições subjetivas da série".[186]

O fenômeno acima descrito pode ser observado a partir de uma abordagem sistemática do procedimento comum ordinário, previsto no Código de Processo Civil brasileiro como paradigma geral quanto ao funcionamento das atividades de conhecimento. Da análise de tal paradigma, é possível observar a existência de uma intenção do legislador no sentido de tentar agrupar os atos processuais que exercem uma mesma tarefa ou uma mesma função na estrutura do debate.[187] Dessa análise é possível inferir a possibilidade de identificação de fases do processo, as quais também são ordenadas dentro de uma ordem lógica,[188] segundo a qual haverá, primeiramente, atividades tendentes à delimitação do problema e, em um segundo momento, outras relacionadas à investigação da solução a ser aplicada.[189]

A fim de ilustrar o raciocínio ora exposto, traga-se à baila, mais uma vez, o magistério de Carlos Alberto Alvaro de Oliveira, segundo o qual é "essa concatenação recíproca das situações individuais internas ao processo concede-lhe unidade e pode explicar seu caráter essencialmente dinâmico". Conforme o autor citado, "esses nexos, por meio dos quais se encontram em relação de pressuposição ou de consecução entre si os vários fatos componentes do procedimento, não têm substrato somente em critérios de disposição lógica, como ocorre em outras espécies de formação sucessiva, mas assentam principalmente em critérios de disposição cronológica. E isso porque o desenvolvimento do fenômeno procedimental no tempo resolve-se numa sucessão de determinações temporais, a permitir harmônica disposição dos fatos no âmbito do procedimento, regulando dessa forma o proceder rítmico do fenômeno, elemento de fundamental importância para a organização do procedimento".[190]

Aproximando o olhar ainda mais em direção ao fenômeno ora descrito, observa-se que o emprego do critério cronológico possibilita a identificação de uma primeira seqüência de atos processuais que merece especial atenção do ponto de vista das relações entre a orientação dialética do processo e a formação de controvérsia no debate dos autos. Caracterizam-se tais atos por sua íntima relação com duas metas a serem atingidas: a fixação da questão a ser resolvida pelo magistrado em sede de processo de conhecimento e a delimitação do quadro das narrativas sobre fatos que podem ser levadas em conta pelo julgador com vistas à consecução de tal objetivo. A presença dessa marca comum, bem como a peculiaridade de tais atos processuais, no mais das vezes, consti-

---

[186] ALVARO DE OLIVEIRA, 2009, op. cit., p. 130.

[187] Ver a abordagem sistemática das funções processuais desenvolvida por BARRIOS DE ANGELIS, 2002, op. cit., p. 178 ss, definindo *função* como "toda actividad determinada por un fin diferencial, así como la trascendencia de todo ente respecto de una actividad" (p. 179).

[188] É nesse sentido que SANTOS, Moacyr Amaral. *Primeiras linhas de direito processual civil*. v. 2. 23. ed. rev. e atual. por Aricê Moacyr Amaral Santos. São Paulo: Saraiva, 2004, p. 123, se refere à fase postulatória, como sendo uma das *fases lógicas* do procedimento comum ordinário, tomado como modelo padrão do processo de conhecimento. Também faz menção a tal ordenação lógica das fases do procedimento THEODORO JR., 2004, op. cit., p. 306.

[189] O modelo do procedimento comum ordinário parece obedecer ao referido na lição de COMOGLIO; FERRI; TARUFFO, 1998, op. cit., p. 574, quando afirmam os autores que "l'esperienza degli ordinamenti processuali più evoluti è invero nel senso di strutturare la fase centrale del processo distinguendo due momenti: l'uno destinato alla preparazione della causa (ed eventualmente alla sua soluzione anticipata), che si chiude con la precisa e definitiva individuazione dei termini della controversia; l'altro, sucessivo ed eventuale, destinato alla raccolta delle prove occorrenti per la decisione".

[190] ALVARO DE OLIVEIRA, 2009, op. cit., p. 131.

tuirem as primeiras oportunidades de manifestação dos sujeitos processuais previstas no procedimento ordinário,[191] faz com que sejam agrupados sob o manto da chamada fase postulatória.[192]

A análise acima efetuada não é imune a críticas. É certo que a distinção de fases do procedimento, concebida em termos ideais, apresenta restrita aplicabilidade em outros campos do ordenamento jurídico processual. De outro lado, não se pode negar que, à luz da exigência de efetividade que caracteriza o processo civil contemporâneo, é preferível falar em *atividades processuais*, noção que permite a superação de uma série de dilemas práticos que se mostram insolúveis na perspectiva da defesa de uma rígida separação de momentos da marcha do processo para a prática de determinados atos.[193]

Contudo, não se pode negar que a separação dos atos processuais em fases também oferece vantagens igualmente consideráveis. A principal delas reside exatamente no fato de permitir a delimitação de um regime jurídico comum a um conjunto de atos processuais, tendentes à realização de um mesmo fim. A consciência quanto à importância da idéia de ordem como pauta subjacente à marcha processual é outro ganho considerável, permitindo a criação de ferramentas que garantem resultados diretamente ligados à idéia de efetividade do processo, em especial no que se refere ao fenômeno da preclusão.

Outra projeção importante que decorre da estruturação dialética da marcha processual é o fato de ser ela pautada, sob o ponto de vista do direito positivo, pela intensa influência do princípio do contraditório, o qual exerce direta influência na conformação do debate travado nos autos. A possibilidade de participação conjunta efetiva das partes, na delimitação do objeto do debate a ser solucionado pelo juiz é um desdobramento desse primeiro pressuposto necessário para que se possa tratar da existência de uma verdadeira controvérsia a ser solucionada. É do encontro das razões trazidas pelas partes, pressupondo chances de participação ordenada no debate processual, que se faz possível falar em formação de controvérsia em torno de determinado aspecto do debate dos autos.

Essa segunda reflexão, por sua vez, é complementada por conclusões alcançadas a partir da afirmação de que *o debate processual é estruturado de maneira tópico-dialética*. A orientação do debate processual em função do problema a ser enfrentado pelo julgador faz com que sejam lançadas novas luzes sobre a célebre distinção entre as noções de *ponto* ("todo e qualquer fundamento de fato ou de direito invocado pelas partes ou, eventualmente, suscitado pelo juiz") e *questão* ("todo ponto controvertido ou duvidoso,

---

[191] THEODORO JR., 2004, op. cit., p. 306, define a fase postulatória como sendo aquela "que dura da propositura da ação à resposta do réu, podendo ocasionalmente penetrar nas providências preliminares determinadas pelo juiz, como preâmbulo do saneamento".

[192] BARRIOS DE ANGELIS, 2002, op. cit., p. 184, denomina *función de relevamiento del objeto* aquela referente "al conjunto de actos que tienen por finalidad hacer objeto de un proceso a una situación peculiar de la vida real", esclarecendo, ainda, que "constituye un conjunto de juicios relativos a la existencia de determinados hechos, de una norma secundaria que los comprende como supuesto de hecho – es decir, de una relación ideal entre los hechos y la norma – sobre la consecuencia jurídica que corresponde, em abstracto, y sobre su realización posible, en concreto". Da leitura da análise feita por COMOGLIO; FERRI; TARUFFO, 1998, op. cit., p. 549, observa-se que a anteriormente referida *función de relevamiento* corresponde à parte da *fase introduttiva* do rito ordinário do sistema processual civil italiano, relativamente à individuação da demanda e à determinação do objeto da causa.

[193] É nesse sentido a crítica feita por BARBOSA MOREIRA, José Carlos. *O novo processo civil brasileiro.* 22. ed. Rio de Janeiro: Forense, 2004, p. 5 e THEODORO JR., 2004, op. cit., p. 306.

---

de fato ou de direito, alegado pelas partes ou apreciados ex officio").[194] Da combinação de tais fatores resulta que a existência de questões somente se justifica na medida em que estas sejam diretamente relacionadas à questão apresentada ao órgão jurisdicional. Como decorrência lógica, é possível afirmar que, como regra geral, da mesma forma, a necessidade de produção de provas incide apenas sobre questões, sendo excepcional a afirmação no sentido da obrigatoriedade da produção de provas sobre pontos.

Deste modo, a compreensão da estrutura subjacente à teia de alegações que se forma em função da orientação tópico-dialética da marcha processual é pressuposto para que se possa efetuar a análise com vistas à determinação das alegações sobre fatos que serão objeto de prova. A liberdade das partes quanto à determinação do objeto de debate, o estabelecimento de oportunidades paritárias de manifestação sobre os componentes da discussão e a ordenação lógica do debate compõem o quadro de premissas fundamentais a serem consideradas em um debate no qual se coloque a idéia de controvérsia como idéia associada ao objeto da prova.

2.3.2. A atribuição de ônus de alegação sobre fatos às partes, a determinação do conteúdo da controvérsia e do objeto da prova

A análise do regime jurídico aplicável em sede de definição dos ônus de alegação imponíveis a cada uma das partes permite identificar a existênciade uma orientação lógica subjacente à ordenação normativa da teia de alegações formada pelas manifestações trazidas pelas partes. A presença de controvérsia, nessa esteira, é um resultado obtido a partir do contraste entre as versões da realidade trazidas pelas partes em um debate no qual a orientação tópico-dialética é reconhecida como valor a ser respeitado também do ponto de vista jurídico.

A formação da controvérsia, por sua vez, pressupõe a combinação harmônica entre a *liberdade das partes quanto à delimitação do objeto do debate*, garantia inerente ao princípio dispositivo,[195] e a *obrigatoriedade do estabelecimento de oportunidades paritárias de manifestação sobre os elementos que pautam debate dos autos*, decorrência necessária da garantia do contraditório.[196] Esse encontro de dimensões é viabilizado graças à conjugação do *espírito dialético que permeia a ordenação do processo* com a *orientação tópica da atividade jurisdicional*. Sob o signo da orientação tópica, o universo construído a partir das alegações a respeito da realidade pelas partes, livremente apresentadas em um debate dialeticamente ordenado e caracterizado pela paridade das possibilidades de manifestação, passa a ser considerado como um catálogo de premissas que podem ser empregadas na construção da decisão jurisdicional.

A partir das premissas acima apresentadas, é possível concluir no sentido de que o discurso judicial, como espécie de discurso prático, mostra-se articulado sob a base de argumentos nos quais se ensaiam justificações e se discutem pretensões de justiça e de verdade. Essas propostas de embasamento, por sua vez, são apresentadas ao julgador sempre atreladas a um pedido de proteção ao órgão jurisdicional. Essa condição de res-

---

[194] Os conceitos transcritos são de CAMBI, Eduardo. *A prova cível* – admissibilidade e relevância. São Paulo: Revista dos Tribunais, 2006, p. 270, em proposta abertamente inspirada naquela previamente estabelecida por CARNELUTTI, Francesco. *Sistema di Diritto Processuale Civile*, v. 1. Padova: Cedam, 1936, p. 353.

[195] CARNELUTTI, 1992, op. cit, p. 20-21.

[196] TROCKER, 1974, op. cit., p. 449-459.

posta dada por um terceiro imparcial a uma demanda apresentada pelos litigantes, construída em função de um problema que se apresenta para ser solucionado por aquele que
recebe poder do ordenamento jurídico para tal desiderato, constitui-se em traço fundamental para que se possa identificar a presença de verdadeira atuação jurisdicional.[197]

As versões trazidas aos autos pelas partes relativamente à realidade que deve ser
considerada juridicamente relevante são, pois, verdadeiros projetos de decisão orientados em função dos interesses por elas defendidos. A condição de terceiro imparcial
inerente à posição do juiz demanda sejam essas narrativas devidamente interpretadas
pelo magistrado, a quem não cabe definir os limites do problema que lhe é apresentado
para análise.

Os reflexos decorrentes dessas contingências inafastáveis que acabam por condicionar o papel do julgador na delimitação do objeto do debate podem ser sintetizados na
célebre lição de Piero Calamandrei. Comentando a influência do princípio dispositivo
como fator que diferencia a atuação do juiz em relação à do historiador, refere o autor
citado que, "nella raccolta delle singole circostanze, dal concorso delle quali è composta
la 'fattispecie' controversa, il giudice non è libero di andare a esplorare per conto suo la
realtà, ma è tenuto (almeno nel processo a tipo dispositivo) a concentrare le sue indagini
su quei soli fatti che l'una o l'altra delle parti abbia indicato come giuridicamente rilevanti (iudex secundum allegata decidere debet). Non soltanto dunque il giudice si trova
di fronte a un problema formulato da altri, ma anche nell'accertamento dei fatti, che
costituisce una delle tappe per la soluzione di questo problema, egli non può considerare
la realtà se non al limitato scopo di raffrontare ad essa le contrapposte rappresentazioni
che le parti ne danno nelle loro allegazioni".[198]

Como já apontado anteriormente, essa liberdade das partes quanto à determinação
do objeto do debate no que se refere à dimensão da realidade de fato é um pressuposto
necessário para que se possa afirmar a existência de uma verdadeira controvérsia a ser
dirimida pelo órgão jurisdicional. A orientação lógica subjacente que pauta tal liberdade
– e que, desse modo, acaba por orientar a formação da própria controvérsia – é veiculada no ordenamento jurídico através das normas que tratam da *atribuição de ônus de
alegação às partes*, definindo os papéis dos sujeitos do debate na delimitação do conteúdo e do alcance do *thema decidendum*.

A atribuição de ônus de alegação às partes é diretamente vinculada ao influxo da
idéia de liberdade na conformação do panorama do processo civil contemporâneo, a
qual ingressa no ordenamento jurídico com as vestes do princípio dispositivo. A alegação da parte quanto à existência ou à inexistência de determinados fatos é, antes de tudo,
uma forma pela qual o litigante exercita sua liberdade quanto à disposição dos fundamentos a serem considerados na defesa em juízo do direito subjetivo de que alega ser
titular. Na esteira de tal pensamento, mostra-se acertada a posição de Hernando Devis
Echandía ao definir o ônus como "una facultad o poder, porque su aspecto fundamental
consiste en la posibilidad que tiene el sujeto conforme a la norma que la consagra, de
ejecutar libremente el acto objeto de ella, para su propio beneficio".[199]

Seguindo esse mesmo raciocínio, é possível afirmar que o silêncio da parte, por
sua vez, também deve ser tomado, na maioria das situações, como sintoma do exercí-

---

[197] PASTORE, 1996, op. cit., p. 31.

[198] CALAMANDREI, 1939, op. cit., p. 105-128, especialmente p. 111.

[199] DEVIS ECHANDÍA, 1988 a, op. cit., p. 415.

cio dessa mesma liberdade da parte. A ausência de manifestação expressa do litigante constitui uma opção da parte, a qual passa a aceitar a produção de uma conseqüência diversa daquela que seria verificada caso houvesse a manifestação expressa nos autos. É exatamente esse o fenômeno que se verifica no caso em que o silêncio da parte permite ao julgador inferir a conclusão no sentido de que a versão trazida aos autos pelo outro litigante pode ser tomada como correspondente àquilo que efetivamente aconteceu. Caminha-se, aqui, na esteira da posição defendida por Devis Echandía segundo a qual "en la carga, el sujeto se encuentra en absoluta libertad para escoger su conducta y ejecutar o no el acto que la norma completa, no obstante que su inobservancia puede acarrearle consecuencias desfavorables. De suerte que puede decidirse por soportar éstas, pues ninguna persona (ni el juez en las cargas procesales) puede exigirle su cumplimiento y, menos aún, obligarlo coercitivamente a ello, de lo cual se deduce que la inobservancia de la carga es perfectamente lícita, por estar autorizada em la ley".[200]

A compreensão da importância a ser associada à idéia de liberdade como pauta da conduta dos litigantes torna possível a identificação de uma das principais tarefas do princípio dispositivo, qual seja a da *função declaratória dos ônus de alegação de fatos imponíveis a cada uma das partes* (*onere della affermazione, Behauptungslast* ou *Anführungslast*). Trata-se, aqui, de reconhecer que as normas de direito positivo que dispõem sobre tais ônus de alegação estão inevitavelmente atreladas a uma ordem lógica que lhes é subjacente. Essa consideração é fundamental, na medida em que, conforme lembra Francesco Carnelutti, não pode o legislador dispor a respeito de tais ônus de maneira a ignorar a dimensão lógica à qual eles estão vinculados, referindo, ainda, que "l'onere della affermazione non può essere distribuito perché l'interesse alla affermazione (alla considerazione [Berücksichtigung] del fatto affermato) è soltanto unilaterale".[201] Essa intangibilidade dos ônus de alegação resta igualmente evidente na posição defendida por Mauro Cappelletti, para quem não é possível afirmar que o processo possa ser considerado orientado à luz do princípio dispositivo se não se fizer presente a obediência à máxima da disponibilidade das partes quanto às alegações sobre fatos.[202]

A fim de que se possa compreender com exatidão o alcance das reflexões acima apresentadas, refira-se que a liberdade outorgada às partes no que se refere à delimitação das alegações sobre fatos que poderão ser levadas em conta pelo julgador na construção de sua decisaõ configura-se como um fenômeno cuja existência se justifica em razão de seu caráter instrumental. A atuação dos litigantes, relacionada aos ônus de alegação, explica-se não apenas por razões estratégicas, mas também em função do papel exercido pelas partes na dinâmica da dialética processual. A contraposição entre as tarefas desenvolvidas pelas partes no debate processual àquelas que são outorgadas

---

[200] DEVIS ECHANDÍA, 1988 a, op. cit., p. 416.

[201] CARNELUTTI, 1992, op. cit, p. 23-24.

[202] CAPPELLETTI, 1974, op. cit., p. 332-333: "soltanto in un processo a tipo non dispositivo (inquisitorio, anzi inquisitorio 'in senso sostanziale', ved. infra, § 4), l'allegazione, che altrimenti si configura come un atto normativo, vincolante per il giudice – vincolante sia in senso positivo che in senso negativo, in quanto il giudice deve prendere in esame tutte e soltanto le allegazioni proposte dalle parti –, cessa di essere tale, configurandosi invece come un mero atto informativo reso dalla parte in giudizio, una mera testimonianza della parte (...). Sembra dunche abbastanza sicuro questo primo risultato della nostra indagine: che dei due principii, espressi dal ditterio 'judex secundum allegata et probata partium decidere debet', uno solo, quello attinente alla disponibilità delle prove, ma non anche l'altro, riferentesi alla disponibilità delle allegazioni, è principio che un processo possa in tutto o in parte rinegare, senza dover cessare con questo di esere dispositivo ossia d'ispiransi alla massima della disponibilità conseguente al carattere privato dell'oggetto litigioso".

---

ao juiz nesse mesmo contexto permite entender o motivo pelo qual a liberdade associada à atuação dos demandantes não pode pautar o agir do juiz, o qual, em sua decisão, enfrenta um problema nos termos em que apresentado pelos litigantes. Nesse sentido, é possível afirmar que *tanto os critérios de distribuição dos ônus de alegação quanto a máxima da imparcialidade do julgador constituem-se em comandos situados em uma dimensão lógico-dialética do debate processual. Analisados tais comandos à luz do direito positivo, observa-se que eles apenas acabam recebendo reconhecimento expresso por parte do ordenamento jurídico. Não podem por ele ser modificados, nem poderiam ter sua existência negada expressamente pelo legislador.*

Como se vê, a liberdade das partes quanto à determinação do alcance do objeto do debate interfere diretamente na conformação da atividade do órgão jurisdicional, conjugando-se harmonicamente com o dever imposto ao juiz de analisar o pedido de proteção formulado pela parte, atuando o julgador na condição de terceiro cujo interesse primordial não se confunde com aqueles defendidos pelos litigantes.[203] Eis, aqui, mais uma manifestação da natureza instrumental dos ônus de alegação, os quais são considerados como ferramentas inseridas em uma estrutura dialeticamente estruturada, a qual é fortemente influenciada pelo conceito de liberdade e é destinada à obtenção de decisões que permitam solucionar os dilemas construídos a partir do debate dos autos.[204]

2.3.3. O regime jurídico-positivo dos ônus de alegação sobre fatos associados às partes e os seus reflexos sobre a determinação do objeto da prova

Da análise do regime jurídico aplicável aos atos processuais relacionados ao papel exercido pelo autor na dialética processual, um primeiro ponto a ser destacado diz respeito ao comando inscrito no art. 282 do Código de Processo Civil. Segundo tal ditame legal, impõe-se ao demandante o *ônus de apresentar ao julgador, na petição inicial, o pedido da tutela jurisdicional por ele desejada e a sua versão sobre os fatos que justificam a concessão da proteção pleiteada.* Cumpre ao autor, nesse ponto, apresentar ao julgador uma narrativa em torno dos fatos constitutivos do direito de que alega ser titular.

O dispositivo em exame encontra correspondência, ainda, no disposto nos artigos 300 e 302 do mesmo Código, os quais impõem ao réu os ônus de alegar, na contestação, toda a matéria de defesa, expondo as razões de fato e de direito com que impugna o pedido do autor, manifestando-se precisamente sobre os fatos narrados na petição inicial.

---

[203] Nesse mesmo sentido parece ser a visão de DEVIS ECHANDÍA, 1988 a, op. cit., p. 189, ao apontar que "desde este punto de vista puede hablarse de carga de la afirmación, por cuanto para la obtención del fin deseado con la aplicación de cierta norma juríddica, la parte debe afirmar los hechos que le sirvan de presupuesto, sin lo cual el juez no puede tenerlos en cuenta, aun cuando aparezcan probados, y también de determinación del tema de prueba por la afirmación de hechos. Se dice que el hecho no afirmado es inexistente para los fines del proceso (a menos que sea secundario o accesorio, o configure una excepción perentoria que el juez deba considerar oficiosamente)".

[204] Refira-se, aqui, a posição de MICHELI, 1961b, op. cit., p. 92, para quem, "dada la naturaleza instrumental de tales poderes, es natural que el ejercicio de ellos dependa considerablemente de la entidad de los intereses respectivamente hechos valer; intereses que, en otras palabras, condicionam el interés procesal de las partes en hacer valer los propios derechos ante el juez. Consideraciones de política legislativa (y, por tanto, contingentes) podrán determinar el ámbito dentro del cual los expresados intereses hayan de considerarse motores esenciales del proceso concreto". Aponte-se, aqui, que a posição ora defendida vai além do que o autor refere: é possível vislumbrar caráter instrumental até mesmo na dimensão lógica dos ônus da prova, independentemente de positivação expressa por parte do legislador de tais escopos.

Esse último alerta feito pelo legislador, impondo ao réu o *ônus de impugnar as alegações sobre fatos constitutivos do direito pretendido pelo autor*, constitui-se, em última instância, em fórmula através da qual a perspectiva dialética é apresentada aos sujeitos do processo como norte para a orientação do debate dos autos.

Semelhante fenômeno pode ser visto, ainda, na ampliação do conteúdo do debate e na conformação dada à controvérsia nos casos em que incidente o art. 326 do Código de Processo Civil brasileiro. Trata o ditame legal examinado da abertura de oportunidade ao demandante para que possa se manifestar sobre as alegações trazidas pelo réu em contestação sobre fatos impeditivos, modificativos ou extintivos do direito sustentado na petição inicial.[205]

Da exposição dos parâmetros normativos acima elencados, mostra-se correto afirmar que é no contraste lógico-dialético dessas manifestações que surge a formação de *questões*, as quais se traduzem, sob a ótica do julgador, como a existência de *dúvida quanto à correspondência entre a narrativa das partes e aquilo que efetivamente se passou no mundo dos fatos sociais*. A necessidade de escolha entre possibilidades contrapostas,[206] apresentadas ao juiz sob a forma de versões provisórias e parciais, é, neste sentido, a razão que autoriza o julgador a determinar a implementação de toda uma série de atividades processuais destinadas à formação do convencimento jurisdicional. O objetivo a ser alcançado em tal esforço é, em suma, a substituição da fluidez e da vagueza do estado de dúvida pela solidez e pela precisão que indicam a presença da certeza jurídica.[207]

Essa mesma orientação lógica pauta, ainda, o regime de direito positivo aplicável no que se refere às *conseqüências jurídicas associadas ao silêncio de uma das partes em face das alegações sobre fatos trazidas pela outra*. A ausência de manifestação do réu em relação às alegações sobre fatos tecidas pela parte autora também é regida por normas radicadas em uma dimensão eminentemente lógico-discursiva que acabam sen-

---

[205] Há controvérsia doutrinária quanto ao fato de a atividade prevista no art. 326 pertencer ou não à fase postulatória. Defendendo a não inclusão de tal comando nessa fase processual, ver, por todos, BARBOSA MOREIRA, 2004, op. cit., p. 5 ("No procedimento ordinário, manifesta é a existência de uma fase inicial postulatória. Regem-na as disposições constantes do Livro I, Título VIII, Capítulos I e II") e a Exposição de Motivos do Código de Processo Civil brasileiro, de lavra do então Ministro da Justiça Alfredo Buzaid ("Findo o prazo para resposta do réu, sobem os autos à conclusão do juiz para diversas providências" – item 19). Em sentido contrário, ver THEODORO JR., 2004, op. cit., p. 306, definindo tal fase, como sendo "a que dura da propositura da ação à resposta do réu, podendo ocasionalmente penetrar nas providências preliminares determinadas pelo juiz, como preâmbulo de saneamento") e GRECO FILHO, 2003 b, op. cit., p. 90. Adota-se, no presente estudo, a segunda posição, incluindo-se tal manifestação dentro da fase postulatória, ao se considerar que ela também se propõe ao fim de delimitar o alcance das alegações sobre fatos que compõem o objeto do debate dos autos.

[206] Segundo IRTI, Natalino. Dubbio e decisione. *Rivista di Diritto Processuale*, n. 56, p. 64-72, 2001, especialmente p. 64, "la decisione è sempre una scelta, um atto selettivo. Chi decide non può rimanere nella molteplicità delle soluzioni, né oscillare tra l'una e l'altra, né mostrare il buono e il cattivo, l'errore e la verità di ciascuna di esse. Com linguaggio non consueto ai giuristi, si direbbe che il taglio deve abbasttersi sulla foresta e aprire una radura". Sugestiva, ainda, é a sutileza da distinção proposta pelo autor ao afirmar que "la pluralità di soluzioni possibili – che sempre precede la fase della decisione – non solleva, di per sé, um dubbio. La scelta non è necessariamente accompagnata dal dubbio: spesso scegliamo senza dubitare. (...) Il dubbio è in-decisione" (p. 65).

[207] Merece integral transcrição o argumento de PASTORE, 1996, op. cit., p. 38, segundo a qual "pressupposto del giudizio è un dubbio. Il giudizio interviene a scioglierlo. Si apre qui l'affascinante tema dei 'limiti del giudizio', che porta in se stesso l'antinomia irresolubile, propria della vita degli uomini, di una scelta che non può essere rinunciata e che peraltro si fonda constantemente su elemenit parziali e provvisori. Da questo punto di vista su può affermare che il giudizio è paradigma dell'esperienza umana".

do incorporadas pelo ordenamento jurídico. É nesse diapasão que o art. 302 do Código de Processo Civil pátrio comina, como conseqüência para os casos de não-manifestação específica do demandado a respeito das alegações trazidas pelo autor, a consideração da veracidade das alegações do demandante. Análogo fenômeno pode ser visto, ainda, no tratamento dispensado pelos arts. 285 e 319, os quais estabelecem a produção da mesma conseqüência como um dos efeitos da revelia.[208] Deste modo, o silêncio da parte, associado a um padrão de normalidade, pode desencadear o mesmo reflexo originado a partir da conduta da parte que aceita a narrativa do outro litigante como verdadeira. Em todas as situações acima elencadas, a inexistência de controvérsia a respeito de determinada alegação sobre fato dispensa o magistrado do dever de formar o seu convencimento exclusivamente com base na produção de provas.[209]

As conclusões acima apresentadas estão longe de configurar simples obviedades ou, ainda, raciocínios facilmente constatáveis no caso concreto. Observe-se, a esse respeito, a aplicabilidade do comando disposto no art. 334, III, do Código de Processo Civil brasileiro, que prevê a desnecessidade de produção de provas em relação a fatos afirmados por uma das partes e reconhecidos pela outra, tratando de questão que de forma alguma pode ser considerada como sendo de fácil resolução.

Um primeiro problema a ser examinado a respeito da aplicabilidade do art. 334, III é o que concerne ao alerta constante da lição de Pontes de Miranda, segundo o qual "o pressuposto é a explicitude do reconhecimento, posto que possa haver interpretação do que foi dito pela parte contrária".[210] Em se considerando que fatos e normas somente ganham os seus significados em função de um processo exegético no qual o intérprete realiza constante contraponto entre tais dimensões, é certo que a inexistência de incontrovérsia pressupõe a *possibilidade de identificação de um significado mínimo objetivo comum às partes relativamente a algum evento jurídico referido ao longo do debate dos autos*. Nessa esteira, observe-se que a necessidade ou não de produção de prova no caso proposto pressupõe, obrigatoriamente, a *determinação do significado da realidade a ser estudada em sede de instrução*. Envolve, para tanto, uma racionalidade argumentativa tópico-retórica que tem por ponto de partida a norma que prevê a conseqüência desejada pela parte em seu pedido, demandando a identificação da hipótese a ser considerada suficiente para a sua incidência. E é exatamente nesse ponto que se revela uma primeira dificuldade: *não raro, o conteúdo da norma somente se revela no momento em que o julgador se propõe a efetuar o contraste entre a situação alegada pelas partes e a linguagem das normas inscritas no ordenamento jurídico*. Ao seu lado, surge outra questão igualmente relevante: *não raro, o significado de narrativas rela-*

---

[208] Conforme PONTES DE MIRANDA, 1997 b, op. cit., p.140, "o art. 302 somente concerne à falta de impugnação pelo contestante. Nada tem a ver com a atitude do revel. Daí serem diferentes o art. 302, que supõe a contestação, e os arts. 319 e 320". Não se pode ignorar, contudo, que, em ambos os casos, é cominado o surgimento de um argumento de prova no sentido da veracidade das alegações não-impugnadas, apesar de a incidência do art. 302 não importar na produção dos demais efeitos da revelia. Em posição análoga a essa defendida, ver DINAMARCO, 2005, op. cit., p. 60.

[209] Assim DEVIS ECHANDÍA, 1988 a, op. cit., p. 190: "ya dijímos que la afirmación conjunta o acorde del hecho o la admisión posterior de la parte contraria, sea expresa o tácita (ésta cuando la ley la consagra por el silencio de esa parte), produce el efecto de permitir al juez tenerlo como cierto, sin necesidad de más prueba, siempre que la ley no exija alguna solemnidad o excluya la confesión. En cambio, si el hecho afirmado por una parte es negado por la otra o no es admitido (cuando la ley procesal no exija su rechazo expreso, ni le dé al silencio el efecto de una admisión tácita), queda definitivamente determinada la obligatoriedad o necesidad de su prueba, a menos que ésta se excluya por otras razones".

[210] PONTES DE MIRANDA, 1997 b, op. cit., p. 276.

tivas a realidades históricas cuja existência decorra de criação jurídica (como, por exemplo, a existência de propriedade de um imóvel e o seu exercício em conformidade com a sua função social) somente se revela a partir do contraste entre a linguagem empregada nessas narrativas e aquela utilizada nos comandos inscritos em determinado ordenamento jurídico.

Os problemas acima apresentados ganham maior complexidade em se considerando que apenas em um estágio mais avançado desse processo exegético é que será possível a determinação do significado das narrativas que integram a realidade histórica a ser considerada juridicamente relevante. Nesse sentido, para que se possa tratar da existência ou não de controvérsia quanto às alegações sobre fatos, impõe-se sejam *contrastadas as versões trazidas pelas partes entre si, bem como em relação aos indícios da realidade histórica objeto de investigação que já tiverem sido trazidos aos autos relativamente.* Somente em persistindo dúvida por parte do julgador quanto à correspondência entre as narrativas ou entre estas e a realidade histórica, é que pode ser considerada justificada a assertiva no sentido da necessidade ou da utilidade da produção de provas. Logo, tem-se que a inexistência de controvérsia entre as versões da realidade trazidas pelas partes não afasta, por si só, a possibilidade de produção de provas, mas apenas nos casos em que tal resultado possa acarretar reflexos ulteriores no que se refere à formação do convencimento jurisdicional.

A construção de um panorama completo no que se refere a essa dimensão lógico-jurídica do debate processual demanda, ainda, a análise do disposto no art. 302, III, do Código de Processo Civil. Por força do dispositivo ora comentado, não serão tratadas automaticamente como verdadeiras as alegações da parte autora se, na ausência de impugnação, não pontual por parte do réu, o contrário resultar da análise do conjunto da defesa apresentada. Com efeito, não se pode negar o acerto do entendimento segundo o qual a aplicabilidade de tal comando ocorre em situações similares àquela inscrita no art. 320, I, do Código de Processo Civil.[211] Contudo, impõe-se reconhecer, aqui, a presença de algo que transcende a dimensão da literalidade dos dispositivos legais em comento: *a constatação de contradição entre o afirmado pelo autor e a defesa do réu não pode ser vista como fruto de um raciocínio mecânico simples, mas envolve a presença de um processo lógico-hermenêutico na abordagem da realidade histórica que constitui o objeto das narrativas das partes.*[212]

Por outro lado, a proteção, por parte do legislador, de objetivos e de valores vigentes em um determinado âmbito histórico, social, político e cultural faz com que a formação do conteúdo do debate processual não seja ser orientada exclusivamente por postulados lógicos. A convivência entre a orientação lógica antes enunciada e uma dimensão axiológico-teleológica pode ser vislumbrada a partir da análise dos comandos inscritos nos incisos I e II do art. 302 (relativamente às exceções à rigidez da regra

---

[211] DINAMARCO, 2005, op. cit., p. 62. No mesmo sentido, PONTES DE MIRANDA, 1997 b, op. cit., p. 142, epecifica que "se há litisconsórcio, mas não é unitário, cada litisconsorte sofre a eficácia da sua omissão. Porém, como há presunção, a contestação do outro réu ou as dos outros réus podem levar à retirada da presunção".

[212] É nesse sentido o ensinamento de MARINONI, Luiz Guilherme; ARENHART, Sérgio Cruz. *Processo de conhecimento.* 6. ed. rev., atual. e ampl. São Paulo: Revista dos Tribunais, 2006, p. 136, pelo qual "muitas vezes, ainda que não se tenha negado, expressamente, determinado fato que constitui a causa de pedir da pretensão do autor, por via reflexa, a negativa de outros fatos que também compõem aquele fundamento importa reconhecer que se toma por inverídico também aquele primeiro fato. Não há, nesse caso, certamente, de incidir a presunção aludida".

Luis Alberto Reichelt

que dita os ônus de alegação em sede de contestação), bem como no constante do art. 320 da mesma codificação processual. A tutela da forma de atos jurídicos (presente na exigência da juntada do instrumento público que lhe é inerente) e a proteção de direitos indisponíveis servem como sinais da existência de uma fronteira a partir da qual começa uma dimensão externa ao campo do debate meramente argumentativo. Em tais situações, mesmo não havendo contraste lógico e expresso entre as alegações das partes, ainda assim o julgador poderá exigir a prova das alegações correspondentes,[213] visto que a necessidade de proteção a tais valores traz consigo a obrigação de maior precisão por parte do julgador no processo de formação do seu convencimento. Em tais casos, a incontrovérsia não autoriza o juiz a afirmar sua convicção quanto à correspondência ou não de determinada assertiva da parte em relação à realidade histórica.

A correta interpretação do disposto no parágrafo único do art. 302 do Código de Processo Civil brasileiro exige que não seja tomada tal determinação legal como um instrumento capaz de afastar o ônus de alegação imponível ao réu. Em verdade, a função do comando normativo ora examiando é tão-somente a de afastar a incidência do ônus de impugnação específica associado ao réu, dispensando-o da tarefa de apresentar contraposição pontual em relação a cada um dos fatos alegados pelo autor. A norma aqui referida cria uma possibilidade de flexibilização quanto ao *momento* no qual deve ser produzida a alegação, afastando os rigores da eventualidade em razão das limitadas condições dos sujeitos mencionados no texto legal no que se refere ao conhecimento dos elementos afeitos à defesa do interesse daquele que ocupa o pólo passivo da relação jurídica processual.[214]

Outro aspecto que merece atenção na composição desse panorama diz respeito à crescente ampliação do leque de opções de que dispõe no que se refere à possibilidade de conhecimento, *ex officio*, de fatos que não tenham sido alegados pelas partes. Tal fenômeno, por sua vez, guarda direta proporção em relação ao aumento da preocupação com a necessidade de concessão de tutela adequada em face de questões de ordem pública. Exemplo de tal orientação pode ser visto na possibilidade de reconhecimento *ex officio* de prescrição e de decadência, capazes de inviabilizar o pleito formulado pelas partes (art. 219, § 5º, do Código de Processo Civil). Em tais casos, atenua-se aquela que é uma das premissas fundamentais para a compreensão do princípio dispositivo, isto é, a de que "il potere monopolistico delle parti rispetto alle allegazioni dei fatti, e quindi il vinculo del giudice di decidere secundum allegata partium, sia da considerarsi conseguenza logicamente e giuridicamente necessaria del carattere privato disponibile del rapporto dedotto nel processo civile, e come necessaria espressione quindi del principio e del processo 'dispositivo'".[215] Reconhece-se, em tais situações, que a presença

[213] Nesse sentido, DINAMARCO, 2005, op. cit., p. 62.

[214] PONTES DE MIRANDA, 1997 b, op. cit., p. 141, justifica a importância de tal comando no fato de que "pode não estar ou não ter estado em contacto suficiente com a parte contestante o advogado que lhe foi dado, ou o curador especial, ou o órgão do Ministério Público". No mesmo sentido foi decidido no Recurso Especial n. 252.152/MG, Rel. Min. Waldemar Zveiter, Terceira Turma do Superior Tribunal de Justiça, julgado em 20.02.2001, em voto no qual se afirma que "o legislador, no entanto, excepcionou os casos em que os fatos não-impugnados precisamente são tidos como inverídicos (art. 302 do CPC); entre eles a hipótese da contestação vir a ser formulada por advogado dativo, curador especial ou órgão do Ministério Público, pois em tais circunstâncias, o relacionamento entre o réu e seu representante não tem a mesma profundidade existente entre as partes que normalmente contratam um advogado".

[215] CAPPELLETTI, 1974, op. cit., p. 339. No mesmo sentido, BRÜGGEMANN, 1968, op. cit., p. 119, lembrando que "die Behauptungs- um Bestreitenlast ist Last des Disponierens und dieser inhärent. Daβ der Richter den vorgetragenen Prozeβstoff als solchen zu sichten, auf seine Erheblichkeit zu prüfen und nach

de interesses que extrapolam a esfera da realidade unicamente individual dos litigantes, estendendo os seus domínios por sobre um campo de interesse comum a todos os que se submetem a um mesmo ordenamento jurídico, impõe a intervenção jurisdicional devidamente justificada na determinação do conteúdo do objeto do processo, ainda que não haja provocação expressa de qualquer das partes.

Debate de igual importância é aquele travado no que diz respeito à possibilidade de o julgador levar em conta, ao construir a sua decisão, a prova produzida a partir de fatos secundários não-mencionados pelas partes. Definidos em contraposição aos fatos principais, os fatos secundários são aqueles que, "rappresentando elementi marginali dell'episodio della vita' dedotto in giudizio, non incidono però sul suo significato giuridico ne assumano alcun significato probatorio, vanno intesi quelli suscettivi di esplicare in giudizio una loro rilevanza non in quanto fatti costitutivi, estintivi o impeditivi del rapporto o stato di quo agitur (c.d. fatti 'principali' o 'giuridici'), sì bene in quanto fatti daí quali direttamente o indirettamente possa desumersi l'esistenza o l'inesistenza o comunque un modo di essere dei fatti giuridici".[216]

A possibilidade de fatos secundários serem levados em conta pelo magistrado na formação do convencimento jurisdicional está diretamente atrelada às condições de ordem lógica subjacentes a tal processo. Ao julgador é lícito inferir a existência de tais fatos a partir da observação dos elementos constantes do debate dos autos, como, por exemplo, o comportamento de uma testemunha ou, ainda, a declaração dada pela parte em seu depoimento pessoal. O processo interpretativo permite ao julgador identificar, na presença de certos indicativos, a possibilidade de confirmação ou não da veracidade das alegações trazidas pelas partes em relação aos fatos principais. De qualquer forma, certo é que a aferição de fatos secundários pelo magistrado pode levar à ampliação do objeto da demanda para além dos limites originalmente estabelecidos, e, com isso, a exemplo do ocorrido nas situações acima descritas, ensejar a conseqüente ampliação do objeto da prova.[217]

A fim de que se compreenda adequadamente o raciocínio acima exposto, cumpre lembrar o equívoco existente na defesa da necessária identidade entre o *thema decidendum*, o *thema probandum* e o *objeto da prova*. No sentido expresso anteriormente, a eventual limitação do objeto da prova em função dos fatores aqui descritos não exclui a possibilidade de o órgão jurisdicional conhecer elementos em relação aos quais não exista a necessidade de produção de atividade instrutória. De outro lado, a aceitação da possibilidade de produção de prova em relação a fatos secundários somente possui a sua razão de ser na medida em que o conhecimento se revele útil com vistas à obtenção de conclusões em relação às alegações sobre os fatos ditos principais. Esse elo de utilidade, por sua vez, pressupõe seja levado em conta o papel fundamental desempenhado por normas situadas em duas dimensões fundamentais: de um lado, as regras de experiência, responsáveis por unir logicamente, em um nexo de imputação, o fato secundário ao fato

---

Maßgabe der erzielten Vergewisserung über seine Wahrheit nächstdem der Enscheidung zugrunde zu legen hat, ist Inhalt seiner Richterpflicht, den Parteien gegenüber Inhalt der Plicht des Staates zur Gewährung unparteiischen und gewissenhaften Rechtsschutzes, abermals jedoch nicht Ausfluß des Verhandlungsgrundsatzes".

[216] CAPPELLETTI, 1974, op. cit., p. 339.

[217] Segue-se, aqui, orientação similar àquela defendida por ALVARO DE OLIVEIRA, 2003, op. cit., p. 74, para quem não é recomendável "proibir a apreciação dos fatos secundários pelo juiz, dos quais poderá, direta ou indiretamente, extrair a existência ou modo de ser do fato principal, seja porque constem dos autos, por serem notórios, ou pertencerem à experiência comum".

principal; de outro, as regras jurídicas que veiculam a tutela jurisdicional pleiteada pela parte, que justificam que seja a alegação sobre o fato principal considerada como tal.

2.3.4. O regime jurídico-positivo dos ônus de alegação, o princípio da estabilidade da demanda e o objeto da prova

A adequada conjugação dos fatores envolvidos na formação da controvérsia que caracteriza as alegações sobre fatos que compõem o objeto da atividade de instrução reclama, por fim, seja dada atenção especial à posição de destaque ocupada pelo princípio da estabilidade do objeto do processo em tal contexto.[218] Da combinação entre o comando inscrito no art. 264 do Código de Processo Civil com os demais ditames que concretizam os deveres inerentes ao princípio dispositivo e ao princípio da imparcialidade do juiz (em especial, aqui, no que se refere aos arts. 128 e 460 da referida codificação), resulta a formação de um dos principais pilares envolvidos na estruturação de um debate pautado pelo espírito dialético. Assim ocorre na medida em que o referido princípio exerce forte influência nos casos em que o julgador se vê chamado a apresentar decisões em face de requerimentos das partes que almejem a alteração dos elementos da ação fora dos limites impostos pelo princípio da eventualidade.

A importância dos limites dentro dos quais é possível a introdução de outros elementos sem importar em alteração na estabilidade da demanda podem ser flagrada em inúmeros exemplos encontrados na jurisprudência do Superior Tribunal de Justiça. Refira-se, nesse sentido, decisão na qual ficou assentado que "não viola os arts. 264 e 294, ambos do CPC, a inclusão no pólo passivo da demanda de maridos e esposas dos primitivos réus, posteriormente à citação destes, porquanto não efetivada nenhuma alteração na causa de pedir ou no pedido, restando incólume a estabilidade da causa".[219] Da mesma forma, registra posição a jurisprudência segundo a qual, "via de regra, é inviável a modificação da lide após a contestação, salvo quando se tratar de litisconsórcio unitário, situação em que se admite a convocação de terceiro para figurar no pólo passivo da relação processual".[220]

A menção a casos como os acima apontados é mais do que justificada. Primeiro de tudo, cumpre alertar para a inegável excepcionalidade que caracteriza os casos nos quais o ordenamento jurídico processual autoriza que seja trazida aos autos, após o término da fase postulatória, a notícia de fatos impeditivos, modificativos ou extintivos do direito do autor. A existência de regra como a constante do art. 462 do Código de Processo Civil serve como indicativo a retratar a intensidade da incidência do princípio da eventualidade na conformação do procedimento.[221]

---

[218] O nome dado ao princípio está de acordo com a terminologia empregada por FAZZALARI, 1966, op. cit., p. 1076, que o associa à idéia de que "al soggetto o ai soggetti cui spetta di determinare quel thema sai vietato di modificarlo a propria discrezione nel corso del processo".

[219] Recurso Especial 260.079/SP, Rel. Min. Fernando Gonçalves, julgado pela Quarta Turma do Superior Tribunal de Justiça em 17/05/2005.

[220] Recurso Especial 507.626/SP, Rel. Min. Nancy Andrighi, julgado pela Terceira Turma do Superior Tribunal de Justiça em 05/10/2004.

[221] Após referir que "apresentando-se o processo como uma sucessão de actos tendentes a obter do tribunal uma decisão que defina os direitos no caso concreto, isso implica a previsão de fases e prazos processuais, a fim de se estabelecer alguma disciplina necessária", GERALDES, António Santos Abrantes. *Temas da reforma do processo civil*. v. 1. 2. ed. rev. e ampl. Coimbra: Livraria Almedina, 1998, p. 82-83, define o *princípio da eventualidade* da seguinte maneira: "(...) significa que, em regra, ultrapassada determinada fase processual, deixam as partes de poder praticar os actos que aí deveriam inserir-se. Tem ainda como

A razão pela qual o art. 462 pode ser visto como um instrumento destinado a uma razoável flexibilização dos princípios da estabilidade da demanda e da eventualidade pode ser vista na lição de Cândido Rangel Dinamarco. Se, conforme ensina o referido autor, a inobservância a tal dispositivo legal não implica em maior prejuízo para o autor (o que demonstra, mais uma vez, ser o ônus de alegação intimamente ligado a um ato de disponibilidade quanto ao interesse de defender em juízo um determinado direito), não se pode dizer que o mesmo ocorre em relação ao réu. Refira-se, com Dinamarco, que o fato de a coisa julgada atuar como fator que limita a rediscussão da causa nos limites da *causa de pedir*, e não das *razões de defesa*, faz com que o réu acabe por se deparar com o "impedimento total de alegar, em outro processo, quaisquer fatos modificativos, extintivos ou mesmo impeditivos que pudessem infirmar a estabilidade dos efeitos da sentença". Assim, tem-se como acertada a conclusão no sentido de que a *não-alegação de tais fatos nos autos acaba por acarretar maior gravame aos interesses defendidos pelo demandado*. Por força disso, defende Dinamarco, com igual acerto, que "os fatos modificativos ou extintivos do direito do autor devem ser considerados na sentença, ainda quando ocorridos antes da contestação, desde que só depois dela tenham vindo ao conhecimento do réu – ou também em caso de dúvida séria e razoável sobre essa última circunstância".[222]

A discussão quanto aos limites da intensidade da incidência dos princípios ora comentados e dos seus respectivos reflexos não é questão discutida apenas na realidade brasileira. Em comentário à reforma introduzida no ordenamento jurídico processual italiano em 1992, define Gian Franco Ricci as possibilidades de delimitação do objeto do processo como sendo substancialmente limitadas em função da "barriera della prima udienza".[223] Aponta Ricci que, antes da reforma legislativa aludida, o processo civil italiano comportava a possibilidade de identificação de uma série de peculiaridades relevantes no que se refere à imutabilidade do objeto do processo. Nesse sentido, uma das mais importantes é a que envolvia a distinção entre direitos autodeterminados (aqueles "caratterizzati dalla circostanza che non possono esistere se non una sola volta fra gli stessi soggetti anche in presenza di più titoli di aquisito contemporanei"[224]) e direitos heterodeterminados ("non individuabili cioè di per sé, ma solo attraverso um elemento estrinseco, che ne è appunto il fatto generatore"[225]). Na realidade ora referida, a máxima da estabilidade da demanda teria incidência intensa somente em relação à primeira espécie de direitos acima referidos, uma vez que, em relação aos direitos heterodeterminados, a parte autora sempre poderia invocar, durante o processo, um fundamento distinto daquele originariamente apresentado para sustentar o seu pleito, sem que, com isso, fosse

---

conseqüência que, excedido um prazo fixado na lei ou determinado pelo juiz, se extingue o direito de praticar o acto". Sobre a interpretação do art. 462, ver CINTRA, 2003, op. cit., p. 298-299, em especial quando refere que "a disposição do artigo 462, ora em exame, há de ser interpretada à luz das normas que impõem a referida estabilização objetiva do processo, com as quais deve se harmonizar. (...) Assim, na verdade, no tocante ao autor, o artigo 462 não autoriza a alegação nova de fato superveniente, mas a nova alegação de fato justificada pela sua superveniência", bem como que "a norma do artigo 462 também aproveita o réu".

[222] DINAMARCO, 2005, op. cit., p. 281-284, em especial p. 283-284: "quer os fatos sejam ou não alegados na sede adequada que é a contestação, quer eles sejam ou não elevados em conta segundo a regra do art. 462, sempre a preclusão impedirá o réu de alegá-los depois com o objetivo de desestabilizar os efeitos da sentença coberta pela coisa julgada material".

[223] RICCI, 1992, op. cit., p. 835.

[224] RICCI, 1992, op. cit., p. 846.

[225] RICCI, 1992, op. cit., p. 851-852.

caracterizada a existência de nova ação.[226] Por força de alterações legislativas superve-nientes, a distinção entre tais categorias – que sequer chegou a ser esboçada no âmbito da experiência brasileira – caiu por terra, de maneira que se impôs a obrigatoriedade da indicação de fundamentos de fato também em litígios relativos a direitos autodetermi-nados, sob pena de nulidade processual.[227]

Problema de ordem diversa é aquele referente à modificação da causa de pedir no que diz respeito à valoração judicial dos fundamentos jurídicos apresentados pelas par-tes. No âmbito da realidade brasileira, a jurisprudência do Superior Tribunal de Justiça consolidou posição no sentido de que, mesmo após o encerramento da fase postulató-ria, as partes podem pleitear a incidência de comandos legais capazes de atribuição de qualificação jurídica distinta às alegações sobre fatos nos casos em que houver a super-veniência de normas com vigência posterior a tais instantes processuais.[228] Com efeito, o norte a ser seguido para a acertada identificação dos limites a serem observados pelo julgador em tal ponto, inclusive no que se refere à possibilidade de conhecer de ofício de novos fundamentos jurídicos, é o respeito aos termos do objeto do pedido formulado pela parte. A possibilidade de o julgador lançar mão da máxima *iura novit curia,* por sua vez, resta sempre condicionada à abertura de oportunidade aos demais sujeitos do debate para que possam se manifestar a respeito da pertinência ou não da aplicabilidade da inovação normativa ao caso proposto para análise.[229]

O tema ora examinado é de fundamental importância, visto que possui direta rela-ção com a repartição de tarefas entre o juiz e as partes. Nesse sentido, mostra-se impe-riosa a conclusão no sentido de que a valoração jurídica das narrativas a ser considerada na sentença não necessariamente deve corresponder àquela veiculada nas versões apre-sentadas pelas partes. É lícito ao magistrado determinar a aplicação de outras normas que não sejam aquelas apresentadas pelas partes em suas manifestações, desde que tal

---

[226] RICCI, 1992, op. cit., 847, exemplifica: "proposta una domanda per la tutela di un diritto reale basa-to su um certo titolo di acquisto (ad. es. compravendita), di fronte all'eccezione del convenuto relativa all'invalidità di quel titolo, l'attore può sempre invocarne un altro in corso di causa (ad es. Usucapione, accessione) senza che si abbia una domanda nuova".

[227] RICCI, 1992, op. cit., p. 857-860. Refere o autor, mais adiante que "la narrazione introduttiva deve essere il più possibile completa anche in funzione delle specifiche attività che nel nuovo rito il giudice deve compiere in prima udienza (interrogatorio libero delle parti, richiesta di chiarimenti necessari, rilievo delle questioni sollevabili d'ufficio delle quali ritiene opportuna la trattazione). Tali attività sarebbero impossibili se il giudice non fosse posto a conoscenza, prima del processo, di tutte le circostanze di causa" (p. 870-871).

[228] Recurso Especial 440.901/RJ, rel. Min. Hamilton Carvalhido, julgado pela Sexta Turma do Superior Tribunal de Justiça em 20/04/2004: "quando o autor-recorrido, antes de proferida a sentença, postulou pela incidência do artigo 53, inciso II, do Ato das Disposições Constitucionais Transitórias, deu nova qualifi-cação jurídica aos fatos, em razão de direito superveniente, não ocorrendo, desse modo, alteração da causa de pedir. Ressalte-se, nesse passo, que compete ao julgador aplicar o direito aos fatos, procedendo, desta forma, a um novo enquadramento das circunstâncias da causa. Daí, o velho brocardo latino, *da mihi factum, dabo tibi jus*". No mesmo sentido, ver o Recurso Especial 488.326/RS, rel. Min. Teori Albino Zavascki jul-gado pela Primeira Turma do Superior Tribunal de Justiça em 28/02/2005 ("o advento da lei mais benéfica é fato novo, superveniente ao ajuizamento da ação, que incumbe ao juiz tomar em conta mesmo de ofício, nos termos do art. 462 do CPC").

[229] O cuidado com o tema da aplicação de normas supervenientes é objeto de preocupação constante da ju-risprudência. Veja-se, aqui, a título de exemplo, a posição firmada no julgamento dos Embargos de Diver-gência em Recurso Especial 441.038/SP, rel. Min. Francisco Peçanha Martins, julgado pela Primeira Seção do Superior Tribunal de Justiça em 11/05/2005, em que se decidiu que "o direito à compensação deve ser analisado pelo Judiciário à luz da legislação vigente à data da propositura da ação, em face do princípio da estabilização da lide, que impede a modificação do pedido ou da causa de pedir sem anuência do réu e após o saneamento do processo (CPC, art. 264 e 265)".

---

conclusão guarde concordância com os limites do problema que por elas é proposto para enfrentamento. O surgimento de novas definições do significado a ser associado às alegações sobre fatos em função da incidência de normas jurídicas diversas das inicialmente consideradas pelas partes pode ensejar a modificação do objeto da prova, devendo o magistrado garantir aos litigantes plenas condições para que possam produzir novas provas no limite do que se fizer necessário para elucidação da lide. Somente através do respeito a tais parâmetros por um juiz ativo é que se pode afirmar que houve efetivo respeito ao princípio do contraditório e à paridade de armas entre autor e réu. Trata-se de postura necessária com vistas à minimização dos perigos decorrentes de partes que desconhecem os seus respectivos direitos ou que os interpretam de maneira errônea, situações que, não raro, levam à frustração da tutela jurisdicional.[230]

3. A FINALIDADE DA PROVA NO CONTEXTO DO PROCESSO CIVIL CONTEMPORÂNEO

O objetivo último da prova é o de servir como argumento integrado à atividade de persuasão racional do juiz, sendo considerada como uma das razões envolvidas na dinâmica de *formação do convencimento jurisdicional*, permitindo que o julgador possa aferir a veracidade ou não das alegações sobre fatos considerados juridicamente relevantes para o deslinde do problema que lhe é apresentado. Através da prova, apresenta-se diante dos olhos do magistrado uma *versão possível de uma realidade situada no espaço e no tempo*, a qual possui a *pretensão de exercer influência no processo de construção da decisão judicial*, atuando como *razão juridicamente orientada em função de fatores éticos e lógicos.*

A definição acima apresentada possui o propósito de evidenciar o elo que une duas dimensões de um mesmo fenômeno. Tratar da *persuasão racional do juiz* é pensar na *atividade* desenvolvida pelos participantes do processo com a finalidade de interferir na formação do convencimento jurisdicional em face de um problema proposto para exame. De outro lado, fazer menção à *formação do convencimento jurisdicional* é fazer referência ao *resultado* obtido a partir de todo um conjunto de atividades desenvolvidas pelos sujeitos do debate processual com vistas à construção de uma solução para a questão a ser enfrentada pelo julgador. Têm-se, pois, duas faces de uma mesma moeda, os quais revelam pontos de vista que se complementam, os quais revelam aspectos de uma mesma realidade que são colocados em destaque para fins de estudo dos seus respectivos regimes jurídicos.

A prova cível é uma dentre as diversas ferramentas concebidas com vistas à permitir seja influenciado o pensamento do julgador no momento de tomada de decisão a respeito do caso que lhe é proposto para enfrentamento, a qual se combina com outros argumentos na composição das razões a serem consideradas pelo órgão jurisdicional em sua tarefa de julgar. A ela se somam, como outros instrumentos igualmente voltados a tal desiderato, em um rol que ora é apresentado de maneira exemplificativa, o uso de *presunções*, a aplicação de *regras sobre os ônus de prova*, e a incidência de *normas que dispõem sobre a dispensa de produção de provas.* É do entrelaçamento das razões apre-

---

[230] O alerta ora referido segue na linha daquele trazido por ALVARO DE OLIVEIRA, 2003, op. cit., p. 65-69.

sentadas em tal panorama, segundo critérios jurídicos que traduzem orientações lógicas e éticas, que resulta a formação do convencimento jurisdicional como resultado a ser alcançado ao final do debate dialético dos autos.

A compreensão da forma como os conceitos examinados são conjugados de maneira harmônica abre as portas para um estudo situado em duas dimensões fundamentais. Primeiramente, cumpre examinar a relação entre o aspecto teleológico da prova e o tema dos escopos do processo, tarefa que envolve a identificação dos pontos de encontro entre tais dimensões e a construção de alternativas para os eventuais paradoxos existentes. Paralelamente a isso, impõe-se examinar as relações entre prova, descoberta e justificação, nas quais se permite encontrar traços da racionalidade subjacente à atividade jurisdicional relacionados ao fenômeno probatório.

3.1. O problema da finalidade da prova como projeção do debate em torno dos fins do processo

Assim como as estrelas são vistas como partes integrantes de constelações, também o problema dos fins associados à prova deve ser visto como um capítulo especial do debate em torno dos fins do processo. Da mesma forma que as estrelas se integram à lógica que pauta a harmonia da constelação como um todo, também a prova deve ser vista como instrumento a serviço da realização de objetivos consagrados pelo ordenamento jurídico que norteia os contornos dos fenômenos processuais em geral.

A respeito da relação entre os fins da prova e os objetivos consagrados pelo ordenamento jurídico, refere Norberto Bobbio, em análise do conceito de prova no sentido que lhe é dado pelos estudiosos da lógica, que "celui qui met à l'avant-plan la certitude, parce qu'il considère que l'ordre est la fin principale du droit, sera disposé à apprécier surtout la jurisprudence qui présente ses propres conclusions comme le resultat d'une chaîne de raisonnements formellement corrects, formant dans leur ensemble un système déductif, et affirmera, ajoutant son propre désir à l'1observation des faits, que la jurisprudence doit être un système logique". Esse destaque dado às idéias de *certeza* e de *ordem* como fins do Direito e da prova é contraposto por Bobbio a uma outra perspectiva, segundo a qual "celui à qui importe davantage le jugement juste dans chaque cas particulier que la certitude de la prévision, parce qu'il considère que la justice est la fin primordiale du droit, tendra à donner un plus grand poids à l'esprit de finesse, aux facultés d'intuition de l'interprète, qu'à son habileté démonstrative, et affirmera, avec autant d'intransigeance et aussi peu d'égards pour les faits, que la jurisprudence doit être un systeme de libres jugements d'équité".[231]

Assim como o processo, a prova também é vista como instrumento a serviço de determinados fins. Da mesma forma, a eterna contraposição entre *ordem* e *eqüidade* atua não só como norte da discussão em torno do problema da finalidade da prova, mas, antes, dos demais problemas estudados pela ciência jurídica processual.

Sob essa perspectiva, observa-se que o conhecimento da verdade histórica, entendido como a *correspondência entre as alegações sobre fatos juridicamente relevantes constantes do debate dos autos e uma determinada realidade situada no espaço e no tempo que vem retratada nos autos*, acaba por se constituir em um dos fatores envolvidos na formação do convencimento jurisdicional, temática comum à prova e ao pro-

---

[231] BOBBIO, Norberto. Considérations introductives sur le raisonnement des juristes. *Revue Internationale de Philosophie*, v. 27-28, p. 67-83, 1954, especialmente p. 68-69.

cesso. Aponte-se que, ao mesmo tempo em que a idéia de verdade pode ser considerada como uma das possíveis traduções do valor justiça, também acaba por corresponder a um dos fins que devem ser protegidos através do processo. O compromisso com a sua investigação é uma afirmação constante no regime jurídico de direito positivo, o qual estabelece uma série de direitos, deveres e ônus imponíveis que, entrelaçados, formam uma estrutura na qual a colaboração entre os sujeitos do processo atua como meio a serviço de tal desiderato.

Um dimensionamento adequado do alcance do debate em torno da investigação da verdade como fim do processo pode ser construído a partir da posição defendida por Michele Taruffo a esse respeito. Conforme o referido autor, a verdade histórica, por ele definida como "corrispondenza assoluta di una descrizione allo stato di cose del mondo reale", é "soltanto il valore-limite teorico della verità della descrizione".[232] Tal afirmação, contudo, não esvazia a importância presente na idéia de conhecimento da verdade histórica como objetivo a ser alcançado através do processo: ao contrário, tal noção é fundamental para que se possa cogitar a idéia de prova. Sem tal referencial, mostra-se inviável cogitar qualquer definição de prova como argumento que veicula uma representação possível da realidade histórica, autorizando a conclusão judicial no sentido da equivalência entre o afirmado e o ocorrido.

O acerto da posição ora defendida pode ser visto, ainda, na lição de Francesco Carnelutti, ao afirmar que "la rappresentazione suppone dunque due fatti: il fatto rappresentativo, che è il fatto surrogante, e il fatto rappresentato, che è il fatto surrogato. Vi è, in altri termini, nel concetto di rappresentazione, il pressuposto della divertà o separazione tra il fatto percepito e il fatto ideato; se la idea determinata in chi lo percepisce è soltatno la idea del fato percepito, questo non è un fatto rappresentativo". Conforme Carnelutti, "la attitudine del fatto percepito a determinare l'idea di un fatto diverso, cioè a surrogare quest'ultimo come fonte dell'idea, costituisce la sua capacità rappresentativa".[233] Essa *capacidade representativa* inerente ao fenômeno probatório é, pois, potencialidade que somente se explica diante da aceitação de que a realidade histórica ao menos *pode* ser conhecida pelo homem.

A consideração da verdade histórica como valor-limite teórico de uma estrutura argumentativa permite compreender a importância instrumental associada à sua investigação. O papel da verdade histórica em relação à formação da prova é, antes de tudo, o de *servir como referência de validade em face das alegações sobre fatos considerados juridicamente relevantes*. Sua função é, portanto, a de parâmetro (*topoi*) a ser considerado pelo julgador na construção de sua decisão, o qual se insere em um sistema no qual as versões da realidade apresentadas ao julgador são submetidas a um crivo de contraposição e combinação, o qual se desenvolve em um debate pautado pelas noções de retórica e dialética. Essas versões – que sempre são juridicamente orientadas, tanto do ponto de vista lógico quanto no que se refere aos valores éticos que permeiam o seu conteúdo – são confirmadas ou infirmadas justamente no contraste com os indicativos da realidade histórica que são construídos através da atividade de instrução.

Esse mesmo entendimento pode ser encontrado nas palavras de Henri Levy-Bruhl, para quem a prova "est partagée entre deux fonctions qui lui sont assignés, et qu'elle ne peut remplir qu'imparfaitement parce qu'elles sont, à certains égards, contradictoires. En premier lieu, le juge doit rendre la justice, et la rendre le plus exactement possible,

---

[232] TARUFFO, 1992 a, op. cit., p. 155.
[233] CARNELUTTI, 1992, op. cit, p. 96.

c'est-à-dire qu'il doit apprécier, peser la véracité des preuves qui lui sont soumises. Or, nous l'avons remarqué, cette tâche primordiale, essentielle, il lui est impossible de la remplir convenablement en raison précisément de l'autre obligation qui lui incombe, et qui résulte du caractère social de sa fonction. Tout procès devant recevoir une solution sous peine de troubler l'ordre public, il est interdit au juge de rester sans opinion sur le litige dont il est saisi, même si, dans le tréfonds de sa conscience, aucune conviction véritable n'a pu se dégager. Il est obligé, non seulement moralement, mais juridiquement, de rendre as sentence. Par ailleurs les moyens de preuve dont il dispose sont souvent incertains, équivoques ou franchement fallacieux. Certains d'entre eux mériteraient um exament prolongé et approfondi auquel le juge n'a pas la possibilité de se livrer, car là encore, l'ordre public intervient, et exige que la décision soit rendue dans um délai permis d'user de tous les moyens de preuve".[234] Também aqui a prova se coloca como um meio a serviço da construção de decisões justas, construídas a partir de um retrato daquilo que efetivamente se passou no plano da realidade social, mas é vista, de outro lado, como peça em uma complexa engrenagem destinada à obtenção de decisões judiciais.

Diante disso, é de se concluir no sentido de que a investigação da verdade histórica é apenas *uma* dentre as diversas finalidades perseguidas no processo civil. Trata-se de uma das referências a serem consideradas na determinação dos fundamentos a serem empregados pelo magistrado, ao ofertar a prestação da tutela jurisdicional em face da solicitação das partes. A investigação da verdade histórica é, desta forma, apenas um passo em uma estrutura argumentativa mais complexa, a qual culmina com o dever imposto ao órgão jurisdicional de proferir uma decisão em face da questão que lhe é proposta.

A esse respeito, vale referir o pensamento de Piero Calamandrei, o qual sustenta que "il giudice, anche se i resultati delle prove non sono stati così esaurienti e decisivi da rimuovere ogni dubbio dalla sua coscienza, non può trarsi di impaccio con un non liquet e deve in ogni caso emettere sui fatti controversi un giudizio di certezza, positivo o negativo".[235] Lembra o autor que "al giudice non è permesso, come è permesso allo storico, restare incerto sui fatti da decidere; egli deve ad ogni costo (questa è la sua funzione) risolvere la controversia in una certezza giuridica".[236]

Igualmente correta, nesse sentido, é a precisa observação de Calamandrei ao sustentar a *inexistência de diferença entre a investigação desenvolvida pelo historiador e aquela inerente à atividade da autoridade judiciária* no que diz respeito à *consideração da verdade como objeto de pesquisa.* A contraposição entre *verdade real* e *verdade formal* ou processual é, na verdade, uma falsa polêmica: a discrepância dos resultados obtidos através da investigação em cada um dos casos é, antes, fruto dos *diversos métodos empregados em tal procedimento,* e não da *existência de um diferente objeto de pesquisa.* Em suma: *a verdade a ser tomada como objeto de contraposição em relação às alegações feitas pelas partes é uma só.*[237]

O principal objetivo a ser alcançado pelo julgador no debate processual, contudo, não é o do conhecimento efetivo da verdade histórica, mas sim o do *oferecimento de uma decisão em face do problema que lhe foi proposto.* Conforme lembra Baldassare

---

[234] LEVY-BRUHL, 1963, op. cit., p. 52-53.

[235] CALAMANDREI, 1939, op. cit., p. 113.

[236] CALAMANDREI, 1955, op. cit., p. 164-192, especialmente p. 165.

[237] CALAMANDREI, 1939, op. cit., p. 114-115.

Pastore, "il ragionamento relativo alle prove e l'argomentazione giuridica risultano intrecciati e rimandono, entrambi, ad attività decisionali (razionali e non riducibili ad una mera dimensione soggettivistica) da compiere in situazione d'incertezza".[238] Refira-se, aqui, na esteira da lição do refrido autor, que "la certezza, come tensione necessaria per uscire dall'indeterminazione, non è in tal senso soltanto un valore o un obiettivo commendevole, ma una caratteristica strutturale del diritto che, da questo punto di vista, è definibile come una modalità esistenziale che esprime uno sforzo tanto individuale quanto collettivo per vincere l'incertezza",[239] de modo que "il riconoscimento della verità, bem ché non rappresenti, nel processo, un valore assoluto, potendosi talora trovare posposto ad altri valori (sia processuali che extraprocessuali), comunque partecipa della razionalità e della giustizia della decisione giudiziaria, ponendosi come elemento della sua giustificazione".[240]

A solução para o aparente paradoxo com o qual convive o julgador reside, de acordo com Cândido Rangel Dinamarco, no "equilíbrio entre exigências opostas": a busca desenfreada pela verdade histórica acabaria por dar à controvérsia um "significado talvez maior do que tem para os contendores".[241] Deste modo, o conhecimento da verdade histórica surge como *um* dos objetivos do processo, sendo a sua investigação um desdobramento natural a ser seguido diante do estado de incerteza que permeia toda a orientação do debate processual. Isso não significa que tal escopo deva necessariamente ocupar posição de primazia em relação a outros que a ela se somam em tal contexto, nem, de outro lado, que se trate de um objetivo de segunda categoria. Em verdade, trata-se de um objetivo instrumental e estratégico para a obtenção de um fim maior, atuando como fator de legitimação da decisão que soluciona o litígio.

3.2. Prova, verdade, descoberta e justificação

Um ulterior aprofundamento do raciocínio até aqui desenvolvido exige seja colocada em relevo a existência de diversos *contextos* dentro dos quais se insere se desenvolve a discussão em torno da relação entre a prova cível e a possibilidade de conhecimento da verdade histórica. Por esse prisma, é possível observar que a compreensão do alcance das idéias de persuasão racional do juiz e de formação do convencimento jurisdicional pressupõe um exame situado em duas dimensões fundamentais da dimensão argumentativa inerente à prova cível. Tal distinção, por sua vez, adota como critério as diferentes funções que podem ser associadas à linguagem empregada em sede de discurso argumentativo.

Um primeiro universo a ser considerado é aquele na qual a argumentação em sede de prova cível se desenvolve sob o manto do chamado *contexto de descoberta*, no qual *o emprego de linguagem, com pretensão descritiva em sede de argumentação, visa retratar nos autos as versões possíveis da realidade histórica através das provas*. A esse respeito, é possível afirmar, com Michele Taruffo, que, "se si guarda alla funzione che la prova svolge nel corso del processo, si constata facilmente che la prova è un fattore

[238] MENDES, 1961, op. cit., p. 391, 401-402; ALVARO DE OLIVEIRA, 2009, op. cit., p. 178, nota 51; CARNELUTTI, 1992, op. cit, p. 34-35, nota 34; MARINONI; ARENHART, 2005 a, op. cit., p. 58 e SENTÍS MELENDO, 1978, op. cit., p. 42-43.

[239] PASTORE, 1996, op. cit., p. 39-40.

[240] PASTORE, 1996, op. cit., p. 41.

[241] DINAMARCO, 1999, op. cit., p. 250.

o un elemento di conoscenza che entra in un procedimento complesso, orientato verso la formulazione di un giudizio finale relativo all'attenibilità di una asserzione (o di un insime di asserzioni) sui fatti rilevanti per la decisione".[242]

Por esse prisma, a prova é, pois, *argumento em um debate pautado por esforços de descrição da realidade histórica à qual se refere, revelando a sua existência diante dos olhos do julgador.* O documento que aponta a ocorrência do negócio jurídico, a fotografia que indica a presença de duas pessoas em um local e a testemunha que narra o que viu em torno do acontecimento investigado nos autos são exemplos de como os meios de prova servem como ponte entre as alegações tecidas pelas partes e o efetivo conhecimento da realidade histórica. Aqui a prova é vista como argumento que apresenta uma descrição possível a realidade, o qual é empregado como tal na atividade de persuasão racional do juiz e que atua na formação do seu convencimento.

A segunda dimensão a ser considerada, por sua vez, é aquela na qual a argumentação em sede de prova cível se desenvolve à luz do *contexto de justificação*, no qual *a linguagem empregada se apresenta com pretensão de prescrição relativamente à solução a ser adotada, para que se possa aferir os limites que devem ser observados na investigação da realidade histórica ou a fim de que se consiga construir soluções em caso de impossibilidade do seu conhecimento.* Também aqui merece transcrição o ensinamento de Michele Taruffo ao afirmar que a prova exerce a função de "elemento di giustificazione della decisione sul fatto, ovvero nel fornire elementi di conferma o di supporto razionale dell'ipotesi che viene indicata come asserzione veritiera su tale fatto".[243]

A diferenciação desses dois contextos permite construir importantes conclusões no que se refere à identificação dos fatores envolvidos nas noções de persuasão racional do juiz e de formação do convencimento jurisdicional. Uma primeira vantagem vislumbrada a partir da diferenciação ora apresentada é a de identificar, com maior precisão, as espécies de regras envolvidas na realização dos escopos associados à prova no processo civil. A esse respeito, vale trazer a posição de Marina Gascón Abellán ao defender, com razão, que um modelo adequado de conhecimento judicial da verdade histórica "debería posibilitar la construcción de una serie de reglas (prescripciones) sobre el conocimiento (descubrimiento) y motivación (justificación) de los hechos, pero debería permitir también dar cuenta de (describir) cómo se conocen (descubren) y validan (justifican) los hechos en la práctica judicial".[244] Desse modo, é possível afirmar que *a identificação das regras que pautam a racionalidade subjacente à finalidade da prova no processo civil pressupõe, como condição necessária, a prévia identificação do horizonte (contexto de descoberta ou contexto de justificação) que serve como pano de fundo para o desenvolvimento do discurso jurídico no qual se propõe o contraste entre as alegações sobre fatos e a realidade histórica.*

Um segundo avanço concebido a partir da distinção acima proposta diz respeito às possibilidades que se abrem ao intérprete com vistas ao estudo da função retórica inerente à prova cível. Considerada como argumento empregado com o objetivo de exercer ingerência sobre a formação do convencimento jurisdicional, a prova funciona, nessa dimensão, como instrumento destinado à construção de um retrato possível da realidade, fazendo presentes diante dos olhos do julgador fatos que, muitas vezes, não

---

[242] TARUFFO, 1992 a, op. cit., p. 417.

[243] TARUFFO, 1992 a, op. cit., p. 418.

[244] ABELLAN, 2004, op. cit., p. 50.

mais existem. Pelo prisma dessa função retórica, a prova cível serve como ferramenta pela qual é trazida aos autos uma versão possível dessa mesma realidade, a qual pode ou não corresponder àquilo que efetivamente aconteceu, constituindo-se como esforço argumentativo situado no âmbito do contexto de descoberta. De outro lado, a aceitação dessa versão possível como sendo condizente com a verdade histórica, por sua vez, pressupõe a presença de razões que autorizem o julgador a acreditar na sua correspondência com aquilo que efetivamente aconteceu, em uma atuação situada na dimensão do contexto de justificação.

Essa função retórica inerente à prova cível ganha ares de complexidade no momento em que se leva em consideração que, em se tratando de contexto de descoberta, a investigação da verdade histórica e o seu contraste em face das alegações sobre fatos juridicamente relevantes trazidas pelas partes pressupõem a prévia aceitação de uma concepção epistemológica. Nesse sentido, todo o esforço de descrição de uma realidade no âmbito do possível pressupõe *a possibilidade de existência de uma realidade externa à da narrativa dos autos*[245] que seja passível de descrição. As múltiplas significações possíveis associadas a essa realidade externa decorrem da forma como a linguagem se molda em função dos fatores culturais, axiológicos e jurídicos que incidem no momento em que o olhar do intérprete se volta em direção ao seu objeto de estudo. Essa realidade externa é o que se convenciona chamar de *verdade*, tomada tal noção na acepção de *parâmetro a ser empregado no raciocínio de prova*, não se confundindo com a noção de *verdade* como *resultado alcançado na aferição quanto à correção do respectivo raciocínio argumentativo (coerência, correspondência ou equivalência)*.

Um terceiro ganho de qualidade a ser considerado reside no fato de que, sob a ótica da distinção acima apresentada, a persuasão racional do juiz e a formação do convencimento jurisdicional deixam de ser fenômenos ligados à idéia de mera revelação de um mundo preexistente ao debate dos autos. À luz de tal orientação, tais noções passam a caracterizar atividades ou resultados nos quais se faz presente um *caráter eminentemente criativo, não-atrelado a modelos fechados de descrição do mundo, aberto às possibilidades lingüísticas consideradas pertinentes à luz do regramento jurídico aplicável ao caso concreto*. Na construção do significado da realidade e do seu contraste em relação aos elementos que compõem o debate dos autos, coloca-se em evidência o papel crucial exercido pela *dialética*, a qual atua como *pauta lógica do debate processual*, permitindo a construção de uma decisão que veicula uma *síntese dos significados da realidade investigada na atividade de instrução*. Essa síntese, por sua vez, somente é possível por meio do *prévio consenso entre os sujeitos do debate quanto à existência de um conjunto de valores e de linguagem que lhes são comuns*, o qual torna possível a comunicação entre os sujeitos envolvidos no diálogo processual e assegura a racionalidade do procedimento empregado para a sua obtenção do resultado referido.

Outra vantagem alcançada graças à distinção proposta pode ser vista no que se refere ao uso da retórica como pauta lógica que permite o controle da estrutura argumentativa da prova cível em sede de contexto de justificação. A necessidade de critérios que permitam controlar os limites da relatividade do significado da argumentação descritiva efetuada no âmbito do possível pode ser vista na visão de Jerzy Wróblewski, quando

---

[245] Trata-se de um modelo cognoscivista próximo daquele defendido por ABELLAN, 2004, op. cit., p. 51, que o caracteriza como aquele "según el cual los procedimientos de fijación de los hechos se dirigen a la formación de enunciados fácticos que serán verdaderos si los hechos que se describen han sucedido y falsos em caso contrario".

Luis Alberto Reichelt

afirma que "la différence entre vérification et S-justification de cette expression dépend des caractéristiques des faits et de la langue L. L verification a lieu quand l'expression ci-dessus est traitée comme proposition (dans le sens logique de ce terme) dans L. La S-justification a lieu, quand cette expression n'est pas une proposition dans la langue L, mais formule des arguments, qui la soutiennent".[246]

Na esteira das considerações acima efetuadas, refira-se que a orientação retórica do debate em torno da prova cível permite que *a aferição do significado e da existência da realidade histórica que compõe o objeto do debate processual não envolva a adoção, como pressuposto necessário, de uma metodologia pautada em raciocínios puramente dedutivos, mas também possa ser implementada mediante o emprego de raciocínios eminentemente indutivos*. O espaço aberto para a atuação da retórica como critério a ser empregado com vistas ao controle da racionalidade da argumentação em torno da veracidade ou não das alegações sobre fatos não exclui a possibilidade de existência de outros parâmetros tradicionalmente pautados no emprego de racionalidade dedutiva. A prova passa, pois, a ser vista como um fenômeno que se desenvolve sob o manto de uma orientação estabelecida em função da pragmática da comunicação e da discursividade dialética, as quais são tomadas como parte de uma complexa prática cognitiva, argumentativa e justificativa compartilhada por uma comunidade lingüística.[247]

Em exercício apertado de síntese, é possível afirmar que a realidade extraprocessual pode ser objeto de conhecimento por parte dos sujeitos do debate, sendo possível a obtenção do significado ou da definição do conteúdo dessa realidade dos fatos através de esforços situados tanto em contexto de descoberta quanto de justificação. Da mesma forma, é correto dizer que a determinação do significado da realidade (e a confirmação ou não de sua efetiva existência) não pressupõe a adoção de uma ordenação lógica puramente dedutiva mas também pode ser alcançada através do emprego de critérios de racionalidade orientados em perspectiva retórico-indutiva. Nas palavras de Baldissare Pastore, "la prova, nel collegamento tra context of discovery e context of justification, rappresenta un elemento di giustificazione, fornendo elementi atti a convalidare le ipotesi e fondandone la scelta al fine della decisione. Il rispetto di cette procedure euristiche nella fase della scoperta, allora, significa anche legittimare i risultati. É l'accettazione di certi criteri e di certe pratiche che rende, a sua volta, accettabile il prodotto delle scelte operate per loro mezzo".[248]

3.3. O conhecimento da verdade histórica e a formação do convencimento jurisdicional no panorama dos resultados a serem alcançados através do processo

Reconhecido que o conhecimento da verdade histórica é um dentre os diversos fins a serem alcançados através do processo, impõe-se referir que os esforços envidados pelos sujeitos do processo com vistas à sua obtenção nem sempre são suficientes a ponto de permitir seja alcançado tal resultado. Não raro, a necessidade de proteção a outros fins igualmente tutelados pelo mesmo ordenamento jurídico faz com que as pos-

---

[246] WRÓBLEWSKI, Jerzy. La preuve juridique: axiologie, logique et argumentation. In: PERELMAN, Chaïm; FORIERS, Paul (org.). *La preuve en Droit*. Bruxelas: Établissements Émile Bruylant, 1981, p. 334.

[247] PASTORE, 1996, op. cit., p. 195.

[248] PASTORE, 1996, op. cit., p. 193-194.

sibilidades de conhecimento da realidade acabem sendo substancialmente mitigadas, constituindo limites aos poderes de investigação da realidade. Nas palavras de Piero Calamandrei, "queste molteplici restrizioni che, in diversi momenti della istruttoria, intervengono a limitare o a disciplinare l'indagine del giudice, danno agli accertamenti di fatto che esso compie un dichiarato caratterre di relatività, che non è con altrettanta sincerità confessato nelle conclusioni dello storico".[249]

Para que se possa comprender o alcance do problema ora referido, vale lembrar, inicialmente, que o universo com o qual o julgador trabalha é o equivalente ao de um *peculiar quebra-cabeça*. Não conhece o juiz, de antemão, o original da imagem que deve ser retratada a partir do encontro das diversas peças, mas apenas retratos possíveis daqueles que seriam os resultados desejados ao final de sua montagem. Não raro, não dispõe de todas as peças necessárias para compor todo o panorama, seja porque elas vão desaparecendo em função do decurso do tempo, seja porque elas não lhe são repassadas (ou o acesso a elas lhe é vedado) em obediência às regras do jogo. E, mesmo diante de tais limitações, ainda assim o julgador é sempre chamado a dizer, obrigatoriamente, qual é a imagem que vê a partir das peças que lhe são apresentadas, indicando os motivos pelos quais chegou a tal conclusão. Para tanto, oscila a argumentação do julgador entre conclusões situadas no âmbito do contexto de descoberta, onde quer que ele sustente conseguir ver a realidade conforme aconteceu, e o contexto de justificação, nos casos em que ele acabe explicando o porque de acreditar estar presente algo que ele não vê.

A construção do quadro que compõe a chamada verdade processual, resultado obtido pelo juiz a partir da livre e da racional apreciação das diversas provas trazidas ao longo do debate dialético, demanda a consideração desses múltiplos retratos possíveis da realidade que são projetados sobre os autos. Constitui-se, portanto, em decorrência do exame dos retratos construídos a partir do contraste entre a verdade histórica e as versões trazidas pelas partes em suas alegações. Essas versões da realidade, por sua vez, são construídas à luz de um contexto no qual as orientações lógicas e éticas acolhidas pelo ordenamento jurídico guiam a investigação de eventos historicamente situados e, ao mesmo tempo, impõem limites quanto às possibilidades de conhecimento da realidade examinada.

A fim de que não se perca o norte a ser seguido, repita-se, com Michele Taruffo, que "il problema della possibilità di conoscere la verità assoluta non è di per sé rilevante per il processo. É pero rilevante l'ipotesi teorica della verità assoluta come assoluta corrispondenza dell'accertamento giudiziale ai fatti del mondo reale, poiché essa serve a fondare concettualmente una prospettiva in cui il problema dell'accertamento si pone razionalmente in termini di modalità e tecniche per realizzare la migliore verità relativa, ossia la migliore approssimazione dell'accertamento alla realtà".[250] A investigação da realidade histórica é, pois, um capítulo do debate processual, mas não o seu destino final, que é a prolação de uma decisão. Essa decisão, por sua vez, é construída a partir das conclusões alcançadas pelo julgador na dinâmica de formação do seu convencimento, que é fruto do debate no qual a atividade de instrução se insere.

A conjugação do dever de investigação da verdade dos fatos juridicamente relevantes com o respeito a outros fins igualmente tutelados pelo ordenamento jurídico processual é tarefa árdua. Nesse sentido, vale lembrar a lição de Antonio Carratta, para quem a devida compreensão do alcance dos poderes instrutórios do juiz pressupõe que

---

[249] CALAMANDREI, 1939, op. cit., p. 113.
[250] TARUFFO, 1992 a, op. cit., p. 157.

"la convinzione che l'attività giudiziale, anche quella di valutazione delle prove, debba essere improntata ad una serie più o meno complessa di regole, le quali non rappresentano altro che il 'precipitato storico' di precise tradizione storiche, giuridiche, culturali, religiose e, dall'altra, la consapevolezza (del legislatore, in primis) che l'accertamento della verità/falsità degli enunciati fattuali all'interno del proceso non possa essere perseguito 'ad ogni costo', ma debba essere 'costretto' a subire i limiti che lo stesso legislatore ha ritenuto opportuno fissare".[251]

O *conhecimento da verdade histórica* é, pois, um ingrediente que se coloca em um contexto maior, a saber, o da *formação do convencimento jurisdicional*. Assim, o compromisso do julgador de prolatar uma decisão em face de um problema que lhe é proposto pelas partes pressupõe não só o conhecimento das versões possíveis da realidade histórica produzidas nos autos, mas também o respeito aos limites impostos por um regime jurídico fortemente permeado por orientações lógicas e éticas. Eis a razão de se apresentar correta a afirmativa no sentido de que *a tarefa do julgador nem sempre é a de descobrir a realidade, mas, muitas vezes, é a de justificar racionalmente as suas conclusões diante da incompletude ou da nebulosidade do panorama de versões que se desenha diante dos seus olhos.*

A complexidade, a incompletude e a fluidez do universo considerado na formação do convencimento jurisdicional são, em princípio, sintomas das dificuldades verificadas no entrelaçamento de diversos esforços empreendidos ao longo do debate dialético processual com vistas à persuasão racional do juiz. Com efeito, o mesmo regime jurídico que exige e convida ao conhecimento da realidade histórica é o que impõe limitações ao seu conhecimento, as quais retratam orientações éticas e lógicas que, freqüentemente, colocam-se como obstáculo entre os olhos do investigador e o objeto de investigação. É significativo, aqui, o raciocínio de Giovanni Verde, segundo o qual "la formazione del convincimento giudiziale è, infatti, condizionata non solamente dalle regole che gli impongono di valutare in um certo modo le risultanze istruttorie, ma anche da quelle che fanno ritenere inammisibili determinate fonti di conoscenza (ad esempio, la scienza privata, la testimonianza, ecc.) ovvero che impongono il rispetto di determinate modalità di assunzione, cosí che le prove assunte senza il rispetto di tali limiti o modalità debbano ritenersi illegittime e di conseguenza, secondo l'opinione più attendibile, inefficaci".[252]

O verdadeiro desafio da prova é, portanto, o de servir como instrumento que interfere na formação do convencimento jurisdicional, atuando como ferramenta integrada na teia de racionalidade ditada pelo ordenamento jurídico que deve pautar o diálogo destinado à persuasão do julgador. A prova permite aos sujeitos do debate processual o contato com a realidade histórica considerada juridicamente relevante, servindo como fator de justificação da posição defendida pelos litigantes e de argumento a ser empregado pelo julgador em sua missão de dizer o direito aplicável em face do caso que lhe foi proposto. O desafio do estudioso, por sua vez, é o de conhecer não apenas o regime jurídico-positivo inerente à prova, mas também os parâmetros de racionalidade que ditam o modo de ser do resultado obtido a partir dos esforços persuasivos desenvolvidos na dimensão probatória. Esse resultado, por sua vez, é consubstanciado nas noções de *persuasão racional do juiz*, de *valoração da prova* e de *formação do convencimento jurisdicional.*

---

[251] CARRATTA, 2001, op. cit., p. 82.

[252] VERDE, 1988, op. cit., p. 590.

Parte III

Prova, persuasão racional do juiz e formação do convencimento jurisdicional no processo civil contemporâneo

Uma vez compreendidas as razões que impõem a rediscussão do conceito, do objeto e da finalidade da prova cível, e apresentados os contornos do paradigma que se molda às exigências da contemporaneidade, cumpre agora examinar os principais reflexos da sua aplicabilidade no que se refere à persuasão racional do juiz e à formação do convencimento jurisdicional em relação às alegações sobre fatos consideradas juridicamente relevantes.

A realização de tal tarefa, por sua vez, pressupõe seja investigada a estrutura argumentativa da prova cível, destacando-se os principais componentes que nela se combinam harmonicamente. Feito tal exame, tornar-se-á possível a adoção de uma perspectiva analítica na análise do problema da formação do convencimento jurisdicional nas suas relações com as temáticas da probabilidade e da valoração da prova. Por último, investigar-se-á a prova cível do ponto de vista do problema da persuasão racional do juiz, o qual compreende o estudo do regime jurídico da atividade de instrução processual no que se refere à admissibilidade dos meios de prova, à relevância das provas e à repartição de direitos, deveres e ônus entre os sujeitos envolvidos na dialética processual.

Capítulo I
A prova cível em perspectiva argumentativa

A definição da prova como argumento empregado na formação do convencimento jurisidicional traz consigo, como exigência ulterior, a necessidade de investigação do seu conteúdo. Nesse sentido, impõe-se examinar, inicialmente, os diversos componentes envolvidos na formação da sua estrutura argumentativa, de maneira que se possa compreender, em um segundo instante, as diversas formas através das quais a prova pode se apresentar no debate processual civil.

1. A RACIONALIDADE DO DISCURSO JURÍDICO-PROCESSUAL RELACIONADO À PROVA CÍVEL

A definição da prova como argumento traz consigo, como exigência, a necessidade de definição quanto à pauta de racionalidade a ser observada no discurso jurídico-processual. Impõe-se, nesse sentido, tecer algumas considerações iniciais, as quais revelarão a natureza dos elos que unem os diversos componentes da argumentação em comento.

Em uma primeira observação, observa-se que a delimitação do alcance do objeto da investigação a ser empreendida através do emprego da prova cível é resultado de uma atividade desenvolvida à luz de uma *racionalidade tópico-retórica*. Assim ocorre na medida em que o pedido formulado pela parte, colocado como *problema* pendente de julgamento pelo órgão jurisdicional, serve como referencial para que se investigue qual o conteúdo da norma que estabelece a produção de uma determinada conseqüência jurídica. Nesse mesmo diapasão, a norma acaba atuando como critério para que se possa identificar as narrativas históricas que são consideradas juridicamente relevantes.

De outro lado, a natureza tópico-retórica da argumentação em sede de prova pode ser vista, ainda, no esforço empreendido com vistas à determinação do significado da linguagem empregada com vistas à descrição da realidade histórica considerada juridicamente relevante. A prova incide sobre alegações trazidas pelas partes no debate dos autos, as quais veiculam versões possíveis de uma realidade histórica que nem sempre pode ser descrita de maneira unívoca.

As premissas elencadas nos dois parágrafos acima constituem-se em passos necessários de um raciocínio ulterior, o qual é estabelecido com vistas à apresentação, ao julgador, de razões que o levem à concluir no sentido da existência ou não de *corres-pondência e equivalência* entre a descrição da realidade histórica proposta pelas partes, os resultados obtidos com vistas à sua investigação e a situação prevista em uma determinada norma que é exposta como causa para que se considere justificada a produção da conseqüência jurídica pleiteada pela parte. É somente nessa etapa que se faz possível, como passo ulterior, construir argumentos em sede de prova.

Outro passo importante a ser considerado envolve o fato de a argumentação em sede de prova ser dotada de *caráter eminentemente indutivo*. Parte-se de hipóteses concretas, situadas no âmbito daquilo que pode ter acontecido (no que se refere às alegações sobre fatos) e do que se pretende que tenha acontecido (no que tange à descrição da hipótese de incidência da norma jurídica), para construir conclusões que não necessariamente retratam certezas ou verdades. A correspondência ou equivalência surgida a partir do entrelaçamento dos diversos níveis de linguagem é, antes, fruto de um raciocínio humano situado no âmbito do possível, o qual é influenciado pelos inúmeros filtros que se colocam diante dos olhos do julgador e limitam as possibilidades de contato direto com a realidade histórica conforme efetivamente ocorrida. A dificuldade de estabelecimento de isomorfismo pleno entre as narrativas feitas nos diversos planos de linguagem surge em função de diversas razões, que vão desde o desaparecimento das marcas da existência da realidade histórica em função do transcorrer do tempo ao fato de as ferramentas jurídicas empregadas na investigação processual serem de eficiência limitada, seja pelo dever de respeito conjunto a outros valores que também compõem a fórmula do processo justo e eqüitativo,[1] seja pela própria falibilidade inerente à existência do homem que as concebe e delas lança mão.

2. AS DIFERENTES ESTRUTURAS ARGUMENTATIVAS DO DISCURSO JURÍDICO-PROCESSUAL RELACIONADO À PROVA E A DISTINÇÃO ENTRE PROVA DIRETA E PROVA INDIRETA

Da definição da prova como um argumento empregado com vistas à persuasão racional do juiz e intimamente ligado à formação do convencimento jurisdicional surge, como decorrência lógica, a constatação no sentido da existência de uma íntima relação entre os componentes envolvidos na formação do argumento em exame e os fatores envolvidos na dinâmica de construção da decisão judicial.[2] Sob o signo de tal proposta,

---

[1] Sobre a fórmula do processo justo, empregada amplamente nos ordenamentos jurídicos processuais dos países pertencentes à União Européia, ver: COMOGLIO, Luigi Paolo. Il "giusto processo" civile nella dimensione comparatistica. In: *Rivista di Diritto Processuale*, n. 57, p. 702-758; 2002; id., 1991, op. cit., p. 682-692, 713-717; WALTER, 2001, op. cit., p. 739-740; TARZIA, 2001, op. cit., *passim*.

[2] TARUFFO, Michele. Giudizio: processo, decisione. In: *Rivista Trimestrale di Diritto e Procedura Civile*, n. 52, p. 787-804, 1998, especialmente p. 799, observa que "la complessità del giudizio come metodo di *decision making* deriva dalla circostanza che la decisione giudiziaria implica (certamente nel suo idealtipo, ma spesso anche nella realtà concreta) una concatenazione complicata di scelte distinte ed eterogenee. Si possono allora distinguere le scelte (e i relativi giudizi) che attengono all'individuazione delle norme applicabili al caso di specie, alla loro interpretazione e alla loro applicazione; le scelte (e i relativi giudizi) ch attengono all'individuazione dei fatti rilevanti, alla valutazione delle prove che vertono su questi fatti e all'accertamento della verità o falsità degli enunciati che li riguardano, e – infine – le scelte (e i relativi giudizi) che riguardano la determinazione delle conseguenze che derivano dall'intera concatenazione delle

a lição de Baldissare Pastore no sentido de que "le prove, nel processo, riguarano la possibilità di risalire da un presente noto (fatto probatorio) ad un passato ignoto (fatto da provare)"[3] deixa de ser o ponto de chegada a ser alcançado no estudo do tema e passe a ser o fator que desencadeia toda uma nova discussão a respeito da racionalidade que pauta a atuação do jurista. O conhecimento da estrutura argumentativa da prova e dos seus respectivos componentes não mais é um mero aprofundamento, mas se torna em parte fundamental do debate em torno da sua função persuasiva. A compreensão dos parâmetros de racionalidade envolvidos no problema da formação do convencimento jurisdicional constitui-se em passo fundamental para que se possa minimizar as chances de surgimento de arbitrariedades na construção de comandos judiciais.[4]

Diversas são as conformações possíveis do vínculo de inferência que permmite afirmar a presença do vínculo de equivalência entre a versão dos fatos proposta pelas partes ao órgão jurisdicional e o horizonte da realidade histórica considerada juridicamente relevante. Nesse sentido, impõe-se distinguir dois modelos fundamentais, quais sejam os da *prova direta* e da *prova indireta*, a cada qual deles corresponde uma respectiva estrutura argumentativa.

A distinção entre prova direta e prova indireta remonta à lição de Francesco Carnelutti segundo a qual "la differenza fra i due tipi di prova sta nella coincidenza o nella divergenza del fatto da provare (oggetto della prova) e del fatto percepito dal giudice (oggetto della percezione)".[5]

Desse raciocínio, é possível extrair duas considerações essenciais para a compreensão do significado e da importância da referida distinção. Primeiramente, refira-se que a relação existente entre o objeto da prova (que, insista-se, é a alegação sobre fato juridicamente relevante, e não o fato, como supõe a lição anteriormente transcrita) e a realidade histórica é viabilizada, fundamentalmente, graças à possibilidade de percepção dos fatos por parte do juiz, a qual é viabilizada através da investigação processual. Nessa esteira, nota-se que a realidade vem à tona através do emprego dos meios de prova, os quais oferecem ao juiz pontos de contato com aquilo que se passou do ponto de vista histórico. Esses pontos de contato constituem-se em objeto sobre o qual recai a percepção do julgador, e são contrastados com as alegações trazidas pelas partes na construção da prova.

De outro lado, a lição antes transcrita traz, no seu bojo, a premissa fundamental para a construção da distinção antes proposta. Trata-se da possibilidade de diferenciação entre *alegações sobre fatos principais*, que compõem o objeto da prova direta, e *alegações sobre fatos secundários*, sobre as quais incide a chamada prova indireta.[6] Impõe-se, agora, aprofundar essa reflexão.

No modelo da *prova direta*, a alegação sobre o fato principal trazida pela parte funciona como hipótese que é contrastada com o resultado obtido a partir do emprego

---

scelte precedenti, e che quindi finiscono col rappresentare la decisione finale, ossia la conclusione del ragionamento decisorio".

[3] PASTORE, 1996, op. cit., p. 144.

[4] Segue-se, aqui, o argumento de ALVARO DE OLIVEIRA, 2009, op. cit., p. 194, para quem o perigo do arbítrio judicial "não deve ganhar espaço mesmo existindo prova a valorar, impondo-se contida a atividade do órgão judicial no horizonte de uma racionalidade lógica e de conformidade com as leis naturais e a experiência".

[5] CARNELUTTI, 1992, op. cit, p. 56.

[6] MARINONI; ARENHART, 2005 a, op. cit., p. 143-147.

Luis Alberto Reichelt

de um meio de prova com vistas à construção de uma reprodução, nos autos, daquela realidade histórica considerada juridicamente relevante. A existência de prova direta decorre da existência de um *significado comum* à alegação sobre o fato principal e ao resultado da atividade de instrução, que se referem a um mesmo, com o que se faz possível afirmar a existência de um argumento a permitir a inferência no sentido de que *a versão trazida na narrativa da parte pode ser tomada pelo julgador como sendo correspondente àquilo que efetivamente aconteceu.* Na esteira da lição de Hernando Devis Echandía, "la prueba es directa e inmediata, cuando existe identidad o unificación entre el hecho probado con la percepción del juez y el hecho objeto de la prueba".[7] Essa identidade ou unificação referida pelo autor é, em última instância, a unidade de significado que torna possível assumir que a versão dos fatos juridicamente relevantes trazida pela parte corresponde à realidade histórica examinada.

A posição acima apresentada encontra eco em outras vozes doutrinárias. Observe-se, a esse respeito, o entendimento defendido por Michele Taruffo, para quem, no caso da prova direta, "la prova verte direttamente sull'ipotesi, e il grado di conferma dell'ipotesi coincide con il grado di attendibilità della prova, ossia con il grado di conferma della proposizione che enuncia l'elemento di prova". A análise do fenômeno probatório na perspectiva ora proposta, destacando-se a sua dimensão analítico-argumentativa, permite o acolhimento da proposição feita pelo autor italiano ao considerar a prova como "elemento di conferma dell'ipotesi sul fatto". A prova, nesse sentido, confirma a *possibilidade de um significado comum à descrição da realidade histórica alcançada através da investigação dos autos e à descrição dessa mesma realidade conforme apresentada pelas partes.*[8]

A partir da análise acima proposta, tem-se que, do ponto de vista argumentativo-analítico, a prova direta pode ser descrita a partir da seguinte fórmula: *se o significado obtido a partir da interpretação da alegação da parte sobre o fato principal for equivalente ao significado do resultado alcançado a partir da investigação da realidade histórica através do emprego de meios de prova, então a alegação sobre o fato principal deve ser considerada provada.*

É claro que a determinação das premissas envolvidas em tal raciocínio pressupõe um processo interpretativo complexo. É preciso levar em conta, inicialmente, não apenas todos aqueles fatores relacionados à determinação do objeto da prova, mas também todos os outros que, de alguma forma, possam interferir na percepção judicial da realidade examinada. A incidência de valorações ideológicas, éticas e culturais no processo interpretativo, juntamente com os problemas associados à linguagem empregada para descrever a realidade investigada, dão a tônica de um fenômeno que está longe de ser um simples cotejo de duas premissas. Todos esses fatores fazem com que o contraste entre tais razões com vistas à aferição de um significado possível que lhes seja comum – dimensão na qual se situa a conclusão no sentido da possibilidade de afirmação da veracidade ou não de uma alegação sobre fato juridicamente relevante – seja uma tarefa efetivamente complexa.

A inferência obtida no sentido da correspondência entre o alegado pelas partes e o efetivamente ocorrido é resultado que pode ser alcançado tanto a partir de raciocínios dedutivos quanto de raciocínios indutivos. Nos casos em que as dinâmicas de persuasão racional do juiz e de formação do convencimento jurisdicional partem de raciocínios

---

[7] DEVIS ECHANDÍA, 1988 a, op. cit., p. 520.
[8] TARUFFO, 1992 a, op. cit., p. 234-235.

dedutivos, o que se observa é que "en la medida en que las premisas de las que se parta sean verdaderas, producirán resultados también verdaderos".[9] Parte-se, portanto, de premissas situadas no âmbito do certo ou verdadeiro, as quais permitem alcançar conclusões situadas nessa mesma dimensão. É o que ocorre, por exemplo, nas situações em que o julgador esteja diante de caso no qual o instrumento público seja considerado como sendo da substância do ato: aqui, a prova documental na qual se permita observar o atendimento à forma peculiar do ato jurídico autoriza o julgador a deduzir a existência do mesmo, a teor do art. 366 do Código de Processo Civil.

De outro lado, é possível observar a presença de situações nas quais a correspondência ora examinada é alcançada a partir de raciocínios indutivos. Nesse sentido, a compreensão do funcionamento da referida inferência indutiva pode ser vista na lição de Marina Gascón Abellán, segundo a qual, "precisamente por el carácter no necesario de la inferencia, se considera inducción aquel proceso de razonamiento mediante el cual se 'explica' un hecho acreditado por la suposición de outro hecho que no se observa o no se puede ser observado, pero que ofrece 'algún' fundamento para inferir el primero".[10] Deste modo, o emprego de meios de prova na construção de premissas que não são situadas na dimensão do verdadeiro ou do falso e a utilização das mesmas em raciocínios indutivos faz com que as conclusões alcançadas sejam igualmente situadas no âmbito do *possível*. Exemplo disso pode ser flagrado no depoimento de uma testemunha a respeito da situação descrita pela parte como sendo juridicamente relevante, de maneira a abrir ao julgador a possibilidade de considerar existente a realidade retratada através de tal meio de prova.

É justamente no âmbito do possível que se faz presente o emprego da prova indireta, a qual não incide diretamente sobre a alegação sobre fato que se deseja provar, mas que a ela acaba se referindo em função da produção de prova em relação a um fato secundário. Diferentemente do que ocorre na prova direta, a prova quanto à veracidade de um fato secundário permite ao julgador inferir a igual veracidade da alegação tecida pelas partes em torno de um fato principal. Confome ensina Michele Taruffo, na prova indireta "si há cioè una prova che dimonstra l'esistenza di un fatto diverso da quello definito in tale ipotesi; dalla proposizione che descrive questo altro fatto, che i giuristi definiscono secondario, è peró possibile trarre inferenze che riguardano la fondatezza della ipotesi in questione".[11]

Na dinâmica da prova indireta, o que se observa é que a possibilidade de um vínculo de inferência entre tais premissas é estabelecida sob a forma de um *vínculo de imputação*[12] *entre a prova do fato secundário e a alegação sobre o fato principal*, o qual se estabelece a partir da incidência de um *padrão de normalidade*. É o que ocorre, por exemplo, nos casos em que alguém observa poças d'água no chão da rua e o cinza escuro das nuvens do céu e conclui no sentido de que choveu naquele lugar: em tal hipótese, é possível que não tenha chovido até aquele momento e que a água esteja no chão por outras razões (v.g., alguém haver jogado grande volume de água no chão a ponto de formar poças); entretanto isso não significa a invalidade dessa possibilidade construída a partir do conhecimento acessível e disponível.

---

[9] ABELLAN, 2004, op. cit., p. 98.

[10] ABELLAN, 2004, op. cit., p. 104.

[11] TARUFFO, 1992 a, op. cit., p. 241.

[12] Sobre os conceitos e a distinção entre as noções de *causalidade* e de *imputação*, ver, por todos, KELSEN, 1999, op. cit., p. 86-110.

Como se vê, a estrutura argumentativa do discurso em torno da prova indireta é dotada de maior complexidade do ponto de vista da justificação interna dos argumentos nela envolvidos. Do ponto de vista analítico-argumentativo, a prova indireta pode ser definida a partir de uma derivação da primeira fórmula anteriormente exposta: *se o significado obtido a partir da interpretação da alegação da parte sobre o fato principal for equivalente ao significado do resultado alcançado a partir da investigação da realidade histórica através do emprego de meios de prova, e sendo esse último o resultado obtido a partir da consideração da prova de um fato secundário à luz de um padrão de normalidade, então a alegação sobre o fato principal pode ser considerada igualmente provada.*

Inúmeros exemplos do emprego de tal raciocínio podem ser encontrados na jurisprudência contemporânea. Veja-se, nesse sentido, os argumentos constantes de decisão do Superior Tribunal de Justiça na qual restou afirmado que o fato de a parte litigar sob o pálio da assistência judiciária gratuita serve como parâmetro indicativo da necessidade de concessão de indenização por danos materiais causados aos filhos de pessoa que faleceu em função de atropelamento por locomotiva de propriedade da empresa ré. Nos termos do voto vencedor, tal fato é "indício de que a vítima pertencia à família de poucas posses, fato que só vem a reforçar a idéia do prejuízo causado com a sua ausência para a economia do lar, pois, como é cediço, em se tratando de família de baixa renda, a mantença do grupo é fruto da colaboração de todos, de modo que o direito ao pensionamento não pode ficar restrito à prova objetiva da percepção de renda, na acepção formal do termo". No mesmo voto, também consta que "o fato de a vítima não exercer atividade remunerada não nos autoriza concluir que, por isso, não contribuía ela com a manutenção do lar. Ao contrário, entendo que os trabalhos domésticos prestados no dia-a-dia podem ser mensurados economicamente, gerando reflexos patrimoniais imediatos".[13] O raciocínio produzido, nesse caso, é típico de prova indireta: da prova produzida em relação a fatos secundários (gozo do benefício da assistência judiciária gratuita, prestação de serviços do lar), inferiu-se a presença do fato principal (prejuízo econômico com a morte do filho da parte autora), uma vez que isso é o que costuma acontecer em condições normais.

Outro entendimento já consolidado no âmbito do Superior Tribunal de Justiça que reflete com fidelidade o raciocínio acima desenvolvido diz respeito à admissão de redirecionamento de ação de execução fiscal contra os sócios da sociedade diante da presença de indícios de dissolução irregular da executada originária. Observe-se, aqui, o entendimento no sentido de que a existência de provas, quanto ao fato de o estabelecimento comercial da ré estar fechado e quanto à inexistência de notícia do paradeiro dos seus representantes legais, é razão suficiente para que se possa inferir a dissolução irregular da sociedade, o que, por sua vez, autorizaria que os débitos da sociedade fossem cobrados dos seus sócios.[14] Trata-se, pois, de argumento dotado da mesma estrutura lógico-discursiva: a prova do fechamento das portas do estabelecimento e da inexistência de notícia do paradeiro do reú (fatos secundários) autoriza a conclusão no sentido de que resta igualmente provado o fato principal (dissolução irregular da pessoa jurídica), visto que a conjugação de tais premissas é comumente verificada no âmbito social.

---

[13] Recurso Especial n. 402.443/MG, relator para acórdão Min. Castro Filho, julgado pela Terceira Turma do Superior Tribunal de Justiça em 02.10.2003.

[14] Exemplificam o entendimento acima apontado os seguintes julgados: Recurso Especial n. 474.105/SP, rel. Min. Eliana Calmon, julgado pela Segunda Turma do Superior Tribunal de Justiça em 25.11.2003; Agravo Regimental no Agravo de Instrumento n. 561.854/SP, rel. Min. Teori Albino Zavascki, julgado pela Primeira Turma do Superior Tribunal de Justiça em 06.04.2004.

A concepção acima exposta em torno da distinção entre prova direta e prova indireta tem como objetivo fundamental o oferecimento de um ganho de qualidade no que se refere à compreensão da racionalidade que deve pautar as atividades de persuasão racional do juiz e de formação do convencimento jurisdicional. A separação entre tais categorias faz com que seja possível identificar diferentes formas de argumentação empregadas no debate processual em relação às alegações sobre fatos juridicamente relevantes. Nesse sentido, sustenta-se a diferença ontológica entre prova indireta e prova indireta, as quais se constituem em fenômenos efetivamente distintos sob o ponto de vista das estruturas argumentativas empregadas no discurso jurídico.[15]

Os argumentos contrários à manutenção da distinção acima apontada não se mostram suficientemente fortes diante das vantagens ofertadas pelo paradigma ora proposto. O aprimoramento do conhecimento dos componentes e do funcionamento de argumentos dotados de estruturas discursivas distintas permite um considerável ganho de qualidade no que tange ao controle da racionalidade na formação do convencimento jurisdicional. Esse avanço, por sua vez, constitui-se em inegável vantagem no que se refere à aferição do respeito ao princípio democrático no processo civil. A identificação de tais estruturas argumentativas serve como mecanismo para que as partes possam fiscalizar a efetiva regularidade do exercício do poder jurisdicional em matéria de prova, combatendo eventuais arbitrariedades.

O avanço ora proposto oferece ganhos, ainda, no que diz respeito à aplicação do princípio do Estado de Direito em sede de formação do convencimento jurisdicional. O conhecimento das diferentes estruturas argumentativas em sede de prova faz com que as partes possam aferir em que medida a decisão judicial em matéria de prova é condizente com as exigências existentes em sede de direito positivo, mas também no que se refere ao respeito a comandos que se situam numa dimensão lógico-jurídica.

A defesa da distinção entre prova direta e prova indireta reclama, ainda, alguns esclarecimentos ulteriores. Impõe-se referir, inicialmente, que, sob o prisma do livre convencimento judicial, a separação entre os fenômenos acima referidos não implica na afirmação quanto à existência de hierarquia entre tais espécies de prova. De outro lado, a inexistência de tal escalonamento, por certo, não significa que a abertura ao livre convencimento do juiz sirva como razão para que se possa esvaziar a importância da distinção ora proposta.[16] Os perigos presentes na adoção de uma perspectiva exclusivamente pautada na supervalorização da liberdade de formação do convencimento jurisdicional não são poucos: sob o signo de tal visão, não haveria nenhum sentido nos estudos em torno das distinções e das classificações relacionados à prova e aos outros fatores correlatos (presunções, regras de experiência, argumentos de prova, regras sobre ônus de prova, etc.). A radical renúncia a toda e a qualquer afirmação da possibilidade de compreensão do processo de formação do convencimento jurisidicional sob o argumento do livre convencimento judicial constitui-se em postura incompatível com o desejo de identificação de critérios que possam ser utilizados com vistas ao controle da racionalidade do convencimento jurisdicional.

Outro esclarecimento importante a ser considerado diz respeito ao papel exrcido pela incidência de valorações prévias que influenciam na determinação do significado

---

[15] Em sentido contrário, KNIJNIK, Danilo. *A prova nos juízos cível, penal e tributário*. Rio de Janeiro: Forense, 2007, p. 26-27.

[16] Em sentido contrário ao posicionamento acima proposto, ver KNIJNIK, 2007, op. cit., p. 26, o qual defende que "essa forma de distinguir os dois fenômenos, porém, foi sendo gradativamente abandonada, justamente porque, no princípio do livre convencimento, não há hierarquia entre provas".

Luis Alberto Reichelt

do resultado da investigação da realidade histórica juridicamente relevante. Nesse sentido, cumpre referir que a presença de fatores psicológicos que interferem na determinação do significado da versão da realidade alcançada a partir do depoimento da parte não permite afirmar, por si só, que tal prova possa ser caracterizada como indireta.[17] Assim ocorre na mediada em que não se deve confundir a *prova produzida em face da alegação do fato principal* em relação à *prova incidente sobre uma realidade considerada como fato secundário*. Observe-se que a presença de um juízo de credibilidade sobre a pessoa do depoente em sede de prova testemunhal é apenas *um* dentre os diversos fatores envolvidos na inferência quanto à convergência entre a significação da narrativa da testemunha e aquela apresentada pelas partes no debate dos autos a respeito de uma mesma realidade. Contudo, *a possibilidade de presença dessa influência em nada diz respeito à distinção proposta entre prova direta e prova indireta*, a qual é justificada na *incidência da prova diretamente sobre um fato principal* ou, de outro lado, *sobre um fato secundário que é visto à luz de uma regra de experiência*. Desta maneira, é possível concluir, com segurança, que a existência de um processo de interpretação da realidade não esvazia a importância da distinção acima proposta, que, em última instância, retrata diferentes graus de complexidade na argumentação relacionada à prova.[18]

Uma terceira reflexão que deve ser efetuada é a que concerne à sugestão da primazia da prova direta em relação à prova indireta, considerada como um dos pilares que sustentam a validade de perspectivas tradicionais a respeito da noção de prova.[19] Não se trata, aqui, de uma questão teórica, mas sim de um problema com graves reflexos de ordem prática: com base nessa suposta hierarquia, poderia o magistrado, diante da presença da possibilidade de convencimento através de prova direta, dispensar a produção de prova indireta. Sob a ótica dessa graduação, a existência de prova direta faria com que a prova indireta fosse considerada supérflua ou menos idônea a retratar a realidade do que os elementos já constantes dos autos. Trata-se, pois, de toda uma conclusão construída sob um pilar fundamental, qual seja o de que "quanto più vicino è il fatto da provare ai sensi del giudice tanto più la prova è sicura".[20] Com base nisso, há vozes que sustentam que a possibilidade de "separar a prova em que o juiz forma a sua convicção sem qualquer intermediação, daquelas em que a convicção judicial passa pela idoneidade da própria prova"[21] seria uma vantagem alcançada graças à distinção entre provas diretas e provas indiretas.

O raciocínio acima construído, contudo, não prospera diante de uma análise crítica, na medida em que não leva em conta a existência de riscos também em sede de percepção direta da realidade por parte do julgador. Ao contrário, também na pessoa do juiz se fazem presentes as misérias inerentes à condição humana, visto que suas

---

[17] Em sentido contrário, ver MARINONI; ARENHART, 2005 a, op. cit., p. 146-147, que apontam como sendo traço inerente à prova indireta o fato de que "a aferição dos requisitos relativos à credibilidade da prova testemunhal (por exemplo) é prévio à relação entre o resultado da prova e o fato. Nessa perspectiva, dando o lugar de prévio ao raciocínio atinente à credibilidade da prova, a prova testemunhal do fato direto exige a mera relação entre o depoimento e o objeto da prova, quando então se torna exata a distinção entre a prova do fato direto e a prova do fato indireto".

[18] É nesse sentido que se discorda de KNIJNIK, 2007, op. cit., p. 26, quando afirma que "no caso, p. ex., da prova testemunhal – em que o depoente afirma ao juiz ter visto algo – só se pode chegar ao factum probandum através de um juízo de credibilidade sobre a pessoa do depoente (o depoente é pessoa honesta e proba, logo o que ele diz ter ocorrido realmente aconteceu), sendo onipresente, destarte, uma inferência".

[19] CARNELUTTI, 1992, op. cit, p. 56, defende abertamente o que chama de "eccellenza della prova diretta sulla prova indiretta".

[20] CARNELUTTI, loc. cit.

[21] Essa crítica é feita por MARINONI; ARENHART, 2005 a, op. cit., p. 146.

faculdades no que se refere à possibilidade de conhecimento da realidade podem ser tão limitadas quanto as de qualquer outra pessoa. Da mesma forma que o problema da credibilidade das manifestações de testemunhas ou do depoimento pessoal das partes não pode ser tomado como razão possível para sustentar uma suposta menor idoneidade da prova indireta, mostra-se igualmente infundada a suposição de uma maior capacidade de compreensão da realidade nos casos em que o juiz observe a prova direta do fato. Observe-se, nesse sentido, que também a prova testemunhal, na qual o olhar do juiz em direção aos fatos é intermediado pelo olhar de um terceiro, também pode ser empregada como prova direta, e nem por isso se justifica afirmar que ela automaticamente deva ser considerada como de menor valor na formação do seu convencimento.[22] Ainda que se quisesse comparar os riscos presentes no emprego da prova testemunhal com os ganhos possíveis decorrentes da produção da inspeção judicial, o erro continuaria presente: partir-se-ia de uma falsa premissa, qual seja a de que o julgador é um ente infalível, cuja percepção da realidade não pode de forma alguma ser afetada pelos mesmos fatores que exercem influência sobre o conhecimento dos fatos obtidos pelos demais participantes do debate. Na qualidade de imparcial, embora alegue estar livre das garras da paixão e da vontade particular, é o juiz, ainda, um homem.

Como se vê, a dicotomia *prova direta x prova indireta* diz respeito não a ferramentas nas quais se preestabelece a conclusão no sentido de um maior ou menor poder persuasivo, mas sim ao emprego de diferentes instrumentos empregados na investigação da realidade histórica. Tais ferramentas permitem ao julgador conhecer o passado através da observação de objetos diversos (o fato principal e o fato secundário), e, por isso, pressupõem o desenvolvimento de diferentes raciocínios em sede de persuasão racional do juiz e de formação do convencimento jurisdicional. A verdadeira diferença entre as duas categorias examinadas está nos diferentes graus de complexidade das estruturas inferenciais que unem as premissas cotejadas, e é exatamente nessa distinção de possibilidades argumentativas empregadas no debate dialético processual que reside a utilidade do estudo de tal contraposição.[23]

O conhecimento das diferentes estruturas argumentativas inerentes à produção de provas diretas e indiretas possui, ainda, uma importante função didática, servindo como ponto de partida para a compreensão de categorias jurídicas envolvidas na formação das respectivas estruturas argumentativas. Nesse sentido, impõe-se examinar o papel dos *padrões de normalidade* (regras de experiência comum e regras de experiência científica) e das *presunções*, os quais se constituem em fatores presentes na composição da argumentação em sede de prova indireta.

3. O PAPEL DAS REGRAS DE EXPERIÊNCIA NA COMPOSIÇÃO DA ESTRUTURA ARGUMENTATIVA EM SEDE DE PROVA CÍVEL

Na análise da estrutura argumentativa envolvida em sede de prova indireta, destaca-se o papel desenvolvido pelos padrões de normalidade veiculados em regras de experiência, as quais expressam o *contexto no qual se faz possível a inferência no sen-*

---

[22] O problema da valoração da prova testemunhal direta é examinado por TARUFFO, 1992 a, op. cit., p. 237-238.

[23] A respeito do controle da atividade jurisdicional garantido pela estrutura dialética do debate processual, fruto da incidência da garantia do contraditório, ver TROCKER, 1974, op. cit., p. 535-537.

tido de que a prova da veracidade de um fato secundário permite ao julgador afirmar a veracidade da alegação sobre o fato principal.

Trata-se, aqui, de regras obtidas a partir do senso comum, construídas em função da observação de um conjunto de casos ou da aplicação de conhecimentos científicos, as quais permitem ao julgador concluir no sentido de que a prova produzida em relação a um indício autoriza considerar provada a alegação sobre o fato principal. Nesse sentido, é possível afirmar que as regras de experiência são comandos de conteúdo metajurídico, no sentido de que nem o seu conteúdo nem a sua vigência dependem de qualquer iniciativa do legislador com vistas à sua veiculação no direito positivo. A vinculação às regras de experiência imposta ao julgador decorre, antes, da afirmação da existência de um padrão de normalidade ou regularidade, o qual é dotado de conteúdo ético e indica a existência de uma certa lógica a informar a formação da realidade histórica. Nesse sentido, é possível afirmar, com Baldissare Pastore, que as máximas de experiência "pressuppongono, dunque, un'idea di senso comune, e un'idea di normalità che rimanda, nel confronto tra un'esperienza passata ed una presente, ad un procedimento di natureza fondamentalmente analogica, che implica un impegno di comprensione volto a collocare il mondo comune ed il comportamento umano nella regione del senso".[24]

Segundo Fridrich Stein, as máximas de experiência "son definiciones o juicios hipotéticos de contenido general, desligados de los hechos concretos que se juzgan en el proceso, procedentes de la experiencia, pero independientes de los casos particulares de cuya observación se han inducido y que, por encima de esos casos, pretendem tener validez para otros nuevos".[25] O *caráter genérico e hipotético* e a sua *formulação a partir da observação de um conjunto de casos semelhantes àquele que é considerado como fato indiciário* (o qual, por sua vez, *não se encotra incluído nesse rol de situações examinadas*), não só evidenciam a presença de uma verdadeira *regra*, mas também revelam muito sobre a sua função lógica. Como lembra Baldissare Pastore, "predicare la generalità della massima, e la sua validità per una determinata classe di fatti, è indispensabilie affinchè si possa realizzare uma deduzione riguardante l'esistenza del fatto oggetto della controversia. La configurazione deduttiva del ragionamento giudiziale introno ai fatti è vista, invero, come garanzia della razionalità e della certezza della conoscenza".[26] Deste modo, mostra-se imperioso concluir, com Eduardo Cambi, no sentido de que "as máximas de experiência operam como critérios para formular inferências probatórias, servindo, sobretudo, como premissas maiores para as presunções simples".[27]

Deitados os olhos mais atentamente sobre o fenômeno ora examinado, observa-se que os padrões de normalidade veiculados em regras de experiência podem ser divididos em dois grandes grupos: um primeiro, contendo as chamadas *regras de experiência comum*, e um segundo, referente às *regras de experiência científica*. A fim de que se possa avançar em direção ao conhecimento de maiores detalhes desse importante componente da estrutura argumentativa da prova cível, impõe-se examinar mais atentamente cada um desses conjuntos de regras, de maneira que se possa conhecer as suas respectivas peculiaridades e, mais adiante, compreender as conseqüências jurídicas que lhes são associadas.

---

[24] PASTORE, 1996, op. cit., p. 182. No mesmo sentido, ver as ponderações feitas por ROSITO, Francisco. *Direito Probatório: As Máximas de Experiência em Juízo.* Porto Alegre: Livraria do Advogado, 2007, p. 80.

[25] STEIN, 1990, op. cit., p. 22.

[26] PASTORE, 1996, op. cit., p. 173.

[27] CAMBI, 2006, op. cit., p. 284.

3.1. As regras de experiência pautadas no senso comum

Um primeiro conjunto de regras de experiência é aquele composto por normas cujo conteúdo é composto por generalizações nascidas no seio do senso comum da sociedade.[28] Trata-se de regras que veiculam conclusões construídas a partir de valorações da cultura e da experiência sociais, as quais são introduzidas no debate processual sob a forma de generalizações. Ao mesmo tempo em que servem como indicativo da aceitação da prova de um fato secundário como justificação para a inferência quanto à presença de um fato principal,[29] as máximas de experiência são empregadas como ferramentas destinadas à aferição do valor a ser atribuído às provas.

O emprego de regras de experiência pautadas no senso comum constitui-se em um importante fator a ser considerado na formação do convencimento jurisdicional. Assim ocorre na medida em que, conforme aponta Michele Taruffo, "o raciocínio do juiz é inevitavelmente imerso no senso comum, o qual compõe, juntamente com o direito, o seu contexto inafastável". Lembra o autor referido, ainda, que, "embora isso ocorra com freqüência, seria um erro substancial de perspectiva extrair o raciocínio do juiz desse contexto, prescindindo-se deste por encará-lo como um simples esquema lógico colocado no vácuo".[30]

A análise da jurisprudência permite ilustrar de maneira sintomática o funcionamento do mecanismo argumentativo no qual se inserem as regras de experiência baseadas no senso comum. Um primeiro exemplo pode ser visto em julgamento do Superior Tribunal de Justiça no qual foi mantida decisão do Tribunal de Justiça do Estado do Rio Grande do Sul que, em face de medida cautelar, concluiu "não ser crível que a parte interessada viesse a valer-se da via judicial para obter a exibição de contratos e extratos, se a sua pretensão tivesse sido atendida administrativamente". Foi afirmado, no caso em comento, o acerto da aplicação do art. 335 do Código de Processo Civil ao caso, considerando que tal situação corresponde àquilo "que ordinariamente ocorre".[31]

Em outra oportunidade, o mesmo Superior Tribunal de Justiça consignou que, "com a inexecução do contrato pela recorrente, além do dano emergente, figurado nos valores das parcelas pagas, é mais do que óbvio terem os recorridos sofrido lucros cessantes a título de alugueres que poderia o imóvel ter rendido se tivesse sido entregue na data contratada, pois esta seria a situação econômica em que se encontrariam se a prestação da recorrente tivesse sido tempestivamente cumprida". Sob o argumento de tratar-se de situação "vinda da experiência comum", o Tribunal considerou como provados os lucros cessantes alegados pelo autor.[32]

---

[28] MARINONI; ARENHART, 2005 a, op. cit., p. 458.

[29] EKELÖF, Per Olof. Free evaluation of evidence.In: TWINING, William; STEIN, Alex. *Evidence and proof.* New York: New York University Press, 1992, p. 135-154, especialmente p. 137, formula de maneira um pouco diversa o raciocínio acima desenvolvido, ao afirmar que "evaluation of evidence is also based upon a proposition consisting of a piece of general experience (hereinafter called laws of general experience) according to which the existence of the evidentiary fact is a sufficient condition for assuming the existence of the theme of proof".

[30] TARUFFO, Michele. Senso comum, experiência e ciência no raciocínio do juiz. *Revista Forense*, n. 355, p. 101-118, 2001, especialmente p. 102.

[31] Recurso Especial n. 180.338/RS, rel. Min. Barros Monteiro, julgado pela Quarta Turma do Superior Tribunal de Justiça em 10.02.2004.

[32] Recurso Especial n. 644.984/RJ, rel. Min. Nancy Andrighi, julgado pela Terceira Turma do Superior Tribunal de Justiça em 16.08.2005.

A mesma estrutura de argumentação é empregada, ainda, em caso no qual o Superior Tribunal de Justiça ratificou decisão do Segundo Tribunal de Alçada Cível de São Paulo em ação de embargos de terceiro na qual, com base em regras de experiência, concluiu-se que a autora – que era sogra e mãe daqueles que adquiriram um veículo e o alienaram em garantia para a instituição financeira e que residia na mesma localidade que os mesmos – deveria ter ciência quanto à existência de gravame incidente sobre o bem aludido.[33] Em tal caso, a prova dos indícios acima referidos autorizou o julgador a inferir a conclusão no sentido do conhecimento da situação ora noticiada.

Um quarto exemplo de aplicação das máximas de experiência pode ser flagrado no julgamento de recurso especial interposto em sede de ação na qual a autora, na condição de modelo, pleiteava indenização em razão da reutilização de sua imagem em outros catálogos publicitários sem que houvesse a correspondente autorização. Determinou-se em tal julgado que "o que ressai das regras de experiência comum subministradas pela observação do que ordinariarnente acontece (art. 335 do CPC) é que os modelos fotográficos prestam serviços para determinada campanha promocional, procedendo-se, então, à divulgação de suas imagens em específicos e próprios folhetos publicitários. Desde que a empresa contratante passe a reutilizar-se daquelas mesmas fotos, claro está que deve responder pela respectiva indenização".[34]

Em todos esses exemplos é possível reconhecer os argumentos de Chiara Besso Marcheis, segundo os quais "la massima di esperienza verrebbe a porsi come legge generale idonea a fondare le successive operazioni deduttive per il tramite del modello conoscitivo c.d. induttivo-deduttivo o dell'induzione generalizzatrice".[35] A idoneidade dessa norma geral, por sua vez, decorre do fato de ela haver sido construída a partir da consideração daquilo que costuma acontecer, pressupondo "una visión del mundo caracterizada por la uniformidad de los fenómenos"[36] ou, de outra maneira, a aceitação de um princípio de "uniformidade da natureza". A afirmação da possibilidade de identificação de critérios de uniformidade da realidade em regras de experiência constitui-se, em última instância, em uma *generalização da experiência social*, a qual pode funcionar como indicativo do rumo a ser seguido pelo julgador nos casos nos quais a realidade histórica não seja passível de observação direta.[37] Por força do respeito a essas generalizações, torna-se lícito ao juiz, mediante a produção de provas indiciárias, afirmando conhecer determinados fatos, construir conclusões a respeito de outros fatos que pretenda conhecer. Essa possibilidade, contudo, resta atenuada na medida em que essa afirmação do julgador não é formulada como um apontamento absoluto, não lhe sendo lícito poder afirmar a certeza absoluta e inarredável de que o que se presume como conclusão lógica corresponde necessariamente àquilo que efetivamente se passou do ponto de vista da realidade histórica.

Um desafio ulterior a ser observado no que se refere às regras de experiência pautadas no senso comum é o que diz respeito à identificação dos critérios a serem

---

[33] Recurso Especial n. 220.616/SP, rel. Min. Barros Monteiro, julgado pela Quarta Turma do Superior Tribunal de Justiça em 23.11.2000.

[34] Recurso Especial n. 191.936/SP, rel. Min. Barros Monteiro, julgado pela Quarta Turma do Superior Tribunal de Justiça em 25.04.2000.

[35] MARCHEIS, Chiara Besso. Probabilità e prova: considerazioni sulla struttura del giudizio di fatto. In: *Rivista Trimestrale di Diritto e Procedura Civile*, n.45, p. 1119-1163, 1991, especialmente p. 1132.

[36] ABELLAN, 2004, op. cit., p. 106.

[37] MARCHEIS, 1991, op. cit., p. 1133.

observados com vistas à definição do contéudo de tais padrões de uniformidade. Nesse sentido, impõe-se reconhecer a necessidade de observância a critérios que são situados em duas dimensões fundamentais: de um lado, tais regras são vinculadas à idéia de *conformidade com aquilo que efetivamente costuma ocorrer no convívio social*; de outro, observa-se que tais comandos envolvem, ainda, a *conformidade com os valores que orientam a realidade cultural examinada*.

O olhar atento em direção à jurisprudência permite identificar exemplos que ilustram com propriedade a forma como se dá a determinação do significado da idéia de normalidade que permeia tais regras de experiência. Um primeiro caso a ser considerado é aquele no qual, ao julgar procedente ação na qual se pedia indenização de dano moral decorrente da morte de parente dos autores, afirmou o Superior Tribunal de Justiça que "resulta, efetivamente, daquilo que só raramente deixa de ocorrer, haver sofrimento moral em razão da morte do pai ou marido".[38] Em outro julgado, considerando que "não é comum que uma instituição financeira empreste a empresas em estado falimentar", o mesmo tribunal afastou a incidência de tal regra de experiência ao declarar que "isso acontece quando se trata de banco estatal, e pelas mais diversas razões, desde o favorecimento injustificado até a preservação dos interesses públicos".[39] Mencione-se, ainda, trecho do voto do Ministro Eduardo Ribeiro, o qual, no julgamento de recurso interposto em face de decisão em ação de indenização por danos morais, consignou que "os pesados ataques dirigidos ao autor provocariam intenso sofrimento em qualquer pessoa que não fosse destituída de um mínimo de sensibilidade".[40]

Em todos os casos acima examinados, tem-se que a delimitação do conceito de normalidade se dá a partir da conjugação de duas orientações fundamentais. A *constatação de padrões comuns a conjuntos de condutas coexistentes no seio da sociedade civil* é conjugada, em tal contexto, com a *observância do sistema de valores vigente na realidade examinada*. Dessa combinação exsurge, assim, o conteúdo das regras de experiência, bem como se faz possível o controle da validade de tais comandos.

A questão ora apresentada comporta aprofundamentos ulteriores. Nesse sentido, merece transcrição a lição de Friedrich Stein quando o referido autor, após exemplificar a necessidade de contextualização como parâmetro para a aferição da notoriedade da regra de experiência, observa que "una persona trae del medio rural conocimientos agrícolas que considera naturales pero que parecen sorprendentes 'conocimientos especializados' a los que han crecido en la ciudad, mientras que outro, quizás por las circunstancias familiares, es 'especialmente experto' en el terreno del comercio o en una especial rama de la industria", apontando, assim, a impossibilidade de separação das máximas de experiência em *gerais* e *locais*. Conforme o referido autor, o erro presente na tentativa de implementação da referida separação é decorrência de dois distintos motivos: "por una parte, el falso paralelismo con los preceptos legales que tienen, en efecto, un ámbito de validez pero sólo en tanto en cuanto son mandatos; no sería, em cambio, propria de un simple juicio lógico una vigencia en este sentido; por outra parte, la consideración, en sí acertada, de que todas las verdades obtenidas in-

---

[38] Recurso Especial n. 136.277/SP, rel. Min. Eduardo Ribeiro, julgado pela Terceira Turma do Superior Tribunal de Justiça em 21.10.1999.

[39] Trechos do voto do Min. Ari Pargendler no Recurso Especial n. 49.564/SP, rel. Min. Antonio de Pádua Ribeiro, julgado pela Terceira Turma do Superior Tribunal de Justiça em 17.02.2005.

[40] Recurso Especial n. 52.842/RJ, rel. Min. Carlos Alberto Menezes Direito, julgado pela Terceira Turma do Superior Tribunal de Justiça em 16.09.1997.

ductivamente sólo 'valen' para ámbito observado, es decir, que los causos observados determinan los límites dentro de los cuales un principio general puede ser establecido como expectativa: un uso comercial que há sido obtenido mediante el conocimiento de la praxis de comercio al por mayor o en una ciudad determinada no autoriza a suponer que el mismo uso pera también en el comercio de minoristas o en la ciudad vecina".[41]

Não obstante se reconheça a impossibilidade de estabelecimento da separação nos termos em que referida por Friedrich Stein, resta evidente, de outro lado, que a natureza indutiva do raciocínio que emprega regras de experiência pautadas no senso comum é traço que decorre da necessidade de se levar em conta a presença de um contexto que serve como parâmetro para a determinação do seu significado. Nessa esteira, a presença de um contexto funciona serve como refencial para que se possa investigar quais as orientações de cunho ético que são reconhecidas como relevantes na determinação do estado de coisas a ser considerado como *id quod plerunque accidit*. Observa-se, aqui, que a determinação do conteúdo e da validade das máximas de experiência comum é o resultado de um processo interpretativo que leva em conta o contexto ao qual tais máximas são aplicadas. Segue o mesmo caminho a enfática lição de Michele Taruffo ao afirmar que somente é permitido o emprego de "massime sulle quali vi è un consenso diffuso nella cultura media del luogo e del momento in cui viene formulata la decisione, e che in questo senso siano accettabili come criteri di inferenza".[42]

Essa mesma linha de raciocínio permite compreender, ainda, a razão pela qual as máximas de experiência pautadas no senso comum podem ser empregadas de ofício pelo julgador. A esse respeito, impõe-se reconhecer que as regras de experiência veiculam, na expressão de Eduardo Cambi, "noções pertencentes ao patrimônio comum da comunidade",[43] mas que não estão livres do crivo do contraditório desenvolvido nos autos. Ao contrário, é lícito às partes pleitear seja afastada a incidência de determinada máxima de experiência sempre que o seu emprego configurar expediente destinado a mascarar o ingresso de conhecimento privado do juiz fora de hipótese autorizada pelo ordenamento jurídico, em violação ao princípio dispositivo. O emprego regular de máximas de experiência pressupõe: a) que as máximas sejam noções aceitas no ambiente social e cultural examinado, sendo pertencentes à cultura média existente no local e no tempo em que a situação ocorreu e b) que as máximas refridas não contrariem conhecimento científico ou outras noções igualmente inseridas no senso comum.[44]

Outra questão que pode ser suscitada no que se refere à aplicabilidade de máximas de experiência é a que surge no caso em que o julgador esteja diante de máximas de experiência aparentemente dotadas de iguais condições de aplicabilidade. A necessidade de formular uma escolha segundo critérios de racionalidade, de maneira a dar concretude àquela que melhor se molda à espécie concreta faz com que seja imperioso o respeito

---

[41] STEIN, 1990, op. cit., p. 26.

[42] TARUFFO, 1992 a, op. cit., p. 398.

[43] CAMBI, 2006, op. cit., p. 287. Em sentido análogo, ver MARINONI; ARENHART, 2005 a, op. cit., p. 155 e LOMBARDO, Luigi. Prova scientifica e osservanza del contraddittorio nel processo civile. In: *Rivista di Diritto Processuale*, n. 57, p. 1083-1122, 2002, em especial p. 1086-1087.

[44] Os critérios aqui elencados são aqueles sugeridos por TARUFFO, Michele. Funzione della prova: la funzione dimostrativa. *Rivista Trimestrale di Diritto e Procedura Civile*, n. 51, p. 553-573, 1997, especialmente p. 561-565. No mesmo sentido, ver CARRATTA, 2001, op. cit., p. 95-96 e CAMBI, 2006, op. cit., p. 290-291.

ao postulado da proporcionalidade, em especial no que se refere à proporcionalidade em sentido estrito.[45] A ponderação que envolve a aferição das vantagens e desvantagens presentes no emprego de uma ou de outra máxima de experiência constitui critério que permite afirmar a presença de motivação racional na decisão do julgador que se depara com tal impasse.

3.2. As regras de experiência pautadas em conhecimentos científicos

O uso de regras de conhecimento científico, por sua vez, tem lugar nos casos em que a investigação fizer referência a campos nos quais a comunidade científica já houver firmado posição a respeito de um dado tema.[46] A aparente primazia da posição ocupada por tais regras em relação àquelas formadas com base no senso comum decorre do fato de a ciência apresentar-se cada vez mais capaz de oferecer explicações racionais a questões situadas nos mais diversos setores do saber. Desta maneira, o emprego de critérios racionais de investigação aceitos no âmbito da comunidade científica funciona como fator de legitimação jurídica e social da atividade jurisdicional. A objetividade dos padrões empregados protege os participantes do debate contra os riscos do domínio das paixões ou outras preferências situadas no campo do subjetivismo, guardando íntima relação com a garantia da imparcialidade do julgador.

A fim de se construir um discurso adequado a respeito do tema, impõe-se identificar os limites a serem observados no que se refere à necessidade de emprego de regras de experiência pautadas em conhecimentos científicos com vistas à produção de provas. A esse respeito, vale lembrar as palavras de Vittorio Denti, para quem o limite ao emprego do conhecimento privado do juiz situa-se "laddove sia necessario l'impiego di nozioni che vanno oltre il patrimonio culturale dell'uomo medio", apontando essa necessidade "il limite oltre il quale la prova diviene 'scientifica', ossia richiede, per la sua valutazione, il ricorso a conoscenze che vanno oltre la cultura del giudice come uomo medio".[47]

O simples fato de o magistrado haver lançado mão de técnicas aceitas pela ciência não significa, por óbvio, que ele seja capaz de produzir decisões pautadas em verdades inequívocas. A intensa evolução científica não raro desmente raciocínios e conclusões historicamente considerados acima de qualquer dúvida, confirmando cada vez mais que a única certeza que se pode ter em certos casos é o fato de ser a natureza governada pelo princípio da indeterminação. No caso da ação humana, governada por um elemento volitivo caracterizado pela imprevisibilidade, a suposição examinada restaria ainda mais enfraquecida, já que se apresenta esvaziada a força de critérios que fazem com que a certeza seja o resultado de uma mais difícil confirmação na experiência prática.[48]

O raciocínio ora desenvolvido ganha mais complexidade se for considerado um outro poderoso ingrediente de caráter cultural. Com a evolução do saber científico, de-

---

[45] A menção ao postulado da proporcionalidade é feita aqui no sentido que lhe é dado por ÁVILA, 2003, op. cit., p. 104-117.

[46] MARINONI; ARENHART, 2005 a, op. cit., p. 465-466.

[47] DENTI, 1972, op. cit., p. 415. No mesmo sentido, TARUFFO, 1992 a, op. cit., p. 307.

[48] ABELLAN, 2004, op. cit., p. 22. No mesmo sentido, PASTORE, 1996, op. cit., p. 160, ao afirmar que "la riflessione epistemologica odierna non consente di accreditare um'immagine della scienza idonea a fornire certezza, oggettività e univocità".

---

terminados setores do saber humano que são considerados como patrimônio exclusivo do senso comum (e, portanto, diretamente relacionados com a elaboração de regras de experiência pautadas nessa mesma experiência do senso comum) gradualmente passam a ser objeto de exame de determinadas disciplinas científicas, até que, com o tempo, acabam por tornar-se domínio exclusivo dessas.[49] Como lembra Hernando Devis Echandía, "es próprio de la evolución científica ir introduciendo nuevos principios y eliminando los que por ignorancia o error se consideraban antes como ciertos".[50]

A referência ora efetuada encontra forte eco em âmbito doutrinário. Observe-se, nesse sentido, que o mesmo entendimento aqui apresentado pode ser visto, ainda, na lição de Vittorio Denti, para quem "il progresso della scienza non garantisce certo una ricerca della verità immune da errori e, d'altronde, i metodi di ricerca sono considerati corretti soltanto perché accettati dalla generalità degli studiosi in un dato momento storico, senza escludere che i metodi stessi possano apparire erronei in un momento sucessivo".[51] De qualquer forma, é possível afirmar, com Luigi Lombardo, que "il campo della prova scientifica tende ad ampliarsi con l'evoluzione delle conoscenze e delle metodologie scientifiche: ogni nuova tecnica scientifica, che abbia qualque utilità per la conoscenza di fatti giuridicamenti rilevanti, viene automaticamente attratta nell'orbita del mondo del diritto e utilizzata nel processo".[52]

Vale lembrar, de outro lado, que há casos nos quais o caminho inverso também se faz presente. Em uma sociedade caracterizada pela maior difusão da informação (ainda que não-caracterizada pela democratização do seu acesso nos níveis ideais) e pelo constante avanço tecnológico, há casos nos quais o conhecimento técnico acaba perdendo tal característica e, com isso, incorpora-se ao senso comum.[53] A expansão do patrimônio cultural do homem médio ocorre em um "continuo trapasso di conoscenze, nel progredire della storia, dall'area della conoscenza settoriale e specialistica all'area della cultura dell'uomo medio", de maneira que "l'espansione di quest'ultima determina l'espansione dell'area della prova comune a detrimento dell'area della prova scientifica".[54]

A possibilidade de oferecimento de critérios racionais para a orientação e para o controle do raciocínio do julgador na investigação da veracidade através do conhecimento científico não pode ser tomada como razão suficiente a sustentar a existência de hierarquia entre regras científicas e regras de experiência. Refira-se, aqui, que a racionalidade também deve pautar a construção e o emprego de regras de experiência. A força persuasiva decorrente da associação da idéia de autoridade ao caráter científico da prova não autoriza, por si só, a conclusão sugerida.[55] O desafio que surge, aqui, é

---

[49] ANZANELLI, Vincenzo. Problemi di corretta utilizzazione della 'prova scientífica'. *Rivista Trimestrale di Diritto e Procedura Civile*, n. 56, p. 1333-1351, 2002, especialmente p. 1337.

[50] DEVIS ECHANDÍA, 1988 a, op. cit., p. 176.

[51] DENTI, 1972, op. cit., p. 417.

[52] LOMBARDO, 2002, op. cit., p. 1091.

[53] Omesmo raciocínio é seguido BARBOSA MOREIRA, José Carlos. Regras de experiência e conceitos jurídicos indeterminados. In: *Revista Forense*, n. 263, p. 13-19, 1978 e CINTRA, 2003, op. cit., p. 32.

[54] LOMBARDO, 2002, op. cit., p. 1091-1092.

[55] PASTORE, 1996, op. cit., p. 161, lembra da necessidade de "evitare che, attraverso la persuasività che tali prove acquistano grazie all''autorità' garantita dalla metodologia scientifica, si introduca nel processo un nuovo sistema di prove legali o un 'tariffario' delle prove, nonché, soprattutto, il pericolo di um autoritarismo processuale di tipo tecnocratico"

o de identificar campos próprios de atuação para as respectivas espécies de regras de experiência.

A importância presente no emprego de conhecimentos científicos reside, antes de tudo, na existência de casos nos quais se faz presente a necessidade de que seja certificado nos autos que, diante dos recursos técnicos existentes em um dado momento histórico, todos os esforços possíveis em sede de investigação da verdade foram implementados para esclarecer o significado dos fatos examinados. Esse esgotamento de esforços, por certo, não pode ser confundido com qualquer espécie de garantia de aquisição de um grau de conhecimento inequívoco no que se refere a uma determinada realidade histórica. Por força disso, a afirmação no sentido da impossibilidade de obtenção da verdade deixa de significar a renúncia à sua investigação ou à possibilidade do seu conhecimento, e passa a ganhar outro significado. Trata-se de afirmar que, consideradas as ferramentas disponíveis e as limitações que apresentam de forma inarredável, o resultado obtido, por melhor que seja, não é exatamente idêntico àquele que se desejaria em condições ideais, mas é aquilo que se poderia conseguir diante dos melhores esforços.[56]

Em contextos nos quais a incerteza assombra aqueles que se preocupam com o sucesso na investigação da verdade, a existência de uma pauta de racionalidade acaba por exercer uma função essencial na regulação do diálogo travado entre os sujeitos do processo. Nessa esteira, a circunstância de a decisão proferida pelo julgador eventualmente ser esteada em prova esteada em raciocínio indutivo impõe ao juglador o dever de apresentar aos demais participantes da dialética processual os critérios de racionalidade que pautaram as suas conclusões. Tal observação explica o motivo pelo qual, no contexto do art. 335 do Código de Processo Civil brasileiro, o uso da prova pericial ganha ares de instrumento destinado a permitir o controle da racionalidade da atividade jurisdicional em face dos padrões que garantem a certeza científica.[57]

Compreende-se, com isso, ainda, a razão pela qual o emprego de regras de cunho científico não necessariamente exige a produção de prova pericial. Essa última destina-se a preencher a lacuna decorrente da falta de informação do magistrado nos casos em que se faça necessário o emprego de critérios técnicos com vistas à investigação da realidade, esclarecendo qual é o parâmetro que deve nortear a percepção do julgador na análise das alegações sobre fatos ou, ainda, oferecendo uma adequada interpretação do objeto de exame. É nesse sentido que se faz correto afirmar que o fato de o julgador possuir conhecimentos técnicos a respeito de uma dada realidade permite que seja dispensada a produção de prova pericial, mas não o impede de lançar mão de tal recurso.[58] Ressalve-se, contudo, que a dispensa da produção de prova pericial somente é válida quando resguardados os valores que lhes são subjacentes, em especial no que se refere à garantia do contraditório e à motivação das decisões judiciais, ao assegurar

---

[56] MARINONI; ARENHART, 2005 a, op. cit., p. 466, observam que a função principal do perito não é (e nem pode ser, graças à sua constante evolução científica) a de garantir certeza irretratável quanto a uma dada situação, mas sim a de "explicar a posição da comunidade científica sobre o conteúdo da questão".

[57] MARINONI; ARENHART, loc. cit. afirmam que "o objetivo da participação do perito é definir os limites da discussão sobre a regra técnica, assim como o seu grau de credibilidade na comunidade científica, até porque, como já dito, mesmo as regras de experiência comum transitam no plano da probabilidade".

[58] CINTRA, 2003, op. cit., p. 205-206 e BARBI, Celso Agrícola. *Comentários ao Código de Processo Civil*, v. 1. Rio de Janeiro: Forense, 1975, p. 600. Em sentido contrário, ver FABRÍCIO, Adroaldo Furtado. Fatos notórios e máximas de experiência. In: *Revista Forense* n. 376, p. 3-10, 2004, especialmente p. 9 e CAMBI, 2006, op. cit., p. 235.

que a formação do convencimento judicial seja fruto de um processo dialeticamente orientado.

A formação de um juízo de convicção quanto à existência ou não da realidade submetida para a análise através de critérios científicos é tarefa na qual o magistrado não deve acatar a prova pericial de forma acrítica, tanto no que diz respeito ao pedido de sua produção quanto no que se refere aos termos do seu resultado. Isso porque o papel da prova científica é, em suma, o de tornar compreensível o conhecimento de fatos que devem ser examinados por meio de técnica adequada, e não o de criar um saber destinado a poucos privilegiados. Cumpre ao magistrado, nesse sentido, garantir que os esclarecimentos obtidos através de tal prova possam ser reconduzidos a uma significação que permita o seu entendimento por parte dos demais sujeitos do debate.[59]

Refira-se, mais uma vez, que a existência de prova pericial não constitui prova plena ou irrefutável que importe em um travamento do fiel da balança na qual se desenvolve a dinâmica de formação do convencimento jurisdicional. Ao contrário, deve a prova pericial ser considerada como apenas um dentre os vários elementos que compõem o panorama das informações acostadas aos autos, devendo ser avaliada criticamente pelo magistrado segundo critérios racionais,[60] os quais devem ser expostos de forma clara na motivação da sentença. É essa, inclusive, a melhor exegese a ser conferida ao comando inscrito no art. 436 do Código de Processo Civil.[61]

De todo esse contexto, conclui-se pela inexistência de uma relação de hierarquia a colocar as regras de experiência pautadas no senso comum em posição inferior à ocupada pelas regras científicas. O que justifica a distinção dos campos de atuação de cada uma das espécies de normas reveladoras de padrões de normalidade é, antes de tudo, o critério da especialidade, e não o da hierarquia.[62] Sintoma disso é a impossibilidade de as primeiras serem consideradas válidas se o seu conteúdo for contrário a parâmetros cientificamente especificados.

---

[59] É acertada a observação de PASTORE, 1996, op. cit., p. 158-159, ao afirmar que o juiz "deve tradurre le informazioni conseguite grazie all'indagine scientifica riconducendole all'ambito della 'ragione comune'".

[60] ANZANELLI, 2002, op. cit., p. 1340-1341, refere que "questo atteggiametno di chiusura e di disinteresse per le problematiche e i dubbi ricorrenti in sede scientifica, nonché il mancato controllo giudiziale della logicità e della correttezza delle metodologie utilizzate per il raggiungimento dei risultati scientifici, può essere considerato la nota caratterizante il problema in esame. Il principale risultato che ne deriva è la tendenza (ampiamente dominante nel panorama giurisprudenziale) ad utilizzare acriticamente tali conoscenze, sulla scorta di uma formale e presunta garanzia di competenza, derivante dalla possibile configurazione dei principali crismi dell''ufficialità accademica' in capo al soggetto esperto", apontando o que culmina com uma "sostanziale rinuncia del giudice alla verifica del grado di attendibilità probatoria degli elementi forniti dall'espereto per la risoluzione della controversia".

[61] MARINONI, Luiz Guilherme; ARENHART, Sérgio Cruz. *Comentários ao Código de Processo Civil*. v. 5. t. 2. 2. ed. São Paulo: Revista dos Tribunais, 2005 b, p. 604-605, enfatizam o dever de motivação que se impõe ao magistrado que se afasta das conclusões do laudo pericial. CINTRA, 2003, op. cit., p. 237, de forma mais aguda, aponta que "o perito não é o juiz dos fatos a que se refere a sua atividade pericial e seu pronunciamento a esse respeito não vincula nem pode vincular o juiz da causa. Na verdade, o juiz não pode delegar atribuições jurisdicionais ao perito, nem aceitar passivamente as conclusões e a opinião deste, devendo apreciar o laudo com liberdade intelectual e justificar suas conclusões".

[62] LOMBARDO, 2002, op., cit., p. 1090, afirma que "ragione sistematiche consigliano, tuttavia, di non assimilare le leggi scientifiche alle comuni regole d'esperienza nell'ambito della medesima categoria, perché il ricorso della parte del giudice alle leggi scientifiche, nella formulazione del giudizio di fatto, pone problemi del tutto peculiari e diversi rispetto a quelli che si profilano quando il giudice fa uso delle semplici regole di comune esperienza".

Reforça esse mesmo entendimento, ainda, o fato de o julgador, na condição de expoente e de intérprete da sociedade, ter por dever o exercício do controle quanto ao correto emprego das noções técnico-científicas de parte do perito. Para Vittorio Denti, "si spiega cosi perché non si possa chiedere al giudice di possedere uma scienza superiore a quella del perito, e quindi di rifare per proprio conto le valutazione dal medesimo compiute, ma gli si debba chiedere di controllare il grado di accettabilità, sul piano della conoscenza comune, dei nuovi metodi scientifici, ovvero la razionalità del procedimento seguito dal perito". O referido autor apresenta, nesse sentido, três modos de controle que a opinião pública possui diante do trabalho de um *expert*: a *valoração de sua autoridade científica*, a *aquisição ao patrimônio científico comumente aceito dos métodos de investigação por ele seguidos* e a *coerência lógica de sua argumentação*.[63]

Esses critérios encontram eco na experiência dos tribunais norte-americanos. Importante referencial a respeito do tema em tal realidade é o caso *Frye versus United States*, julgado pela *circuit court* do Distrito de Columbia em 1923, o qual, se não possui o status de precedente, era, nas palavras de Michele Taruffo, "il punto di riferimento per gran parte delle corti americane". Em tal julgado, referiu-se que a admissibilidade de um teste científico estaria condicionada ao fato de o princípio ou a experiência em questão ser "sufficiently established to have gained general accpetance in the particular field in which it belongs". Esse critério, conhecido como *general acceptance test* ou *Frye test*, pode ser sintetizado, nas palavras de Taruffo, na idéia de que "l'ammissibilità della prova scientifica viene fatta dipendere dal 'mercato intellettuale', ossia dall'esistenza di un diffuso e consolidato consenso, nella relativa area scientifica, sulla validità di tale prova".[64]

A multiplicidade de formas de controle quanto à admissibilidade de critérios científicos dita a tônica da visão atualmente defendida no seio da jurisprudência americana. No caso *Daubert versus Merrel Dew Pharmaceuticals Inc.*, a Suprema Corte norte-americana firmou entendimento no sentido de que as *Federal Rules of Evidence*, editadas em momento posterior ao precedente a partir do qual foi concebido o *general acceptance test*, adotam critérios mais elásticos de controle, admitindo o emprego do *Frye test*, mas não o tomam como único instrumento hábil para tanto.[65]

Essa orientação serve de paradigma, igualmente, para que se possa compreender a tônica a ser seguida ao se falar em prova pautada em regras que envolvam conhecimentos científicos no ordenamento jurídico pátrio. Se, de um lado, a especificidade do conhecimento científico justifica o seu emprego como instrumento para a investigação do significado da realidade histórica, é certo que isso não significa que o saber técnico esteja livre de qualquer possibilidade de apreciação crítica por parte dos sujeitos do processo.

Refira-se, do mesmo modo, a necessidade de cuidado redobrado por parte do julgador ao lançar mão de conhecimentos que, originalmente situados no plano da ciência, gradualmente passam a integrar o saber do homem médio. Merece atenção, aqui, a lição de Luigi Lombardo, para quem "nel transformarsi del sapere scientifico in sapere comune è grande, infatti, il rischio che il primo sia soggetto a manipolazioni o ad arbitrarie semplificazioni o generalizzazioni da parte del senso comune; è grande il rischio che si finisca per acquisire al patrimonio della cultura media, non una scienza, ma una 'pseudo

---

[63] DENTI, 1972, op. cit., p. 434.

[64] TARUFFO, Michele. Le prove scientifiche nella recente esperienza statunitense. In: *Rivista Trimestrale di Diritto e Procedura Civile*, n. 50, p. 219-249, 1996, especialmente p. 232-233.

[65] TARUFFO, 1996, op. cit., p. 235-238.

---

scienza'".[66] Nesse contexto, a atenção do julgador para os limites desse conhecimento e o crivo do contraditório paritário revelam-se como ferramentas idôneas capazes de permitir o controle referido.[67]

4. DAS RELAÇÕES E DAS DISTINÇÕES ENTRE PROVAS E PRESUNÇÕES

A definição de presunção como "resultado do raciocínio pelo qual se inferem fatos desconhecidos de outros já conhecidos",[68] usualmente empregada pela doutrina, evidencia a íntima relação entre o fenômeno ora mencionado e o raciocínio que envolve a inferência típica do argumento relacionado ao conceito de prova. Essa semelhança, contudo, deve ser valorada à luz das necessárias ressalvas, dada a existência de diferenças entre presunções e provas, as quais não podem passar ao largo dos olhos de um estudioso atento.

Uma primeira abordagem possível da problemática ora referida pode ser vista na lição de Francesco Carnelutti ao propor a diferenciação entre presunções e provas com base no critério critério da distinção entre as atividades que envolvem a *percepção do juiz* em relação àquelas nas quais o julgador trabalha com *juízos de dedução*. Nas palavras do autor, "prova in senso ampio comprende ogni forma di fissazione del fatto controverso (mediante i processi determinati dalla legge) e così anche la presunzione; prova in senso stretto si riferisce alle forme di fissazione dei fatti controversi (non percepiti dal giudice) mediante fatti costituiti per la rappresentazione di quelli e si distingue dalla presunzione, come forma di fissazione dei fatti controversi (non percepiti dal giudice) mediante fatti non costituiti per la rappresentazione di quelli".[69]

A concepção proposta por Carnelutti deve ser valorada à luz dos ganhos que a partir dela são alcançados e das limitações que nela se fazem presentes. No que se refere às vantagens presentes na defesa da distinção nos termos em que acima apresentada, refira-se a possibilidade de compreensão da forma pela qual se dá a inserção da presunção *hominis* como elemento integrante da estrutura argumentativa própria da prova indireta. Considerando-se a presunção como "conseqüência que o juiz tira do fato conhecido, guiando-se por aquilo que ordinariamente acontece (quod plerunque fit)",[70] afasta-se qualquer possibilidade de confusão entre o *fato secundário*, a *prova do fato*

---

[66] LOMBARDO, 2002, op. cit., p. 1092.

[67] LOMBARDO, 2002, op. cit., p. 1094, afirma que "il contradittorio processuale, invero, costituisce il luogo dove – grazie al contributo del giudice e delle parti, dl consulente d'ufficio e dei consulenti delle parti – è possibilie verificare il consenso della comunità scientifica sia sul reale contenuto delle pretese leggi scientifiche che si intendono utilizzare, sia sulla correttezza della loro utilizzazione; è possibilie verificare cioè la loro fondatezza teorica e la loro adeguatezza pratica al caso oggetto del giudizio".

[68] A transcrição é a da definição feita por CINTRA, 2003, op. cit., p. 29. Em sentido análogo, ver, por todos, DINAMARCO, 2005, op. cit., p. 113 ("presunção é um processo racional do intelecto, pelo qual do conhecimento de um fato infere-se com razoável probabilidade a existência de outro ou o estado de uma pessoa ou coisa") e CORDOPATRI, 1988, op. cit., p. 276 ("la presunzione è il passaggio, l'inferenza dal fatto noto del fatto non noto").

[69] CARNELUTTI, 1992, op. cit, p. 67, 84-85.

[70] A transcrição é a da definição feita por SANTOS, 2002, op. cit., p. 509.

secundário e a *conseqüência decorrente da relação entre o fato secundário, uma regra de experiência e o fato principal.*[71]

Relativamente às limitações presente na perspectiva proposta por Carnelutti, aponte-se que a simplificação exagerada presente na pressuposição da percepção da realidade pelo julgador como um fenômeno puramente objetivo é idéia própria de um modelo em crise, o qual desconsidera a incidência de valorações que, estranhas aos limites da atuação do legislador, exercem pesada influência na formação do significado dessa realidade conhecida.[72] Refira-se, ainda, que, ao contrário do que a proposta ora referida sugere, a formação de presunções não é fruto de inferências *dedutivas*, mas sim de juízos eminentemente *indutivos*, situados em uma dimensão que não é a da *certeza*, e sim das *possibilidades*.

Um ulterior aprofundamento da análise até aqui efetuada impõe seja examinada a pertinência ou não da tradicional distinção entre *presunções judiciais* e *presunções legais*. Tal dicotomia é estruturada sobre uma premissa fundamental: a separação entre os casos nos quais a inferência tem do fato probando por meio de um fato provado se dá pelo *raciocínio judicial* em relação àqueles outros nos quais tal liame é estabelecido por *determinação legislativa*.[73] Do ponto de vista argumentativo, o que se afigura é a *diferenciação do ponto de vista da fonte que estabelece o padrão de normalidade a ser considerado*: as presunções judiciais pressupõem que tal critério seja veiculado em uma *regra de experiência ou em uma regra técnico-científica*, ao passo que as presunções legais pressupõem a existência de *disposição legal* que determine a adoção de um certo paradigma de normalidade.

No que se refere às presunções judiciais (também conhecidas como *praesumptio hominis* ou, ainda, presunções simples), é correto afirmar, com Hernando Devis Echandía, que "la presunción simple, de hombre o judicial, es diferente del indicio, como la luz lo es de la lámpara que la produce". Conforme o referido autor, "del conjunto de indicios que aparecen probados en el expediente, obtiene el juez las inferencias que le permiten presumir el hecho indicado, pero esto no significa que se identifiquen, porque los primeros son la fuente de donde se obtiene la segunda, aquéllos son los hechos y esta el razonamiento conclusivo".[74]

---

[71] TARUFFO, 1992 a, op. cit., p. 452-453 distingue presunções e indícios, lançando mão do seguinte argumento: "'indizio' indica il 'fato noto' o la 'fonte' che rappresenta la premessa dell'inferenza presuntiva: è dunque indizio qualunque cosa, circostanza o comportamento che il giudice ritenga significativo in quanto da esso possono derivarsi conclusioni relative al fatto da provare. Tra presunzione e indizio vi è dunque la differenza che corre tra um ragionamento e la premessa di fatto dal quale il ragionamento prende le mosse". Semelhante é a posição de SANTOS, 2002, op. cit., p. 507: "o fato conhecido, o indício, provoca uma atividade mental, por via da qual poder-se-á chegar ao fato desconhecido, como causa ou efeito daquele. O resultado positivo dessa operação será uma presunção. Assim, a presunção compreende um processo lógico, ou seja, um raciocínio pelo qual da existência de um fato reconhecido como certo se deduz a existência do fato que se quer provar. A estrutura desse raciocínio é a do silogismo, no qual a premissa menor será o fato conhecido (fato base, fato auxiliar)". Difere esse último autor, ao tratar de dedução, como um raciocínio empregado para fins de construção de presunções, com o que não se concorda, como já foi visto anteriormente, já que é eminentemente indutiva a inferência lógica envolvida em tal argumentação.

[72] LOMBARDO, 2002, op. cit., p. 1106, refere o que denomina de "crisi dell'idea positivistica di poter percepire i fatti oggettivamente ('per quelli che sono')", a qual caminha lado a lado com a "l'acquisita consapevolezza della relatività della distinzione tra 'fatto' e 'valore'".

[73] MARINONI; ARENHART, 2005 a, op. cit., p. 162.

[74] DEVIS ECHANDÍA, Hernando. *Teoria general de la prueba judicial*. t. 2. 6. ed. Buenos Aires: Víctor P. de Zavalía S. A, 1988 b, p. 696.

Dessa primeira observação é possível extrair uma conclusão fundamental: a discussão travada na busca de uma distinção entre indício e presunção judicial é, antes de tudo, uma *tentativa de comparação de entes que se completam em uma estrutura argumentativa*, na qual *a presunção surge como conseqüência que se produz diante da prova do indício*. Esse elo lógico é estabelecido graças à *incidência de uma regra de experiência*, a qual permite o estabelecimento de um raciocínio eminentemente indutivo que une as premissas cotejadas.

Esse esclarecimento é determinante, ainda, para que se possa firmar posição a respeito de outro tema igualmente fundamental: a *presunção simples não se confunde com a prova do fato secundário, mas sim é um dos fatores envolvidos na estrutura argumentativa da prova indireta*. A fim de que se possa ter clareza conceitual, deve-se considerar que a prova indireta da alegação sobre o fato principal pressupõe, no mínimo, três fatores conjugados, a saber, a) a prova do fato secundário; b) a aplicação de uma regra de experiência pautada no senso comum ou em conhecimentos técnico-científicos; c) a presunção quanto à veracidade do fato principal.

Deste modo, claro está que a noção de presunção não se confunde com a de prova,[75] mas com ela coexiste harmonicamente no universo das ferramentas destinadas à formação do convencimento jurisdicional.[76] A presunção simples pressupõe a prova do fato secundário, a qual, analisada à luz da incidência de uma regra de experiência, torna possível afirmar a prova indireta do fato principal. Como observa Marina Gascón Abellán, as presunções simples "se fundan, por tanto, sobre pruebas (es decir, sobre hechos ya acreditados) y difieren poco de las presunciones del historiador o del detective, que también intentan establecer un hecho desconocido a partir de indicios", sendo a chave deste tipo de argumentação, nas palavras da autora, "la existencia de reglas o 'máximas de experiencia' que, reflejando regularidades empiricamente observadas, permiten conectar el hecho conocido con el hecho desconocido".[77]

No estudo das presunções legais, por sua vez, observa-se que a formação da argumentação adota estrutura semelhante à das presunções judiciais: há, aqui, também uma relação de imputação entre as circunstâncias previstas na hipótese de incidência de um determinado dispositivo legal e a presunção, sendo tal vínculo igualmente pautado em um padrão de normalidade. Vale transcrever, aqui, a descrição do fenômeno feita por Hernando Devis Echandía, ao apontar que, "en el razonamiento del juez que aplica una presunción legal, se parte de la regla general que indica lo ordinario en esa especie de fe-

---

[75] Semelhante é o entendimento de DEVIS ECHANDÍA, Hernando, 1988b, op. cit., p. 611, o qual refere que "es evidente que el indicio, como un hecho material, nada prueba, si no se le vincula a una regla de experiencia, mediante la presunción de hombre que en ella se basa, para deducir de aquel un argumento probatorio lógico-crítico; (...) pero esa regla de experiencia constituye la razón de la presunción que el juez aplica al indicio, para determinar su valor probatorio, es decir, para deducir el hecho desconocido. Por lo tanto, la presunción judicial no se identifica con el indicio, sino es apenas la base del argumento de prueba que el juez encuentra en el segundo, mediante la operación lógico-crítica que lo valora". Repita-se, aqui, mais uma vez, a não-concordância com o caráter dedutivo associado pelo autor à inferência que pauta a argumentação aplicável à prova indireta no caso em exame.

[76] CORDOPATRI, 1988, op. cit., p. 276, observa que "ai nostri giorni e in prima approssimazione, il retto significato di presunzione non può che essere nel senso di strumento, offerto al giudice dal comune discorso dell'epoca e della società in cui vive, per l'apprezzamento della esistenza del fatto ai fini della propria convinzione", apontando, ainda, "l'indiscutibile appartenenza della presunzione (in senso giuridico; in senso comune essa è impiegata da ogni persona) al novero degli strumenti che spettano al giudice perché terzo imparziale e agente attraverso processo".

[77] ABELLAN, 2004, op. cit., p. 151-152.

nómenos materiales o morales, implícita en la norma legal, y que constituye la premisa mayor (por ejemplo: el hijo de mujer casada suele tener por padre al marido de ésta, por lo que se presume que así es en los casos concretos); la premisa menor es el razonamiento del juez que le permite considerar el hecho probado como idéntico o análogo al que sirve de presupuesto a esa norma (éste es un hijo de mujer casada); la conclusíon es la consecuencia deductiva de aplicar aquella regla general a esse caso concreto o idéntico (luego este hijo es del marido de la madre)".[78]

Um olhar mais atento em direção às presunções legais permite distinguir, de um lado, as *presunções relativas* ou *presunções iuris tantum* e, de outro, as chamadas *presunções absolutas* ou *presunções iuris et de iure*. Em relação às primeiras, diz-se que *a produção de prova em sentido contrário permite afastar a conclusão obtida na inferência resultante da aplicação da regra de experiência*, a qual funciona como padrão a ser considerado na investigação da verdade, implementada em face do caso concreto. No que se refere às presunções iuris et de iure, diz-se que *não sucumbem diante da existência de outras provas produzidas com o objetivo de infirmá-las*.

Da análise dos critérios que autorizam tal dicotomia, duas questões fundamentais automaticamente vêm à tona. A primeira delas: o que significa dizer que as presunções *iuris tantum* admitem prova em contrário? A segunda: qual é a justificativa para o fato de a força das presunções *iuris et de iure* restar irredutível, mesmo diante de provas que contradigam o seu conteúdo?

Para que se possa construir respostas satisfatórias no enfrentamento de tais indagações, impõe-se considerar, antes de tudo, que as normas jurídicas que tratam de presunções não devem ser tratadas como enunciados assertivos, mas sim como *normas de comportamento*, as quais *permitem ao julgador afirmar uma conclusão na presença de um pressuposto*. Constituem-se, neste sentido, em normas cujo significado vinculado não é atrelado ao fenômeno da investigação de uma dada realidade, mas sim ao da *análise de um caso concreto*. Como lembra Edna Ullmann-Margalit, "the presumption formula is propositional in nature ('P raises the presumprion that Q'); it is ostensibly about facts. However, I submit that it is concerned not so much with ascertaining the facts as with proceeding on them, as its rule interpretation brings out. Presumption rules belong in the realm of praxis, not theory. Their point is to enable us to get on smoothly with business of all sorts, to cut through impasses, to facilitate and expedite action. But there is no specific action that a presumption rule charges its subjects with. It instructs its subjects to hold a certain proposition as true so as have a foothold (as it were) for action".[79]

Nesse contexto, as presunções assumem os contornos de *proposições sobre uma dada realidade, as quais são veiculadas em normas que condicionam a atividade de formação do convencimento jurisdicional*. Nelas são veiculadas conclusões preliminares, concebidas no bojo da atividade de formação do convencimento jurisdicional, atuando como respostas de validade provisória ao questionamento quanto à veracidade ou não de uma alegação.[80] Deste modo, as presunções são poderosos instrumentos de

---

[78] DEVIS ECHANDÍA, 1988 b, op. cit., p. 698.

[79] ULLMANN-MARGALIT, Edna. On presumption. In: TWINING, William; STEIN, Alex. *Evidence and proof.* New York: New York University Press, 1992, p. 427-447, especialmente p. 431-432.

[80] Defendendo a inexistência de vínculo entre presunções e investigação da verdade, ver BARBOSA MOREIRA, José Carlos. As presunções e a prova. In: BARBOSA MOREIRA, José Carlos. *Temas de direito processual.* São Paulo: Saraiva, 1977, p. 55-71 e ABELLAN, 2004, op. cit., p. 141.

facilitação da atividade de instrução, permitindo ao magistrado otimizar os seus esforços na busca de provas a respeito de outros fatos relevantes que não aqueles já presumidos existentes ou verdadeiros.[81] Constituem-se em meios de ordem técnica destinados à garantia do respeito a certos valores em razão da presenaça de situações específicas, e exercem direta influência no estabelecimento de regras sobre os ônus de prova.[82]

A confirmação do acerto do entendimento ora referido pode ser flagrada a partir de diversas manifestações presentes no regime jurídico aplicável às presunções. Definido que não há outro campo de atuação a ser considerado para a incidência de presunções senão o da investigação desenvolvida no debate processual,[83] lembre-se que inexiste qualquer ônus imponível a quaisquer das partes no que se refere à necessidade de alegação relativamente à existência de presunções que militem a seu favor. Ao contrário, a referência à existência de presunções sempre é estabelecida como meio a ser utilizado pelo juiz para firmar conclusões a respeito das alegações sobre fatos juridicamente relevantes,[84] e não exige qualquer manifestação da parte para que possa se produzir nos autos.

A consideração da presunção como sendo uma conclusão dotada de força normativa no que se refere à formação do convencimento do julgador, autorizando-o a tomar como verdadeiro o fato principal alegado pela parte, traz consigo o aporte necessário para que se possa ofertar uma resposta adequada à primeira questão proposta. As presunções são conclusões veiculadas em "normas jurídicas que, em consideración a ciertos valores, imponen dar por verdadera una situación que podría ser falsa".[85] Deste modo, resta claro que a incidência das normas que estabelecem presunções cede lugar diante da existência de prova que infirme a situação presumida. Na presença de presunções legais relativas, os valores considerados como padrões de normalidade pelo ordenamento jurídico (por exemplo, a paternidade dos filhos nascidos na constância do casamento ou a validade dos atos administrativos) ocupam o lugar pertencente à tutela da verdade. Essas conclusões preliminares somente cedem espaço nos casos em que, por meio da produção da prova em sentido contrário, essa se sobrepuser ao valor estimado em sede de presunção.

A necessidade de preservação de certos fins faz com que a prova de um fato secundário, à luz de uma regra de experiência, torne possível a inferência quanto à veracidade do fato principal alegado, atribuindo o ônus de produção de prova em sentido contrário à parte que não é beneficiada pela presunção.[86] Afirmar o interesse do ordenamento jurídico em "criar situações de vantagem em favor de determinada parte, a fim de facilitar o labor

---

[81] DINAMARCO, 2005, op. cit., p. 114.

[82] ABELLAN, 2004, op. cit., p. 139.

[83] REGO, Hermenegildo de Souza. *Natureza das normas sobre prova*. São Paulo: Revista dos Tribunais, 1985, p. 122: "exame mais detido da questão, entretanto, convence de que, exatamente como a regra do ônus de prova, as normas que estabelecem presunções se destinam à aplicação unicamente no processo, e unicamente numa especial situação que só do processo pode resultar: a falta de prova em contrário".

[84] Citando CORDOPATRI, 1988, op. cit., p. 291, "la presunzione non è dedotta dalla parte, alla stregua degli altri mezzi o fonti di prova, bensì è opera del giudice: ad essa neppure si attaglia la disputa sulla definizione della natura delle norme relative alla prova, se di diritto sostanziale in quanto decisoria litis, o, come pare preferibile, di diritto processuale". E conclui o autor que "la presunzione non è prova ma è mezzo utilizzabile dal giudice per risalire dagli elementi di fatto di cui abbia raccolto la prova, ai fatti costitutivi della fattispecie concreta oggetto del suo giudizio: in una parola, per giudicare su quest'ultima".

[85] ABELLAN, 2004, op. cit., p. 145.

[86] ABELLAN, 2004, op. cit., p. 139.

---

probatório da parte a quem aproveita"[87] é, em última instância, reconhecer que as presunções atuam não apenas como elementos que devem ser considerados no delineamento de um representação possível da realidade, mas também como *ferramentas a serviço da preservação de outros fins igualmente consagrados em sede de direito positivo.*[88]

Vale referir, ainda, que a possibilidade de substituição de uma presunção por prova suficiente em sentido contrário é sintoma da *existência de uma marca comum a esses dois institutos*. Aqui, presunção e prova servem a um mesmo objetivo, qual seja, o da composição do universo a ser considerado pelo julgador na tarefa de construção da decisão.[89] Como conseqüência de tal raciocínio, tem-se que a suficiência da prova em sentido contrário é correlata ao peso das razões da inferência que autoriza o surgimento de uma presunção.[90]

A afirmação no sentido de que a presunção sucumbe diante de prova em sentido contrário pressupõe, do ponto de vista lógico, a aceitação de que a consideração da prova de um fato secundário à luz de um padrão de normalidade permite preencher o vazio de prova direta que poderia estar ali presente. Neste sentido, o que o padrão de normalidade faz é estabelecer o elo possível entre a prova de um fato secundário e a conclusão no sentido da prova indireta do fato principal. Coloca-se diante dos olhos do juiz um retrato da realidade construído nos limites do possível, o qual é tomado pelo juiz, para fins de formação do seu convencimento, nos casos em que não for possível trazer ao seu conhecimento a própria realidade ou um dos seus aspectos juridicamente relevantes.

A diferença entre as presunções *iuris et de iure* e *iuris tantum*, contudo, reside em algo mais do que o fato de ambas serem resultados de inferências que oferecem retratos possíveis da realidade à luz de critérios de normalidade.[91] No caso das presunções *iuris et de iure*, o que se constata é que *o interesse do legislador na proteção de outros valores soma-se ao padrão de normalidade presumido pela norma, de maneira a travar o fiel da balança e, com isso, impedir qualquer discussão quanto à maior ou à menor aproximação entre a presunção e a realidade examinada*. A combinação de outros valores protegidos pelo ordenamento jurídico (em especial no que se refere à segurança jurídica e à proteção da boa-fé) à afirmação da presença de um padrão de normalidade acaba funcionando como fator a alçar o fato secundário à condição de *equivalente jurídico-legal do fato principal*.[92] Desta maneira, a norma que dispõe quan-

---

[87] GRECO FILHO, 2003 b, op. cit., p. 196

[88] Nas palavras de SANTOS, 2004, op. cit., p. 509, "o legislador, sem desconhecer o caráter lógico das presunções, compreendeu que, em dados casos, deixar ao juiz o soberano poder de estabelecê-las, ou não, traria não poucas perturbações à ordem jurídica. Ou, mais precisamente, porque razões de ordem pública exigem maiores garantias a determinadas relações jurídicas, o próprio legislador, nesses casos, substituindo-se ao juiz, faz o raciocínio e, à conclusão do mesmo extraída, dá caráter impositivo quanto à sua eficácia probatória".

[89] MARINONI; ARENHART, 2005 a, op. cit., p. 162, aludem à capacidade de as presunções atuarem como facilitadoras dos mecanismos de prova empregados pelas partes, a fim de trazer as suas pretensões a juízo.

[90] Analisando a idéia de *prova suficiente*, ULLMANN-MARGALIT, 1992, op. cit., p. 436, refere que "the 'sufficient' qualifier is, I contend, a place holder. It should be replaced by na indication of the weight of the reasons for belief required for the rebuttal. Correlated with this measure will be an index of the strenght of the presumption".

[91] ABELLAN, 2004, op. cit., p. 149, observa que as presunções, "cualquiera que sea su clase, vienen a dar por cierto um hecho más o menos probable, pero en todo caso posible".

[92] Abordando o tema das presunções *iuris et de iure*, MARINONI; ARENHART, 2005 a, op. cit., p. 171, comentam que "a probabilidade de que um fato seja indício de outro, conduz o legislador a transformar o

---

Luis Alberto Reichelt

to à impossibilidade de prova em sentido contrário atua como *critério de definição do equivalente jurídico-legal* acima referido, motivo pelo qual se faz justificado afirmar que, nas presunções absolutas, "dispensa-se o próprio fato, em si mesmo", e não apenas a sua prova. A equivalência legalmente estabelecida entre o fato principal e o fato secundário retrata-se não na causa da norma que regula tais fatos, mas sim na *identidade da conseqüência jurídica aplicável diante da ocorrência de tais situações*.[93] Em suma: essa combinação faz com que o fato secundário seja equiparado ao fato principal, de modo que a presunção resultante da prova indireta do fato principal seja equivalente à sua prova direta, com o que estaria o julgador autorizado, em ambos os casos, a concluir no sentido da possibilidade de produção dos mesmos efeitos jurídicos.

Exemplo do funcionamento do raciocínio acima proposto pode ser encontrado no posicionamento da jurisprudência do Superior Tribunal de Justiça, relativamente a questões de responsabilidade civil do sujeito que ordena a terceiros que pratiquem conduta danosa. Aplicando o constante da Súmula 341 do Supremo Tribunal Federal, segundo a qual "é presumida a culpa do patrão ou comitente pelo ato culposo do empregado ou preposto", consignou-se que, em sede de responsabilidade do Estado por ato praticado por empreiteira, "a presunção de culpa dos preponentes por atos de prepostos, que para aqueles trabalham, é jure et de jure", de forma que "se deve ver nos próprios atos ilícitos praticados pelo preposto a prova suficiente da culpa do preponente".[94]

Ainda sob a égide da experiência do Superior Tribunal de Justiça, refira-se a existência de julgado no qual foi assentado que, na aferição da ocorrência de fraude à execução, o adquirente de um imóvel deve ser tomado como sabedor da existência de penhora pendente sobre o mesmo se tal gravame houver sido registrado na matrícula do referido bem.[95] Outro entendimento que merece atenção é o que sustenta que a existência de declaração de quitação por pagamento constante de escritura pública enseja presunção absoluta sobrepõe-se à presunção relativa de persistência da dívida pelo fato de títulos de crédito oferecidos em garantia do adimplemento do negócio principal continuarem em posse do credor.[96] Em ambos os casos, a presunção absoluta é construída a partir da combinação entre os parâmetros de normalidade inerentes às situações examinadas ("quem compra um imóvel usualmente costuma verificar a sua situação registral",

---

fato indiciário do fato princpal no próprio fato principal, agregando diretamente a ele a produção do efeito jurídico e relegando o fato principal ao nível de motivo ou de *ratio*".

[93] De acordo com BARBOSA MOREIRA, 1977, op. cit., p. 64, é forçoso concluir no sentido de que "a fórmula clássica, segundo a qual é inadmissível aqui a 'prova em contrário' – ainda com a retificação consistente na troca do 'inadmissível' por 'irrelevante' –, não passa de biombo usado *commoditatis causa:* quem olhar através do biombo verificará que a circunstância de não aproveitar ao eventual interessado qualquer iniciativa tendente à demonstração de que o fato presumido não ocorreu, longe de representar simples limitação à atividade instrutória, constitui afinal mero corolário, lógico e inexorável, de uma premissa latente, a saber: a de que o fato presumido é sem relevância jurídica. Há, no fundo, uma equiparação de eficácia: a lei imprime ao esquema a + b a mesma eficácia que teria o esquema a + b + c, ou a + b + c + d, e assim por diante. Numa palavra: atribui efeitos iguais a diferentes esquemas de fato".

[94] Recurso Especial n. 106.485/AM, rel. Min. Cesar Asfor Rocha, julgado pela Quarta Turma do Superior Tribunal de Justiça em 13.06.2000.

[95] Nesse sentido: Recurso Especial n. 665.451/CE, rel. Min. Castro Meira, julgado pela Segunda Turma do Superior Tribunal de Justiça em 18.10.2005; Recurso Especial n. 555.044/DF, rel. Min. Cesar Asfor Rocha, julgado pela Quarta Turma do Superior Tribunal de Justiça em 04.11.2003

[96] Recurso Especial n. 108.264/DF, rel. Min. Sálvio de Figueiredo Teixeira, julgado pela Quarta Turma do Superior Tribunal de Justiça em 26.06.2001. Cita o relator, em seu voto, outro precedente que trata de situação idêntica, qual seja, o Recurso Especial n. 6.944/ES, rel. Min. Dias Trindade, julgado pela Terceira Turma do Superior Tribunal de Justiça em 21.06.1991.

"quem declara publicamente que a dívida foi quitada usualmente não haverá de exigir a satisfação de títulos oferecidos em garantia") e o posicionamento da ordem jurídica no sentido de dar proteção a determinados valores (segurança jurídica, boa-fé, etc.).

Igualmente sintomática é a postura jurisprudencial no sentido da presunção absoluta de existência de trabalho em condições de insalubridade que alcança empregados que, relativamente ao tempo de serviço anterior à vigência da Lei n. 9032/95, comprovassem pertencer à determinada categoria profissional, considerando desnecessária, em tais situações, a prova de exposição a agentes nocivos à saúde.[97] A normalidade da realidade dos integrantes da categoria profissional antes da vigência da lei aludida, somada ao reconhecimento, pelo ordenamento jurídico, da necessidade de proteção da saúde do trabalhador como valor fundamental, culmina pela produção de uma presunção absoluta por parte do legislador.

O acerto da linha de pensamento pode ser encontrado, ainda, em outros exemplos. Veja-se, nesse sentido, a presunção de que são fraudatórias dos outros credores as garantias que o devedor insolvente tiver dado a algum credor, prevista no art. 163 do Código Civil. Em tal caso, o legislador considera desnecessária a prova direta da fraude no caso em exame, visto que, à luz da boa-fé como princípio que norteia a normalidade em sede de relações jurídicas, a prova do oferecimento da garantia e da insolvência do devedor permite inferir com segurança tal conclusão. O mesmo ocorre no que se refere à presunção da verificação da parte ou da medida da obra empreitada que tiver sido paga, inscrita no art. 614, § 1º, do mesmo diploma legal: a prova do pagamento é equiparada à prova direta da verificação da obra, tendo em vista que o normal, em uma realidade eticamente orientada, é que o pagamento seja feito após a observação do resultado da obra.[98]

A possibilidade de o legislador criar tais equiparações jurídicas situadas no plano do direito material[99] não significa que a estipulação de presunções absolutas possa ser separada da necessidade de conformidade com os padrões de normalidade anteriormente referidos. É a conformidade com tais padrões que permite diferenciar as presunções em relação às *ficções jurídicas*, visto que tal exigência não se faz presente nessas últimas, nas quais a extensão de uma conseqüência a outro pressuposto de fato é atrelada à realização de outros fins que não à da investigação da verdade.

A respeito da distinção entre presunções e ficções, merece registro a lição de Marina Gascón Abellán, para quem "la ficción 'no pretende engañar a nadie', su función no es 'comprender una realidad de hecho, sino dar prescripciones para la acción, y em esse sentido crear una realidad'. Las ficiones, en suma, no se orientan a fijar una realidad empírica, sino a atribuir a ciertos hechos el mismo tratamiento jurídico previsto para otros hechos claramente distintos".[100] A distinção proposta pela autora, contudo, não é tomada como questão pacificada na doutrina. Ao declarar que "ficção *é substantivo ligado ao verbo latino* fingere, *que significa assumir a ocorrência de um fato*

---

[97] Recurso Especial n. 512.163/SC, rel. Min. Arnaldo Esteves Lima, julgado pela Quinta Turma do Superior Tribunal de Justiça em 27.09.2005; Recurso Especial n. 421.062/RS, rel. Min. Arnaldo Esteves Lima, julgado pela Terceira Turma do Superior Tribunal de Justiça em 20.09.2005; Recurso Especial n. 397.207/RN, rel. Min. Jorge Scartezzini, julgado pela Quinta Turma do Superior Tribunal de Justiça em 18.11.2003.

[98] Os exemplos acima citados, que aqui foram desenvolvidos com vistas à explicitação do raciocínio proposto, são de autoria de CINTRA, 2003, op. cit., p. 29.

[99] Sobre a natureza de normas de direito material, associada aos comandos que prevêem presunções absolutas, ver MARINONI; ARENHART, 2005 a, op. cit., p. 172-174.

[100] ABELLAN, 2004, op. cit., p. 147-151, especialmente p. 148.

ou a existência de uma situação, prescindindo-se da efetiva aderência desses juízos à verdade real" e que *"fingir é, como dito,* fazer de conta", Cândido Rangel Dinamarco é enfático ao sustentar que as presunções absolutas são "expedientes com os quais o legislador constrói certas ficções e nelas se apóia para impor as conseqüências jurídicas que entender conveniente".[101]

A jurisprudência do Superior Tribunal de Justiça oferece caso sintomático que permite visualizar com mais clareza a distinção entre presunções e ficções jurídicas. Trata-se, aqui, de investigar a posição do referido tribunal em julgados nos quais se discute a validade ou não da cobrança de imposto sobre a circulação de mercadoras incidente sobre venda de bebidas sob o regime de substituição tributária para frente. Em tais casos, discute-se os limites aos quais o contribuinte, distribuidor de bebidas, pode ser sujeito ao dever de recolher antecipadamente a tributação referente às operações supervenientes, lançando mão de base de cálculo que estimava o valor final da venda do bem ao consumidor. Nessa perspectiva, vale conferir o trecho de voto condutor de julgamento no qual se determinou que "se a pauta fiscal diz que tal mercadoria vale 1000 e isso é sabidamente certo, ou pode ser provado certo, trata-se de presunção; ao contrário, se o que a pauta diz é sabidamente falso, é de ficção que se trata".[102]

Mesmo que as conseqüências jurídicas atribuídas por essa ordem diante da presença de presunções e de ficções sejam, não raro, semelhantes, é certo que a distinção entre tais categorias vai muito além de um esforço meramente teórico.[103] Enquanto as presunções são sujeitas ao crivo da eqüidade, inerente ao postulado da razoabilidade,[104] a análise das ficções à luz de tal postulado toma como critério principal de controle a idéia de equivalência.[105] Nas presunções, a conformidade com um padrão de normalidade serve

---

[101] DINAMARCO, 2005, op. cit., p. 116-117.

[102] Recurso Ordinário em Mandado de Segurança n. 16.810/PA, rel. Min. Luiz Fux, julgado pela Primeira Turma do Superior Tribunal de Justiça em 03.10.2006. O mesmo entendimento já havia sido adotado pelo Superior Tribunal de Justiça em outros precedentes, como, por exemplo: Recurso Ordinário em Mandado de Segurança n. 13.294/MA, rel. Min. Paulo Medina, julgado pela Segunda Turma do Superior Tribunal de Justiça em 04.07.2002; Recurso Ordinário em Mandado de Segurança n. 13.992/RN, rel. Min. Humberto Gomes de Barros, julgado pela Primeira Turma do Superior Tribunal de Justiça em 14.05.2002; Recurso Especial n. 265.343/SP, rel. para acórdão Min. Humberto Gomes de Barros, julgado pela Primeira Turma do Superior Tribunal de Justiça em 21.11.2000. Registre-se que, sobre o mesmo tema, decidiu o Supremo Tribunal Federal, em *leading case* relevante (Agravo Regimental em Recurso Extraordinário n. 226.523/MG, rel. Min. Maurício Corrêa, julgado pela Segunda Turma em 08/08/2000) que a discrepância entre a base de cálculo estimada e o valor real da operação não é fator suficiente a, por si só, autorizar a repetição de indébito, sendo necessária a prova de que o fato gerador presumido não tenha ocorrido, sustentando como fundamento exegese do art. 150 § 7° da Constituição Federal. Esse entendimento, por fim, foi confirmado pelo Supremo Tribunal Federal no julgamento da Ação Direta de Inconstitucionalidade n. 1.851/AL, rel. Min. Ilmar Galvão, Pleno, julgada em 08/05/2002.

[103] Discorda-se, aqui, da posição de CAMBI, 2006, op. cit., p. 370, para quem a distinção proposta seria "meramente teórica, pois se aplicam às ficções jurídicas os mesmos efeitos das presunções absolutas". No mesmo sentido, ver CINTRA, 2003, op. cit., p. 50 e BARBOSA MOREIRA, 1977, op. cit., p. 55, 65.

[104] ÁVILA, 2003, op. cit., p. 96-97, refere que "a razoabilidade atua como instrumento para determinar que as circunstâncias de fato devem ser consideradas com a presunção de estarem dentro da normalidade. A razoabilidade atua na interpretação dos fatos descritos em regras jurídicas"; também menciona que, em outros casos, "a razoabilidade exige a consideração do aspecto individual do caso nas hipóteses em que ele é sobremodo desconsiderado pela generalização legal. Para determinados casos, em virtude de determinadas especificidades, a norma geral não pode ser aplicável, por se tratar de caso anormal".

[105] Nas palavras de ÁVILA, 2003, op. cit., p. 101, "a razoabilidade também exige uma relação de equivalência entre a medida adotada e o critério que a dimensiona", no sentido de que se possa identificar "uma relação de correspondência entre duas grandezas". (p. 103).

---

de parâmetro para a aferição da sua razoabilidade, em um raciocínio que não comporta graduação. De outro lado, o raciocínio de razoabilidade em sede de ficções demanda a análise da graduação da intensidade do vínculo existente entre a situação inexistente que é dada como presente e o valor juridicamente protegido a ela associado.

Capítulo II

Probabilidade, valoração da prova e formação do convencimento jurisdicional no processo civil contemporâneo

O exame dos critérios de racionalidade que pautam a formação do convencimento jurisdicional constitui-se em medida indispensável com vistas à concepção de mecanismos que permitam o controle efetivo da motivação das decisões judiciais no que se refere à investigação processual de uma dada realidade histórica.

A construção de um discurso sólido a respeito desses parâmetros de racionalidade envolvidos na dinâmica de formação do convencimento jurisdicional, por sua vez, requer o enfrentamento do tema a partir de duas perspectivas fundamentais. A primeira delas diz respeito à racionalidade que norteia a afirmativa no sentido da maior ou menor probabilidade das alegações sobre fatos juridicamente relevantes. A segunda, por sua vez, alude às implicações entre os critérios que pautam a atividade de valoração da prova e o regime jurídico aplicável em sede de formação do convencimento jurisdicional.

1. OS LIMITES DA LIBERDADE NA APRECIAÇÃO DA PROVA E NA FORMAÇÃO DO CONVENCIMENTO JUDICIAL

Diversas soluções já foram apresentadas ao longo da história do direito processual em relação ao problema da eficácia das provas na formação do convencimento jurisdicional, as quais oscilam entre os pólos do sistema da prova legal e da idéia de liberdade do convencimento judicial.[106] O desafio abraçado pelo processo civil contemporâneo é o da determinação do peso exercido pelas idéias de *livre apreciação da prova* e de *livre convencimento do juiz.*[107]

A fim de que se possa construir um discurso sério a respeito do tema, aponte-se, primeiramente, que a simples menção à vigência de tais noções não necessariamente significa a presença de um avanço. A afirmação de uma verdadeira evolução exige, antes, seja determinado o significado inerente a cada uma dessas idéias, que, não raro,

---

[106] PASTORE, 1996, op. cit., p. 256.

[107] Sintomática, nesse sentido, a afirmação de WALTER, 1985, op. cit., p. 97, ao referir que "en todas las ordenanzas procesales alemanas hoy vigentes, salvo una, está consagrado, con textos que suelen coincidir casi a la letra, el principio de la libre apreciación de la prueba". De outro lado, PASTORE, 1996, op. cit., p. 256, afirma que "è altrettanto noto che il principio del libero convincimento costituisce il principio informativo dei molti ordinamenti contemporanei, compreso quello italiano".

são equivocadamente empregadas como sinônimas ou análogas.[108] Somente com a definição do conteúdo dos valores ou idéias que se pretende tutelar é que se faz possível construir ferramentas jurícas que efetivamente sejam capazes de garantir a vigência da livre apreciação da prova e do livre convencimento do juiz. A imprecisão terminológica torna iminente o perigo de surgimento de decisões nas quais a arbitrariedade e a irracionalidade sejam mascaradas, tornando tais noções em simples eufemismos.

Um importante passo na determinação precisa dos conceitos acima tratados consiste justamente a partir da investigação do significado a ser atribuído à idéia de *liberdade*, a qual atua como uma pauta subjacente às atividades de *valoração da prova*[109] e de *formação do convencimento jurisdicional.*[110] Dizer que as atividades de *apreciação da prova* e de *formação do convencimento do juiz* devem ser exercidas de maneira *livre* é, nesse sentido, dizer que não é lícito ao legislador impor prévias amarras rígidas ao julgador.

Como já visto anteriormente, essa liberdade não é absoluta. A ênfase dada ao papel do valor liberdade nos contextos acima referidos – que, como já foi demonstrado anteriormente, guarda íntima relação com a afirmação de uma conquista histórica, refletindo um estágio avançado no processo de evolução dos modelos de lógica subjacentes ao conceito de prova – resta fortemente temperada pelo reconhecimento da necessidade de respeito a parâmetros de racionalidade subjacentes à orientação da atividade jurisdicional no processo civil contemporâneo. Nesse sentido, muitas vezes a atividade do juiz está sujeita a limites que são *anteriores* a qualquer esforço legislativo.

Dessas primeiras observações exsurge, como primeira conseqüência lógica, que, sob a égide da livre apreciação da prova e do livre convencimento do juiz, ao legislador caberia apenas a tarefa de *explicitar* os critérios que garantem um mínimo de racionalidade em tais projeções da atividade jurisdicional. Não lhe é lícito criar limites novos, mas apenas trazer à tona aqueles que se impõem por normas situadas numa dimensão anterior ao jurídico.

Outra decorrência importante a ser considerada é a de que o silêncio do legislador quanto aos critérios de racionalidade a serem observados pelo juiz produz a mesma conseqüência que a sua atuação positiva. Assim ocorre na medida em que os critérios a serem observados pelo julgador são obrigatórios não por imposição legal, mas sim por serem inerentes à própria natureza humana, situando-se na mesma dimensão e na mesma hierarquia que a liberdade que pauta a compreensão do homem (e, no caso, do juiz) a respeito do mundo que se encontra à sua volta. Há, pois, um sistema subjacente ao ordenamento jurídico positivo, que com ele se conjuga na formação do regramento a ser observado pelos sujeitos do processo em sede de formação do convencimento jurisdicional. É nesse sentido que se justifica a ênfase no exame do conteúdo da pauta que

---

[108] Como acertadamente ensina PATTI, Salvatore. *Commentario del Codice Civile Scialoja-Branca – Prove*. Disposizioni Generali (art. 2697-2698). Bolonha: Zanichelli Editore, 1987, p. 147-148, "non ci sembra possibile condividere l'equiparazione terminologica e concettuale, riscontrabile nella dottrina italiana ed in quella straniera, tra libera valutazione delle prove e libero convincimento del giudice".

[109] De acordo com PATTI, 1987, op. cit., p. 148, "se infatti si prescinde dalla contrapposizione con il sistema delle prove legali, risulta evidente che il momento di 'libertà' più che la valutazione delle prove, necessariamente legata a certe regole della logica e della esperienza, concerne il momento finale".

[110] Nas palavras de KNIJNIK, Danilo. Os *standards* do convencimento judicial: paradigmas para o seu possível controle. *Revista da Pós-Graduação da Faculdade de Direito da Universidade de São Paulo*, n. 3, p. 103-151, 2001, especialmente p. 124, "pouco a pouco, vem a doutrina, especialmente a alienígena, salientando que o livre convencimento não significa, na verdade, um 'convencimento livre' ou 'livresco'".

Luis Alberto Reichelt

deve ser observada pelo julgador no que se refere à racionalidade em sede de valoração da prova e de formação do convencimento jurisdicional quanto aos fatos considerados juridicamente relevantes.

A fim de que não se incorra em exageros ou raciocínios extremados, refira-se que o raciocínio judicial não se resume, por certo, em uma mera cadeia lógica, mas comporta o emprego de outras normas aplicáveis com vistas à regulação das outras valorações e percepções que se entrelaçam na mente do julgador. A identificação de critérios de racionalidade almeja, antes de tudo, minimizar os riscos de *error in judicando*, de maneira que os prejuízos restantes possam ser tratados como "falhas humanas do sistema, que é humano e não poderia mesmo ser perfeito".[111] Deste modo, pensar que o sistema ora referido se constitui em um catálogo exaustivo de respostas para os diversos problemas enfrentados nesse contexto é supervalorizar o seu papel. O conjunto de normas acima examinado diz respeito apenas a *uma* das dimensões de controle da formação do convencimento jurisdicional, devendo ser conjugado com outras ferramentas igualmente comprometidas com o combate ao risco de arbítrio judicial.[112] O controle garantido através do emprego de critérios de racionalidade não dispensa a atuação de outras garantias fundamentais que definem os contornos da atuação do juiz e das partes, tais como o princípio dispositivo, a imparcialidade do juiz e a garantia do contraditório. Neste sentido, a delimitação dos contornos desse específico sistema é tarefa que deve ser orientada em conformidade com a consciência de que "esistono controlli applicabili anche laddove non opera la disciplina legale specifica delle prove, ed essi sembrano idonei, almeno in linea di principio, ad evitare che la discrezionalità degli giudice si traduca in arbitrio".[113]

O desafio a seguir enfrentado é, exatamente, o da identificação dos parâmetros que permitem o controle da racionalidade do discurso em sede de valoração da prova e da formação do convencimento jurisdicional. Tal tarefa, contudo, está longe de ser um simples relatório de entendimentos consolidados por vozes que se expressam em um coro uníssono. Ao contrário, a inexistência de consenso quanto ao conteúdo dessa pauta de critérios de racionalidade traz consigo, como imposição metodológica, a necessidade de exposição dos diversos panoramas tecidos a respeito do tema.

2. PROBABILIDADE, RACIONALIDADE E FORMAÇÃO DO CONVENCIMENTO JURISDICIONAL

Uma primeira abordagem possível na busca dos critérios de racionalidade que pautam as atividades de valoração da prova e, em última instância, de formação do convencimento jurisdicional a respeito da realidade histórica considerada juridicamente relevante é a que toma como ponto de partida o estudo da noção de *probabilidade*. A fim de que se compreenda a utilidade da perspectiva ora proposta, impõe-se que sejam tecidas algumas considerações prévias.

---

[111] Ver, a esse respeito, DINAMARCO, 1999, op. cit., p. 242: "o que importa é a minimização dos riscos, mediante apuro das técnicas processuais para a participação efetiva das partes (contraditório) e do juiz (temperamentos inquisitivos ao sistema dispositivo) e, de um modo geral, mediante a imposição efetiva do respeito às garantias constitucionais do processo".

[112] Sobre a diversidade de critérios de controle da valoração judicial, ver ALVARO DE OLIVEIRA, 2009, op. cit., p. 191-195.

[113] TARUFFO, 1992 a, op. cit., p. 395.

Cumpre estabelecer, incialmente, aquela que é a premissa fundamental para o desenvolvimento de raciocínios ulteriores: não se há de concordar com aqueles entendimentos que se posicionam de maneira absolutamente cética diante da possibilidade de emprego da idéia de probabilidade como instrumento destinado a equacionar o problema da racionalidade na formação do convencimento jurisdicional. Nesse sentido, a posição ora defendida implica no rompimento com a tradição expressa em opiniões inegavelmente respeitáveis, como a de Michele Taruffo, para quem "non esiste infatti una teoria della probabilità da assumere come possibile e ed eventuali soluzione per i problemi della prova del fatto in giudizio", sendo enfático ao afirmar que "un generico rinvio alla probabilità, sia pure in versione scientifica e non in quella di senso comune, rimane dunque privo di significato". Tem-se, nesse sentido, como efetivamente equivocada a visão do referido autor ao concluir no sentido de não ser viável a implementação, sob o ponto de vista prático, de uma abordagem capaz de examinar "tutte le teorie della probabilità oggi esistenti nei diversi campi per vedere se e quale teoria possa fornire elementi utili al problema che qui si considera".[114]

Esse rompimento, contudo, não é sem razão. A visão cética acima referida cai por terra diante de posições seguras como a de Marina Gascón Abellán, a qual, partindo da idéia de que a valoração da prova é um "juicio de aceptabilidad de los enunciados facticos en que consisten los resultados aceptables cuando su grado de probabilidad se estime suficiente", identifica o que chama de *critérios positivos de valoração*. De acordo com a referida autora, esses critérios "indican cuándo un enunciado fáctico ha alcanzado un grado de probabilidad suficiente y mayor que cualquier outro enunciado alternativo sobre los mismos hechos", de maneira que "la valoración de la prueba há de concebirse como una actividad racional consistente en la elección de la hipótesis más probable entre las diversas reconstrucciones posibles de los hechos".[115]

Como se vê, a compreensão das relações existentes entre probabilidade e formação do convencimento jurisdicional demanda o enfrentamento de outra questão prévia, qual seja a da *necessidade de precisão conceitual*, de maneira que se evite confusões terminológicas que, em última instância, acarretem o surgimento de equívocos situados no plano da epistemologia. A definção do conceito de probabilidade, por sua vez, demanda uma análise complexa, a qual envolve mais de um passo lógico. Inicialmente, impõe-se examinar as possíveis relações entre *verdade, verossimilhança e probabilidade*, a fim de que se possa delimitar o significado associado a esta última noção. Somente após cumprida tal etapa é que se faz possível, em um segundo momento, efetuar ulteriores considerações a respeito das implicações presentes no emprego da noção de probabilidade como fator relacionado à racionalidade da formação do convencimento judicial.

2.1. Verdade, verossimilhança e probabilidade

Considerada como uma dentre as diversas dimensões dentro das quais se faz possível investigar o complexo de atividades envolvidas na construção de um retrato possível da realidade histórica juridicamente relevante, a atividade de valoração da prova no processo civil tem seu desenvolvimento pautado à luz de uma série de valores, os quais se colocam em um intenso e constante contraponto. Da conjugação entre o *dever de investigação da verdade*, tomada tal noção como uma das traduções possíveis do valor

---

[114] TARUFFO, 1992, a, op. cit, p. 167-168.
[115] ABELLAN, 2004, op. cit., p. 161.

---

justiça, e o *espírito de liberdade na atividade de apreciação da prova,* surge um primeiro vetor, o qual aponta no sentido da possibilidade de contato direto com a realidade histórica examinada. De outro lado, a combinação entre *os limites técnicos impostos pelo ordenamento jurídico ao livre desenvolvimento da instrução processual* e a *existência de outros óbices lógicos e práticos que se colocam entre o homem e a possibilidade de conhecimento direto do passado* impõem que a mesma idéia de verdade seja tomada apenas como um valor-limite.

Nesse contexto de aparente paradoxo, as palavras de Salvatore Patti ecoam como uma síntese fiel do dilema a ser enfrentado. Segundo o referido autor, as noções de *verdade* e de *certeza* "racchiudono il nucleo della problematica ed esprimono la tensione ed il travaglio del giudice".[116] As soluções ofertadas para a tensão formada pelo encontro entre tais dimensões são as mais variadas possíveis.

Importantes vozes sustentam que o correto equacionamento da tensão acima referida passa pelo reconhecimento de uma idéia anterior, qual seja a de que *o conhecimento efetivo da realidade histórica através do processo não é possível ao homem.*[117] Um primeiro caminho percorrido a partir desse ponto de partida é o que leva à idéia de um *ceticismo em relação à chance de obtenção da verdade*, por força do qual vem sugerida a substituição dessa última idéia epla adoção de parâmetros cuja definição é atribuída à discricionariedade judicial. Tendo em vista esse modelo, "regole e fatti non sono dati, ma vengono costruiti nel corso del processo di decisione", o qual possui um "carattere altamente discrizionale e va visto come un insieme di eventi psichici in buona misura inconoscibili, irridicibili ad uno schema logico atto a funzionare come paradigma del giudizio e incontrolabili".[118] Esse chamado *fact-skepticism* é caracterizado, de acordo com Edmond Cahn, por três marcas: "it criticizes our capacity to ascertain the transactions of the past; it distrusts our capacity to predict the concrete fact-findings and value judgments of the future; and finally, it discloses the importance of the personal element in all processes of choice and decision".[119]

Essa primeira abordagem, contudo, leva à construção de um modelo dotado de inegável fragilidade. Observe-se, nesse sentdio, as palavras de Baldissare Pastore, para quem "la motivazione è vista come un'aggiunta falsamente razionalizzante di una decisione formata in un contesto che assume come centrali componenti di natura psicologica".[120] O apego a esse ceticismo exacerbado traz, como conseqüência imperiosa, o esvaziamento da importância do dever de motivação racional das decisões judiciais, o qual constitui projeção de valores constitucionais fundamentais radicados nas noções de democracia e de Estado de Direito.

---

[116] PATTI, 1985, op. cit., p. 486.

[117] Analisando a realidade alemã, refere WALTER, 1985, op. cit., p. 122, "el punto de partida de la jurisprudencia sobre la esencia de la formación de la convicción judicial está determinado, desde la época del Tribunal Supremo hasta nuestros días, por el reconocimiento de que debido a las limitaciones de la mente humana, un saber absolutamente seguro de la existencia de un hecho no es casi nunca asequible; podría decirse que siempre existe la posibilidad abstracta del error".

[118] PASTORE, 1996, op. cit., p. 108.

[119] CAHN, Edmond. Jerome Frank's Fact-Skepticism and our future. In: TWINING, William; STEIN, Alex. *Evidence and proof.* New York: New York University Press, 1992, p. 233-241, especialmente p. 237.

[120] PASTORE, 1996, op. cit., p. 108-109.

Há, ainda, outras razões que levam à conclusão no sentido da impossibilidade de sustentação da perspectiva cética antes referida. Conforme Michele Taruffo, "è pero anche chiaro l'errore di metodo che si compie quando dall'analisi di un processo psicologico si pretende di derivare la teoria di um ragionamento o una epistemologia".[121] Ao propor um ataque frontal à idéia de *verdade* como *parâmetro considerado em um juízo de certeza*, fazendo com que tal noção seja associada a uma dimensão inalcançável ao saber humano, a concepção ora referida simplesmente ignora a existência de outras significações possíveis, como as que associam a idéia de verdade às de *coerência*, de *equivalência* ou de *correspondência*. Da análise de tal modelo, constata-se, em suma, a presença de um discurso que se propõe como sendo dotado de grandes pretensões, mas acaba se revelando como sendo dotado de efetividade limitada: rechaça-se aquelas concepções realistas ingênuas, mas não há a abertura necessária com vistas ao emprego daquelas outras dotadas de perfil crítico.[122]

Outro caminho que pode ser seguido na busca de uma solução para o impasse apontado é aquele possui como ponto de partida o *reconhecimento da possibilidade do erro na apreciação da realidade histórica retratada através da investigação processual.* Trata-se, aqui, de um discurso que tem como ponto de partida a ênfase na *falibilidade humana*, considerada como *fator que limita ou, até mesmo, inviabiliza o conhecimento daquilo que efetivamente ocorreu.* Exemplo paradigmático desse posicionamento pode ser encontrado na célebre lição de Piero Calamandrei, ao afirmar que "nei casi, assai rari, in cui il giudice può 'conoscere i fatti della causa' mediante la ispezione (art. 118. cod. proc. civ.), la diretta percezione del fatto, che gli dà il grado massimo di certezza soggettiva, non basta ad escludere che la verità sia diversa da quella che, per um errore dei sensi, può essergli apparsa. Anche per il giudice più scrupoloso ed attendo vale il fatale limite di relatività che è propria della natura umana: quello che si vede è solo quello che si par di vere". Examinando as relações entre a necessidade de decidir e a busca da verdade no processo, refere o autor citado que, no momento final do processo, "interviene nella coscienza del giudice una specie di illuminazione irrazionale, un vero e proprio atto di fede, che trasforma la probabilità in certezza", de maneira que a conclusão do juiz constitui-se em "un giudizio più o meno approssimativo di verosimiglianza". Ressalta o referido autor, entretanto, que nem mesmo a certeza jurídica máxima obtida através da coisa julgada é capaz de transformar a verossimilhança em verdade, de modo que "i fatti, anche dopo il giudicato, rimangono quelli che erano: nonostante l'antico aforisma, anche dopo il passaggio in giudicato il bianco resta bianco e il quadrato non diventa rotondo".[123]

Desenvolvendo essa linha de raciocínio, Piero Calamandrei propõe a substituição do conceito de *verdade*, tomado como parâmetro a ser considerado na aferição da certeza processual quanto às alegações sobre fatos juridicamente relevantes, pela idéia de *verossimilhança*, a qual seria construída a partir do recurso à noção de máximas de experiência.[124] Partindo da lição de Friedrich Stein segundo a qual uma das funções das máximas de experiência "es la determinación de la imposibilidad de un hecho", permi-

---

[121] TARUFFO, 1992 a, op. cit., p. 14.

[122] A contraposição entre modelos pautados em um realismo ingênuo (pautados na "pressuposizione dell'esistenza della realtà empirica e della capacità dell'intelletto umano di avere conscenze veritiere intorno a tale realtà") e outros pautados em um realismo crítico é feita por TARUFFO, 1992 a, op. cit., p. 36 ss.

[123] CALAMANDREI, 1955, op. cit., p. 165-167.

[124] CALAMANDREI, 1955, op. cit., p. 167-170.

tindo "la exclusión apriorística de la realidad de unos hechos o, más precisamente, de la verdad de unos juicios narrativos" sempre que esses entrem em contradição com tais parâmetros de normalidade,[125] o referido autor situa a verossimilhança dentro do espectro da idéia de *possibilidade*. A separação entre tais dimensões, contudo, não é vista por Calamandrei como um fenômeno de fácil resolução, afirmando o autor, nesse sentido, que "il confine tra il possibile e l'impossibile, tra il verosimile e l'inverosimile è una linea sfumata in continuo spostamento: e così la distinzione tra l'impossibile e l'inverosimile, concetti che nel comune linguaggio spesso si sovrappongono e si confondano".[126]

As considerações acima efetuadas fazem possível uma primeira aproximação em direção ao significado da idéia de *verossimilhança*, que passa a ser definida *por exclusão*. Sob essa ótica, a verossimilhaça compreende aquele universo que *não é* o do conhecimento inalcançável ou proibido ao homem, *nem é* o da impossibilidade lógica afirmada à luz daquilo que costuma acontecer. Inserem-se sob o manto da noção ora citada aquelas possibilidades que se apresentam após empregados os critérios que permitem a *exclusão* daquelas hipóteses que *não envolvem a obtenção de conhecimento inalcançável nem se contrapõem logicamente a determinados padrões de normalidade.*[127]

Resta, ainda em aberto, o problema da distinção entre as versões da realidade consideradas *possíveis* e aquelas que devem ser tidas como *verossímeis*. A solução para tal impasse pode ser construída a partir da lição de Piero Calamandrei, para quem é possível separr aquilo que *pode ser verdadeiro (possível)* e *aquilo que parece ser verdadeiro (verossímil)*. Não obstante o autor citado reconheça, contudo, que "queste differenze non hanno un preciso riscontro nel vocabulario dei giuristi",[128] é inegável que essa distinção pode e deve servir como critério de aferição da racionalidade do discurso no debate processual. Diante da diversidade de versões contraditórias veiculadas nos autos a respeito da realidade histórica considerada juridicamente relevante, mostra-se imperioso afirmar a *prevalência de uma narrativa caracterizada pela sua verossimilhança em relação à outra considerada simplesmente possível.*

A afirmativa no sentido de que uma versão da realidade histórica juridicamente relevante é *parecida* com a verdade histórica pressupõe, como premissa necessária, a existência de um *vínculo possível* entre as idéias de *verdade* e de *verossimilhança*. Para que se possa falar em verossimilhança de uma alegação tecida a respeito de um fato, é preciso que se afirme que algo não é *impossível*, e, ao mesmo tempo, que se trata de

---

[125] STEIN, 1990, op. cit., p. 36-37.

[126] CALAMANDREI, 1955, op. cit., p. 170.

[127] Essa abordagem do problema encontra eco na exposição feita por SENTÍS MELENDO, 1978, op. cit., p. 93: "probar la verosimilitud del derecho es una carga que impone el código en varios artículos. En realidad parecería que nos encontramos en la situación contraria: no se trata de establecer que el derecho es verosímil, sino de establecer que no es inverosímil. (...) Insisto en creer que la verosimilitud se traduce en la no inverosimilitud". E justifica a sua posição, com um exemplo sintomático dos reflexos decorrentes desse entendimento: "lo contrario nos llevaría a la situación probatoria del personaje de aquella novela que, ante la existencia de diez testigos que habían presenciado la comisión de un hurto, ofrecía mil testigos que no lo habían presenciado".

[128] CALAMANDREI, 1955, op. cit., p. 170-171. E segue o autor: "(...) si può dire che queste ter qualiicazioni (possibile, verosimile, probabile) costituiscono, in quest'ordine, una graduale approssimazione, una progressiva accentuazione verso il riconoscimento di chiò che è vero. Chi dice che un fatto è verosimile, è più vicino a riconoscerlo vero di chi si limita a dire che è possibile; e chi dice che è probabile, è ancora più innanzi di chi dice che è verosimile, perchè va al di là dell'apparenza, e comincia ad ammettere che vi sono argomenti per far ritenere che all'apparenza corrisponda la realtà. Ma si tratta di sfumature psicologiche, che ogni giudicante intende a suo modo".

---

algo que é *mais do que apenas possível*. Afirmar que a "'verosimiglianza' serve a designare quell'aspetto dell'asserzione su un fatto per cui si può dire che essa corrisponde a un'ipotesi plausibile secondo l'ordine normale delle cose, e in una situazione in cui tale asserzione non sia stata sottoposta a verifica probatoria o dimostrativa"[129] é situar as versões apresentadas entre o que se considera *certamente verdadeiro* e aquilo que se tempo por *certamente falso*, ultrapassando a barreira daquilo que é *simplesmente possível*. Sem prejuízo das diferenças que as separam entre si, as noções de *verossimilhança* e de *possibilidade* guardam em comum o fato de serem *resultados localizados em uma dimensão estranha à da certeza.*

O juízo quanto à *verossimilhança de uma alegação sobre um fato considerado juridicamente relevante* é, antes de tudo, um juízo de *adjetivação* de tais versões, resultante da *comparação entre aquilo que vem narrado pelas partes e aquilo que vem retratado nos autos através da atividade de instrução processual.* Ao considerar *verossímil* uma alegação, o juiz efetua uma atividade de seleção, separando um conjunto especial formado a partir da análise das inúmeras possibilidades lógicas de coincidência entre as versões propostas pelas partes e o que efetivamente se passou. Em tal análise, o julgador acaba por se referir apenas àquelas hipóteses nas quais se fazem presentes *indicativos* que permitem afirmar a *possibilidade de convergência entre a versão apresentada nos autos e as imagens da realidade histórica trazidas aos autos por intermédio das provas.*

A idéia de *verossímil* como uma *dimensão qualificada do possível* traz consigo, como pressuposto, o reconhecimento de que *o erro na valoração das versões da realidade é uma das possibilidades que não pode ser excluída "ab initio".* É inegável que o descarte daquelas possibilidades de contato entre as alegações e a realidade histórica que não encontrem referência nos autos abre as portas para os riscos de a formação do convencimento jurisdicional ser um resultado obtido a partir de algo que não seja exatamente aquilo que aconteceu. Esse perigo, por sua vez, é minimizado graças ao fato de a escolha de uma dentre as diversas possibilidades que se apresentam ao julgador não ser efetuada de maneira aleatória, mas sim *racionalmente orientada.*[130]

Deste modo, é correto afirmar que a aferição quanto à verossimilhança de uma alegação por parte do julgador pressupõe não só que essa versão seja considerada *possível*, mas também que ela se apresente *convergente em face do retrato da realidade que é produzido através da atividade de instrução processual.*[131] À maior ou à menor efetividade da prova no que se refere ao estabelecimento de tal convergência corresponde, em última instância, a presença de um *maior ou de um menor grau de probabilidade* associada à alegação sobre a qual incide a atividade de instrução processual.

---

[129] TARUFFO, 1992 a, op. cit., p. 163-164.

[130] DINAMARCO, 1999, op. cit., p. 239, observa que "a falibilidade é inerente a todo juízo histórico e é por isso que, no processo de conhecimento, a convicção que o juiz deve formar sobre a ocorrência dos fatores relevantes, sob pena de tê-los por não ocorridos, é apenas a sua própria 'medida psicológica da certeza'; ele se convence da supremacia dos motivos convergentes e por isso afasta os divergentes, mas sempre de modo racional e assumindo calculadamente algum risco, que é inevitável".

[131] Veja-se, aqui, as palavras de SENTÍS MELENDO, 1978, op. cit., p. 294: "al igual que la sospecha, la verosimilitud no constituye un elemento probatorio; acaso todavía menos que aquélla, porque en la sospecha aunque sea oculto o íntimo, puede haber un motivo para esse mirar hacia arriba que, etimológicamente, significa el vocablo; en la verosimilitud no hay más que una coincidencia entre la realidad y los hechos que se desearia fuesen también reales". Da mesma forma TARUFFO, 1992 a, op. cit., p. 161: "per un verso, si tende a definire la verosimiglianza di un'asserzione come la sua capacità di rappresentare una certa realtà, ovvero come l'approssimazione della rappresentazione all'oggetto rappresentato, ovvero come la 'vicinanza' dell'asserzione alla realtà di cui essa si occupa".

Da análise acima efetuada exsurge, como conclusão inevitável, a possibilidade de afirmação no sentido de que *a existência de probabilidade é condição para que se possa falar na verossimilhança de uma alegação*. A maior ou a menor verossimilhança dessa alegação, por sua vez, requer a consideração do seu respectivo *grau de probabilidade*, sendo o resultado da atividade de instrução valorado à luz dos parâmetros de normalidade expressos em regras de experiência. Rejeita-se, deste modo, a idéia de provável como "ciò che si può provare come vero",[132] adequada apenas àqueles casos nos quais a realidade histórica se apresente suficientemente próxima do olhar do julgador, incapaz de fornecer uma explicação adequada às situações nas quais a investigação processual revela uma dimensão na qual o âmbito do possível e do verossímil coincidem.

Não obstante a total dissociação entre as noções de probabilidade e de verossimilhança possa soar tentadora em tese, os pontos de contato entre tais noções indicam que nenhuma delas possui finalidade autônoma. Ao contrário, o que se constata é uma forte integração entre tais conceitos: dificilmente será possível ao julgador considerar uma narrativa parecida com a verdade histórica sem dispor do contato mínimo com a realidade, o qual é garantido através das provas. Desta forma, a idéia de probabilidade é inegavelmente relevante, em um viés pragmático, para a compreensão da noção de verossimilhança. A presença de um mínimo de probabilidade como traço característico associado a uma versão da realidade histórica (ou seja, um mínimo grau de correspondência entre a narrativa trazida nos autos e a realidade histórica considerada juridicamente relevante) é, pois, condição para que se faça possível ao julgador afirmar a sua verossimilhança.[133]

2.2. Probabilidade e valoração da prova

Conforme examinado anteriormente, a idéia de probabilidade serve como *critério para a aferição da verossimilhança de alegações sobre fatos considerados juridicamente relevantes*. De outro lado, essa mesma idéia vem associada pela doutrina, ainda,

---

[132] CALAMANDREI, 1955, op. cit., p. 170.

[133] Em sentido contrário, ver TARUFFO, 1992 a, op. cit., p. 162. A fim de que se possa compreender a sua posição e estabelecer um debate claro a esse respeito, merece transcrição os argumentos do autor a respeito do tema: "per un verso infatti può ovviamente accadere che un'asserzione verosimile non sia affatto probabile o non sia vera del tutto: occorre infatti distinguere tra gradi di somiglianza al vero e gradi di certezza. Un quadro può essere somigliante al vero senza che ciò dica nulla intorno alle reale esistenza di ciò che esso rapresenta: può essere cioè 'realistico' senza essere 'veridico'. Allo stesso modo un'asserzione (come ad es.: 'Nelle Alpi esiste una montagna alta 5.000 metri') può essere verosimile (per chi conosca le Alpi e l'altezza approssimativa del Monte Bianco) ma falsa, o comunque niente affatto probabile. Il fatto è che le qualificazioni di verità e probabilità, e specialmente quest'ultima che qui interessa in modo particolare, attengono all'esistenza di elementi che giustifichino la credenza nella veridicità dell'asserzione, e non alla 'somiglianza al vero' di questa. Se vi è un'asserzione verosimile ma completamente priva di elementi che giustifichino un giudizio razionale intorno alla sua attendibilità, la conseguenza è che la sua probabilità è = 0; se invece esistono elementi di dimostrazione contrari l'asserzione rimane verosimile ma è falsa (o probabilmente falsa)". Observe-se, contudo, que a posição do referido autor ignora a necessidade de um conhecimento mínimo da realidade histórica por parte do julgador, o qual é obtido através do emprego das diversas categorias que a ordem jurídica oferece (prova, presunções legais, regras de experiência, etc), sem o qual não é possível falar que a narrativa da parte pode ser considerada *semelhante ao verdadeiro*. Não se nega, aqui, a possibilidade de essa "semelhança" ser passível de apuração em tese, em uma dimensão teórico-filosófica; contudo, do ponto de vista jurídico, considerando a principiologia que limita e ordena a investigação processual, é certo que o juiz somente pode dar como semelhante à realidade algo diante das possibilidades que se lhe apresentam à luz dos elementos constantes dos autos.

---

a outra face da temática da formação do convencimento jurisdicional, qual seja a dos estudos em torno da *valoração da prova*.

Em uma primeira aproximação, é possível afirmar que a idéia de probabilidade serve como parâmetro indicador da existência de limites a serem observados pelo julgador no que se refere à atividade de valoração da prova. A idéia de liberdade, vetor fundamental a informar o regime jurídico contemporâneo aplicável em sede de apuração do valor a ser associado a uma determinada prova produzida nos autos, acaba sendo conjugada com a presença de orientações lógicas e éticas que, permeando a idéia de probabilidade, constituem-se em limites a serem observados pelo julgador. Nesse sentido, mostra-se sintomática a afirmativa de Salvatore Patti ao referir que a atividade de valoração da prova, "per quanto libera, porta in ogni caso ad un giudizio di probabilità e di verosimiglianza, non di verità assoluta".[134]

A fim de que se possa aferir a compatibilidade da definição da idéia de *probabilidade* anteriormente proposta em face desse novo panorama que ora é desenhado e, com isso, delimitar com maior precisão o seu significado, impõe-se, agora, traçar um panorama em torno dos principais avanços da doutrina contemporânea que se debruça sobre as relações entre tal noção e a atividade de valoração da prova.

2.2.1. O bayesianismo e a probabilidade matemática

Uma primeira abordagem possível no que se refere à aplicação da idéia de probabilidade por juristas em matéria de prova pode ser observada a partir da análise dos principais passos de uma caminhada desenvolvida ao longo da história. A esse respeito, vale lembrar a lição de Chiara Besso Marcheis ao referir que "il conceto di probabilità trova le sue origini nella seconda metà del XVII secolo ed è riconducibile al pensiero di Pascal e Fermat che ne forniscono una enunciazione in termini di calcolo di chances e ne propongono una prima utilizzazione nell'àmbito del gioco d'azzardo. Il tema viene compiutamente sviluppato in tutte le sue implicazioni logiche e matematiche nell'opera di Laplace, che è ritenuto il vero fondatore della c.d. probabilità classica, intesa come rapporto tra il numero di casi favorevoli e il numero di tutti i casi possibili".[135]

Dentro dessa linha de evolução conceitual em perspectiva histórica, merece atenção especial a abordagem construída a partir do emprego do chamado teorema de Bayes, o qual, concebido em 1763, apresenta a pretensão de *determinar matematicamente, a partir do equacionamento de outras probabilidades, a probabilidade de um evento B ser verdadeiro se um evento A também o for.*[136] Nas palavras de Elena Maria Catalano, "la formula descrive la misura in cui la conoscenza di un nuovo elemento di prova deve

---

[134] PATTI, 1985, op. cit., p. 491-492.

[135] MARCHEIS, 1991, op. cit., p. 1120-1121.

[136] Tal teorema foi concebido em 1763 a partir do desenvolvimento dado a duas fórmulas elementares em sede de probabilidade quanto à veracidade das premissas A e B, a saber:

$$1) \ P(A\&B) = P(A|B) \cdot P(B)$$

e

$$2) \ P(A) = P(A\&B) + P(A\&\text{não-}B)$$

Segundo a primeira das fórmulas, a probabilidade de que A e B sejam ambos verdadeiros é igual ao resultado da multiplicação da probabilidade de que B seja verdadeiro pela probabilidade de que A seja verdadeiro se B também o for. A segunda fórmula, por sua vez, afirma que a probabilidade de que A seja verdadeiro é igual à soma da probabilidade de que A e B sejam ambos verdadeiros com a probabilidade de que A seja verdadeiro e B falso.

---

influenzare la valutazione da parte del giudice del fatto della probabilità di colpevolezza dell'imputatto, sull'assunto della perfetta razionalità del factfinder e della assoluta attendibilità degli elementi di prova acquisiti".[137]

A ênfase na necessidade de controle da racionalidade do julgador é a principal bandeira a militar em favor do emprego do teorema de Bayes como critério de aferição do valor probatório.[138] Como refere Michele Taruffo, "ciò che sembra aver rappresentato l'elemento di maggior attrativa della dottrina bayesiana è proprio il fatto che il teorema produce valori quantitativi esattamente determinati sulla base di un calcolo matematico. Ciò posto, non occorreva molto per pensare che in tal modo si avesse a portata di mano la soluzione del problema fondamentale, ossia quello della precisa determinazione del grado di probabilità che può essere razionalmente assegnato all'ipotesi sul fatto. Di più:

Desenvolvendo a fórmula (1) a partir da consideração de que *a probabilidade de que A e B sejam ambos verdadeiros* é idêntica à *probabilidade de que B e A sejam ambos verdadeiros*, tem-se que

$P(A\&B) = P(A|B) . P(B)$

$P(B\&A) = P(B|A) . P(A)$

$P(A\&B) = P(B\&A)$

resultando

$P(B|A) . P(A) = P(A|B) . P(B)$

Dividindo ambos os lados dessa equação por P(B), resulta a fórmula (3) abaixo transcrita:

3) $P(B|A) = \underline{[P(A|B)]} . P(B)$
            $P(A)$

De outro lado, é possível desenvolver a fórmula (2) anteriormente apontada em conjugação com a fórmula (1) para a obtenção da fórmula (4), Para tanto, é preciso considerar o seguinte:

$P(A) = P(A\&B) + P (A\&não-B)$

$P (A\&não-B) = P(A|não-B) . P(não-B)$

4) $P(A) = P(A\&B) + P(A|não-B) . P(não-B)$

Do emprego da fórmula (4), para calcular a probabilidade de A na fórmula (3), tem-se a fórmula (5), que é o teorema de BAYES em sua versão "complexa":

5) $P(B|A) = \underline{\hspace{2cm}[P(A|B))]\hspace{1cm}} . P(B)$
            $P(A\&B) + P(A|não-B)\hspace{0.5cm}. P(não-B)$

Uma forma "simplificada" de apresentação do teorema de BAYES, empregada por parte da doutrina, derivada da fórmula (1), é a exposta na seguinte fórmula (6):

$P(B|A) = \underline{[P(A\&B)]}$
          $P(A)$

6) $P(B|A) = \underline{[P(A|B) . P(B)]}$
             $P(A)$

Sobre a construção do teorema de Bayes em sua versão "complexa", ver TRIBE, Lawrence H. Trial by Mathematics: precision and ritual in the legal process. *Harvard Law Review*, n. 84, p. 1329-1393, 1971 b, especialmente p. 1351-1352 e FINKELSTEIN, Michael O.; FARLEY, William B. A Bayesian Approach to Identification Evidence. *Harvard Law Review*, n. 83, p. 489-517, 1970, especialmente p. 498-501. Empregando a fórmula "simplificada" em sua exposição, ver CATALANO, Elena Maria. Prova indiziaria, pobabilistic evidence e modelli matematici di valutazione. In: *Rivista di Diritto Processuale*, n. 51, p. 514-536, 1996, especialmente p. 518-520 e MARCHEIS, 1991, op. cit., p. 1124.

[137] CATALANO, 1996, op. cit., p. 519.

[138] Nesse sentido CATALANO, 1996, op. cit., p. 520 aponta que "la auspicata adozione di regole di valutazione della prova plasmate sullo schema del teorema de Bayes concepito come normative model, nell'imporre al giurati la ponderata valutazione di ogni singolo elemento di prova, si propone l'obiettivo di precludere la formazione di giudizi sostanzialmente intuitivi basati su un rapporto globale e immediato con il materiale probatorio, riducendo la proverbiale imprevidibilità del verdetto attraverso la promozione dell'applicazione di regole di corretto ragionamento al processo di decisione sul fatto".

---

si tratta di una determinazione numerica, usualmente espressa da uno 0 seguito a due decimali, il che rende confrontabili e commisurabili i valori di probabilità che attengono ad ipotesi diverse". A construção de soluções baseadas nos modelos de constatação da *preponderance of evidence* e da *reasonable doubt* seria atendida graças ao fato de que "la scelta fra queste ipotesi si riduce quindi al confronto tra valori numerici". Nesse sentido, é possível afirmar, ainda com Taruffo, que "questi criteri si traducano in parametri numerici ai quali raffrontare i valore prodotti dal calcolo bayesiano nei singoli casi concreti".[139]

O impacto de tal idéia na realidade contemporânea pode ser observado no célebre debate travado a partir da publicação do ensaio de Michael O. Finkelstein e William B. Farley[140] em 1970. Tomando como ponto de partida casos como *People v. Collins*[141] e *People V. Risley,*[142] os referidos autores propõem a discussão em torno de diversos aspectos da aplicabilidade do bayesianismo como critério para a solução de litígios contemporâneos. Começa, aqui, uma série de debates em torno da viabilidade do emprego do bayesianismo como fórmula apta a resolver problemas encontrados na experiência jurisdicional contemporânea.

Esses estudos, contudo, encontram forte oposição por parte de certa corrente doutrinária. Nesse sentido, merece destaque o contraponto feito por Lawrence H. Tribe à

---

[139] TARUFFO, 1992 a, op. cit., p. 171.

[140] FINKELSTEIN; FARLEY, 1970, op. cit., p. 489 ss.

[141] Tal caso originou-se no fato de uma senhora de idade que caminhava para casa em uma estrada de Los Angeles haver sido atacada por trás e roubada, sendo discutido o reflexo penal aplicável em função de tal conduta. Em seu depoimento, a vítima declarou ter conseguido ver uma jovem senhora loira fugindo; de outro lado, uma testemunha afirmou haver visto uma jovem senhora branca de cabelos loiros amarrados em rabo de cavalo correr e entrar em um automóvel amarelo, guiado por um jovem negro com barba e bigode. Dias depois, um agente que investigava o caso efetuou a prisão de um casal que atendia à descrição acima referida. No processo, a acusação lançou mão de um perito em estatística na tentativa de demonstrar que, considerando que o roubo havia sido cometido por uma senhora branca com os cabelos loiros amarrados em rabo de cavalo que havia deixado o local em um veículo de cor amarela, guiado por um senhor negro com barba e bigode, haveria uma probabilidade esmagadora a indicar que os imputados fossem encontrados, considerando essa incomum descrição. A partir da multiplicação das probabilidades individuais de localização de cada uma das seis características, chegou-se a um resultado pelo qual havia uma chance em doze milhões de que um casal selecionado ao acaso possuísse todas essas características, sendo excepcionalíssimas as chances de inocência do casal. O tribunal reformou a decisão do júri que havia condenado os acusados, sustentando que o emprego de estatísticas "distraiu" o júri de sua tarefa de valoração da prova. Sobre o caso, ver, além dos artigos referidos, MARCHEIS, 1991, op. cit., p. 1150-1151 e TWINING, William. Debating probabilities. In: TWINING, William.; STEIN, Alex. *Evidence and proof.* New York: New York University Press, 1992, p. 157-170, especialmente p. 158-159.

[142] Em tal caso, a promotoria afirmava que o réu, advogado, haveria alterado um documento judicial mediante a digitação da expressão "the same" (o mesmo), com o que o acusado haveria se beneficiado em um processo. Havia provas tendentes a mostrar que o réu havia ido ao cartório examinar os autos (inclusive o documento alterado), retornando no dia seguinte e reexaminando tal documentação. O Estado alegava que o acusado havia retirado o documento, substituindo-o em tal visita, o que seria fisicamente possível. Ao lado disso, onze defeitos nas letras do documento digitado eram similares àquelas produzidas pela máquina de datilografia de propriedade do acusado. A acusação chamou um professor de Matemática para que se manifestasse a respeito das chances de uma outra máquina aleatória porduzir os defeitos encontrados nas palavras acrescentadas, o qual concluiu no sentido de que a probabilidade de todos esses defeitos acontecerem conjuntamente era de um em quatro bilhões. De acordo com FINKELSTEIN; FARLEY, 1970, op. cit., p. 501, "given the magnitude of this estimate, the court was clearly correct, when it reversed, in objecting that the testimony was 'not based upon observed data, but was simply speculative, and in the attempt to make inferences deduced from a general theory in no way connected with the matter under consideration supply the usual method of proof".

Luis Alberto Reichelt

posição de Finkelstein e Fairley, sustentando o autor ora referido a impossibilidade (ou, na melhor das hipóteses, a dificuldade) no estabelecimento de um *quantitativo numérico* para designar a *probabilidade de um evento X*, com o que estaria o julgador diante de um ponto de partida de valor duvidoso. De outro lado, o autor comenta que "the problem of the overpowering number, that one hard piece of information, is that it may dwarf all efforts to put it into perspective with more impressionistic sorts of evidence", lembrando o autor que "this problem of acceptably combining the mathematical with the non-mathematical evidence is not touched in these cases by the Bayesian approach". Para os casos nos quais o uso da prova pautada em critérios matemáticos lança luzes sobre a probabilidade de determinada hipótese, propõe Tribe uma alternativa: deve o julgador estabelecer previamente o peso da prova, de modo que, dependendo do caso, seja atribuído à outra parte o ônus de produzir provas capazes de demonstrar que o caso está situado fora da regra geral estabelecida pelas probabilidades.[143] Por fim, o mesmo autor alerta ainda para os perigos do que denomina de "dehumanization of justice", referindo a ameaça que se avizinha diante do uso de *métodos de prova que afirmem a culpa moral* ou que *autorizem sanções oficiais com base em provas que não consigam penetrar ou convencer a intuição contemporânea desavisada.*[144]

O debate acima referido, com ulteriores desenvolvimentos em artigos dos mesmos autores[145] e em outros estudos igualmente preocupados com os limites do uso do bayesianismo em âmbito judicial,[146] constitui um passo importante na discussão em torno da possibilidade de emprego de uma concepção de probabilidade pautada em critérios puramente matemáticos. Como afirma Marina Gascón Abellán, "de todas formas, y aunque el 'bayesianismo' ha terminado convirtiéndose en una moda o incluso en una especie de 'ortodoxia teorica', sobre todo en el ámbito estadunidense, es de señalar que recientemente se han propuesto nuevos modelos matemáticos de valoración racional de las pruebas".[147]

2.2.2. O Evidence Value Model

Se, no início do século XX, o conceito clássico de probabilidade, fundado sob o pressuposto da *equipossibilidade de eventos*, vem submetido a uma crítica radical, é certo que a concepção que o sucedeu, pautada na idéia de *probabilidade-freqüência*, também enfrentou severas restrições. A idéia de que "la probabilità deve essere determinata mutuando metodoogie proprie dell'analisi statistica dei fenomeni di massa, venendo a coincidere con la frequenza con la quale un certo tipo di evento si verifica all'interno di una classe più generale di eventi" ganha ulteriores desenvolvimentos nos anos 50, culminando com a visão de Carnap a respeito da idéia de *probabilidade*

---

[143] TRIBE, 1971 b, op. cit., p. 1358-1361.

[144] TRIBE, 1971 b, op. cit., p. 1375-1376.

[145] FINKELSTEIN, Michel O.; FARLEY, William B. A comment on 'Trial by Mathematics'. *Harvard Law Review*, n.84, p. 1801-1809, 1971 apresentaram réplica ao trabalho de Lawrence H. Tribe anteriormente citado. Esse texto, por sua vez, recebeu ulterior resposta em TRIBE, Lawrence H. A further critique of mathematical proof. *Harvard Law Review*, n. 84, p. 1810-1820, 1971.

[146] Veja-se, nesse sentido, os diversos estudos compilados na obra de TILLERS, Peter; GREEN, Eric D. *L'inferenza probabilistica nel diritto delle prove* – usi e limiti del Bayesianismo. Traduzido por Alberto Mura. Milano: Giuffrè Editore, 2003.

[147] ABELLAN, 2004, op. cit., p. 163.

lógica.[148] O estudo de Carnap possui o mérito de haver demonstrado que *a possibilidade de uma análise em termos de freqüência relativa não é incompatível com a possibilidade de conceber a probabilidade como uma relação lógica.*[149]

A referência à relação entre *probabilidade-freqüência* e *probabilidade lógica*, juntamente com a introdução do princípio da *livre apreciação da prova*, forma a teia de alicerces a partir da qual se sustenta uma série de estudos desenvolvidos a partir da segunda metade do século XX, os quais compõem um modelo não-ortodoxo da proposta bayesiana conhecido como *Evidentiary Value Mode.*[150] Impõe-se, aqui, examinar mais atentamente as linhas gerais de tal proposta.

Segundo a célebre lição de Per Olof Ekelöf em torno da idéia de livre apreciação da prova, a qual constitui o marco inicial a partir do qual se desenvolvem as reflexões em torno do modelo do *Evidentiary Value Model*, dificilmente o juiz lança mão de estatísticas que permitam afirmar a freqüência do acontecimento de um dado evento para sustentar a probabilidade de sua ocorrência. O que ocorre normalmente, de acordo com o referido autor, é exatamente o contrário: o juízo vem expresso mediante o emprego de palavras vagas como *plausível, provável, certo* ou *óbvio*, de modo que cada uma dessas expressões diga respeito a um *diferente grau de probabilidade.*[151] Nas palavras de Ekelöf, "any evaluation of evidence is likely to be based, to greater or smaller extent, upon the kind of vague statements about frequency relations now referred to. In those few cases where the strength of a proof can be expressed as a fixed percentage, there will always be other evidence in the action, and if there are two evidentiary facts and the convincing force of only one of them can be expressed by a percentage figure, it is nevertheless impossible to indicate ther accumulated value as evidence in this exact way. If the degree of probability is expressed, in some examples in the present paper, as a percentage or a fraction, this is solely because it is easier to make the reasoning comprehensible in this way".[152]

Ao apresentar uma síntese da tese acima exposta, Salvatore Patti afirma que "il giudice deve semplicemente accertare se un certo fatto, a seguito dello svolgimento di una determinata attività probatoria, abbia raggiunto il grado di verosimiglianza previsto dalla legge, espressamente o – più spesso – mediante termini, quali probabile, veorismile, presumibile, idonei ad esprimere i differenti valori probatori". Segundo Patti, na ausência de fixação prévia pelo legislador do critério de valor probatório a ser observado, "il grado di verosimiglianza deve essere stabilito dal giudice, tenendo conto tra l'altro delle conseguenze che deriverebbero dal pretendente un grado di verosimiglianza troppo alto e quindi – in caso di mancato raggiungimento di questo grado da parte di chi è gravato dell'onere della prova – dalla decisione della controversia in base alla regola sull'onere della prova".[153]

[148] MARCHEIS, 1991, op. cit., p. 1121-1123.

[149] Em sentido análogo, COHEN, Laurence Jonathan. *The probable and the provable.* Hampshire: Gregg Revivals, 1991, p. 8. Ainda sobre a visão de Carnap, ver o amplo exame feito por MOREU Diego Aísa. *El razonamiento inductivo en la ciência y en la prueba judicial.* Zaragoza: Prensas Universitarias de Zaragoza, 1997, p. 43-250.

[150] GARBOLINO, Paolo. Introduzione. In: GÄRDENFORS, Peter; HANSSON, Bengt; SAHLIN, Nils-Eric (org.). *La teoria del valore probatório.* Milano: Giuffrè Editore, 1997, p. VII-XXVI, especialmente p. VII-IX.

[151] EKELÖF, 1992, op. cit., p. 141.

[152] EKELÖF, 1992, op. cit., p. 142.

[153] PATTI, 1985, op. cit., p. 486.

A identificação dos diversos graus de probabilidade expressos na linguagem acima referida é pautada, na visão de Ekelöf, em uma estrutura argumentativa similar à exposta anteriormente para definir o fenômeno probatório. Neste sentido, o *objeto da prova* (chamado pelo autor de *tema de prova* ou *tema em questão*) é distinto em relação à sua *prova* (denominada, na linguagem da referida doutrina, de *fato probatório*). Somam-se outras a tais categorias, como os *fatos auxiliares*, assim denominadas as circunstâncias que exercem maior ou menor influência sobre o peso da prova dependendo dos critérios de experiência comum (os quais compreendem "leggi di natura, frequenze di base e massime d'esperienza"), ao integrarem o *resultado probatório* (o qual, nas palavras do autor, é "strettamente parlando, un fatto probatorio insieme con i fatti probatori ausiliari ad esso legati").[154]

Desenvolvimentos ulteriores das idéias de Ekelöf podem ser encontrados na lição de Sören Halldén a respeito da relação existente entre a *probabilidade da hipótese relacionada ao tema de prova* e o *funcionamento do vínculo de causalidade proposto entre o fato probatório e o tema de prova*, denominado pelo autor de "meccanismo probatório".[155] Na feliz síntese de Martin Erdman a respeito da posição de Halldén, "un meccanismo probatorio M consiste di un tema di prova H, di un fatto probatorio E e di un evento A tale che sia vero che E & A 'prova' H. Quando E & A è vero, noi diciamo che il meccanismo probatorio sta funzionando".[156]

Um último ponto importante a ser destacado na lição de Ekelöf é a identificação de *critérios para a aferição do valor probatório de diferentes resultados probatórios*. Nesse sentido, os autores vinculados ao estudo do Evidentiary Value Model desenvolveram critérios para as diversas possibilidades verificadas em sede de resultados probatórios. A fim de que se possa compreender o alcance da reflexão ora mencionada, que constitui aspecto de inegável destaque na lição em comento, impõe-se deitar os olhos mais atentamente sobre tal aspecto.

Um primeiro resultado probatório abordado por Ekelöf é o que envolve as *cadeias de provas*, nas quais *cada elo possui um valor probatório limitado*. Afirma que "the more links there are in a chain of evidence, the weaker is the evidence for the final link of the chain". Exemplifica o referido autor o seu entendimento: "the statement is indicated by A, the observation by B and the factum probandum by C, and we further make the unrealistic assumption that it has been possible to assess the convincing force of A and B at 75 per cent, each for its own theme of proof. This would imply that if the statement A is made in 16 similar cases, B exiss in 12 of these, and C in 9 of the 12

---

[154] EKELÖF, Per Olof. Le mie riflessioni sul valore probatório. In: GÄRDENFORS, Peter; HANSSON Bengt; SAHLIN, Nils-Eric (org.). *La teoria del valore probatório*. Milano: Giuffrè Editore, 1997, p. 1-21, especialmente p. 3-4.

[155] HALLDÉN, Sören. I meccanismi probatori. In: GÄRDENFORS, Peter; HANSSON, Bengt; SAHLIN, Nils-Eric (org.). *La teoria del valore probatório*. Milano: Giuffrè Editore, 1997, p. 141-151, especialmente p. 142-143: "il processo casuale a cui si riferisce l'ipotesi A sarà qua chiamato il meccanismo probatorio. Uma prova che comprenda un meccanismo probatorio deve specificare A, il tema H e i dati E, insieme con le ipotesi generali circa la conoscenza di sfondo. Le stime di affidabilità circa una prova di questo tipo possono venire espresse in termine di probabilità. La probabilità del tema H, basata sui dati E, cioè P(H/E), è importante. Si deve tener presente che le lettere H e E stanno per proposizioni, e non per eventi. Un'altra probabilità che ci interessa è P(A/E), la probabilità di A, dato E". Sobre a incorporação ulterior das idéias de Sören Halldén, ver EKELÖF, 1997, op. cit., p. 9-10.

[156] ERDMAN, Martin. La combinazione di prove indipendenti. In: GÄRDENFORS, Peter; HANSSON, Bengt; SAHLIN, Nils-Eric (org.). *La teoria del valore probatório*. Milano: Giuffrè Editore, 1997, p. 129-140, especialmente p. 130.

cases. C has conseqüently been proved with a probability of not more than about 60 per cent".[157]

Outro resultado probatório analisado por Ekelöf é o da *convergência de provas*, na qual *cada uma delas se apresenta insuficiente para retratar o tema de prova por inteiro*. Mais uma vez recorre o autor a um exemplo para demonstrar o seu entendimento: "let us suppose that in an action concerning a highway accident there are two facts tending to prove that one of the cars concerned had a speed exceeding 60 miles per hour: the length of the breaking marks, and a witness who observed the collision. We further make the unrealistic assumption that by examinig a great number of similar situations it has been possible to ascertain that each of these evidentiary facts implies, in three cases out of four, a faithful description of reality, whereas in the fourth case it has no value whatever as evidence of the spped of the car. At least if the of each evidentiary fact is independent of that of the other, their combined value must be greater than ¾. But how much greater? The length of the breaking marks proves that the speed exceeded 60 miles per hour in 12 out of 16 similar cases; at the same time, this is proved by witness's statement in 3 of the 4 remaining cases. The convincing force of the combined evidentiary facts would thus be $^{15}/_{16}$".[158] Halldén analisa o caso proposto e reconstrói a fórmula em termos lógicos da seguinte maneira: "quando il valore probatorio di una prova è x e quello di un'altra è y, la forza congiunta sarà x + y (1-x), che può anche scriversi x + y − xy".[159]

Um último caso examinado por Ekelöf é o da *contradição entre provas*. Para construir o seu raciocínio, o autor propõe uma variação do exemplo anterior, de modo que, de um lado, as marcas da freada mantenham o seu valor como prova de uma velocidade superior a 60 milhas por hora e, de outro, a testemunha afirme que a velocidade do carro era menor que 60 milhas por hora.[160] Halldén sugere que a probabilidade de as marcas da freada serem causadas pelo excesso de velocidade constitui-se em resultado que poderia ser obtido a partir de uma equação que leva em conta a *independência* e a *incompatibilidade* entre as relações de causalidade propostas no raciocínio de prova (expressas por A_1 e A_2) e entre as provas produzidas (E_1 e E_2), qual seja, $P(A_1/E) \geq P(A_1/E_1) - P(A_1/E_1) P(A_2/E_2)$. Em tal equação, tem-se que $E = E_1\&E_2\&T$, sendo T a informação quanto à incompatibilidade das premissas mencionadas.[161]

A visão defendida pelo *Evidentiary Value Model* encontra respaldo no magistério de autorizadas vozes em sede de doutrina. Analisando a proposta ora referida, conclui Gerhard Walter no sentido de que nem mesmo a valoração por meio da linguagem vaga retiraria a sua utilidade, afirmando o autor citado que o modelo em exame seria "preferible al sistema de la convicción, porque daría la posibilidad de que al juez siempre se le vuelva a preguntar acerca del riesgo de error o, en su caso, porque torna discutible el resultado o la conclusión". Refere Walter, ainda, que "en un sistema en el cual la función del juez de constatar hechos se entiende como una apreciación de probabilidades o verosimilitudes, el 'valor probatorio' de un medio de prueba desempeña naturalmente un papel clave".[162]

[157] EKELÖF, 1992, op. cit., p. 143.
[158] EKELÖF, 1992, op. cit., p. 146.
[159] HALLDÉN, 1997, op. cit., p. 146.
[160] EKELÖF, 1992, op. cit., p. 149, nota 5.
[161] HALLDÉN, 1997, op. cit., p. 149-151.
[162] WALTER, 1985, op. cit., p. 159-160.

A menção à existência de méritos presentes no *Evidentiary Value Model* pode ser vista, ainda, na lição de Michele Taruffo. Aponta o referido autor que o modelo em comento "evita uno dei maggiori problemi della teoria bayesiana (quella derivante dal fatto che essa non considera o sottovaluta gli elementi di prova nel determinare le probabilità dell'ipotesi), ed invece imposta correttamente il problema nei termini della 'logica della conferma' che l'ipotesi sul fatto riceve dagli elementi di prova concretamente disponibili". Assinala Taruffo que o emprego de uma escala de qualificações vagas equivalente àquela que oscila entre 0 e 1 constitui uma abordagem dotada de consideráveis vantagens, visto que "non há molto senso costruire più o meno sofisticati modelli di calcolo delle probabilità se la 'quantità' de partenza rimane indeterminata, o se la sua determinazione è lasciata a valutazioni e preferenze soggettive e comunque non controllate o controllabili".[163]

2.2.3. Cohen e a idéia de probabilidade indutiva

Um marco importante na recente evolução dos estudos da idéia de probabilidade pode ser encontrado na proposta apresentada por L. Jonathan Cohen. Propõe o referido autor uma abordagem que parte da idéia de *probabilidade indutiva*, definida como *grau de ressonância inferencial*, apontando que tal mensuração pode ser aferida a partir do emprego de mais de um critério ou método.[164] Conforme Cohen, a observação da diversidade de afirmações efetuadas em juízos de probabilidade que expressam valorações de ressonância inferencial corresponde, de outro lado, à diversidade de critérios que podem ser empregados em juízos de probabilidade.[165]

O ponto de partida da visão proposta por Cohen reside na idéia de que a *noção de probabilidade corresponde a um conceito relacionado a um juízo*, o qual tem seu contéudo preenchido em função do contexto ao qual a noção em comento é aplicada. Conforme o autor, qualquer que seja o signficado nuclear associado a tal noção, sua utilidade somente se revela na medida em que se revelem os critérios que lhe são pertinentes dentro de um determinado contexto de uso. Nesse sentido, refere Cohen que termos que veiculam valorações como "bom" e "provável" prestam-se a atuar, na condição de predicados em afirmações categóricas simples, como traços característicos de atos discursivos.[166]

Firmadas tais premissas, Cohen afirma que, ao lado dos diversos conceitos de probabilidade matemática (ou seja, aqueles concebidos em conformidade com os princípios familiares ao cálculo matemático), há ao mesnos um conceito que apresenta uma

---

[163] TARUFFO, 1992 a, op. cit., p. 182-186.

[164] COHEN, 1991, op. cit., p. 14-15: "to grade the probability of B on A is to talk qualitatively, comparatively, ordinally or quantitatively about the degree of inferencial soundness of a primitive or derivable rule that would entitle one to infer B immediately from A".

[165] Nas palavras de COHEN, 1991, op. cit., p. 27, "if we view probability-statements as evaluations of inferential soundness, we are led naturally to recognize their inherent capacity for heterogeneity; and since different kinds of deductive system are appropriate to different tasks we can understand why such widely differing criteria of probability have actually been put forward".

[166] COHEN, 1991, op. cit., p. 28: "whatever the nuclear meaning of such an evaluative term is (and sometimes a philosophical characterisation of it is rather difficult) this nuclear meaning would certainly be useless without some appropriate criterion to complement it in any particular context of use", referindo ainda que "evaluative terms like 'good' and 'probable' lend themselves very readily, as predicates in simple categorical sentences, to the performance of rather characteristic types of speech-act, such as commendation and guarded assertion, respectively".

estrutura diferente, que é o de *probabilidade indutiva*. Essa noção envolve uma graduação comparativa ou ordenatória de probabilidade, não quantitativa ou mensurável, tornando-se útil em dimensões argumentativas nas quais não seja possível efetuar contabilizar ou mensurar numericamente o resultado obtido em sede de prova.[167]

O desenvolvimento da idéia de probabilidade indutiva pressupõe, na lição de Cohen, a prévia compreensão da noção de *suporte indutivo*, a qual corresponde à *confiabilidade de uma afirmativa condicional veiculada sob a forma de generalização*,[168] viabilizando, sob o ponto de vista argumentativo, a passagem de um fato A para um fato B.[169]

Para demonstrar a validade da idéia de suporte indutivo como uma função não-matemática, Cohen lança mão de dois argumentos para demonstrar as limitações da aplicabilidade dos juízos pautados em probabilidade matemática à realidade que se desenvolve em âmbito jurisdicional. O primeiro deles envolve a observação no sentido de que *o resultado da combinação de duas proposições, quando considerado provado em função de uma terceira proposição, acaba por apresentar o mesmo grau de suporte indutivo presente na proposição que apresentar menor grau de suporte indutivo dentre aquelas que foram cotejadas ou, ainda, o mesmo grau de qualquer uma das proposições, se elas apresentarem o mesmo grau de suporte indutivo.* Sob a ótica de tal argumento, rechaça Cohen a regra segundo a qual *a probabilidade da conjunção de duas proposições é o resultado da multiplicação de suas respectivas probabilidades.* De outro lado, traz o autor à tona o problema das anomalias em termos de probabilidade indutiva, demonstrando a *possibilidade de que o suporte indutivo de uma hipótese H em face de uma prova E seja maior do que zero mesmo quando E contradiz H.* Ao referir que tal proposta não se apresentaria aceitável em termos de probabilidade matemática, toma-a Cohen como motivo que autorizaria a conclusão no sentido da *incomensurabilidade dos graus de suporte indutivo em termos puramente matemáticos*, mas apenas em termos *lógicos*.[170]

Discorrendo sobre os critérios de graduação possíveis em sede de probabilidade indutiva, Cohen compara a relação existente entre isso e a idéia de *confiabilidade da indução* ao vínculo existente entre *dedutibilidade* e *verdade lógica*. Tomando tal ponto de partida, conclui o autor no sentido de que quanto melhor sustentada a generalização, maior será a probabilidade que dela pode ser derivada,[171] demonstrando, a partir do emprego de uma interessante analogia, o funcionamento da dinâmica de ponderação de argumentos favoráveis e desfavoráveis em termos de probabilidade que se modifica em função do maior ou do menor número de variáveis que vierem a ser introduzidas no debate. De acordo com Cohen, "the circumstances of test t_1 for a universally quatified, but unqualified, truth-functional conditional may be viewed as the primary level trunk of a tree that divides into a secondary level of branches, one for each of the variants of relevant variable v_2 that enters into test t_2, plus one for the circumstances that are non-

---

[167] COHEN, 1991, op. cit., p. 40-41.

[168] COHEN, 1991, op. cit., p. 122, 167-168.

[169] MARCHEIS, 1991, op. cit., p. 1153.

[170] COHEN, 1991, op. cit., p. 168-195, 219-224.

[171] COHEN, 1991, op. cit., p. 200-202. E segue o autor: "so, if higher support for the generalization has to be bought at the cost of inserting substantial qualification into its antecedent (as if often has to be in generalizations about human affairs, for example), the probability of a's being S will be raised only on the assuption that a itself satisfies those further conditions" (p. 202).

relevant, in relation to v_2, and are thus normal for test t_1. The latter branch goes straight to the top of the tree but is as weak as it is long. The other branches are stouter and much shorter, but divide further at a tertiary level, so as to make up at this level, when all the new branchings are taken into account, the various possible combinatios of relevant circumstances manipulated in test t_3 plus one for the circumstances that are normal in relation to t_2; and here too the latter branch goes straight to the top but is as weak as it is long, while the others are stouter and shorter but divide again. And so on, until a level is reached from which no further branchings take off. The proliferation of branches at each level corresponds to the progressively increasing complexity of the tests, while the number of the level corresponds to the number of different relevant variables that combine to constitute the various distinct combinations of relevant circumstances at that level. At the top of the tree some of the branches bear a fruit and some do not. So if a short, stout branch at level i bears a fruit (which it may do only if level i is at the top) or leads to a long, weak branch at level i + 1 that bears a fruit, then that short and stout branch corresponds to na advantageous variant, while if it neither bears a fruit itself, nor leads to a long and weak branch that does, it corresponds to a disadvantageous variant. At each particular node more than one (perhaps every) short, stout branch may be advantageous and more than one (perhaps every) such branch may be disadvantageous".[172]

Após definir o conceito de probabilidade indutiva e ao apresentar os seus principais alicerces e desenvolvimentos, Cohen busca demonstrar a aplicabilidade de tais ensinamentos ao modelo da prova jurídica, analisando-a a partir dos dois principais *standards* de constatação concebidos em sede de *common law*, quais sejam, as idéias de *proof beyond reasonable doubt* e *preponderance of evidence*. No que se refere a esse último *standard*, refere o autor a pertinência da metáfora da balança como instrumento capaz de retratar a estrutura lógica da argumentação empregada em tal raciocínio. Aponta Cohen, ainda, que o equívoco da tentativa de aplicação da probabilidade matemática à atuação jurisdicional reside justamente no fato de tal ferramenta não ser apta a aferir o peso das provas, de maneira que restaria inviabilizada, sob essa perspectiva, a realização de qualquer espécie de juízo de ponderação (*balance*).[173]

O estudo de Cohen culmina por aplicar as suas noções na construção de respostas para seis dificuldades vislumbradas na tentativa de interpretação dos *standards* de prova em termos de probabilidade matemática. Primeiramente, demonstra o autor que a probabilidade inerente ao resultado da conjugação de duas provas apresenta como limite

---

[172] COHEN, 1991, op. cit., p. 205-206.

[173] Após propor um caso-modelo com uma série de desenvolvimentos, COHEN, 1991, op. cit., p. 253, demonstra a validade do seu raciocínio: "the plaintiff in the case considered seeks to establish the applicability of a generalization entitling him to infer S: the defendant seeks to establish the applicability of a generalization entitling him to infer not-S. When a relevant feature is found favouring the former generalization the probability of S on the evidence is increased, and that of not-S relapses to zero, while when a feature is found favouring the other generalization the probability of not-S is increased and that of S relapses to zero. (...) So if the plaintiff can throw one or more other pieces of evidence into the scales of justice – if he can establish one or more other relevant facts that favour his case – the balance would be weighed down on his side again. But if he cannot he loses". Mais adiante, o autor desenvolve o presente raciocínio acima exposto, definido como "crude and over simplified one", afirmando que, em tal caso, "the arguments of plaintiff and defendant were closely meshed together, so that if the probability of the one's contention on the evidence was greater than zero the probability of the other's reduced to zero", sendo igualmente possível, contudo, "for the arguments to proceed rather more independently of one another, so that on the total evidence actually produced in court both contentions have a greater than zero probability even though one is more probable than the other (...)" (p. 254).

---

mínimo o valor da probabilidade das respectivas premissas (ou, na pior das hipóteses, o da premissa de menor probabilidade). Com isso, supera o impasse inerente ao modelo que defende ser tal probabilidade calculada a partir da multiplicação das probabilidades das premissas conjugadas.[174]

Outra explicação proposta por Cohen é aquela que envolve o entendimento doutrinário tradicional segundo o qual *a conclusão no sentido da preponderância das provas ao final de uma cadeia de inferências (inference upon inference) pressupõe que as premissas estejam pautadas em prova acima de dúvida razoável*. Refere o autor em comento que a existência de mais de um estágio em sede de prova é fruto da possibilidade de diferenciação de tipos de conexões entre as provas. Partindo dessa premissa, ressalta que "anything seen to be reasonably certain on known or accepted facts may itself be detached as a known or accepted fact which can provide a premise for further proof; whereas the evidence that is relevant to a first-stage conclusion on the balance of probability may seem scarcely relevant at all to later-stage conclusions", disso resultando que "a judicial proof on the balace of probability sets out to show that the ultimately derived conclusion is probable on known facts, not to show that it is knowable from probable facts".[175]

A fim de superar o impasse decorrente do fato de que "the complementational principle for nagation, in the theory of mathematical probability, makes the merit of the loser's case vary inversely with that of the winner's", propõe Cohen um modelo segundo o qual tais probabilidades são independentes, de maneira que *o aumento da probabilidade de algo ser verdadeiro não interfira automaticamente na probabilidade de esse fato ser falso*. Com isso, restam superadas as injustiças presentes nos paradoxos surgidos a partir da aplicação da perspectiva original, como aquela encontrada no paradoxo do *gatecrasher*.[176]

Abordando o *standard* de prova *beyond reasonable doubt*, afirma Cohen que "a proposed conclusion falls short of certainty because there is a particular, specifiable reason for doubting it, than to hold that it is reasonable to doubt the conclusion because it falls short of certainty". Com isso, redesenha o autor citado a relação entre a *existência de razões de dúvida* e a *ausência de certeza*, premissas fundamentais para a compreensão do *standard* referido.[177]

Outro ponto de destaque no estudo de Cohen envolve o peso associado às máximas de experiência como critério para a atribuição de pesos às provas. Refere Cohen que "each of the more familiar methods of assigning values to mathematical probability functions seems in principle innapropriate to the assessment of juridical proofs". Nesse

---

[174] COHEN, 1991, op. cit., p. 265-267.

[175] COHEN, 1991, op. cit., p. 267-269.

[176] COHEN, 1991, op. cit., p. 270-272. O paradoxo do *gatecrasher* vem narrado por Cohen da seguinte forma: "consider, for example, a case in which it is common ground that 499 people paid for admission to a rodeo, and that 1.000 are counted on the seats, of whom A is one. Supppose no tickets were issued and there can be no testimony as to whether A paid for admission or climbed over the fence. So by any plausible criterion of mathematical probability there is a .501 probability, on the admitted facts, that he did not pay. The mathematicist theory would apparently imply that in such circumstances the rodeo organizers are entitled to judgement against A for the admission-money, since the balance of probability (and also the difference between prior and posterior probabilities) would lie in their favour. But it seems manifestly unjust that A should lose his case when there is na agreed mathematical probability of as high as .499 that he in fact paid for admission". (p. 75).

[177] COHEN, 1991, op. cit., p. 272-273.

sentido, assinala o autor aludido que o conhecimento pelo julgador dos lugares-comuns consubstanciados em generalizações, bem como das circunstâncias que favorecem ou desfavorecem a aplicação das mesmas em juízos de prova, permite a indução quanto à probabilidade de uma conclusão a partir dos fatos trazidos a juízo.[178]

O último conjunto de problemas examinados por Cohen é aquele referente aos reflexos da *corroboração* e da *convergência* na determinação do valor da prova. No que se refere a tais aspectos, parte Cohen da premissa de que tais fenômenos implicam um *aumento do grau de probabilidade indutiva na medida em que presente um maior número de circunstâncias relevantes favoráveis e independentes entre si*. Para fundamentar tal raciocínio, afirma o autor que "where agreement is relatively improbable (because so many different things might be said), what is agreed is more probably true".[179] Ao vislumbrar a possibilidade de paradoxos na aplicação do princípio da convergência conforme proposto por Ekelöf,[180] Cohen enfatiza a impropriedade do emprego das chamadas *prior probabilities* positivas, inerentes aos raciocínios em sede de probabilidade matemática, porém incompatíveis com os alicerces do *adversary system* anglo-americano.[181]

A relevância da abordagem proposta por Cohen pode ser localizada nas vantagens apresentadas em seu modelo. A principal delas é o *emprego de um conceito de probabilidade não-matemático*, fundado essencialmente sob a base do *id quod plerunque accidit*, que propicia uma descrição fiel da racionalidade que permeia o juízo de valoração da prova. Essa mesma visão evita, ainda, os perigos presentes nas propostas que seguem caminhos calcados em lógica pura, as quais são incompatíveis com a complexidade da natureza humana e com a realidade dos tribunais.[182]

---

[178] COHEN, 1991, op. cit., p. 273-277, especialmente p. 274-275.

[179] COHEN, 1991, op. cit., p. 98, 278.

[180] COHEN, 1991, op. cit., p. 100, demonstra o paradoxo em um exemplo: "consider a case where p is .25 and is the mathematical probability that the criminal was a male on the evidence that he had long hair, and q is .25 and is the probability that the criminal was a male on the evidence of testimony to that effect by a supporter of the women's liberation movement. By Ekelöf's principle these two evidential facts converge to give na increased value to the combined evidence of .44. Yet if the mathematical probability that the criminal was a male, on each separate piece ofevidence, is .25, the probability that the criminal was a female is .75, and so the combined evidence has a force of .94 in favour of the conclusion that, according to Ekelöf's principle, the two pieces of evidence converge in opposite directions at the same time. Or – to put the point in other words – the evidence of the witness, on Ekelöf's view, corroborates whichever conclusion you prefer to draw from the fact that the criminal had long hair; and evidence that purports to corroborate opposite conclusions does not in fact corroborate either. Moreover, if the force of the combined evidence is to be conceived of as a mathematical probability, we have a straightforward contradiction between the calculation that the probability of the criminal's being a male is .44 and the calculation that the probability of the criminal's being a female is .94, since presumably of being a female is in fact the complement of the probability of being a male".

[181] COHEN, 1991, op. cit., p. 277-281. A respeito dos problemas mencionados, vale transcrever a lição do autor: "in an adversary system of procedure natural justice requires that both parties should have an equal opportunity to prove their points and cross-examine: audi et alteram partem. So every individual fact to be taken into account by the jury must lie openly and challengeably before the court: statistical claims must be supported by the testimony of experts. The impropriety of taking greater-than-zero prior probabilities into account is rooted very deeply in the nature of the Anglo-American legal system. So, if any value at all is to be properly assigned to the prior mathematical probability of an accused's guilt, that value is zero. But, since such a valuation of the prior probability renders impossible a greater-than-zero value for the mathematical probability of the accused's guilt on the evidence it is clear that the probability in terms of which this guilt is properly judged cannot conform to the principles of the mathematical calculus". (p. 112-113).

[182] MARCHEIS, 1991, op. cit., p. 1161-1162.

A consciência quanto à limitação do conhecimento como fator que deve ser considerado no juízo em sede de aferição da probabilidade das versões trazidas aos autos é outro traço digno de destaque na visão proposta por Cohen. Estabelecendo que a probabilidade deve ser aferida a partir das provas disponíveis no caso concreto, propõe o autor citado um modelo que possui o mérito de "far perno non sulle frequenze generali di classi di eventi, ma sugli elementi di prova in funzione dei quali diverse inferenze appaiono appropriate a seconda dei tipi di elemento di prova di cui si dispone". Com isso, a prova constitui-se na base do raciocínio, determinando qual é o tipo de conclusão válida que se pode obter e trazendo ganhos do ponto de vista da compreensão da racionalidade subjacente a idéias que até então eram expostas de forma vaga e confusa.[183]

A visão acima exposta pode ser vista, ainda, na lição de Marina Gascón Abellán, a qual reconhece que "la virtud principal del modelo de Cohen sea haber destacado explícitamente la importancia que tiene, en cualquier forma de razonamiento inductivo pero em particular en el judicial, que las pruebas presentadas para fundar la probabilidad de una hipótesis proporcionen una imagen suficientemente 'completa' de los hechos en cuestión". Conforme a referida autora, "aunque los estándares de convicción incluyen un 'componente de probabilidad' (que acaso pueda ser concebido en términos bayesianos), exigen también un 'componente de completud': la insuficiencia de información sobre los hechos debería evitar asignar una alta probabilidad a la hipótesis sobre los mismos, porque la información de que no se dispone podría, si se dispusiera de ella, negar la hipótesis".[184]

De acordo com William Twining, "Cohen has provided a generally convincing and highly sophisticated theoretical justification for the views not only of many practising lawyers and judges, but also of leading writers on evidence such as Bentham, Stephen and Wigmore".[185] Seguindo essa linha de raciocínio, é possível afirmar que a principal contribuição de Cohen reside na apresentação de um modelo que propõe interessantes desenvolvimentos no debate em torno da aplicação da idéia de probabilidade como critério para o controle da racionalidade da formação do convencimento jurisdicional. Basta ver, nesse sentido, que a existência de limites institucionalmente estabelecidos em sede de instrução probatória (por exemplo, a proibição de produção de provas em determinados casos) não esvazia a utilidade dos mesmos para a generalidade dos casos.

Em síntese, é possível afirmar a utilidade do conceito de probabilidade indutiva proposto por Cohen, o qual permite compreender adequadamente as relações existentes entre a alegação sobre um fato juridicamente relevante, a realidade histórica a ele correspondente e a prova como argumento que entrelaça tais dimensões. Merecem destaque, além dos traços já acima apontados, as linhas tecidas pelo autor ao afirmar a relevância da idéia de *peso da prova* como fator que aponta no sentido de que a probabilidade matemática não deve ser vista como o único paradigma possível a ser levado em conta na análise da realidade investigada pelo julgador.

Colocada nesses termos, a análise feita por Cohen apresenta-se compatível com o quadro de módulos de prova desenhado de acordo com os moldes da linguagem do *Evidence Value Model*. Fugindo da aferição quantitativa de freqüência relativa da ocorrência de um dado evento, revela a importância do contexto no qual a prova se insere como fator determinante para o preenchimento do significado de termos vagos como possível,

---

[183] TARUFFO, 1992 a, op. cit., p. 201, 203-204. No mesmo sentido, ver ABELLAN, 2004, op. cit., p. 177.

[184] ABELLAN, 2004, op. cit., p. 176.

[185] TWINING, 1992, op. cit., p. 169.

provável, verossímil. Endossa-se, desse modo, a análise feita por Diego Aísa Moreu no sentido de que "no es, pues, um criterio sintáctico – el cálculo de probabilidades – ni un cierto aire de familia lo que explica los diferentes usos de probabilidad, sino más bien lo que se necesita es un crterio semántico para explicarlos. El término probable es un término evaluador de la bondad (soundness) de argumentos más que de proposiciones; es, para ser más exactos, un criterio de graduación de la bondad inferencial de una regla de prueba". E conclui o autor: "la teoria de Cohen tiene el mérito de dar cuenta de un amplio espectro en el uso de la palabra probabilidad, ya que abarca tanto el caso pascaliano como otros usos que no se ajustan al cálculo de probabilidades".[186]

Ressalte-se que a aceitação dos paradigmas ora expostos não significa renúncia a tudo o que se disse anteriormente a respeito da íntima relação entre *probabilidade* e *verossimilhança*. Vale lembrar que a análise feita por Cohen a respeito da possibilidade de anomalias em sede de probabilidade é plenamente compatível com o entendimento anteriormente exposto: a afirmação no sentido de que *a probabilidade de uma hipótese serve como indicativo da sua verossimilhança* não exclui a possibilidade de que a versão trazida aos autos não seja verdadeira, ainda que não existam provas a esse respeito.

A posição ora apresentada respalda-se, ainda, na *conformidade entre o conceito de probabilidade indutiva e a idéia de verdade como valor-limite*. De um lado, é preciso lembrar que a possibilidade de aferição do grau de ressonância inferencial presente na estrutura argumentativa da prova cível pressupõe a consideração de uma realidade histórica estranha aos autos, a qual é trazida aos autos através da prova e vem relacionada com a narrativa trazida pelas partes. No caso da prova indireta, essa relação ganha ares de complexidade em razão da função exercida pelas regras de experiência, as quais exercem o papel das generalizações referidas no modelo proposto por Cohen.

Impõe-se destacar, ainda, que as análises feitas por Cohen a respeito dos princípios da convergência e da negação ofertam resultados consideravelmente mais satisfatórios do que aqueles propostos pelos defensores do *Evidence Value Model*. A independência das variações de probabilidade, no que se refere ao princípio da negação, proporciona não só maior coerência lógica do ponto de vista epistemológico, mas também garante uma maior coerência com o infinito leque de possibilidades existente em termos de impostação retórica da prova cível.

2.3. Conclusões parciais: probabilidade e racionalidade da formação do convencimento jurisdicional

A definição da idéia de *probabilidade* como *grau de ressonância inferencial que permite afirmar a verossimilhança de uma alegação tecida a respeito de uma realidade histórica considerada juridicamente relevante* constitui-se em um importante passo para a compreensão dos parâmetros de racionalidade que norteiam a atividade de formação do convencimento jurisdicional. A aferição da referida probabilidade, por sua vez, pressupõe a análise de uma série de fatores que interferem na formação do convencimento jurisdicional, reforçando as cores e balizando os contornos do panorama que gradualmente vai sendo desenhado diante dos olhos do julgador através da atividade de instrução processual. Nessa esteira, impõe-se examinar o papel desempenhado pelas regras de experiência, pelos *standards* de prova e pelos módulos de prova, compreen-

---

[186] MOREU, 1997, op. cit., p. 374-375.

dendo de que forma tais ferramentas influenciam com vistas à determinação do grau de probabilidade a ser associado a uma prova.

2.3.1. As regras de experiência e a análise em sede de probabilidade

Um primeiro ponto de referência a ser considerado no estudo do grau de probabilidade presente em versões da realidade trazidas pelas partes aos autos é o exame do papel exercido pelas regras de experiência na formação do convencimento jurisdicional. Expressas sob a forma de *generalizações que indicam a produção de determinados resultados quando da presença de determinadas premissas*, tais regras atuam como parâmetro para que se possa afirmar a maior ou a menor conformidade entre as versões da realidade trazidas no bojo do debate processual e os fatos conforme historicamente verificados.

As máximas de experiência são utilizadas na argumentação relacionada à prova como *instrumentos que permitem a formulação de inferências e de valorações relativamente às alegações sobre fatos*, tornando possível o conhecimento de determinados eventos a partir da prova de outros a eles relacionados. De acordo com Baldissare Pastore, as máximas de experiência "vanno considerate come enunciazioni linguisticamente sintetiche di una somma di dati particolari, che possono rivelarsi utili per la conoscenza dei fatti che occorre accertre in giudizio, e che possono essere usati come premesse di un passaggio inferenziale certamente non deduttivo, entro una forma di ragionamento di tipo probabilistico".[187]

É importante registrar que *a maior ou a menor conformidade com o conteúdo de uma determinada regra de experiência atua como fator fundamental para que se possa justificar a maior ou a menor intensidade do grau de ressonância inferencial presente na prova que une uma realidade histórica às alegações sobre ela tecidas nos autos.* De fato, as regras de experiência veiculam padrões de normalidade obtidos através da observação de um conjunto de casos, atuando como critérios de interpretação do retrato possível da realidade histórica examinada que é construído a partir do conjunto das provas produzidas nos autos. Neste sentido, o grau de correspondência existente entre o *significado da regra de experiência* e o da *versão retratada com base nas provas disponíveis* constitui-se no grau de probabilidade inerente a tal versão.

Deste modo, é possível afirmar que as regras de experiência também funcionam como *critérios para a aferição da maior ou da menor coerência interna do retrato possível da realidade oferecido a partir da análise do conjunto de provas.* Com efeito, a coerência característica dos padrões de normalidade veiculados em regras de experiência serve como parâmetro para o controle da racionalidade da justificação interna da argumentação empregada com vistas à obtenção de um retrato possível da realidade histórica. *A proximidade em relação a um padrão de normalidade acaba servindo como baliza para a aferição da maior ou da menor coerência interna da versão da realidade construída diante dos olhos do julgador*, e, nesse sentido, do *maior ou do menor grau de probabilidade que lhe é inerente.*[188]

---

[187] PASTORE, 1996, op. cit., p. 173-174, 176.

[188] TARUFFO, 1992 a, op. cit., p. 399, refere que uma condição mínima, para que se possa falar em valoração racional do conjunto dos elementos de prova, é que a mesma "si fondi su un ragionamento internamente coerente, nel quale cioè non vi siano contraddizioni, come quelle che si verificano quando la stessa circostanza viene ritenuta contemporaneamente vera e non vera o lo stesso elemento di prova viene contemporaneamente ritenuto inattendibile o attendibile".

A jurisprudência elenca exemplos do funcionamento do raciocínio ora exposto. Veja-se, nesse sentido, julgado no qual o Tribunal de Justiça do Estado do Rio Grande do Sul decidiu no sentido de que a existência do crédito objeto de ação monitória poderia ser demonstrada por um documento escrito elaborado pelo credor em um juízo de "verossimilhança ou suficiente probabilidade ou possibilidade", sem efetuar maiores distinções entre tais noções, mas as colocando lado a lado.[189] Da mesma forma, ainda na jurisprudência gaúcha, é possível observar decisão em ação na qual o autor buscava indenização por inscrição em cadastro de crédito realizada em função de cheques roubados, na qual foi afirmado que "há mais coerência e probabilidade, diante da experiência comum, em ser verídica a afirmativa do demandante de que à época dos fatos entregou cópia da ocorrência policial ao banco réu, do que se aceitar a defesa apresentada no sentido de que a única conduta exigível do banco era a devolução das cártulas diante do encerramento da conta".[190] Em ambos os casos, a maior ou menor conformidade das versões retratadas nos autos serve como indicativo da maior probabilidade, pautando a decisão a ser tomada pelo julgador.

A fim de que não se incorra em conclusão apressada, vale lembrar que não é a simples coerência da versão formada a partir da análise conjunta das provas trazidas aos autos que garante a maior ou a menor aproximação em relação à realidade histórica.[191] Pensar o contrário seria cometer o equívoco inerente à equiparação entre *verdade* e *coerência*, fazendo com que a investigação daquilo que efetivamente aconteceu do ponto de vista histórico fosse reduzida aos moldes de um juízo de validade que independe do conteúdo das premissas cotejadas. Nesse sentido, o emprego de regras de experiência como critério para a aferição da graduação da probabilidade inerente às hipóteses apresentadas para a análise ao julgador almeja oferecer uma alternativa capaz de contornar esse obstáculo. A consideração daquilo que tende a acontecer em condições de normalidade, contrastando uma versão possível da realidade a *id quod plerunque accidit*, serve como justificativa para que se possa inferir a maior ou a menor proximidade com aquilo que aconteceu.[192] Assim, a maior ou a menor intensidade do grau de probabilidade é aferida a partir do *contraste entre o retrato da realidade produzido no processo e o parâmetro de normalidade expresso em uma regra de experiência*, a qual é tomada como medida do possível a partir da qual se permite inferir a correspondência entre o que se prova e o que se tem como provado.

---

[189] Apelação Cível n. 70000664449, relator Juiz João Armando Bezerra Campos, julgado pela Primeira Câmara Especial Cível do Tribunal de Justiça do Estado do Rio Grande do Sul em 26.09.2000.

[190] Recurso Inominado n. 71000686881, relatora Juíza Maria José Schmitt Santanna, julgado pela Terceira Turma Recursal Cível do Tribunal de Justiça do Estado do Rio Grande do Sul em 09.08.2005.

[191] Para TARUFFO, 1992 a, op. cit., p. 286, "l'aspetto più problematico e preoccupante del concetto di coerenza narrativa impiegato come criterio di decisione emerge comunque quando esso viene proposto come alternativa radicale a qualsiasi criterio fondato sulla veridicità della narrazione dei fatti della causa. Che la coerenza narrativa non abbia nulla a che vedere con la veridicità della narrazione è infatti un presupposto indiscutibile nell'ambito delle concezioni narrativistiche: non a caso nelle versioni più conseguenti di esse applicate alla decisione giudiziaria si dice chiaramente che ciò che intressa non è l'accertamento della verità, ma l'analisi strutturale della narrazione".

[192] Semelhante é a abordagem proposta por CARRATTA, 2001, op. cit., p. 94-95, ao afirmar que "il ricorso all'insieme di queste nozioni tratte dall'esperienza della vita consente al giudice di 'verificare' su basi razionali le affermazioni compite dalle parti all'interno del processo, cioè di porre su basi razionali il collegamento fra *factum probandum* e *factum probans*. In parole povere, il ragionamento probatorio del giudice – secondo una simile impostazione – può dirsi razionalmente fondato se la relazione fra *factum probandum* e *factum probans* viene ricostruita secondo nozioni di comune esperienza, che, in quanto tali, sono comprensibili anche all'esteno e quindi sono controllabili".

Essa posição encontra respaldo em forte corrente doutrinária. Veja-se, nesse sentido, a posição de Michele Taruffo ao afirmar que "o senso comum também está constantemente presente na parte do raciocínio judicial relacionada com o reconhecimento dos fatos". Segundo o referido autor, "isso ocorre principalmente quando o juiz precisa avaliar a credibilidade de um meio de prova, como, p. ex., quando se trata de estabelecer se determinada testemunha disse ou não a verdade. É verdade que para esse fim o juiz emprega técnicas estabelecidas e regidas pelo direito, que dizem respeito essencialmente à metodologia da assunção da prova e de controle das declarações da testemunha. Para valorar a credibilidade da testemunha, ele deve todavia levar em conta critérios de valoração do comportamento testemunhal colhidos no senso comum mais que em normas jurídicas".[193]

Outra decorrência lógica igualmente importante que pode ser extraída de tudo o que acima foi dito é que *quanto menor for a refutabilidade da generalização empregada para que se possa afirmar a ocorrência ou não de um fato com base na prova produzida nos autos, maior será a intensidade do grau de probabilidade inerente ao argumento que a empregar como elo a unir o conhecido àquilo que se quer conhecer.*[194] Tal afirmativa apresenta-se válida tanto no que se refere à aferição do grau de probabilidade de versões da realidade histórica juridicamente relevante no que diz respeito a cada prova indireta produzida nos autos quanto em relação à análise dos conjuntos de provas produzidas nos autos.

Por fim, refira-se que a graduação dos resultados obtidos em sede de valoração da prova expressa-se melhor, do ponto de vista da probabilidade lógica, a partir da atribuição de qualificativos veiculados sob a forma de *advérbios, locuções adverbiais* ou *adejetivações* que expressem o *comparativo de intensidade ou de parte em um sistema de referência.* É isso que se faz quando se diz que há *grande possibildade* de que algo seja verdadeiro ou que algo é *verossímil.* Seguindo tal orientação, tem-se que da análise do grau de probabilidade inerente à determinada alegação sobre fato resulta a afirmativa no sentido de que a mesma deva ser considerada *mais provável, menos provável,* ou, ainda, que é caracterizada por sua *alta, média ou baixa probabilidade.*

2.3.2. *Os módulos de prova, os standards de prova e a análise em sede de probabilidade*

O emprego de *módulos de prova* constitui-se em outro componente importante na equação da formação do convencimento jurisdicional a respeito das alegações sobre fatos considerados juridicamente relevantes. O emprego de módulos de prova serve como termômetro da exigência imponível ao julgador quanto ao grau de aproximação entre o retrato produzido nos autos através da atividade de instrução e a realidade histórica objeto de investigação processual, constituindo-se em ferramenta indispensável na dinâmica da formação do convencimento jurisdicional. Sob essa perspectiva, impõe-se ao julgador a tarefa de aferir a maior ou a menor proximidade entre o *grau de probabilidade presente em sede de valoração da prova* e o *padrão expresso no módulo de prova a ser considerado pelo julgador na construção de sua decisão.*

A construção de um discurso consistente a respeito da importância e do funcionamento dos módulos de prova pressupõe a análise da lição de Gerhard Walter em relação à idéia da livre apreciação da prova. Com o objetivo de delimitar o significado de tal no-

---

[193] TARUFFO, 2001, op. cit., p. 104-105.

[194] De acordo com o argumento de PASTORE, 1996, op. cit., p. 182-183, as máximas de experiência "rimandono alle nozioni di credibilità, di verosimiglianza e di plausibilità e al consenso giustificato che sula congettura si è formato"

ção, examinando o conteúdo do convencimento jurisdicional formado a partir da análise das provas produzidas nos autos, aponta o autor que "el § 286 de la ZPO u Ordenanza de Procedimiento Civil determina el contenido de la 'libre convicción', que consiste en saber si há de estimarse verídica la afirmación de un determinado hecho". Ao referir as dificuldades no acesso à realidade histórica através da investigação processual, propõe Walter a construção de um redesenho da distinção entre *verdade* e *verossimilhança*. Nesse sentido, conclui o autor no sentido de que "un modelo que defienda la convicción de la verosimilitud rayana en certeza por la sola razón de que el ser humano no puede llegar a una convicción de la verdad, concuerda con el principio tradicional, subyacente en el § 286 de la ZPO, de que algo tiene que tenerse por verdadero". Assevera Walter, ainda, que, "en ambos casos, el juez se forma un juicio porque está convencido de que un hecho ha sucedido de una manera determinada y no de outra, siempre con la reserva de la capacidad conoscitiva humana em general".[195]

Propondo ulteriores desenvolvimentos a partir desse primeiro raciocínio, refere Gerhard Walter que "la convicción de la verdad, consciente de su imperfección, pero al mismo tiempo consciente de la certidumbre personal de la verdad, y la verosimilitud rayana en certeza que exige igualmente certidumbre personal, son modelos de constatación identicos, que presentan un mismo 'módulo de prueba'". Ressalta o autor, contudo, que isso não significa que as noções de *verdade* ou de *verossimilhança* possam constituir um módulo geral de prova. Ao contrário, reconhece Walter que a dificuldade de produção de provas, a incidência de outros princípios jurídicos mais elevados e a existência de outros objetivos a serem perseguidos através do processo podem trazer consigo a variação do módulo de prova.[196]

O grande mérito da proposta de Gerhard Walter reside no fato de *afirmar a possibilidade de concepção de módulos de prova próprios para casos peculiares sem, contudo, afirmar a renúncia à possibilidade de obtenção da verdade através da investigação processual*. A idéia de verdade, em tal contexto, passa a ser tomada como *um valor-limite* a ser considerado como possível, mas nem sempre necessário para que o julgador possa proferir sua decisão em sede de convencimento. É nesse sentido que o autor rechaça a idéia de redução geral do módulo de prova no processo civil, não excluindo a possibilidade de "que se examine, en ciertos campos parciales o grupos de casos, si una reducción del módulo no viene a cuento por razones perentorias de derecho material o por otros criterios".[197]

Como se vê, o emprego de módulos de prova apresenta as suas raízes ligadas ao abrandamento da idéia de *convencimento*, a qual deixa de corresponder à presença de uma *conclusão do julgador no sentido de haver conhecido através da investigação processual a verdade histórica nos termos em que efetivamente aconteceu*. De acordo com Salvatore Patti, é nesse sentido que "una parte significativa della dottrina tedesca ritiene ormai che il principio del convincimento (motivato) possa convivere con parametri diversi da quelli tradizionali, con 'ragionevoli' richieste di certezza. Si tratta di distinguere tra un convincimento 'pieno' che tuttavia contiene elementi emotivi e pertanto irrazionali, ed un convincimento di diverso grado inteso come giudizio di verosimiglianza".[198]

Desta maneira, a identificação do módulo de prova aplicável ao caso concreto pelo legislador (ou, em caso de silêncio da lei, pelo julgador, em decisão fundamenta-

---

[195] WALTER, 1985, op. cit., p. 167-169.

[196] WALTER, 1985, op. cit., p. 171-174.

[197] WALTER, 1985, op. cit., p. 211.

[198] PATTI, 2001, op. cit., p. 167.

da) constitui-se em um passo fundamental da dinâmica de formação do convencimento jurisdicional. Uma vez estimado o módulo de prova, estabelece-se o *grau de exigência que se impõe ao julgador para que ele possa concluir no sentido da procedência ou da improcedência da ação com base na afirmação de que determinada alegação sobre fato pode ser qualificada como verdadeira, falsa, verossímil, inverossímil, etc.*

A fixação do módulo de prova produz profundos reflexos sobre o fenômeno do convencimento do juiz, atuando como um parâmetro necessário para a aferição da racionalidade que lhe é subjacente. De acordo com Salvatore Patti, tal princípio "potrebbe essere riformulato nel modo seguente: il giudice deve chiedersi se la verosimiglianza sia tale da permettere di ritenere provato il fatto".[199] A determinação do módulo de prova é, em última instância, um passo fundamental para que se possa identificar a pauta da racionalidade seguida pelo julgador. Definido o módulo de prova, sua tarefa passa a ser a de dizer se os graus de probabilidade inerentes às versões trazidas aos autos estão ou não moldados à medida considerada necessária para que ele possa se dar por convencido.

Um exemplo do emprego de módulos de prova como pauta para a aferição da racionalidade do convencimento jurisdicional pode ser encontrado no entendimento do Superior Tribunal de Justiça, segundo o qual "o fato de ter o magistrado julgado antecipadamente a lide por reconhecer que havia nos autos elementos de convicção suficientes à apreciação da causa não implica cerceamento de defesa".[200] Para o mesmo Tribunal, em outro julgado, a "produção de prova necessária à instrução da ação de investigação de paternidade c/c alimentos em análise, qual seja, o exame de DNA" é "suficiente para solucionar a *quaestio* posta a desate, por informar a verdade real".[201] Em outro acórdão, o Tribunal entendeu que a prerrogativa judicial de iniciativa probatória "pode ser usada em qualquer fase do processo, mesmo em liquidação de sentença, como no caso, desde que não haja, nos autos elementos suficientes para formar convicção capaz de pôr fim ao processo".[202] Em todos esses casos, a jurisprudência indica como módulo de prova aplicável ao julgamento antecipado da lide a idéia de *prova suficiente*, a qual pressupõe a presença de uma demonstração satisfatória dos fatos discutidos[203] e a identificação das provas consideradas indispensáveis à comprovação do direito alegado pela parte.[204]

---

[199] PATTI, 2001, op. cit., p. 168.

[200] Agravo Regimental no Agravo de Instrumento n. 582.525/RJ, rel. Min. Nilson Naves, julgado pela Sexta Turma do Superior Tribunal de Justiça em 12/04/2005.

[201] Recurso Especial 730.566/MG, relator Min. Jorge Scartezzini, julgado pela Quarta Turma do Superior Tribunal de Justiça em 07/06/2005.

[202] Recurso Especial n. 46.789/RJ, rel. Min. Castro Meira, julgado pela Segunda Turma do Superior Tribunal de Justiça em 15.02.2005. Na mesma linha de raciocínio, ver Recurso Especial n. 345.436/SP, rel. Min. Nancy Andrighi, julgado pela Terceira Turma do Superior Tribunal de Justiça em 07.03.2002, em que consta que "não é cabível a dilação probatória quando haja outros meios de prova, testemunhal e documental, *suficientes* para o julgamento da demanda, devendo a iniciativa do juiz se restringir a situações de perplexidade diante de provas contraditórias, confusas ou incompletas" (grifo não-constante do original).

[203] Recurso Especial n. 288.400/PB, relator Min. Franciulli Neto, julgado pela Segunda Turma do Superior Tribunal de Justiça em 01.04.2004. Chame-se a atenção para o seguinte trecho da ementa do acórdão: "*In casu*, emerge dos autos que o r. Juiz de primeiro grau houve por bem julgar antecipadamente a lide, mas concluiu que não havia provas suficientes nos autos a demonstrar satisfatoriamente que a autora era credora da ré. Dessa forma, deveria ter determinado a produção de outras provas, nos termos do artigo 130 do Código de Processo Civil. Com efeito, mesmo que a parte tenha requerido o julgamento antecipado da lide, por entender que as provas constantes dos autos seriam suficientes para demonstrar o alegado na inicial, cabe ao juiz, de ofício, determinar as provas necessárias à instrução do processo caso entenda pela deficiência das provas dos autos".

[204] No mesmo sentido, ver Recurso Especial n. 688.654/RS, rel. Min. José Delgado, julgado pela Primeira Turma do Superior Tribunal de Justiça em 22.02.2005, no qual consta que "as provas cuja produção foram

É importante referir que a fixação da verossimilhança como módulo de prova aplicável a determinados casos não exclui a possibilidade de que a investigação processual permita alcançar, eventualmente, o conhecimento efetivo da verdade histórica. A consideração da verdade como valor-limite em sede de apreciação da prova, inclusive nos casos em que o módulo de prova é reduzido, constitui-se em mais um dos sintomas da inadequação do emprego de uma escala entre 0 e 1 para a aferição do grau de probabilidade de uma alegação sobre fato considerado juridicamente relevante. Nesse sentido, basta ver que, se a probabilidade máxima de uma alegação (ou seja, $p(X)=1$) fosse considerada como sendo equivalente à identificação da verossimilhança em sede de convencimento judicial, ter-se-ia que a produção de provas que retrata a veracidade de tal alegação extrapolaria tal escala.

Aponte-se, de outro lado, que a redução do módulo de prova para níveis menos exigentes que o da verdade deve sempre vir acompanhada de *justificação pautada em juízo de proporcionalidade*. Independentemente de tal redução ser estabelecida por lei ou ser fruto da atividade interpretativa do julgador, é certo que o seu estabelecimento deve atender às exigências do postulado da proporcionalidade. Observe-se, nesse sentido, que uma das razões que atua como forte argumento no emprego de módulos de prova reduzidos é a *necessidade de otimização dos esforços empreendidos na investigação processual, a qual é estabelecida como meio para a facilitação da formação do convencimento judicial.*[205] Essa modificação faz com que a argumentação em sede de prova seja produzida com critérios menos exigentes em termos de aceitabilidade das premissas envolvidas na formação da conclusão jurisdicional, em uma redução que decorre da presença de outras razões igualmente relevantes que convivem nesse mesmo contexto.[206]

Por fim, refira-se que o emprego de módulos de prova reduzidos em determinados casos nos moldes propostos acima e manutenção da idéia de verdade como resultado limite que pode ser eventualmente alcançado são plenamente compatíveis com o desejo de construção de um sistema pautado na idéia de prova como *argumentum*. Impõe-se lembrar, mais uma vez, que a renúncia à possibilidade de obtenção da verdade através da investigação desenvolvida nos autos configura-se como um dos principais passos em direção ao império da idéia de prova como *ratio*. Da mesma forma, o compromisso inarredável com a obtenção do conhecimento histórico acaba levando a uma outra direção, qual seja a da prova como *experimentum*. É justamente no convívio entre dimensões aparentemente inconciliáveis, no encontro entre o que não é impossível e ao mesmo tempo é possível, que se faz possível cogitar o modelo da prova como *argumentum*.

---

indeferidas pelo juízo de primeiro grau eram indispensáveis à comprovação do direito da parte que as requereu, tanto que a ausência das mesmas acarretou o improvimento do principal pedido do então apelante, por falta de provas, como entendeu o TRF da 4ª Região. Não tratou tal acórdão da existência de prova inválida, mas de insuficiência do material probatório que respaldasse a tese do autor, ora recorrente. Paradoxalmente, este foi vencido por não ter demonstrado possuir o direito alegado, mesmo requerendo a oportunidade de prová-lo por diversas vezes". Veja-se, ainda, as decisões proferidas nos seguintes arestos, de acordo com o entendimento acima referido: Recurso Especial n. 7.004/AL, relator Min. Sálvio de Figueiredo Teixeira, julgado pela Quarta Turma do Superior Tribunal de Justiça em 21.08.1991; Recurso Especial n. 21.231/ES, relator Min. Nilson Naves, julgado pela Terceira Turma do Superior Tribunal de Justiça em 09.06.1992.

[205] MARINONI; ARENHART, 2005 a, op. cit., p. 179-180: "tanto a inversão do ônus, quanto a redução das exigências de prova, não são técnicas ligadas à facilitação da produção de prova, porém mais precisamente à facilitação do convencimento judicial".

[206] Sobre a relação entre a aceitação como premissa de probabilidade e a influência do contexto em sua conformação, ver BELTRÁN, 2005, op. cit., p. 91-94.

Os chamados *standards* de prova, concebidos no seio da experiência do *common law*, desempenham um papel igualmente importante com vistas à compreensão da mecânica de formação do convencimento jurisdicional em relação às alegações sobre fatos sobre as quais se debruça o julgador na construção da tutela jurisdicional. Nas palavras de L. Jonathan Cohen, o cidadão britânico ou americado que serve em um júri é um sujeito geralmente chamado ou obrigado a lançar mão dos mesmos standards de probabilidade e de certeza que costuma ussar no seu cotidiano. Conforme o autor, "now in English and American law there are at least two standards of proof. In a civil suit the plaitiff is often or normally required to prove the facts of his case on 'the preponderance of evidence', or 'the balance of probability', if he is to win. In a criminal case the prosecution establishes the guilt of the accused only if it proves its case up to a level of probability which is near enough to certainty for the conclusion to be put 'beyond reasonable doubt'".[207]

Essa distinção ganha maior riqueza de detalhes (e desenvolvimentos mais complexos) na análise feita por Danilo Knijnik. Ao afirmar a necessidade do estabelecimento de critérios que escalonam graus de probabilidade no processo judicial, o referido autor distingue quatro modelos de constatação fundamentais, cada qual com um campo de atuação próprio. Ao processo civil em geral, associa o autor o modelo da *preponderância das provas*, definido como sendo aquele que "consiste em dar por provado o que é 'mais provável do que não'", ao passo que, aos chamados processos civis especiais, aplica-se o *standard* da *prova clara e convincente*, intermediário entre o primeiro citado e o da *prova além da dúvida razoável*, próprio do processo penal, e diferente do da *prova incompatível com qualquer hipótese que não a da acusação*, típico do processo penal indiciário.[208]

É importante referir que as normas que determinam a adoção de um *standard* de prova constituem-se em princípios processuais, ou seja, "normas imediatamente finalísticas, primariamente prospectivas e com pretensão de complementariedade e de parcialidade, para cuja aplicação se demanda uma avaliação da correlação entre o estado de coisas a ser promovido e os efeitos decorrentes da conduta havida como necessária à sua promoção"[209] que têm como campo de aplicabilidade a dimensão dialética do debate dos autos. Quanto à determinação do conteúdo de tais comandos, é seguro concluir, com Knijnik, que "todos os modelos de constatação, sob pena de inutilidade, são abertos. Deles não se podem esperar soluções lógico-dedutivas, de tipo axiomático". De acordo com o raciocínio do referido autor, o estabelecimento do seu significado passa pelo preenchimento do seu conteúdo "com base em critérios metajurídicos que, segundo o lugar comum tradicional, existem na sociedade, diga-se de passagem, como ocorre com todas as normas elásticas, conceitos jurídicos indeterminados e princípios jurídicos".[210]

Discorrendo sobre o papel dos *standards* de prova, entende Knijnik que tais normas não possuem o condão de "precisar estritamente o controle da convicção". Para o referido autor, "sua maior missão é fundar um código balizador do diálogo, ensejando,

---

[207] COHEN, 1991, op. cit., p. 49-50.

[208] KNIJNIK, 2007, op. cit., p. 37-45.

[209] O conceito de princípio jurídico acima transcrito é de ÁVILA, 2003, op. cit., p. 70.

[210] KNIJNIK, 2007, op. cit., p. 46. Endossa esse entendimento BALTAZAR JÚNIOR, José Paulo. *Standards* probatórios. In: KNIJNIK, Danilo (org.). *Prova judiciária* – estudos sobre o Novo Direito Probatório. Porto Alegre: Livraria do Advogado, 2007, p. 156.

---

pois, a máxima submissão do convencimento judicial ao contraditório".[211] Os modelos de constatação atuam, em suma, como *parâmetros estabelecidos em função da necessidade de equacionamento da dinâmica de valoração da prova, informando o resultado que deve ser alcançado no que diz respeito aos diversos graus de probabilidade que se entrelaçam na formação do convencimento jurisdicional.* Atuam, assim, como pautas da racionalidade da decisão judicial no que se refere à análise crítica dos diversos retratos da realidade histórica considerada juridicamente relevante.

Impõe-se referir, ainda, que a formulação dada aos módulos de prova pressupõe que a atividade de valoração das provas seja exercida de maneria que as alegações que lhes são associadas possam ser consideradas *verdadeiras, falsas, verossímeis, inverossímeis, etc.* No caso dos *standards* de prova, têm-se instrumentos balizadores do raciocínio judicial baseados em outra forma de raciocínio, referindo-se aos resultados obtidos em sede de conjugação de provas e de seus respectivos graus de probabilidade por meio do emprego de expressões como a *preponderância de uma prova sobre outra*, a existência de *prova acima de dúvida razoável*, etc. Trata-se, como se vê, de ferramentas que se complementam na dinâmica de formação do convencimento jurisdicional, e que expressam diversas fórmulas que podem ser empregadas na construção do raciocínio quanto à probabilidade das alegações sobre fatos considerados juridicamente relevantes.

Reitere-se, outrossim, que a escolha de um modelo de constatação dentre os principais modelos anteriormente citados como aplicáveis ao processo civil (*balance of probabilities/preponderance of evidence* e *clear and convincing evidence*) encontra fundamento naquilo que é estabelecido à luz de um determinado ordenamento jurídico. Caberá ao julgador, em caso de omissão legislativa, a tarefa de interpretação na busca do parâmetro a ser considerado, ponderando, em juízo de proporcionalidade, a maior ou a menor liberdade das partes quanto à disposição em relação ao objeto do debate processual em face do dever de obtenção da verdade através da investigação dos autos.

Cumpre referir, igualmente, que o rol de *standards* de prova elencados anteriormente não exclui a possibilidade de criação e do emprego de outros modelos de constatação, pautados na mesma dinâmica de ponderação de valores acima aludida. Exemplo disso pode ser flagrado na decisão do Superior Tribunal de Justiça na qual determinou que "não há cerceamento de defesa quando o magistrado dispensa a tomada de depoimento pessoal pelo qual pretendia a parte autora obter uma confissão dos fatos alegados na inicial, julgando antecipadamente a lide, quando a prova produzida pelos recorrentes sobre a existência anterior de bens foi devidamente considerada e repelida diante de prova suficiente em sentido contrário".[212]

Situação usual na praxe forense contemporânea é o uso de *standards* de prova como critérios implícitos, não-mencionados textualmente, mas aplicados na construção de soluções que retratam o resultado alcançado a partir da contraposição de diversos graus de probabilidade. Veja-se, nesse sentido, como exemplo sintomático da validade do entendimento ora proposto, que a preponderância das provas é utilizada como *standard* de prova em julgado no qual o Superior Tribunal de Justiça afirmou que "a certidão de nascimento não representa prova *ad substantiam*, tanto assim que, não se achando suficientemente evidenciada a filiação da autora nos autos de inventário, foi ela

---

[211] KNIJNIK, 2001, op. cit., p. 118.

[212] Recurso Especial n. 46.071/SP, rel. Min. Carlos Alberto Menezes Direito, julgado pela Terceira Turma do Superior Tribunal de Justiça em 20.08.1996.

submetida às vias ordinárias por determinação do Tribunal de Justiça de Minas Gerais. Fosse ela a única prova admissível, a presente ação seria de todo dispensável".[213]

Se, de um lado, a identificação de *standards* de prova que são aplicados sob a forma de critérios implícitos de valoração da prova revela a presença de uma espécie de silêncio eloqüente do julgador que é compensado pela atuação judicial, é preciso refletir sobre os reflexos de tal conduta do ponto de vista da necessidade de motivação das decisões. O efetivo controle do exercício do poder jurisdicional pressupõe sejam devidamente explicitadas as razões que levam ao resultado do juízo de valoração da prova, o qual se constitui em passo fundamental na dinâmica de convencimento jurisdicional. O respeito, pelo órgão jurisdicional, ao dever de exposição dos fundamentos que levam às conclusões veiculadas na decisão revela a presença de avanços no que se refere à construção de decisões pautadas pelo senso de justiça, atendendo uma exigência que, em última instância, é inerente ao princípio democrático. O silêncio do julgador, nesse sentido, é também o descaso com uma garantia fundamental constitucional.

3. A VALORAÇÃO DA PROVA E A FORMAÇÃO DO CONVENCIMENTO JURISDICIONAL EM PERSPECTIVA DINÂMICA

O exame atento dos diversos fatores jurídicos e metajurídicos que exercem influência na conformação do raciocínio judicial[214] revela, por sua vez, que as relações entre a valoração da prova e a formação do convencimento jurisdicional podem ser examinadas a partir de uma *perpectiva dinâmica*. Trata-se de considerar a valoração da prova e a formação do convencimento jurisdicional como resultados que são construídos ao longo do processo, e não apenas no momento do seu desfecho final.

A compreensão da perspectiva ora proposta reclama o desenvolvimento de um exame que apresenta dois momentos fundamentais. Inicialmente, impõe-se fazer a exposição de referenciais doutrinários que servem como pontos de partida para a construção, em um segundo instante, de uma exposição das regras que ditam o correto funcionamento dessa dinâmica de formação do convencimento jurisdicional.

3.1. Premissas para o estudo da valoração da prova em perspectiva dinâmica

O exame da temática da valoração da prova em perspectiva dinâmica pressupõe a análise de algumas premissas fundamentais. Nesse sentido, impõe-se investigar a proposta de Michele Taruffo no sentido de aplicar ao problema da valoração da prova os ensinamentos da teoria dos fluxos de conhecimento. Feito isso, cumpre apresentar as linhas gerais da visão apresentada por Hernando Devis Echandía ao descrever a atividade de valoração da prova como uma operação mental. Cada uma dessas perspectivas, à sua maneira, oferece importantes referenciais a serem considerados com vistas à identifica-

---

[213] Recurso Especial n. 5.128/MG, rel. Min. Barros Monteiro, julgado pela Quarta Turma do Superior Tribunal de Justiça em 16/04/1991.

[214] Vale lembrar, aqui, a lição de TARUFFO, Michele. Il controllo di razionalità della decisione fra logica, retorica e dialettica. In: *Revista de Processo*, n. 143, p. 65-77, 2007, especialmente p. 68, ao ensinar que "la razionalità di una decisione giudiziario non si esaurisce – come si vedrà – nelle sua struttura logica".

ção de parâmetros de racionalidade subjacentes às atividades de valoração da prova e de formação do convencimento jurisdicional.

3.1.1. Fluxos de conhecimento, valoração da prova e formação do convencimento jurisdicional

Uma primeira abordagem a ser considerada no estudo da dimensão dinâmica dos problemas em sede de valoração da prova e de formação do convencimento jurisdicional é a proposta por Michele Taruffo ao examinar os impactos possíveis da teoria dos fluxos de conhecimento sobre as temáticas em comento. Segundo o referido autor, a fase de aquisição das provas pode ser interpretada como uma *seqüência de estados epistêmicos de conhecimento em relação aos fatos relevantes para a construção de uma decisão.* Nessa esteira, a passagem de um estado epistêmico para outro diverso seja determinada pela *aquisição de novas informações.*[215]

O mérito dessa perspectiva reside em demonstrar que *a aquisição de informações no debate processual propiciada através da produção de provas e de apresentação de alegações não comporta uma espécie de "suspensão" do juízo em torno das alegações sobre fatos até o momento da decisão final.* Ao contrário, segundo a ótica ora referida, trata-se de *reconhecer a existência de uma série de integrações e revisões sucessivas do estado de conhecimento da realidade investigada, a qual culminará com a obtenção de um estágio último de conhecimento, o qual, por sua vez, constituirá o fundamento da decisão a ser proferida pelo órgão jurisdicional.*[216]

Considerando o fenômeno da aquisição das provas como um exemplo de aplicação da teoria dos fuxos de conhecimento, definida como "una teoria generali dei mutamenti che intervengno negli stati di conoscenza in funzione dell'acquisizioni di nuovi elementi di informazione", Taruffo define o estado inicial de conhecimento próprio do fenômeno processual como um conjunto de enunciados relativos aos fatos que, de diversas maneiras, possam ser relevantes para a decisão. Esse conjunto constitui-se em um quadro de hipóteses incertas caracterizadas por um estado de total ignorância cognitiva, que não contêm, por si sós, algum elemento de verdade, e, assim, não fornecem ao juiz que se debruça sobre a realidade histórica qualquer elemento que permitam o conhecimento dessa realidade. Nesse contexto, vem associado às provas o papel de fornecer esses elementos que permitem o conhecimento dos fatos inicialmente enunciados, confirmando ou infirmando as hipóteses que compõem o estado inicial. Assim, as provas atuam como *epistemic inputs,* introduzindo novidades em relação ao estado epistêmico anteriormente existente. O objetivo da atividade de aquisição de provas seria, de acordo com Taruffo, o de embasar convencimentos possivelmente não errôneos (*error free beliefs*) sobre as alegações sobre fatos que formam o objeto das hipóteses consideradas, com o fito de tornar possíveis decisões racionais que partam da veracidade ou falsidade dos enunciados referidos.[217]

O modelo proposto por Taruffo caracteriza-se como analítico, no sentido de que a observação do quadro resultante da instrução é feita a partir do estudo de cada uma das hipóteses que o compõem. Cada informação ingressa na dinâmica de prova em momentos diversos e sucessivos, de maneira que cada *input* implica uma transformação no

---

[215] TARUFFO, 1995, op. cit., p. 804.

[216] TARUFFO, 1995, op. cit., p. 804.

[217] TARUFFO, 1995, op. cit., p. 805-806.

estado epistêmico precedente, determinando o surgimento de outro estado epistêmico caracterizado pela variação do *status* cognitivo em relação a algum dos enunciados anteriormente considerados. O convencimento obtido em cada estado epistêmico é fruto da consideração dos conhecimentos disponíveis em um dado momento, sendo que a sua transformação é determinada a partir da introdução de novos *inputs*.[218]

Ao examinar as modalidades de variação dos estados epistêmicos na dinâmica ora citada, Taruffo identifica três modalidades principais: a *extensão* (ou *expansão*), a *redução* e a *revisão* (ou *substituição*). A *extensão*, considerada pelo autor como a modalidade mais freqüente, implica em um *incremento de conhecimento e de convencimento*, o qual se verifica quando uma hipótese incerta passa a ser considerada objeto de convencimento graças ao fato de um *input* (no caso, uma prova) fornecer informações e dados que permitem afirmar a sua veracidade ou a sua falsidade. A *redução* é, nas palavras do referido autor, "la transformazione contraria e simmetrica rispetto all'estensione", ou seja, a *mudança que implica uma diminuição do conteúdo de um estado epistemológico*, verificada nos casos em que um convencimento já existente relativamente a um enunciado vem eliminado por um novo *input*, de modo que o enunciado volta a ter o *status* de uma hipótese incerta. Por fim, a *revisão* é definida por Taruffo como "la conseguenza che può derivare da una riduzione seguita da un'estensione", verificada quando um novo e diverso convencimento ocupa o lugar de um outro de intensidade menor que o precede. A análise desse autor torna-se ainda mais interessante no momento em que é reconhecida a possibilidade da existência de algumas informações ou de algumas convicções serem menos suscetíveis a variações que outras, em função do papel que exercem no contexto do resultado formado em um estado epistêmico.[219]

Se, do ponto de vista lógico, a seqüência de estados epistêmicos tende ao infinito, isso não ocorre quando se trata da prova das alegações sobre fatos em juízo. E é nesse sentido que Taruffo afirma que o julgador busca um estado epistêmico final, no qual se faz presente o êxito complexivo daqueles que o antecederam e das variações provocadas em função do processo de aquisição de novas informações. Esse estágio epistemológico final tende a ser definitivo na medida em que o ordenamento jurídico estabelece limites a partir dos quais se pressupõe que não seja possível a introdução de ulteriores *inputs* probatórios relativos aos enunciados sobre os fatos. Esse convencimento, de acordo com o autor, nasce de um complexo conjunto de escolhas, de valorações e de inferências que o julgador formula com o objetivo de desenvolver juízos em torno da veracidade ou falsidade dos enunciados sobre fatos em questão. A veracidade de tais enunciados é, pois, fruto do entrelaçamento de diversos fatores que se combinam em uma complexa equação, merecendo destaque especial, nesse sentido, a quantidade e a natureza dos *inputs* probatórios e a correção e a validade das valorações e das inferências formuladas pelo juiz a respeito das alegações sobre fatos.[220]

3.1.2. A valoração da prova como processo mental

Uma ulterior perspectiva sobre a relação entre a atividade de valoração da prova e a organização racional das informações obtidas ao longo da instrução processual pode ser observada a partir da orientação defendida por Hernando Devis Echandía. Definindo

---

[218] TARUFFO, 1995, op. cit., p. 807-808.

[219] TARUFFO, 1995, op. cit., p. 808-815.

[220] TARUFFO, 1995, op. cit., p. 815-816.

valoração da prova como a *operação mental que tem por fim conhecer o mérito ou o valor de convicção que se possa deduzir do seu conteúdo*, refere o autor que tal atividade implica em "una revisión de las decisiones adoptadas por el juez en las fases anteriores, porque, como dijimos al estudiarlas, en el momento de decidir la causa o el incidente, puede el juez separarse de esas decisiones y negarle valor a un medio admitido y praticado, por considerar que no debió admitirse o que no se cumplieron los requisitos intrínsecos o extrínsecos para su práctica".[221]

Devis Echandía identifica três aspectos básicos relacionados à atividade de valoração da prova, os quais não compõem fases separadas nem sucessivas, mas se colocam entrelaçadas entre si. O primeiro deles é denominado pelo autor de *percepção*, correspondente ao contato do juiz com os fatos "mediante la percepción u observación, sea directamente o de modo indirecto a través de la relación que de ellos le hacen otras personas o ciertas cosas o documentos". O segundo, por sua vez, é intitulado *representação* ou *reconstrução*, pelo qual os fatos são considerados em seu conjunto, "poniendo el mayor cuidado para que no queden lagunas u omisiones que trastruequen la realidad o la hagan cambiar de significado". O terceiro aspecto, por fim, é o do *raciocínio* ("razonamiento"), composto de uma atividade indutiva que consiste em extrair conclusões a partir dos dados examinados.[222]

Uma questão importante trazida pelo referido autor diz respeito ao *princípio da comunhão ou da unidade da prova*, segundo o qual o juiz não deve fazer distinção alguma quanto à sua origem, premissa oriunda da idéia de que *a prova trazida aos autos pertence ao processo, e não a quem a requereu ou a produziu*. Aludindo a tal princípio, conclui o autor no sentido de que "no basta tener en cuenta cada medio aisladamente, ni siquiera darle el sentido y alcance que realmente le corresponda, porque la prueba es el resultado de los múltiples elementos probatorios, reunidos en el proceso, tomados en su conjunto, como una 'masa de pruebas', según la expresión de los juristas ingleses norteamericanos". Ao referir que "no existe um método infalible de razonar", enfatizando a importância da lógica e da psicologia na dinâmica de valoração da prova, Devis Echandía conclui no sentido de que o exame da prova constitui-se em uma tríplice tarefa: "fijar los diversos elementos de prueba, confrontarlos para verificar y apreciar su verosimilitud y, por último, sacar la conclusión del conjunto sintético y coherente que de ellos resulte". Para isso, é preciso "utilizarse un método crítico de conjunto y al mismo tiempo analítico, que se aplica de distinto modo a cada medio de prueba, pero que debe ser lo bastante general para referirse a la totalidad y lo suficientemente sistemático para comprender las relaciones entre todos los elementos, sin limitarse a analisar su exclusiva significación directa, sino teniendo en cuenta las necesarias conexiones, concordancias o discrepancias, con los demás".[223]

Diversos indicativos desse método são apresentados pelo autor. Primeiramente, lança luzes sobre a importância da imparcialidade do julgador como ponto de partida a ser considerado na atividade de valoração do conjunto probatório, que "debe orientarse hacia el examen de todas las hipótesis posibles, sin dejarse llevar por el mayor interés o la simpatía o antipatía respecto de alguna de ellas, pues sólo examinándolas aisladamente y comparándolas luego, con serena imparcialidad, es posible llegar a la

---

[221] DEVIS ECHANDÍA, 1988 a, op. cit., p. 287.

[222] DEVIS ECHANDÍA, 1988 a, op. cit., p. 290-292.

[223] DEVIS ECHANDÍA, 1988 a, op. cit., p. 305-308.

exclusión progresiva de unas y a la síntesis final afortunada".[224] De outro lado, no que se refere à análise de cada um dos meios de prova, Devis Echandía concebe um modelo que envolve o que ele chama de uma *dupla crítica*, a qual compreende a identificação de dois conjuntos de aspectos essenciais inerentes aos instrumentos empregados na investigação processual: de um lado, coloca o autor a *autenticidade* e a *sinceridade* dos meios de prova, e, de outro, a sua *exatidão* e a sua *credibilidade*.[225] Enfatiza o autor, ainda, o papel desempenhado nessa mecânica de valoração da prova pelas regras de experiência (tomadas em tal lição em um sentido amplo, envolvendo *regras psicológicas, sociológicas, técnicas e lógicas*), afirmando ser "indispensable el estudio de la razón de su dicho, expuesta por el testigo, para comparar sus conclusiones con las circunstancias de tiempo, modo y lugar en que afirma haberlas obtenido, lo mismo que la de los fundamentos del dictamen pericial y los antecedentes y hechos coetáneos a la redacción del documento".[226]

Na visão proposta por Devis Echandía, os aspectos acima citados compõem um conjunto de requisitos considerados no juízo de aferição da *força probatória* associada a um meio de prova, característica que por ele é definida como "la aptitud que tiene un hecho (sólo o en concurrencia con otros) para demostrar judicialmente otro hecho o para que el mismo hecho quede demostrado". Para que se possa falar na presença de força probatória associada a um meio de prova, afirma o autor ser necessário o atendimento a requisitos referentes à *admissibilidade legal* e às *formalidades inerentes à produção da prova*, e deve ser levada em conta a *presença de argumentos de prova que possam ser inferidos a partir dos meios de prova considerados*. A intensidade da força probatória, por sua vez, pode ser graduada em categorias como *inacreditável, improvável, verossímil, provável* e *probabilíssimo*, podendo ser aferida a partir dos diferentes efeitos produzidos na consciência do julgador. Esses efeitos são sistematizados pelo autor em quatro situações, a saber, as de *ignorância* (ausência de conhecimento), de *dúvida* (conhecimento alternativo, que encerra em si por igual o sim e o não), de *probabilidade* (predomínio do conhecimento afirmativo) e de *certeza* (conhecimento afirmativo triunfante).[227]

Ainda segundo Devis Echandía, a formação do convencimento jurisdicional com base na valoração das provas somente é possível quando o juiz se encontra "en estado de certeza sobre os hechos que declara". Conforme o autor, a certeza judicial "no es la metafísica, que se aplica únicamente a las ideas puras por obra exclusiva de la inteligencia, ni es puramente física, vale decir, basada sólo en las sensaciones, porque aun en el caso en que el juez se fundamente sólo en hechos percibidos directamente por él, es indispensable que de ellos induzca una conclusion, y para hacerlo debe recurrir a la

---

[224] DEVIS ECHANDÍA, 1988 a, op. cit., p. 309.

[225] DEVIS ECHANDÍA, 1988 a, op. cit., p. 312 define as categorias acima referidas da seguinte forma: "las primeras significan que no haya alteración maliciosa o intencional de la prueba (que el testigo sea sincero, que en el documento no aparezca alterada conscientemente la verdad – falsedad material –, ni tenga firmas falsificadas o contenido alterado – falsedad formal – y que las cosas o huellas no hayan sido deformadas o sustituidas por alguien). Las segundas significan que lo que espontáneamente se deduce de las pruebas corresponda a la realidad, es decir, que el testigo o el perito no se equivoque de buena fe, o que el hecho indiciario no sea aparente o no tenga un significado distinto ni haya sufrido alteración por la obra de la naturaleza, o que la confesión no se deba a error, o que lo relatado en el documento no se separe de la verdad también por error y sin mala fe de sus autores".

[226] DEVIS ECHANDÍA, 1988 a, op. cit., p. 313.

[227] DEVIS ECHANDÍA, 1988 a, op. cit., p. 313-317.

ayuda del razonamiento". Ao referir que a certeza do julgador é histórica, "porque se trata de reconstruir hechos pasados o de llevar al proceso la exacta representación de los presentes", Devis Echandía conclui no sentido de que tal certeza não significa que o juiz esteja de posse da verdade, mas sim que "cree haberla encontrado".[228]

Partindo dessa idéia, propõe o autor citado dois desdobramentos fundamentais. O primeiro deles diz respeito à conduta a ser adotada pelo juiz nos casos em que não for alcançada a certeza mencionada: "si la prueba no alcanza a producirle esa convicción, porque no existe o porque pesa en su espíritu por igual en favor y en contra, o más en favor de una conclusión, pero sin despejar completamente la duda razonable, le está vedado apoyarse en aquélla para resolver". Por força disso, o julgador não mais decidirá com base em critérios de probabilidade, mas sim com base em regras sobre os ônus de prova, elaboradas para evitar o *non liquet,* ditando "cual das partes debe sufrir el perjuicio de la falta de su prueba".[229]

O segundo desenvolvimento proposto por Devis Echandía, por sua vez, envolve o reconhecimento de situações em face das quais pode ser atenuada a exigência de certeza judicial como critério para a fundamentação do juízo em sede de valoração da prova. Exemplifica o autor a aplicabilidade de modelos menos exigentes para os casos de matérias incidentais ou de prévio pronunciamento, defendendo que tal variação é possível de acordo com os fins associados à prova.[230]

3.2. O controle da racionalidade da valoração da prova e da formação do convencimento jurisdicional em perspectiva dinâmica

A partir da análise crítica dos modelos acima expostos, é possível construir uma série de regras argumentativas que norteiam a dinâmica de valoração da prova e de formação do convencimento jurisdicional em perspectiva dinâmica.

A título de esclarecimento, aponte-se que a classificação das regras a seguir apresentada não possui a pretensão de servir como única forma de exame de tais comandos, nem possui a pretensão de veicular um catálogo exaustivo dos comandos que podem ser empregados para tal desiderato. O objetivo central, antes, é o de demonstrar a existência de comandos lógico-jurídicos que ordenam o debate processual no que se refere às atividades de valoração da prova e formação do convencimento jurisdicional.

3.2.1. A construção de regras argumentativas ligadas à natureza dialética do processo

Um primeiro grupo de conclusões a ser considerado é o que nasce a partir da consideração da natureza dialética dos fenômenos jurídicos processuais. Toma-se, aqui, como ponto de partidam uma realidade inafastável: a atividade de valoração da prova desenvolve-se no bojo do processo, constituindo-se em fenômeno cuja existência se estende ao longo do tempo, não podendo ser reduzida apenas no momento da prolação de decisões. Sob essa ótica, o exame das atividades de *valoração da prova* e *formação do convencimento jurisdicional* ganha tradução última na atividade decisória do juiz, a qual deve ser vista como o *ápice* de uma seqüência dialética,

---

[228] DEVIS ECHANDÍA, 1988 a, op. cit., p. 321-323.

[229] DEVIS ECHANDÍA, 1988 a, op. cit., p. 321-326.

[230] DEVIS ECHANDÍA, 1988 a, op. cit., p. 326-328.

sintetizando o entrelaçamento das descrições e valorações apresentadas ao longo do processo.

A atividade de valoração da prova constitui-se em um *processo de sucessão de estados epistêmicos* que compreende a combinação dos diversos *inputs* que são trazidos aos autos, e não uma conclusão inarredável em relação a eventos históricos em relação aos quais nem sempre foi possível garantir o contato imediato. Ao julgador cumpre não apenas controlar o debate travado entre as partes, mas também adotar uma postura ativa, lançando mão dos instrumentos que lhe são disponibilizados com vistas à superação das limitações que minimizam as chances de acesso imediato à realidade histórica considerada juridicamente relevante.

O estado epistêmico último – que é aquele considerado na construção da sentença – ganha *status* de definitividade a partir do momento em que for limitada a introdução de novos elementos no debate dos autos. Nesse sentido, mostra-se correto afirmar que o conhecimento da verdade histórica é alcançado não só dentro dos limites do que é humanamente possível, mas também nos termos do que é considerado juridicamente possível. Esse resultado deve traduzir uma verdadeira síntese de um trabalho de investigação histórica cujo desenvolvimento se dá através do emprego um mecanismo dinâmico eminentemente dialético, no qual as premissas consideradas relevantes para o deslinde do litígio são apresentadas em uma relação de constante contraste.[231]

O resultado final alcançado a partir da conjugação das provas trazidas aos autos que fundamenta a conclusão exposta na sentença é alcançado a partir da formulação de hipóteses que vão sendo gradualmente delimitadas e definidas em uma dinâmica progressiva e autocorretiva,[232] estabelecida em função dos limites determinados pelo ordenamento jurídico. A atividade de valoração das provas constitui-se, dessa forma, em uma constante e sucessiva análise em busca de estados epistemológicos cada vez mais qualificados ao longo da marcha processual. O resultado alcançado, por sua vez, traduz em uma verdadeira síntese decorrente da contraposição dialética dos graus de probabilidade inerentes aos argumentos que vão se sobrepondo em cada etapa do processo.

A abordagem da valoração da prova como resultado da sobreposição de estados epistêmicos demanda a consideração das diversas formas de entrelaçamento dos argumentos que são sucessivamente introduzidos durante a marcha processual e que se combinam na construção de um retrato da realidade histórica considerada juridicamente relevante. Da análise das diversas possibilidades de resultados obtidos no contraste dialético dos graus de probabilidade inseridos em cada passo do processo,[233] resulta a identificação de um conjunto de regras, as quais podem servir como importantes instrumentos para que se possa determinar o padrão de racionalidade subjacente à atividade de valoração da prova. O desafio, aqui, passa a ser o de identificar as fórmulas que expressam as diversas possibilidades de combinação entre as versões trazidas aos autos

---

[231] De acordo com TARUFFO, 2007, op. cit., p. 73, "si riconosce comunemente che il confronto continuo ed articolato delle posizioni di coloro che sono massimamente interessati all'esito del processo sia il metodo ottimale per pervenire a decisioni fondate sulla adeguata considerazione di tutti gli aspetti rilevanti della controversia"

[232] PASTORE, 1996, op. cit., p. 191.

[233] Para PASTORE, 1996, op. cit., p. 263-264, "la natura costitutivamente controversiale dell'attività probatoria si riflette, in sede di ragionamento decisorio, sul modo di configurare il libero convincimento del giudice, come criterio di valutazione delle prove in cui opera, propiro con riferimento all'apprezzamento accurato e specifico ed al confronto delle ipotesi alternative avanzate, una razionalità discorsiva, dialogica, comunicativa".

e, mais adiante, o da análise quanto à compatibilidade entre tais fórmulas e aquilo que é estabelecido pelo ordenamento jurídico positivo.

Um primeiro resultado possível a ser considerado é aquele no qual *uma única prova quanto à ocorrência ou não de uma versão da realidade coloca-se como o único instrumento disponível para que se possa construir nos autos um retrato possível daquilo que se passou do ponto de vista histórico.* Não obstante seja essa uma situação rara, nela se faz presente aquela que é a primeira regra fundamental em sede de valoração da prova: *a prova de uma alegação sobre um fato revela-se substancialmente mais contundente do ponto de vista da persuasão do magistrado no momento em que não encontra qualquer outra que a infirme.*

A sistemática de regência veiculada no Código de Processo Civil brasileiro reforça a tese ora defendida. Essa é a conclusão decorrente da análise de decisões como aquela proferida pelo Superior Tribunal de Justiça, ao reconhecer que a "declaração do empregador quanto ao vínculo empregatício, reforçada pela prova testemunhal, é suficiente para a comprovação do tempo de serviço, ainda mais quando a autarquia intimada deixou de oferecer impugnação".[234] Tal entendimento permite uma melhor compreensão do papel exercido pelas conclusões no sentido da veracidade das alegações trazidas pelo autor que se fazem presentes, como regra, nos casos de ausência de impugnação dos fatos alegados na inicial (art. 302) ou da não-apresentação de contestação (art. 319): possuem elas menor influência na formação do convencimento jurisdicional nos casos em que a prova de tais alegações é veiculada sob a forma de documentos acostados à inicial do que naquelas situações nas quais a prova seria produzida *a posteriori*, como, por exemplo, em caso de necessidade de oitiva de testemunhas ou do depoimento pessoal da parte.

Outra situação a ser considerada é aquela que se produz nos casos em que existam *provas que se coloquem em conflito a respeito de um mesmo fato.* O principal caso de aplicabilidade de tal dinâmica é aquele no qual há *provas que retratam versões incompatíveis a respeito do fato constitutivo do direito do autor.* Nesse sentido, a *produção de provas em ordem sucessiva* faz com que o grau de probabilidade correspondente a um determinado estado epistêmico reste alterado em função da introdução de um novo *input*, o qual, ao invalidar as conclusões até então obtidas, coloca-se em contraposição ao *status quo* anteriormente existente. Desse contexto extrai-se uma segunda regra: *a solução para o conflito entre provas a respeito de um mesmo fato depende da comparação entre o grau de probabilidade resultante a partir da análise da última prova produzida e o grau de probabilidade próprio do panorama que lhe precede.*[235]

Uma terceira situação mais complexa é aquela na qual se impõe o contraste do *grau de probabilidade da prova das alegações sobre fatos constitutivos do direito do autor em face do grau de probabilidade presente na prova das alegações sobre fatos impeditivos, modificativos ou extintivos do direito do autor.* Há que se fazer, aqui, uma análise que envolve diversos níveis de discurso. O primeiro deles é o que concerne à existência de alegações sobre os fatos que não são incompatíveis entre si, mas que trazem consigo

---

[234] Agravo Regimental em Agravo de Instrumento n. 47.993/SP, rel. Min. Cid Flaquer Scartezzini, julgado pela Quinta Turma do Superior Tribunal de Justiça em 24.08.1994.

[235] TARUFFO, 1992 a, op. cit., p. 272-277, refere que "se, allora, vi sono più ipotesi su fatto contraddittorie o incompatibili, ognuna delle quali abbia conseguito un certo grado di probabilità logica in base alle prove, la scelta dell'ipotesi da porre a base della decisione va compiuta in base al criterio della probabilità prevalente". (p. 273).

efeitos neutralizadores: a presença de versões sobre fatos impeditivos, modificativos ou extintivos do direito do autor anula a eficácia das narrativas sobre fatos constitutivos do direito do autor. O segundo deles, por sua vez, é que diz respeito à associação de provas e graus de probabilidade às respectivas versões da realidade histórica contrastadas. Desse panorama exsurge a construção de uma ulterior regra de valoração: *diante de provas relativas a alegações sobre fatos distintas entre si, e existindo pontos de convergência entre as provas produzidas, é preciso comparar o grau de probabilidade da situação de convergência das provas em relação ao grau de probabilidade da situação na qual não se verifica tal convergência.*

A introdução de provas em relação a alegações sobre os fatos impeditivos, modificativos ou extintivos do direito do autor produz um efeito curioso: o aumento do grau de probabilidade inerente ao conhecimento obtido nos autos por meio de provas quanto aos fatos constitutivos do direito do demandante. Assim ocorre na medida em que tal prova, ao mesmo tempo em que demonstra a ocorrência dos fatos impeditivos, modificativos ou extintivos do direito do autor, retrata também a veracidade das alegações sobre os fatos constitutivos do direito do autor. Desse modo, de acordo com o argumento de Angel Landoni Sosa, "cuantas más numerosas sean las pruebas coincidentes las posibilidades de error disminuyen, hasta el punto de llegarse a una verdadera certidumbre práctica".[236]

Esse aumento do grau de probabilidade das alegações sobre fatos constitutivos do direito do autor possui a sua valoração previamente estipulada pelo legislador brasileiro nos casos em que inexista outra razão a justificar a dúvida quanto à alta probabilidade de tais informações. Em tais casos, as versões incontroversas passam a ser tomadas como correspondentes à verdade, de maneira que *a solução do dilema apresentado pelas partes ao julgador passa pela comparação dos graus de probabilidade inerentes às versões retratadas pelas partes a respeito dos fatos impeditivos, modificativos ou extintivos do direito do autor.* Nos termos da opção legislativa brasileira, assim se procede na generalidade dos casos; excepcionalmente, faz-se necessária a comparação entre o grau de probabilidade associado às alegações sobre fatos constitutivos e aquele presente em face das alegações sobre fatos impeditivos, modificativos ou extintivos do direito do autor.

Outra decorrência lógica do panorama anteriormente exposto diz respeito à eficácia da prova que reforça o estado epistêmico anteriormente existente. Desse contexto é possível extrair outra conclusão importante: *o grau de probabilidade de provas que são introduzidas sucessivamente e que se colocam em convergência com o sustentado por outras anteriormente trazidas aos autos tende a ser sempre menor do que o grau de probabilidade da primeira prova considerada.*[237] A aplicabilidade desse raciocínio pode

---

[236] SOSA, Angel Landoni. Principio de razonabilidad, sana crítica y valoración de la prueba. In: *Revista de Processo,* n. 88, v. 22, p. 208-227, out. / dez. 1997, especialmente p. 223-224.

[237] Segue-se, aqui, entendimento similar ao de TARUFFO, 1992 a, op. cit., p. 278-279, merecendo transcrição o argumento do autor a esse respeito: "in sostanza, questa rilevanza ell'ordine in cui vengono acquisite gli elementi di prova si traduce nel fatto che si attribuisce valore più elevato al primo elemento di conferma di um'ipotesi, mentre i sucessivi elementi convergenti tendono ad avere valor via via minori. Non si tratta di um andamento aritmetico o geometrico: la variazione dei valori segue invece una curva in cui i valori sono più elevati all'inizio e diminuiscono rapidamente. Ad es., se si hanno cinque elementi di prova convergenti, si può avere $P1 = 1$; $P2 = 0.30$; $P3 = 0,20$; $P4 = 0.5$; $P5 = 0.001$". Anote-se, aqui, que, em uma leitura atenta do texto, o exemplo do referido autor parece incoerente com o modelo por ele mesmo proposto, ao afirmar um grau de probabilidade maior a P4 do que aquele atribuído a P3.

ser flagrada, por exemplo, nos casos em que o juiz afirma a desnecessidade de produção de novas provas com base no art. 130 do Código de Processo Civil. Seguindo a linha do raciocínio proposto por Edoardo F. Ricci, em tais casos, o juiz "compie un confronto tra le prove già assunte e il possibile esito di quella da assumere, decidindo a priori che quest'ultima non muterà il convincimento traibile dalle altre".[238]

Uma premissa implícita relacionada a essa última conclusão é a afirmação no sentido de que *a introdução de novas provas que corroborem outras já trazidas aos autos pode importar em acréscimo do grau de probabilidade previamente associado a uma versão da realidade histórica juridicamente relevante.* O ganho de qualidade alcançado através da conclusão referida, contudo, reside na apuração da medida desse incremento do grau de probabilidade, o qual será aferido em função de dois fatores fundamentais. Primeiramente, impõe-se considerar que a corroboração traz consigo *fatores que levam ao acréscimo de valor probatório, reforçando a imagem da realidade construída diante dos olhos do julgador.* Em segundo lugar, mostra-se necessário reconhecer, nesse mesmo fenômeno, a existência de um *fator de neutralidade, o qual corresponde à presença de provas que em nada somam ao convencimento judicial, mas importam em mera sobreposição àqueles elementos dos autos que já haviam sido devidamente valorados.*[239]

3.2.2. A construção de regras argumentativas ligadas à natureza retórica do debate processual

Outro conjunto de normas relacionadas à valoração da prova e à formação do convencimento jurisdicional é aquele que compreende os comandos relacionados à natureza retórica da atividade desenvolvida ao longo do debate processual.

Um primeiro problema sobre o qual recai a incidência de tais normas é o da *aferição do grau de probabilidade associado à argumentação em sede de prova.* A análise do grau de probabilidade presente a partir da produção de uma determinada prova é tarefa que demanda a consideração de duas dimensões possíveis. Ao mesmo tempo em que se faz imperioso examinar a força probatória característica de cada prova trazida aos autos, é preciso, ainda, considerar o peso que lhe é associado na combinação com outras provas que com ela coexistem em um mesmo panorama.

Um primeiro parâmetro a ser considerado nesse sentido envolve o papel exercido pelas regras de experiência. Como já referido anteriormente, trata-se de comandos que atuam tanto como *componentes da argumentação em sede de prova indireta* quanto como *balizas de valoração do resultado da conjugação das provas produzidas.* A aferição do grau de probabilidade associado a determinada prova dependerá, por certo, da consistência da regra de experiência empregada na construção do respectivo argumento. De outro lado, a conformidade com padrões de normalidade serve como indicativo da presença de maior probabilidade a ser associada a determinadas versões da realidade em relação a outras que destoam em relação àquilo que costuma acontecer.

---

[238] RICCI, Edoardo F. Su alcuni aspetti problematici del 'Diritto alla Prova'. In: *Rivista di Diritto Processuale*, n. 39, p. 159-162, 1984, especialmente p. 161-162, consignando o autor ainda, de forma crítica, a existência de um perigo em tal atitude: "la riduzione a priori delle liste testimoniali colpice alla cieca, magari lasciando sopravvivere le testimonianze che a posteriori si rivelano inutili e chidendo la porta a quelle che si sarebbero rivelate utili" (p. 162).

[239] Sobre o fenômeno da corroboração, em especial no que se refere à prova indiciária, ver SABATÉ, Luis Muñoz. *Técnica probatoria* – estudios sobre las dificultades de la prueba en el proceso. Bogotá: Editorial Temis S/A, 1997, p. 248.

Outro referencial importante a ser levado em conta na valoração da prova e na formação do convencimento jurisdicional pode ser construído a partir do ensinamento de Luiz Muñoz Sabaté. Analisando a força dos indícios com vistas à construção de prova, examina referido autor o que denomina de *potência sindrômica do indício*, assim entendida a sua *capacidade de autorizar, por si só ou conjugado com outros indícios, o surgimento de uma presunção.*[240] A acumulação das informações que são trazidas a conhecimento do julgador em sede de prova ao longo do debate processual leva à necessidade de apuração quanto aos reflexos decorrentes da sobreposição e da contraposição dos elementos envolvidos na construção de um retrato possível da realidade histórica.

Outro desenvolvimento possível relacionado a esse processo de acumulação e de sobreposição dialética de provas relacionadas às alegações sobre fatos envolvidas na formação do convencimento jurisdicional é o que envolve a análise do papel exercido pelos *standards de prova*. A aferição da racionalidade que deve pautar a síntese decorrente do entrelaçamento das provas apresentadas no debate dos autos reclama a determinação do parâmetro a ser considerado para fins de afirmação da suficiência do convencimento jurisdicional. É sob o manto desse prisma que se faz possível discutir, de forma consistente, a racionalidade subjacente a idéias como as do *Överviktsprincip* e do *Überwiegensprinzip*, pautadas na necessidade de identificação de um *grau de probabilidade mínimo* a ser levado em conta pelo julgador para que possa proferir uma decisão favorável a uma das partes sem recorrer às regras sobre ônus de prova.[241]

A questão ora apresentada não é teórica, mas eminentente prática. Exemplo sintomático da complexidade de tal problema pode ser construído a partir do argumento trazido por Salvatore Patti, ao examinar o caso no qual se discute a hipótese da possibilidade de duas crianças terem sido trocadas no hospital. Segundo o autor, sob a égide de tal visão, "se il dubbiio sorge subito, una minima prevalenza di verosimiglianza dovrebbe ritenersi sufficiente per decidere eventualmente una diversa assegnazione. Viceversa, si deve esigere un'alta verosimiglianza se è trascorso molto tempo dal momento della nascita".[242] Observa-se, aqui, que o equívoco na eleição do *standard* de prova aplicável pode abrir as portas para a indesejável construção da decisão judicial com níveis ínfimos de exigência de convencimento em casos nos quais o ordenamento jurídico certamente seria melhor retratado através do emprego de um exame mais apurado.

Uma ulterior reflexão pode ser construída a partir da lição de Juan Montero Aroca, para quem é preciso diferenciar as atividades de *interpretação da prova*, correspondentes à identificação do significado obtido a partir de cada meio de prova, em relação às atividades de *valoração da prova*, referentes à determinação do valor concreto que deve ser atribuído a cada resultado, no que se refere à sua capacidade de produzir certeza judicial, ao se analisar a sua credibilidade.[243] A consciência quanto à existência de diversos momentos e mecânicas envolvidos no processo mental constitui-se em um importante passo na compreensão da racionalidade subjacente ao processo de formação do convencimento jurisdicional.

---

[240] SABATÉ, 1997, op. cit.., p. 243-244.

[241] Sobre o *Överviktsprincip* e o *Überwiegensprinzip*, ver PATTI, 1987, op. cit., p. 164-166 e MARINONI; ARENHART, 2005 a, op. cit., p. 128-129.

[242] PATTI, 1987, op. cit., p. 166.

[243] AROCA, Juan Monteiro. *La prueba en el proceso civil*. 4. ed. Navarra: Thompson-Civitas, 2005, p. 543-544.

3.2.3. Presunções, valoração da prova e formação do convencimento jurisdicional

A análise da relação entre valoração da prova e formação do convencimento jurisdicional demanda, ainda, a consideração da forma como provas e presunções se entrelaçam dialeticamente na construção da decisão a ser proferida pelo julgador.

A fim de que se possa delimitar com precisão o funcionamento inerente a tal vínculo, cumpre trazer à tona a distinção feita por Salvatore Patti sobre as espécies de presunção no que diz respeito à forma de atuação em sede de formação do convencimento jurisdicional. Elaboradas com vistas ao caso concreto e à luz de padrões de normalidade expressos em regras de experiência, as *presunções judiciais* sujeitam-se ao crivo judicial de valoração da prova para que se possa aferir o grau de probabilidade que lhes é inerente. De outro lado, as *presunções legais* constituem-se em conclusões decorrentes da incidência de regras dotadas de generalidade e de abstração, de maneira que a sua ingerência na formação da decisão judicial é verdadeira decorrência de determinação legislativa. O fundamento dessas últimas pode ser tanto um juízo de normalidade reconhecido pelo legislador quanto a existência de outra razão que indique a necessidade de simplificação da investigação processual a respeito do resultado presumido.[244]

Outra contribuição presente nos ensinamentos de Salvatore Patti a respeito do tema diz respeito às relações entre *presunções legais* e *regras sobre ônus de prova*. Segundo o autor citado, na medida em que as presunções absolutas não admitem prova em contrário, em relação a elas não se produz quailquer reflexo sobre a repartição dos ônus de prova. As presunções legais absolutas determinam, antes de tudo, uma *isenção do ônus de prova*, tornando inócuo qualquer esforço desenvolvido em sede de instrução processual a respeito da alegação sobre fato alcançada pela presunção. De outro lado, no caso das presunções legais relativas, a contraparte possui o ônus de provar a não-subsistência ou a inverdade da alegação sobre fato presumida verdadeira, de maneira que, em tais casos, se configura o surgimento de uma regra de julgamento baseada na idéia de *inversão do ônus de prova*.[245] Em ambos os casos, é possível concluir no sentido de que, "com esse desvio relativo ao objeto da prova, as presunções concorrem eficazmente para a simplificação dos juízos, porque afastam o ônus de provar alegações de difícil comprovação",[246] e exercem papel definitivo na definição dos critérios a serem empregados na valoração global das versões que se entrelaçam diante dos olhos do juiz.

---

[244] PATTI, Salvatore. *Commentario del Codice Civile Scialoja-Branca – Della Prova Testimoniale.* Delle Presunzioni (art. 2721-2729). Bolonha: Zanichelli Editore, 2001, p. 83-86. Reforça o autor o seu entendimento mais adiante, ao afirmar que "in alcune ipotesi, le presunzioni iuris tantum corrispondono alla ricostruzione dei fatti maggiormente aderente all'id quod *plerunque accidit.* (...) In altre ipotesi le presunzioni legali tendono semplicemente a facilitare l'accertamento dei fatti assegnando l'onere della prova al soggetto che si trova nella posizione migliore per soddisfarlo". (p. 95-96). Seguem essa mesma linha, ainda, MARINONI; ARENHART, 2005 a, op. cit., p. 169, ao observarem que "se a presunção judicial é um mecanismo de convencimento do juiz, a presunção relativa nada mais é do que a imposição de um dever de dividir o ônus da prova de determinado modo".

[245] PATTI, 2001, op. cit., p. 86-87. Em sentido contrário, ver DEVIS ECHANDÍA, 1988 b, op. cit, que apresenta posição ambígua: ora afirma que a inversão do ônus de prova é conseqüência de presunções legais, sejam elas relativas ou absolutas (p. 697), ora entende que as presunções simplificam o pressuposto de fato da norma substancial, eliminando desse o fato presumido e, com isso, tornam supérflua ou desnecessária a prova do fato (p. 701-702).

[246] DINAMARCO, 1999, op. cit., p. 244.

A aplicabilidade do entendimento em relação à inversão do ônus de prova em face de presunções legais relativas pode ser encontrada na jurisprudência do Superior Tribunal de Justiça ao decidir que "as pessoas jurídicas sem fins lucrativos fazem jus ao benefício da assistência judiciária gratuita independentemente de prova, porque a presunção é a de que não podem arcar com as custas e honorários do processo. Cabe à parte contrária provar a inexistência da miserabilidade jurídica, até porque a concessão do benefício não é definitiva, nos termos dos arts. 7º e 8º da Lei n. 1.060/50", concluindo no sentido de que "as pessoas jurídicas com fins lucrativos somente fazem jus ao benefício da assistência judiciária gratuita se comprovarem a dificuldade financeira, porque a presunção, nesse caso, é a de que podem arcar com as custas e honorários do processo".[247] O mesmo Superior Tribunal de Justiça deu aplicabilidade ao modelo acima proposto ao referir que "não se pode, diante da presunção de certeza e liquidez da Certidão de Dívida Ativa, inverter o ônus probatório para a exclusão dos sócios da execução fiscal". Afirmou o Tribunal que, nesse caso, "por possuir a CDA presunção juris tantum de liquidez e certeza, seria gravame incabível a exigência de que o Fisco fizesse prova das hipóteses previstas no art. 135 do CTN".[248]

Deitando os olhos mais atentamente sobre as *presunções legais relativas*, é possível identificar a existência de diferentes critérios empregados no que se refere ao controle da racionalidade na formação do convencimento jurisdicional, os quais variam na medida em que exista ou naõ prova que as infirme. Nos casos em que há prova em sentido contrário daquele proposto pela presunção legal relativa, a construção de uma solução em sede de formação do convencimento jurisdicional passa a ter fundamento na *aplicação de critérios de valoração da probabilidade associada à prova contrária à presunção*. De outro lado, nos casos em que não tenha sido produzida prova em sentido contrário em face de presunção legal relativa, a decisão judicial a respeito da alegação sobre fato respaldada por aquela presunção deve ser pautada na *aplicação da regra de ônus de prova decorrente da sua incidência.*[249]

Nos casos em que se faz presente o contraste entre *presunções judiciais* e *prova em sentido contrário*, o controle da racionalidade da formação do convencimento jurisdicional pressupõe que a solução a ser empregada seja construída a partir da *comparação dos graus de probabilidade inerentes às provas cotejadas*. Para tanto, impõe-se fazer uso dos critérios de valoração de prova anteriormente referidos em relação à consistência da regra de experiência empregada na construção da presunção, bem como analisar o grau de probabilidade presente na afirmativa da prova do fato secundário do qual ela se origina. É preciso verificar, ainda, as variações possíveis em termos de probabilidade decorrentes das relações entre a prova (ou a presunção) e as alegações feitas pelas partes relativamente a fatos constitutivos, impeditivos, modificativos ou extintivos do direito do autor.

---

[247] Recurso Especial n. 867.644/PR, rel. Min. Castro Meira, julgado pela Segunda Turma do Superior Tribunal de Justiça em 07.11.2006.

[248] Recurso Especial n. 881.766/RS, rel. Min. Castro Meira, julgado pela Segunda Turma do Superior Tribunal de Justiça em 19.10.2006.

[249] PATTI, 2001, op. cit., p. 115, assim se pronuncia a respeito do tema: "in definitiva, la presunzione legale relativa, se la parte a cui sfavore essa è prevista non fornisce la prova contraria, svolge un ruolo analogo a quello dell'onere della prova in quanto regola di giudizio: in entrambi i casi non c'é spazio per il convincimento del giudice, il quale accoglie o respinge la domanda in base alla noma che, nel caso concreto, disciplina la distribuzione dell'onere della prova. Il principio del libero convincimento opera invece se viene addotta la prova contraria".

A fórmula acima referida veicula um mecanismo similar àquele empregado por Luiz Guilherme Marinoni e Sérgio Cruz Arenhart na construção de soluções para conflitos entre presunções legais relativas e presunções judiciais. Segundo os referidos autores, "a solução do problema caminhará pela avaliação excludente de uma das duas presunções. Ou o juiz entenderá que a presunção judicial constitui prova contrária à determinação contida na presunção legal relativa, afastando essa, ou concluirá que a presunção judicial não é elemento forte o suficiente para afastar a presunção relativa".[250]

Outra questão doutrinária de interesse eminentemente prático diz respeito ao exame dos casos nos quais a *presunção judicial não encontra oposição em prova contrária.* Nesse sentido, discute-se a possibilidade de formação do convencimento jurisdicional com base em uma única presunção, sem que haja outros elementos de prova em sentido contrário. No que se refere a tal ponto, é de se endossar a posição defendida por Salvatore Patti, ao afirmar que "in numerosi occasioni la giurisprudenza ha ammesso perfino che il convincimento può fondarsi su una sola presunzione, 'grave e precisa', pur quando sono state acquisite al processo prove contrarie, o comunque quando l'esistenza dei fatti non può accertarsi in altro modo".[251]

Problema igualmente relevante em sede de formação do convencimento jurisdicional é o da possibilidade de emprego de *presumptum* de *presumpto*, também chamada de *presunção da presunção*, *presunção de segundo grau* ou *presunção secundária.* Trata-se de uma estrutura argumentativa de formato peculiar, na qual a presunção decorrente da prova indireta de um determinado fato *a* funciona como fundamento para a presunção quanto à ocorrência ou não de um outro fato *b.*[252]

A principal crítica endereçada à validade do emprego da *presumptum* de *presumpto* na formação do convencimento jurisdicional diz respeito à incompatibilidade de tal estrutura argumentativa com aquela tradicionalmente associada ao conceito de presunção, na qual a prova de um fato certo permite a inferência da presença de um fato incerto. Na *presumptum* de *presumpto*, de acordo com Danilo Knijnik, "o ponto de partida não é um fato certo, mas um fato incerto ou presumido, também estabelecido por presunção".[253] O espírito que norteia tal entendimento pode ser encontrado, ainda, na doutrina que afirma o perigo de a decisão judicial ser pautada em elementos que não tenham sido objeto de debate prévio ao longo da instrução.[254]

A restrição afirmada em relação às presunções secundárias, contudo, não pode ser tomada como um dogma absoluto tão-somente com base na peculiaridade do raciocínio inferencial a elas subjacente. A esse respeito, vale lembrar que, ao contrário do constante do art. 2.727 do Código Civil italiano, não existe no ordenamento jurídico brasileiro qualquer proibição de emprego de argumentos que não se moldem à descrição de uma

---

[250] MARINONI; ARENHART, 2005 a, op. cit., p. 174-175.

[251] PATTI, 1985, op. cit., p. 484. Ver também, do mesmo autor, 2001, op. cit., p. 129-130.

[252] Sobre a estrutura da *presumptum de presumpto*, ver KNIJNIK, 2007, op. cit., p. 59.

[253] KNIJNIK, 2007, op. cit., p. 59-62.

[254] MONTESANO, 1980, op. cit., p. 246-247, assim se expressa a respeito do tema: "che il magistrato possa risalire dal fatto 'noto', o meglio 'tipicamente provato', in causa, 'ad un fatto ignorato' (art. 2727 c.c.), ma non da questo ad altro 'fatto ignorato', che cioè – come vuole tradizionale e diffusa opinione forense e giurisprudenziale – non possa 'presumere dal presunto', significa – per le esigenze di egualitaria e contradittoria difesa più volte richiamate – che l'esistenza di un fatto non risultante dal mezzo 'tipico' predisposto ed assunto *ad hoc* può essere affermata dal giudice solo in via di ragionata risposta alle argomentazioni concretamente svolte attraverso l'istrottoria e la trattazione della causa e di ragionata valutazione dei risultati delle stesse istruttoria e trattazione 'oggettivati' negli atti del processo".

presunção. Não havendo tal limitação, impõe-se reconhecer que a existência de uma linha de racionalidade presente na estrutura argumentativa da *presumptum de presumpto* um indicativo da pauta que pode ser empregada na formação do convencimento jurisdicional. Somando-se o controle da racionalidade da decisão jurisdicional, garantido através do dever constitucional de motivação dos atos jurisdicionais, à obrigatoriedade de prévia sujeição ao contraditório das razões que serão consideradas na construção da síntese expressa na prestação jurisdicional, tem-se que inexiste razão para desconforto ou estranheza no emprego de tais estruturas argumentativas.

Também não merece acolhida o argumento no sentido de que a *presumptum de presumpto*, por ser pautada em uma presunção e não em uma prova prévia, não seria válida por não oferecer uma conclusão ao julgador "inequívoca, precisa e exata".[255] Tal empecilho seria pertinente se o processo estivesse vinculado de maneira inarredável à obtenção da verdade real, e não a esforços destinados à construção de um retrato possível da realidade histórica possível. Aliás, é de se referir que o emprego de outras ferramentas que produzem resultados situados na dimensão do possível (dentre os quais, inclusive, a própria prova) não é refutado sob tal argumento. Note-se, nesse sentido, que o emprego de *presumptum de presumpto* não significa, obrigatoriamente, a renúncia à possibilidade de conhecimento da verdade histórica através da investigação processual.

Por fim, mas não menos importante, vale lembrar, com Luis Muñoz Sabaté, que "la verdad es que la práctica, y aunque sea un tanto inadvertidamente quizás, los tribunales vienen usando presunciones de 2º grado".[256] É importante registrar que o preconceito com o emprego de presunções secundárias não necessariamente atua como um instrumento a serviço da defesa da verdade como fim do processo. Ao contrário, a irrazoabilidade do limite à reconstrução histórica por meio do emprego de tais ferramentas pode ser, em certos casos, um obstáculo ao atendimento de tal escopo. É preferível, assim, a adoção de uma postura flexível, que emprega presunções de segundo grau sem a ingenuidade de quem almeja construir uma versão da realidade sem maior compromisso com os fatos conforme ocorreram. Nesse sentido, impõe-se reconhecer que tais presunções podem se constituir em poderosos meios a serviço do pensamento crítico de um julgador que não se desliga de sua condição humana no momento de proferir a sentença.

3.2.4. Argumentos de prova, valoração da prova e formação do convencimento jurisdicional

A formação de juízos em sede de valoração da prova no processo civil passa, como já referido, pela consideração da estrutura dialética subjacente ao debate travado nos autos. Da análise do regime jurídico aplicável às diversas formas de entrelaçamento das razões apresentadas ao longo do diálogo processual, merecem atenção especial as situações nas quais se fazem presentes o emprego de presunções e de argumentos de prova. Juntamente com as provas, tais fenômenos atuam como instrumentos destinados à construção de um retrato possível da realidade histórica considerada juridicamente relevante, exercendo determinante influência sobre os contornos da atividade de persuasão racional do juiz desenvolvida através da dialética processual.

---

[255] DEVIS ECHANDÍA, 1988 b, op. cit, p. 703-704.
[256] SABATÉ, 1997, op. cit., p. 206.

Em uma primeira aproximação, é possível afirmar que, tanto no que se refere às presunções quanto em relação aos argumentos de prova, se trata de institutos de crucial importância para a compreensão do correto funcionamento do fenômeno da formação do convencimento jurisdicional. Um olhar mais atento revela importantes diferenças entre tais categorias, seja do ponto de vista puramente argumentativo, seja no que se refere aos regimes jurídicos a cada uma delas aplicável.

Impõe-se referir, inicialmente, que a idéia de presunção é definida como resultado obtido a partir da aplicação de uma regra de experiência (presunção judicial) ou de determinação legal (presunção legal) diante da prova de um fato considerado secundário ou indiciário. A presunção constitui, pois, *conclusão no sentido da prova indireta da alegação sobre fato considerado juridicamente relevante, o qual é definido como fato principal*. Diferentemente, os argumentos de prova são *resultados decorrentes da aplicação de determinações de ordem legal que possuem como pressuposto a presença de uma situação relacionada ao comportamento processual das partes*. Ao lado das provas, sejam elas diretas ou indiretas, também o comportamento das partes pode servir, nos casos em que o ordenamento jurídico assim o disser, como fator a partir do qual o julgador está autorizado a considerar como verdadeiro ou falso determinado fato.[257]

Vale lembrar, do mesmo modo, que os fenômenos ora examinados pertencem a ramos distintos da ciência jurídica. Enquanto as presunções legais são objeto de tratamento do direito material, originadas de comportamentos das partes que podem ser situados tanto no plano processual como extraprocessual, os argumentos de prova são fenômenos que somente possuem a sua razão de existir na realidade do direito processual, porque decorrem exclusivamente de comportamentos processuais dos litigantes.[258]

Exemplo disso pode ser encontrado no tratamento dispensado pelo ordenamento jurídico à conduta da parte que, intimada para comparecer à audiência para o fim de prestar o seu depoimento pessoal, não se fizer presente em tal ocasião ou, em estando presente, se recusar a depor, a teor do diposto nos parágrafos do art. 343 do Código de Processo Civil. O mesmo vale para o caso de o depoente, sem motivo justificado, deixar de responder ao que lhe for perguntado ou empregar evasivas, nos termos do art. 345 do mesmo diploma legal. Em tais situações, o Código de Processo Civil brasileiro comina, como conseqüência para tais condutas processuais da parte, a aplicação das mesmas conseqüências inerentes à confissão, dando-se por admitida a verdade do fato objeto

---

[257] Em sentido contrário, ver a posição sustentada por CAPPELLETTI, 1974, op. cit., p. 94, para quem "gli argomenti di prova, di cui qui si tratta, non altro sono dunque che una *species* del *genus* 'presunzione' (i.e.: prova per presunzion): e varranno come presunzioni *juris et de jure* in quegli ordinamenti, nei quali l'ammissione sia messa, quanto all'efficacia, sullo stesso piano della confessione, e questa sia considerata prova legale e irretrattabile (rectius: incontrovertibile); come presunzioni *juris tantum* in quegli ordinamenti, nei quali l'ammissione abbia il solo effetto di una inversione o *relevatio* dall'onere della prova, con possibilità della prova del contrario;varranno infine come presunzioni semplici negli ordinamenti, che all'ammissione attribuiscano una forza probatoria indiretta non mai vincolante. Può altresì accadere che negli ordinamenti del primo e del secondo tipo, che disciplinano legalmente l'efficacia delle resultanze sfavorevoli dell'interrogatorio di chiarificazione, resti invece al giudice la possibilità di valutare liberamente l'efficacia indirettamente probatoria delle allegazione o contestazioni favorevoli alla parte che le rende: onde si avrà, in tal modo, una sorta di commistione fra i tre tipi schematizzati". Segue linha análoga TARUFFO, 1992 a, op. cit., p. 461, aludindo ao que denomina de "sostanziale identità (e – si può ora aggiungere – anche di funzione) tra argomento di prova e inferenza presuntiva". Em sentido contrário, ver RICCI, Gian Franco. Prove e argomenti di prova. In: *Rivista Trimestrale di Diritto e Procedura Civile*, n.57, p. 1036-1104, 1988, especialmente p. 1058-1063.

[258] Assim também entende RICCI, 1988, op. cit., p. 1063.

---

do depoimento ou questionamento que vier a ser considerado favorável à outra parte e contrário ao seu interesse.

A confusão proposta pela doutrina e pelo legislador no emprego dos institutos em comento não possui razão de ser. Observe-se, nesse sentido, que, ao contrário do que sugere a linguagem empregada pelo legislador no parágrafo primeiro do art. 343 do Código de Processo Civil, o comando ali elencado não contempla *presunção*, visto que é desnecessária qualquer prova quanto a fato secundário. Ao contrário, o que desencadeia o surgimento de verdadeiro argumento de prova no caso em exame é, antes, o comportamento da parte no processo.[259]

Da mesma forma, não se deve equiparar os argumentos de prova a meras ficções jurídicas.[260] Refira-se, a esse respeito, que as ficções jurídicas não possuem o compromisso de estarem de qualquer forma relacionadas à realidade histórica à qual são associadas, porque estão primordialmente estabelecidas em função da proteção a valores. Em oposição a isso, os argumentos de prova apresentam a sua validade jurídica condicionada à razoabilidade que os atrela a um padrão de normalidade.

Conseqüência idêntica à acima examinada vem inscrita no art. 359 do Código de Processo Civil, aplicável aos casos nos quais a parte, instada a exibir documento ou coisa em juízo, não o faz e nem se manifesta no prazo e na forma previstos no art. 357 do mesmo diploma legal, ou, em se manifestando, possui a sua recusa considerada ilegítima.[261] É importante ressaltar que a redação dada pelo legislador nessa hipótese apresenta inegável ganho de qualidade em relação à anteriormente examinada, não fazendo qualquer alusão errônea expressa a outras categorias técnicas.[262]

A mesma linha de raciocínio é seguida pela jurisprudência, ainda, na análise da recusa da parte à produção da prova pericial. Em face de ação de investigação de paternidade na qual o réu se recusou a realizar o exame de DNA, o Superior Tribunal de Justiça destacou que, "diversamente do que sustentam as razões do recurso especial, o acórdão recorrido não disse que, afirmada pela mãe das autoras a paternidade, o réu estava ipso facto *obrigado a provar a existência de fato impeditivo do direito alegado; decidiu,*

---

[259] A defesa da tese, no sentido de se tratar da verdadeira presunção no caso do dispositivo legal em comento, pode ser encontrada em CAMBI, 2006, op. cit., p. 129 e PONTES DE MIRANDA, 1997 b, op. cit., p. 308-309, afirmando, esse último, tratar-se de presunção *iuris tantum*, com o que concorda SANTOS, 1982, op. cit., p. 77-85.

[260] Tratando a "pena de confissão" como ficção jurídica, ver MARINONI; ARENHART, 2005 a, op. cit., p. 54 e CINTRA, 2003, op. cit., p. 50, além de BARBOSA MOREIRA, 1977, op. cit., p. 55, 65. Sem um maior aprofundamento a esse respeito, sobre a expressão *confissão ficta*, ver AGUIAR, João Carlos Pestana de. *Comentários ao Código de Processo Civil.* v. 4. São Paulo: Revista dos Tribunais, 1974, p. 102.

[261] Essas vantagens técnicas, contudo, não tornam o fruto da atividade do legislador imune a críticas. Nesse sentido, ver SANTOS, 1982, op. cit., p. 133-134, que, em comentário ao art. 359. conclui no sentido de que "bem melhor fora que a doutrina do Código de 1939 houvesse sido mantida", por considerar mais flexível o comando anteriormente existente. Deve-se referir, porém, que a exegese proposta pelo autor para o comando anteriormente vigente, no sentido de nele vislumbrar a possibilidade de extração de simples argumentos de prova, e não de admissão de fatos como verdadeiros, não necessariamente é incompatível com a sistemática do atual Código, se considerada no seu todo. Ver, nesse sentido, a lição de AGUIAR, 1974, op. cit., p. 143-144, para quem "se por um lado se estabeleceram, a priori, rígidos valores para o comportamento da parte, por outro se veda o desprestígio do próprio Poder Judiciário, ao não submetê-lo ao talante de interpretações vaidosas de seus órgãos judicantes", lembrando que a conclusão prevista no comando legal aludido pode não ser decisiva para o deslinde do litígio.

[262] Em sentido contrário, ver CINTRA, 2003, op. cit., p. 86, que considera a situação ora examinada como hipótese de *presunção legal simples*, em entendimento análogo ao adotado por MARINONI; ARENHART, 2005 a, op. cit., p. 202.

Luis Alberto Reichelt

sim, que, no contexto da prova indiciária desfavorável ao réu, por si insuficiente para a certeza da imputação da paternidade, a recusa em submeter-se ao exame pericial fazia certo, do ponto do vista processual, o que já era provável".[263] Atualmente, essa posição vem consolidada na Súmula n. 301 do Superior Tribunal de Justiça, que associa a recusa do suposto pai a submeter-se ao exame de DNA ao surgimento de presunção *iuris tantum* (*rectius*: argumento de prova).

Cabe também enfatizar que a distinção entre argumentos de prova e presunções legais não se esgota em questões exclusivamente relacionadas à relação lógica entre premissas, porém aprofunda-se nas raízes de outros problemas eminentemente jurídicos. Se, de um lado, é lícito ao legislador estabelecer presunções absolutas e, com isso, estabelecer situações em relação às quais não se admite prova em sentido contrário, essa mesma técnica não pode ser utilizada, contudo, em relação aos argumentos de prova. De fato, as presunções absolutas constituem casos nos quais o legislador simplesmente constitui outra hipótese de incidência para a mesma conseqüência jurídica, alterando a norma de direito material, ao passo que os argumentos de prova apresentam como campo de atuação a dimensão do direito processual. Essa é a razão pela qual se faz possível, em se tratando de argumentos de prova, a substituição do estágio epistemológico alcançado a partir do *input* decorrente do comportamento processual da parte por um outro pautado em prova que infirme o conhecimento até então construído. Assim ocorre na medida em que o compromisso do juiz com o máximo esforço possível na busca da verdade impõe ser sempre preferível a formação do convencimento jurisdicional por meio do emprego dos instrumentos que garantam maior fidelidade do retrato construído nos autos relativamente à realidade histórica neles investigada. De outro lado, também se observa que esse fenômeno não possui qualquer relação com o que ocorre em se tratando de presunções absolutas, nas quais se dá a substituição do critério de relevância para a determinação do próprio fato principal.

Em todos os casos acima comentados, é fundamental ter em conta que a produção de argumentos de prova deve ser sempre precedida de alerta constante do mandado de intimação endereçado à parte para fins de comunicação da realização de audiência destinada à produção do seu depoimento pessoal ou de exibição de coisa ou de documento. Isso não significa, contudo, que seja necessário qualquer requerimento da parte interessada para que se produzam argumentos de prova diante do silêncio dos sujeitos acima nominados. Ao contrário, o juiz deve, de ofício ou a requerimento da parte, determinar a inclusão, no mandado de intimação, do alerta quanto à possibilidade de produção de argumentos de prova nas hipóteses legalmente aludidas.[264] Torna-se fundamental considerar, no contexto da melhor exegese, que a falta de tal alerta no mandado de intimação endereçado à parte faz com que o julgador esteja impedido de tomar o comportamento do litigante, em tais casos, como fonte de argumento de prova.[265] No caso das provas orais, tem-se que o alerta deve ser feito pelo julgador também na condução da audiência, a fim de que a parte saiba, em especial no que se refere ao emprego de evasivas, que a sua atitude pode desencadear a produção da conseqüência em comento. Trata-se, aqui, de exegese que vai muito além da simples leitura da literalidade do § 1º do art. 343 ou de

---

[263] Trecho do voto do Min. Ari Pargendler no Recurso Especial n. 165.373/RS, julgado pela Terceira Turma do Superior Tribunal de Justiça em 22.06.1999.

[264] Nesse sentido, ver PONTES DE MIRANDA, 1997 b, op. cit., p. 307.

[265] Assim entendem, acertadamente, CINTRA, 2003, op. cit., p. 49-50 e MARINONI; ARENHART, 2005 a, op. cit., p. 52.

explicação da evolução histórica do constante do texto de lei.[266] Coloca-se em destaque, aqui, a necessidade de o juiz adotar uma atitude tendente a otimizar o dever de colaboração aplicável aos sujeitos do processo.

Argumentos de prova podem ser produzidos, ainda, diante da inexistência de impugnação na contestação, pelo réu, em relação às alegações sobre os fatos ditos constitutivos do direito do autor, nos termos do constante do art. 302 do Código de Processo Civil. Diante do silêncio do demandado a respeito de alguma ou de algumas das alegações sobre os fatos constitutivos do direito do autor, tomam-se por verdadeiras as alegações sobre fatos trazidas pelo autor na petição inicial, o que não significa, como já visto anteriormente, que possa se afirmar a existência de prova ou de presunção relacionada a tais fatos.

Os limites a serem observados para fins de produção de argumentos de prova em tal hipótese, contudo, são distintos daqueles aplicáveis em outros casos. As exceções previstas pelo legislador no art. 302 à regra da possibilidade de produção de argumentos de prova em favor do autor são sempre inspiradas em razões subjacentes que justificam a impossibilidade de o julgador tomar o comportamento processual do réu como causa para a conclusão no sentido da veracidade do alegado pelo autor. Neste sentido, a inadmissibilidade da confissão em relação às alegações sobre fatos trazidas pelo demandante, radicada na indisponibilidade do direito objeto da discussão dos autos, ocupa posição de primazia na escala de valores a serem considerados pelo julgador na formação do horizonte com base no qual formará o seu convencimento. Ainda, a impossibilidade de renúncia ou o condicionamento da manifestação da vontade da parte a determinados controles – traços que pautam o regime jurídico da indisponibilidade de direitos[267] – constituem importantes restrições à aplicação do princípio dispositivo, sendo inspiradas no império da instrumentalidade do processo, tomado esse como ferramenta a serviço da realização do direito material.

É necessário destacar, da mesma forma, que parte da doutrina italiana distingue o tratamento a ser dispensado aos argumentos de prova em relação às conseqüências da não-impugnação, na contestação, dos fatos constitutivos do direito do autor. A razão de tal distinção possui como ponto de partida o regime jurídico de direito positivo sobre o qual se debruça tal doutrina, que possui norma própria (art. 116, *comma* 2 do Código de Processo Civil italiano), consagrando como argumentos de prova somente aqueles comportamentos relacionados à atividade de instrução, nos termos do anteriormente exposto.[268] Dessa discrepância surge também a diferenciação doutrinária quanto ao valor probatório peculiar aos argumentos de prova. Para parte da doutrina italiana, esses não

---

[266] PONTES DE MIRANDA, 1997 b, op. cit., p. 307 refere diferença na redação do dispositivo em comento em relação ao regime jurídico do Código de Processo Civil de 1939, no qual não havia a previsão da necessidade de prévia comunicação à parte. Sobre o paralelo entre tais dispositivos, ver, ainda, AGUIAR, 1974, op. cit., p. 101 e SANTOS, 1982, op. cit., p. 76, diferenciando-se esse último autor, por divergir dos autores anteriormente citados, ao entender que o art. 343 § 1º do Código de Processo Civil de 1973 contém "reprodução, por outras palavras, da norma contida no Código de 1939, art. 229: 'O depoimento pessoal será sempre determinado com a cominação de confessa'".

[267] Tal definição segue o argumento de CALMON DE PASSOS, 2004, op. cit., p. 314.

[268] Essa é a posição de RICCI, 1988, op. cit., p. 1052-1053: "l'inottemperanza agli ordini di ispezione o di esibizione non può mai essere considerata quale ammissione dei fatti di causa, ma solo quale elemento di convincimento del tutto autonomo". Reforça, mais adiante, o argumento, ao observar que "la circostanza per cui l'ammissione o la non contestazione esonerano dall'onere della prova, non si ricava infatti né dal comma 1º, né dal 2º dell'art. 116 C.P.C., ma è esclusivo frutto della regola consolidata, per cui i fatti non contestati non abbisognano di prova. Per suffragare un tale principio non c'era bisogno

poderiam servir como único fundamento na formação do convencimento do juiz, mas apenas como parâmetro que autoriza a inferência no sentido da maior ou da menor força probatória do conjunto da instrução em favor de uma das partes.[269] Outra corrente, contudo, defende que os argumentos de prova possuem a mesma eficácia das presunções simples, de maneira que poderiam ser utilizados como única fonte para a formação do convencimento do juiz.[270]

A profundidade dessa discussão, no entanto, perde a sua razão de ser no âmbito do ordenamento jurídico brasileiro, no qual o valor a ser atribuído à conduta da parte que se recusa a depor ou a apresentar em juízo documento ou coisa é equivalente ao da conduta do litigante que não impugna o fato constitutivo do direito do autor. Se, na realidade italiana, poder-se-iam vislumbrar distinções práticas do ponto de vista da existência de sintomas de graus de probabilidade antevistos pelo legislador para diferenciar provas e argumentos de prova, no âmbito do Direito brasileiro a formação do convencimento jurisdicional é pautada, tanto em um caso como noutro, pela idéia de livre apreciação da prova. Deste modo, caberá sempre ao juiz obedecer aos mesmos parâmetros de racionalidade lógico-jurídica tanto nos casos em que lança mão de argumentos de prova, para formar as suas conclusões a respeito da realidade histórica investigada, quanto naqueles em que o resultado é fruto do entrelaçamento de provas trazidas aos autos.

O mesmo vale no que se refere à consideração, pelo órgão jurisdicional, do comportamento processual da parte produzido em outro processo. A dúvida existente na realidade italiana a respeito da manutenção ou não do valor probatório original do argumento de prova identificado em outro processo esvazia-se diante da inexistência, no ordenamento jurídico brasileiro, de prévia cominação do peso a ser dado à prova emprestada. Inexistem, no ordenamento jurídico pátrio, limites como aqueles constantes do art. 310, *comma* 3º do Código de Processo Civil italiano, segundo o qual as provas produzidas em processo já extinto serão valoradas segundo os mesmos critérios do antes citado art. 116, *comma* 2º, do mesmo diploma processual.[271]

Diante disso, tem-se que a consideração do comportamento processual das partes pode levar à identificação de parâmetros importantes do ponto de vista da formação

---

di scrivere l'art. 116 C.P.C., giacchè quel principio è insito nella struttura dialettica del processo e dipende esclusivamente dal meccanismo dell'art. 2697 C.C."

[269] Sintomática, nesse sentido, é a posição de PATTI, 1987, op. cit., p. 82, ao defender que "la legge, con l'espressione 'argomenti di prova', ha certamente inteso riferirsi ad un quid diverso dalla prova, e che essi pertanto devono svolgere soltanto una funzione sussidiaria, potendo servire a valutare e quindi eventualmente a rafforzare mezzi di prova ma non a costituire mezzi di prova essi stessi". Assim também MONTESANO, 1980, op. cit., p. 236 "(...) a mio avviso, gli 'argomenti di prova' non sono propriamente prove, ma strumenti logico-critici per valutare le prova 'tipiche' nè possono mai costituire di per sè una compiuta e sufficiente catena di anelli presuntivi, ma solo concorrere, in um ragionamento presuntivo, com altri elementi, tratti, come dirò in seguito, daí risultati delle prove 'tipiche' o da fatti notori o pacifici)". Diverge desse entendimento TARUFFO, 1992 a, op. cit., p. 461, para quem "la miglior definizione dell'efficacia probatoria dell'argomento di prova è quella che si fonda sulla sua equiparazione alle presunzioni semplici".

[270] Assim TARUFFO, 1992 a, op. cit., p. 461, para quem "la miglior definizione dell'efficacia probatoria dell'argomento di prova è quella che si fonda sulla sua equiparazione alle presunzioni semplici". No mesmo sentido, ver CHIARLONI, Sergio. Riflessioni sui limiti del giudizio di fatto nel processo civile. *Rivista Trimestrale de Diritto e Procedura Civile*, n. 55, p. 819-876, 1986, especialmente p. 850, ao reconhecer que o comportamento processual da parte pode servir também como fonte de presunção.

[271] Sobre essa discussão na realidade italiana, ver, por todos, RICCI, 1988, op. cit., p. 1071 e CHIARLONI, 1986, op. cit., p. 846 ss.

---

do convencimento jurisidicional quanto às alegações sobre fatos considerados juridicamente relevantes. Essa análise é válida tanto no que se refere a comportamentos que tragam diretamente reflexos do ponto de vista da determinação do alcance da controvérsia relativamente a tais alegações (inexistência de impugnação do réu quanto a fatos constitutivos do direito do autor, inexistência de impugnação do autor quanto a fatos impeditivos, modificativos ou extintivos do seu direito alegados pelo réu ou, ainda, inexistência de contestação) quanto no que se refere a condutas concernentes à prova das versões da realidade narradas pelas partes em suas manifestações (inexistência de resposta ou resposta evasiva a questionamento no depoimento pessoal ou, ainda, o não-atendimento injustificado à ordem de apresentação de documento ou de coisa em juízo).

4. A VALORAÇÃO DA PROVA E O REGIME JURÍDICO DOS MEIOS DE PROVA NO CÓDIGO DE PROCESSO CIVIL BRASILEIRO

Uma ulterior questão a ser considerada para a análise na construção de um quadro completo a respeito da valoração da prova no processo civil brasileiro é aquela referente aos limites impostos *de iure condendo* relacionados ao emprego de determinados meios de prova. Na busca de uma sistematização de tais problemáticas, passar-se-á ao exame da exegese dos principais ditames que impõem limites à liberdade outorgada ao juiz em sede de apreciação da prova relacionados ao emprego de confissão, de prova testemunhal, de prova documental e de prova pericial.

4.1. Limites em sede de valoração da prova estabelecidos no regime jurídico aplicável à confissão

No que se refere às normas jurídicas que formam o regime jurídico aplicável em sede de confissão, o primeiro ponto a ser considerado em sede de valoração da prova diz respeito à presença de um certo consenso doutrinário a respeito da natureza representativa da confissão. Nesse sentido, a confissão constitui-se em verdadeira *declaração* destinada a confirmar, como prova, a correspondência entre as alegações sobre fatos juridicamente relevantes e a realidade historicamente verificada.[272]

A questão ganha ares de complexidade em se considerando a existência de vozes que associam à confissão um caráter *negocial*. Essa parece ser a posição de Luiz Guilherme Marinoni e Sérgio Cruz Arenhart, os quais afirmam que, "ao lado dessa declaração de ciência sobre fato, põe-se a confissão como ato volitivo, de vinculação da parte às declarações prestadas contra ela (contrárias a seu interesse e favoráveis aos interesses da parte adversa)", de maneira que "a parte fica presa à verdade daquele fato, não tendo legítimo interesse em produzir provas contrárias àquela afirmação".[273]

O estabelecimento de limites às partes na forma acima estabelecida acaba por trazer importantes reflexos no que se refere à construção do panorama com base no

---

[272] A título de exemplo do panorama acima citado, ver as posições de MARINONI; ARENHART, 2005 b, op. cit., p. 107-108, 120-121; CINTRA, 2003, op. cit., p. 60; CAMBI, 2006, op. cit., p. 127; THEODORO JR., 2004, op. cit., p. 396; MARQUES, 1976, op. cit., p. 197-198. Ao não admitir a confissão como meio de prova, ver LOPES, 2002, op. cit., p. 99.

[273] MARINONI; ARENHART, 2005 b, op. cit., p. 121.

qual o julgador deverá formar o seu convencimento. Esse caráter negocial da confissão somente resta devidamente compreendido na meeida em que se considera o papel exercido pelo princípio dispositivo na regência das manifestações de vontade desenvolvidas através do processo. A confissão é ato exclusivo das partes, o qual constitui não apenas uma forma de demonstração das alegações tecidas ao longo do debate dos autos, mas também uma *verdadeira expressão da vontade do autor ou do réu no que se refere à delimitação da situação de fato a ser analisada por um terceiro imparcial*. Os elementos próprios de atos jurídicos *stricto sensu* estão presentes na definição legal dos requisitos para a existência e para a validade da confissão: a declaração expressa[274] e voluntária[275] (art. 352 do Código de Processo Civil, *a contrario sensu*), feita pela parte ou por pessoa que para tanto tenha poderes (art. 349, parágrafo único do Código de Processo Civil, e art. 213 do Código Civil), a respeito de fato contrário ao seu interesse e favorável ao da contraparte (art. 348 do Código de Processo Civil),[276] relacionada à esfera dos direitos considerados disponíveis (art. 351 do Código de Processo Civil, *a contrario sensu*).[277]

A afirmação da existência de uma vontade tipicamente negocial em sede de confissão pressupõe, antes de tudo, a afirmação da possibilidade de disposição, pela parte, quanto ao resultado obtido a partir da incidência de determinado regime jurídico. E é exatamente nesse ponto que se situam os principais problemas a serem enfrentados. De um lado, *o confitente não possui o poder de limitar a atividade jurisdicional no que se refere à valoração da prova*, a qual é condicionada ao inscrito no art. 131 do Código de Processo Civil. De outro lado, *o objeto em torno do qual recai a valoração da prova possui os seus contornos previamente limitados em função da confissão*, uma vez que o próprio art. 334, II dispensa a parte do dever de produzir provas a respeito das alegações sobre fatos por ela apresentadas que tenham sido objeto de confissão.

Essa situação de grave tensão pode ser encontrada no comparativo das posições doutrinárias a respeito de tal problemática. Seguindo a linha de raciocínio de Antônio Carlos de Araújo Cintra, tem-se que "a confissão válida é prova suficiente do fato confessado, impondo-se, como tal, ao convencimento do juiz", o qual "deve ter como comprovado o fato confessado".[278] Maricí Giannico, por sua vez, aponta que "uma vez confessado o fato, este passa a ser tido como verdadeiro (dispensando qualquer produção probatória acerca de sua existência ou veracidade – exceto, é claro, nas hipóteses em que o juiz não puder atribuir credibilidade às afirmações feitas), não mais podendo o confitente negar ou modificar o que disse".[279] O mesmo argumento pode ser visto no magistério de Humberto Theodoro Júnior, que, ao seguir o ensinamento de José Frederico Marques, refere que a confissão importar em "verdadeira renúncia de direitos (os possíveis direitos envolvidos na relação litigiosa)", e conclui no sentido de que "as alegações da parte contrária passam a ser havidas, em razão dela, como verídicas", de

---

[274] CAMBI, 2006, op. cit., p. 127.

[275] CAMBI, 2006, op. cit., p. 132.

[276] Precisa é a descrição proposta por COSTA, José Rubens. Da confissão em direito processual civil. In: *Revista Forense*, nº .351, p. 179-185, 2000, especialmente p. 179, para quem "há confissão quando o réu acata como verdadeiro um, alguns ou todos os fatos constitutivos do direito do autor, ou quando o autor admite um, alguns ou todos os fatos impeditivos, extintivos ou modificativos argüidos pelo réu".

[277] THEODORO JR., 2004, op. cit., p. 397, completa esse quadro de requisitos, referindo a necessidade de capacidade plena do confitente e de inexigibilidade de forma especial para a validade do ato jurídico confessado.

[278] CINTRA, 2003, op. cit., p. 28, 67.

[279] GIANNICO, Maricí. *A prova no Código Civil* – natureza jurídica. São Paulo: Saraiva, 2005, p. 205.

maneira que "o juiz pode dispensar as demais provas e enfrentar logo o mérito da causa, proferindo a sentença definitiva".[280] Aliás, o mesmo José Frederico Marques observa ser "inerente à confissão" um "autêntico efeito preclusivo que impede o litigante de retratar-se no processo".[281]

A posição antes apontada também encontra eco no pensamento de João Batista Lopes, o qual afirma que "a confissão, uma vez prestada, é irretratável, isto é, o confitente não pode voltar atrás, salvo caso de erro, dolo, coação ou fraude".[282] Segue a mesma trilha Sérgio Sahione Fadel, sustentando ser supérflua a prova testemunhal diante da confissão,[283] e Moacyr Amaral Santos, o qual refere que o art. 400, I, do Código de Processo Civil "nada mais faz do que aplicar a norma do art. 334, n. II".[284]

Em posição diametralmente oposta àquela antes apresentada está Eduardo Cambi, para quem "a confissão não vincula o juiz, que é livre para julgar a causa, inclusive para desconsiderar os fatos confessados", referindo, ainda, em comentário ao constante do art. 400, I, do Código de Processo Civil, que "é preciso reconhecer que essa regra não torna inadmissíveis outros meios de prova, após a realização da confissão, mas afirma apenas que o juiz pode indeferir a inquirição de testemunhas sobre os fatos já provados pela confissão, quando a prova testemunhal não puder ser considerada útil para o esclarecimento das alegações de fato deduzidas em juízo".[285] Compartilham também do mesmo raciocínio Luiz Guilherme Marinoni e Sérgio Cruz Arenhart, os quais afirmam que "conquanto as partes fiquem vinculadas pela verdade da afirmação contida na confissão, poderá o juiz suplantar aquele indicativo, desde que, lastreado nos elementos de prova constantes dos autos, convença-se de que o fato ocorreu de forma diversa", podendo o magistrado não só "afastar a presunção decorrente da confissão efetiva, como, até mesmo, determinar de ofício a produção de provas que entender necessárias para aclarar seu convencimento".[286]

Na esteira do entendimento acima transcrito, refere José Rubens Costa que a confissão, "em sendo meio de prova, será examinada de acordo com o contexto probatório, não assumindo valor inferior ou superior aos demais meios".[287] Tal posição é compartilhada por Leonardo Greco, para quem "não pode mais cogitar-se de considerá-la prova plena, mas apenas a de gerar uma presunção relativa de veracidade dos fatos desfavoráveis ao confitente, que pode ser destruída por provas em contrário".[288]

A solução para o conflito aparente acima referido passa pela ponderação do papel exercido pelo princípio dispositivo na definição dos contornos do direito de manifestação de vontade atribuído às partes aplicado à confissão. A resposta a ser ofertada demanda o enfrentamento de uma série de contrapontos, a saber: a) se a confissão pode ou não ser revogada pelo confitente; b) se a confissão limita ou não a atuação do confitente

---

[280] THEODORO JR., 2004, op. cit., p. 397; MARQUES, 1976, op. cit., p. 201-202.

[281] MARQUES, 1976, op. cit., p. 200.

[282] LOPES, 2002, op. cit., p. 100.

[283] FADEL, Sérgio Sahione. *Código de Processo Civil comentado*. t. 2. Rio de Janeiro: José Konfino Editor, 1975, p. 261.

[284] SANTOS, 1982, op. cit., p. 244.

[285] CAMBI, 2006, op. cit., p. 136.

[286] MARINONI; ARENHART, 2005 b, op., cit., p. 121-122.

[287] COSTA, 2000, op. cit., p. 179.

[288] GRECO, Leonardo. A prova no processo civil: do Código de 1973 ao Novo Código Civil. *Revista Forense*, nº 374, p. 183-199, 2004, especialmente p. 195.

na produção de outras provas contrárias ao conteúdo das afirmações, objeto de confissão; c) se a confissão vincula o julgador no que se refere à apreciação da veracidade das alegações sobre fatos considerados juridicamente relevantes, ou se está o magistrado autorizado a determinar a produção de outras provas capazes de produzir resultado oposto ao obtido através da confissão.

No que se refere ao primeiro ponto referido, impõe-se tomar, como ponto de partida, a exegese a ser atribuída ao art. 214 do Código Civil brasileiro, segundo o qual "a confissão é irrevogável, mas pode ser anulada se decorreu de erro de fato ou de coação". Primeiramente, cumpre referir que inexiste no Código de Processo Civil limitação semelhante à acima citada.

Analisando o comando citado, entende Leonardo Greco que existe "evidente confusão com a renúncia ou o reconhecimento do direito, pois, 'não se confessa a dívida, a relação jurídica; confessam-se fatos', que continuam sendo objeto de prova, embora a confissão gere uma presunção de veracidade dos fatos confessados".[289] A crítica tecida pelo autor ora citado, contudo, não merece acolhida. Observe-se, aqui, que, tanto na hipótese legal quanto na situação a ela comparada pelo autor, tem-se uma verdadeira *disposição de interesses* por parte dos litigantes, apenas existindo divergência quanto ao objeto em face do qual se exerce a liberdade. Neste sentido, a confissão importa em verdadeira *manifestação de vontade da parte situada no plano do direito processual, destinada a alcançar eficácia puramente processual.*

A associação de caráter negocial à confissão (e, nessa esteira, de possibilidade de sua anulação) passa, ainda, pela consideração do alcance das conseqüências decorrentes da sua produção no âmbito do debate processual. Nesse sentido, impõe-se apontar que a confissão pode ensejar, ainda que indiretamente, a produção de conseqüências na definição do direito material aplicável à espécie, mas também pode se revelar inócua diante do quadro probatório no qual ela se insere. Por força disso, afirmar que *a confissão é irrevogável* é, em última instância, declarar que *não é lícito à parte pleitear que aquela manifestação de vontade por ela expressa seja liminarmente desconsiderada pelo julgador na formação do seu convencimento jurisdicional.* Essa parece ser a interpretação mais coerente a ser dada ao ditame legal civil citado.

Na parte final do dispositivo comentado, é contemplada a possibilidade de *anulação da confissão.* A menção expressa a essa possibilidade – com a substituição do equivocado texto do art. 352 do Código de Processo Civil, que ainda insiste em falar em *revogação* – permite um ganho de qualidade na construção de critérios interpretativos, já que a ação aludida em ambos os comandos legais tem por objeto a existência de vícios situados no plano da validade dos atos jurídicos.[290] Essa também parece ser a conclusão de Humberto Theodoro Júnior, o qual faz menção a uma alteração legal do "regime de invalidação", que agora limitaria as possibilidades de anulação apenas aos casos nos quais houvesse erro de fato e de coação, revogando a sistemática anteriormente existente no art. 352 acima citado.[291] A ênfase associada ao elemento subjetivo presente na confissão pode e deve ser lida como sintoma da presença de verdadeira manifestação de vontade, em um ato que vai muito além da construção de um retrato

---

[289] GRECO, 2004, op. cit., p. 195.

[290] A confusão conceitual pode ser encontrada nas lições de COSTA, 2000, op. cit., p. 182 e GRECO FILHO, 2003 b, op. cit., p. 221, que equiparam *revogação* à *anulação.*

[291] THEODORO JR., Humberto. *Comentários ao novo Código Civil.* v. 3. t. 2. Rio de Janeiro: Forense, 2005, p. 431.

possível da realidade histórica examinada nos autos. A confissão é, pois, manifestação da parte que veicula disposição de seu interesse em âmbito processual.

A confissão não se confunde com outras formas de disposição de direitos que podem ser exercidas na dimensão dos autos, como a desistência da ação, a renúncia ao direito de ação ou, ainda, a concordância do réu com o pleito formulado pela parte.[292] Embora o espírito de colaboração para a obtenção da verdade esteja a inspirar a atuação da parte no ato de confissão,[293] é certo que tal ato possui eficácia para além dessa dimensão, importando em verdadeira disposição de interesses na esfera processual. Com efeito, a existência de confissão pode, eventualmente, acarretar a alteração no fiel da balança da formação do convencimento jurisdicional, inibindo a incidência da regra de julgamento pautada na divisão dos ônus de prova e limitando o universo da realidade sobre a qual deve recair a atividade probatória.

O mesmo raciocínio norteia a melhor interpretação a ser ofertada ao constante do art. 400, I, do Código de Processo Civil: a existência de confissão da parte traz, como conseqüência, o indeferimento de inquirição de testemunhas a respeito das alegações sobre fatos que já foram alcançadas pelo julgador. Sem prejuízo do entendimento de que a regra ora comentada pode ser baseada no espírito de economia dos esforços na investigação processual,[294] não se pode ignorar que a confissão impõe a todos os sujeitos do processo uma derivação de natureza processual, limitando o emprego de prova testemunhal.

Da mesma forma deve ser interpretado o art. 354 do Código de Processo Civil ao impor à parte que pretender invocar a confissão como prova o seu caráter indivisível, proibindo a construção de argumentos nos quais o litigante a aceita no tópico que o beneficia e a rejeita naquilo que tal prova lhe for desfavorável. Certamente, uma norma como essa somente faz sentido se, antes, a confissão for considerada como *manifestação de vontade da parte*, constituindo verdadeiro ato jurídico *stricto sensu*,[295] no qual se faz presente um mínimo de possibilidade de haver disposição intencional por parte do litigante em relação a determinadas alegações sobre fatos.

Seguindo a trilha desses argumentos, impõe-se observar que o art. 334, II, do Código de Processo Civil, ao contrário do que uma primeira leitura apressada do seu teor sugere, não impõe uma proibição absoluta à parte confitente. Da análise do comando legal citado à luz do constante do art. 131 do Código de Processo Civil, tem-se, simplesmente, que, *diante da confissão a respeito de uma alegação sobre fato juridicamente relevante, a formação do convencimento jurisdicional no que se refere à veracidade ou não de tal versão da realidade não depende de produção de outras provas*. Com base em tal entendimento, resolvem-se as duas questões ainda restantes: primeiramente, é correto afirmar que *o magistrado é livre no que se refere à valoração da confissão*, refutando-se a excessiva simplificação presente na assertiva de que

---

[292] Nesse sentido, ver COSTA, 2000, op. cit., p. 179.

[293] MARQUES, 1976, op. cit., p. 197.

[294] Nesse sentido, ver CINTRA, 2003, op. cit., p. 158, e MARINONI; ARENHART, 2005 b, op. cit., p. 496 ("como a regra processual sempre deve ser pensada à luz do princípio constitucional da efetividade, existindo a confissão e, portanto, não sendo mais controverso o fato, não há razão para se alongar desnecessariamente o tempo do processo, principalmente quando se sabe que todos têm direito constitucional a uma resposta jurisdicional em prazo razoável").

[295] A abordagem ora proposta é semelhante àquela que ensejou PONTES DE MIRANDA, 1997 b, op. cit., p. 315, a dedicar importantes linhas na busca da natureza jurídica da confissão; também constitui ponto de partida análogo ao proposto por MARINONI; ARENHART, 2005 b, op. cit., p. 132, nota 50.

a confissão poderia ser lida como verdadeira prova plena dentro do sistema da livre apreciação;[296] de outro lado, reconhece-se que *a confissão não afasta a possibilidade de produção de outras provas, de iniciativa das partes ou do órgão jurisdicional, destinadas à construção de um panorama fiel àquilo que efetivamente aconteceu do ponto de vista histórico.*[297]

Deste modo, a confissão possui caráter dúplice: ao mesmo tempo em que se constitui em uma *declaração a respeito da realidade histórica investigada* (e, nesse sentido, nada mais é do que a projeção do depoimento pessoal ou da prova documental), também deve ser tomada como verdadeiro *ato jurídico processual pelo qual a vontade do confitente, exercendo papel determinante, faz com que surjam conseqüências jurídicas situadas no plano eminentemente processual.* Se, diante disso, é possível concluir no sentido de que em nenhuma das hipóteses a confissão impõe qualquer limitação ou obrigação ao julgador no que se refere à apreciação da prova, isso não significa que, como ato jurídico, dela não emanem conseqüências jurídicas determinadas previamente pelo ordenamento jurídico processual.

Por força de tudo o que foi anteriormente exposto, mostra-se inafastável a constatação no sentido de que regras como aquela prevista no *caput* do art. 353 do Código de Processo Civil, em verdade, nada contribuem para a aferição do valor probatório da confissão.[298] Na medida em que a declaração da parte ingressa nos autos sob a forma de *documento*, e não é da essência do ato ora examinado a forma escrita, abre-se ao julgador a possibilidade de apreciar livremente o seu conteúdo, aferindo a presença de maior ou menor probabilidade das alegações que são confirmadas ou infirmadas através da confissão.[299] Tem-se, neste caso, raciocínio diferente daquele que permeia a exegese do caso previsto no parágrafo único do comando legal citado, no qual se vislumbra a necessidade de efetuar distinção entre graus de probabilidade, a qual decorre da inadmissibilidade de confissão verbal nos casos em que a lei exige a produção de prova escrita.

---

[296] Veja-se, aqui, as palavras de DINAMARCO, 2005, op. cit., p. 623, para quem "não há prova plena, no processo civil brasileiro", no que é acompanhado por GRECO, 2004, op. cit., p. 195, ao afirmar, em relação à confissão, que "não pode mais cogitar-se de considerá-la prova plena".

[297] Nesse sentido, vale trazer o raciocínio de ALVARO DE OLIVEIRA, Carlos Alberto. Problemas atuais da livre apreciação da prova. In: ALVARO DE OLIVEIRA, Carlos Alberto. (org.). *Prova cível.* 2. ed. Rio de Janeiro: Forense, 2005, p. 51-64, especialmente p. 53-54, entendendo que a norma constante da primeira parte do art. 350 do Código de Processo Civil "não afasta o juiz do dever de sopesar o alcance desse elemento no contexto probatório e atribuir-lhe o valor que lhe for mais adequado, de modo nenhum implicando presunção absoluta de veracidade dos fatos".

[298] Em sentido contrário, MARINONI; ARENHART, 2005 b, op. cit., p. 168, observam que a justificativa da distinção de tratamento ali inserida "está em que a confissão exarada por escrito e dirigida à parte revela, diretamente, a intenção não apenas de criar a prova do fato, mas ainda de criar as obrigações negociais próprias de confissão judicial. Demonstra, de forma inequívoca, para o juiz, que a parte confitente pretendia não apenas provar o fato, mas também exonerar a parte contrária da sua prova, bem como renunciar à prova contrária". Tese análoga é defendida por AGUIAR, 1974, op. cit., p. 125-126. Com o respeito devido aos autores citados, não se pode concordar com a tese por eles exposta visto que a mesma desconsidera a necessária distinção entre *efeitos negociais relacionados ao direito material* e as *conseqüências decorrentes da confissão como ato jurídico,* que se situam *exclusivamente no plano processual.* Um sintoma da importância dessa distinção está no fato de que, aceita a tese contrária à que ora é defendida neste trabalho, ter-se-ia a confissão como um ato que envolveria a *disposição de efeitos puramente processuais antes mesmo da existência do processo,* em um paradoxo lógico insuperável.

[299] Abraça-se, aqui, tese semelhante à defendida por SANTOS, 1982, op. cit., p. 117, que afirma que "em ambos os casos, entretanto, impõe-se ao juiz considerar o escrito como um documento, aplicando as regras relativas à prova por este meio".

Trata-se, aqui, de comando cuja melhor interpretação deve ser pautada pelo mesmo espírito que incide na análise do art. 400, II do mesmo diploma processual.[300]

Uma ulterior confirmação do acerto do entendimento acima exposto pode ser observada a partir da análise do art. 350 do Código de Processo Civil, segundo o qual a confissão feita por um dos litisconsortes faz prova apenas contra si, não prejudicando os seus pares. De acordo com Luiz Guilherme Marinoni e Sérgio Cruz Arenhart, o dispositivo citado reforça a tese "no sentido de que a confissão, se é de um lado mera declaração de ciência (meio de prova), de outro também implica um ato jurídico (em sentido estrito) vinculativo para as partes (conquanto não o seja para o juiz)". Nesse sentido, não se pode ignorar, como bem apontado pelos autores acima citados, que, "de outro lado, a confissão de um litisconsorte pode, sem sombra de dúvida, prejudicar os seus pares. Tudo dependerá do valor que o juiz empreste a esta confissão; se lhe outorgar credibilidade inabalável, então aquela prova importará, reflexamente, em prejuízo para os demais litisconsortes, já que terão também contra si produzida uma prova que foi capaz de gerar convicção suficiente no magistrado; se, por outro lado, tomar o órgão jurisdicional por insincera a confissão, então provavelmente nenhum reflexo será sentido por sua efetivação, seja para os litisconsortes, seja mesmo para o consorte confesso, já que o juiz não está adstrito à confissão nem mesmo para este".[301]

A aceitação das conclusões acima expostas implica, pois, o reconhecimento de que *a confissão é ato que determina a produção de reflexos situados no plano puramente processual*, e que *a produção dos reflexos ora mencionados exige a análise do todo do regime jurídico que regula o debate dialético dos autos, e não apenas das normas em comento*. Nesse sentido, é possível identificar, ao menos, uma conseqüência prática decorrente da confissão feita por um dos litisconsortes que poderá acabar se estendendo à esfera jurídica processual dos outros litigantes que integram o mesmo pólo processual: *dependendo da espécie de litisconsórcio à qual se fizer menção nos autos (simples ou unitário) e da atribuição de peso pelo julgador, ainda que mínimo, à confissão como meio de prova, é possível que, no caso de ausência de outras provas, os demais litisconsortes sejam também alcançados pelo julgamento com base na confissão.*[302] Tal apontamento é relevante, pois *afasta a possibilidade de simples aplicação conjunta dos arts. 350 e 333 do Código de Processo Civil* e *autoriza a tomada de decisão por parte do órgão jurisdicional com base na livre apreciação da confissão como meio de prova*, em consonância com o disposto no art. 131 do mesmo diploma legal.[303]

---

[300] Nesse sentido, CINTRA, 2003, op. cit., p. 74, refere que "interpretada **a** *contrario sensu* a regra contida no parágrafo único do artigo 353, em exame, vem apenas confirmar o que está estabelecido pelos artigos 400, II e 401 do Código de Processo Civil". Da mesma forma MARINONI; ARENHART, 2005 b, op. cit., p. 168, para quem "a previsão está em harmonia com os arts. 366 e 400 do Código de Processo Civil, e refere-se às hipóteses, analisadas no intróito desta seção, de prova como elemento constitutivo do ato jurídico".

[301] MARINONI; ARENHART, 2005 b, op. cit., p. 132, 135-136.

[302] São precisas as palavras de DINAMARCO, 2005, op. cit., p. 629-630, ao apontar que "como estamos no campo da prova, ou o juiz se convence do fato confessado e dispensa a prova, ou não se convence e exige-a. Da relatividade da autonomia dos litisconsortes (art. 48) decorre que em alguma medida os atos de um favorecem os demais, sendo único o processo e uma a sentença em relação a todos (supra, nn. 560, 570, 571 etc.). Nesse processo único, a controvérsia criada por qualquer de seus sujeitos conduz sempre à necessidade de provar o fato, pouco importando se somente um litisconsorte impugnou a alegação do adversário, ou mesmo se algum deles o confessou: criada a controvérsia, ainda que só por um dos litisconsortes ativos ou passivos, o fato integra-se ao objeto do prova e necessita ser comprovado, não obstante a confissão".

[303] Nesse sentido, AGUIAR, 1974, op. cit., p. 118, observa que "há efeitos colaterais que podem afetar os litisconsortes, inclusive também através do princípio da livre convicção consagrado em nosso direito".

Cabe referir, por último, o ganho qualitativo decorrente da redação dada ao *caput* do art. 223 do Código Civil de 2002, o qual considera *ineficaz* a confissão que importe em reflexos relacionados a direitos indisponíveis. De um lado, refira-se que a doutrina formada em comentário ao art. 351 do Código de Processo Civil já reconhecia, muito antes da entrada em vigor do diploma civil ora referido, que a expressão *não vale* era empregada pela norma processual acima comentada de maneira imprópria, sustentando tratar-se de "ineficácia de comunicação de conhecimento".[304] A correta exegese dos comandos aqui examinados indica, antes de tudo, que *a ineficácia citada decorre da invalidade da confissão*: na medida em que não é preenchido um dos requisitos de admissibilidade de tal meio de prova, restam afastadas as conseqüências jurídicas processuais dela decorrentes, em especial no que se refere ao ônus de prova. Desta maneira, as declarações da parte, em tal hipótese, serão livremente valoradas pelo juiz,[305] não ensejando qualquer conseqüência de disposição de direitos na esfera processual probatória.[306]

4.2. Limites em sede de valoração da prova estabelecidos no regime jurídico aplicável à prova testemunhal

A partir da análise atenta do regime jurídico aplicável à prova testemunhal, é possível identificar inúmeros aspectosrelevantes, no que se refere à delimitação de critérios aplicáveis em sede de valoração do resultado da atividade de instrução. Nesse sentido, proceder-se-á, inicialmente, ao exame de três microssistemas jurídicos fundamentais, cada qual deles correspondente a um grupo de limites aplicáveis em sede de valoração da prova testemunhal. Cumprida tal tarefa, completar-se-á esse panorama mediante o estudo do regime jurídico aplicável em sede de valoração da prova do testemunho indireto.

4.2.1. A valoração da prova testemunhal e os limites relacionados à sua admissibilidade e relevância

O primeiro ponto a ser enfrentado no estudo da valoração da prova testemunhal diz respeito às regras que dispõem sobre os casos nos quais a mesma se verifica *inadmissível*, os quais constituem hipótese excepcional de restrição à liberdade outorgada aos sujeitos do debate processual em sede de instrução processual.

No que se refere a tal questão, cumpre examinar, inicialmente, o alcance da proibição prevista pelo art. 400 do Código de Processo Civil, a qual é inspirada em duas orientações fundamentais: ora vem pautada na necessidade de *preservação doespírito de economia de esforços na investigação da verdade através do processo* (inciso I), ora é estabelecida na *natureza da questão que é objeto de prova* (inciso II). Reuniu o legislador, aqui, sob o manto de um mesmo *caput*, duas regras que são pautadas em critérios de valoração de prova absolutamente distintos.

Relativamente ao caso previsto no art. 400, I do Código de Processo Civil, aponte-se que a proibição de produção de prova quanto à alegação sobre fato já retratada através

---

[304] PONTES DE MIRANDA, 1997 b, op. cit., p. 327.

[305] Desse modo, ver CINTRA, 2003, op. cit., p. 69.

[306] De acordo com MARINONI; ARENHART, 2005 b, op. cit., p. 140, "esta admissão não tem força de confissão; não gera, portanto, aqueles efeitos vinculativos típicos de confissão. Podem, todavia, estas declarações, prestar-se como prova, a fim de subsidiar o convencimento do juiz".

de outro meio de prova anteriormente nos autos não deve ser lida como uma limitação absoluta endereçada ao julgador. Observe-se, nesse sentido, que, ao contrário do que sugere o comando em comento, a simples *produção de prova* a respeito de determinada alegação não se confunde com a *formação do convencimento do julgador*. Diante da possibilidade de o julgador não restar convencido quanto à veracidade da alegação tão-somente com base na prova produzida nos autos, é de se reconhecer a possibilidade de produção de prova testemunhal ainda que exista outro instrumento probatório relativo ao mesmo fato. O critério a ser seguido para que se possa identificar os casos nos quais tal proibição incide, pois, é o da *aferição do grau de credibilidade a ser atribuído a cada meio de prova e ao resultado alcançado pelo julgador em sede de formação do seu convencimento*, o qual revelará se a prova realmente é *útil* ou *inútil* no que se refere ao deslinde da questão proposta para debate nos autos.[307]

Aprofundando a reflexão na busca da correta exegese do art. 400, I, do Código de Processo Civil, refira-se que, em relação à parte beneficiada pela confissão, tem-se que a dispensa da produção de outras provas (no caso, do emprego de prova testemunhal) não significa automática garantia de convencimento do julgador quanto à veracidade das alegações sobre fato alcançadas pela confissão. Ao contrário, tal dispensa constitui-se apenas em fator que permite a construção de uma regra de julgamento: *havendo dúvida em sede de formação do seu convencimento ao final do debate processual, o órgão jurisdicional analisará a distribuição dos ônus de prova, levando em conta a existência da confissão sobre aquela alegação como fator que produz a redução do módulo de prova em favor daquele que é beneficiado pela referida prova.*

Diferente da hipótese acima examinada é o caso do art. 400, II, no qual se observa a *absoluta inutilidade na produção da prova testemunhal*, tendo em vista que somente por meio do emprego de outro instrumento específico seria possível ao julgador conhecer a realidade histórica conforme aconteceu.[308] Comentando esse último aspecto no que se refere à prova de contratos escritos, vale lembrar a lição de Humberto Theodoro Júnior, para quem "é claro que o testemunho pode contribuir para esclarecer dúvidas na interpretação do negócio escrito. Mas não pode revelar um outro negócio que desminta ou altere o que resultou do instrumento em que as partes perenizaram suas declarações".[309] Da mesma forma, alertam Luiz Guilherme Marinoni e Sérgio Cruz Arenhart, ainda, para a incidência, em tais situações, do constante do art. 366 do Código de Processo Civil, consignando que a ausência do documento, em tais casos, acarreta a invalidade do ato jurídico pelo não-atendimento da forma prevista em lei.[310]

Some-se aos casos de inadmissibilidade anteriormente referidos a proibição de prova exclusivamente testemunhal nos casos de contratos cujo valor não exceda o décuplo do maior salário mínimo vigente no país ao tempo em que aqueles foram celebrados (arts. 401 do Código de Processo Civil e 227 do Código Civil), bem como de discussões quanto a pagamento e à remissão de dívida (art. 403 do Código de Processo Civil). Re-

---

[307] Dessa maneira, ver: CINTRA, 2003, op. cit., p. 158, para quem tal comando consubstancia "aplicação do disposto na segunda parte do artigo 130, dado que, uma vez provados os fatos, outras provas a respeito são inúteis".

[308] CINTRA, 2003, op. cit., p. 158 observa que "nesses casos, como se vê, o que se pretende é evitar a produção de prova inútil, porque inábil jurídica ou tecnicamente para a obtenção de resultado a que se destina".

[309] THEODORO JR., 2005, op. cit., p. 538.

[310] MARINONI; ARENHART, 2005 b, op. cit., p. 497. No mesmo sentido, ver SANTOS, 1982, op. cit., p. 244-245.

vela-se, aqui, um terceiro critério empregado pelo legislador para justificar a inadmissibilidade da prova (e, por conseqüência, do esvaziamento do valor probatório que lhe é inerente), qual seja, a sua um *juízo de predisposição no que se refere à desconfiança quanto aos resultados obtidos através da investigação de determinados fatos mediante a oitiva de testemunhas.*[311] Felizmente, tal sentimento é contrabalanceado graças à acertada sensibilidade dos tribunais que, não raro, mitigam a incidência da rígida proibição legal, afastando a sua incidência em detrimento da necessidade de garantir a efetividade da investigação. Tal medida mostra-se imperiosa em uma realidade na qual a formalização escrita dos negócios jurídicos cede diante de exigências econômicas e sociais que, por muitas vezes, levam as partes a desafiarem os padrões legalmente estabelecidos para a realização de negócios jurídicos.[312]

Analisando essa postura de desconfiança do legislador em face da prova testemunhal, refere Humberto Theodoro Júnior que "muito se censura a prova testemunhal pela facilidade com que se pode utilizá-la para uma má-informação da realidade dos fatos litigiosos, não só pela natural falibilidade dos registros de memória como também pela malícia ou má-fé do depoente". Observa o autor, ainda, que "na verdade, todavia, essa prova não é intrinsecamente má e muitas vezes é a única com que pode contar o juiz para conhecer o quadro fático sobre que tem que julgar". E arremata, afirmando que "há muitos meios de se controlar a fidelidade do relato dos depoentes, ao alcance do magistrado, que assim pode separar as versões fiéis das falsas ou tendenciosas".[313]

Curioso é ver que inexiste qualquer relação lógica possível entre a maior ou a menor efetividade do testemunho para fins de reconstrução da realidade e o valor do contrato. Essa incongruência é reconhecida pela doutrina, que, contudo, valoriza-a para fins de construção da exegese aplicável ao comando, ao sustentar que "o valor do contrato deve ser tomado segundo a data de sua realização, pois não há correlação entre

---

[311] DINAMARCO, 2005, op. cit., p. 601, refere que "a confiabilidade menor das testemunhas justifica a regra do art. 401 do Código de Processo Civil".

[312] De acordo com DINAMARCO, 2005, op. cit., p. 601, "os tribunais mitigam consideravelmente a regra que exclui a prova só testemunhal dos contratos maiores, o que se legitima pela visão realista de certas situações onde a confiança ou os costumes excluem a forma escrita. A jurisprudência atual do Superior Tribunal de Justiça admite essa prova quanto aos contratos de corretagem. Outros casos são os contratos agrários, especialmente o de parceria rural (Dec. n. 59.566, de 14.11.66); os de prestação de serviços em geral e particularmente de serviços de táxi, em relação aos quais nunca ou quase nunca se lavram instrumentos escritos (art. 42, II); as sociedades de fato, que dada sua própria condição não são formalmente constituídas mediante estatuto ou contrato social escrito. Mas 'a prova exclusivamente testemunhal não basta à comprovação da atividade rurícola, para efeito de benefício previdenciário' (Súmula 149 STJ – Theotônio Negrão)". Da mesma forma, MARINONI; ARENHART, 2005 b, op. cit., p. 502, referem que "o Superior Tribunal de Justiça já teve a oportunidade de decidir que 'o dispositivo infraconstitucional que não admite 'prova exclusivamente testemunhal' deve ser interpretado cum grano salis. Ao juiz, em sua magna atividade de julgar, caberá valorar a prova, independentemente de tarifação ou diretivas infraconstitucionais. No caso concreto, a contestação se primou por ser abstrata e não houve contradita das testemunhas. Ademais, o dispositivo constitucional, para o 'bóia-fria', se tornaria praticamente infactível, pois dificilmente alguém teria como fazer a exigida prova material". Segue essa mesma orientação, ainda, LOPES, 2002, op. cit., p. 147 ("em certas hipóteses particulares, tem sido admitida a prova testemunhal em contratos não-solenes, como a empreitada e a compra e venda de gado ou de madeira, mesmo quando excederem o limite legal").

[313] THEODORO JR., 2005, op. cit., p. 539-540, também destaca que "registra a jurisprudência que, para apreciar a credibilidade das testemunhas, os julgadores devem levar em conta numerosos dados, como o seu comportamento, seu modo de responder ao interrogatório, seu caráter, sua moralidade, seus antecedentes judiciários, seu grau de desenvolvimento intelectual, a fidelidade de sua memória, o seu senso de observação e a verossimilhança do seu relato", bem como a existência de interesses pecuniários, de sentimentos da testemunha em relação a outras pessoas e, ainda, a existência de contradições.

---

a memória da testemunha, bem como seu grau de atenção ao praticar o testemunho, e a desvalorização subseqüente da moeda".[314] A superação de tal incoerência é possível a partir da consideração de posicionamentos como o de Moacyr Amaral Santos, para quem é admissível a prova testemunhal nos casos em que o autor deixe de declarar em juízo o valor do contrato, "ficando ao critério do juiz atribuir-lhe ou não eficácia por ocasião do julgamento da causa, após a conveniente instrução do processo, com as indagações que entender oportunas e idôneas".[315]

Ainda quanto ao constante do art. 401 do Código de Processo Civil, impõe-se fazer as devidas ressalvas ao entendimento doutrinário segundo o qual o mesmo se constitui em "uma regra que, embora localizada no Código de Processo Civil, indiretamente, diz respeito à forma do ato jurídico, estando voltada a assegurar a sua existência e a sua validade, não propriamente a limitar o livre convencimento do juiz".[316] Sob a égide do Código Civil brasileiro de 2002, a exigência de forma escrita não se constitui em condição de validade de negócios jurídicos senão em situações excepcionais. Esse comentário, ao que parece, melhor se molda à hipótese do art. 400, II, do Código de Processo Civil, do qual se extrai a obrigatoriedade do emprego da forma escrita nos casos em que a mesma for requisito constitutivo do ato ou do negócio jurídico. Melhor caminha o entendimento que sustenta, com relação a tal comando, que a sua correta exegese demanda a sua conjugação com o art. 131 do Código de Processo Civil, a fim de que o juiz possa afastar a proibição ora examinada nos casos em que a realidade examinada assim exigir.

O mesmo resultado pode ser obtido, ainda, a partir da combinação do comando aludido com o constante do art. 402, II, do Código de Processo Civil, afastando-se a proibição colocada como regra geral no art. 401 e, com isso, permitindo a produção da prova exclusivamente testemunhal como alternativa diante da absoluta impossibilidade material de obtenção da prova documental. A atuação da parte que alega e prova a impossibilidade de obtenção do documento serve como indicativo do acerto presente na adoção do expediente hermenêutico ora referido.[317] Para aferir a força da prova que não atende ao disposto no art. 401 do Código de Processo Civil, deve o magistrado lançar mão de regras de experiência, as quais servirão como baliza para que ele possa valorar tal prova à luz do quadro que se desenha nos autos diante dos seus olhos.

4.2.2. A valoração da prova testemunhal e a dispensa da testemunha de prestar o compromisso de dizer a verdade

Um segundo ponto a ser considerado diz respeito à valoração da prova nos casos em que dispensada a testemunha, pelo legislador, do dever de prestação do compromisso para com a verdade. A compreensão do alcance das regras em sede de valoração da prova que são relacionadas a tal problemática demanda a atenta análise do constante do *caput* e dos parágrafos do art. 405 do Código de Processo Civil.

---

[314] AGUIAR, 1974, op. cit., p. 257.

[315] SANTOS, 1982, op. cit., p. 249.

[316] CAMBI, 2006, op. cit., p. 208-209.

[317] De acordo com PONTES DE MIRANDA, 1997 b, op. cit., p. 425, "o que importa, para que se aplique o art. 402, II, é que o interessado haja alegado e provado que não lhe foi possível obter o documento, necessário à prova. A impossibilidade pode ter resultado de extravio ou de furto do documento, ou de incêndio. A prova testemunhal tem de referir-se ao documento que literalmente provaria a obrigação e ao seu conteúdo".

A sistemática de direito positivo estabelece a distinção entre, de um lado, as *pessoas que podem figurar como testemunhas* e, de outro, *aquelas que são consideradas incapazes, impedidas ou suspeitas*. A casuística legalmente estabelecida de hipóteses de incapacidade, de impedimento ou de suspeição, contudo, não permite identificar traços comuns entre as hipóteses agrupadas. Do ponto de vista da valoração da prova testemunhal, não se vislumbra explicação razoável para a diferenciação feita entre os casos de impedimento do cônjuge, do ascendente e do descendente da parte em relação àqueles de suspeição do amigo íntimo e do inimigo capital de algum dos litigantes, ou, ainda, dos interessados no litígio.[318] Em todas essas hipóteses, a *existência de propensão a favorecer ou a desfavorecer uma das partes* demanda o mesmo critério de atenção a ser considerado pelo julgador do ponto de vista da valoração da prova, devendo *atenuar o peso das declarações de tais pessoas em função de possível presença de interesses que transcendam o da mera narrativa daquilo que foi observado*. Da consideração dos três últimos parágrafos do art. 405 à luz do disposto no art. 131 do Código de Processo Civil, conclui-se no sentido de que os casos arrolados pelo legislador, antes de serem proibições absolutas dirigidas ao juiz, são indicativos de fatores que podem exercer influência na atribuição de maior ou menor valor à prova testemunhal.

A mesma conclusão pode ser alcançada por outra via igualmente válida. Nesse sentido, valelembrar a ênfase dada pela a doutrina enfatiza à importância da primeira parte do parágrafo quarto do art. 405 do Código de Processo Civil, segundo a qual a oitiva de pessoas impedidas ou suspeitas somente se dará quando "estritamente necessário",[319] reiterando a necessidade de ponderação entre os perigos acima apontados e os benefícios que podem ser alcançados no que se refere à qualidade do resultado da atividade de instrução. Ainda que a fórmula veiculada no parágrafo único do art. 228 do Código Civil brasileiro ("para a prova de fatos que só elas conheçam"[320]) se apresente consideravelmente mais restritiva do que aquela do art. 405, é possível nela identificar a explicitação de uma das possibilidades do que se considera "estritamente necessário".

Da mesma forma, não se justifica, sob o mesmo ponto de vista, que o caso do menor de dezesseis anos seja tratado como sendo um caso análogo às demais hipóteses de incapacidade. É certo que a situação descrita no art. 405, § 1º, III, merece tratamento diferenciado, visto que a ela não se associa a idéia de impossibilidade objetiva de conhecimento da realidade, mas sim uma *limitação que só se revela em sua dimensão subjetiva*.[321] Como bem apontam Luiz Guilherme Marinoni e Sérgio Cruz Arenhart, "não há dúvida de que o depoimento do menor de dezesseis anos pode contribuir para o juiz proferir uma decisão de maior qualidade, ou fundada em declaração que lhe permita

---

[318] Como afirma THEODORO JR., 2005, op. cit., p. 553, "a amizade gera vínculos psíquico-afetivos iguais ao do parentesco, e às vezes até maiores".

[319] Sobre tal ponto, ver: FADEL, 1975, op. cit., p. 266; SANTOS,1982, op. cit., p. 273; MARINONI; ARENHART, 2005 b, op. cit., p. 528.

[320] Em análise a tal dispositivo, ver CINTRA, 2003, op. cit., p. 175 e MARINONI; ARENHART, 2005 b, op. cit., p. 527.

[321] Os limites subjetivos ora referidos podem ser encontrados em SANTOS, 1982, op. cit., p. 264-265: "está demonstrado, à luz da psicologia e da psicopatologia, que os menores, regra geral, são testemunhas perigosas, pela sua acentuada tendência à mentira e fácil sugestionabilidade, excesso de imaginação, fraqueza da atenção e do raciocínio, ignorância de muitas coisas, quer do significado destas como do sentido das palavras". Deve-se ressalvar, aqui, a forma absoluta como coloca o autor a questão, que certamente comporta mais nuanças e graduações do que aquelas ora apontadas.

uma melhor aferição dos fatos. Se essa declaração pode conter algum vício, encobrindo a 'verdade', isso poderá ser aferido pelo julgador mediante o seu poder de livremente valorar as provas".[322] Demonstrada nos autos a necessidade de oitiva dos menores de dezesseis anos para fins de elucidação de determinada dúvida quanto a fato objeto de discussão entre as partes, não devem ser considerados nulos os seus depoimentos.[323] É preferível, em tais casos, "deixar ao juiz a avaliação de credibilidade, segundo as circunstâncias de cada caso".[324]

Refira-se, igualmente, que o parágrafo do art. 228 do Código Civil alargou a hipótese excepcional de oitiva de pessoas que não podem testemunhar para albergar também os incapazes em geral, ainda que somente no que se refere aos fatos que só por eles sejam conhecidos. Essa leitura literal do comando em comento não exclui, por certo, a possibilidade de o menor de dezesseis anos ser ouvido como informante, em uma construção que valoriza a teleologia que norteia a exegese de tal dispositivo em sintonia com o constante do já examinado art. 405 do Código de Processo Civil.

De outro lado, impõe-se observar que as razões que levam à conclusão no sentido da inutilidade da produção de prova testemunhal em cada um dos demais casos de incapacidade são absolutamente discrepantes entre si. Essa mesma incoerência pode ser vista, ainda, no que se refere aos critérios que afirmam ser excepcional a possibilidade de afastamento das proibições referidas e, por conseqüência, de atribuição de valor probatório ao testemunho de tais sujeitos. Neste sentido, o afastamento da limitação prevista no art. 228, II, do Código Civil brasileiro, que veicula uma ampla fórmula suficiente para abarcar as hipóteses dos incisos I e II do parágrafo primeiro do art. 405 do Código de Processo Civil pátrio, depende da combinação de dois fatores: *a lucidez que garante a ciência da realidade histórica investigada* e a *capacidade de externar o seu conhecimento em relação a tais fatos no momento da inquirição como testemunha.*[325] Quanto aos cegos e aos surdos, nada impede que esses sejam inquiridos em relação a percepções da realidade que não dependam dos sentidos de que não dispunham[326] ao tempo em que ocorreu a realidade investigada.[327]

---

[322] MARINONI; ARENHART, 2005 b, op. cit., p. 517.

[323] Em sentido contrário, AGUIAR, 1974, op. cit., p. 276.

[324] THEODORO JR., 2005, op. cit., p. 546.

[325] THEODORO JR., op. cit., p. 545 refere que "a debilidade e a enfermidade mental nem sempre são empecilhos ao depoimento testemunhal. Tal somente ocorrerá nas hipóteses acima, que correspondem aos pressupostos de incidência da vedação legal. Se a doença mental foi anterior ao fato sobre que se deve depor, e com ele não coexistiu, ou se foi posterior a ele, e, em qualquer das duas situações já não perdura ao tempo do depoimento, não há incapacidade do ex-demente para depor como testemunha. O importante é a lucidez do depoente na ocasião do fato litigioso e no momento de prestar o testemunho em juízo. Os estados de alienação mental que tenham acometido a testemunha em outras ocasiões não lhe retiram a capacidade para depor em juízo".

[326] De acordo com DINAMARCO, 2005, op. cit., p. 604, "é intuitivo que a deficiência física só inabilita a pessoa a testemunhar fatos que são ordinariamente captados pelo sentido que lhe falta. O cego, que seja só cego, pode muito bem ouvir ruídos, sentir odores etc., e depois depor sobre isso. O surdo, que seja só surdo, pode ter percebido com o sentido da visão o que diante dele aconteceu etc.". Comungam da mesma opinião, ainda, MARINONI; ARENHART, 2005 b, op. cit., p. 519-520, THEODORO JR., 2005, op. cit., p. 545-546; AGUIAR, 1974, op. cit., p. 270.

[327] CAMBI, 2006, op. cit., p. 156, aponta que "também há de admitir o depoimento do cego ou do surdo quando, à época da ocorrência dos fatos, a pessoa ainda não tinha perdido os sentidos e não sofria restrições em sua percepção ou quando a sua deficiência, devido ao seu grau, não compromete totalmente a cognição dos fatos controvertidos".

Luis Alberto Reichelt

4.2.3. A valoração da prova testemunhal e o direito de a testemunha não se manifestar sobre determinados fatos

O terceiro aspecto a ser examinado refere-se à liberdade outorgada à testemunha de não se manifestar a respeito de determinados fatos nos casos em que estão presentes os requisitos inscritos no art. 406 do Código de Processo Civil e no art. 229 do Código Civil. O art. 406, I, do Código de Processo Civil, explicita o contido nos incisos II e III do art. 229 do Código Civil, revelando que por *grave dano* se entende aquele que importe em desonra própria, de seu cônjuge, parente em grau sucessível, ou amigo íntimo ou em exposição sua ou das pessoas anteriormente referidas a perigo de vida, de demanda, ou de dano patrimonial imediato. De outro lado, o Código Civil amplia a proteção inscrita no inciso II do art. 406, ao referir que a dispensa alcança não apenas as pessoas nele indicadas mas também qualquer parente em grau sucessível.[328]

Em todas as hipóteses acima aludidas, "incumbe ao juiz, nas circunstâncias de cada caso, apreciar a recusa da testemunha, verificando a plausibilidade do dano temido a ela e estimando sua gravidade".[329] Na busca de critérios para a aferição do *grave dano* mencionado no inciso I do art. 406, vale lembrar a lição de João Carlos Pestana de Aguiar, para quem "o reconhecimento da gravidade do dano, pelo juiz, melhor será apurado levando-se em consideração a pessoa e o patrimônio da testemunha. A pessoa, tomando-se seu padrão social; o patrimônio, tomando-se seu padrão econômico financeiro".[330] De outro lado, Moacyr Amaral Santos enfatiza que não é lícito à testemunha isentar-se do dever de responder "senão quando o dano patrimonial resultante do depoimento for imediato", na esteira do determinado anteriormente no art. 241, I, do Código de Processo Civil de 1939.[331] Aponte-se, igualmente, que somente diante da constatação judicial do preenchimento efetivo dos critérios legalmente fixados para a escusa de manifestação é que se poderá afirmar a presença de verdadeira hipótese na qual se atribui à testemunha a faculdade de abstenção quanto a determinado fato.[332]

De fato, a conclusão no sentido da existência de tal justificativa constitui-se em fator que exerce importante influência na composição do horizonte formado pelo entrelaçamento das provas trazidas aos autos em um debate eminentemente dialético que se colocam diante dos olhos do julgador. Nesse sentido, tem-se que, no caso de a testemunha desejar exercer a faculdade acima exposta, o preenchimento da lacuna deixada pela ausência da prova testemunhal a respeito de determinada alegação sobre fato será feito por meio da consideração *daquilo que costuma acontecer,* ou seja, de regras de experiência aplicáveis com vistas à situação relatada nos autos. Esse padrão de normalidade poderá ser eventualmente afastado quando for trazida aos autos prova que indique a necessidade de firmar conclusão em sentido contrário, excepcionando o padrão de regularidade inicialmente considerado.

No que se refere ao inciso II do art. 406, a fórmula empregada no texto legal parece não ser a melhor, pois aquela preocupa-se não com uma hipótese de faculdade

---

[328] Sobre esse último ponto, ver THEODORO JR., 2005, op. cit., p. 561, e GIANNICO, 2005, op. cit., p. 224.

[329] CINTRA, 2003, op. cit., p. 177.

[330] AGUIAR, 1974, op. cit., p. 279.

[331] SANTOS, 1982, op. cit., p. 277.

[332] A idéia de faculdade de abstenção acima citada é desenvolvida por CAMBI, 2006, op. cit., p. 180-182. Vale mencionar, aqui, que, no caso de a testemunha optar por se manifestar, ela "tem resguardada toda a liberdade para narrar os fatos tal como foram por ela percebidos, ficando isenta da responsabilidade civil pelos danos causados em razão do seu depoimento, desde que as suas declarações sejam verdadeiras".

de abstenção outorgada à testemunha, mas sim com uma proibição decorrente do seu estado ou de sua profissão. A única exegese possível, para sustentar a coerência semântica do comando citado, em face dos fins aos quais o mesmo é associado, é a de que tal ditame legal apresenta por finalidade limitar a imposição de poder estatal, afastando a obrigatoriedade do depoimento quando presentes as situações nele inscritas.

Essa primeira abordagem em busca da exegese correta do art. 406, II, do Código de Processo Civil enseja o surgimento de uma importante questão. Trata-se, aqui, de saber se o consentimento do interessado com a divulgação das informações consideradas sigilosas possuiria o condão de afastar os efeitos da proibição em exame.

A resposta dada pela doutrina a tal questionamento não é unívoca. De acordo com Antônio Carlos de Araújo Cintra, "a testemunha não só pode como deve se recusar a depor, ainda que do sigilo seja dispensada pelo interessado. O interesse geral em que qualquer pessoa possa se dirigir livremente a quem se encontra em estado ou exerça profissão de confiança, falando-lhe sem reservas, é de prevalecer sobre o interesse particular do litigante".[333] De outro lado, Eduardo Cambi propõe interpretação diametralmente oposta para o comando legal citado, ao sustentar que o mesmo "não proíbe que as testemunhas deponham quando estão diante do sigilo profissional, mas apenas afirma que a testemunha 'não é obrigada'". Assevera o referido autor, ainda, que não se trata de uma "regra de exclusão da admissibilidade da prova testemunhal, mas de uma causa que exclui apenas o dever de testemunhar quanto aos fatos dos quais o profissional deva guardar segredo". Partindo dessa premissa, conclui Cambi que "não basta a vontade de o profissional depor, tampouco é suficiente o consentimento do cliente, já que, mesmo havendo autorização expressa, o profissional, por questões de foro íntimo, pode deixar de depor".[334]

Partindo de premissa semelhante à da última posição examinada, Luiz Guilherme Marinoni e Sérgio Cruz Arenhart constroem posição intermediária às acima examinadas, sustentando que a recusa da testemunha no caso em exame está sujeita ao crivo judicial, cabendo ao julgador a aferição da existência ou não de justa causa que autorize o afastamento da proibição em questão.[335] Da mesma forma, Humberto Theodoro Júnior ensina que "caberá ao juiz aferir a justa causa em face das peculiaridades do caso concreto, que, em situações como a do médico e a do banco, podem ensejar quebra do sigilo profissional, por exigência do interesse público", ressalvando que "só motivos de alta relevância deverão ser levados em conta, sob pena de banalizar a tutela constitucional da intimidade, que figura entre os direitos fundamentais". De acordo com esse raciocínio, aponta o autor, após referir a existência de polêmica a respeito do tema, que "a doutrina dominante tem sido a que faz desaparecer o dever de sigilo quando o interessado imediato libera o profissional de guardá-lo. Apenas poderá este insistir em não depor se fatores de ordem moral o impedirem, como o risco de desonra profissional e o perigo de dano, nos moldes dos incisos II e III do art. 229" do Código Civil brasileiro.[336]

---

[333] CINTRA, 2003, op. cit., p. 177.

[334] CAMBI, 2006, op. cit., p. 186. Semelhante parecer é, ainda, a orientação de SANTOS, 1982, op. cit., p. 277, que afirma que "a escusa de responder, visando a guardar sigilo, consiste numa faculdade, num direito da testemunha. A esta e a mais ninguém cabe resolver se se vale ou não do direito de recusar-se a depor" e de FADEL, 1975, op. cit., p. 268, para quem "a escusa de depor não é uma obrigação da testemunha, nem um dever; é uma faculdade, que ela utilizará se e quando entender. Por isso mesmo, o juiz não poderá nem constrangê-la a depor, nem censurá-la porque depôs, a respeito de fatos como os previstos neste artigo".

[335] MARINONI; ARENHART, 2005 b, op. cit., p. 531.

[336] THEODORO JR., 2005, op. cit., p. 559-560.

Essa última linha de pensamento parece ser a mais acertada a respeito do tema. A correta exegese do art. 406, II, do Código de Processo Civil leva à conclusão no sentido da existência de uma *norma que não veicula nem uma proibição absoluta inarredável, nem uma mera dispensa dependente do simples interesse da testemunha*. Em verdade, o que há, antes de tudo, é uma *limitação ao poder de investigação processual, cujo conteúdo é objetivamente determinável, não dependendo apenas da vontade das partes ou dos sujeitos envolvidos na situação investigada*. Desta maneira, a aferição dos limites de tal garantia deve levar em conta a *necessidade de ponderação, por meio do emprego do postulado da proporcionalidade, entre o dever constitucional de proteção da intimidade e a convergência entre os objetivos de conhecer a realidade histórica tal qual ela ocorreu e de proteger outros fins igualmente tutelados pelo ordenamento jurídico constitucional*. Com efeito, a vontade da parte ou do terceiro relacionado à situação envolvida sob o manto do sigilo protegido pela norma em comento atua como um fator a ser considerado para fins de determinação do conteúdo da primeira dimensão acima considerada. O peso da manifestação no sentido do desinteresse na proteção do sigilo decorrente de estado ou de profissão aumenta nos casos em que o exercício da liberdade de disposição quanto ao conteúdo da informação mencionada depender exclusivamente de sua manifestação, não sendo limitado por qualquer condicionamento externo. De outro lado, menor deverá ser a importância atribuída à manifestação de desinteresse da parte nos casos em que, extrapolando as fronteiras da sua esfera jurídica individual, tal pronunciamento se apresentar tendente à produção de prejuízos aos interesses ou aos direitos de testemunhas ou de terceiros. Deste modo, em sendo determinado à testemunha que traga aos autos informações sob o argumento da existência de autorização, impõe-se que sejam, ao mesmo tempo, dadas as condições necessárias para que as conseqüências decorrentes de tal conduta excepcional sejam minimizadas, como, por exemplo, a determinação de tramitação do processo em regime de segredo de justiça.

Em síntese, o padrão a ser seguido em sede de valoração da prova em face do constante do art. 406, II, do Código de Processo Civil é distinto daquele apontado para o inciso I do mesmo comando legal. Primeiramente, urge analisar se é possível atribuir algum valor à prova trazida pela testemunha sobre os fatos ali referidos, levando-se em conta os limites de disposição de interesse acima expostos. Devem ser levados em conta, ainda, para fins de aferição do valor probatório a ser atribuído à manifestação testemunhal, a conformidade de tal manifestação em face do resultado da atividade de instrução como um todo. Somente em não sendo possível a atribuição de qualquer valor à prova testemunhal é que se recorrerá, deste modo, à orientação antes indicada como aplicável quando da análise do art. 406, I, do Código de Processo Civil, ou seja, o preenchimento de lacunas por meio da observância de regras de experiência compatíveis com o todo do debate travado nos autos.

4.2.4. A valoração da prova testemunhal e o testemunho indireto

Por fim, mas não menos importante, cumpre referir a necessidade de adoção de especiais critérios de valoração quando da consideração de testemunhas que se pronunciam, dizendo conhecer a realidade investigada apenas a partir de relatos de terceiros. Trata-se, na correta expressão empregada por Danilo Knijnik, de "introdução, em juízo, de um depoimento no qual se relatam proferimentos feitos por um terceiro", de "'testemunho de um testemunho', em que há, por assim dizer, um 'diafragma narrativo'".[337] Deste modo, o hiato existente entre a percepção da testemunha e a realidade examinada é preenchido por uma narrativa daquilo que foi visto pela testemunha direta dos fatos examinados. A ponte que une as duas dimensões é, por sua natureza, carregada também de carga valorativa, de maneira que aquilo que a testemunha indireta (também denominada "de relato", "de auditu" ou "de ouvir dizer") relata é a sua impressão a respeito de uma descrição possível de um mundo com o qual ela não teve contato direto.

A experiência comparada tende a limitar consideravelmente o valor probatório ao emprego de prova testemunhal indireta como único instrumento a ser considerado na tarefa de retratar a realidade diante dos olhos do julgador. Analisando a realidade italiana, Salvatore Patti aponta que "la testimonianza 'de relato ex parte' non ha valore probatorio neanche come indizio se riguardata isolatamente, mentre può costituire elemento di convincimento se suffragata da altri elementi acquisti al giudizio". Refere o autor, contudo, que, na experiência francesa, por sua vez, a prova testemunhal indireta recebe o mesmo valor de uma presunção.[338]

A orientação seguida pelo ordenamento jurídico brasileiro aproxima-se mais daquela presente na visão francesa antes citada. No contexto da prova testemunhal indireta, a prova de um fato conhecido – qual seja, a narrativa feita por um sujeito à testemunha – permite que, por meio do emprego do mecanismo lógico-argumentativo anteriormente examinado, seja possível o contato com o fato que se pretende conhecer. A aferição do peso efetivo a ser dado à prova testemunhal indireta dependerá, em suma, da consistência dos fatores que integram a estrutura argumentativa que lhe é inerente, bem como da consideração da maior ou da menor relevância a ser atribuída aos filtros que se colocam entre o olhar da testemunha e a realidade descrita, que podem reduzir a riqueza da descrição a ser trazida ao julgador.[339]

4.3. Limites em sede de valoração da prova estabelecidos no regime jurídico aplicável à prova documental

A adequada compreensão das peculiaridades inerentes à prova documental que permitem a identificação de a existência de critérios distintos em sede de valoração de prova em relação àquelas próprios da confissão e da prova testemunhal passa, obrigatoriamente, pela diferenciação entre as *espécies de representação* produzidas a partir detais meios de prova. Nesse sentido, impõe-se diferenciar os casos nos quais há a *representação real ou objetiva*, na qual a percepção de um *objeto* faz com o julgador possa inferir a presença da realidade narrada pelas partes, em relação àqueles outros nos quais há a *representação pessoal ou subjetiva*, nos quais a percepção de um *ato* gera esse mesmo resultado. Baseado em tal distinção, afirma Francesco Carnelutti que a pro-

---

[337] KNIJNIK, 2007, op. cit., p. 62-63.

[338] PATTI, 2001, op. cit., p. 7. No mesmo sentido, ver TARUFFO, 1992 a, op. cit., p. 335, referindo que "muove da una regola di senso comune la *hearsay rule*, che esclude le prove 'per sentito dire', onde evitare rischi di errore nella valutazione della giuria; altri ordinamenti si limitano a recepire la regola di senso comune ed ammettono la testimonianza *de relato* salvo considerarla con cautela, mentre la *law of evidence* configura al riguardo una regola d'esclusione (pur con numerose eccezione) proprio massimizzando la cautela in presenza della giuria". Ainda sobre a experiência italiana, comparando com a realidade alemã da oitiva de autoridades policiais a respeito de relatos feitos de maneira anônima, ver TROCKER, 1974, op. cit., p. 542-547.

[339] WAMBIER, Luiz Rodrigues; ALMEIDA, Flávio Renato Correia de; TALAMINI, Eduardo. *Curso avançado de processo civil.* v. 1. 9. ed. São Paulo: Revista dos Tribunais, 2007, p. 451.

Luis Alberto Reichelt

va documental corresponde à primeira forma de representação acima elencada, ao passo que a prova testemunhal estaria associada à segunda forma antes descrita.[340]

Acompanhando essa mesma distinção, observam Luiz Guilherme Marinoni e Sérgio Cruz Arenhart que a prova documental oferece ao julgador o "conhecimento do fato sem qualquer interferência valorativa outra, que não a sua própria. A interferência humana no fato, diante da prova documental, cinge-se à formação da coisa (documento) e à reconstrução do fato no futuro (pelo juiz ou pelas partes, por exemplo)".[341] Aprofunda essa mesma reflexão Antônio Carlos de Araújo Cintra, para quem "no documento, distinguem-se, de um lado, seu suporte material (p.ex., o papel, o filme fotográfico, a fita sonora, etc.) e, de outro lado, seu conteúdo representativo (p.ex., a escrita dele constante, a imagem fotográfica, o som reproduzido, etc.). E a representação nele contida pode ser direta (p.ex., a representação da imagem fotográfica) ou indireta (p.ex., a representação da escrita que representa palavras que, por sua vez, representam fatos)".[342]

Essa distinção quanto aos diversos instrumentos utilizados com vistas à tarefa de retratar a realidade histórica objeto de investigação nos autos, bem como das diversas formas de representação veiculadas a partir do emprego desses instrumentos, serve como ponto de partida fundamental para a compreensão da posição proposta por Pontes de Miranda. Segundo o autor, "sem exame, não podem os documentos ter efeitos probatórios. Mas essa inspeção sensorial é apenas porta aberta à compreensão do conteúdo intelectual, que é nenhuma na inspeção sensorial da coisa. Se está em causa a materialidade do documento, como se ele é falso ou falsificado, aquela inspeção não basta; mas o que então se prova não se prova por meio de 'prova documental', e sim por meio de inspeção ocular, ou outra, ou por meio de perícia. É a coisa, e não o documento, que se examina; examina-se o documento sem se ir até o seu conteúdo intelectual, ou se analisa materialmente esse conteúdo".[343]

No que diz respeito à força probante dos documentos, aponte-se que o legislador manifestou expressa preocupação com o tema, estendendo-se em minuciosa regulamentação de critérios a serem observados pelo julgador. A análise desse elenco de normas pela doutrina, por sua vez, enseja reações em diversos sentidos. De um lado, vale citar a posição de Cândido Rangel Dinamarco, para quem "esse empenho em tarifar o valor das provas é, contudo, incompatível com a declarada opção do Código pelo princípio do livre convencimento". Afirma o autor citado que tais regras "só se legitimariam em

---

[340] CARNELUTTI, 1992, op. cit., p. 101: "vi sono, sotto il profilo del mezzo, due tipi di rappresentazione: la rappresentazione reale (obbiettiva) e la rappresentazione personale (subbiettiva). La prima si ottiene mediante la composizione di un oggetto atto a risvegliare in chi lo percepisce l'idea, che viene determinata dalla percezione del fatto rappresentato. La seconda si ottiene mediante la composizione di un atto, capace di ottenere lo stesso risultato". Com base nisso, conclui o autor que "alla prima forma di rappresentazione serve di mezzo il documento (rappresentazione documentale); alla seconda forma il testimonio (in lato senso; rappresentazione testimoniale)".

[341] MARINONI; ARENHART, 2005 b, op. cit., p. 234.

[342] CINTRA, 2003, op. cit., p. 94. Em analise semelhante, ver THEODORO JR., 2004, op. cit., p. 408 e WAMBIER; ALMEIDA; TALAMINI, 2007, op. cit., p. 439.

[343] PONTES DE MIRANDA, 1997 b, op. cit., p. 357. Assim também CINTRA, 2003, op. cit., p. 95, ao observar que "por seu conteúdo representativo, o documento será fonte de prova real e indireta. Real, porque a representação do fato probando é feita através da coisa; e indireta porque – como sempre ocorre com a representação – a percepção do juiz é exercida sobre a coisa (representativa), diferente do fato probando (representado)".

---

clima de regime de prova legal" e que, à luz do postulado sistemático, "na prática elas se revelam menos imperativas ou vinculantes do que parecem".[344]

Diferentemente, Antônio Carlos de Araújo Cintra afirma que tais normas ensejam a redução do campo de incidência do princípio da livre apreciação anteriormente mencionado, e conclui no sentido de que "a disciplina do valor probante dos documentos repousa na sua distribuição em várias categorias". Separa o autor aludido, ainda, os documentos segundo os critérios da *natureza do seu elemento representativo* (escritos, figurativos e fonográficos), da *natureza da declaração representada* (narrativos e negociais) e do seu *conteúdo* (originais e cópias).[345] Essa posição é acompanhada por Humberto Theodoro Júnior, ao referir que "não obstante a adoção pelo Código do livre convencimento nos atos solenes, isto é, naqueles em que a forma é substancial, o documento público exigido por lei para sua validade assume supremacia sobre qualquer outra prova, e não pode mesmo ser substituído por nenhum outro meio de convicção".[346]

O ponto de partida para a construção do entendimento que parece melhor enfrentar o dilema acima apontado pode ser encontrado na lição de Carlos Alberto Alvaro de Oliveira, ao ponderar que "no fundo, a livre apreciação da prova encontra-se intimamente ligada à valorização do próprio juiz e de seus julgamentos, o que conduz a uma insuprimível dialética entre lei e juiz, incapaz de ser resolvida em termos abstratos e cuja solução só pode ser encaminhada levando-se em conta concretos parâmetros históricos, sociais e econômicos".[347] Frise-se que a racionalidade de um sistema que conjuga a *liberdade do julgador na apreciação da prova* com a *existência de limites decorrentes de prévia fixação do valor da prova documental* somente pode ser encontrada no cotejo dos *fins* com os quais estão comprometidas as normas que nele se inserem. A contextualização adequada dos comandos examinados revela que a interpretação teleológica se constitui na melhor técnica para solucionar os dilemas eventualmente encontrados.

Dessas considerações é possível construir raciocínios eminentemente práticos. Primeiro de tudo, é preciso que a limitação legal examinada seja interpretada em consonância com os objetivos tutelados pelo ordenamento jurídico (em especial, aqui, a segurança jurídica, a pacificação e a estabilidade das relações sociais e a obtenção de decisões pautadas, no maior grau possível, naquilo que efetivamente aconteceu do ponto de vista histórico). Não havendo outro fim que, melhor tutelado pela idéia de livre apreciação da prova, se coloque em posição de primazia, deve imperar aquilo que houver sido estabelecido pelo legislador. De outro lado, se os resultados almejados através da investigação processual forem atingidos de maneira mais eficiente mediante o emprego da livre apreciação da prova do que através das fórmulas expressamente estabelecidas pelo legislador, deve então preponderar a fixação judicial de critérios de valoração da prova em detrimento daqueles legalmente previstos. Se a restrição positiva à livre apreciação da prova não se apresentar apta a veicular uma fórmula que garanta a valoração da prova com base nos critérios de aferição de graus de probabilidade anteriormente

[344] DINAMARCO, 2005, op. cit., p. 575.

[345] CINTRA, 2003, op. cit., p. 95-97.

[346] THEODORO JR., 2004, op. cit., p. 408. Assim também WAMBIER; ALMEIDA; TALAMINI, 2007, op. cit., p. 408, ao afirmarem que "o princípio do livre convencimento motivado fica limitado por expressa determinação legal, pois não pode o magistrado conhecer o fato por outro meio de prova, que não o legalmente exigido"; registram também que "a inexistência de hierarquia entre os meios de prova sempre desaparecerá quando houver norma expressa determinando a prevalência de um meio sobre o outro".

[347] ALVARO DE OLIVEIRA, 2009, op. cit., p. 194.

descritos, destoando do objetivo de garantir a maior aproximação possível do olhar do julgador em relação à realidade histórica investigada, então deverá ela ser tida por irracional, sendo imediatamente afastada pelo intérprete.

Partindo dessa premissa, tem-se que o passo fundamental a ser respeitado no estudo do regime de direito positivo estabelecido em relação à força probante da prova documental é, antes de tudo, *delimitar a perspectiva teleológica à qual os limites à livre apreciação da prova estão ligados*. Cumprida tal tarefa em relação a cada um dos subsistemas normativos contidos no Código de Processo Civil que veiculam restrições à valoração livre da prova documental, será possível conhecer quais são os parâmetros que norteiam a validade da exegese dos respectivos comandos legais.

Ressalte-se, ainda, que o reconhecimento da *presença* e da *redução* da força probante de documentos é tarefa desenvolvida a partir do emprego, pelo legislador, de de uma multiplicidade de critérios. Há normas que dizem respeito à *forma* de sua elaboração, se por meio de instrumento público, de documento público ou através de documento firmado diretamente entre privados, ou, ainda, se era exigida, para a constituição do ato jurídico, a forma escrita. Outras ditam o tratamento jurídico a ser considerado em face de questões concernentes à *autenticidade* do documento, como aquelas que estabelecem o tratamento das cópias e das certidões em face do documento original, ou, ainda, ao questionamento da presença de tal atributo. Dois outros grupos de regras igualmente relevantes são aqueles que comportam comandos relacionados à força probante dos documentos no que se refere ao seu *conteúdo* (dispondo quanto aos efeitos atribuídos à data em que os mesmos são firmados e à sua autoria) e à *função* por eles exercida (em especial, a documentos destinados à comunicação de informações e à escrituração contábil e comercial da atividade empresarial).

4.3.1. A valoração da prova documental e a forma revestida pelo documento

Sobre o primeiro grupo de normas acima referido, impõe-se, inicialmente, trazer algumas definições essenciais, sem as quais não é possível efetuar, em um segundo momento, as pertinentes distinções.

Por *documento público* entende-se aquele que adota forma escrita e é elaborado por oficial público competente no exercício de suas atribuições, atendidos os requisitos previstos pelo ordenamento jurídico para a prática de tal ato pelo respectivo oficial.[348] *Instrumento público*, por sua vez, é aquele documento público, qual seja, "aquele que é formado com o fim específico de fornecer elemento de prova de certo fato jurídico". Por força disso, como bem apontado por Luiz Guilherme Marinoni e Sérgio Cruz Arenhart, "o conceito de documento particular se toma por exclusão, como sendo aquele em que, para a sua formação, não contribuiu qualquer agente público exercendo função pública".[349] Refira-se, por fim, a possibilidade da existência de *instrumentos particulares*, isto é, de documentos particulares cuja forma prevista em lei é exigida como requisito para a constituição do ato jurídico, funcionando como prova preconstituída que pode ser utilizada posteriormente para retratar a sua existência. Também são considerados instrumentos particulares aqueles "registros de declarações de vontade, elaborados com

---

[348] A definição aqui proposta segue a linha daquela apresentada por CINTRA, 2003, op. cit., p. 99.

[349] Toma-se, aqui, emprestada, ainda, a definição de *instrumento* dada por MARINONI; ARENHART, 2005 b, op. cit., p. 237, para construir o conceito de *documento público* na forma em que aqui foi proposto. A relação entre gênero e espécie descrita acima já era apontada também por CINTRA, 2003, op. cit., p. 99.

o objetivo de perpetuá-las no tempo de modo idôneo e vincular os declarantes",[350] concernentes a atos jurídicos praticados segundo forma não defesa em lei.

A identificação das categorias acima referida é fundamental, porque serve como ponto de partida para que se possa compreender o alcance do contido no art. 364 do Código de Processo Civil, aplicável a todo e qualquer *documento público, revestido ou não da forma de instrumento público*.[351] A redação do comando legal apontado impõe que sejam distintos os documentos públicos produzidos materialmente pelo próprio autor intelectual das declarações (denominados de *autógrafos*), como as certidões expedidas por servidores públicos, em relação àqueles cujo autor material seja o particular (chamados de *heterógrafos*), a exemplo do que ocorre nas escrituras públicas elaboradas em cartórios de notas. Se, de um lado, o comando em exame é plenamente aplicável aos primeiros, o mesmo não ocorre com relação a esses últimos, sobre os quais apenas a existência do documento é provada, visto que o teor do documento não é fruto da atividade intelectual do agente público.[352] No caso dos documentos públicos heterógrafos, o oficial apenas registra aquilo que ouviu no exercício de sua função, na forma prevista em lei e a pedido da parte interessada. Por força disso, tais documentos não fazem prova direta da veracidade do fato referido no documento, mas apenas da existência do ato praticado diante do oficial.[353]

Essa mesma conclusão pode ser construída a partir da posição defendida por Pontes de Miranda, para quem "embora o art. 364 nada mais contenha do que referência remissiva ao direito material, que regula a eficácia dos documentos públicos, foi acertado o que enunciou".[354] Nesse sentido, é voz corrente na doutrina a crítica feita à redação dada ao art. 215 do Código Civil brasileiro na parte em que atribui à escritura pública o *status* de prova plena.[355] A posição segundo a qual "a fé pública que confere à escritura a força de prova plena quer dizer que do ato notarial decorre a presunção de que tudo nele certificado seja conforme a verdade", veiculando "presunção *iuris tantum*, que prevalece enquanto não provado o contrário",[356] parece ser a que expressa o melhor entendimento a ser seguido na busca da correta exegese para o dispositivo legal aludido.[357]

---

[350] DINAMARCO, 2005, op. cit., p. 565.

[351] Nesse sentido, ver MARINONI; ARENHART, 2005 b, op. cit., p. 262 e SANTOS, 1982, op. cit., p. 151.

[352] DINAMARCO, 2005, op. cit., p. 567, 576-577.

[353] Assim se expressam MARINONI; ARENHART, 2005 b, op. cit., p. 263-264 e SANTOS, 1982, op. cit., p. 152.

[354] PONTES DE MIRANDA, 1997 b, op. cit., p. 358.

[355] DINAMARCO, 2005, op. cit., p. 567, 576-577, considera "exagerada" a dicção legal em comento. MARINONI; ARENHART, 2005 b, op. cit., p. 265, nota 71, referem que "a redação do art. 215, mencionado, não deve indicar que esse documento gera prova absoluta, ainda que tal previsão esteja contida no atual Código Civil (norma posterior ao CPC). Com efeito, já anteriormente a questão era posta e respondida adequadamente pela doutrina, em lição que permanece aplicável". CINTRA, 2003, op. cit., p. 101, por sua vez, refere que "isto significa que, independentemente de corroboração por outras provas, aquele instrumento constitui suficiente demonstração dos fatos nela declarados como ocorridos na presença do oficial público que o lavrou. Mas a prova plena não exclui a prova em contrário e, portanto, se equipara à presunção simples, de modo que essa disposição da lei apenas confirma a presunção iuris tantum de veracidade daqueles elementos". Ver, ainda, GIANNICO, 2005, op. cit., p. 206.

[356] THEODORO JR., 2005, op. cit., p. 442.

[357] A jurisprudência veicula entendimento no sentido de que "o instrumento público é dotado de fé pública, a teor do art. 364 do CPC, mas as declarações que o tabelião ouviu das partes comportam prova em contrá-

---

Observe-se, outrossim, que o Código de Processo Civil nada diz a respeito da possibilidade de produção de prova indireta dos fatos narrados pelas partes ao tabelião ou ao oficial. Deste modo, a valoração de tal prova dependerá da maior ou da menor intensidade do elo estabelecido, por meio do emprego de uma regra de experiência, entre o fato que se prova (a existência da declaração feita em documento público) e o fato que se quer provar (o fato narrado no documento). Tal alternativa parece ser preferível em relação à da simples recusa de atribuição de qualquer valor a uma prova que pode, no caso concreto, revelar-se útil para a reconstrução do panorama histórico investigado nos autos.

Merece destaque a opção feita pelo Código de Processo Civil ao reconhecer, no art. 366, que nenhuma prova pode substituir o instrumento público nos casos em que esse for requisito para a constituição do ato jurídico. Pontes de Miranda considera que "o instrumento público pode ser empregado para atos jurídicos que não o exijam e para atos jurídicos a que a lei não o dispensa", ressalvando, contudo, que, "na última espécie, só o instrumento público constitui prova, razão por que nenhuma outra prova, qualquer que seja, pode suprir-lhe a falta". E arremata o autor: "se algum direito, ou pretensão, ou ação, ou exceção, depende de ter-se feito registro, não é de eficácia contra terceiros que se trata, mas de eficácia irradiadora de direito, pretensão, ação ou exceção".[358] Em tais casos, o emprego de outro meio de prova que não fosse aquele correspondente à forma *ad solemnitatem* do ato jurídico seria incapaz de retratar a sua existência. Não se trata, aqui, de simples limitação à livre apreciação da prova ou ao princípio da convicção motivada do juiz, mas sim de verdadeira imposição de formação do convencimento do juiz segundo critérios que expressam uma linha de racionalidade em função do objeto do debate.[359]

A análise atenta do constante do art. 366 antescitado revela a necessidade de diferenciação de algumas situações peculiares, às quais deve ser dispensado tratamento jurídico distinto. Refira-se, inicialmente, que não se aplica o comando legal em comento para os casos nos quais se discuta a prova da inexistência ou da invalidade do negócio jurídico cuja forma seja *ad solemnitatem,* que pode ser feita por qualquer meio de prova.[360] Da mesma forma ocorre em se tratando do extravio ou da destruição do docu-

---

rio" (Apelação Cível n. 70004349916, relator Des. Mara Larsen Chechi, julgado pela Nona Câmara Cível do Tribunal de Justiça do Estado do Rio Grande do Sul em 18.12.2002).

[358]PONTES DE MIRANDA, 1997 b, op. cit., p. 362-363.

[359]SANTOS, 1982, op. cit., p. 155-156, afirma que "aí está a razão por que a lei processual, concedendo ao juiz liberdade na apreciação da prova, outorgando-lhe o poder de formar livremente o seu convencimento, atendendo aos fatos e circunstâncias constantes dos autos (art. 131), lhe impõe uma limitação a essa liberdade, exigindo não se considere provado um ato para o qual a lei determine a forma como de sua substância, senão pelo meio probatório que se revista dessa forma". Em sentido contrário, ver MARINONI; ARENHART, 2005 b, op. cit., p. 279, para quem "a regra em exame, todavia, representa uma limitação a este princípio, impondo ao juiz uma avaliação pré-determinada da prova (em verdade, impinge-lhe uma exclusão prévia de qualquer prova que não a específica forma)". Crítica análoga é feita por AGUIAR, 1974, op. cit., p. 164, ao apontar que "encontra-se, neste passo, a presença da prova legal, que pré-exclui toda e qualquer idéia de livre convicção, mas que se impõe para uma intensa publicidade e a presunção de verdade, como contribuição à paz social".

[360] MARINONI; ARENHART, 2005 b, op. cit., p. 280, assim abordam o tema: "é de se pensar na hipótese em que alguém pretende provar, em juízo, que o negócio jurídico, embora tenha sido realizado (e seja, então, existente), não obedeceu ao requisito de forma específica e, portanto, é nulo, pleiteando esta declaração ante o Judiciário. Para esta hipótese, é claro, há de admitir-se a produção de outros meios de prova para comprovar a efetiva realização do negócio, bem como a ausência da forma específica, a fim de permitir a dedução da pretensão que interessa ao autor: a declaração da nulidade do ato. Fossem estas outras provas

mento público, visto que a impossibilidade de provar o atendimento da forma, mediante a juntada do instrumento público aos autos, não exclui o emprego de outros meios de prova, a exemplo de certidões de registros de atos praticados junto a cartórios.[361]

Outra questão igualmente importante relacionada à regulamentação legal da força probante dos documentos públicos é aquela tratada no art. 367 do Código de Processo Civil, segundo o qual "o documento, feito por oficial público incompetente, ou sem a observância das formalidades legais, sendo subscrito pelas partes, tem a mesma eficácia probatória do documento particular". Merece crítica a redação do comando legal transcrito, porque supõe um contexto de possível hierarquia entre espécies de documentos, configurando, na feliz expressão empregada por Cândido Rangel Dinamarco, uma "eloqüente manifestação de uma premissa metodológica equivocada, que seria a da vigência de um sistema de prova legal no processo civil brasileiro".[362]

Em comentário ao mesmo dispositivo acima citado, Antônio Carlos de Araújo Cintra aponta, ainda, que, "se vier a falhar um daqueles fatores de validade, ou ambos, o documento público, como tal, é nulo, e a nulidade atinge a validade do próprio ato por ele realizado, a menos que este ato possa ser praticado por documento particular, cujos requisitos estejam satisfeitos no caso concreto, notadamente com a subscrição pelas partes".[363] Cumpre atentar, aqui, para os fatores envolvidos na possível distinção entre os diversos graus de força probante referidos na norma em comento, a saber, *o fato de a forma e a competência constituírem ou não requisitos de existência do ato contido no documento público* e, de outro lado, o *atendimento a todas as exigências estabelecidas para que o instrumento particular possa produzir os seus efeitos.*[364] Vale lembrar, a esse respeito, a posição de Luiz Guilherme Marinoni e Sérgio Cruz Arenhart, os quais sustentam que "somente quando a forma pública tiver sido eleita pelos celebrantes de um ato jurídico, e não imposta pela lei, é que a regra em exame terá aplicação. Caso contrário, aplicando a dicção legal, forçoso será reconhecer que a 'eficácia probatória do documento particular', porque é nenhuma, invalidará o próprio ato jurídico – uma vez desrespeitada a forma específica determinada pela lei".[365]

Impõe-se referir, ainda, a existência de corrente doutrinária segundo a qual o fenômeno regulado no art. 367 do Código de Processo Civil é tratado como *conversão de documento público em documento particular*, nos moldes do constante do at. 2.701 do Código Civil italiano.[366] Preferível parece ser, contudo, a corrente que busca na *redefinição da eficácia probatória do documento* a definição da natureza jurídica daquilo que é descrito pelo primeiro comando legal citado. Em verdade, o que ocorre é que "a norma prevê a atribuição de efeitos de escritura privada ao documento público, mas não o con-

inadmissíveis, então toda pretensão desta ordem ficaria obstaculizada, o que, de pronto, observa-se ser um disparate".

[361] Nesse sentido, PONTES DE MIRANDA, 1997 b, op. cit., p. 363 ("o art. 366 só alude à falta do instrumento público. Falta, aí, está em sentido de 'não feito'. Se houve instrumento público e queimou-se o livro do cartório, outro é o problema") e MARINONI; ARENHART, 2005 b, op. cit., p. 279-280.

[362] DINAMARCO, 2005, op. cit., p. 567, 576-577.

[363] CINTRA, 2003, op. cit., p. 105.

[364] NERY JÚNIOR, Nelson; NERY, Rosa Maria de Andrade. *Código de Processo Civil comentado e legislação extravagante*. 9. ed. rev., atual. e ampl. São Paulo: Revista dos Tribunais, 2006, p. 548 e PONTES DE MIRANDA, 1997 b, op. cit., p. 364.

[365] MARINONI; ARENHART, 2005 b, op. cit., p. 286. No mesmo sentido, AGUIAR, 1974, op. cit., p. 166.

[366] Assim pensam SANTOS, 1982, op. cit., p. 157-158 e CINTRA, 2003, op. cit., p. 105.

verte (ao menos no sentido técnico da palavra) em documento particular. Assim, deverá o magistrado compreender que, se o documento público for elaborado por funcionário incompetente, ser-lhe-á atribuído o valor relativo ao documento particular".[367]

4.3.2. A valoração da prova documental e a autenticidade do documento

No que se refere ao segundo conjunto de normas jurídicas que regulam reflexos do ponto de vista da valoração da prova documental, urge examinar, inicialmente, a previsão constante do art. 365 do Código de Processo Civil nos seus incisos I, II, III e IV, que estabelece o regime de equiparação da eficácia probatória de certidões, de cópias e de traslados àquela própria dos documentos públicos aos quais tais documentos são associados. Na esteira da correta abordagem realizada por Humberto Theodoro Júnior em relação às certidões de atos produzidos em juízo (que, em verdade, corresponde à exegese a ser seguida no que se refere a todas as situações anteriormente elencadas), impõe-se consignar que, "quando a lei afirma que as certidões do escrivão farão a mesma prova que os originais, deixa claro que a força probante, na espécie, está nos originais (...)".[368]

No que diz respeito às certidões e aos traslados, Pontes de Miranda assevera que a autenticidade do documento decorre "*de provirem de pessoas a que é atribuído, externamente, o conteúdo intelectual do documento*". O referido autor aprofunda a análise, ao sustentar que "as certidões e traslados somente se têm por autênticos, quanto à procedência do conteúdo intelectual, quando sejam autênticos no que toca à procedência material. Se o juiz duvida da autenticidade do conteúdo intelectual, duvida de ter sido o outorgante quem o ditou, ou deu a minuta, copiada pelo notário, e então lhe é dado ordenar (art. 131) que o notário se apresente para examiná-lo e verificar se foi ele mesmo quem afirmou ter sido a pessoa ali mencionada quem o outorgou".[369]

A importância dada à forma do documento nos casos em comento, porém, não pode ser levada às últimas conseqüências. Uma especial menção deve ser feita, aqui, à irrazoável exigência constante do art. 216 do Código Civil brasileiro no que se refere à necessidade de o traslado ser lavrado por um escrivão e conferido por outro. Como bem aponta Humberto Theodoro Júnior, "para fugir do excessivo e injustificável rigor formal, bastará rotular-se a peça de certidão para escapar à exigência da dupla conferência do texto documental. Isto porque seja certidão, seja traslado, o valor probante, segundo o art. 216, é o mesmo. Aquela e este, ex vi legis, têm a mesma força probatória do original reproduzido".[370] Da mesma forma, é voz corrente doutrinária a dispensa da elaboração da certidão ou do traslado pelo próprio escrivão ou pelo próprio oficial competente, bastando que a peça confeccionada por funcionário a ele subordinado seja objeto de conferência por parte do agente competente para a expedição do documento em comento ("sob sua vigilância", na dicção do Código Civil).[371]

A tendência no sentido de quebrar os grilhões do formalismo excessivo na produção de prova documental através do emprego de cópias ganha mais força ainda com a

---

[367] MARINONI; ARENHART, 2005 b, op. cit., p. 285.

[368] THEODORO JR., 2005, op. cit., p. 450.

[369] PONTES DE MIRANDA, 1997 b, op. cit., p. 360.

[370] THEODORO JR., 2005, op. cit., p. 451.

[371] MARINONI; ARENHART, 2005 b, op. cit., p. 272-273; CINTRA, 2003, op. cit., p. 103; THEODORO JR., 2005, op. cit., p. 451; PONTES DE MIRANDA, 1997 b, op. cit., p. 359; NERY JÚNIOR; NERY, 2006, op. cit., p. 547.

inclusão do inciso IV no art. 365 do Código de Processo Civil. Por força de tal ditame legal, tem-se a equiparação do tratamento dado aos documentos constantes dos autos de processo judicial, em termos de força probante, às cópias reprográficas deles extraídas que, não tendo a sua autenticidade impugnada, forem declaradas autênticas pelo advogado. A introdução de tal comando pela Lei nº 11.382/2006 segue a esteira do que já havia sido preceituado pela Lei nº 10.352/2001, que alterou a redação do art. 544, § 1º, do Código de Processo Civil, e amplia o âmbito de experiência certamente vitoriosa no que se refere à desburocratização e à redução de custos no que diz respeito ao acesso à justiça.

Aponte-se, do mesmo modo, que o próprio Código Civil brasileiro de 2002, no seu art. 225, já previa cláusula geral no sentido de que as reproduções produzem prova daquilo a que se referirem nos casos em que a parte em face de quem tais documentos forem exibidos não lhes impugnar a exatidão. No que se refere às reproduções de fatos ou de coisas,[372] afastou-se, com isso, a fórmula inscrita no art. 383 do Código de Processo Civil, que impunha como condição a admissão da conformidade do documento com o original, de maneira que agora "basta a inércia da outra parte para ter-se como boa a prova".[373]

Seguindo essa linha de raciocínio, destaque-se a irrazoabilidade que caracteriza os discrepantes tratamentos dispensados pelo legislador às *cópias de documentos extraídas do processo* e às *cópias de documentos particulares*. Se, em relação aos primeiros, a eficácia de autenticidade depende de *firma dada pelo próprio advogado*, nos termos do art. 365, IV, em relação a estes últimos a situação é diversa: de acordo com a regra insculpida no art. 384, tal resultado somente se produzirá por meio do *reconhecimento expresso do escrivão*. Essa fórmula, inclusive, repete-se no art. 223 do Código Civil brasileiro, segundo o qual a conferência pelo tabelião faz com que a cópia fotográfica venha a valer como prova de declaração de vontade. Deste modo, a nova determinação introduzida pelo legislador criou distinção que não encontra qualquer justificativa plausível, que seria melhor resolvida pelo legislador se esse houvesse revogado o referido art. 383 e ampliado a abrangência da nova redação dada ao art. 365, IV. Destaque-se, nesse sentido, a existência de precedente que reforça o entendimento ora apontado, a teor do estabelecido no art. 24 da Lei nº 10.522/2002, segundo o qual "as pessoas jurídicas de direito público são dispensadas de autenticar as cópias reprográficas de quaisquer documentos que apresentar em juízo", não fazendo distinção entre documentos públicos e documentos privados.

Com a introdução, através da Lei nº 11.419/2006, de um novo inciso VI no art. 365 do Código de Processo Civil, reitera o legislador posição semelhante àquela expressa no comando antes citado. Refira-se que o novel inciso antes citado equipara aos originais as cópias digitalizadas de qualquer documento, público ou particular, juntadas aos autos pelos órgãos da justiça e seus auxiliares, pelo Ministério Público e seus auxiliares e pelos órgãos detentores de representação judicial do poder público em geral. A mesma lei introduz, ainda, em elogiável fórmula, o inciso V ao mesmo artigo, equiparando a força probatória dos extratos digitais dos bancos de dados públicos ou privados àquela

---

[372] PONTES DE MIRANDA, 1997 b, op. cit., p. 384, aponta que "trata-se igualmente qualquer reprodução mecânica. O art. 383 dá apenas três exemplos: fotografia, filme cinematográfico, fonografia".

[373] THEODORO JR., 2005, op. cit., p. 520. Refira-se, de outro lado, que CINTRA, 2003, op. cit., p. 127, já dava interpretação mais flexível à admissão mencionada no art. 383 do Código de Processo Civil, que, segundo esse autor, poderia ser veiculada "expressa ou tacitamente".

própria dos registros originais. O fato de o legislador condicionar a eficácia probatória em tais casos à presença de atestado expresso pelo emitente, sob as penas da lei, de que as informações conferem com o que consta na origem deve ser lido *cum granum salis*. O rigor constante de tal comando certamente não impedirá o julgador de levar em conta tais informações, especialmente em tempos nos quais a obtenção de grande parte desses certificados pode ser feita através do emprego da Internet, como ocorre com as certidões relativas à situação de contribuintes junto a órgãos do Ministério da Fazenda.

A infundada diferença de tratamento entre cópias e originais antes citada é substancialmente atenuada pelo fato de o previsto no art. 225 do Código Civil ser aplicável a quaisquer espécies de reproduções, inclusive cópias reprográficas. Nesse sentido, caminha-se na trilha anteriormente aberta pelo legislador no art. 372 do Código de Processo Civil com relação a cópias de documentos particulares. Como foi bem assinalado por Humberto Theodoro Júnior, em comentário ao regime previsto no Código Civil brasileiro relativamente à prova documental, "o art. 223 cuida apenas da fotocópia autenticada, à qual atribui a mesma força probante do documento original. Isto, contudo, não equivale a recusar valor probatório às que não se acham conferidas por tabelião. Se produzida em qualquer processo, a parte contrária não impugna o conteúdo da fotocópia, torna-se este incontroverso entre os interessados. A falta de autenticação notarial passa a ser irrelevante, porque as próprias partes, por sua conduta em juízo, se encarregaram de atribuir-lhe autenticidade".[374] Cabe referir, com Luiz Guilherme Marinoni e Sérgio Cruz Arenhart, que a ausência de impugnação não afasta do magistrado a possibilidade da desconsideração da conclusão quanto à autenticidade do documento, "desde que o conjunto probatório dos autos lhe indique direção conflitante com o seu acolhimento",[375] ou, ainda, que vislumbrada alguma das hipóteses inscritas no parágrafo único do art. 372 do Código de Processo Civil.

Também não se deve confundir a *inexistência de impugnação da alegação sobre fato juridicamente relevante* (que é objeto do constante do art. 334, III, do Código de Processo Civil, dispensando a produção de prova quanto a tal alegação) em relação à *inexistência de impugnação do conteúdo da cópia reprográfica* (situação que, por sua vez, é tratada pelos dispositivos legais anteriormente transcritos). Há que se destacar a existência de casos nos quais a inexistência de impugnação da alegação sobre fato juridicamente relevante não traz, como efeito necessário, a incontrovérsia que autorizaria a dispensa da produção de provas. De outro lado, aponte-se que a concordância da parte, tácita ou expressa, no que tange à autenticidade de um documento, não se confunde com a concordância em relação à existência ou não do fato a ser por ele provado, mesmo que possa haver relação entre essas dimensões.[376]

---

[374] THEODORO JR., 2005, op. cit., p. 511.

[375] MARINONI; ARENHART, 2005 b, op. cit., p. 314.

[376] Essa questão parece não ter sido devidamente enfrentada por DINAMARCO, 2005, op. cit, p. 579, que, ao comentar o espírito da exegese ora proposta (e seguindo a mesma linha de argumentação, a fim de buscar uma maior racionalização do sistema), sustenta que "o Código Civil praticamente reedita essas disposições, ao estabelecer (a) que as reproduções de toda ordem fazem prova quando não- impugnadas pelo adversário daquele que as houver trazido aos autos e (b) que, impugnada a autenticidade de uma delas, quem a exibiu tem o ônus de exibir o original, para confronto, sob pena de não se reputar provado o fato (arts. 216, 217, 218, 222, 223). Nenhuma dessas disposições seria necessária, dada a regra da aceitação dos fatos não-impugnados, independente de qualquer prova (ainda o art. 334, inc. III, CPC)". É justamente na ausência da ressalva ora feita que, com a devida vênia, tem-se a discordância em relação à posição doutrinária ora transcrita.

Cumpre examinar, por fim, o alcance da presunção relativa de autenticidade do documento no qual conste a firma do signatário reconhecida por tabelião em declaração de que foi aposta em sua presença, na forma do constante do art. 369 do Código de Processo Civil. Deve-se lembrar, aqui, que "quando se alude à autenticidade do documento, perquire-se apenas e exclusivamente da sua autoria, sem cogitar sobre a veracidade ou não do conteúdo próprio inserto naquele suporte".[377] Tem-se, aqui, um mecanismo próprio de prova indireta, pelo qual a prova produzida em relação à assinatura (fato secundário) garante a prova da autenticidade do documento (fato principal). Neste sentido. toma-se a parte pelo todo, de maneira a considerar integralmente fiel o documento, no caso de a assinatura aposta ganhar o reconhecimento público correspondente. Daí o porquê de ser preferível a exegese segundo a qual também o reconhecimento por semelhança da firma deve ser considerado albergado na hipótese legal ora examinada, visto que a lógica a ser atendida (qual seja, a de que a certificação oficial da firma permite reputar o documento como autêntico) é exatamente a mesma.[378] Superados os irrazoáveis limites da interpretação literal,[379] observa-se que os argumentos em sentido contrário da posição ora defendida, a saber, o da incapacidade técnica do tabelião ou do escrivão de confirmar a veracidade da firma[380] e o da incerteza de que os fatos ocorreram perante o tabelião,[381] ou pressupõem a desconsideração de que tais profissionais, em algum momento, atenderam aos rígidos pressupostos legalmente estabelecidos para o exercício da função registral, ou levariam a um engessamento do sistema registral que dificulta sobremaneira a atividade de descentralização de funções cartorárias.

4.3.3. A valoração da prova documental e o conteúdo veiculado no documento

Um terceiro conjunto de vetores a serem considerados do ponto de vista do valor a ser atribuído à prova documental diz respeito àquelas normas que dispõem sobre os reflexos relacionados ao conteúdo do documento analisado. Assim ocorre, por exemplo, no que se refere ao art. 368 do Código de Processo Civil, segundo o qual "as declarações constantes do documento particular, escrito e assinado, ou somente assinado, presu-

---

[377] MARINONI; ARENHART, 2005 b, op. cit., p. 297. Da mesma forma, SANTOS, 1982, op. cit., p. 163, refere que "se autenticidade é a certeza da proveniência ou autoria do documento, tanto faz que essa certeza decorra dele próprio, de suas condições específicas, como de outras razões convincentes. De vez que, relativamente a dado instrumento, não se duvide de sua autoria ou não se questione sobre ela (art. 372), está provada a sua autenticidade; trata-se de documento autêntico".

[378] Nesse sentido, PONTES DE MIRANDA, 1997 b, op. cit., p. 365.

[379] Assim SANTOS, 1982, op. cit., p. 165, pauta o seu entendimento em interpretação literal: "as demais formas e reconhecimento, admitidas no direito brasileiro – reconhecimento à simples vista do documento ou, por semelhança, ou por abonação direta, ou por abonação indireta – em face do disposto no art. 369, não permitem seja o documento particular considerado autêntico".

[380] Veja-se, aqui, a posição de MARINONI; ARENHART, 2005 b, op. cit., p. 299, para quem "o reconhecimento de firma por semelhança não goza da mesma presunção nem permite a aplicação extensiva do dispositivo. A razão disso é de pura lógica: o reconhecimento por semelhança não é capaz de atestar nada, a não ser que a assinatura constante em certo documento se parece com a pertencente a determinado sujeito; como, porém, o tabelião não tem formação adequada que lhe permita emitir juízo técnico sobre a questão, sua afirmação não vale mais do que a opinião de qualquer pessoa que comparasse a mesma assinatura com outro padrão".

[381] De acordo com THEODORO JR., 2005, op. cit., p. 481, "no caso de reconhecimento por comparação, o reforço de autenticidade não é muito grande, porque o fato básico – a assinatura do instrumento – não se passou em presença do tabelião; não pode este, por isso, dar fé pública ao reconhecimento da autoria da firma; há apenas grande possibilidade de ser verdadeira a assinatura, não porém a certeza".

Luis Alberto Reichelt

mem-se verdadeiras em relação ao signatário". A assinatura do documento faz prova da veracidade das declarações do documento, gerando presunção relativa[382] que se robustece "desde que este seja expressa ou tacitamente reconhecido em juízo, pela parte a quem é oposto, como traduzindo a sua vontade", passando a valer, pois, com a mesma força de documento autenticado "sempre que o ato por ele instrumentado não reclamar forma especial",[383] "desde que não haja dúvida sobre a autenticidade do documento particular em questão", na forma do art. 373 do referido diploma legal.[384]

O *caput* do art. 219 do Código Civil brasileiro praticamente repete em seu texto o constante do art. 368 do Código de Processo Civil. Lembra Humberto Theodoro Júnior que "para ter-se como operante a declaração de que se trata o art. 219 não se exige que a firma do declarante esteja autenticada ou reconhecida por tabelião", entendendo o referido autor que "a intervenção notarial robustece a autenticidade do documento particular, mas não é condição essencial da sua força probante".[385]

A análise acima efetuada serve como ponto de partida a partir do qual se faz possível a formação de outras conclusões igualmente relevantes do ponto de vista da valoração da prova documental. Da conjugação dos dispositivos legais em comento com o art. 221 do Código Civil de 2002, conclui-se no sentido de que a primeira parte desse último comando ("... o instrumento particular, feito e assinado, ou somente assinado por quem esteja na livre disposição e administração de seus bens, prova as obrigações convencionais de qualquer valor ...") restou absorvida pelo constante do *caput* do art. 368. A segunda parte do art. 221 ora citado ("... mas os seus efeitos, bem como os da cessão, não se operam, a respeito de terceiros, antes de registrado no registro público"), por sua vez, revela a importância da publicidade dada ao instrumento particular mediante registro, possibilitando que a prova produzida possa ser invocada com eficácia *erga omnes*, e não apenas *inter partes*.[386]

Registra-se, desta maneira, a partir da exegese acima proposta, a possibilidade de distinção entre diversas espécies de eficácia probatória em relação ao documento particular, a saber: a) aquela atribuída aos documentos particulares assinados pela parte sem reconhecimento de firma por oficial (existindo uma presunção de veracidade do conteúdo do documento em relação à parte signatária); b) a dos documentos particulares assinados pela parte cuja firma vem reconhecida em tabelionato (que consiste no somatório da presunção anteriormente apontada com aquela outra de autenticidade da assinatura); c) a dos documentos particulares assinados pela parte que venham a ser objeto de registro público (nos quais a eficácia extrapola a dimensão das partes, porém produz-se *erga omnes*). Essas diferenciações permitem ainda afirmar o acerto da posição doutrinária segundo a qual, na análise do art. 368, *até o momento do registro público, a eficácia probatória aludida somente se produz em relação à parte signatária, mas não se produz em relação a terceiros*.[387] Segue-se, pois, a trilha proposta por Humberto

[382] Ver: MARINONI; ARENHART, 2005 b, op. cit., p. 292; SANTOS, 1982, op. cit., p. 161; CINTRA, 2003, op. cit., p. 106.

[383] SANTOS, 1982, op. cit., p. 161.

[384] CINTRA, 2003, op. cit., p. 106.

[385] THEODORO JR., 2005, op., cit., p. 462.

[386] Endossa-se, aqui, a correta posição firmada a respeito da exegese dos dispositivos em comento por CINTRA, 2003, op. cit., p. 108.

[387] Nesse sentido, ver: SANTOS, 1982, op. cit., p. 162 ("mas a eficácia desse instrumento, inclusive a probatória, se opera entre as partes, não em relação a terceiros. Em face de terceiros, terá o instrumento público eficácia tão-somente depois de transcrito no registro público ..."); MARINONI; ARENHART, 2005 b, op. cit., p. 294 ("não se opera, portanto, da confecção do documento, eficácia de ciência universal (*erga omnes*),

Theodoro Júnior, segundo a qual o registro "não cria a autenticidade do documento particular, nem dispensa a parte de exibir o original quando a outra parte ou terceiro lhe impugnar a origem", mas apenas "completa a elaboração do documento particular, dando-lhe condições de oponibilidade *erga omnes*. Não cria nem amplia, porém, sua autenticidade, que somente poderá ser definida, quando questionada, à luz do original. Enfim, não torna público o instrumento que nasceu particular, não podendo, por isso, mudar o regime de aferição da respectiva autenticidade".[388]

Observe-se, do mesmo modo, que, a exemplo do verificado na exegese do art. 369 do Código de Processo Civil, o art. 368 também veicula norma que prevê a incidência de estrutura argumentativa típica de prova indireta. De acordo com tal ditame legal, o intérprete está autorizado a, diante da assinatura que prova a proveniência do documento (fato secundário), concluir no sentido do surgimento de presunção relacionada à veracidade do conteúdo do documento em relação ao sujeito que apôs a assinatura (fato principal). Esse raciocínio pode ser claramente encontrado em julgado do Superior Tribunal de Justiça no qual se determinou que "a nota fiscal é um documento particular – uma vez que é emitida por comerciantes –, e, como tal, presume-se verdadeira em relação ao seu emitente, nos termos do art. 368 do CPC; vale dizer, a nota fiscal comprova, em relação ao emitente, a existência de um ato comercial (compra e venda de mercadorias ou prestação de serviços). Por sua vez, quando o adquirente assina o comprovante de entrega da mercadoria ou de prestação do serviço – que geralmente é feito na forma de canhoto destacável de uma das vias da própria nota fiscal –, forma-se, de maneira inquestionável, o convencimento quanto à existência de uma relação comercial entre comerciante-credor e adquirente-devedor, pela qual o primeiro possui um crédito a receber do segundo".[389]

Na seqüência do estudo das regras sobre valoração da prova relacionadas ao conteúdo do documento, refira-se que diferentes sistemáticas pautam a exegese a ser ofertada ao parágrafo único do art. 368 do Código de Processo Civil. Ao enunciar, em sua primeira parte, que a existência de declaração de ciência constante do documento prova apenas a existência de tal manifestação, o dispositivo ora comentado veicula um mecanismo típico de prova direta. Deve-se considerar, no entanto, que a assertiva no sentido de que a prova da declaração não se confunde com a prova da veracidade do fato a ela relacionado somente ganha sentido em se pensando, igualmente, no raciocínio em sede de prova direta. Aliás, essa é a única exegese possível para se sustentar a validade do comando legal em comento, sendo inegável que, à luz de critérios de experiência e de outros fatores que confirmem tal conclusão, é possível inferir a presunção relativa no que se refere à existência de um fato a partir da prova quanto à existência de uma declaração a respeito desse mesmo fato.[390]

---

que permita sustentar o conhecimento por todos daquelas declarações, ou do conteúdo do documento") e AGUIAR, 1974, op. cit., p. 167 ("o valor probante do documento particular se distingue do valor probante do documento público. Isso porque possui este último a presunção de autenticidade, que lhe dá o atributo da fé e confiança *erga omnes*, enquanto que confere a lei ao primeiro a presunção de veracidade em relação ao signatário").

[388] THEODORO JR., 2005, op. cit., p. 496.

[389] Recurso Especial n. 778.852/RS, rel. Min. Nancy Andrighi, julgado pela Terceira Turma do Superior Tribunal de Justiça em 15.08.2006.

[390] Veja-se, aqui, SANTOS, 1982, op. cit., p. 163, para quem "as declarações, que se presumem verdadeiras, são as dispositivas e enunciativas diretas. As enunciativas indiretas, máxime quando apenas referentes à ciência relativa a determinado fato, valem como simples declarações, e como tais são havidas provadas. O fato declarado, entretanto, depende de prova pelos meios regulares, recaindo o ônus da prova em quem seja interessado na sua veracidade". Assim também PONTES DE MIRANDA, 1997 b, op. cit., p. 364, que

Luis Alberto Reichelt

Exegese análoga pode ser aplicada no que se refere ao art. 219, parágrafo único, do Código Civil brasileiro, que trata de "declarações enunciativas" feitas pelas partes em documentos. Tratar documentos que contenham declarações de tal espécie como mero "começo de prova" é, em última instância, um eufemismo que somente se justifica na tentativa de diminuição do valor da prova indireta em face da prova direta. Urge referir, nesse sentido, que a possibilidade de prova em sentido contrário não esvazia o valor probatório que se pode atribuir a tais documentos, especialmente se esses forem considerados como manifestações inseridas dentro de contextos de normalidade, como aqueles veiculados em regras de experiência.[391]

A interpretação do constante do art. 370 do Código de Processo Civil, por sua vez, também serve como exemplo da diversidade de técnicas empregadas no que se refere à prova do conteúdo de documentos particulares. No que se refere à solução a ser ofertada nos casos em que haja dúvida quanto à data da assinatura de documento particular firmado por ambas as partes, nada foi estabelecido expressamente pelo legislador, que se resignou a dizer que tal situação "provar-se-á por todos os meios de direito". Distinta é a fórmula empregada para regular a prova em face de terceiros[392] da data da assinatura de documento firmado por apenas uma das partes: para tanto vêm estabelecidas, nos incisos I a V do referido comando legal, presunções legais relativas no que se refere a termos a serem considerados pelo julgador. De acordo com Antônio Carlos de Araújo Cintra, "por sua própria maneira de ser, essas presunções, é claro, não beneficiam quem tiver interesse em demonstrar que o documento cuja data se impugnou foi feito em momento anterior ao resultante de sua aplicação, cabendo-lhe, portanto, comprová-lo, o que não conflita com as presunções. Da mesma forma, quem tiver interesse em demonstrar que o documento foi feito em data posterior ao limite final fixado pelas presunções não fica impedido de fazê-lo, dado que se trata de presunções relativas, incumbindo-lhe, naturalmente, o ônus da prova de que não se verificaram os fatos de que estas decorrem ou que se verificaram em data posterior àquela que parecia indicada nos autos".[393]

exemplifica: "se a pessoa, por exemplo, no instrumento particular, ou mesmo público, enuncia que o imóvel que está vendendo foi beneficiado pela formação de ilha, ou acréscimos por depóstios, ou desvio de água do rio, ou de outra causa alusível, é eficaz a sua declaração de vontade, mesmo se tal fato não ocorreu, porém o enunciado de fato pode ser verdadeiro, ou não no ser, ou ter deixado de ser admissível. Por isso, prova há da declaração de vontade e da declaração de conhecimento, sem que, com tais declarações, haja prova do fato". Apesar de que tais lições não façam expressa alusão à distinção entre prova direta e prova indireta, é certo que a orientação nelas expressa é pautada a partir disso, sendo interpretada a proibição em comento sempre como limite do ponto de vista da prova direta.

[391] Cabe apontar, aqui, a posição de THEODORO JR., 2005, op. cit., p. 463, o qual afirma que "o portador da declaração poderá vir a utilizá-la como instrumento de informação para alguma pendência entre as partes, mas funcionará apenas como começo de prova, porque o signatário poderá desdizer e apresentar outros argumentos sem sofrer as conseqüências da presunção do art. 219. A hipótese se enquadrará no âmbito do parágrafo do citado dispositivo, visto que se tratará de declarações enunciativas, cuja ocorrência, mesmo registrada em declaração negocial, não exime os interessados em sua veracidade do ônus de prová-la".

[392] A palavra *terceiros,* empregada pelo legislador, segundo voz corrente doutrinária que apresenta a melhor exegese a ser seguida, corresponde aos sujeitos "que não participaram da formação do documento e, portanto, nele não colocaram suas assinaturas" (CINTRA, 2003, op. cit., p. 111). Essa também é a posição de AGUIAR, 1974, op. cit., p. 172. Em sentido contrário, ver MARINONI; ARENHART, 2005 b, op. cit., p. 301, que entendem que a palavra *terceiros* leva em conta a situação dos sujeitos "em relação ao processo", de maneira que "dentre estes terceiros não se incluem os terceiros intervenientes no processo, já que estes também são litigantes (seja na condição de assistentes, seja na função própria de partes, como ocorre com a ampla maioria dos intervenientes)".

[393] CINTRA, 2003, op. cit., p. 111. O mesmo entendimento é defendido também por PONTES DE MIRANDA, 1997 b, op. cit., p. 366, sustentando que "o art. 370, 2ª parte, que é concernente a terceiros, é a favor deles, mas isso não afasta o seu interesse em que se acolha a data constante do documento".

Fórmula análoga é empregada pelo legislador ao estabelecer presunções relativas quanto à autoria do documento particular (art. 371 do Código de Processo Civil), sem, contudo, fazer qualquer ressalva em relação à prova ser produzida em face da parte que também firmou o documento ou em relação a terceiros.[394] A lembrança feita por Luiz Guilherme Marinoni e Sérgio Cruz Arenhart a respeito das funções *indicativa* e *declarativa* inerentes à subscrição de documentos serve como indicativo da importância a ser atribuída à prova da assinatura do documento.[395]

De outro lado, essa mesma idéia serve como sintoma dos prejuízos decorrentes da defesa de uma proibição absoluta em relação ao uso da *presumptum de presumpto* na formação do convencimento jurisdicional, dado que a assinatura do documento pode permitir a construção de conclusões não necessariamente limitadas apenas à sua *autoria* mas também à *aceitação do seu conteúdo*. Vale aqui, mais uma vez, o que já foi dito linhas atrás em relação à exegese do parágrafo único do art. 368, que também é pautado na distinção entre prova direta e prova indireta. Essa conclusão reforça-se, inclusive, pelo constante do inciso III do art. 371, que remete ao emprego de regras de experiência baseadas no senso comum como ponte que une o fato provado à alegação sobre fato que se deseja provar.[396]

O raciocínio típico de prova direta permeia os limites impostos no texto do *caput* do art. 373 do Código de Processo Civil, segundo o qual "o documento particular, de cuja autenticidade se não duvida, prova que o seu autor fez a declaração, que lhe é atribuída". Observe-se que a conclusão alcançada nos termos do previsto no ditame legal comentado – a prova de que a declaração contida no documento proveio do autor do documento – é exatamente a mesma obtida a partir da exegese do art. 369 da codificação processual civil,[397] distinguindo-se apenas pelas diferentes vias empregadas na busca de tal resultado, nos termos do anteriormente comentado. Na forma do constante do comando em análise, tem-se que o peso a ser atribuído à eficácia da prova que se molde à descrição acima apontada será maior na medida em que também for mais forte a convicção judicial quanto à autenticidade do documento. Isso não significa, contudo, que se esteja diante de regra situada em regime de prova legal; ao contrário, o juiz deve formar

---

[394] SANTOS, 1982, op. cit., p. 167-168.

[395] MARINONI; ARENHART, 2005 b, op. cit., p. 307-308. Para os autores, "a função indicativa alude ao fato de que a subscrição tem por objetivo apontar para o autor do documento formado. É a subscrição de um documento, em princípio, o elemento que informa quem é o autor do documento e, portanto, quem deve ser responsável pelo seu conteúdo", ao passo que a função declarativa aludida consiste "no fato de que quem subscreve um documento assume a paternidade dele e também do seu conteúdo". Abraça-se a distinção proposta pelos autores, discordando-se, contudo, do entendimento por eles firmado, no sentido do enfraquecimento dessa última função, em razão da exegese por eles sustentada, no que se refere ao art. 368 do Código de Processo Civil.

[396] Sobre esse último ponto, relacionando-o com o regime da prova testemunhal, cabe ver a posição de AGUIAR, 1974, op. cit., p. 175-176, ao afirmar que "é justamente na caracterização do começo de prova escrita onde assume papel relevante a disposição legal contida no item III. Ao atribuir a autoria do documento particular àquele que, mandando compô-lo, não o firmou, porque, conforme a experiência comum, não se costuma assinar, dá ao juiz uma razoável orientação sobre o conceito de começo de prova por escrito (art. 402, n. I). Já de muito se tornou comum a juntada, nos feitos judiciais, de documentos escritos dessa natureza e, conseqüentemente, sem firma. Em não poucas vezes, sob a vigência do direito anterior, terá o juiz ficado perplexo em consentir ou não na prova testemunhal complementar ante a dificuldade conceitual acerca do princípio de prova por escrito. Veio agora um conceito fornecido pela lei, malgrado a redação desta não tenha vindo de modo ideal", enfatizando, mais adiante, a natureza indiciária de tal escrito (p. 177).

[397] Sobre essa coincidência de resultados obtidos a partir da prova documental em tais comandos legais, ver MARINONI; ARENHART, 2005 b, op. cit., p. 321.

Luis Alberto Reichelt

o seu convencimento de maneira livre e racional também na hipótese de haver transcorrido *in albis* o prazo previsto no art. 390 do Código de Processo Civil.[398] Essa conclusão encontra amparo na própria redação do art. 373, que veicula norma cuja aplicabilidade pode ser afastada diante da presença do constante do parágrafo único do artigo anterior.[399] Ao mesmo resultado é possível chegar a partir da consideração da inexistência, *in casu*, de preclusão *pro iudicato*, de maneira que seria possível ao magistrado, diante de indícios que infirmassem a conclusão no sentido da autenticidade do documento, determinar a realização de perícia para a aferição de tal condição.

Não é diferente o caminho seguido pelo parágrafo único do art. 373 do Código de Processo Civil, que apenas explicita aquilo que não se poderia negar:[400] em primeiro lugar, que *a parte que pretende lançar mão de um documento não pode simplesmente aceitar a existência de um dos fatos nele narrados e negar a existência de outros que nele também sejam referidos*; em segundo lugar, que *a parte possui o direito de produzir provas destinadas a infirmar os fatos descritos no documento que não sejam consonantes com a defesa dos seus interesses*. Conforme apontado na parte final de tal dispositivo, o princípio da indivisibilidade do documento particular não afasta a possibilidade da eficácia de tal prova ser reduzida (ou até mesmo esvaziada), mesmo após transcorrido o prazo inscrito no art. 390 do Código de Processo Civil,[401] diante de resultado diverso obtido a partir da análise do panorama global construído na atividade de instrução.[402] Tal conclusão pode ser afastada em função de prova em sentido contrário produzida tanto pela parte interessada quanto pelo órgão jurisdicional, respeitados os limites aplicáveis em sede de poderes instrutórios do juiz.

Um último aspecto considerado pelo legislador em relação à influência do conteúdo dos documentos na determinação de sua força probante é aquele inscrito no art. 377 do Código de Processo Civil, segundo o qual "a nota escrita pelo credor em qualquer

---

[398] Em sentido contrário, PONTES DE MIRANDA, 1997 b, op. cit., p. 366, para quem "cumpre, porém, advertir-se que, com a dúvida, se não foi desfeita pela incidência do art. 372, não se presume inautêntico o documento. Houve prazo para a alegação. Aí a dúvida, se persistiu, não mais retira a eficácia do documento particular".

[399] Essa é a posição de SANTOS, 1982, op. cit., p. 173.

[400] De acordo com MARINONI; ARENHART, 2005 b, op. cit., p. 322-323, "o que se diz é que, em concordância com o caput, todo o conteúdo é presumido verdadeiro, salvo prova em contrário (o que seria, diga-se nada além do natural)". Apontam os autores, de maneira incisiva, que "em um sistema como o brasileiro, porém, semelhante preceito carece de sentido, já que nada acrescenta à condição de valoração da prova. De fato, cumpre, sempre, ao juiz determinar o valor que dará ao documento examinado. Nessa função, tem ele plena liberdade em conferir prova efetiva a todo o documento (aplicando a 'indivisibilidade' aqui mencionada) ou apenas a parte dele (rechaçando a idéia exposta por este dispositivo). Em todo caso, deverá ele fundamentar adequadamente suas conclusões, não havendo espaço para a mera remissão a este preceito, já que ele mesmo, em sua parte final, prevê a possibilidade de prova em contrário".

[401] Conforme SANTOS, 1982, op. cit., p. 174, as conclusões no sentido da aceitação da autenticidade do documento e da veracidade do seu conteúdo como um todo desaparecem "se, mesmo posteriormente ao ato de admissão (art. 372), a parte, que pretende utilizar-se do documento, suscita questão quanto a alguma ou algumas das declarações documentadas e se propõe a demonstrar que os fatos nessas declarações contidos não se verificaram. É o que se poderá chamar de impugnação do documento posteriormente ao reconhecimento. Do resultado dessa prova se concluirá pela divisibilidade ou indivisibilidade das declarações documentadas".

[402] Sobre esse último ponto, ver CINTRA, 2003, op. cit., p. 115, ao referir que a prova aludida vale "até demonstração do contrário", apontando que fica ressalvada à parte interessada "a possibilidade de demonstrar que os fatos, contrários ao seu interesse e constantes do conjunto de suas declarações, não se verificaram".

---

parte do documento representativo de obrigação, ainda que não assinada, faz prova em benefício do devedor". Segue-se, aqui, a esteira do padrão de normalidade segundo o qual as declarações feitas pela parte em documento fazem prova contra si, presumindo-se verdadeiras, nos moldes do art. 368 do Código de Processo Civil. Como foi bem apontado por Moacyr Amaral Santos, "não seria de presumir-se que o lançamento feito pelo credor o tivesse sido por mero gracejo ou gratuitamente. Ao contrário, é de supor-se que, em fazendo o credor a declaração de recebimento, tenha ele recebido".[403] Ainda no que se refere à natureza do conteúdo de tais apontamentos, refere a melhor doutrina que o comando em exame não se volta apenas a apontamentos de cunho liberatório mas também se aplica também àqueles que possuírem outro tipo de finalidade, visto que inexiste qualquer restrição por parte do legislador brasileiro a esse respeito.[404]

Refere o parágrafo único do art. 377 do Código de Processo Civil que a regra em comento aplica-se tanto para o documento conservado em poder do credor quanto àquele que se achar em poder do devedor. Se, de um lado, a doutrina firma consenso no sentido de que a norma em comento contempla como finalidade ampliar o espectro do disposto no *caput* do artigo ora examinado,[405] não se pode ignorar, contudo, que a distinção apontada no parágrafo pode servir como indicativo do menor ou do maior valor probatório a ser considerado na formação do convencimento jurisdicional. Urge reconhecer, aqui, que a prova deve ser valorada à luz do contexto no qual é produzida, de maneira que, dependendo da natureza do documento em relação ao qual se estiver fazendo menção, poderá a posse do documento por parte do credor ou do devedor produzir maior ou menor impacto na formação do convencimento jurisdicional. Com efeito, a força probante na situação em exame é substancialmente maior se, por exemplo, demonstrada a entrega da nota promissória ao devedor, consta a existência de apontamento feito pelo credor com cunho liberatório: forma-se, pois, um contexto inegavelmente mais forte, visto que a simples entrega já possuiria o condão de autorizar a conclusão ora referida.[406] Consigne-se, de outro lado, que o dispositivo legal ora examinado não exclui a produção de prova em sentido contrário, capaz de infirmar o apontado no documento pelo credor em qualquer hipótese.[407]

A orientação aplicável ao art. 377 do Código de Processo Civil é a mesma que norteia o entendimento a ser seguido na interpretação do constante do art. 376, aplicável no que se refere a cartas e a registros domésticos. Tal dispositivo veicula norma que determina a produção de prova contra o autor de tais documentos, em obediência ao postulado *nemo sibi titulum constituit*. Impõe-se referir, contudo, que o resultado obtido a partir da atividade instrutória nem sempre se restringe a tal finalidade. De fato, o emprego de cartas ou de registros domésticos, em sendo considerados tais documentos

---

[403] SANTOS, 1982, op. cit., p. 184.

[404] Nesse sentido, ver CINTRA, 2003, op. cit., p. 120 e MARINONI; ARENHART, 2005 b, op. cit., p. 339. Em sentido contrário, ver SANTOS, 1982, op. cit., p. 183 e AGUIAR, 1974, op. cit., p. 189.

[405] PONTES DE MIRANDA, 1997 b, op. cit., p. 378; CINTRA, 2003, op. cit., p. 120; MARINONI; ARENHART, 2005 b, op. cit., p. 340; FADEL, 1975, op. cit., p. 237.

[406] Segue-se, neste ponto, a lição de MARINONI; ARENHART, 2005 b, op. cit., p. 341, para quem "a prova, nestes casos, não pode prescindir da análise do contexto em que o documento foi apresentado e das informações que este ambiente fornece. A posse do documento pelo credor (contendo informações prejudiciais a si) e a sua apresentação em juízo certamente conduzirão a uma prova ainda mais forte de que tais dados são verídicos, tornando quase impossível a prova em contrário. Em caso contrário, a presunção permanece, mas a prova em contrário é, obviamente, mais simples".

[407] FADEL, 1975, op. cit., p. 237.

à luz do contexto ditado por regras de esperiência, pode servir como prova indireta de alegações sobre fatos de interesse do autor de tais documentos. O que não se permite com tal dispositivo legal é, antes de tudo, a formação do convencimento jurisdicional com base em prova direta produzida unilateralmente.[408]

4.3.4. A valoração da prova documental e a finalidade associada ao documento

A finalidade associada a alguns documentos faz com que a prova a eles relacionada mereça atenção especial, devido à gama de critérios de valoração da força probante a eles associada. Examinar-se-ão, sob esse manto, as questões relacionadas à escrituração contábil da atividade empresarial e aos documentos que dizem respeito à atividade de comunicação de informações.

No que se refere ao primeiro grupo de documentos acima referido, aponte-se, inicialmente, a aplicabilidade de exegese análoga à anteriormente examinada em relação ao parágrafo único do art. 373 do Código de Processo Civil ao disposto no art. 380 do referido diploma legal. A aferição da força probante dos lançamentos realizados em livros de escrituração contábil da atividade empresarial exige sejam levados em conta não apenas aqueles apontamentos que interessam à parte que a eles faz referência mas também a inserção desses lançamentos dentro de um contexto. Como bem assinala Moacyr Amaral Santos, "os livros fazem prova no conjunto dos seus lançamentos, no seu todo, não sendo lícito tomar-se isoladamente um lançamento ou registro sem atender a outros lançamentos que lhe são conexos, que o explicam, o completam ou o restringem".[409] Também aqui a indivisibilidade que adjetiva a escrituração contábil não constitui uma conclusão inarredável, mas sim uma presunção estabelecida em lei e pautada em um padrão de normalidade, sendo admissível a produção de prova em sentido contrário pelo interessado em infirmar fatos referidos em tal documentação.[410]

A importância da coerência inerente à escrituração contábil, parâmetro basilar de interpretação da força probante dos documentos a ela inerentes, atua, ainda, como um

---

[408] Analisando a situação em comento, sustenta PONTES DE MIRANDA, 1997 b, op. cit., p. 373, que "negar-se qualquer efeito para possível contribuição à prova, seria demasiadamente radical tal solução negativa". Adota posição análoga SANTOS, Moacyr Amaral. *Prova judiciária no cível e comercial*. v. 4. 4. ed. São Paulo: Max Limonad, 1972, p. 303-304, com ampla análise de correntes doutrinárias. Da mesma forma AGUIAR, 1974, op. cit., p. 186, para quem, "sendo o juiz o destinatário da prova, é de se crer que, in concreto, concomitantemente com certos fatos provados e circunstâncias especialíssimas, possam tais cartas e registros domésticos adquirir algum valor probatório até mesmo a favor de quem os tenha redigido". O mesmo posicionamento é adotado, ainda, por MARINONI; ARENHART, 2005 b, op. cit., p. 338-339, que entendem que "não se pode deixar de considerar a possibilidade de que este escrito se apresente como indício da efetiva ocorrência do fato que interessa ao autor do documento. Com efeito, a forma, a idade do documento, a sua harmonia com o restante da prova dos autos, enfim, tudo isto poderá indicar para a conclusão de que, efetivamente, o fato que interessa ao autor do documento aconteceu realmente. Neste caso, não há dúvida, embora o documento tenha sido utilizado como mero indício da existência do fato, é certo que seu uso é admitido e pode, até mesmo, prestar-se para formar o convencimento judicial".

[409] SANTOS, 1982, op. cit., p. 191. No mesmo sentido, FADEL, 1975, op. cit., p. 239, apontando que "é lógico que seja assim, porquanto seria incompreensível que pudesse o interessado escolher os lançamentos, ou partes deles, que lhe fossem propícios a comprovar determinados fatos e abandonar os contrários a esses mesmos fatos, produzindo, assim, prova pela metade e, portanto, irreal, imprestável e inaceita em juízo"; MARINONI; ARENHART, 2005 b, op. cit., p. 353, para quem "somente assim, possuindo a visão do conjunto e do contexto em que a informação foi inserida, é possível ao magistrado apreender a riqueza do cotidiano de uma empresa e, com isso, compreender melhor a situação exposta em juízo".

[410] MARINONI; ARENHART, 2005 b, op. cit., p. 355.

---

dos vetores a serem observados na busca do correto entendimento do contido nos arts. 381 e 382 do Código de Processo Civil. Impõe-se considerar que o regime aplicável no que se refere à exibição nos autos da escrituração contábil da pessoa jurídica leva em conta não apenas a indivisibilidade dos lançamentos anteriormente aludida,[411] mas também a necessidade de se preservar o sigilo de informações relativas à atividade empresarial. Na esteira do ensinamento de João Carlos Pestana de Aguiar, "se para a exibição parcial deve o juiz ter a maior cautela no exame dos seus requisitos, com muito mais razão o terá para a exibição integral. Se, para a primeira, como veremos, há cuidados para que não se converta numa devassa, a segunda já por si é a própria devassa. Por isso, se para a concessão da exibição parcial deve o juiz proceder a um prévio e rigoroso exame do seu cabimento, como recomenda Carvalho de Mendonça, maior deverá ser o rigor para a concessão da exibição integral".[412] À luz do postulado da proporcionalidade, faz-se imperiosa a presença de uma séria razão para que a sociedade empresarial deva ser obrigada a trazer aos autos toda a sua escrituração contábil, sendo correto concluir, com Luiz Guilherme Marinoni e Sérgio Cruz Arenhart, que "são circunstâncias especialíssimas as que autorizam essa devassa completa na 'vida privada' da empresa".[413]

Deste modo, é certo que tanto a exibição de livros e de documentos contábeis prevista no art. 381 quanto aquela regida pelo art 382, ambos do Código de Processo Civil, têm como norte a *importância da indivisibilidade dos lançamentos feitos na escrituração*. As diferenças entre as hipóteses que autorizam a adoção de tais medidas, contudo, residem em três dimensões. A exibição total, na forma do constante do art. 381, por ser medida "gravemente inconveniente e mesmo perturbadora da atividade normal do proprietário dos livros e papéis", somente é possível nos *casos expressamente previstos em lei*,[414] ao passo que os casos nos quais é cabível a exibição para fins de obtenção de suma *não dependem de autorização legal específica*, sendo suficiente aquela prevista no art. 382. A exibição total somente é possível diante de *requerimento expresso da parte interessada*, enquanto que a exibição parcial *pode ser determinada de ofício*,[415] cabendo ao empresário, nesse último caso, acompanhar-se de servidor que o auxilie na tarefa de confecção da suma a ser acostada aos autos. Neste último caso, impõe-se, ainda, que a análise da documentação seja feita na presença do empresário ou do representante legal da sociedade empresarial a quem os mesmos se referem, a fim de que se possa controlar a relação de objetividade entre o extrato a partir dela elaborado e o tema sobre o qual deve recair a prova, que deve ser previamente apontado pelo juiz.[416]

---

[411] Veja-se, aqui, a posição de CINTRA, 2003, op. cit., p. 123, ao enfatizar que "a unidade da escrituração contábil é uma exigência de sua própria natureza, bem como de sua finalidade, supondo, naturalmente, a coerência de seus lançamentos. Daí decorre que o sentido dos lançamentos, que compõem uma escrituração, somente se revela por inteiro quando estes se colocam em seu contexto, muito embora guardando sua individualidade, tanto que da escrituração contidos nos livros e documentos se pode extrair a suma que interessa ao litígio".

[412] AGUIAR, 1974, op. cit., p. 199.

[413] MARINONI; ARENHART, 2005 b, op. cit., p. 358.

[414] A posição é a de CINTRA, 2003, op. cit., p. 124. No mesmo sentido, ver: SANTOS, 1982, op. cit., p. 193; PONTES DE MIRANDA, 1997 b, op. cit., p. 366; AGUIAR, 1974, op. cit., p. 198; FADEL, 1975, op. cit., p. 241; MARINONI; ARENHART, 2005 b, op. cit., p. 358.

[415] Assim MARINONI; ARENHART, 2005 b, op. cit., p. 360.

[416] Segundo FADEL, 1975, op. cit., p. 241, "na exibição parcial, o juiz de ofício a ordena, mas tão-somente no que diz respeito à dúvida em que se encontra, ou à parte controvertida, a ser esclarecida pelo lançamento ou pelo documento".

Sobre esse último aspecto, Moacyr Amaral Santos aponta que "o exame deve versar tão-somente sobre aqueles pontos que se discutem em juízo e que podem ser provados por livros ou por documentos", devendo versar "sobre os lançamentos ou registros comuns às partes",[417] no que revela plena consonância com o entendimento consubstanciado na Súmula 260 do Supremo Tribunal Federal, segundo a qual "o exame de livros comerciais, em ação judicial, fica limitado às transações entre os litigantes". A observação aludida é relevante se se considera, na trilha da análise proposta por Luiz Guilherme Marinoni e Sérgio Cruz Arenhart em relação às hipóteses legalmente previstas de exibição total dos livros e dos documentos comerciais, que "em todos os casos descritos no Código, haverá mais que o simples interesse direto na verificação de todo o patrimônio jurídico da empresa (ou de sua movimentação negocial) – mesmo porque este interesse poderá ser também invocado por qualquer credor da empresa, que manifeste receio no não pagamento de seu crédito ou na insolvência futura do comerciante, ou ainda por aquele que pretenda estabelecer com a empresa algum negócio de grandes proporções. De fato, além disso, deverá o sujeito encontrar-se em particular posição frente a este patrimônio, que, de regra, o habilite a reivindicar parcela deste, de modo direto, e que, sempre, estará inserta em algum dispositivo legal".[418] Deste modo, a prova construída a partir da exibição total de livros contábeis empresariais é pautada no espírito de proteção da comunhão de interesses existente entre os sujeitos mencionados nas hipóteses estabelecidas no art. 381.[419]

De tudo o que foi dito acima, conclui-se que a prova produzida a partir da exibição irregular de livros e de documentos que retratem a movimentação da atividade empresarial deve ser considerada não apenas *inválida* mas também *ineficaz*. Extrapolados os limites estabelecidos pelo ordenamento jurídico para a prática de tais atos, tal prova não prejudicará o autor dos livros e dos documentos em comento, devendo ser totalmente desconsiderada pelo julgador na formação do seu convencimento. Isso não significa, contudo, que a prova trazida aos autos sem a observância dos requisitos ora considerados não possa beneficiar o autor dos livros e dos documentos empresariais, bastando, para isso, que sejam devidamente atendidas as exigências contidas nos arts. 379 do Código de Processo Civil e 226 do Código Civil.

Essa exegese vem confirmada, ainda, se for considerado o constante do art. 378 da codificação processual civil brasileira, o qual dispõe, em sua primeira parte, que "os livros comerciais provam contra o seu autor". Tal dispositivo baseia-se em uma presunção construída sob a égide de um padrão de normalidade, que é a *conformidade dos lançamentos contábeis e da escrituração dos livros à realidade da vida empresarial.*[420] Outro padrão de normalidade igualmente importante para a compreensão do ditame em comento é aquele segundo o qual o documento escrito por alguém faz prova contra o seu autor. Cabe apontar, nesse contexto, que "a grande maioria dos livros comerciais não se costuma assinar, razão pela qual sua eficácia probatória não poderia ser extraída do art. 368 do Código de Processo Civil".[421]

---

[417] SANTOS, 1982, op. cit., p. 195.

[418] MARINONI; ARENHART, 2005 b, op. cit., p. 359.

[419] CINTRA, 2003, op. cit., p. 125.

[420] De acordo com AGUIAR, 1974, op. cit., p. 193, "o pressuposto normal é que reflitam, os lançamentos contábeis e a escrituração dos livros, a realidade da vida mercantil do comerciante".

[421] MARINONI; ARENHART, 2005 b, op. cit., p. 342. No mesmo sentido: THEODORO JR., 2005, op. cit., p. 527.

Essa mesma fórmula foi acolhida pelo Código Civil brasileiro em seu art. 226, do qual se extrai que, a partir da produção de tal prova, surge uma presunção relativa em desfavor do empresário, a qual, segundo Humberto Theodoro Júnior, pode ser adjetivada como "forte, porque dispensa aquele que a usa de confirmar a prova obtida da escrituração mercantil por outros complementos. Assim, o autor da documentação, para fugir dos efeitos da presunção legal de veracidade, terá sob si o ônus de obter uma prova contrária robusta e complicada porque não pode invocar a própria torpeza. Terá de produzir uma comprovação convincente de erro ou omissão involuntária, ou de fraude de terceiros. À míngua de prova contundente, a simples subsistência de dúvida militará em favor da parte que invoca a escrituração contra seu autor. Subsistirá, pois, a presunção legal de veracidade, contra o empresário".[422] Para infirmar a prova produzida na forma do art. 378 do Código de Processo Civil, não basta ao autor dos documentos, portanto, alegar a irregularidade da escrituração contábil, uma vez que, acompanhando o magistério de Moacyr Amaral Santos, é inegável que "os livros, ainda que irregulares, fazem sempre prova contra seu proprietário, originariamente ou por sucessão".[423]

Deste modo, o art. 378 do Código de Processo Civil anteriormente referido apenas explicita uma das possibilidades existentes em termos de força probatória do documento examinado, não excluindo, por certo, a possibilidade de a sociedade ou o empresário individual apresentar a sua escrituração como meio de prova a favor de suas alegações.[424] É de se notar, ainda, que também a eficácia da prova construída a partir da escrituração contábil em favor do seu autor é esteada na obediência ao padrão de normalidade estabelecido pelo ordenamento jurídico, qual seja a obediência aos requisitos legalmente estabelecidos do ponto de vista da validade de tais documentos, na forma do art. 379 do Código de Processo Civil. Assim, a escrituração empresarial irregular é, do ponto de vista da atividade de instrução, documento que não merece qualquer valor probatório por si só *apenas* em favor do autor, sendo, dentro dessa linha de raciocínio, absolutamente *ineficaz*.[425]

A força probante dos livros que veiculam a escrituração da atividade empresarial em favor do seu autor, contudo, depende, segundo o art. 226 do Código Civil brasileiro, de as situações neles narradas serem confirmadas "por outros subsídios". Isso não significa que se legitime afirmar que a prova produzida contra o empresário na forma do art. 378 do Código de Processo Civil deva ser tomada como obrigatoriamente plena e que aquela estabelecida em seu favor, nos termos do art. 379 do mesmo diploma legal (com as ressalvas feitas pelo art. 226 do Código Civil) somente o seja quando acompanhada de outras provas que a confirmem. Sob o signo da livre apreciação da prova e do respeito a critérios de racionalidade, tal distinção é absolutamente inaceitável, visto que, em

---

[422] THEODORO JR., 2005, op. cit., p. 527-528.

[423] SANTOS, 1982, op. cit., p. 187.

[424] Em sentido contrário, FADEL, 1975, op. cit., p. 238, afirma que "a prova que advém dos livros comerciais, contra o comerciante, deve, também aqui, ser considerada em seu conjunto e é válida, obrigatoriamente, apenas no que contrarie os interesses do mesmo comerciante. Isso quer dizer que o lançamento, em aberto, de um crédito, só por si, não o firma, nem o confirma; mas de um recebimento faz prova relativa em favor de quem pagou, ressalvada, todavia, ao comerciante a produção de prova inequívoca contra a presunção que o lançamento encerra".

[425] Como bem apontado por THEODORO JR., 2005, op. cit., p. 529, "imprestável, nessa ordem de idéias, o livro que não se submeteu ao registro público e à autenticação, quando exigidos por lei; assim como não terão valor probante os assentamentos rasurados, emendados ou borrados, sem adequada e oportuna ressalva".

---

ambos os casos, deve o juiz valorar a prova documental segundo as exigências do caso concreto, visto que, no último caso citado, "a complementação do princípio de prova oriundo da própria escrituração, por isso, poderá dar-se das mais diferentes maneiras. Por exemplo: o lançamento da escrita do autor confere com o da escrita do réu. Ocorreu a complementação da prova em favor do autor. O réu contestou a ação, mas não impugnou o lançamento feito pelo autor. O fato tornou-se incontroverso, não tendo mais que se exigir complementação de prova. A revelia do demandado, também, gerando presunção legal de veracidade dos fatos alegados, dispensa o empresário de completar a prova feita nos moldes do art. 226. E assim por diante".[426] Além disso, como já foi apontado anteriormente, tanto em um caso como no outro é possível a produção de prova em sentido contrário pela parte interessada, o que, por si só, demonstra a inexistência de prova plena em ambos os casos.[427]

Essa perspectiva torna possível a identificação de critérios para a construção de resposta ao problema da valoração da prova no caso de existência de informações favoráveis e desfavoráveis ao empresário, a partir de escrituração da atividade empresarial realizada de maneira irregular. Um primeiro critério, pautado na *indivisibilidade da escrituração contábil*, remete à observação da prova aludida como parte inserida em um contexto; deste modo, *o peso que lhe deve ser atribuído depende, em suma, do universo no qual a mesma se insere.* Por força disso, a escrituração irregular poderia servir como ponto de partida para a produção de provas tanto a favor como contra os interesses do autor de tal documento, de maneira que o valor probatório daí resultante depende, em suma, da conjugação das premissas cotejadas. Da mesma forma, *a maior ou a menor conformidade em relação aos padrões de normalidade tornará mais ou menos forte a conclusão do julgador no sentido de aceitar ou não a prova produzida a partir de da escrituração irregular.*[428]

Refira-se, ainda no que se refere à análise de tais documentos, que a nova redação do art. 226 do Código Civil excluiu a ressalva anteriormente existente em relação à eficácia da prova mencionada no art. 379 do Código de Processo Civil. Deste modo, agora a força probatória da prova produzida a partir da escrituração contábil da empresa não mais se restringe a litígios entre empresários, podendo ser utilizada também em conflitos nos quais uma das partes não exerça atividade empresarial.[429]

Outro grupo de documentos ao qual vem associada uma função específica é aquele tratado nos artigos 374 a 376 do Código de Processo Civil, todos eles relacionados à finalidade de *comunicação de informações.* Na hipótese do primeiro comando legal ora citado, Sérgio Sahione Fadel observa que "a transmissão se origina de documento escrito, assinado pelo remetente, e que fica arquivado ou depositado na estação expedidora",[430] sendo essa a razão da presunção de autenticidade reconhecida ao documento

---

[426] THEODORO JR., 2005, op. cit., p. 530-531.

[427] Na trilha do entendimento de CINTRA, 2003, op. cit., p. 123, a respeito do art. 379, observa que "se apenas os livros de um dos litigantes estão com sua escrituração regular, na conformidade das exigências legais, incidirá a regra em exame e, portanto, esses livros farão a prova a favor de seu autor. Mesmo assim é possível a prova contrária, destinada a demonstrar que os lançamentos não correspondem à verdade dos fatos".

[428] A questão ora examinada é proposta para exame por MARINONI; ARENHART, 2005 b, op. cit., p. 353-355.

[429] CINTRA, 2003, op. cit., p. 122.

[430] FADEL, 1975, op. cit., p. 234.

empregado no ato de comunicação.[431] Desta maneira, tem-se que a assinatura do remetente é requisito essencial a ser atendido para que se possa emprestar eficácia probatória a tais documentos.[432]

Essa fórmula é alargada pelo disposto no art. 375 do Código de Processo Civil, segundo o qual a prova da data da expedição e do recebimento pelo destinatário (ou por quem por ele tenha sido autorizado para tanto[433]) autoriza o julgador a presumir autêntico o documento empregado na comunicação. É importante referir que a presunção originada da incidência do constante nesse último ditame legal não se confunde com aquela prevista no art. 374 anteriormente comentado, cujo teor é praticamente repetido no constante do art. 222 do Código Civil brasileiro. Há, nas duas hipóteses acima examinadas, normas que veiculam estruturas argumentativas próprias de prova indireta, visto que em ambas o fato provado é distinto daquele que se quer provar; distinguem-se tais comandos, contudo, no que se refere à premissa que autoriza a inferência quanto à autenticidade do documento que originalmente veiculava a informação a ser transmitida.[434] A presunção relativa daí originada permite que o julgador, existindo dúvida a respeito da conformidade do documento utilizado para fins de transmissão de informação em relação ao original do qual constava a informação a ser transferida, possa requisitar a apresentação desse último para fins de conferência.[435]

Cumpre referir, ainda, que as hipóteses previstas nos arts. 374 e 375 do Código de Processo Civil dizem respeito, primordialmente, a dúvidas quanto à autenticidade em situações específicas. Conforme acertadamente afirmado por Luiz Guilherme Marinoni e Sérgio Cruz Arenhart, as exigências apontadas "somente têm sentido para o caso de documentos que possam formar-se unilateralmente e em que o meio de transmissão de dados seja operado por terceiro que não o autor da prova (a exemplo do que acontece

---

[431] Distinção análoga é feita por SANTOS, 1982, op. cit., p. 174-175, segundo a qual "despacho, original ou minuta é o escrito entregue à estação emissora, para que o seu conteúdo seja remetido pelo telégrafo ao destinatário. Telegrama é a cópia da tradução do despacho pela estação receptora".

[432] Conforme AGUIAR, 1974, op. cit., p. 182, "como requisito essencial para essa eficácia deverá ter, esse original, a assinatura do remetente, o qual outro não poderá ser senão aquele em nome de quem foi o telegrama expedido ou de quem tenha qualidade para representá-lo".

[433] Assim MARINONI; ARENHART, 2005 b, op. cit., p. 330.

[434] Em sentido contrário, MARINONI; ARENHART, 2005 b, op. cit., p. 329, ao comentar o art. 375, apontam que "somente terá incidência a regra se o documento, expedido por via telegráfica, radiográfica ou por qualquer outro meio, tenha sido assinado na estação emissora (com as ressalvas já feitas no artigo precedente). Outrossim, esta presunção subordina-se à ausência de impugnação da autenticidade do documento, ou mesmo do seu contexto (art. 372, deste Código, e art. 222, do Código Civil), pelas partes interessadas em juízo. Em verdade, somente quando ocorrentes estes dois pressupostos é que terá incidência a regra aqui investigada. Caso contrário, em faltando a assinatura no órgão expedidor, nenhuma eficácia direta poderá ser dada ao documento (que, porém, poderá ser utilizado como indício) e, se impugnada a autenticidade do documento, necessário será instaurar o devido incidente de falsidade, a fim de bem examinar o objeto". Segue a esteira destes autores THEODORO JR., 2005, op. cit., p. 505-506, ao sustentar que "a falta de assinatura no texto original retransmitido telegraficamente, desqualifica o telegrama como prova documental autêntica. Servirá apenas como princípio de prova a ser corroborado e complementado por outros instrumentos de convencimento" e PONTES DE MIRANDA, 1997, op. cit., p. 372, para quem a eficácia probatória de documento particular somente surge diante da prova de o original ter sido assinado pelo remetente.

[435] Sobre a presunção relativa acima comentada, ver: CINTRA, 2003, op. cit., p. 116; FADEL, 1975, op. cit., p. 235; SANTOS, 1982, op. cit., p. 177; AGUIAR, 1974, op. cit., p. 184; MARINONI; ARENHART, 2005 b, op. cit., p. 329; THEODORO JR., 2005, op. cit., p. 507-508; PONTES DE MIRANDA, 1997 b, op. cit., p. 372-373.

---

com o telegrama, objeto do serviço postal, cuja exploração é de competência exclusiva da União, conforme prescreve o art. 21, X, da CF)".[436] No que se refere à exibição de documentos empregados na transmissão de informações diretamente realizada pela parte que requer a produção de tal prova (como, por exemplo, nos casos em que a parte lance mão de fac-símile ou de *e-mail* para tal finalidade), tem-se como aplicável o regramento previsto para os documentos particulares em geral.

4.4. Limites em sede de valoração da prova estabelecidos no regime jurídico aplicável à prova pericial

No que se refere à análise do peso a ser atribuído à prova pericial na formação do convencimento jurisdicional, o principal vetor inscrito no bojo do Código de Processo Civil é o comando inserido no art. 436, segundo o qual "o juiz não está adstrito ao laudo pericial, podendo formar a sua convicção com outros elementos ou fatos provados nos autos". De acordo com Moacyr Amaral Santos, "deixando de constituir um juízo técnico, como o considerava velha e já superada doutrina, para ser apenas um parecer de técnicos, o laudo não fornece 'a prova, isto é, às conclusões dos peritos não se vincula o juiz, mas fornece tão-somente elementos que, livremente examinados e apreciados por este, contribuirão para que ele forme convicção quanto aos fatos da causa".[437] Trata-se de desdobramento do disposto no art. 131 do Código de Processo Civil, que reforça a inexistência de prévio condicionamento pelo legislador ao julgador no que se refere à construção das conclusões veiculadas na sentença.[438] Deve o julgador, portanto, "apreciar a prova no seu conjunto, sendo perfeitamente aceitável que do conjunto probatório resultem elementos que reduzam ou mesmo excluam o poder de convicção do laudo pericial".[439]

A liberdade de apreciação do laudo pericial, antes de tudo, é característica inerente à natureza indelegável da própria atividade jurisdicional. Conforme assinalado por Antônio Carlos de Araújo Cintra, "o perito não é o juiz dos fatos a que se refere a sua atividade pericial e seu pronunciamento a esse respeito não vincula nem pode vincular o juiz da causa. Na verdade, o juiz não pode delegar atribuições jurisdicionais ao perito". A questão ganha ares de complexidade no momento em que investigados os critérios que devem ser empregados pelo julgador na apreciação do laudo produzido pelo perito, visto que não se lhe permite simplesmente "aceitar passivamente as conclusões e a opinião deste, devendo apreciar o laudo com liberdade intelectual e justificar suas conclusões".[440] Anote-se que tanto a aceitação das razões apresentadas pelo *expert* quanto a rejeição dos argumentos por ele expendidos deve sempre ser esteada em uma pauta de racionalidade mínima, a qual deve ser passível de controle intersubjetivo.[441] O fato de o julgador não estar vinculado às conclusões do laudo significa que o juiz não pode

---

[436] MARINONI; ARENHART, 2005 b, op. cit., p. 327.

[437] SANTOS, 1982, op. cit., p. 347.

[438] Nesse sentido, ver: PONTES DE MIRANDA, 1997 b, op. cit., p. 499; AGUIAR, 1974, op. cit., p. 367; MARINONI; ARENHART, 2005 b, op. cit., p. 605; CINTRA, 2003, op. cit., p. 237.

[439] CINTRA, 2003, op. cit., p. 237.

[440] CINTRA, loc. cit.

[441] É acertada a posição adotada por FADEL, 1975, op. cit., p. 301, ao afirmar que "se o juiz que nomeou o perito, que dirigiu a prova pericial e a colheu e discutiu em audiência, despreza-a por imprestável, não deve o Tribunal Superior adotá-la, máxime se não teceu considerações convincentes nem demonstrou de maneira clara o desacerto da sentença".

simplesmente delas abrir mão sem qualquer justificativa. Ao contrário, "insta que mui fortes razões tenha, e perfeitamente justificadas, para deixar de acatá-las".[442]

Vale recordar que a função do perito é a de apresentar uma análise de uma dada realidade histórica que constitui o objeto da investigação empreendida nos autos, a qual se desenvolve à luz de conhecimentos técnico-científicos. Essa, aliás, é a tônica que pauta a interpretação do inciso I do parágrafo único do art. 420 do Código de Processo Civil, que prevê o indeferimento da prova pericial nos casos em que "a prova do fato não depender do conhecimento especial de técnico". A flexibilização defendida pela doutrina no que se refere à exigência de conhecimento técnico como pressuposto da prova pericial acabou por servir como autorização para a realização de "quase-perícias", permitindo ao juiz lançar mão das observações feitas por oficiais de justiça a respeito de determinado fato constatado.[443] A possibilidade de produção de tal prova atípica, contudo, não descaracteriza a exigência legal no que se refere à prova pericial prevista no Código de Processo Civil, devendo ser respeitados, em ambos os casos, a garantia do contraditório e o dever de motivação das decisões judiciais.

Refira-se, do mesmo modo, que o emprego de prova pericial não está condicionado ao fato de essa ser o único meio para a investigação dos fatos. Observe-se, com Moacyr Amaral Santos, que "se o fato, conquanto de natureza simples, e teoricamente, de fácil e útil demonstração por testemunho comum, praticamente não o seja – testemunhas não existem ou se ausentaram, a parte tem razões para recear a falta de sinceridade das testemunhas – e, ademais, por sua natureza, possa ser verificado por exame pericial, esta prova deverá ser admitida como a mais recomendável e expedita".[444] Neste sentido, os limites a serem considerados para o emprego de prova pericial situam-se entre a *impossibilidade decorrente da impraticabilidade da perícia*, a *utilidade do emprego de conhecimento técnico para a elucidação dos fatos* e a *desnecessidade presente nos casos em que o mesmo resultado puder ser obtido por outro instrumento menos oneroso.*[445]

A fim de que se possa construir um panorama fiel no que se refere aos critérios relacionados à aferição da força probante inerente ao laudo pericial, cabe referir que a opinião do *expert* pode não refletir a única ou a melhor possibilidade válida a respeito da questão examinada, sendo lícito ao julgador, em não aceitando as conclusões do auxiliar pericial, optar pela leitura proposta em laudo apresentado por assistente técnico de uma das partes, determinar a realização de nova perícia por meio da convocação de outro perito, ou, ainda, simplesmente concluir no sentido da maior plausibilidade do retrato da realidade formado a partir do restante do conjunto probatório.[446] Qual-

---

[442] SANTOS, 1982, op. cit., p. 348. Assim também PONTES DE MIRANDA, 1997 b, op. cit., p. 498-499, assevera que o juiz "somente pode desprezar laudo unânime se tem razões para o desprezar", entendendo-se por *laudo unânime* "o subscrito por perito e assistente, não proibido pela lei, mesmo depois de ab-rogado o art. 430, ou o que mereceu integral apoio dos assistentes, nos seus pareceres técnicos".

[443] CINTRA, 2003, op. cit., p. 212.

[444] SANTOS, 1982, op. cit., p. 315.

[445] De acordo com FADEL, 1975, op. cit., p. 284, a prova pericial será dispensável "se puder e dever ser feita por outros meios, com maior facilidade e mais eficiência". Assim também SANTOS, 1982, op. cit., p. 315.

[446] As alternativas do julgador são expostas em diagrama ainda mais complexo por PONTES DE MIRANDA, 1997 b, op. cit., p. 498: "a atitude do juiz, diante do laudo e do exame das outras provas, pode ser: a) a de não aceitar todas as conclusões do laudo, desprezando-o e determinando nova perícia; b)

Luis Alberto Reichelt

quer que seja a opção do julgador, é certo que deve ser o resultado de uma análise crítica, visto que as suas razões devem ser devidamente expostas na motivação da decisão tomada, não lhe sendo lícito mascarar os motivos que conduziram à conclusão exposta, nem simplesmente fazer remissão à idéia de livre apreciação da prova.

A doutrina elenca alguns critérios que podem e devem ser levados em conta para a aferição da racionalidade na formação do convencimento jurisdicional em casos nos quais esteja em jogo o emprego de prova pericial. No que se refere à cláusula geral inscrita no art. 436 do Código de Processo Civil, cabe referir que a convicção do juiz é formada a partir do conjunto probatório, devendo, caso a caso, ser aferida a maior ou a menor importância da prova pericial com vistas à elucidação da questão proposta em torno das alegações sobre fatos juridicamente relevantes. Nesse sentido, cumpre distinguir as *alegações que somente podem ser provadas por meio do emprego de técnicas científicas* em relação àquelas *outras em relação às quais é possível a produção de prova pericial apenas complementa a análise antes produzida através do emprego de outros meios de prova*. É dessa forma que se faz possível diferenciar, por exemplo, a força probante do laudo pericial em relação à ocorrência de determinada circunstância geológica como causa da ocorrência de um problema em uma obra, em relação àquela do relatório do perito ao tratar da conduta de direção em alta velocidade relatada nos autos por uma das partes e referida por uma testemunha. Se, no primeiro caso, somente a prova pericial pode retratar a situação examinada (e, assim, o grau de probabilidade a ser associado a uma versão da realidade depende diretamente da força probante do laudo pericial), no segundo caso, por sua vez, a prova pericial vem conjugada com outros instrumentos na construção de um retrato possível da realidade. Seguindo esse argumento, tem-se que nada impede, pois, que a prova pericial venha a exercer influência na aferição da veracidade de alegações sobre fatos juridicamente relevantes sobre as quais já se tenha produzido prova, confirmando, infirmando ou complementando a conclusão anteriormente obtida a esse respeito.[447]

Essa mesma orientação permeia a correta exegese do disposto no art. 437 do Código de Processo Civil, que autoriza o órgão jurisdicional a, em entendendo insuficiente o esclarecimento fornecido pela prova pericial, determinar, de ofício ou a requerimento das partes, a realização de nova perícia. Discute a doutrina a respeito da necessidade de prévia prestação de esclarecimentos pelo perito, na forma do art. 435 do referido diploma legal para a realização da segunda perícia. Entre a corrente que sustenta a validade

a de não aceitar todas as conclusões, desprezando-o e ao mesmo tempo tendo por inútil ou supérflua ('desnecessária') qualquer nova perícia; c) a de aceitar somente parte do laudo, e determinar nova perícia sobre a parte repelida; d) a de aceitar somente parte do laudo, e reputar desnecessária qualquer nova perícia; e) em qualquer dos casos b) e d), o fundamento da recusa pode ser também a impraticabilidade ao tempo da apreciação do juiz (art. 420, parágrafo único, III); f) ordenar nova perícia, para aproveitar, ou não, o que consta do laudo apresentado. Em todas essas espécies, o juiz não fica adstrito ao laudo, em tempo algum, pois a sua livre apreciação só se exaure com a sentença. Nada obsta a que, tendo determinado segundo laudo, se valha do primeiro, que antes não o convencera, mas dados posteriores reforçaram". Em exposição menos sistemática, mas não menos clara, ver FADEL, 1975, op. cit., p. 301.

[447] Em visão distinta, ver MARINONI; ARENHART, 2005 b, op. cit., p. 605, os quais afirmam que "se existem fatos provados que nada têm a ver com a prova pericial, tais fatos devem se colocar ao lado daquele que pode ser demonstrado mediante a perícia. Nessa linha, ninguém sequer poderia pensar que a prova pericial excluiria os fatos já provados".

da exigência referida[448] e aquela que a considera despicienda,[449] há, ainda, aquela intermediária que afirma ser dispensável a prévia oitiva do perito "quando já se apresenta o laudo com falhas incorrigíveis por meio de simples esclarecimentos", porém aceita o condicionamento referido "quando o laudo contiver contradições, incertezas, omissões ou obscuridades, à primeira vista passíveis de serem removidas por meio de esclarecimentos".[450] Essa última posição parece ser a mais condizente com a orientação teleológica que norteia a formação do convencimento jurisdicional a partir da apreciação livre, crítica e racional da prova pericial, bem como com a sempre desejável redução de custos do processo, dado que a prestação de esclarecimentos já se encontra remunerada pelos honorários periciais.[451]

A análise da questão em comento pressupõe, ainda, a lembrança no sentido de que os limites do inciso II do parágrafo único do art. 420 do Código de Processo exigem a análise da existência de prova versando sobre determinada alegação sobre fato e, ao mesmo tempo, que a prova já produzida seja suficiente em facedo módulo de prova exigido no caso examinado, de maneira que se possa considerar desnecessária a produção de prova pericial.[452] É inaceitável, nesse sentido, o entendimento segundo o qual o juiz poderia indeferir a realização de perícia com base em tal dispositivo legal sem motivar a sua decisão,[453] sendo tal postura incompatível com a garantia do contraditório, considerada um dos pilares do processo civil contemporâneo. Tratando-se, em tal comando legal, de verdadeira projeção do constante do art. 130 do Código de Processo Civil[454] – e, portanto, dada a sua natureza puramente exemplificativa, não tendo o condão de esgotar as hipóteses possíveis de indeferimento da prova pericial[455] que possam estar contempladas na regra geral que lhe é subjacente –, é indispensável

---

[448] Para CINTRA, 2003, op. cit., p. 238, "embora a lei não seja explícita a respeito, parece indubitável que a determinação de realização de nova perícia só pode ter lugar depois de concluída insatisfatoriamente a primeira, inclusive com os esclarecimentos do perito e dos assistentes técnicos prestados em audiência. Realmente, só então é que se pode admitir que o juiz considere insuficientemente esclarecida a matéria da perícia".

[449] Reconhece SANTOS, 1982, op. cit., p. 349, que o juiz poderá ordenar a nova perícia "logo depois de apresentado o laudo ou após os esclarecimentos prestados pelos peritos e assistentes técnicos (art. 435), por ocasião dos debates sobre a causa (art. 454)".

[450] Essa é a posição de AGUIAR, 1974, op. cit., p. 376. Semelhante entendimento é defendido por MARINONI; ARENHART, 2005 b, op. cit., p. 606, alargando a hipótese em exame, para também alcançar os casos em que foi verificado que o perito que produziu o laudo pericial não mereça confiança.

[451] Esse último aspecto também é considerado relevante por MARINONI; ARENHART, 2005 b, op. cit., p. 606, ao frisarem que "não há racionalidade em gastar tempo e dinheiro com uma segunda perícia quando basta esclarecer ou complementar a já produzida".

[452] A essa conclusão, por meio da exemplificação de hipóteses possíveis, chega CAMBI, 2006, op. cit., p. 247-248.

[453] Rejeita-se, aqui, a posição defendida por AGUIAR, 1974, op. cit., p. 326-327, para quem "o inciso II do parágrafo único, em exame perfunctório, pode fazer supor que ao juiz, ao indeferir a perícia, compete justificar o indeferimento, afirmando ser a mesma desnecessária em vista de outras provas produzidas. Evidentemente, se assim o fizer e esse for o fato contraditório básico, poderá estar prejulgando a causa, razão pela qual neste caso convém seja dispensado de fundamentar a decisão".

[454] Assim SANTOS, 1982, op. cit., p. 315-316, enfatiza que "provar o que está provado seria despender tempo e energia, sobrecarregar despesas, sem maior interesse à instrução da causa". No mesmo sentido, PONTES DE MIRANDA, 1997 b, op. cit., p. 478-479.

[455] Essa é a posição de MARINONI; ARENHART, 2005 b, op. cit., p. 572-573, que citam, como exemplo de situação não-contemplada pela hipótese legal, o caso de o julgador "observar que a perícia não poderá esclarecer o fato em relação ao qual deverá incidir".

que sejam apresentadas as razões que levaram ao indeferimento da prova pericial em tal hipótese.[456]

Essa perspectiva livre, crítica e racional que deve nortear a análise do laudo pericial, seja para concluir pela aceitação das suas conclusões, seja para rejeitá-las, não é compatível com a idéia de impossibilidade de controle da formação do convencimento jurisdicional e da possibilidade de sua revisão. Merece crítica, nesse sentido, a posição de Sérgio Sahione Fadel, ao sustentar, sob o argumento de se tratar de "ato discricionário do juiz", que a decisão que determina ou que recusa a realização de segunda perícia não é atacável por meio de agravo. Observe-se que a exigência de racionalidade antes apontada faz com que não seja aceitável a decisão judicial que simplesmente faça a mera referência ao laudo pericial, não devendo a parte se contentar com a conclusão do julgador no sentido de que o laudo "não presta" ou "está errado". É preciso, antes de tudo, que sejam expostas as razões que levaram a tais conclusões, demonstrando claramente que a análise foi efetuada de maneira crítica.[457] Outro sintoma da necessidade de consideração do posicionamento ora exposto reside na previsão legal de possibilidade de realização de nova perícia a pedido de uma das partes, o que evidencia a existência de mecanismos de controle da racionalidade do órgão jurisdicional ao formar as suas conclusões sobre a eficácia probatória do laudo pericial.

É necessário frisar que a realização de segunda perícia não significa a negativa ou o esvaziamento da força probatória do laudo pericial inicialmente apresentado nos autos, sendo exagerada a assertiva no sentido de que "a determinação *ex officio* de nova perícia decorre da rejeição do laudo existente".[458] Ao contrário, o segundo laudo pericial acostado aos autos deve ser conjugado com aquele anteriormente produzido, bem como com o restante do quadro resultante da atividade de instrução processual, ao ser analisado como um dentre vários fatores que se somam na formação do convencimento jurisdicional. De fato, não se sobrepõe a segunda perícia à primeira, mas apenas com ela se combina, confirmando-a, infirmando-a ou esclarecendo algum aspecto constante do laudo pericial que em face dessa foi produzido.[459] Como apontam Nelson Nery Júnior e Rosa Maria de Andrade Nery, "a determinação de realização de segunda perícia, por si só, não atesta que a já realizada seja inválida ou deva ser descartada".[460]

A posição ora defendida é condizente com a orientação abraçada pelo legislador no parágrafo único do art. 439 do Código de Processo Civil, ao afirmar que "a segunda perícia não substitui a primeira, cabendo ao juiz apreciar livremente o valor de uma e outra". Na trilha do entendimento firmado por Moacyr Amaral Santos, é correto dizer que "o primeiro laudo, por mais insuficiente, poderá conter informações preciosas, que

---

[456] Defendendo o dever de motivação da decisão, ver CINTRA, 2003, op. cit., p. 212-213 e NERY JÚNIOR; NERY, 2006, op. cit., p. 572.

[457] FADEL, 1975, op. cit., p. 302.

[458] AGUIAR, 1974, op. cit., p. 377.

[459] Essa também parecer ser a orientação de MARINONI; ARENHART, 2005 b, op. cit., p. 609, ao afirmar que "ambas devem ser valoradas em conjunto, sem esquecer que o resultado dessa valoração deve ser expresso pelo juiz de maneira fundamentada". Assim também CINTRA, 2003, op. cit., p. 240, ao sustentar que "ao juiz incumbe considerá-las em conjunto e à luz dos demais elementos probatórios levados aos autos para formar seu convencimento a respeito dos fatos a que se referem, em consonância com a regra do artigo 131 do Código de Processo Civil", e PONTES DE MIRANDA, 1997 b, op. cit., p. 500.

[460] NERY JÚNIOR; NERY, 2006, op. cit., p. 572.

---

o juiz não deverá relegar, tão-somente por haver ordenado a segunda perícia".[461] De outro lado, isso não significa que a opção pela realização de segunda perícia faça com que o julgador esteja obrigado a formar as suas conclusões de maneira a priorizar as opiniões dos *experts* em detrimento do restante do resultado da instrução dos autos. Ao contrário, o juiz deverá, ao analisar as peculiaridades da situação dos autos, sendo-lhe, inclusive, lícito concluir, após a realização da segunda perícia, pela inutilidade da prova pericial para fins de elucidar a questão proposta pelas partes.[462] Para isso, bastaria, por exemplo, que a segunda perícia esclarecesse que as conclusões obtidas no primeiro laudo não só não são confirmadas mas também não podem ser tomadas como opinião conclusiva a respeito dos fatos examinados, o que não é difícil de se vislumbrar se for considerado o frenético ritmo de evolução da ciência e da tecnologia empregadas pelos *experts*. Outra hipótese seria a de o juiz formar novo entendimento a respeito dos fatos considerados relevantes, concluindo, após a segunda perícia, que os eventos examinados pelos laudos não são determinantes para a análise do problema a ser enfrentado na sentença.

Discute a doutrina, ainda, o significado da previsão de *nova perícia* inscrita no art. 437 do Código de Processo Civil. Há quem sustente que tal expressão somente autoriza a realização de uma *segunda perícia*, na forma do constante do art. 438 do referido diploma legal, não permitindo a realização de uma *terceira* ou *quarta perícias*.[463] Outros reconhecem que "*em casos especialíssimos, aquela expressão possa ter o significado específico de *outra perícia*", ordenada sobre fatos que não tenham constituído objeto da primeira análise técnica e que "igualmente pode compreender fatos sobre os quais recaiu a primeira, desde que com esta não tenha ficado satisfeito o juiz".[464] Da análise de tais acepções em perspectiva crítica à luz do disposto pelo ordenamento jurídico pátrio, tem-se que nada impede a realização de mais de duas perícias, desde que efetivamente necessárias para a elucidação do litígio,[465] senão o dever de prestação da tutela jurisdicional em prazo razoável, assegurado pelo próprio texto constitucional, visto que

---

[461] SANTOS, 1982, op. cit., p. 354.

[462] Conforme FADEL, 1975, op. cit., p. 304, o juiz não fica vinculado a quaisquer dos laudos periciais, "podendo optar por uma ou outra ou mesmo desprezar a ambas".

[463] Neste sentido, CINTRA, 2003, op. cit., p. 239, defende, em análise do previsto no art. 438, que "a disposição do artigo em exame, colocada pelo legislador logo em seguida à do art. 437, numa seqüência em que a expressão 'nova perícia' sucede a expressão 'segunda perícia', ambas, aparentemente, indicando uma única e mesma renovação da perícia original. Assim, essas disposições parecem indicar que a lei permite apenas uma simples repetição da perícia, dado que ela é determinada, em virtude da insuficiência da primeira, com o mesmo objeto daquela, e com finalidade de corrigir-lhe eventual omissão ou inexatidão". No mesmo sentido, ver FADEL, 1975, op. cit., p. 303, ao afirmar que "uma terceira perícia, ao que parece, não é possível, no caso de inexatidões nas duas primeiras, porque se o art. 437 fala genericamente em nova perícia (daí podendo-se inferir a possibilidade de uma terceira ou outras mais), os arts. 438 e 439 restringem-na à segunda".

[464] SANTOS, 1982, op. cit., p. 352. E segue o autor: "essa outra perícia, que também é nova perícia, poderá assumir o simples caráter de nova diligência, pelos mesmos louvados, ou de outra perícia, sendo livre ao juiz deliberar de uma ou outra forma. Nesses casos, todavia, a nova perícia somente poderá ser ordenada de ofício, quando se convença o juiz da sua necessidade". Segue linha análoga AGUIAR, 1974, op. cit., p. 378, ao referir que "se o juiz entender indispensável, poderá ampliar o assunto objeto da perícia já realizada. Em tal caso, convém que essa nova perícia assuma a natureza de uma complementação da anterior, funcionando o mesmo perito, assim como os mesmos assistentes, pois já conhecedores do processo".

[465] Nesse sentido, ver PONTES DE MIRANDA, 1997 b, op. cit., p. 499 ("a lei fala de 'nova', e não de segunda. Naturalmente, o juiz somente determinará terceira, ou outra mais, em casos excepcionalíssimos").

Luis Alberto Reichelt

a realização de sucessivos exames técnicos pode demandar largo período de tempo,[466] seja para simplesmente obter nova análise dos resultados das duas primeiras perícias, seja para exame de outros fatos que não tenham sido previamente contemplados pelos exames periciais anteriores.

---

[466] Para AGUIAR, 1974, op. cit., p. 380, a "demora e dispendiosidade desse meio de prova" são as razões indicativas de uma exegese restritiva do constante do art. 439 do Código de Processo Civil, ao tratar de "segunda perícia". Se, de um lado, tal razão merece acolhida, é preciso referir, de outro, que, ao contrário do entendimento do autor aludido, não se vislumbra no silêncio do legislador uma proibição, até mesmo porque a mesma lei atribui liberdade quanto à produção (art. 130) e à apreciação de provas (art. 131) ao juiz, encontrando tal liberdade limites na racionalidade que deve pautar a atividade jurisdicional.

Capítulo III

O regime jurídico da atividade de produção de provas e a persuasão racional do juiz no processo civil contemporâneo

Na esteira do consignado no capítulo anterior, viu-se que o controle da racionalidade da formação do convencimento jurisdicional em relação à realidade histórica examinada nos autos não se restringe apenas ao universo regulado pelas normas referentes à aferição da probabilidade inerente às alegações sobre fatos juridicamente relevantes e aos limites que devem ser respeitados em sede de valoração da prova. A fim de que se possa construir um panorama a esse respeito tão completo quanto possível, é preciso levar em conta, ainda, a influência exercida pelas normas que compõem o regime jurídico da atividade de instrução processual. Entrelaçam-se, aqui, os horizontes da *formação do convencimento jurisdicional* e da *persuasão racional do juiz*, formando um universo harmônico, sem que, com isso, reste inviabilizada a possibilidade de separação dessas duas dimensões para fins puramente didáticos.

A consideração do contexto no qual se situa a análise ora empreendida – a saber, o da relação entre os *esforços empreendidos com vistas à persuasão racional do juiz no que se refere às alegações sobre fatos juridicamente relevantes* e a *formação do convencimento jurisdicional a respeito de tais alegações* – traz consigo a necessidade de sistematização do panorama normativo a ser considerado. Para que se possa desenvolver tal tarefa a contento, impõe-se levar em conta a existência de duas perspectivas fundamentais. Inicialmente, impõe-se examinar o papel dos regimes jurídicos aplicáveis no que diz respeito à admissibilidade e à relevância da prova na limitação das atividades de persuasão racional do juiz e de formação do convencimento judicial. Feito isso, cumpre enfrentar o tema à luz das normas que regulam a interação entre os sujeitos processuais na construção do panorama da realidade histórica investigada.

1. A PERSUASÃO RACIONAL DO JUIZ E O REGIME JURÍDICO APLICÁVEL AOS JUÍZOS DE ADMISSIBILIDADE E DE RELEVÂNCIA DA PROVA NO PROCESSO CIVIL

Um primeiro grupo de normas relacionado à atividade de persuasão racional do juiz é aquele composto pelos comandos que fixam os limites a serem observados em sede de admissibilidade e de relevância da prova no processo civil. Trata-se, pois, de uma pauta mínima a ser observada na generalidade dos casos, a qual somente tem sua incidência afastada quando houver norma específica de aplicabilidade obrigatória, decorrente da existênncia de alguma peculiaridade relacionada aos sujeitos envolvidos no debate processual ou ao emprego de algum meio de prova na investigação dos autos. Cumpre examinar, pois, a influência exercida por tais normas do ponto de vista da imposição de limites aos esforços desenvolvidos com vistas à persuasão racional do juiz, restringindo possibilidades no que se refere à investigação da realidade descrita pelas partes em alegações consideradas juridicamente relevantes.

1.1. Persuasão racional do juiz e admissibilidade dos meios de prova

O juízo de admissibilidade da prova é aquele que concerne à *aferição da possibilidade do emprego de determinada ferramenta na investigação da realidade histórica desenvolvida ao longo do processo.* As questões existentes em torno dos critérios para a admissibilidade da prova podem ser agrupadas em torno de dois problemas fundamentais. Em primeiro lugar, impõe-se examinar o grau de importância atribuído pelo ordenamento jurídico à idéia de *tipicidade dos meios de prova.* Após, estudar-se-á a problemática dos limites a serem observados com vistas à *licitude da prova.*

1.1.1. Admissibilidade da prova e tipicidade dos meios de prova

Um primeiro limite a ser considerado no juízo de admissibilidade de prova é o que diz respeito à discussão em torno da possibilidade de emprego de outros meios de prova além daqueles especificados expressamente pelo legislador. A construção de uma resposta a esse questionamento pelo ordenamento jurídico processual civil brasileiro tem como ponto de partida a análise do constante art. 332 do Código de Processo Civil, o qual afirma que a investigação pode ser desenvolvida através da utilização de outros meios de prova não-referidos textualmente em lei. Por força disso, elencos de meios de prova como aquele apresentado no art. 212 do Código Civil brasileiro ou em outros diplomas legais de vigência simultânea ao disposto no art. 332 anteriormente citado são interpretados como sendo esforços legislativos destinados à mera exemplificação das ferramentas que podem ser empregadas na investigação processual.[467]

É certo que a redação dada ao art. 332 do Código de Processo Civil de 1973 colocou uma pedra sobre o problema da ambigüidade do teor do comando vigente anteriormente no processo civil pátrio.[468] De fato, a afirmação da possibilidade de emprego de outros meios de prova que não apenas aqueles considerados típicos[469] produz importantes conseqüências do ponto de vista dos limites a serem considerados em sede de persuasão racional do juiz. Juntamente com a *ausência de predeterminação legislativa de limites à atuação do julgador em sede de valoração da prova*, a *possibilidade de emprego de instrumentos não-tipificados em lei na investigação processual* constitui-se em uma das principais manifestações da influência do valor liberdade sobre os contornos da racionalidade que norteia a formação do convencimento jurisdicional.

---

[467] CINTRA, 2003, op. cit., p. 16-17.

[468] ALVARO DE OLIVEIRA, 2009, op. cit., p. 186, refere que "a nova regulação veio a sepultar a polêmica criada sobre o assunto pela redação equívoca do art. 208 do Código de 39 ('São admissíveis em juízo todas as espécies de prova reconhecidas nas leis civis e comerciais')".

[469] Em crítica à redação do art. 332, MARINONI; ARENHART, 2005 b, op. cit., p. 354, observam que a idéia de previsão legal "obviamente não tem relação com a prova estar de acordo com o direito ou não, mas sim com a sua tipicidade".

O significado da liberdade quanto ao emprego de outros meios de prova que não tenham sido listados pelo legislador somente pode ser devidamente compreendido se levadas em conta algumas ressalvas. A constatação feita por Mauro Cappelletti no sentido de que é na admissibilidade ou não de determinada prova que se pode identificar o mais seguro critério para decidir se um dado ordenamento está ou não norteado pelo princípio do livre convencimento[470] deve ser lida à luz do contexto dentro do qual foi proferida. Observe-se, nessa esteira, que a afirmação antes referida possui o seu sentido vinculado à *total ausência de regulamentação legal em relação a determinado meio de prova*, e não à simples *ausência de sua previsão em um rol legislativo.*[471]

A ausência de barreiras legislativas a impedir o emprego de outros instrumentos que não sejam aqueles referidos pelo legislador traz consigo a possibilidade de construção de ferramentas que, nas palavras de Michele Taruffo, podem ser definidas como "potenzialmente molto efficaci per la scoperta della verità materiale sui fatti della lite".[472] Esse espírito de liberdade foi acolhido no art. 332 do Código de Processo Civil, visto que é um de seus objetivos "evitar a arbitrária exclusão do processo civil de qualquer instrumento que, embora não previsto pelo legislador, seja idôneo para demonstrar ou para apurar a veracidade de alegações de fatos relevantes para a justa decisão da causa".[473]

Atente-se que a forma eleita pelo Código de Processo Civil brasileiro para manifestar a possibilidade de emprego de meios de prova que não tenham sido mencionados pelo legislador não é a única existente. Vale lembrar, nesse sentido, que a doutrina italiana chega à mesma conclusão a partir de uma premissa distinta, qual seja a da inexistência de proibição legislativa expressa quanto ao emprego de provas atípicas.[474] Dessa constatação conclui-se que, na realidade italiana, a incidência do valor liberdade como pauta da investigação da realidade histórica apresenta-se, ao menos nesse aspecto, muito mais forte do que no contexto do processo civil brasileiro atual, no qual a doutrina chega a tal resultado não a partir do silêncio do legislador, mas sim da existência de sua autorização expressa.

Por outro lado, as principais críticas tecidas ao emprego de meios de prova atípicos possuem as suas raízes ligadas aos perigos decorrentes do emprego descontrolado de procedimentos cognoscitivos em face dos quais não se vislumbraria a possibilidade de trazer à tona a pauta de racionalidade que lhes é subjacente. Sob o signo de tal orientação crítica, tem-se que restaria inviabilizada qualquer forma de controle intersubjetivo

---

[470] CAPPELLETTI, 1974, op. cit., p. 270: "è proprio nell'ammissibilità e meno di queste prove, che va individuato il più sicuro criterio per decidere se un dato ordinamento sia o non impostato sul principio del libero convincimento".

[471] A esse respeito, veja-se a lição de TARUFFO, Michele. Prove atipiche e convincimento del giudice. In: *Rivista Trimestrale di Diritto e Procedura Civile*, n. 28, p. 389-434, 1974, especialmente p. 391: "(...) il richiamo al principio del libero convincimento non sembra particolarmente efficace nel senso di una soluzione soddisfacente del problema. Invero, se libertà del convincimento del giudice significa essenzialmente assenza di regole legali inerenti all'efficacia delle prove (per cui meglio si parla di principio della libera valutazione delle prove), il richiamo a tale principio potrebbe unicamente significare che non esiste alcuna predeterminazione nromativa dell'efficacia delle prove atipiche; in questi termini l'argomento è pero superfluo, trattandosi di prove che per definizione non rientrano in alcuna previsione espressa".

[472] TARUFFO, Michele. Problemi e linee evolutive nel sistema delle prove civile in Italia. In: *Rivista Trimestrale di Diritto e Procedura Civile*, n. 31, p. 1558-1582, 1977, especialmente p. 1571.

[473] CINTRA, 2003, op. cit., p. 17.

[474] CAPPELLETTI, 1974, op. cit., p. 269 e TARUFFO, 1973, op. cit., p. 389.

nos casos em que empregadas provas atípicas, sendo impossível afirmar se o discurso judicial remeteria a conclusões racionalmente fundadas ou se o que existiria é um "luogo di intuizioni individuali e di manipolazioni dei fatti della lite".[475]

A fim de que se possa compreender o significado da discussão em torno das chamadas provas atípicas, impõe-se distinguir a *atipicidade da fonte de convencimento da qual o juiz se vale na construção da decisão* e a *atipicidade do modo no qual tal fonte é adquirida no debate processual.*[476] A contraposição acima exposta é condição fundamental para que se possa compreender o alcance da feroz crítica feita por Bruno Cavallone, o qual, partindo da idéia de que a atipicidade dos meios de prova traz consigo a possibilidade do emprego de todo meio imaginável, sugere a possibilidade de consideração de procedimentos probatórios anômalos como exemplos moldados à descrição do fenômeno ora examinado. Referindo que "il richiamo alla nozione di atipicità non potrebbe mai servire a legittimare deviazioni daí modelli normativi dei diversi 'procedimenti probatorii', che non trovassero la propria giustificazione nell'ambito stesso della disciplina dell'istruzione", conclui o autor citado que o verdadeiro problema não seria mais o da *abertura do catálogo legislativo de meios de prova*, mas sim o da *incompatibilidade do fenômeno examinado com a disciplina jurídica dos fenômenos típicos.*[477]

A crítica feita por Bruno Cavallone serve como ponto de partida para que se possa trazer ao debate outro perigo igualmente presente na idéia de inclusão, como provas atípicas, das provas realizadas sem a observância do procedimento estabelecido em lei. A possibilidade de desrespeito a regras processuais, sem a devida depuração dos critérios dentro dos quais e faz possível tal postura, abre as portas para o risco de ofensa às garantias estruturais do processo que estabelecem mecanismos de controle da formação do convencimento jurisdicional. Neste sentido, a obediência a normas que garantem a participação dos sujeitos processuais na aquisição das provas não se constitui em mera formalidade, mas, antes de tudo, em verdadeira tradução do valor democracia no seio do debate processual. O desrespeito a tais comandos processuais pode, no caso concreto, levar ao surgimento de prova que não é simplesmente *atípica*, mas sim *ilegítima* ou até mesmo *ilícita.*[478]

Cumpre referir, igualmente, que nem mesmo a idéia de *atipicidade da fonte de convencimento jurisdicional* pode ser considerada como imune a críticas. A remissão à distinção entre *fontes de prova* e *meios de prova* não é capaz de, por si só, assegurar a clareza necessária para que o conceito de *atipicidade da prova* possa ser construído sobre alicerces sólidos. Tem-se, aqui, uma proposta diferenciada, mas que não guarda maior compatibilidade com o estabelecido no ordenamento jurídico brasileiro.

Uma abordagem preferível no estudo do tema das provas atípicas pode ser vista na análise efetauda por Gian Franco Ricci, para quem o conceito de provas atípicas contempla o uso, para fins probatórios, de: a) instrumentos não-previstos na lei; b) instrumentos previstos para outros escopos que não o de produção de provas; c) instrumentos empregados com vistas à produção de provas em processo distinto daquele no qual tais provas serão valoradas.[479] Essa proposta de definição dos termos do problema a ser enfrentado oferece pontos de partida seguros para o enfrentamento do problema

---

[475] TARUFFO, 1977, op. cit., p. 1571.

[476] Essa dualidade de significações é mencionada por TARUFFO, 1973, op. cit., p. 394-395, e BARBOSA MOREIRA, José Carlos. Provas atípicas. In: *Revista de Processo*, n. 76, p. 114-126, 1994.

[477] CAVALLONE, 1991c, op. cit., p. 349-351.

[478] RICCI, Gian Franco. *Le prove atipiche*. Milano: Giuffrè Editore, 1999, p. 55.

[479] RICCI, 1999, op. cit., p. 48 ss.

da persuasão racional do juiz, delimitando com maior precisão os limites da temática a ser examinada.

A compreensão da pauta de racionalidade a ser seguida na atividade de persuasão racional do juiz por meio do emprego de provas atípicas demanda a sistematização das principais questões estudadas pela doutrina e pela jurisprudência a respeito do tema. Nesse contexto, um primeiro ponto a ser considerado é o da *necessidade de respeito à garantia do contraditório como requisito de admissibilidade de provas atípicas*. A maior dificuldade presente nesse aspecto diz respeito às *provas produzidas perante outro juízo*, sem a desejável imediatidade do juiz em relação ao retrato da realidade a ser empregado no contraste com as alegações sobre fatos juridicamente relevantes e, não raro, sem a participação das partes na sua construção. Assim ocorre, por exemplo, nos casos de emprego de prova pericial ou testemunhal produzida em outro feito no qual os litigantes não figurem como parte, nos quais o contraditório pode haver sido respeitado no processo em que originalmente produzida a prova, porém coloca-se em xeque naquele em que a mesma será empregada como atípica.

A resposta para essa questão não é pacífica. Nesse sentido, Michele Taruffo defende a possibilidade de emprego de tais provas sem a observância rígida do contraditório somente nos casos em que as partes concordem quanto ao valor que lhes será atribuído.[480] Essa posição, contudo, é severamente criticada por Bruno Cavallone, para quem "il far dipendere l'ammissibilità di una prova dalla eventuale concordanza del suo esito con quello di altre prove non è soltanto illogico (...) ma altresì potenzialmente lesivo dell'uguaglianza delle parti".[481]

José Carlos Barbosa Moreira, por sua vez, defende uma fórmula intermediária: "sempre que possível, o melhor é ouvir o terceiro como testemunha, com a presença das partes, dos advogados, com a possibilidade de reinquirição. Então, se vem aos autos documento em que determinada pessoa dá uma informação sobre fatos relevantes, eu, sempre que possível, devo ordenar que essa pessoa seja ouvida por mim, juiz, na qualidade de testemunha".[482] Essa orientação apresenta-se especialmente importante no que diz respeito às relações entre a imediatidade do juiz e a formação do seu convencimento.

Um exemplo da aplicabilidade da posição exposta por José Carlos Barbosa Moreira pode ser encontrado na construção de respostas para a polêmica em torno da possibilidade ou não de emprego de *testemunhos indiretos*. Seguindo a linha de raciocínio do autor – ainda que seja procedente a crítica feita por Danilo Knijnik, no sentido de que "o verdadeiro depoente pronuncia-se fora do processo, sem qualquer submissão a suas regras"[483] –, é certo que as suas afirmativas não podem e nem devem ser de todo ignoradas pelo julgador se for chamada a comparecer à audiência de instrução a pessoa referida no relato testemunhal. Aliás, essa é a solução propugnada pelo próprio Código de Processo Civil brasileiro, ao referir, em seu art. 418, I, que o juiz pode ordenar, de ofício ou a requerimento da parte, a inquirição de testemunhas referidas nas declarações da parte ou das testemunhas.[484]

---

480 TARUFFO, 1973, op. cit., p. 432-433.

481 CAVALLONE, 1991 c, op. cit., p. 361.

482 Nesse sentido, ver BARBOSA MOREIRA, 1994, op. cit., p. 125.

483 KNIJNIK, 2007, op. cit., p. 63.

484 A fórmula empregada pelo legislador brasileiro é elogiada por parte de SENTÍS MELENDO, 1978, op. cit., p. 456, que, ao abordar o tema do testemunho indireto, refere que "no es la influencia brasileña la que se abre camino en nuestro pais, a pesar de su importancia científica".

Essa solução, contudo, não se confunde com aquela proposta pela jurisprudência alemã para os casos em que se discute a validade da prova testemunhal da autoridade policial nos casos em que feita menção a declarações realizadas de maneira anônima (os chamados *V-Leute*). Conforme noticia Nicolò Trocker, "il Bundesgerichthof sostenne che la utilizzazione di 'testimonianze indirette' non viene ad urtare contro il principio costituzionale del rechtliches Gehör, e ciò non perché essa rappresenti una legittima e ragionavole limitazione del diritto di difesa, ma per il semplice motivo che non pregiudica e non compromette in alcun modo l'esercizio di tale diritto". Ainda segundo o autor, a posição do *Bundesgerichthof* é no sentido de que "le parti manterrebbero infatti intatta la possibilità di interloquire in maniera incondizionata su tutto ciò che può venire posto a fondamento della pronuncia giudiziale, e in particolare esse avvebero non solo l'opportunità di pronunciarsi sul contenuto delle informazioni raccolte ma avrebbero altresì la piena facoltà di prospettare ogni eventuale dubbio sia in ordine alla 'anonimità' dei confidenti che in merito all'attendibilità delle loro deposizioni".[485] Observe-se que, em tais casos, nem se pode tratar de verdadeira "testimonianza per sentito dire", pois quem é inquirido não fala sobre uma experiência vivida diretamente nem oferece os subsídios necessários para que se possa saber quem a vivenciou. Na hipótese em exame, resta ainda mais difícil o cotejo crítico das declarações feitas em juízo e, em última instância, consideravelmente maior a limitação imposta ao direito de defesa. A validade dessa limitação, transpondo-se tal experiência para a realidade do nosso ordenamento jurídico, deve ser examinada à luz do postulado da proporcionalidade (em especial no que se refere ao juízo de proporcionalidade em sentido estrito), sendo efetuada a ponderação entre os ganhos obtidos através do emprego de tal expediente e os prejuízos decorrentes da utilização de tal prova.

Há, ainda, quem diferencie outras formas de incidência da garantia do contraditório em face do emprego de provas atípicas. Vale citar, nesse sentido, a posição de Gian Franco Ricci, para quem a mitigação do contraditório presente no caso do uso dos resultados da investigação efetuada em outro processo pode não ocorrer no caso de emprego de laudos de assistentes técnicos ou de laudos periciais trazidos de outro debate processual para o esclarecimento de outras questões, sobre as quais as partes poderão se pronunciar.[486] De qualquer forma, havendo ou não o respeito ao contraditório na constituição da prova em outros autos, apresenta-se imperiosa a abertura de oportunidade às partes para que possam se manifestar a respeito do conteúdo inserido na prova dita atípica e da força persuasiva que a ela deve ser associada, sob pena de nulidade da decisão que nela seja baseada.

Essa última orientação parece ser a que oferece respostas mais satisfatórias para os problemas relacionados a provas preconstituídas, a exemplo do que ocorre no emprego da chamada prova emprestada. De acordo com o entendimento do Superior Tribunal de Justiça, "a concessão de aposentadoria acidentária pelo INSS não pode ser aproveitada como prova de incapacidade do segurado, em relação contratual deste com pessoa jurídica de direito privado, sequer auscultada na apuração desenvolvida pelo INSS. Aproveitar, como prova emprestada contra uma das partes, laudo produzido sem a oitiva deste, é ultrapassar o permissivo do Art. 130 do CPC, agredindo o cânone constitucional

---

[485] TROCKER, 1974, op. cit., p. 538.

[486] RICCI, 1999, op. cit., p. 467: "se nel caso dell'uso delle risultanze di um altro processo, il contraddittorio viene in certo modo eluso, nell'ipotesi degli accertamenti di fatto contenuti nella consulenza e/o nella perizia, il contraddittorio, pur potendo essere stato rispettato, può non essere stato finalizzato a tali specifici accertamenti, proprio perché estranei all'indagine peritale"

do contencioso processual (CF; Art. 5º, LV)".[487] De outro lado, segundo o Tribunal de Justiça do Estado do Rio Grande do Sul, "é admissível a utilização, como prova emprestada, de perícia realizada em outro processo que, assumindo natureza documental, poderá ser submetida ao contraditório".[488]

A jurisprudência do Tribunal de Justiça do Estado do Rio Grande do Sul também faz menção à importância da garantia do contraditório ao referir que "nenhuma surpresa quanto ao conteúdo do depoimento e dos julgados pode suscitar" à parte que participou da demanda na qual foi produzida originalmente a prova emprestada.[489] Aqui, contudo, uma ressalva deve ser feita: o fato de o conteúdo dos elementos trazidos aos autos ser de conhecimento de uma das partes não é suficiente para que se possa afirmar o respeito ao contraditório no que se refere às possibilidades de valoração da prova. Desta forma, é importante consignar que, mesmo em tal caso, considerando as diversas possibilidades de conformação do panorama em sede de formação do convencimento jurisdicional em ação diversa daquela na qual foi produzida a prova, a proteção contra a surpresa somente é efetiva se for aberta nova oportunidade às partes para a manifestação sobre tais elementos.

A massificação das relações jurídicas e dos litígios delas decorrentes traz à tona, ainda, o problema do emprego de laudos periciais como prova emprestada em processos que se apresentem semelhantes. A esse respeito, a jurisprudência menciona que a admissibilidade da juntada de tais laudos como prova emprestada não exclui a possibilidade de o magistrado realizar perícia destinada à análise do caso concreto.[490] Também nesse caso é devida a obediência à garantia do contraditório, a qual somente se faz plena, em qualquer hipótese, por meio da abertura de prazo às partes para a manifestação, a respeito do teor de tais documentos, à luz das peculiaridades da situação versada nos autos.[491]

---

[487] Recurso Especial n. 822.207/RS, rel. Min. Humberto Gomes de Barros, julgado pela Terceira Turma do Superior Tribunal de Justiça em 16.11.2006.

[488] Apelação Cível n. 70017504689, 4ª Câmara Cível do Tribunal de Justiça do Estado do Rio Grande do Sul, Rel. Des. Araken de Assis, julgado em 06.12.2006. No mesmo sentido: Apelação Cível n. 70017246893, 4ª Câmara Cível do Tribunal de Justiça do Estado do Rio Grande do Sul, Rel. Des. Araken de Assis, julgado em 29.11.2006.

[489] Apelação Cível n. 70010101723, 10ª Câmara Cível do Tribunal de Justiça do Estado do Rio Grande do Sul, Rel. Jorge Alberto Schreiner Pestana, julgado em 20.07.2006.

[490] Conforme já decidiu o Tribunal de Justiça do Estado do Grande do Sul, "mesmo em se tratando de ações de massa, a situação de cada autor, nestes autos, não é absolutamente igual, assim como não há total identidade em relação às partes onde realizada a perícia cujo laudo pretendem os agravantes emprestar; mais um motivo, pois, para que isso não ocorra. De outra banda, se várias foram as perícias realizadas em outros feitos, com vários laudos apresentados, não se poderia pretender emprestar apenas um deles para esta lide. Entretanto, a juntada de uma plêiade de laudos, por certo, seria mais prejudicial do que benéfica para a solução da causa. Assim, se a juíza a quo entendeu que para formar seu convencimento era necessária prova pericial específica para o caso dos autos, não se pode tolher a iniciativa probatória que lhe confere o art. 130 do CPC, pena de não poder a magistrada formar seu livre convencimento, com sensível prejuízo à justa solução da causa" (Apelação Cível n. 70009823949, 18ª Câmara Cível do Tribunal de Justiça do Estado do Rio Grande do Sul, Rel. Pedro Luiz Pozza, julgado em 04.11.2004).

[491] Em julgado no qual se discutia a possibilidade de suspensão de processo que tinha por objeto demanda indenizatória, sob o argumento da realização futura de prova pericial de imóvel, relacionado ao dano discutido, asseverou o Tribunal de Justiça do Estado do Rio Grande do Sul que "ainda que a avaliação feita no outro processo seja trazida aos autos da ação indenizatória, deverá ser possibilitado o contraditório acerca do procedimento realizado na demanda expropriatória, restando necessária a realização de nova avaliação, desta vez na demanda da qual se originou o presente recurso" (Apelação Cível n. 70009756891, 9ª Câmara

---

Também o respeito à garantia do contraditório permite diferenciar o problema da admissibilidade da prova emprestada em relação a outras questões verificadas no âmbito do processo no qual a mesma foi produzida. É nesse sentido que se faz possível afirmar que o fato de a prova emprestada haver sido produzida originalmente por juiz incompetente, por si só, não a torna inadmissível.[492] Da mesma forma, impõe-se referir que o fato de a valoração anteriormente dada à prova no processo em que foi constituída eventualmente exercer influência sobre o convencimento jurisdicional não significa, por certo, que exista qualquer espécie de proibição ao magistrado em sede de valoração da prova, sendo-lhe lícito firmar entendimento diverso a seu respeito no feito em que a mesma for tomada como emprestada.[493]

1.1.2. Admissibilidade da prova e licitude da prova

Outra projeção fundamental dos limites a serem observados em sede de admissibilidade da prova diz respeito à necessária licitude dos esforços destinados à construção de um retrato possível da realidade histórica considerada juridicamente relevante. Um ponto de partida interessante para uma discussão em torno do tema é o da distinção entre *provas ilícitas*, assim consideradas aquelas colhidas com infração a normas ou a princípios de direito material, e *provas ilegítimas*, que são aquelas cuja produção importe em ofensa à norma processual.[494]

Cível do Tribunal de Justiça do Estado do Rio Grande do Sul, Rel. Des. Adão Sérgio do Nascimento Cassiano, julgado em 03.11.2004).

[492] Apelação Cível n. 599464807, 1ª Câmara Especial Cível do Tribunal de Justiça do Estado do Rio Grande do Sul, Rel. Des. Genaro José Baroni Borges, julgado em 06.04.2000.

[493] A respeito da eficácia da prova emprestada, vale transcrever a lição de ROHNELT, Ladislau Fernando. Prova emprestada. In: *Revista da AJURIS*, n. 17, p. 37-46, 1979, especialmente p. 40, que distingue três situações possíveis, dependendo de a prova haver sido produzida: a) entre as mesmas partes, b) entre uma das partes e terceiro; c) entre terceiros: "na primeira situação, sendo as mesmas partes em ambos os processos, a prova emprestada vale para um com a eficácia que possui no outro. Entretanto, para que conserve em um a eficácia que tem no outro processo, faz-se necessário preencher dois requisitos. De um lado, é indispensável que o objeto da prova (o fato probando) seja idêntico em ambos os processos, e de outro, que tenham sido observadas na sua produção as formalidades da lei. Na segunda situação a prova produziu-se em um processo entre A e B e pretende-se transportá-la para processo em que A litiga com C. Pode dar-se, porém, que a prova seja trasladada a) por quem foi parte no processo anterior, ou b) por quem não foi parte no processo anterior. A solução varia conforme for a hipótese. Na primeira, em que a prova é levada por quem foi parte, não será eficaz em relação ao litigante adverso, pelo motivo óbvio de que este não participou de sua produção, podendo valer, apenas, como subsídio probatório, como simples dado auxiliar do juiz na formação do seu convencimento. Na outra hipótese, se é importada pelo litigante que não figurou no processo, a prova guarda toda a sua força de eficácia, sobretudo se a sentença do processo anterior a reconheceu como valiosa. Na terceira situação processual, em que a prova se fez entre terceiros, não-partes na nova relação, não-figurantes no processo para onde vai, é muito reduzido, até mesmo nenhum, o valor da prova emprestada. Servirá tão-só de mero anexo ou acessório que o juiz apreciará segundo as circunstâncias do caso e de acordo com a credibilidade que possa merecer no conjunto probatório". Ressalve-se que, mesmo nos casos em que for possível a aplicação da lição em comento, os nortes acima indicados não afastam a liberdade de convencimento do julgador à luz do conjunto probatório.

[494] A distinção ora proposta remonta à obra de NUVOLONE, Pietro. Le prove vietate nel processo penale nei paesi di Diritto Latino. In: *Rivista di Diritto Processuale*, n. 21, p. 442-475, 1996. Tal ensinamento, por sua vez, foi amplamente difundido por GRINOVER, Ada Pellegrini. *Liberdades públicas e processo penal* – as interceptações telefônicas. São Paulo: Saraiva, 1976, p. 126-129. Seu acolhimento pode ser encontrado em diversas obras, dentre as quais podem ser citadas, a título de exemplificação: AVOLIO, Luiz Francisco Torquato. *Provas ilícitas* – interceptações telefônicas, ambientais e gravações clandestinas. 3. ed. São Paulo: Revista dos Tribunais, 2003, p. 42-43; PINHEIRO, Fernanda Letícia Soares. *Princípio da proibição da*

A separação entre as categorias jurídicas acima referidas abre as portas para o desenvolvimento de importantes reflexões. Uma delas diz respeito ao fato de que *a liberdade de forma existente no ordenamento jurídico em sede de instrução processual não autoriza sejam as provas ilegítimas equiparadas às provas atípicas*. De acordo com Cândido Rangel Dinamarco, "esses desvios são sancionados pelo sistema processual por outros modos, como a negação de credibilidade e poder de convicção, a repetição do ato ou a própria possibilidade de rescisão da sentença por falsidade".[495] Note-se, aqui, que nenhuma dessas sanções é associada à produção de provas atípicas, a qual se constitui em atividade que não acarreta o surgimento de nulidade ou de outro vício de qualquer espécie.

A terminologia empregada pelo direito positivo brasileiro no trato das situações anteriormente descritas enseja o surgimento de consideráveis problemas em sede de determinação de regime jurídico aplicável a cada uma das espécies referidas. Ao referir, em seu art. 5º, LVI, que "são inadmissíveis, no processo, as provas obtidas por meios ilícitos", a Constituição Federal emprega redação que, além de não fazer qualquer menção à ofensa ao direito material, peca pela ambiguidade. Observa-se, nesse sentido, que a inclusão da expressão *no processo* em tal inciso parece ser absolutamente desnecessária, visto que a prova é fenômeno de natureza eminentemente processual. Basta ver, nesse sentido, o que acontece quando se propõe o exercício de pensar o que aconteceria em não sendo aceita a exegese ora referida: em se levando em conta a máxima interpretativa segundo a qual não existem palavras inúteis nos diplomas normativos, dar-se-ia margem para a indagação em torno da admissibilidade de tais provas em outros contextos que não o do processo, construindo-se uma pergunta para a qual não existe resposta, tamanha a sua impertinência.

Discussão importante é a que se eleva da menção, pelo texto constitucional, à idéia de *inadmissibilidade das provas ilícitas*. De acordo com Cândido Rangel Dinamarco, "o reflexo processual da ilicitude na obtenção ou na manipulação das fontes de prova é a absoluta ineficácia da prova realizada através delas".[496] O mesmo entendimento parece ser o de Luiz Guilherme Marinoni e Sérgio Cruz Arenhart, para quem "a prova que resulta da violação do direito material não pode ser sanada e produzir qualquer efeito no processo. Nesses casos, como já dito, nada se pode aproveitar da prova, uma vez que o ilícito é a sua causa".[497] Como se vê, a inadmissibilidade da prova ilícita é associada pelos autores à noção *de ineficácia do ato jurídico de produção de provas consideradas ilícitas*.

Essa última constatação é importante na medida em que revela outro traço presente na distinção entre provas ilícitas e provas ilegítimas. De um lado, observa-se que as discussões em torno da existência, da validade e da eficácia das provas ilegítimas

---

prova ilícita no processo civil. Curitiba: Juruá Editora, 2004, p. 117-121; AZENHA, Nívia Aparecida de Souza. *Prova ilícita no processo civil* (de acordo com o Novo Código Civil). Curitiba: Juruá Editora, 2003, p. 97-101; MELLO, Rodrigo Pereira de. *Provas ilícitas e sua interpretação constitucional*. Porto Alegre: Sergio Antonio Fabris Editor, 2000, p. 67-71; CAMBI, 2006, op. cit., p. 19; ANDRADE, Adalberto Guedes Xavier de. A aplicabilidade do princípio da inadmissibilidade das provas obtidas por meio ilícito no processo civil. In: *Revista de Processo*, n. 126, p. 219-245, 2005, especialmente p. 225-226; COSTA, Susana Henriques da. Os poderes do juiz na admissibilidade das provas ilícitas. In: *Revista de Processo*, n. 133, p. 85-120, 2006, especialmente p. 86.

[495] DINAMARCO, 2005, op. cit., p. 50.

[496] DINAMARCO, loc. cit.

[497] MARINONI; ARENHART, 2005 b, op. cit., p. 362.

dizem respeito a problemas relacionados à incidência de normas processuais. De outro lado, no que se refere às provas ilícitas, o que surge é um regime jurídico mais complexo: as discussões quanto à validade são situadas na dimensão do direito material, enquanto as discussões quanto à existência e à eficácia são travadas no seio do direito processual. Essa orientação guarda consonância com a proposta doutrinária segundo a qual *as situações de ofensa à ordem jurídica que são verificadas fora do âmbito processual devem ser associadas ao conceito de prova ilícita*, ao passo que *a transgressão ao ordenamento jurídico implementada durante o momento da produção da prova no processo enseja, por sua vez, o surgimento de provas ilegítimas.*[498]

À luz do contexto acima exposto, mostra-se correto o ensinamento de Luiz Francisco Torquato Avolio segundo o qual "as provas ilícitas, porque consideradas inadmissíveis pela Constituição, não são por esta tomadas como provas. Trata-se de não-ato, não-prova, de um nada jurídico, que as remete à categoria da inexistência jurídica". Conclui o autor, nesse mesmo contexto, no sentido de que "a conseqüência da inexistência jurídica consiste em que o ato, carecendo dos elementos que o caracterizam como ato processual, é ineficaz desde a sua origem. As provas ilícitas, portanto, devem ser consideradas como inexistentes e totalmente ineficazes, retroagindo a sua ineficácia ao momento do seu nascedouro".[499]

A fim de que se possa compreender adequadamente o raciocínio anteriormente exposto, impõe-se diferenciar a *invalidade da prova ilícita*, que decorre da desobediência à norma de direito material, e a *invalidade dos atos processuais dela decorrentes*, situada no âmbito do direito processual. Sob o manto desse universo, é possível concluir, com José Carlos Barbosa Moreira, que, "em linha de princípio, a violação do art. 5º, n. LVI, da CF, acarreta a ineficácia das provas ilícitas e, eventualmente, a nulidade da sentença nelas fundada".[500]

Deve-se também referir que a doutrina contemporânea apresenta argumentos indicando o enfraquecimento da distinção nos termos em que foi acima proposta. É o que se observa na lição de Luiz Guilherme Marinoni e Sérgio Cruz Arenhart, para quem "é preciso perceber que uma prova pode violar simples regras de procedimento probatório – cuja necessidade de observância não é imprescindível para a proteção das garantias da parte – e direitos fundamentais processuais. Nessa última hipótese, a prova contém vício tão grave quanto a que viola um direito fundamental material, quando a separação da prova segundo a natureza do direito violado perde sentido".[501]

A abordagem da questão à luz do paradigma constitucional, mais exatamente da dimensão dos direitos fundamentais, efetivamente leva à conclusão proposta pelos autores. Aliás, o entendimento acima referido é semelhante ao proposto por Joan Picó I Junoy, ao distinguir, sob a égide do ordenamento jurídico espanhol, as noções de provas ilícitas e provas ilegais.[502] Essa abordagem, contudo, não exclui a validade da classifica-

---

[498] AVOLIO, 2003, op. cit., p. 43.

[499] AVOLIO, 2003, op. cit., p. 87. No mesmo sentido, ver AZENHA, 2003, op. cit., p. 174-175.

[500] BARBOSA MOREIRA, José Carlos. A Constituição e as provas ilicitamente obtidas. In: *Revista de Processo*, n. 84, p. 144-155, 1996, sendo o trecho transcrito encontrado à p. 149.

[501] MARINONI; ARENHART, 2005 a, op.cit., p. 357. No mesmo sentido, ver GRINOVER, 1976, op. cit., p. 257 e CAMBI, 2006, op. cit., p. 67.

[502] PICÓ I JUNOY, Joan. La prueba ilícita e y su control judicial en el proceso civil. In: LLUCH, Xavier Abel; PICÓ I JUNOY Joan (orgs.). *Aspectos prácticos de la prueba civil*. Barcelona: J.M. Bosch Editor, 2006, p. 15-48, especialmente p. 22 ss.

ção anteriormente trazida para os casos em que são produzidas provas que contrariem normas situadas no plano hierárquico ordinário, nem resolve o problema da interpretação do significado do que se deve entender por meios de prova moralmente ilegítimos, nos termos da dicção do art. 332 do Código de Processo Civil pátrio.

A defesa da proibição da produção de provas ilícitas como expressão da proteção constitucionalmente assegurada a direitos fundamentais possui alguns endereços comuns na doutrina, sendo o principal deles o de que *a abertura de exceções à regra geral depende da aplicação do postulado da proporcionalidade*.[503] Impõe-se examinar mais atentamente a validade de tal afirmação.

A fim de que se possa travar um debate sério a respeito do problema antes apresentado, impõe-se estabelecer algumas premissas fundamentais. Primeiramente, cumpre referir que, se, de um lado, é correto o entendimento no sentido de que o emprego do postulado da proporcionalidade serve como meio eficaz com vistas à construção de decisões justas, é certo que o comando aludido não pode ser definido como um manto normativo de conteúdo totalmente indefinido. É preciso dizer claramente de que forma tal norma atua na construção do equilíbrio de valores tão desejado; para tanto, não é possível simplesmente aceitar a definição da noção de proporcionalidade como sendo sinônimo de outros postulados interpretativos (em especial os da interpretação sistemática e da interpretação teleológica[504]) ou, ainda, de razoabilidade.[505] Melhor caminha a doutrina, nesse sentido, ao buscar definir um conteúdo mínimo do postulado da proporcionalidade,[506] correspondente ao modo de proceder por ele mesmo determinado.[507]

---

[503] A doutrina contemporânea é pacífica ao indicar, como tendência dominante, a utilidade do postulado da proporcionalidade na aplicação do art. 5º, LVI, da Constituição Federal. Nesse sentido, Ver AVOLIO, 2003, op. cit., p. 55-68, o qual faz distinções entre modelos de aplicação próprios, em especial na Alemanha e nos Estados Unidos.

[504] Daí o porquê da discordância aqui manifesta com o entendimento de CAMBI, 2006, op. cit., p. 71, ao afirmar que "o princípio da proporcionalidade é uma fórmula que permite a interpretação sistemática da Constituição, operacionalizando o equilíbrio dos vários valores e interesses, abstratamente contidos no texto constitucional, que podem se contrapor diante das circunstâncias particulares de cada causa. Com efeito, procura-se encontrar um mecanismo capaz de harmonizar os vários valores constitucionais, com o intuito de saber qual o valor se mostra mais relevante e cuja tutela há de representar uma solução mais justa ao caso concreto". E continua, mais adiante, o autor ao aludir à idéia de que "o princípio da proporcionalidade serve como um mecanismo de abertura do sistema jurídico, sensível às interpretações teleológicas capazes de viabilizar a obtenção de resultados mais justos".

[505] AVOLIO, 2003, op. cit., p. 60 ("A teoria da proporcionalidade ou da razoabilidade, também denominada teoria do balanceamento ou da preponderância dos interesses...") e AZENHA, 2003, op. cit., p. 138 ("O princípio da razoabilidade exige proporcionalidade entre os meios de que se utiliza a Administração e os fins que ela tem que alcançar").

[506] Refira-se, aqui, mais uma vez, a preferência pela idéia de proporcionalidade como *postulado normativo aplicativo*, nos termos do ensinamento de ÁVILA, 2003, op. cit., p. 104-117, conforme anteriormente citado. Com isso, a denominação "princípio da proporcionalidade" empregada pelos autores apresenta-se sem sentido, designando o fenômeno interpretativo/aplicativo aludido através do emprego de uma espécie normativa distinta daquela que a ele melhor se molda.

[507] TROCKER, 1974, op. cit., p. 626-627, fala em "precisare i pressuposti ed il modo della sua applicazione attraverso una chiara determinazione: a) dei valori in gioco; dell'ordine (normativo) delle priorità; del canone di proporzionalità (tra mezzo impiegato e fine perseguito)", no que é seguido por CAMBI, 2006, op. cit., p. 76. BARBOSA MOREIRA, 1996, op. cit., p. 146, refere-se a outro procedimento: "há que se verificar se a transgressão se explicava por autêntica necessidade, suficiente para tornar escusável o comportamento da parte, e se esta se manteve nos limites por aquela determinados; ou se, ao contrário, existia a possibilidade de provocar a alegação por meios regulares, e a infração gerou dano superior ao benefício trazido à instrução do processo. Em suma: averiguar-se, dos dois males, se terá escolhido realmente o menor". MA-

---

Luis Alberto Reichelt

Sob o manto do postulado da proporcionalidade, o afastamento da norma que veicula a proibição de produção de provas ilícitas pressupõe uma análise situada em três planos. Primeiramente, impõe-se examinar a adequação entre o meio empregado (prova) e o fim almejado (busca da verdade, tutela do bem jurídico pelo direito material). Em segundo lugar, cumpre verificar a existência ou não de outros meios alternativos ao emprego da prova considerada ilícita, capazes de garantir o respeito ao fim anteriormente referido, de maneira que, ao existirem outras possibilidades além de tal expediente probatório, que seja empregado o meio que importe em menor restrição aos direitos fundamentais – como, por exemplo, o emprego de meios de prova lícitos que levem a resultados similares. Por fim, o exame final subsume-se ao da proporcionalidade em sentido estrito, no qual se verifica se as vantagens obtidas mediante o emprego da prova ilícita se sobrepõem às desvantagens verificadas.[508]

A aplicabilidade da dinâmica acima referida em sede de aferição dos limites do emprego de provas ilícitas pode ser flagrada em exemplos trazidos pela jurisprudência pátria e estrangeira. De acordo com o Superior Tribunal de Justiça, a inviolabilidade das comunicações telefônicas, decorrente da garantia constitucional estabelecida no inciso XII do art. 5° da Constituição da República, somente poderia ser afastada por meio do atendimento conjunto a certos requisitos: a) ordem judicial; b) respeitadas as hipóteses excepcionadas no plano constitucional; c) em caso de gravação consentida por ambos os interlocutores ou, ainda, em caso de gravação feita com a ciência de apenas um dos pólos da relação de comunicação. Em votação apertada, prevaleceu a posição no sentido de que a proibição constitucional seria aplicável aos casos de tentativa de interceptação das comunicações telefônicas por parte de terceiros que não os pólos de tal relação, não valendo para as situações nas quais um dos interlocutores da conversa é a autora da gravação.[509]

Analisando julgados proferidos pelos Tribunais de Justiça de Minas Gerais, do Rio Grande do Sul e de São Paulo, Humberto Theodoro Júnior constrói solução semelhante à acima apresentada. Segundo o referido autor, é requisito de validade do uso de gravação telefônica como meio de prova o envolvimento de pessoas diretamente vinculadas à causa, sendo vedada a sua obtenção mediante o emprego de meios tortuosos ou ilícitos. Vale lembrar, ainda, que a aceitação da gravação por parte dos interlocutores também é elencada pela jurisprudência como condição para que se possa afirmar afastada a ilicitude da prova.[510]

O mesmo espírito permeia o entendimento doutrinário no que se refere ao emprego, para fins de prova, de informações obtidas através da investigação de movimentações financeiras. A impossibilidade de esclarecimento da situação investigada através

---

RINONI; ARENHART, 2005 b, op. cit., p. 371, por sua vez, referem-se a um juízo de ponderação entre o direito afirmado pelo autor e o direito violado pela prova ilícita, a qual seria uma ponderação subseqüente àquela existente já no texto constitucional entre o dever de conhecimento da verdade através do processo e a proteção a um direito fundamental estabelecida na proibição de produção de provas ilícitas.

[508] A análise aqui feita segue a proposta de aplicação do postulado da proporcionalidade construída por ÁVILA, 2003, op. cit., p. 104-117.

[509] Recurso Especial n. 9.012/RJ, relator para acórdão Min. Nilson Naves, julgado pela Terceira Turma do Superior Tribunal de Justiça em 24/02/1997.

[510] THEODORO JR., Humberto. A gravação de mensagem telefônica como meio de prova no processo civil. *Revista IOB de Direito Civil e Processual Civil*, n. 42, p. 32-45, 2006, especialmente p. 39-41. No mesmo sentido, ver OLIVEIRA, Regis Fernandes de. A prova colhida em fita magnética. In: *Revista dos Tribunais*, n. 643, p. 25-28, 1989.

de outro meio que não o enfraquecimento do sigilo bancário, somada ao respeito à legalidade e à existência de prévia autorização legal, faz com que se faça presente o quadro de condições necessárias para que se possa afastar a tutela da intimidade e, com isso, privilegiar o dever de investigação da verdade.[511]

De outro lado, deitando os olhos sobre a jurisprudência italiana, Nicolò Trocker refere que "l'organo supremo della giustizia civile e penale sottolinea che la registrazione segreta di una conversazione da parte di un privato viola il diritto alla libera formazione della personalità, indipendentemente dal fatto che tale illecito sia o meno previsto e colpito dalla legge ordinaria, e ribadisce la necessità di prevenire ogni forma di utilizzazione abusiva del 'documento fonografico'". Por força disso, "la registrazione stessa, e non già soltanto la sua riproduzione non autorizatta o la sua divulgazione al pubblico, deve essere considerata come indebita invasione nella sfera della privacy di un soggetto". Também o Tribunal Constitucional Alemão, segundo o referido autor, considera que "il principio della ricerca della verità, pur rivestendo uma grandissima importanza, non può essere considerato um valore assoluto o um fine da realizzare ad ogni costo". Entendimento similar já havia sido adotado de longa data pelo *Bundesgerichthof* alemão, ao sustentar que o registro secreto de uma conversa travada entre particulares viola o direito à livre formação da personalidade, repudiando, deste modo, tanto a mera gravação da conversa quanto a sua divulgação ao público.[512]

Impõe-se lembrar, outrossim, que, não raro, o debate em torno do emprego da proporcionalidade vem acompanhado de argumentos que não merecem acolhida em um debate sério. Nesse sentido, vale lembrar que a afirmação da livre apreciação da prova como uma conquista histórica não pode, de forma alguma, atuar como causa autorizativa do emprego de provas ilícitas. Conforme refere Gerhard Walter, "la apreciación de las pruebas pone, en todo proceso, el punto final a un procedimiento ordenado por determinadas normas", as quais "nos muestran que aquí no solo están en juego formalismos procesales, sino que ellas desempeñan una función de garantía de la averiguación, pero también de amparo de las personas interesadas en el proceso e de terceros". Conclui o autor citado no sentido de que "es inimaginable que todas esas garantías, ya sea que sirvan a la protección de los interesados (o de terceros: § 384 incs. 1 y 2 de la ZPO) o a la investigación, y que preceden a la apreciación final de la prueba, puedan abrogarse invocando justamente esa apreciación".[513] Diante disso, mostra-se inafastável a conclusão no sentido de que o emprego da liberdade de formação do convencimento jurisdicional não serve como argumento definitivo na dinâmica de ponderação de valores realizada, com vistas à análise da proporcionalidade em sentido estrito, a justificar ou não o emprego de provas ilícitas.

Nessa mesma esteira, impõe-se referir que, se, de um lado, a garantia consagrada no art. 5º, LVI, da Constituição Federal, "não nega o direito à prova, mas apenas limita a busca da verdade, que deixa de ser possível por meio de provas obtidas de forma ilícita",[514] isso não significa que tal vedação somente surja graças à consagração expressa da referida proibição em sede constitucional. Nas palavras de Marina Gascón Abellan, "la prohibición de la prueba ilícita no requiere regulación expresa. Em realidad, es de la posición preferene de los derechos fundamentales en el ordenamiento y de su afirmada

[511] CAMBI, 2006, op. cit., p. 79.

[512] TROCKER, 1974, op. cit., p. 579-580.

[513] WALTER, 1985, op. cit., p. 316-318.

[514] MARINONI; ARENHART, 2005 a, op. cit., p. 364.

condición de 'inviolables' de donde deriva 'la imposibilidad de admitir en el proceso una prueba obtenida violentando um derecho fundamental o uma libertad fundamenta".[515] Trata-se, antes, de uma situação de *prevalência da tutela de um valor fundamental em face do dever de investigação da verdade histórica através do processo*, a qual é apurada por meio da aplicação de postulados normativos, e que poderia ser aferida independentemente da consagração expressa de tal garantia no texto constitucional.[516]

1.1.3. Admissibilidade da prova e o regime jurídico dos meios de prova especificados no Código de Processo Civil brasileiro

Da análise do sistema inscrito no Código de Processo Civil brasileiro, é possível identificar, ao lado da cláusula geral prevista no art. 332 do Código de Processo Civil, a presença de um outro conjunto de regras específicas que dispõem sobre limites à admissibilidade no que se refere ao emprego de determinados meios de prova.

No que se refere ao *depoimento pessoal da parte*, tem-se que, ressalvados os limites gerais acima expostos, inexiste qualquer outra limitação específica aplicável em sede de admissibilidade do meio de prova em comento. A questão ganha complexidade na medida em que se examina as restrições impostas pelo legislador nos casos em que presente a possibilidade de o depoimento pessoal resultar em *confissão judicial*. A esse respeito, vale lembrar o disposto no art. 351, segundo o qual a confissão não produz efeitos quando versar sobre direitos indisponíveis, caso no qual "os princípios de ordem pública prevalecem sobre a vontade das partes".[517]

A configuração da confissão como verdadeiro *ato jurídico processual* pressupõe seja levada em conta a existência de uma margem de disposição de interesses no âmbito da realidade processual que é outorgada às partes, ou, como preferem Luiz Guilherme Marinoni e Sérgio Cruz Arenhart, um "elemento negocial" pelo qual "as partes convencionam sobre a verdade de um fato contrário aos interesses de uma e favorável à outra".[518] A proibição que limita a possibilidade de confissão em relação a determinadas alegações sobre fatos é orientada em uma perspectiva instrumental, de maneira que a norma em comento acaba servindo como instrumento para que se possa alcançar outros objetivos, em especial a proteção em face dos riscos de fraude processual.[519]

---

[515] ABELLAN, 2004, op. cit., p. 133. E prossegue a autora: "se trata, por tanto, de una consequencia que deriva de la especial 'resistencia' de los derechos fundamentales frente a los achos del poder contrarios a ellos y de la necesidad de anular los efectos que de tales actos pudieran surtir (es la doctrina del 'fruto del árbol venenoso' que produce además un deterrent effect – efecto preventivo o disuasorio –, em terminología de la Corte Suprema de los Estados Unidos). Estamos así ante una garantía (contraepistemológica) de libertad, y en ningún caso ante una garantía epistemológica o de verdad. Es más, la prueba ilicitamente obtenida plantea siempre el dilema de tener que optar por la averiguación de la verdad o por la garantía de la libertad: y desde luego su desestimación (o su prohibición) supone la opción por la protección de la libertad en detrimento de la averiguación sin restricciones de la verdad: la verdad no puede ser investigada a cualquier precio".

[516] Em sentido contrário, CINTRA, 2003, op. cit., p. 19, para quem "nem se há de falar em proporcionalidade para eventual admissão do meio de prova moralmente ilegítimo, pois sua inadmissibilidade é absoluta" e NOVAIS, Jorge Reis. *As restrições aos direitos fundamentais não- expressamente autorizadas pela Constituição*. Coimbra: Coimbra Editora, 2003, p. 569.

[517] SANTOS, 1982, op. cit., p. 108.

[518] MARINONI; ARENHART, 2005 a, op. cit., p. 139-140.

[519] Essa posição pode ser encontrada no argumento de CINTRA, 2003, op. cit., p. 69, ao sustentar que "a finalidade da regra em exame é a de assegurar aquela indisponibilidade, seja ela absoluta ou relativa,

---

O reconhecimento quanto à existência de uma margem de liberdade de manifestação da vontade presente na confissão, inerente à sua natureza de verdadeiro ato jurídico processual, permeia, ainda, o disposto no art. 352 do Código de Processo Civil, pelo qual é afirmada a possibilidade de revogação (*rectius*: anulação) nos casos em que presente erro, dolo ou coação.[520] Se, de um lado, a confissão emanada sob o manto de tais condicionamentos é considerada inadmissível por configurar prova ilícita, é certo que os efeitos da declaração da inadmissibilidade ficam condicionados, na forma do constante do ditame legal ora comentado, à decretação judicial proferida diante do pleito formulado pela via adequada.[521]

Relativamente à *prova testemunhal*, cabe registrar a necessidade de que as restrições inscritas nos artigos 400, 401, 402, 403 e 405 do Código de Processo Civil sejam interpretadas à luz das finalidades que lhes são subjacentes. Como visto anteriormente, a aferição da força de limites como aquele presente no art. 400, I, depende sempre do contexto no qual o testemunho é considerado, sendo mais forte a restrição em comento nos casos em que menor for o grau de convencimento do julgador em face do resultado da instrução probatória.

De outro lado, a previsão da admissibilidade da prova testemunhal inscrita no art. 402, I, – que só confirma a regra geral que se contrapõe à excepcional proibição inscrita no art. 401[522] –, não serve como instrumento para que se autorize o preenchimento das lacunas deixadas pela inexistência da prova documental que não conseguiu retratar nos autos a existência, o teor e a vigência do contrato. Ao contrário, o testemunho autorizado pelo julgador em tais hipóteses possui o condão de apenas *confirmar o que o documento já dizia*, agregando *credibilidade* às declarações nele constantes.[523]

Observe-se, ainda, que o art. 402, I consagra a admissibilidade da prova testemunhal para fins de prova relacionada a contratos, quaisquer que sejam os seus valores, diante da existência de "começo de prova por escrito", assim reconhecido "o escrito que, emanado da pessoa contra quem se faz o pedido, ou de quem a represente, sem ter a eficácia de, por si só, gerar convicção quanto à verdade ou falsidade do contrato, o torna verossímil ou suficientemente provável e possível".[524] A possibilidade de emprego de prova testemunhal, em tal caso, vem pautada na *existência de convicção quanto à*

---

dificultando à parte o uso do processo com o objetivo de fraudá-la". Enfatiza o autor que, no seu entender, "a confissão não é negócio dispositivo, mas, à falta de norma em exame, poderia, feita maliciosamente, provocar sentença contrária à indisponibilidade consagrada pela ordem jurídica".

[520] Assim, ver: CAMBI, 2006, op. cit., p. 133; FADEL, 1975, op. cit., p. 212; PONTES DE MIRANDA, 1997 b, op. cit., p. 331; MARINONI; ARENHART, 2005 a, op. cit., p. 144; CINTRA, 2003, op. cit., p. 70.

[521] Para SANTOS, 1982, op. cit., p. 109, "a confissão produz seus efeitos enquanto não se demonstram vícios que a inquinam, isto é, que foi produzida sob a influência de causas que viciaram a livre manifestação do confitente, induzindo-o à afirmação que não faria se se não achasse sob essa influência".

[522] Comentando a primeira parte do art. 400 do Código de Processo Civil, FADEL, 1975, op. cit., p. 260, afirma que "o dispositivo legal é o mais amplo possível: a prova é sempre admissível, não dispondo a lei de modo diverso. É regra genérica que só admite restrição nos casos expressos em lei".

[523] Essa também é a posição de PONTES DE MIRANDA, 1997 b, op. cit., p. 424, ao apontar que "se ocorreu começo de prova por escrito, não se substitui pela prova testemunhal o que havia de constar do documento, apenas, conforme o art. 402, I, se existe começo de prova por escrito. A prova testemunhal, aí, corrobora, complementa, fortalece. Abstrai-se do valor do negócio jurídico e da exigência legal de forma, porque se parte da existência e começo de prova por escrito e se confere ao testemunho eficácia complementar, subsidiária".

[524] SANTOS, 1982, op. cit., p. 251.

autoria do documento,[525] ainda que inferida de maneira indireta, devendo tal norte ser considerado inclusive nos casos nos quais o "começo de prova" não seja constituído de suporte físico escrito.[526] Com efeito, a autoria do documento funciona como indício da verossimilhança da alegação a ele relacionado, e exerce a função de condição para a admissibilidade da prova testemunhal na hipótese legal ora examinada.

A análise da hipótese de admissibilidade inscrita no art. 402, II, demanda, por sua vez, que seja considerada a situação do credor à luz de critérios de experiência, na forma do disposto no art. 335 do Código de Processo Civil. Diante da presença de prova de indícios, considerados sob o manto daquilo que costuma acontecer, permitam inferir a conclusão no sentido da presença da situação descrita no ditame legal ora comentado, impõe-se a admissibilidade da prova testemunhal. Aponte-se, outrossim, que não se deve exigir prova robusta das situações previstas nas hipóteses legais em comento, visto que a presença de prova indiciária é indicativo mais do que suficiente para que se possa inferir a possibilidade de complementação da instrução mediante oitiva de testemunhas. Essa mesma conclusão pode ser alcançada, ainda, a partir da consideração da dificuldade de apresentação de vestígios da existência daquelas realidades contempladas nos casos ora examinados, de maneira que justificado o tratamento diferenciado dispensado em tal caso.[527] Deste modo, a idéia de impossibilidade material ou moral deve ser lida à luz de um ideal de *normalidade,*[528] sendo melhor interpretada se for entendida como *dificuldade, atual ou contemporânea* de apresentação de um retrato da realidade investigada, e não como *absoluta e total inviabilidade* da produção da prova documental.[529]

---

[525] CINTRA, 2003, op. cit., p. 162.

[526] Conforme MARINONI; ARENHART, 2005 a, op. cit., p. 506, "embora o art. 402 utilize a expressão 'prova por *escrito*', não há racionalidade em supor que essa prova deva ser grafada por escrito. Ou seja, quando se pensa em qualquer escrito emanado da parte, não há motivo que justifique o entendimento de que o começo de prova deva ser proveniente de um *escrito,* no sentido que é peculiar à palavra. Ao contrário, tudo o que emane da parte, ainda que não seja por escrito, mas que seja suficiente para demonstrar a verossimilhança da afirmação do fato, deve ser admitido como 'começo de prova por escrito". E complementam: "o que importa, portanto, é que a prova emane da parte, seja por escrito ou não (reprodução de uma conversa). Isso quer dizer que tal prova não pode ser proveniente de terceiro".

[527] Como ensina PONTES DE MIRANDA, 1997 b, op. cit., p. 425, "se alguém se hospeda em hotel em alta hora da noite, quando ainda não poderia ser-lhe dado recibo da hospedagem, e ao sair entrega a quantia à pessoa que o deixou entrar e ocupar o quarto ou apartamento, e pessoas que o foram buscar assistiram ao pagamento, cabe a prova testemunhal. Outrossim, se o hoteleiro atendeu a alguém que pediu quarto ou apartamento para amante e, a despeito de haver quem assistisse à entrada, à permanência e à saída, a pessoa que tomou o apartamento não pagou e o hoteleiro não quis remeter-lhe a nota, ou chamá-la pelo telefone".

[528] MARINONI; ARENHART, 2005 b, op. cit., p. 507 afirmam que "há impossibilidade material quando a exigência da comprovação não seria racional nas circunstâncias do caso concreto e, por isso, não seria normalmente pedida, sendo justificável a sua dispensa". Da mesma forma SANTOS, 1982, op. cit., p. 255, ao referir que "a verificação dessa impossibilidade exige que se tenha em conta não só a natureza do próprio fato convencional como, igualmente, a natureza das relações entre os contraentes. Há contratos que se não formam comumente por escrito porque, por um lado, a natureza especialíssima das relações entre os contratantes, afastando normal e quase obrigatoriamente as naturais suspeições próprias aos que se obrigam, e, por outro lado, a natureza do fato convencional, em que os fatores confiança e respeito recíprocos entre os contraentes são elementares à sua efetuação, constituem obstáculos sobremodo graves para que qualquer das partes possa removê-los impunemente".

[529] Nas palavras de CINTRA, 2003, op. cit., p. 163, "a impossibilidade, é claro, não se confunde com a simples dificuldade, mas a própria relação exemplificativa de hipóteses constantes da disposição em exame ao mencionar o caso da hospedagem em hotel evidencia que o legislador não assumiu uma concepção rigorosa de impossibilidade, admitindo que esta pudesse resultar de usos e costumes. Assim, parece que é de ser interpretada com certa elasticidade a regra em exame". Em sentido contrário, ver AGUIAR, 1974, op. cit., p. 260, que adota posição mais rígida, concluindo no sentido de que "não basta a dificuldade de

---

Ausente o padrão de normalidade em comento, mudam, da mesma forma, os padrões de interpretação a serem empregados.

A análise em busca de pontos de convergência entre os regimes de admissibilidade do depoimento pessoal e da prova testemunhal passa, obrigatoriamente, pela exegese dos artigos 347 e 406 do Código de Processo Civil. Com relação a esse último dispositivo, é possível constatar a distinção entre uma hipótese de faculdade de abstenção (inciso I) em relação a outra na qual a proibição legal pode ser atenuada nos casos em que, por meio da ponderação de valores, for apurada a existência de proporcionalidade do ponto de vista da minimização dos prejuízos trazidos à esfera jurídica de terceiros, no exercício da liberdade individual da testemunha (inciso II). Deste modo, a situação descrita no inciso II do art. 406 do Código de Processo Civil assemelha-se àquela descrita no art. 347, II, sendo comuns a ambas as hipóteses os limites aplicáveis em sede de juízo quanto à admissibilidade e à valoração da prova.

A situação descrita no inciso I do art. 406, contudo, não guarda plena identidade em relação àquela inscrita no primeiro inciso do art. 347, ainda que a previsão feita nesse último comando legal possa se traduzir, em determinadas circunstâncias, como espécie em relação ao gênero, visto ser inegável que fatos "criminosos ou torpes" imputados ao depoente não deixam de acarretar "grave dano". Entretanto, cumpre diferenciar as hipóteses legais em comento, primeiramente, em relação ao alcance da faculdade imposta à testemunha e ao depoente do ponto de vista das pessoas que podem ser prejudicadas em razão de suas manifestações: no art. 406, I, estão contemplados o dano que possa ser causado à *testemunha*, ao seu *cônjuge* e aos seus *parentes consangüíneos ou afins, em linha reta, ou na colateral em segundo grau,* ao passo que o art. 347, I, somente trata de fatos criminosos ou torpes referentes à parte *depoente.* Essa consideração é significativa, pois o excepcional alargamento da hipótese prevista no art. 347, I, para alcançar também *fatos torpes ou criminosos imputados a terceiros,* nunca poderia ser justificado na simples interpretação analógica, devido à especificidade da regra em comento. Preferível a esse expediente, nesse sentido, apresenta-se a exegese que parte da consideração da existência de *justo motivo* como razão para o afastamento da limitação ora examinada, em interpretação construída a partir da conjugação harmônica dos termos do art. 346, I, com o constante do art. 345 do mesmo Código de Processo Civil.[530] Outra alternativa igualmente viável em termos de intepretação é a consideração do art. 346, I, à luz do constante do art. 229 do Código Civil brasileiro, que alcança também as hipóteses de *desonra* em face das pessoas ali enumeradas.[531]

Desta maneira, é possível concluir no sentido de que a posição doutrinária que vislumbra na hipótese do art. 347, I, a ausência de obrigação de depor[532] somente merece acolhida se feita a ressalva no sentido da necessidade de fundamentação quanto a tal faculdade. E, mesmo após tomados tais cuidados, cabe atentar para que não se venha a

---

se procurar uma prova escrita, mas sim que ocorra a efetiva impossibilidade, a qual cabe ser provada pela parte interessada".

[530] Assim MARINONI; ARENHART, 2005 b, op. cit., p. 95.

[531] CINTRA, 2003, op. cit., p. 58, aponta que "ao que parece, o inciso II do art. 229 do novo Código Civil nada inova pelo aspecto objetivo, dado que os fatos criminosos ou torpes mencionados no inciso I do art. 347 se enquadram no conceito de atos cuja prática induz a desonra, ou seja, a desdouro ou perda da boa fama".

[532] Para FADEL, 1975, op. cit., p. 207, "a não-obrigatoriedade do depoimento sobre fatos da espécie dos previstos nos itens I e II do dispositivo não quer dizer que a parte, querendo, não possa discorrer a respeito dos mesmos. Não há proibição; existe não-obrigação".

"cair no absurdo de atribuir-se à parte o poder de escusar-se de depor de fatos criminosos ou torpes que constituam o próprio fundamento da ação ou da defesa".[533] Com efeito, a validade de tal dispensa da obrigação de depor está intimamente vinculada a fins maiores do que anuncia a limitada linguagem empregada no dispositivo em comento, sejam aqueles consagrados no texto constitucional,[534] sejam aqueles valores historicamente reconhecidos[535] como garantias fundamentais anteriores a qualquer ordenamento jurídico.[536]

Sob esse mesmo prisma, é possível ainda afirmar que o parágrafo único do mesmo art. 347 veicula de hipóteses meramente exemplificativas.[537] A existência de determinados contextos nos quais tais situações se encontrem inseridas faz com que a dispensa da obrigatoriedade de prestação do depoimento possa não se mostrar justificada. É o que ocorre, por exemplo, nos casos em que as ações elencadas em tal parágrafo único apresentem por fundamento fatos torpes, embasando pleitos de reconhecimento ou de anulação de vínculos de filiação.[538] O caráter exemplificativo do parágrafo único do art 347 do Código de Processo Civil possui a sua razão de ser, portanto, na *existência de justo motivo que autorize o órgão jurisdicional a afastar a regra de proibição em face de sua impertinência diante do contexto em face do qual a mesma possa eventualmente ser contraposta.*[539]

Assim, a restrição imposta pelo legislador à liberdade da parte, proibindo-a de depor nas hipóteses trazidas no art. 347, somente tem sentido se for considerada à luz dos fins que lhe são subjacentes. Independentemente de se tratar de oitiva quanto a fatos principais ou secundários, o fundamental é que a exegese quanto à admissibilidade da prova, em tais casos, seja pautada por uma orientação teleológica e sistemática, sendo

---

[533] O alerta é de SANTOS, 1982, op. cit., p. 97.

[534] Conforme CINTRA, 2003, op. cit., p. 58, "a norma corresponde ao direito ao silêncio assegurado pelo inciso LXIII do artigo 5° da Constituição Federal".

[535] Segundo SANTOS, 1982, op. cit., p. 95, a regra em comento é de origem canônica (*positioni criminosae non est respondendum*), fundada "na moral e na eqüidade natural, argumentando-se que obrigar o depoente a responder seria constrangê-lo a mentir, incidindo em perjúrio, ou confessar a própria torpeza, atitudes inconciliáveis com aqueles princípios. Daí a máxima jurídica, vigorante por muito tempo e mesmo acolhida expressamente no direito pátrio anterior àquele Código: *nemo tenetur detergere propriam turpitudinem*". Essa regra, ainda segundo o autor, restou acolhida nas Ordenações Filipinas, Livro 3°, Título 53, § 11 e no Regulamento n. 737 de 1850, no art. 203, § 1°, tendo a norma hoje vigente no Direito brasileiro sua origem imediata no constante do art. 554, n. 2, do Código de Processo Civil português. Ibid., p. 95-97.

[536] Nas palavras de THEODORO JR., 2005, op. cit., p. 561, "é para evitar uma autêntica desumanidade – quer por revelar uma mazela moral, quer por induzir a testemunha a não desvendar a verdade – é que, quando está em jogo a honra do depoente ou das pessoas que lhe são caras, a lei o dispensa de testemunhar".

[537] Nesse sentido, PONTES DE MIRANDA, 1997 b, op. cit., p. 313 e MARINONI; ARENHART, 2005 b, op. cit., p. 99.

[538] Assim FADEL, 1975, op. cit., p. 208.

[539] MARINONI; ARENHART, 2005 b, op. cit., p. 99-100, referem que "a escusa aqui avaliada sempre deverá ser valorada pelo Judiciário (como já visto) e, por esta razão, somente ele poderá dizer se dada recusa da parte em depor sobre tal fato é legítima ou não, ainda quando esta invoque, em seu favor, o sigilo profissional, a torpeza do fato etc. Assim, a consideração da inaplicabilidade (contida no parágrafo único) do disposto no art. 347 há de ser interpretada como aberta, porque em todos os casos será admissível ao Judiciário considerar que, em dada situação concreta, ainda que vigorante o sigilo profissional, por exemplo, estava a parte obrigada a declarar sobre o fato. Ao revés, também pode ocorrer, pelas mesmas razões, que mesmo diante de ação de anulação de casamento, por exemplo, esteja a parte autorizada a calar-se, desde que a justiça assim o considere".

---

rechaçada a interpretação literal toda vez que levar a resultados dissonantes em face do contexto no qual se inserem.[540]

Essa também é a orientação que permeia a interpretação do que se entende por *motivo justificado* no art. 345 do Código de Processo Civil, considerado pelo legislador como sendo *aquele que impede o juiz de, diante do silêncio do depoente, registrar na decisão que houve a recusa de depor*. A versatilidade associada pela doutrina ao dispositivo em comento[541] evidencia a verdadeira natureza do comando ora examinado: trata-se de verdadeira *cláusula geral*, a qual, por meio da exegese atenta do julgador, ganha o seu significado em função das exigências do caso concreto. Acertada, nesse sentido, é a flexibilização proposta por Luiz Guilherme Marinoni e Sérgio Cruz Arenhart, ao sustentarem que a *existência de justo motivo* não se confunde com a *obrigatoriedade de a parte motivar seu silêncio*,[542] visto que, não raro, a conclusão no sentido da presença de tal justificativa pode ser alcançada diretamente pelo julgador em sede de valoração global do resultado da atividade de instrução.[543] Tanto o dever de falar como o direito ao silêncio da parte dizem respeito a limites aplicáveis em sede de admissibilidade da prova, visto que o significado de tais barreiras é passível de aferição somente se forem considerados os contextos e os fins associados às condutas dos litigantes.

Sintoma dessa mesma orientação pode ser encontrado no espírito que norteia o Código de Processo Civil ao tratar dos casos nos quais a admissibilidade da prova vem limitada em função das regras que tratam do *dever de exibição de documentos ou de coisas*. Ao mesmo tempo em que a lei outorga ao juiz o poder de determinar tal conduta à parte ou a terceiros (art. 355 do Código de Processo Civil, que veicula projeção do constante do art. 130 do mesmo diploma processual[544]), são estabelecidos casos nos quais a recusa da parte ao atendimento a tal ordem é considerada lícita (art. 363). Nestes últimos casos, tem-se por inadmissível a prova produzida sem a observância dos limites

---

[540] Posição mais restritiva é a defendida por MARINONI ARENHART, 2005 b, op. cit., p. 99, para quem a exceção do parágrafo único do art. 347 "somente tem razão de ser quando se trate de fato cuja apuração seja essencial para a resolução da causa. Fatos meramente secundários – e com maior razão ainda irrelevantes para a causa – não devem ensejar a supressão da garantia do silêncio, nos casos elencados no *caput*". Discorda-se da posição dos autores em comento, por se entender que a análise por eles efetuada não enfrenta diretamente o problema da *admissibilidade* da prova, que é o tema envolvido na análise do comando legal em comento, mas sim o da sua *relevância*.

[541] O adjetivo *versátil* é empregado, aqui, no mesmo sentido atribuído por AGUIAR, 1974, op. cit., p. 105.

[542] MARINONI; ARENHART, 2005 b, op. cit., p. 76-77. Em sentido contrário, ao reconhecer que a recusa a depor deve sempre ser acompanhada de justificação da parte, ver: SANTOS, 1982, op. cit., p. 88-89.

[543] Posição análoga parece ter sido adotada por PONTES DE MIRANDA, 1997 b, op. cit., p. 312, ao sustentar que "o juiz tem de examinar as circunstâncias e os elementos probatórios, dirá na sentença se a parte, que se recusou a responder, tinha de depor ou não tinha de depor". Ver, ainda, FADEL, 1975, op. cit., p. 206, ao apontar que "não obstante a previsão ou mesmo a aplicação dessa pena, seus efeitos estarão limitados, como já vimos, ao que não esteja por outro modo provado nos autos ou que não resulte e se evidencie claro, em razão dos outros elementos deles já constantes" e CINTRA, 2003, op. cit., p. 53, para quem "a interpretação da conduta da parte deve ser feita pelo juiz à luz das demais circunstâncias e elementos de prova existentes nos autos", concluindo que "se dessa apreciação resultar o convencimento do juiz de que a parte efetivamente, e sem justa causa, se recusou a depor, isto será objeto de declaração motivada na sentença que aplicará a pena de confissão".

[544] Para CINTRA, 2003, op. cit., p. 79, "dizendo que o juiz pode ordenar a exibição de documento ou coisa que se encontre em poder da parte, a norma do artigo 355 se harmoniza com a disposição do artigo 130 do Código de Processo Civil, autorizando o juiz a tomar, de ofício, a iniciativa de determinar a realização das provas necessárias à instrução do processo".

imponíveis aos poderes instrutórios do juiz, salvo se a recusa estiver inserida em um dos contextos referidos no art. 358 do Código de Processo Civil.

Analisando as possibilidades elencadas em lei que autorizam a parte ou o terceiro a negar atendimento à ordem judicial de exibição de documentos ou de coisas, observa-se que o art. 363 do Código de Processo Civil prevê, nos seus incisos II, III e IV, situações semelhantes a outros casos já examinados. Trata-se, pois, de hipóteses análogas àquelas anteriormente vislumbradas nos artigos 347, I e II (em relação ao depoimento pessoal) e 406, I e II (no que se refere à prova testemunhal) do mesmo Código,[545] todas albergadas, como já foi visto, no espectro da previsão inscrita no art. 229 do Código Civil brasileiro, visto que tais proibições estão baseadas na proteção constitucional da intimidade, da vida privada, da honra e da imagem (art. 5º, X, da Constituição Federal).[546]

A exemplo do que já foi examinado anteriormente, mostra-se imperiosa a conclusão no sentido de que a licitude da imposição da exibição de coisas ou de documentos por determinação judicial em tais hipóteses pressupõe sejam previamente identificados os casos nos quais se atribui à parte ou a terceiros uma mera faculdade em relação a outros nos quais a lei impõe verdadeiras proibições de prática de tais condutas. Em se tratando de proibições, isso significa que as provas produzidas sem a devida observância do disposto no art. 363, II, III e IV, devem ser consideradas inadmissíveis por redundarem na produção de provas ilícitas. De outro lado, nos casos em que está presente mera faculdade, a inexistência de recusa da parte ou do terceiro não importa em produção de prova ilícita. A identificação de tais faculdades ou de tais proibições, portanto, não resulta diretamente da lei, mas sim da sua aplicação aos casos concretos, aos quais vêm associados fins e contextos que devem ser levados em conta na análise judicial da presença ou não de legitimidade na recusa feita pela parte (art. 359, II) ou de justo motivo para a recusa da exibição de coisa ou de documento pelo terceiro (art. 362).

Os demais incisos do art. 363 apenas confirmam essa orientação. Não por acaso Pontes de Miranda afirma, ao analisar o inciso I do mesmo art. 363, que "nem todos os negócios da família bastam para que o terceiro se recuse a exibir. É preciso que se trate de documento ou coisa cujo negócio foi oriundo apenas de relação íntima, como a carta entre uma das partes e o pai ou a mãe narrando o que se passara entre as duas partes ou o terceiro interessado, ou a entrega de quantia pelo pai ou pela mãe, como ato de família, a uma das partes".[547]

Os exemplos acima trazidos deixam claro que a hipótese de recusa aqui comentada deve ser lida à luz de um contexto, não devendo serem examinadas de maneira isolada em relação ao restante do sistema. Observe-se, nesse sentdio, que o convívio da proteção da intimidade que esteia o art. 363, I, do Código de Processo Civil com outros valores e escopos de igual importância e hierarquia traz, como conseqüência, a necessidade de identificação dos critérios que devem ser empregados para que se possa justificar as opções feitas pelo julgador no caso concreto. Entra em jogo, aqui, o emprego do postulado da proporcionalidade, que serve como instrumento para que se possa aferir de que forma a regra em comento deve ser respeitada, por estar sustentada nos fins por ela tutelados, ou, de outra forma, deve ser rechaçada, por se revelar uma determinação

---

[545] Assim também pensam SANTOS, 1982, op. cit., p. 140, AGUIAR, 1974, op. cit., p. 154 e CAMBI, 2006, op. cit., p. 221.

[546] Sobre essa projeção constitucional dos comandos citados, ver CINTRA, 2003, op. cit., p. 91-92 e MARINONI; ARENHART, 2005 b, op. cit., p. 222.

[547] PONTES DE MIRANDA, 1997 b, op. cit., p. 355.

considerada fora de contexto, como uma nota dissonante que não guarda pertinência com o restante da pauta normativa que dita a harmonia da sinfonia processual.

Refira-se, outrosssim, que, do ponto de vista da admissibilidade da prova por meio do afastamento da regra do art. 363, I, do Código de Processo Civil, não basta que o documento concernente a negócios da vida familiar diga respeito ao objeto do litígio.[548] Essa exigência – que é legítima – diz respeito à *relevância da prova* e não à sua *admissibilidade*. No que tange a essa última análise, impõe-se considerar os limites a serem observados para que a produção da prova, mesmo diante da aparente aplicabilidade de uma hipótese de escusa legal prevista no art. 363, ainda assim possa ser considerada lícita. Impõe-se verificar, nesse ponto, se existe ou não alguma razão que se sobreponha ao objetivo de concretização do comando inserido no art. 5º, X, do texto constitucional, de maneira a autorizar a conclusão no sentido da ilegitimidade da escusa da parte ou da presença de justo motivo que exija a mitigação do direito a tal recusa. É o que ocorre, por exemplo, nos casos em que a prova documental do direito ao recebimento de quantias em dinheiro devidas ao autor, relacionadas a negócios jurídicos que envolvam a divulgação de informações concernentes ao âmbito familiar do réu, fosse necessária para que se pudesse garantir o custeio de um tratamento médico ao demandante. Em tal hipótese, afasta-se a proibição legal na medida em que, em um juízo de proporcionalidade em sentido estrito, a proteção dos direitos à saúde e à integridade física da parte, que também são consagrados pelo texto constitucional, se sobrepõem ao resguardo da intimidade.[549]

O critério de hermenêutica que deve pautar a análise do conjunto das hipóteses do art. 363 do Código de Processo Civil pode ser identificado, ainda, a partir do exame do disposto no seu inciso V. Ao autorizar a escusa de apresentação do documento ou da coisa nos casos em que subsistirem outros motivos graves que, segundo o prudente arbítrio do juiz, justifiquem a recusa de exibição, tal inciso acaba por exercer uma função que vai muito além da explicitação da natureza exemplificativa do rol de espécies elencadas pelo legislador. Evidencia-se, aqui, que a escusa não encontra justificativa apenas na existência do referido ditame legal, mas sim depende de *avaliação judicial quanto à existência de razões sérias que lhe são subjacentes*. A *abertura à analogia* vem acompanhada, aqui, da explicitação quanto à necessidade de constatação judicial, tanto nas hipóteses legais como naquelas que possam ser criadas por semelhança, da *presença de um motivo grave como condição para a validade da escusa do dever de*

---

[548] Conforme MARINONI; ARENHART, 2005 b, op. cit., p. 222, "a ressalva legal trata da exoneração do dever de exibir em casos em que o documento ou a coisa somente interessa à família e a ninguém mais. Por isso, qualquer terceiro que pretenda a exibição daquele elemento não terá justificativa plausível para a pretensão, uma vez que o documento ou a coisa a ser exibido não lhe dirá respeito. Sempre, porém, que este objeto a ser exibido puder, de alguma forma, ter relevância para o deslinde da causa (porque é o próprio objeto do litígio) então a regra de exclusão torna-se inaplicável, mostrando-se cabível a exibição. Exemplificando: suponha-se que algum credor pretenda anular contrato de compra e venda realizado entre pai e filho, supondo que a alienação deu-se em fraude contra credores; neste caso, será plenamente legítimo o pleito à exibição do contrato (relativo, a princípio, apenas ao pai e ao filho), até mesmo para demonstrar o *consilium fraudis*. O mesmo se dirá quando o conflito envolver pessoas da mesma família – no litígio entre parentes, por exemplo, será natural a discussão sobre 'negócios da própria vida da família', e então indispensável a exibição de alguns documentos relativos a tais relações".

[549] O exemplo ora citado guarda sintonia com a orientação de AGUIAR, 1974, op. cit., p. 153-154. ao sustentar que "os negócios da própria vida da família não devem em regra ser divulgados, pois podem revelar a intimidade do lar e pôr em risco sua estabilidade. Por isso não se aplica às ações de desquite e anulação de casamento, onde não mais se justifica. Há, outrossim, que se pôr em relevo não acobertar a escusa os negócios jurídicos firmados entre familiares, os quais transcendem os limites da vida interna familiar".

Luis Alberto Reichelt

apresentação da coisa ou do documento em juízo. A existência de direta relação entre as hipóteses suscitadas e os escopos protegidos pelo ordenamento jurídico deve sempre pautar a formação do convencimento jurisdicional no que se refere ao juízo de admissibilidade nos casos em exame.

Reforça esse entendimento, ainda, a previsão inscrita do art. 358 do Código de Processo Civil, que apenas explicita as situações nas quais o juiz não admitirá a recusa feita pela parte, sem, contudo, exaurir outras possibilidades de recusa considerada ilegítima (art. 359, II) ou sem justo motivo (art. 362). Como bem apontam Luiz Guilherme Marinoni e Sérgio Cruz Arenhart, "evidencia-se, então, que não apenas nos casos arrolados expressamente no presente artigo poderá o juiz ter como ilegítima a recusa. Também haverá outras hipóteses em que a parte requerida negará o seu dever em exibir o documento, exigindo, assim, a apreciação judicial. Importa, no exame deste artigo, ter presente que nas situações aqui versadas é o legislador que presume, de forma absoluta, ser inviável a recusa, porque particularidades da legislação material ou processual impedem esta negativa; outras hipóteses de recusa ilegítima, entretanto, poderão surgir, cabendo então ao juiz valorar a escusa apresentada".[550]

Da análise das hipóteses legais de indeferimento da recusa de exibição de documento ou de coisa previstas no art. 358, observa-se que todas obedecem também à mesma lógica até aqui defendida, sendo sempre pautadas por objetivos ou por valores subjacentes que justificam a *inviabilidade do recurso à proteção da intimidade como fundamento da negativa da parte ou do terceiro.* A existência de obrigação legal de exibição prevista no inciso I do artigo ora comentado não decorre da simples vontade do legislador ou de opção política em determinado momento histórico. Ao contrário, tal dever é esteado na *existência de vínculos jurídicos de direito material que indicam que a parte ou o terceiro possuem obrigação de disposição dos documentos ou das coisas a serem apresentados em juízo.*[551] Exemplo sintomático de tal orientação pode ser encontrado na jurisprudência do Superior Tribunal de Justiça, ao reconhecer o dever de a Caixa Econômica Federal apresentar extratos analíticos de contas vinculadas ao Fundo de Garantia do Tempo de Serviço, sustentado na função a ser exercida por tal empresa pública nos termos do art. 7º, I, da Lei n. 8.036/90 e dos arts. 23 e 24 do Decreto n. 99.684/90.[552] Em casos como esse, não se justifica a remissão à tutela da vida privada ou ao dever de sigilo como fundamento para a recusa de apresentação do documento ou de coisa.

A possibilidade de afastamento de escusa inscrita no art. 358, II, do Código de Processo Civil, por sua vez, tem fundamento no princípio da comunhão das provas.[553]

---

[550] MARINONI; ARENHART, 2005 b, op. cit., p. 196-197. Em sentido análogo, ver SANTOS, 1982, op. cit., p. 130-131 e CAMBI, 2006, op. cit., p. 221. Contrariamente, ver FADEL, 1975, op. cit., p. 218, ao reconhecer que "as hipóteses de inadmissão da recusa são taxativas".

[551] Assim SANTOS, 1982, op. cit., p. 130-131. Semelhante entendimento pode ser visto, ainda, nas lições de PONTES DE MIRANDA, 1997 b, op. cit., p. 344, ao apontar que a "'obrigação legal' de exibir é a que corresponde ao direito à exibição concedido pela lei a certas pessoas, em casos expressos, como ocorre no direito comercial e concursal", e de MARINONI; ARENHART, 2005 b, op. cit., p. 197-198, aludindo à possibilidade de hipóteses de obrigação legal de exibição "não expressamente cogitadas em texto legal, mas derivadas de direito real ou pessoal".

[552] Recurso Especial n. 658.775/AL, rel. para acórdão Min. Denise Arruda, julgado pela Primeira Turma do Superior Tribunal de Justiça em 19.10.2004. No mesmo sentido, ver Agravo Regimental em Recurso Especial n. 631.993/AL, rel. Min. Denise Arruda, julgado pela Primeira Turma do Superior Tribunal de Justiça em 16.11.2004.

[553] Nesse sentido, ver: SANTOS, 1982, op. cit., p. 131-132; MARINONI; ARENHART, 2005 b, op. cit., p. 198; AGUIAR, 1974, op. cit., p. 141 e CINTRA, 2003, op. cit., p. 84.

Não há lógica a sustentar qualquer interesse da parte em proteger sua intimidade nos casos em que fazer menção à existência de um documento relevante para o deslinde do litígio. Em tais hipóteses, motra-se injustificável a recusa à apresentação de documentos ou coisas sob o argumento da presença de alguma das escusas previstas no art. 363 do Código de Processo Civil. Ao contrário, o que se veria, em tal hipótese, seria um verdadeiro paradoxo insuperável no agir da parte ou do terceiro: havendo, nos autos, referência quanto à existência do documento (e à alusão ao seu teor) já consta dos autos, resta ao julgador apenas aferir a conformidade entre o que se alega e o que efetivamente consta de tal meio de prova, confirmando ou não a fidelidade da narrativa da parte ao fazer alusão a tal meio de prova.[554] Constando nos autos menção quanto à possibilidade de o documento ou de a coisa fazer prova das alegações vertidas no debate dialético travado entre as partes, legitima-se a conduta do órgão jurisdicional no sentido de determinar a sua exibição.[555] A expressa menção feita pela parte à existência do documento ou de coisa afasta a incidência dos valores subjacentes às hipóteses do art. 363.

O mesmo raciocínio acima descrito pode ser aplicado, ainda, no que se refere à exegese do inciso III do art. 358 do Código de Processo Civil. Na medida em que tal comando faz menção à idéia de documento cujo conteúdo é comum às partes, nele resta evidenciadao que inexiste qualquer justificativa a exigir a preservação de dever de sigilo ou de proteção de intimidade, visto tratar-se de fatos que, em última instância, já são de conhecimento de ambos os litigantes.[556]

A rigidez de condições impostas pelo legislador do ponto de vista da admissibilidade da prova documental deve, portanto, ser sempre graduada de acordo com as exigências do contexto no qual a prova é produzida. Desta forma, normas, como os comandos inscritos nos parágrafos do art. 385, não podem ser lidas como ditames que estipulam condições sem as quais se faz proibido o emprego de fotografias como meio de prova. A ausência de juntada dos negativos (ou, ainda, também da foto original, no caso de publicação em jornal) não importará em inadmissibilidade da prova, mas apenas no surgimento de um fator que pode ser considerado do ponto de vista da valoração da prova. O apego do texto legal à linguagem histórica própria da época de sua edição evidencia, ainda, a necessidade de sua releitura à luz das exigências da realidade contemporânea, na qual se fazem presentes fotos digitais (que não possuem negativos) e a possibilidade de publicação de imagens em *websites* (que não veiculam necessariamente jornais e, não raro, oferecem divulgação ainda maior a informações ou a fatos).[557]

---

[554] Segundo FADEL, 1975, op. cit., p. 219, a não-apresentação do documento pela parte, em tal hipótese, constituiria "procedimento desleal". É preferível, aqui, a expressão *fidelidade à lealdade,* visto que essa última carrega forte carga significativa associada a juízos valorativos, e não objetivos. Essa idéia de *lealdade processual* é referida, ainda, por CINTRA, 2003, op. cit., p. 84.

[555] AGUIAR, 1974, op. cit., p. 141, sustenta que "não basta por isso somente a referência ao documento ou à coisa, mas também a declaração do intuito de com ele se constituir prova".

[556] Vale citar, aqui, a advertência de CINTRA, 2003, op. cit., p. 84, para quem o comando em análise deve ser lido à luz do entendimento presente na exegese do art 218 do Código de Processo Civil de 1939, "que traduzia o que constava do seu modelo austríaco, esclarecendo que se considerava o documento comum às partes cujas relações jurídicas foram nele determinadas e àquelas em cujo interesse houver sido elaborado". Em sentido idêntico, ver AGUIAR, 1974, op. cit., p. 142. Sobre essa visão histórica, refira-se a opinião de PONTES DE MIRANDA, 1997 b, op. cit., p. 346, no sentido da evolução técnica na atual redação, e as considerações de SANTOS, 1982, op. cit., p. 132-133.

[557] A preocupação com essa interpretação evolutiva vem presente em MARINONI; ARENHART, 2005 b, op. cit., p. 383.

Luis Alberto Reichelt

Um ulterior grupo de critérios relacionados à admissibilidade dos meios de prova é aquele concernente aos limites aplicáveis em sede de *prova pericial*. Na busca da caracterização do papel do perito, Francisco Cavalcanti Pontes de Miranda observa que "o perito é pessoa estranha à relação jurídica processual, – é apenas pessoa que tem conhecimentos especiais, de algum ramo da atividade humana, inclusive científicos, industriais, artísticos, tecnológicos, conhecimentos que lhe permitem auxiliar, no seu tempo, o juiz, na investigação dos fatos e na formulação de julgamentos de fato".[558] Essa conclusão é compartilhada por Antonio Dall'Agnol, para quem "o perito – seja na área da ciência, seja na área da técnica –, na qualidade de auxiliar do juiz, e por isso mesmo, não lhe toma o lugar, senão que apenas examina com os olhos da ciência (ou da técnica) a questão e apresenta laudo no processo, com o que reelabora o conjunto de significantes sob exame, a fim de que os percebam todos os operadores do processo, destituídos (ou com déficit) da ciência (ou da técnica), embora o destine àquele que o nomeou e nele confia".[559]

Da análise das lições acima elencadas, construídas em análise ao disposto no art. 145 do Código de Processo Civil, é possível identificar um primeiro grupo de requisitos relacionados à admissibilidade da prova pericial. A *suficiência do grau de domínio do conhecimento técnico ou científico por parte do perito* para a verificação dos fatos na investigação processual deve servir de medida para a aferição da confiança depositada pelo órgão jurisdicional no trabalho desenvolvido pelo *expert*.[560] Com efeito, a observância desse critério constitui-se em um alerta repetidamente trazido aos olhos dos sujeitos do processo no Código de Processo Civil, seja na determinação de requisitos nos parágrafos do art. 145, seja nas preferências estabelecidas no art. 434, seja na determinação de indeferimento de perícia consagrada no art. 420, parágrafo único, I, seja na possibilidade de substituição do perito inscrita no art. 424, I.

Ainda sobre esse primeiro ponto, cabe referir que a definição do que se haverá de entender por *conhecimento técnico* ou *científico* é dada por exclusão, pois envolve o domínio de um saber não-jurídico[561] que, aplicado à análise de fatos, é caracterizado por propiciar uma percepção pautada em "qualidades sensoriais especializadas dos observadores, ao lado, geralmente, de conhecimentos científicos ou técnicos capazes de compreendê-los e distingui-los".[562] A distinção entre *conhecimento técnico* e *conhecimento*

---

[558] PONTES DE MIRANDA, Francisco Cavalcanti. *Comentários ao Código de Processo Civil*. t. 2. 3. ed., rev. e aumentada, com atualização legislativa efetuada por Sérgio Bermudes. Rio de Janeiro: Forense, 1997 a, p. 452.

[559] DALL'AGNOL, Antonio. Comentários ao Código de Processo Civil. v. 2, 2. ed. rev., atual e ampl. São Paulo: Revista dos Tribunais, 2007, p. 207.

[560] MARINONI: ARENHART, 2005 b, op. cit., p. 569, ensinam que "acima de tudo, o perito deve ter idoneidade moral e, assim, ser da confiança do juiz. Note-se que o juiz julga com base no laudo técnico, e o jurisdicionado tem direito fundamental a um julgamento idôneo. Se é assim, não deve o juiz julgar a partir de laudo pericial assinado por pessoa que não mereça confiança, já que estaria entregando à parte prestação jurisdicional não- idônea. O juiz, quando precisa de laudo pericial, não deve deixar que a definição de um fato seja feita por qualquer pessoa (perito), como se lhe não importasse a qualidade e a idoneidade da resposta jurisdicional". Essa *idoneidade* à qual fazem menção os autores merece ser lida não com os olhos do subjetivismo mas sempre à luz de critérios que permitam o controle por terceiros, em especial dos demais sujeitos do processo, a fim de que o arbítrio não justifique a aceitação de um profissional técnico em detrimento de outro por preferências situadas no campo íntimo insondável da alma do juiz.

[561] MARINONI; ARENHART, 2005 b, op. cit., p. 572, citam exemplo no qual se concluiu no sentido de que a análise do atendimento aos conceitos jurídicos de imitação, de reprodução ou de confusão não demandaria enfrentamento por perícia.

[562] SANTOS, 1982, op. cit., p. 307. Essa idéia de "percepção técnica" é referida, ainda, por CINTRA, 2003, op. cit., p. 205, no que guarda sintonia com CARNELUTTI, 1992, op. cit, p. 71-72.

---

científico, por sua vez, apresenta a justificativa na qualificação do primeiro como sendo aquele que não necessariamente requer formação acadêmica especializada, mas sim o domínio de um saber que, por não ser pautado em simples regras de experiência, envolve um nível de compreensão da realidade que se situa fora do domínio do conhecimento do homem médio.[563] Assim também ocorre nos casos em que a profissão relacionada a determinado conhecimento técnico não tenha sido objeto de regulamentação.[564]

Outra questão igualmente importante em sede de admissibilidade da prova pericial diz respeito à necessidade de *imparcialidade* como traço a pautar a atuação do *expert*, nos termos do art. 138, III, do Código de Processo Civil. Trata-se de *conditio sine qua non* para que o laudo pericial possa ser considerado digno de confiança do órgão jurisdicional, que poderia ter a sua própria imparcialidade igualmente questionada diante da aceitação do parecer em tais condições, sendo nula a decisão baseada em tal manifestação.[565] A quebra da imparcialidade da atuação pericial é, em última instância, um sintoma que alerta para o perigo de grave crise no equilíbrio de forças que pauta a formação e o desenvolvimento da dialética processual, não sendo lícito ao julgador o assessoramento por profissional que não atenda a tal exigência.

Essa confiança depositada na qualidade do trabalho desenvolvido pelo perito traz consigo importantes reflexos. Um destaque especial deve ser dado à discussão a respeito da admissibilidade ou não da indicação de pessoa jurídica como órgão auxiliar envolvido na realização da atividade pericial. Mostra-se preferível, nessa esteira, a posição no sentido de que o perito é sempre pessoa física,[566] de melhor consonância com as exigências quanto à *imparcialidade* acima citadas, mas também diante das regras quanto às regras em sede de responsabilização do profissional envolvido em tal atuação. Aponte-se, do mesmo modo, ser apressada a afirmativa no sentido de que a existência de "situações nas quais uma só pessoa não tem condições (econômicas, técnicas, tecnológicas etc.) para realizar o laudo pericial" torne "preferível que seja efetuado por uma instituição especializada, reunindo as pessoas e o aparato necessário para a sua elaboração".[567] Basta ver, nesse sentido, que o art. 429 do Código de Processo Civil coloca à disposição do perito a possibilidade de emprego de todos os recursos necessários à realização da atividade comentada. Da mesma forma, a fixação de honorários periciais deve sempre levar em conta a adequada remuneração da atividade profissional do *expert*, englobando não apenas o custo da mão de obra, mas também o dos insumos nela empregados, nisso incluída a contratação de assessoria eventualmente necessária. Ao lado disso, refira-se, a esse respeito, o magistério de Antônio Carlos de Araújo Cintra, para quem a exigência de se considerar o perito como pessoa física "não significa que o juiz não possa se dirigir a estabelecimentos especializados solicitando sugestões de

---

[563] Preciosa, aqui, a lição de PONTES DE MIRANDA, 1997 b, op. cit., p. 473, alertando que "para se chamar técnico ao perito dá-se a 'técnica' significado mais amplo, que não é o vulgar; ao mesmo tempo, o de especialidade, extensão demasiada. (...) A especialidade, em sentido lato, do perito pode dispensar cultura, e até instrução; pode exigir alto nível de ambas. Daí perito cientista, de conhecimentos científicos raros, e perito analfabeto, como o entendido em extração de borracha no Amazonas ou em podamento de cafeeiro na Colômbia".

[564] A hipótese aqui referida consta da lição de AGUIAR, 1974, op. cit., p. 326.

[565] A relação entre *imparcialidade* e *confiança* é referida por WAMBIER; ALMEIDA; TALAMINI, 2007, op. cit., p. 460.

[566] Em sentido contrário, CAMBI, 2006, op. cit., p. 237-238 e MARINONI; ARENHART, 2005 b, op. cit., p. 569.

[567] CAMBI, 2006, op. cit., p. 237-238.

nomes de peritos, dentre os quais escolherá o que será nomeado, à vista das informações que tiver a respeito", nem que "o perito, sob sua responsabilidade, não possa se valer da equipe que lhe dê apoio para o desempenho de sua tarefa".[568] Com isso, tem-se como vazias as supostas vantagens na abertura da possibilidade de designação de pessoa jurídica para a realização de atividades periciais.

No que se refere aos limites quanto à admissibilidade da prova pericial associados em sede de procedimento, impõe-se alertar para os perigos de violação daqueles direitos inalienáveis da pessoa humana, dentre os quais está o direito à integridade psíquica. Conforme bem apontado por Vittorio Denti, "liedetection e narcoanalisi sono, dunque, respinti oggi per lo stesso motivo per cui l'età dell'illuminismo respinse la tortura giudiziaria, e ci ammonisce a non essere troppo ottimisti sulla definitiva vittoria della civiltà la stessa Convenzione europea dei diritti dell'uomo, che há dovuto proclamare solennemente il divieto di sottoporre a tortura ed a trattamenti umani o degradanti".[569] Análoga é a posição de Nelson Nery Júnior e Rosa Maria de Andrade Nery, ao sustentarem que "ninguém é obrigado a submeter-se à prova de perícia médica, em face da autodeterminação garantida pelo princípio constitucional da dignidade da pessoa humana (CF 1°. III) e pela garantia da inviolabilidade da intimidade".[570]

Outro condicionamento importante relativamente à admissibilidade da prova pericial é a necessidade de respeito à garantia do contraditório. Impõe-se considerar, aqui, que o tratamento da atividade do perito como auxiliar do órgão jurisdicional não necessariamente acarreta a negativa de sua qualificação como meio de prova. Empregando o juiz o conhecimento do *expert* para adquirir conhecimentos e informações a respeito da realidade histórica considerada juridicamente relevante, mostra-se fundamental sejam tais conhecimentos submetidos ao crivo do diálogo dialético travado entre todos os sujeitos do processo. Trata-se, pois, de condição necessária para o regular ingresso da prova pericial, ao afastar o perigo de que "la 'integrazione delle conoscenze' del giudice si risolva nel reperimento di fonti di conoscenza al di fuori della sua sede naturale".[571]

A concretização do contraditório, para fins de admissibilidade da prova pericial, pode ser vista a partir do constante do art. 421, § 1°, do Código de Processo Civil, segundo o qual as partes podem indicar assistente técnico e apresentar quesitos. A exigüidade do prazo de cinco dias fixado em tal dispositivo não exclui, como já foi reconhecido pela doutrina, a possibilidade de ulterior oferecimento de quesitos necessários à elucida-

---

[568] CINTRA, 2003, op. cit., p. 214.

[569] DENTI, 1972, op. cit., p. 417.

[570] NERY JÚNIOR; NERY, 2006, op. cit., p. 565.

[571] DENTI, Vittorio. Perizie, nullità processuali e contraddittório. In: *Rivista di Diritto Processuale*, n.22, p. 395-406, 1967, especialmente p. 405-406. Assim também LOMBARDO, 2002, op. cit., p. 1099 e 1102, lembrando, mais adiante, que "soltanto la configurazione della consulenza tecnica come 'mezzo di prova', d'altra parte, si pone in sintonia col divieto discienza privata del giudice posto dall'art. 115 c.p.c. Questo divieto impone, infatti, che l'acquisizione di qualsiasi conoscenza che trascenda la comune esperienza – anche quando si tratti di conoscenze di carattere generale, come la leggi della scienza e della tecnica – avvenga per il tramite di quegli atti formali, nei quali consiste il procedimento probatorio, che consentono la piena osservanza del principio del contraddittorio. E propriamente alla tutela del contraddittorio è correlata la previsione della consulenza tecnica e la sua natura di 'mezzo diprova', dovendo essa soggiacere – come tale – a tutte le norme che regolano la deduzione, l'ammissione, l'acquisizione e la valutazione dei mezzi di prova, in quanto non espressamente derogate e in quanto compatibili".

ção da questão examinada quando da realização da perícia ou, ainda, a alegação de justa causa que porventura houver inviabilizado a manifestação tempestiva.[572]

1.2. Persuasão racional do juiz e relevância da prova

Um segundo problema a ser considerado no estudo das relações entre a atividade de instrução processual e a idéia de persuasão racional do juiz é o da *relevância da prova*. Trata-se de análise decorrente da exigência de garantia do correto desenvolvimento do processo, mediante o emprego de critérios de seleção que impedem a produção de atividades probatórias que não se mostrem úteis para a formação do convencimento jurisdicional. O desafio a ser enfrentado, nesse contexto, é o da identificação dos critérios empregados pelo julgador ao afirmar a *possibilidade de admitir* ou a *necessidade de inadmitir* a produção de provas nos termos do requerido pelos demais sujeitos do processo, ou, ainda, concluir no sentido da existência de *necessidade de iniciativa probatória oficial.*[573]

O exame da temática em comento comporta o enfrentamento de uma série de questões fundamentais. Primeiramente, urge examinar o funcionamento lógico do juízo em sede de relevância da prova, analisando os fatores nele envolvidos. Cumprida tal etapa, passar-se-á, em um segundo momento, à investigação do significado a ser atribuído às regras de exclusão que, previstas no ordenamento jurídico, completam o universo a ser considerado pelo julgador em tal valoração.

1.2.1. O juízo quanto à relevância da prova e sua dimensão jurídico-argumentativa

O estudo dos critérios de racionalidade que pautam o juízo em sede de relevância da prova compreende a análise de um feixe de orientações lógico-discursivas empregadas pelo julgador na análise em comento.

O primeiro critério a ser empregado na aferição da existência ou não de relevância da prova é a *relação entre o objeto da prova e a descrição contida na norma jurídica que veicula a proteção jurisdicional pretendida pela parte.* Nesse sentido, *a prova será considerada relevante se o significado da proposição que através dela se pretende trazer aos autos guardar pertinência com aquele presente na hipótese de incidência da norma que veicula a proteção jurisdicional pretendida.*[574]

---

[572] Desse modo, ver: MARINONI; ARENHART, 2005 b, op. cit., p. 577-578. Em sentido contrário, FADEL, 1975, op. cit., p. 286, para quem a parte interessada na apresentação de quesitos, "não o fazendo nesse prazo, não mais terá oportunidade, uma vez que esse prazo é fatal. O legislador quis impedir de todos os meios e modos quaisquer tentativas de procrastinação, seja na indicação do assistente, seja na formulação dos quesitos".

[573] Conforme TARUFFO, Michele. *Studi sulla rilevanza della prova.* Pádua: Cedam, 1970, p. 8, trata-se "dall'esigenza di garantire un corretto svolgimento del processo medesimo, mediante un'opera di selezione, diretta ad escludere lo svolgimento di quelle attività probatorie che non appaiono utili per l'accertamento dei fatti della causa".

[574] VIOQUE, David Velásquez. El juicio sobre la admisión de los medios de prueba. In: LLUCH, Xavier Abel; PICÓ I JUNOY, Joan (orgs.). *Aspectos prácticos de la prueba civil.* Barcelona: J.M. Bosch Editor, 2006, p. 105-126, especialmente p. 115, refere que o Tribunal Constitucional decidiu que "el reconoscimiento a utilizar los medios de prueba 'pertinentes' no ampara un hipotético derecho a llevar a cabo una actividad probatoria ilimitada, en virtud de la cual las partes estarían facultadas para exigir cualesquiera pruebas que tengan a bien proponer, sino que atribuye sólo el derecho a la admisión y práctica de las que sean pertinentes, entendiendo por tales aquellas pruebas que tengan una relación con el thema decidendi".

Trata-se, aqui, de um juízo complexo. Toma-se, como ponto de partida, a *identificação das hipóteses normativas presentes no ordenamento jurídico que impõem ou autorizam a proteção da conseqüência jurídica em torno da qual se estabelece a discussão dos autos.* Feito isso, passa-se ao *contraste de tal premissa em face das realidades que compõem o objeto da prova.* Deste modo, constitui-se o juízo quanto à relevância da prova em resultado de um processo de formação do convencimento pautado por uma racionalidade eminentemente tópico-retórica, na medida em que o *problema proposto para enfrentamento serve como guia para a análise a ser efetuada pelo julgador.*

À luz das premissas acima expostas, impõe-se examinar os limites dentro dos quais se justifica a afirmação doutrinária no sentido de que o *juízo quanto à relevância da prova constituiria uma antecipação do juízo quanto ao êxito da demanda formulada pela parte.*[575] Efetivamente, o parâmetro a ser considerado para fins de análise da relevância da prova não é a *possibilidade de uma sentença de procedência ou de improcedência*, mas, em verdade, corresponde às *alternativas desenhadas pelo ordenamento jurídico diante do problema que se pretende que seja resolvido pela prestação jurisdicional.* Não se trata, portanto, de *antecipar resultados hipotéticos*, mas sim de *considerar variantes possíveis diante da questão desenhada pelas partes nos autos.*[576]

Do ponto de vista argumentativo-analítico, tem-se que a análise de relevância da prova exige, ainda, o emprego de um segundo critério, qual seja a *relação que pode existir entre o objeto da prova e as alegações feitas a respeito do fato principal.* Essa relação, por sua vez, pode adotar diversas feições dependendo dos significados que sejam atribuídos às assertivas cotejadas. As variantes possíveis em sede de tal juízo podem ser vistas a partir do exame do quadro a seguir, no qual X é sujeito de cada proposição e "a" e "b" são os predicados nelas empregados:[577]

Situação	Objeto da prova	Alegação sobre fato considerada juridicamente relevante
1	X a	X a
2	X não-a	X a
3	X b	X a

Nos dois primeiros casos acima referidos, cumpre afirmar, com Michele Taruffo, que "la prova è sempre rilevante, purché sussistano determinate relazioni di carattere tipicamente semantico tra le due proposizioni in questione".[578] Da análise da situação 1, observa-se, nesse sentido, que a relevância da prova reside no fato de *o significado da situação veiculada na alegação objeto de prova corresponder ao da situação descrita na hipótese de incidência da norma que veicula a produção do efeito jurídico pretendida pela parte.* Na situação 2, por sua vez, a relevância da prova decorre do fato de *o significado do objeto da prova constituir-se na contradição daquele da situação que autorizaria a produção da conseqüência jurídica pleiteada.*

---

[575] Essa perspectiva é proposta por TARUFFO, 1992 a, op. cit., p. 340.

[576] Não por acaso AROCA, 2005, op. cit., p. 152, refere a impertinência do emprego de meios de prova propostos com o fim de "probar hechos que no afectan al posible contenido del fallo de la sentencia".

[577] O diagrama a seguir é desenvolvido a partir do esquema inicialmente proposto por TARUFFO, 1970, op. cit., p. 161-163.

[578] TARUFFO, 1970, op. cit., p. 163.

O exame atento das estruturas argumentativas acima retratadas permite o desenvolvimento de reflexões ulteriores. Primeiramente, cabe referir que a relação referida nesse segundo critério compreende diversas variantes, abrangendo não apenas *relações de correspondência* entre os significados das premissas cotejadas, mas também de *relações de contradição* entre tais definições. Em todos os casos, é preciso reconhecer que o raciocínio apresentado nas duas primeiras situações ora comentadas se molda perfeitamente às hipóteses em que se discute a questão da relevância em sede de prova direta. De outro lado, observe-se que a complexidade da estrutura argumentativa ora aludida aumenta ou diminui em função da maior ou menor influência exercida pelas valorações que permeiam a interpretação das normas e das versões da realidade consideradas em contraponto.

A análise da relevância em sede de prova indireta constitui-se em um fenômeno certamente mais complexo do que o acima referido. Na análise da situação 3 acima descrita, a prova incide sobre um *fato secundário*, o qual *não guarda relação semântica com a descrição prevista na norma jurídica que alberga a tutela jurisdicional pretendida*, mas está *logicamente relacionado à alegação sobre o fato principal*. Essa relação lógica entre premissas, por sua vez, é resultado da *conformidade entre o significado da prova do fato secundário e a descrição contida na hipótese de incidência de uma regra de experiência, a qual veicula, como conseqüência lógica, a conclusão no sentido da presença do fato principal.*

A análise de relevância em sede de prova indireta pressupõe o atendimento simultâneo a dois requisitos fundamentais. O primeiro deles é a *possibilidade de inferência quanto à correspondência ou à contradição entre o significado das alegações feitas a respeito do fato principal e o da situação hipotética descrita pelo ordenamento jurídico como causa para a obtenção da proteção jurisdicional pretendida*. O segundo requisito é a *possibilidade de inferência quanto à existência de uma relação lógico-argumentativa entre o fato secundário e as alegações feitas sobre o fato principal*, a qual é ditada por uma regra de experiência.

Como se vê, o controle do raciocínio lógico empregado em sede de argumentação pode ser efetuado através do emprego de máximas de experiência.[579] A análise a ser efetuada em sede de relevância da prova tem por objeto o contraste de *proposições tecidas a respeito de fatos historicamente situados*, as quais se constituem em *resultado de um processo de interpretação*, no qual narrações a respeito de determinadas *realidades localizadas no tempo e no espaço* são consideradas à luz de *valorações jurídicas e culturais*. Essas *proposições* são examinadas à luz de *regras de experiência*, as quais funcionam como *elo que autoriza inferir a presença do fato principal a partir da prova do fato secundário*. Tais regras exercem a função de *premissa* em um raciocínio que *afirma a existência de uma possibilidade estabelecida à luz da consideração de um padrão de normalidade*, e não de uma *certeza quanto ao que se passou do ponto de vista histórico*.[580]

---

[579] TARUFFO, 1970, op. cit., p. 201

[580] TARUFFO, 1970, op. cit., p. 235 refere que "non se esclude, come si è già rilevato, che il giudice possa utilizzare nozioni tratte dal senso comune: si rileva soltanto che esse non assumono la forma logica di proposizioni generali che la dottrina tradizionale assegna alle massime d'esperienza. I dati d'esperienza si inseriscono invece nel contesto logico di natura induttivi dell'inferenza, fornendo eventualmente ulteriori elementi di conferma della conclusione; questa sembra essere l'única fuzione che è possibile riconoscere oggi alle massime d'esperienza, intese come proposizioni empiriche particolari, e perciò quando non si tratti di leggi scientifiche in senso proprio".

Como se vê, também o tema da relevância da prova pressupõe a adoção de um modelo pautado pela idéia de *probabilidade indutiva*, aqui expressa sob a forma de *confirmação lógica de uma proposição sobre fatos em função da presença de outras premissas ou elementos que autorizem tal conclusão*. Essa *confirmação*, por sua vez, pode ser definida, nas palavras de Michele Taruffo, como a *relação lógica existente entre a proposição apresentada e as premissas cotejadas*, de maneira a que o acolhimento da conclusão apresentada à luz das premissas empregadas em tal raciocínio possa ser considerado *racional*. Nessa mesma esteira, cumpre referir que a *relação lógica* ora mencionada compreende a análise da estrutura das premissas e da conclusão em um contraste que compreende a análise do ponto de vista *semântico* e, ainda, do ponto de vista *lógico*. A confirmação comentada envolve o estabelecimento de vínculos de naturezas diversas, tais como os de *inclusão* (quando o campo das premissas abrange completamente aquele das conclusões), de *exclusão* (quando não há qualquer coincidência ou correspondência entre tais campos) e de *sobreposição parcial* das versões contrastadas.[581]

O raciocínio ora proposto com vistas à análise de relevância da prova nos casos em que o debate verse sobre prova indireta abarca o que parte da doutrina costuma designar por *pertinência da prova*, explicando de que forma se estabelece a relação entre o *objeto da prova* e o *thema probandum*.[582] A vantagem do modelo ora apresentado reside no exame do elo entre as premissas conjugadas mediante o estudo de sua estrutura em perspectiva analítica, trazendo à tona a necessidade de exame de uma série de instâncias dentro das quais se faz possível o controle da racionalidade da atuação judicial na análise da relevância da prova.

Por outro lado, não se pode confundir, aqui, a conclusão no sentido da *existência de uma prova de uma alegação sobre um fato considerado juridicamente relevante* com a conclusão quanto à *relevância dessa mesma prova*. Sem prejuízo dos inegáveis pontos de contato entre essas duas dimensões, é certo que essa última problemática constitui-se em um *passo anterior*, servindo como requisito a ser implementado para que, em um segundo instante, seja possível o exame da primeira temática antes referida. O juízo sobre a relevância da prova envolve o contraste entre *a versão da realidade elencada como objeto da prova* e a *hipótese de incidência da norma que prevê a conseqüência jurídica em torno da qual se estabelece o debate dos autos*. Trata-se, pois, de uma análise dotada de caráter puramente instrumental: em se admitindo que uma prova possa ser tida como relevante, impõe-se, então, em um segundo passo, a realização do contraponto entre o *resultado obtido através da investigação da realidade histórica descrita na norma que fundamenta a tutela jurisdicional pretendida pela parte* e a *narrativa feita nos autos a respeito dessa mesma realidade*.

Um modelo fundamental a ser considerado na análise da relevância da prova em sede de prova indireta pode ser construído a partir da análise proposta por James Louis Montrose. Segundo o referido autor, é possível identificar cinco teoremas principais, os

---

[581] TARUFFO, 1970, op. cit., p. 236-237 emprega a expressão "probabilità come conferma logica di una proposizione fattuale sulla base delle relative premesse o elementi di conferma", referindo, mais adiante, que que "per 'conferma' di una proposizione sulla base di altre proposizioni si intende la relazione logica intercorrente tra la prima e le seconde, tale che risulti razionalmente fondato l'accoglimento della conclusione sulla base delle relative premesse".

[582] Sobre a idéia de *pertinência da prova*, anote-se a lição de CAMBI, 2006, op. cit., p. 264, para quem "um fato é pertinente quando guarda alguma relação com aquilo que está sendo discutido no processo (*res in iudicium deducta*), não sendo estranho à causa".

---

quais atuam como norte na análise da validade do elo existente entre o fato principal e o fato secundário: "(1) the relevance of facts depends on objective order, not on subjective beliefs. (2) Relevance is an affair of science not of logic. (3) Relevance involves probability not certainty. (4) Relevance is relative; there is no relevance in the air. (5) The categories of relevance are never closed; it is impossible to say a priori that fact A is not relevant to fact B".[583] Trata-se, pois, de reconhecer a possibilidade de compreensão da racionalidade científica presente na *relação existente entre o significado obtido na interpretação do fato secundário e aquele inerente ao fato principal alegado*, a qual é construída a partir do emprego de uma regra de experiência[584] que estabelece um *elo lógico possível* entre tais premissas.[585]

Refira-se, por fim, que a *inferência que une o fato secundário ao fato principal alegado por algum dos litigantes* não possui a mesma natureza que o *elo estabelecido entre este último e a hipótese de incidência da norma jurídica que prevê a tutela jurídica pretendida pela parte*. Ambos os vínculos acima descritos possuem, como marca comum, a existência de *normas* a eles subjacentes, as quais unem logicamente as premissas cotejadas em *relações de imputação*, nas quais são implementadas inferências indutivas, situando-se os juízos citados no plano do *provável*. No que se refere ao vínculo estabelecido entre o fato secundário e a alegação em torno do fato principal, a sua formação é decorrente da aplicação de uma *regra de experiência*, formada a partir da observação do senso comum. O elo que atrela a alegação sobre o fato principal à hipótese normativa que prevê a proteção jurisdicional objeto do debate dos autos, por sua vez, é fruto da aplicabilidade de uma *norma jurídica*, a qual se insere no bojo do sistema de direito positivo vigente em uma dada realidade histórica-cultural.

1.2.2. A relevância da prova e os casos de inexistência de controvérsia a respeito das versões da realidade trazidas aos autos pelas partes

Referindo que a *law of evidence* pode ser descrita como um *conjunto de exceções ao princípio segundo o qual toda prova relevante é admissível*, observa Michele Taruffo que, na realidade do *common law*, "la *ratio* fondamentale dell'impiego delle prove è dunque la loro rilevanza". Nesse sentido, enfatiza o autor citado que, em tal contexto,

---

[583] MONTROSE, James Louis. Basic concepts of the law of evidence. In: TWINING, William; STEIN, Alex. *Evidence and proof*. New York: New York University Press, p. 347-375, 1992, p. 358.

[584] Sobre o tema, MONTROSE, 1992, op. cit., especialmente p. 359 refere que "the connection between facts which gives rise to relevance is neither psychological nor logical. Of course, if the word 'logical' is used in the wide sense of 'valid thought' then no objection can be raised to statements such as 'relevance is an affair of logic and not of law'. But 'logic' often refers to deductive logic, to logical entailment, and connotes certainty of relations between propositions. But relevance is concerned with relations between facts: and what mediates between the facts is an empirical proposition. The 'logic' which is involved is inductive logic, the reasoning being the inference of science not the implication of logic". E conclui o autor: "while relevance is an affair of science the matters of fact which come before courts of law range far beyond the boundaries of the organised sciences. The empirical propositions which are involved are rarely established in the recognised scientific departments: they are asserted by the primitive science of common sense, and, indeed, have only infrequently been made articulate outside courts of law".

[585] Como bem lembrado por TARUFFO, 1970, op. cit., p. 179, "da un punto di vista più limitato, e relativo agli aspetti metodologici della relacione che sta alla base del concetto di rilevanza, l'impiego del modello causale appare inadeguato, perché esso è eterogeneo rispetto ai dati sui quali dovrebbe operare. Come si è chiariato in precedenza, la relazione si pone propriamente tra proposizioni fattuali, non tra fatti considerati sotto il profilo della loro concreta esistenza: si tratta cioè di una relacione logica, non di un nesso di natura ontologica".

---

uma prova é relevante na medida em que presente sua utilidade para a determinação da veracidade das alegações sobre fatos.[586]

Descrição semelhante àquela acima transcrita é aquela feita por James Louis Montrose, o qual aponta a existência de dois grandes princípios em sede de análise de relevância da prova no *common law*. Ao lado do *negative principle*, segundo o qual "no evidence is receivable unless it is relevant", impõe-se considerar, em tal universo, a incidência do *positive principle*, pelo qual "all evidence that is relevant is receivable unless excluded by a rule of admissibility".[587]

As lições acima trancritas possuem o mérito de trazer à tona a necessidade de consideração de uma outra dimensão fundamental no enfrentamento do tema da relevância da prova. Juntamente com os parâmetros empregados em sede de controle da racionalidade argumentativa no que se refere à necessidade e à utilidade da prova, impõe-se reconhecer a existência de outros critérios que são empregados pelo ordenamento jurídico vigente em tal análise.

A análise da relevância da prova pressupõe a consideração do papel crucial desempenhado pela idéia de *controvérsia*, a qual atua como fator justificador da necessidade de produção de provas. O Código de Processo Civil, no seu art. 334, inciso II, refere a *desnecessidade de prova no caso de admissão da parte quanto a fato favorável à outra* e, no seu inciso III, refere a hipótese de *comportamento processual da parte que traz como conseqüência a irrelevância da prova a respeito das alegações sobre fatos sobre as quais tal argumento de prova incide*. Em tais casos, o ordenamento jurídico considera desnecessária qualquer atuação no sentido de produção de provas sobre alegações em torno das quais não paira controvérsia e *autoriza* o julgador a formar o seu convencimento a respeito da veracidade ou não de tais versões da realidade histórica.

A conclusão pela desnecessidade de produção de provas ulteriores justifica-se em diferentes perspectivas. De um lado, não é lícito à parte produzir provas para infirmar uma versão da realidade que já foi por si reconhecida como aquela correspondente ao que efetivamente se passou no mundo dos fatos. Essa proibição, por sua vez, produz efeitos no que se refere à esfera jurídica da parte contrária: a produção de provas por aquele que é favorecido pela narrativa em torno da qual se estabelece tal convergência redundaria em um esforço que pouco ou nada agregaria em relação ao conhecimento histórico já alcançado nos autos.

Esse panorama, contudo, não acarreta, por si só, qualquer limitação intransponível ao julgador. A presença das premissas antes apontadas não significa, por lógico, que o juiz esteja *obrigado* a considerar verdadeiras as alegações sobre fatos albergadas por argumentos de prova. Ao contrário, o que se apresenta é a *possibilidade* de o magistrado, diante do todo da instrução probatória, restar efetivamente convencido em função da inexistência de contraposição entre as versões trazidas pelas partes. Desta maneira, a formação de controvérsia a partir do contraste entre as narrativas trazidas pelos litigantes serve *como indicativo da existência de incerteza quanto ao que se passou do ponto de vista histórico*, mas não traz consigo, como decorrência necessária, a formação de um estado epistemológico de dúvida na mente do julgador.

A conclusão no sentido da *possibilidade* de dispensa de produção de provas nos casos em que não exista controvérsia entre os litigantes a respeito de determinadas ale-

---

[586] TARUFFO, 1990, op. cit., p. 425.

[587] MONTROSE, 1992, op. cit., p. 371.

gações sobre fatos considerados juridicamente relevantes pressupõe a correta alquimia de um conjunto de fatores que se entrelaçam diante dos olhos do julgador. Refira-se, nesse sentido, a existência de mais de um caminho possível a ser percorrido pelo raciocínio judicial com vistas à identificação de alegações sobre fatos consideradas incontroversas.

Com efeito, a inexistência de divergência que norteia a formação do convencimento jurisdicional nos casos em que se reconhece a incontrovérsia pode ser fruto da *manifestação expressa dos litigantes* ou do *silêncio de uma das partes em face das alegações feitas pela outra em manifestação anterior*. Impõe-se examinar atentamente cada uma dessas vias.

No que se refere à primeira hipótese acima ventilada, duas são as possibilidades lógicas. A primeira delas é a de simples *reconhecimento, em petição acostada aos autos, da existência do fato narrado pela contraparte*. A segunda, por sua vez, compreende o caso de *a concordância se constituir em condição lógica subjacente para que o litigante possa formular outra alegação*. Nessa última categoria insere-se a alegação, pelo réu, de fato impeditivo, modificativo ou extintivo do direito do autor, que pressupõe a admissão, pelo réu, do fato constitutivo alegado pelo demandante na inicial.

Quanto ao segundo gênero anteriormente referido, diversas são as causas eficientes da inexistência de controvérsia. Basta ver, nesse sentido, a título de exemplo, o regime jurídico estabelecido nos casos em que haja o não-atendimento do ônus de impugnação imposto ao réu, previsto nos arts. 302 (ou ao autor, no caso da réplica, forte no art. 326), e a revelia, inscrita no art. 319, todos do Código de Processo Civil brasileiro.[588]

Diante de tal leque de alternativas, é certo que *a transição entre a inexistência de controvérsia em relação às alegações sobre fatos considerados juridicamente relevantes e a desnecessidade de produção de provas envolve um raciocínio consideravelmente mais complexo do que aquele veiculado no texto do art. 334, III, do Código de Processo Civil*. A compreensão da ordenação lógica subjacente ao estabelecido no comando acima citado demanda algumas considerações prévias a respeito do contexto no qual o mesmo se insere.

O respeito ao princípio do contraditório e ao princípio dispositivo no âmbito do processo civil contemporâneo traz, como conseqüência, o estabelecimento de um vínculo de equilíbrio entre os poderes, deveres e ônus imponíveis às partes e ao órgão jurisdicional. Por força disso, *tanto as manifestações expressas como o silêncio das partes são juridicamente valorados*. Essas valorações inserem-se como premissas em uma *engrenagem dialeticamente ordenada*, a qual é estabelecida como instrumento a serviço de uma tarefa maior, qual seja a da *formação do convencimento do órgão jurisdicional*. A *síntese* obtida a partir de tal dinâmica, por sua vez, é fruto do entrelaçamento não das manifestações (ou do silêncio) das partes e das contribuições trazidas diretamente pelo

---

[588] Sobre outra proposta de classificação das situações processuais relacionadas à incontrovérsia, ver AGUIAR, 1974, op. cit., p. 68, que identifica quatro hipóteses possíveis, a saber: "a) fato incontroverso por sua admissão pela parte contrária; b) fato incontroverso pelo silêncio da parte contrária na contestação, que é aquele acima indicado; c) fato incontroverso pelo que se deduz do pronunciamento da parte contrária; d) fato incontroverso pela sua própria natureza". A única crítica a ser endereçada à classificação ora proposta reside nessa última categoria, cuja exemplificação trazida pelo autor (citando o caso da "loja de um edifício que, por integrar, como unidade autônoma, o conjunto arquitetônico do edifício composto de unidades residenciais e comerciais, deve responder por certa participação no rateio das despesas comuns") parece inadequada, por tratar de questão definida pelo direito positivo vigente em cada realidade, e não pela mesma natureza.

juiz. Assim ocorre na medida em que ao julgador é associada a tarefa de conjugar tais premissas com outros fatores como, por exemplo, os fatos notórios e as regras de experiência. Trata-se de levar em conta elementos que, embora não tenham sido referidos expressamente nos autos, são de comum conhecimento dos participantes do diálogo processual. Com isso, resta preservada a imparcialidade inerente à atuação jurisdicional e, ao mesmo tempo, abre-se os olhos para a presença de componentes fundamentais envolvidos na formação do pano de fundo sobre o qual o retrato possível da realidade vem reconstruído.

A compreensão desse panorama é condição fundamental para que se possa investigar os limites a serem observados no juízo quanto à relevância da prova no processo civil contemporâneo. Sob a égide de tal paradigma, tem-se que a atuação do juiz em sede de instrução processual não é automaticamente inibida nos casos em que haja consenso entre as partes quanto aos fundamentos envolvidos em um litígio. Ao contrário, o magistrado é chamado a exercer um papel ativo na tarefa de construção de uma solução para o debate dos autos, sendo a eventual convergência entre as versões trazidas pelas partes tomada como apenas um dentre os diversos fatores que se entrelaçam na formação de um retrato possível da realidade diante dos olhos do órgão jurisdicional. A combinação resultante da integração dos *inputs* introduzidos através dos comportamentos processuais das partes, das provas já trazidas aos autos e das informações passíveis de conhecimento jurisdicional *ex officio* permite a formação de uma síntese que reproduz o estado de conhecimento da realidade em um determinado momento da dinâmica dialética processual. A conclusão no sentido da necessidade ou da utilidade da prova é, em tal caso, resultado de um juízo no qual vem retratado um *estado epistemológico provisório* em sede de formação do convencimento jurisdicional. Para alcançar tal conclusão, o juiz, dotado de postura crítica, não se limita a conduzir mecanicamente o andamento do procedimento como se fosse um ritual estéril do qual a sentença é apenas o último ato, mas participa ativa e constantemente do processo de formação da síntese processual.

Na esteira da posição ora defendida, aponte-se a existência de corrente doutrinária que sustenta que, mesmo no caso do silêncio da parte, "não se podem considerar verdadeiras alegações de fatos impossíveis, inverossímeis, improváveis (ou seja, aqueles cujos motivos divergentes, para a sua aceitação, são mais fortes do que os convergentes), exagerados ou contrários às demais provas constantes dos autos".[589] A possibilidade de tais valorações associadas às alegações sobre fatos (impossibilidade, inverossimilhança, improbabilidade, etc.) serem utilizadas como indicativos da necessidade ou da utilidade de prova nos casos em que presente o consenso das partes pressupõe o emprego de *regras de experiência*. Constituídas sob a forma de padrões de normalidade, as regras de experiência servem como critério para a apreciação do panorama construído nos autos, atuando como parâmetro para que o juiz possa balizar o seu entendimento ao valorar as versões da realidade propostas pelas partes, acolhendo-as como se elas estivessem dentro da dimensão do possível ou, de outro lado, rejeitando-as por inconsistentes em face daquilo que costuma acontecer.

A posição ora defendida possui a vantagem de trazer à tona os parâmetros que permitem o controle do raciocínio judicial do ponto de vista analítico, aprofundando idéias já conhecidas pela doutrina em suas linhas gerais. Na esteira do magistério de Cândido Rangel Dinamarco, observe-se que a valoração das assertivas das partes a respeito da realidade histórica considerada juridicamente relevante pressupõe a aplicação

---

[589] CAMBI, 2006, op. cit., p. 395.

do *postulado da razoabilidade*, "porque seria de suma insensatez impor ao juiz o reconhecimento passivo da ocorrência de fatos ou existência de situações fáticas que sua inteligência de homem comum repele.O camelo passando pelo fundo de uma agulha, de notória referência bíblica, é um fato materialmente impossível aos seres deste mundo. O deslocamento de coisas sólidas, líqüidas ou gasosas pelo simples poder da mente e sem qualquer impulsão física, é fato que a parapsicologia afirma ser possível mas tal é a sua excepcionalidade que, quando alegado, depende de prova. Fatos assim precisam de prova ainda quando não negados ou mesmo que hajam sido reafirmados expressamente pela parte contrária".[590]

O raciocínio ora descrito pressupõe, ainda, a compreensão do significado a ser associado ao postulado da razoabilidade. No caso em comento, trata-se de norma que impõe que a *aplicação das normas jurídicas deva levar em conta a consideração daquilo que normalmente acontece*, de maneira que *as circunstâncias de fato que justificam a aplicação de uma norma devam ser examinadas à luz de um padrão de normalidade*.[591] Nesse contexto, as regras de experiência funcionam como baliza para a análise da razoabilidade ou não na aplicabilidade do disposto no art. 334, III, do Código de Processo Civil no que se refere à relevância da prova. A validade da conclusão no sentido da desnecessidade de produção de provas ulteriores contida na regra legal ora examinada reside, em suma, na idéia de que *a versão resultante da convergência das partes no que se refere às alegações sobre fatos não ofende o padrão de normalidade previsto em regras de experiência*. Se as partes concordam quanto à existência histórica de determinado fato (seja através de manifestação expressa dos litigantes, seja através do silêncio de uma delas em face da alegação feita pela outra) e se tal versão for valorada judicialmente como *compatível com os padrões contidos em máximas de experiência*, então é possível considerar *justificada* a atuação do julgador ao reputar desnecessária a produção de outras provas a respeito de tal versão da realidade.

Esse raciocínio é válido, igualmente, para o enfrentamento de outras hipóteses legais que se situam em contextos análogos àquele acima referido. O consenso verificado em função da confissão da parte, no inciso II do mesmo art. 334, também não possui o condão de limitar as possibilidades em sede de raciocínio judicial quanto à relevância da prova, que pode ser necessária ou útil, mesmo em tal contexto. Da mesma forma, o disposto no art. 400, I, do Código de Processo Civil não pode servir como uma barreira intransponível ao julgador nos casos em que a análise do conjunto das alegações e das provas constantes dos autos à luz de critérios de normalidade revelar que o retrato da realidade construído com base na confissão se mostra discrepante em relação àquilo que costuma acontecer.

Em todos os casos acima citados, a prova é considerada irrelevante quando houver atendidos, simultaneamente, dois requisitos fundamentais: *a inexistência de controvérsia entre as partes sobre a sua existência histórica ou não* e a *conformidade dessa versão da realidade em face de um padrão de normalidade explicitado em uma regra de experiência*. Diante de tais pressupostos, o juiz pode dispensar a produção de provas ulteriores a respeito de alegações em torno das quais não paire controvérsia ou que tenham sido objeto de confissão por uma das partes, sendo estabelecida uma regra de exclusão pautada em critérios de normalidade. Essa regra, por sua vez, pode ter a sua aplicabilidade afastada diante da presença de prova que, infirmando o padrão de normalidade,

---

[590] DINAMARCO, 2005, op. cit., p. 62-63.

[591] Trata-se de posição análoga àquela defendida por ÁVILA, 2003, op. cit., p. 95-98.

---

estabeleça um grau de ressonância inferencial mais intenso entre a realidade histórica e a narrativa feita nos autos do que aquele presente na regra de experiência cotejada.

Isso não significa, contudo, que a irrelevância da produção de provas nos casos em que atendidas as condições acima referidas traga, como conclusão inarredável, a impossibilidade de apresentação de outras provas tendentes a infirmar o estado epistemológico provisório antes descrito. Abre-se à contraparte a possibilidade de produzir provas destinadas a persuadir o julgador no sentido de que a situação tida por incontroversa efetivamente corresponde ao acontecido do ponto de vista histórico ou, ainda, de que tal situação está em consonância com um padrão de normalidade que justificaria a dispensa de prova. Por esse prisma, normas como aquela constante do art. 322, parágrafo único, do Código de Processo Civil brasileiro, segundo o qual "o revel poderá intervir no processo em qualquer fase, recebendo-o no estado em que se encontrar", deixam de refletir apenas a existência de oportunidade de manifestação extemporânea e passam a ter um significado intimamente vinculado à formação do conteúdo da dialética processual.

1.2.3. A relevância da prova e a existência de presunções

A construção de um panorama completo em torno do problema da relevância da prova no processo civil exige, ainda, a consideração do papel exercido pelas presunções em tal contexto. A importância da questão em comento é expressamente reconhecida pelo legislador ao estabelecer no art. 334, IV, do Código de Processo Civil a possibilidade o julgador concluir no sentido da desnecessidade de produção de provas ulteriores em função da existência de presunção legal quanto à existência ou não do fato sobre o qual recaia uma alegação feita por uma das partes.

A interpretação do comando legal acima citado passa pela distinção entre *presunções absolutas* e *presunções relativas*. No que se refere à primeira espécie ora aludida, tem-se a equiparação, por parte do legislador, entre duas hipóteses de incidência em sede de direito material, de maneira que o atendimento a qualquer uma delas autoriza a produção da mesma conseqüência jurídica. Por força disso, *a prova produzida em relação a uma alegação sobre fato que se molde a uma das hipóteses de incidência traz, como conseqüência, a desnecessidade de produção de prova que tome por referencial de relevância outra causa normativa que leve ao mesmo resultado.*

No caso das presunções relativas, observe-se, inicialmente, que estas são construídas sempre no âmbito do direito processual. Nesse segundo caso, o juízo de relevância envolve a presença de uma regra de experiência que permite atrelar a prova de um fato secundário à conclusão no sentido da presunção da ocorrência do fato principal sobre o qual recai a alegação trazida pela parte. Em tal caso, a aferição da utilidade da atividade de produção de provas é estabelecida a partir do mecanismo aplicável em sede de prova indireta, de maneira que a conformidade em relação a um padrão de normalidade funciona como condição de validade para a aplicação do comando veiculado no art. 334, IV, do Código de Processo Civil.

Em análise preliminar, é possível concluir, portanto, com Eduardo Cambi, que, na análise do constante do art. 334, IV, do Código de Processo Civil, "ao afirmar-se que os fatos, em cujo favor milita presunção legal de existência e de veracidade, não dependem de prova, significa, tratando-se de presunções legais relativas, apenas que a prova do fato presumido é supérflua, não estando vedada a possibilidade de produzir prova em contrário, o que permite à parte interessada demonstrar a falsidade ou a inexistência do fato presumido".[592] Assim ocorre na medida em que a presunção corresponde, em última instância, ao resultado obtido a partir da produção de prova indireta, envolvendo, na espécie citada pelo autor, a incidência de um padrão de normalidade expressamente acolhido pelo legislador.

Essa conclusão, contudo, traz consigo o surgimento de alguns desdobramentos igualmente importantes. O primeiro deles diz respeito à limitação de linguagem empregada no texto do art. 334, IV: embora o legislador tenha feito menção apenas às *presunções legais*, o mesmo raciocínio é aplicável também diante de *presunções judiciais*. Basta ver, nesse sentido, que a única distinção existente entre tais hipóteses é, em suma, o estabelecimento pelo legislador (nas presunções legais) ou pelo julgador (nas presunções judiciais) do padrão de normalidade que autoriza a inferência entre o fato conhecido e o fato que se pretende conhecer. Sendo a mesma argumentação empregada tanto em um caso como em outro, não há razão para que se estabeleça distinção entre presunções judiciais e presunções legais.

A presença de conclusões provisórias construídas a partir da consideração da prova de fatos secundários à luz de critérios de normalidade serve como instrumento que permite a otimização da dialética processual, assegurando maior previsibilidade às partes quanto a fatores que se entrelaçam ao longo do debate dos autos na dinâmica de formação do convencimento jurisdicional. O estabelecimento de presunções legais permite que as partes possam antever de que forma determinadas regras de experiência autorizam o julgador a considerar provadas as alegações sobre fatos principais a partir da prova de fatos secundários, constituindo-se em poderosa ferramenta para que se possa assegurar o respeito efetivo à garantia do contraditório. A previsibilidade ofertada em função da presença de referência legislativa expressa quanto ao surgimento da presunção diante da prova do fato secundário serve como meio para que restem minimizados os perigos de o órgão jurisdicional surpreender os demais litigantes com uma decisão pautada em fundamentos que não tenham sido previamente debatidos entre todos os sujeitos do processo. Trata-se, pois, de um norte a orientar a participação das partes e do órgão jurisdicional na atividade de instrução processual, de maneira que os esforços envidados com tal desiderato sejam vistos como uma atividade de trabalho conjunto, em um contexto no qual se mostra mais do que justificada a dispensa de provas supérfluas. Nessa mesma esteira, observa-se que o estabelecimento de presunções legais acaba por funcionar como um alerta quanto à necessidade de adoção de uma postura proativa de parte do litigante que não for favorecido pelas conclusões preliminares nelas veiculadas.

A fim de que se possa garantir a mesma previsibilidade através do emprego de presunções judiciais (e, com isso, também os mesmos ganhos de qualidade antes referidos), impõe-se que o juiz esteja comprometido com o respeito às garantias do contraditório e da motivação das decisões jurisdicionais. Somente através da fundamentação das decisões proferidas em sede de direção material do processo ao longo da atividade de instrução é que se faz possível adiantar às partes o rumo que vem sendo tomado a cada passo da dinâmica de formação do convencimento jurisdicional. A preservação da previsibilidade antes mencionada impõe ao juiz o dever de antecipar aos litigantes de que forma a prova indireta pode ter maior ou menor peso na construção da decisão a ser proferida.

Um ulterior desdobramento importante da exegese proposta em relação ao art. 334, IV, do Código de Processo Civil no que tange a presunções relativas diz respeito

---

[592] CAMBI, 2006, op. cit., p. 371.

ao alcance da dispensa de produção de prova presente em tal comando. Trata-se, por certo, de facilitação da atividade de instrução estabelecida pelo legislador que não exime a parte do dever de produção de provas quanto ao fato secundário que fundamenta a conclusão no sentido da presunção de que a alegação sobre o fato principal corresponde à realidade histórica investigada.[593] Deste modo, tal comando não consagra a *desnecessidade de produção de qualquer prova em relação à alegação sobre fato alcançada pela presunção*, mas apenas a *dispensa de produção de prova direta em relação a tal alegação.*[594]

2. A PERSUASÃO RACIONAL DO JUIZ E A ATRIBUIÇÃO DE DIREITOS, DE DEVERES E DE ÔNUS AOS SUJEITOS DO PROCESSO NA ATIVIDADE DE INSTRUÇÃO

A completude da análise a ser feita no que se refere à funcionalidade da proposta anteriormente veiculada a respeito do conceito, do objeto e da finalidade da prova no processo civil contemporâneo demanda, ainda, a consideração das definições antes propostas sob o prisma da divisão de tarefas e de responsabilidades entre os sujeitos do processo. Impõe-se examinar de que forma se dá a relação entre prova, formação do convencimento jurisdicional e persuasão racional do juiz sob o pano de fundo da ordenação lógico-jurídica da dinâmica dialética processual, em especial no que se refere ao regime jurídico aplicável a cada um dos sujeitos processuais em sede de atividade de instrução. Cabe examinar, aqui, as diversas projeções possíveis dentro das quais se dá a contextualização das idéias antes apontadas, a fim de que se evidencie a sua aplicabilidade ao processo civil contemporâneo.

2.1. O dever de colaboração na atividade de instrução processual

A existência de um *dever de colaboração em sede de instrução processual*, derivado da aplicação combinada do princípio dispositivo e da garantia do contraditório à dimensão das atividades relacionadas ao fenômeno probatório, constitui-se em manifestação da estrutura dialética subjacente ao processo civil contemporâneo. A compreensão do conteúdo presente em tal dever é condição para que se possa examinar, com maior atenção, de que forma opera o debate no qual se dá o encontro de forças a partir do qual resta legitimado o império do poder veiculado na decisão jurisdicional.

Um primeiro ponto de partida a ser considerado no estudo do significado desse dever de colaboração é a idéia de que a *participação de todos os sujeitos do processo em sede de produção de provas é norteada em função de um objetivo comum*, que é a formação do convencimento jurisdicional no que se refere às alegações sobre fatos considerados juridicamente relevantes. Sob esse primeiro aspecto, tem-se que *a atividade de persuasão racional do juiz não se cinge apenas a esforços implementados pelas partes mas também envolve uma parcela de contribuição do próprio órgão jurisdicional,*

---

[593] Nesse sentido, CAMBI, 2006, op. cit., p. 372-373.

[594] Enfatizando a necessidade de prova do fato secundário tanto no que se refere a presunções legais quanto a presunções judiciais, ver SÁNCHEZ DE MOVELLÁN, Pedro Álvares. *La prueba por presunciones – particular referencia a su aplicación judicial en supuestos de responsabilidad extracontractual.* Granada: Editorial Comares, 2007, p. 137-138, 141-142.

sendo a atuação de todos os sujeitos do processo orientada à luz de uma pauta mínima comum. Desta forma, desenha-se no seio da atividade de instrução uma estrutura de *trabalho conjunto* desenvolvido por todos os sujeitos do diálogo processual, ou, em outras palavras, de *colaboração processual.*

A posição ora apresentada não se constitui em mera política ou desejo utópico de transformação do panorama forense, mas, ao contrário, envolve fenômeno prático que já vem sendo examinado por outras vozes autorizadas da doutrina processual civil contemporânea. Vale lembrar, nesse sentido, as palavras de Carlos Alberto Alvaro de Oliveira, ao referir a "necessidade de estabelecer-se o permanente concurso das atividades dos sujeitos processuais, com ampla colaboração tanto na pesquisa dos fatos quanto na valorização jurídica da causa".[595]

Sob a égide de um processo pautado pela lógica da controvérsia, a atividade de instrução processual é desenvolvida sob uma estrutura eminentemente dialética, voltado a ordenar a discussão argumentativa entre os sujeitos que, participando do debate dos autos a partir de diversas perspectivas, influenciam o rumo da marcha processual. Desta forma, é possível concluir no sentido de que o processo constitui-se em um trabalho discursivo coletivo, valendo-se do contraditório como método necessário para a formação da prova. O papel do juiz é o de indicar aos sujeitos separados e distintos, como norte, uma "determinazione discorsiva unitaria di senso", colocando-se como garantidor da comunicação, sendo chamado a valorar teses opostas que se colocam em contraste que são apresentadas como pretensamente válidas, resolvendo o embate existente entre duas maneiras de considerar a conformidade dos vários comportamentos que se colocam em conflito em relação a critérios jurídicos.[596]

O significado do dever de colaboração ora referido constitui-se em mais do que mera sugestão ou do indicativo. Trata-se, em verdade, de uma determinação de natureza lógico-jurídica, a qual é dirigida a todos os sujeitos do processo.[597] Não obstante tal dever seja permeado por inegável conteúdo ético, impõe-se reconhecer, aqui, que não se faz menção a uma simples recomendação do bom agir[598] ou da consciência do cidadão quanto a seu papel na construção do bem comum.[599] Ao contrário, o dever de colaboração traduz a *imposição de um critério de organização das forças operantes que se entrelaçam na construção do panorama processual a ser considerado na construção da decisão jurisdicional, fazendo com que essa seja a verdadeira síntese de um mecanismo dialético.*[600]

[595] ALVARO DE OLIVEIRA, 2003, op. cit., p. 63.

[596] PASTORE, 1996, op. cit., p. 225-226.

[597] Assim também MARINONI; ARENHART, 2005 a, op. cit., p. 476-477.

[598] Parece ser permeado por essa visão romântica da idéia de colaboração o comentário ao art. 339 do Código de Processo Civil feito por FADEL, 1975, op. cit., p. 200, ao afirmar que "de um modo geral, todavia, em princípio, há um dever natural de colaboração, a que todo cidadão ou entidade está obrigado, porque, em verdade, colaborar com a justiça é prestar serviço ao interesse público; e, portanto, ajudar-se a si mesmo".

[599] Assim SANTOS, 1982, op. cit., p. 59, sustenta que "para se atingir a justiça não bastam os juízes e tribunais, dirigindo o processo entre as partes, que visam à tutela de seus interesses, mas necessária se faz a ajuda dos cidadãos em geral, compenetrados de que são membros da sociedade e lhes cumpre participar de todos os atos que se destinam a realizar o seu bem-estar. Daí a ereção, como princípio, do dever de todos colaborarem com a justiça, tornando-se um dever cívico, na qualificação de Calamandrei, semelhante ao dever de prestar serviço militar, de servir no Júri, de pagar impostos, de prestar socorros, etc".

[600] De acordo com GRASSO, 1966, op. cit., p. 584, 586. E segue o autor: "collaborazione, nel linguaggio corrente, è qualche cosa di più, o piuttosto di diverso dalla combinazione di più attività ordinate secondo

A equânime divisão do trabalho em sede de instrução processual, por meio de iniciativas conjuntas do juiz e das partes reciprocamente integradas, a tendência faz com que a colheita do material em sede de produção de provas necessárias e suficientes para a formação do convencimento jurisdicional seja cumprida em um menor número de etapas processuais.[601] Com isso, tem-se no dever de colaboração ora examinado um poderoso instrumento jurídico moldado sob o signo da efetividade da garantia constitucional de prestação jurisdicional em tempo razoável.

O dever de colaboração em sede de atividade de instrução pode ser instrumentalizado, dentre outras maneiras, através da indicação de vetores comuns a serem observados por todos os sujeitos do processo, a exemplo daquele constante do art. 339 do Código de Processo Civil. Elencado sob a forma de cláusula geral de colaboração com vistas à conformação do debate dos autos à verdade, esse comando ganha concretude em outros comandos legais nos quais vêm expressas as diversas dimensões que formam o horizonte complexo no qual se entrelaçam as atividades processuais. Importante referir que tal regra "não constitui mera exortação para as partes e para os terceiros, mas verdadeiro comando dirigido a todos que possam, de alguma forma, colaborar com o Poder Judiciário para a adequada solução da causa".[602]

Uma questão interessante é proposta por Pontes de Miranda, ao defender a idéia de que a noção de *verdade* veiculada na cláusula geral constante do art. 339 teria natureza *objetiva*, no sentido de que os sujeitos envolvidos no debate processual possuiriam "o dever de expressar o que foi, ou que deixou de ser, ou o que é ou não é, tal como aconteceu ou acontece, mesmo sem saber". Por força dessa perspectiva, sustenta Pontes de Miranda que tal norma envolve tanto o dever de "expor o que sabe, e não o dever de saber e de expor" quanto o de "não omitir o que sabe, quer favorável quer desfavorável à outra parte, ou ao próprio depoente". Contrapõe o referido autor essa noção de verdade à outra, por ele designada *subjetiva*, segundo a qual "a parte tem de fazer a comunicação de conhecimento, enunciar, conforme sabe", e sustenta ser ela inerente aos comandos inseridos nos artigos. 14, I e 17, II, do Código de Processo Civil.[603]

As ponderações feitas por Pontes de Miranda, contudo, não estão imunes a críticas. Ao contrário do sustentado pelo autor ora citado, tem-se que os três comandos normativos por ele referidos tomam a idéia de verdade em um sentido unívoco, isto é, o de *realidade extraprocessual correspondente às alegações sobre fatos sobre as quais recai a investigação dos autos*. As expressões empregadas pelo legislador – "descobrimento da verdade" (art. 339), "conforme a verdade" (art. 14, I) e "a verdade dos fatos"

---

un criterio di pressupposizione, o da correlazione necessaria fra le attività stesse. Il termine è sicuramente adeguato per indicare una certa organizzazione interna del processo; ma questa, ridotta ai collegamenti accennati, non genera altra idea che quella della limitazione, del condizionamento, eventualmente reciproco, delle attività processuali e degli effetti relativi. L'idea della collaborazione è invece esenzialmente positiva; essa è suggerita della una pluralità di persone operanti contemporaneamente e di concerto per conseguire un risultato di sintesi, quale non può essere raggiunto da uno solo individuo" (p. 586). No mesmo sentido, ver, ainda, PASTORE, 1996, op. cit., p. 232, ao referir que "il dialogo processuale si compone di più voci che risultano diversamente orientate, esprimendo diversi contenunti e differenti interessi. Esso, però, risulta organizzato e finalizzato per essere concluso dalla pronuncia del giudice che ha come condizione l'accertamento attendibile degli eventi ed accadimenti su cui si controverte".

[601] BAUR, 1972, op. cit., p. 264-265, observa que tais iniciativas, segundo sua experiência, fazem com que a instrução encerre, em muitos casos, "ancor prima dell'única udienza dibattimentale".

[602] MARINONI; ARENHART, 2005 a, op. cit., p. 477.

[603] PONTES DE MIRANDA, 1997 b, op. cit., p. 298-301, ao enfatizar, em relação a esses últimos dispositivos, que "não se trata, aí, como no art. 339, de dever de verdade objetiva".

(art. 17, II) – mostram, como marca comum, a idéia de verdade como um *parâmetro externo a ser contrastado em face das narrativas sobre a realidade apresentadas pelas partes em suas manifestações*. A aceitação de uma distinção entre *verdade objetiva* e *verdade subjetiva* como pauta subjacente aos ditames legais ora examinados leva, em última conseqüência, ao retrocesso ao estágio no qual imperava a já superada dicotomia que contrapõe *verdade real* à *verdade formal*.

Nos dispositivos anteriormente examinados, estabelece-se o *dever de orientação da conduta dos participantes do debate processual no sentido de trazer aos autos percepções e impressões da realidade histórica investigada*. Da mesma forma, tais comandos veiculam, ainda, uma proibição às partes, pela qual *não se permite aos litigantes colocar diante dos olhos do julgador qualquer obstáculo capaz de impedir o conhecimento daquilo que efetivamente aconteceu*. Trata-se de orientações plenamente compatíveis com a perspectiva de um processo dialeticamente orientado, caracterizado por ser estruturalmente comunicativo, crítico e cognoscitivo.[604]

As observações antes apresentadas ensejam reflexões ulteriores. Nesse sentido, consigne-se que *não se proíbe, sob a égide do império dos comandos legais antes mencionados, a apresentação de narrativas dos eventos históricos situadas na dimensão do possível*. Na medida em que se admite que a compreensão da realidade é sempre permeada por interpretações e por valorações do sujeito cognoscente, e que, não raro, o conhecimento direto da realidade histórica acaba sendo inviabilizado em função do transcorrer do tempo, o estabelecimento de limites ou de mecanismos de controle a esse respeito seria inviável.

Da mesma forma, impõe-se reconhecer que *não é incompatível com o dever de colaboração para o descobrimento da verdade a possibilidade de apresentação de recortes possíveis da realidade nos quais venham separados os fatos que constituem o direito do autor em relação a outros que impeçam, modifiquem ou extingam esse mesmo direito*. Sobre esse ultimo ponto, cabe referir a existência de previsão legal, nos arts. 302 e 462 do Código de Processo Civil, a respeito de limites em sede de preclusão a serem observados na apresentação de tais narrativas parciais. Reforça esse mesmo entendimento a constatação no sentido de que *inexiste qualquer previsão legal a impor ao litigante o dever de trazer aos autos, espontaneamente, a notícia da existência de fatos favoráveis aos interesses da contraparte*.[605]

Como se vê, o objetivo do dever de colaboração para o conhecimento da verdade histórica é, antes, o de *coibir condutas que levem à distorção do objeto de investigação, esvaziando a dialética processual ou ao inviabilizar a construção de uma síntese no*

---

[604] Traga-se, aqui, o ensinamento de PASTORE, 1996, op. cit., p. 229-230, para quem "il procedimento dialettico proprio del contraddittorio è per ciò *strutturalmente comunicativo,* in quanto esige, per assolverre la propria funzione, il dialogo interpersonale paritetico; *critico,* in quanto mette in discussione i pressuposti su cui si basa l'ipotesi probatoria; ed anche autenticamente conoscitivo, poiché consente di argomentare con riferimento a ipotesi determinate, nel confronto dialettico per l'assunzione delle prove, sicché, qualora un'ipotesi risulti confutata, questa venga abbandonata perché falsa o insostenibile".

[605] Semelhante entendimento vem veiculado em lição de BARBOSA MOREIRA, José Carlos. Sobre a "participação" do juiz no processo civil. In: BARBOSA MOREIRA, José Carlos. *Temas de direito processual* – quarta série. São Paulo: Saraiva, 1989, p. 53-66, especialmente p. 64, ao comentar, em relação ao papel do advogado, que lhe cabe "o dever de comunicar ao juiz, em tempo oportuno, e com toda a exatidão de que for capaz, os elementos favoráveis à parte que representa: a esse respeito não há dúvida possível. Quanto aos elementos capazes de beneficiar a parte contrária, ainda que se exclua o dever positivo de comunicação, permanece incontestável que o advogado deve abster-se de falseá-los, e bem assim de impedir ou perturbar a ciência que deles possa ter o juiz por outra via".

Luis Alberto Reichelt

que se refere aos eventos históricos sobre os quais recaem a produção de provas e a formação do convencimento jurisdicional.[606]

Uma outra estratégia comumente utilizada no Código de Processo Civil brasileiro com vistas à garantia da presença das condições necessárias e suficientes para a existência de efetiva colaboração entre os participantes do debate dos autos é a remoção de obstáculos que impedem a atuação conjunta dos sujeitos do processo.[607] Sob esse prisma, a codificação brasileira guarda sintonia com um dos traços comuns ao processo civil contemporâneo, que é o *reforço dos poderes do juiz em sede de instrução processual.* Atribui-se ao juiz, dentre outros papéis, o de assegurar às partes a *paridade de armas* não só no que diz respeito às *oportunidades de produção de provas* mas também no que se refere à *otimização da qualidade de suas manifestações e do resultado a partir delas obtido com vistas à construção do convencimento jurisdicional.*[608] Esse papel proativo do julgador é previsto, de maneira genérica, no art. 125, I, do Código de Processo Civil e, mais especificamente, a título de exemplificação, em ditames como aqueles consagrados nos arts. 355 (relativamente à exibição de coisas ou de documentos) e 399 (igualmente relacionado à produção de prova documental) do Código de Processo Civil.

A jurisprudência apresenta inúmeros exemplos que ilustram com maestria o significado, no caso concreto, da adoção, por parte do juiz, da postura de garantidor da regularidade da atuação das partes e da preservação da possibilidade de colaboração efetiva na instrução do processo. Veja-se, nesse sentido, a correta atuação judicial que determina a intimação da parte autora para que decline nos autos os dados que permitem a identificação de pessoas referidas em sua manifestação, atendendo à solicitação do réu no que se refere viabilização das condições necessárias com vistas à oitiva de tais testemunhas.[609]

O mesmo raciocínio se faz presente, em sentido contrário, em outra decisão que consagra a inviabilidade de pleito de gratuidade da justiça em caso no qual se tem por notória a possibilidade econômica do litigante de arcar com as custas do processo. Em tal hipótese, adjetivou-se como contrária ao dever de colaboração a conduta da parte que

---

[606] PASTORE, 1996, op. cit., p. 223-224, observa que o processo "si caratterizza per la garanzia della effettiva possibilità che le parti hanno di partecipare all''incrocio delle attività mediante le quali ciascuna... offre all'altra (ad alle altre) ed al giudice i dati, le idee, le ragioni che ritiene meglio rappresentino i propri interessi ed interloquisce sui dati, le idee, le ragioni provenienti dall'altra (o dalle altre parti)', consentendo, in tal modo, al giudice di cogliere, nella dialettica delle parti contrapposte che si confrontano ed intervengono con iniziative di tipo assertivo, argomentativo e probatorio, gli elementi per il proprio convincimento. Così, la ricostruzione delle vicende su cui si controverte e l'acquisizione probatoria sono la risultante di uno sforzo cooperativo comune".

[607] GRASSO, 1966, op. cit., p. 589.

[608] DENTI, Vittorio. Il ruolo del giudice nel processo civile tra vecchio e nuovo garantismo. In: *Rivista di Diritto Processuale*, n. 38, p. 726-740, 1984, especialmente p. 729-730, refere que "la funzione garantistica del giudice può essere vista in due modi: un primo, che potremmo definire vetero-garantistico, e risponde ad una concezione meramente formale della uguaglianza delle parti nel processo; il secondo, che potremmo definire neo-garantistico, e risponde ad una esigenza di uguaglianza reale o sostanziale tra le parte stesse", referindo que esta última postura "affida al giudice un ruolo di 'promozione' della effettiva parità delle armi nel processo, che non è più soltanto quella funzione ausiliaria della parte socialmente debole che veniva auspicata dalle correnti del socialismo giuridico alla fine del secolo scorso". Ver, ainda, sobre o tema da paridade de armas, BÖTTICHER, Eduard. L'uguaglianza di fronte al giudice. *Jus*, n. 8, p. 462-478, 1957, especialmente p. 463.

[609] Agravo de Instrumento n. 70012827291, 9ª Câmara Cível do Tribunal de Justiça do Estado do Rio Grande do Sul, Rel. Des. Marilene Bonzanini Bernardi, julgado em 08.09.2005.

---

busca deduzir nos autos uma pretensão flagrantemente contrastante em relação aos fatos conforme efetivamente existentes.[610]

O mesmo espírito do dever de colaboração em sede de instrução processual norteou, em outra ocasião, a conclusão do julgador ao reconhecer como "evidente o dever processual daquele que dispõe de prova documental conveniente a instruir o feito, em apresentá-la quando a tanto determinado".[611] Esse entendimento apresenta-se, ainda, em decisão na qual o órgão jurisdicional, reconhecendo a força normativa do constante do art. 339 do Código de Processo Civil e afirmando ser "dever do juiz envidar esforços para buscar informações quando a parte não logrou fazê-lo pessoalmente, até mesmo em face do interesse da justiça para uma prestação jurisdicional célere e eficaz", determinou a expedição de ofício à Receita Federal do Brasil e a instituições financeiras para que trouxessem aos autos informações sobre o patrimônio da parte executada.[612]

Um ulterior ponto de vista possível no que se refere à identificação do conteúdo do dever de colaboração em sede de atividade de instrução antes citado é o que possui como marco inicial um outro conjunto de regras que, endereçadas apenas a algum ou a alguns dos sujeitos do processo, estabelecem que a atuação individual de cada participante deve ser orientada à luz do funcionamento do todo da atividade de instrução e, por conseqüência, exercem influência sobre os contornos da dinâmica de elaboração da síntese judicial. Nesse contexto, a atribuição às partes de um direito à prova, a imposição de ônus de prova, o estabelecimento dos poderes instrutórios do juiz, e, ainda, a definição dos direitos e dos deveres de terceiros em sede de atividade de instrução deixam de ser tratados como temas isolados e passam a ser considerados como projeções desse dever de colaboração que se integram na formação da dialética processual.[613] Impõe-se, nesse sentido, examinar atentamente cada uma dessas perspectivas.

2.2. O conteúdo do direito da parte à produção de provas

A definição do conteúdo do direito das partes à produção de provas no processo civil contemporâneo constitui-se em um dos pontos de referência em torno dos quais se dá a convergência do princípio dispositivo e da garantia do contraditório. O direito à prova compreende duas dimensões fundamentais, quais sejam a da *liberdade de criar ou reforçar os pressupostos para a obtenção de uma determinada conseqüência jurídica, qual seja uma decisão judicial favorável*[614] e a do *poder de exercer influência na determinação dos pressupostos a serem considerados na construção da decisão do órgão jurisdicional.*[615]

---

[610] Agravo Regimental n. 70012496758, 8ª Câmara Cível do Tribunal de Justiça do Estado do Rio Grande do Sul, Rel. Des. Rui Portanova, julgado em 25.08.2005.

[611] Apelação Cível n. 70011363199, 20ª Câmara Cível do Tribunal de Justiça do Estado do Rio Grande do Sul, Rel. Des. Armínio José Abreu Lima da Rosa, julgado em 25.07.2005.

[612] Agravo de Instrumento n. 70005955661, 5ª Câmara Cível do Tribunal de Justiça do Estado do Rio Grande do Sul, Rel. Des. Clarindo Favretto, julgado em 10.03.2003.

[613] Exegese próxima àquela ora proposta é a realizada por CINTRA, 2003, op. cit., p. 40, em face do art. 339 do Código de Processo Civil. Em sentido análogo, ver AGUIAR, 1974, op. cit., p. 89.

[614] PATTI, 1987, op. cit., p. 38.

[615] PASTORE, 1996, op. cit., p. 227-228, observa que "il contraddittorio precede nella forma del dialogo tra le parti, la cui funzione si esplica nella comunicazione delle diverse interpretazioni. Attraverso il dialogo ciascuna parte adduce prove e confuta prove altrui, comunica il giudizio su cui essa basa le sue ragioni, sottoponendole alla critica della controparte e all'esame critico-ermeneutico del giudice (...) Si tratta del

---

O direito à prova é um direito dotado de *status constitucional,*[616] apresentando *natureza processual*, sendo situado no âmbito dos direitos fundamentais.[617] O reconhecimento desse *status* constitucional, por sua vez, não exclui a possibilidade de estabelecimento de limites desenhados no plano infraconstitucional, relacionados à influência exercida por fatores histórico-culturais na determinação dos contornos do fenômeno probatório.[618]

Impõe-se referir, ainda, que o direito à prova possui uma dimensão lógico-jurídica que é imune às escolhas do legislador, o qual é relacionado à natureza argumentativa inerente ao conceito de prova e serve como alicerce para a construção de um microssistema normativo por parte do legislador. Essa constatação, por sua vez, traz conseqüências importantes. Nesse sentido, não pode a lei, sem que haja um motivo imperioso subjacente, negar a possibilidade de produção de prova indireta com base em indícios e em regras de experiência. Contudo, é lícito ao legislador estabelecer contornos especiais a tais inferências lógicas, a exemplo do que ocorre no caso das presunções legais.

O conteúdo do direito das partes à prova é composto de *quatro projeções fundamentais*, a saber: a) o *direito à proposição de produção de provas*; b) o *direito à admissão da prova proposta*; c) o *direito à produção de provas admitidas pelo juiz*; e d) o *direito à valoração das provas produzidas*. Essas quatro projeções, por sua vez, são instrumentalizadas através de *duas garantias*, quais sejam: a) o *direito à participação na construção das decisões relacionadas à propositura, à admissibilidade, à produção e à valoração de provas* e b) o *direito à motivação das decisões relacionadas à proposição, à admissão, à produção e à valoração das provas.*[619] Nessa esteira, é possível afirmar que a determinação do conteúdo do direito à prova serve como ferramenta para que se possa identificar *quais as condutas das partes que serão juridicamente valoradas como permitidas, proibidas ou obrigatórias*, bem como *quais as condutas do julgador que também são vinculadas em razão de tais valorações.*[620]

Da análise do feixe de garantias associado ao direito à prova, tem-se que a influência do princípio dispositivo pode ser sentida com maior intensidade no que se refere ao direito à participação na construção das decisões relacionadas à propositura, à admissibilidade, à produção e à valoração de provas. A efetividade desse direito, por sua vez,

---

riconoscimento di diritti propri del discorso processuale (in primo luogo del diritto di difesa) e che può sintetizzarsi nel rinconscimento dell'eguale diritto di tutti i soggetti coinvolti a partecipare al procedimento discorsivo di fondazione dei giudizi pratici".

[616] Comunga-se, aqui, da opinião dada por DENTI, 1984, op. cit., p. 735, para quem o direito à prova "rappresenta oggi un aspetto essenziale del diritto costituzionale di azione e di difesa".

[617] Nesse sentido, AROCA, 2005, op. cit., p. 100.

[618] Assim AROCA, 2005, op. cit., p. 100, afirma que "cuando se dice que el derecho a la prueba es un derecho de configuración legal lo que está diciendo realmente es que no se trata de un derecho ilimitado, puesto que el mismo debe conformarse por el legislador ordinario, de modo que éste ha atender a su configuración tanto desde una perspectiva propia de la función de la prueba en el proceso, los que se han llamado requisitos intrínsecos de la prueba (pertinencia, utilidad, licitud), como desde otra relativa a las circunstancias de tiempo y de forma que regulan la prueba, que son los que se han llamado requisitos extrínsecos (en realidad sujeción a la legalidad procesal)".

[619] A linha de pensamento aqui exposta almeja ser aprimoramento daquela traçada por AROCA, 2005, op. cit., p. 101-104 e TARUFFO, 1992 a, op. cit., p. 333.

[620] Semelhante entendimento é veiculado na lição de CARNELUTTI, 1992, op. cit, p. 49, ao atrelar o "diritto della parte sul materiale istruttorio", ao que ele define como sendo um "primo e più ampio obbligo del giudice, di contenuto negativo: obbligo di non porre nella sentenza fatti contestati, i quali non sieno fissati con uno dei processi voluti dalla legge".

é diretamente condicionada à atuação, por parte do legislador, no sentido de viabilizar a existência de oportunidades para a manifestação das partes nos autos, bem como ao efetivo respeito, por parte do julgador, às chances legalmente ofertadas a parte para tal desiderato.

O alcance dos limites à liberdade de participação na construção das decisões relacionadas à propositura, à admissibilidade, à produção e à valoração de provas é questão de primeira grandeza a ser considerada na identificação dos contornos do direito à prova. Nesse sentido, a jurisprudência do Tribunal Constitucional italiano de longa data já afirmava estar preocupada não só com o fato de que o direito da parte de submeter ao juiz os elementos de prova não fosse negado ou precluso de maneira absoluta, mas também com o controle no sentio de que tal direito não sofresse limitações ou restrições consideradas irracionais ou injustificadas.[621] Como se vê, o processo civil contemporâneo não se contenta com a simples identificação de limites ao direito à propositura de provas, mas exige a compreensão dos fundamentos a eles subjacentes, em uma análise dotada de perspectiva eminentemente crítico-analítica.

Nessa mesma linha de argumentação, é possível agrupar em duas categorias fundamentais os motivos que sustentam os limites imponíveis ao direito à participação na construção das decisões relacionadas à propositura, à admissibilidade, à produção e à valoração de provas. Trata-se, aqui, de contrapor a incidência de fatores de natureza *lógica*, inerentes à atividade de persuasão racional do juiz em sede de instrução processual, em relação à aplicabilidade de outros aspectos de natureza *juspositiva*, os quais traduzem o acolhimento, pelo ordenamento jurídico, de um conjunto de valores considerados vigentes em um determinado âmbito histórico-cultural.

Um exemplo sintomático de motivo situado no primeiro conjunto de razões acima referido pode ser visto no *dever de respeito à orientação dialética do processo*. A obediência a tal parâmetro impõe a paridade na abertura de oportunidades de manifestação no procedimento comum ordinário, e, ao mesmo tempo, estabelece limitações às partes no que tange ao direito de propor ao órgão jurisdicional a produção de provas.

De outro lado, constitui-se em espécie que ilustra o segundo grupo de fatores anteriormente citado a concentração de atos de propositura de prova no âmbito do procedimento comum sumário. Estabelece o legislador, em tal panorama, o dever de apresentação dos quesitos que a parte autora deseja que sejam apreciados pelo perito seja feita logo quando da apresentação da petição inicial, em orientação fortemente inspirada em um ideal de celeridade processual, valor ao qual vem associado um peso considerável no âmbito da cultura jurídico-processual contemporânea.

A distinção ora proposta enseja o surgimento de uma série de desdobramentos igualmente importantes. Há casos nos quais o legislador, sob o pretexto de acolher determinada orientação lógica, acaba por restringir a elasticidade e a variabilidade de valores situados no senso comum, criando, não raro, problemas que não existiam naquela dimensão pré-legislativa em que tais postulados são originalmente radicados.[622] Muitas vezes, os limites estabelecidos pelo legislador à liberdade de participação dos sujeitos do processo em sede de prova são situados em uma trilha na qual convivem, em uma

---

[621] TROCKER, 1974, op. cit., p. 515.

[622] Conforme ensina TARUFFO, 1992 a, op. cit., p. 335-336, "quando si introducono norme, invece, ciò accade perché si ritiene opportuna l'applicazione di criteri ulteriori e diversi (più fissi e rigorosi) rispetto a quelli di comune ragionevolezza".

relação de forte tensão, exigências situadas em dimensão *lógica* à outras oriundas de uma ordem eminentemente *axiológica*.

O estabelecimento de limites ao direito à prova invade o universo da ilegitimidade no momento em que ensejar o surgimento de prejuízos desproporcionais no que se refere ao funcionamento da dinâmica processual. Neste sentido, o perigo de quebra da paridade de possibilidades de manifestação das partes ou de esvaziamento do direito de ação ou de defesa, dentre outras garantias constitucionais fundamentais, são alguns dos valores que devem balizar tais limites[623] nos casos em que efetuada a análise da proporcionalidade que lhes deve ser inerente. Nesse sentido, impõe-se aferir a adequação, a necessidade e a proporcionalidade em sentido estrito no cotejo entre tais limites e os valores que com eles se combinam.

A possibilidade de controle no que se refere às razões subjacentes aos limites lógicos e axiológicos acima comentados serve como indicativo do papel exercido pelo princípio do contraditório na composição do conteúdo do direito à prova. Sua presença é mais sentida no que se refere ao direito à motivação das decisões judiciais relacionadas à propositura, à admissibilidade, à relevância, à produção ou à valoração das provas. Assim ocorre na medida em que somente através da apresentação dos motivos que levam às conclusões veiculadas na prestação jurisdicional é que se faz possível considerar *"razionalmente controllabili le scelte del giudice in tema di massime di esperienza o nozioni di senso comune sulle quali basare la relazione fra* factum probans *e* factum probandum"*, de maneira a "porle a diretto contatto con i poteri dei destinatari della decisione quando dette scelte non sono state ancora compiute e assunte in decisione". Sob o manto do princípio do contraditório, a correta orientação do debate no que se refere às manifestações jurisdicionais referentes à propositura, à admissibilidade, à produção e à valoração de provas passa a ser passível de controle, sendo associada ao dever de motivação das decisões jurisdicionais uma *função justificativa.*[624] Os critérios lógicos e de direito positivo que são empregados na solução ofertada às questões propostas em matéria de prova devem ser apresentados às partes, de maneira a tornar possível aos litigantes a possibilidade de aferição quanto ao atendimento ou não dos direitos de falar, ser ouvido, trabalhar em colaboração e não serem surpreendidas. Essa possibilidade de controle da motivação das decisões judiciais corresponde, em suma, a uma condição fundamental para que se possa falar na efetividade do direito à prova.[625]

O respeito ao dever de motivação das decisões relacionadas às atividades de propositura, de admissibilidade, de relevância, de produção e de valoração da prova permite, ainda, a minimização dos perigos de discrepância entre a literalidade do texto normativo concebido pelo legislador e o seu significado. Os perigos de exclusão, por determinação legal, da possibilidade de emprego de meios de prova em casos nos quais a letra da lei destoe do espírito do sistema no qual a norma individual é inserida e do

---

[623] TARUFFO, Michele. Il diritto alla prova nel processo civile. In: *Rivista di Diritto Processuale*, n. 39, p. 74-120, 1984, especialmente p. 76, comenta que o Tribunal Constitucional italiano "non afferma e non nega in linea di principio la legittimità costituzionale di limiti siffatti, e ritiene invece che essi possano considerarsi illegittimi solo se provocano disuguaglianze nelle possibilità difensive delle parti, ovvero se appaiono ingiustificati alla luce di una valutazione comparativa che consideri da un lato l'esigenza di garantire il diritto d'azione e di difesa, e dall'altro le ragioni tecniche della regola d'esclusione della prova".

[624] CARRATTA, 2001, op. cit., p. 98-99.

[625] Essa perspectiva de controle também é ressaltada por DENTI, 1984, op. cit., p. 735.

---

contexto ao qual a mesma é aplicada[626] atenuam-se sensivelmente graças à imposição de um dever de transparência, permitindo que a racionalidade da motivação da decisão seja controlada pelos demais sujeitos do processo.[627]

2.3. Os poderes instrutórios do juiz

Considerada um caminho sem volta na evolução histórica, o aumento da participação do órgão jurisdicional no debate processual apresenta-se como um dos protagonistas na construção de um modelo adequado às exigências contemporâneas. Em um panorama no qual as tensões decorrentes do aumento das diferenças sociais e culturais são cada vez mais fortes, o reforço dos poderes do juiz serve como instrumento para minimizar a influência exercida por fatores preexistentes ao próprio debate processual.[628]

Nesse contexto, o direito das partes à prova deixa de ser associado à idéia de *atribuição de iniciativa probatória exclusiva aos litigantes*, e passa a ser instrumentalizado através da outorga de poderes instrutórios ao órgão jurisdicional. Observe-se que o fato de o direito à prova compreender a liberdade das partes de produzir provas sem sofrer limitações injustificadas não exclui a possibilidade de atribuição ao julgador do dever ou do poder de atuação nessa mesma seara, adotando um papel ativo nos casos em que os litigantes não exercerem o referido direito.[629] Se, de um lado, o processo civil contemporâneo contempla, como regra geral, a idéia de que a instauração do processo decorre de um ato de vontade das partes, nesse mesmo panorama é possível observar que, uma vez iniciada a marcha processual, o seu modo, o seu ritmo e o impulso do seu andamento não mais ficam sujeitos à exclusividade das vontades dos jurisdicionados. Nessa segunda dimensão, o regime jurídico aplicável contempla a incidência de normas cogentes, as quais atribuem ao juiz poderes para a condução do debate processual em uma estrutura pautada pela efetiva colaboração entre os sujeitos que dela participam.[630]

A atribuição ao juiz de poderes relacionados à direção material do processo serve como meio para a realização de um processo inspirado pelo critério da igualdade substancial como norte a regular as relações entre as partes, destinado à obtenção de justiça social, livre de amarras formalistas. Busca-se, nessa esteira, a construção de um

---

[626] TARUFFO, 1984, op. cit., p. 80, alerta para o perigo da discrepância entre os limites estabelecidos pelo legislador e aqueles que se revelam no caso concreto, referindo que "rimane comunque aperto il problema di giustificare l'inammissibilità di determinati mezzi di prova, e di dimostrare che la loro esclusione è compatibile con l'attuazione del diritto alla prova".

[627] Segundo PASTORE, 1996, op. cit., p. 232, "la dialettica probatoria vede così nell'eguaglianza nel contraddittorio un elemento centrale. Tale eguaglianza rappresenta nel contempo un valore etico e un valore logico, manifestando l'orientamento verso una verità intersoggettivamente cercata".

[628] Conforme BAUR, 1972, op. cit., p. 259-260, "il giudice è stato chiamato a regolare ed appianare tensioni sociali in misura sempre crescente. (...) Si ha l'impressione che nei casi di tensioni sociali ed economiche, si faccia sempre appello al giudice, là dove il legislatore non è in grado di eliminarle e superarle mediante astratte regolamentazioni. La decisione del componimento di questi conflitti di interessi vengono quindi affidati *all'aequitas* del giudice". E arremata o autor, ao sustentar que "l'evoluzione delle funzioni e dei compiti dei giudici, riguardando settori sempre più vasti, sia inarrestabile e che 'l'indebolimento della normativa' – come ha definito Hans Huber il fenomeno – sia strettamente collegato all'incremento non richiesto, né desiderato, del potere e della responsabilità dei giudici".

[629] Segundo TARUFFO, 1984, op. cit., p. 90, "il diritto alla prova implica la libertà delle parti di dedurre prove senza subire limitazioni ingiustificate, ma da ciò sembra del tutto impossibile dedurre che di conseguenza il giudice non debba o non possa disporre d'ufficio l'acquisizione di prove non dedotte dalle parti"

[630] Assim CAPPELLETTI, 1967, op. cit., p. 418.

---

processo orientado pelo reforço dos poderes do juiz, em um cenário no qual não lhe é permitido atuar de maneira a tentar substituir a liberdade das partes quanto à determinação do objeto do debate, mas lhe é outorgada a possibilidade de conciliação e de esclarecimento às partes quanto aos limites dentro dos quais essa liberdade pode ser considerada soberana.[631] Esse incremento dos poderes atribuídos ao juiz em sede de instrução deve ser definido, em suma, de maneira a preservar a harmonia da repartição de tarefas entre os sujeitos do debate, estabelecida à luz das finalidades inerentes à própria função jurisdicional.

Sob essa perspectiva, observe-se que a outorga de poderes em sede de determinação *ex officio* de produção de provas não importa em restrição indevida à liberdade das partes. Da mesma forma, vista sob o prisma ora apresentado, a possibilidade de indeferimento dos requerimentos formulados pelos litigantes em sede de instrução processual não se constitui em interferência indevida no que se refere à determinação do alcance do objeto do debate do processo. Isso porque a atividade de instrução processual não se desenvolve sob o signo do exclusivo interesses das partes, mas sim à luz da conjugação das vontades individuais com o espírito público subjacente ao próprio fenômeno processual. Desta forma, no momento em que o juiz, *ex officio*, dispõe sobre o emprego de determinado meio de prova, a validade de sua atuação deve ser sempre valorada à luz da presença de outros objetivos que extrapolam o mero interesse de um dos litigantes, em uma análise que, não raro, transcende a dimensão das normas diretamente relacionadas à instrução processual. Trata-se de saber se a sua atuação é comprometida com a realização de outros escopos de ordem pública, como a necessidade de dar efetividade à tutela de interesses indisponíveis que estejam em jogo no debate dos autos, ou de reduzir desigualdades econômicas e sociais capazes de limitar a participação democrática das partes na construção conjunta do provimento jurisdicional, ou, ainda, de evitar que o processo seja utilizado para a obtenção de resultados não-albergados pelo ordenamento jurídico.[632]

A participação ativa do julgador no desenvolvimento da atividade de investigação processual é legítima na medida em que não acarretar a subtração dos poderes da parte no que se refere à *liberdade de pleitear ou não a tutela jurisdicional* e à *liberdade de delimitar qual será a situação em torno da qual o debate será estabelecido*. Sua atuação deve ser situada em uma *dimensão eminentemente pública*, permeada pelo compromisso com a proteção de interesses que concernem a esfera jurídica de todos os sujeitos do processo, na qual a atuação dos litigantes e do julgador é estruturada como um trabalho conjunto. Nessa dimensão, o agir do órgão jurisdicional não se confunde com o emprego de um saber privado que lhe seja exclusivo; ao contrário, todos os instrumentos por ele empregados com vistas à formação do seu convencimento a respeito das alegações sobre fatos trazidas pelas partes são, antes, de comum conhecimento de todos os participantes da dialética processual.

O conteúdo dos poderes instrutórios do juiz vem regulado no sistema do Código de Processo Civil brasileiro a partir da cláusula geral inscrita no art. 130. Estabelece o

---

[631] CAPPELLETTI, 1967, op. cit., p. 420, refere que "si vuole realizzare cioè un processo ispirato al criterio della uguaglianza sostanziale e non soltanto formale delle parti, nonché al criterio di ottenere una sostanziale giustizia non paralizzata dai formalistici diaframmi della procedura: un processo insomma nel quale il giudice há il potere, non già di sostituire a quella delle parti la sua propria volontà nella determinazione della *res judicanda*, ma di consigliare e di assistere le parti nella loro pur sempre libera e sovrana determinazione di quella *res*". Da mesma forma pensa, ainda, BEDAQUE, José Roberto dos Santos. *Poderes instrutórios do juiz*. 3. ed. São Paulo: Revista dos Tribunais, 2001, p. 130-131.

[632] Nesse sentido, ver DINAMARCO, 2005, op. cit., p. 53-54.

comando legal em comento duas dimensões fundamentais: de um lado, dispõe o julgador do *poder de determinar, de ofício ou a requerimento das partes, a produção de provas*; de outro, impõe-se ao juiz o *dever de indeferir requerimentos das partes que importem na realização de diligências probatórias inúteis ou meramente protelatórias*. É dentro dessas duas dimensões que se situa o seu âmbito de atuação em sede de investigação processual.

A correta compreensão do alcance do comando acima referido impõe reconhecer, antes de tudo, que a atuação jurisdicional em sede de instrução processual de forma alguma pode ser tida como *discricionária*. Não se deve confundir *discricionariedade* com *margem de interpretação*: ao juiz não se dá, em tais comandos, a possibilidade de decidir exclusivamente com base no binômio *conveniência/oportunidade*; ao contrário, o que há é uma situação na qual o julgador está sujeito a um regramento jurídico que predetermina as hipóteses nas quais é permitida a sua intervenção e, ao mesmo tempo, estabelece as conseqüências que a ela vem associadas. O problema a ser enfrentado, em verdade, é o da determinação do significado da linguagem empregada em tais hipóteses e conseqüências, que, não raro, acaba sendo definido à luz dos fatores presentes no caso concreto.[633]

Tratando-se, pois, de atividade vinculada, impõe-se identificar, na análise do disposto no art. 130 do Código de Processo Civil, quais são as diversas atividades que podem ou devem ser desenvolvidas pelo juiz em sede de instrução processual. Nesse sentido, é possível distinguir a *atividade decisória relacionada à determinação de produção de provas de ofício por parte do juiz* em relação à *atividade decisória por ele desenvolvida em sede de admissibilidade e de relevância das provas proposta pelas partes*.

Nesse sentido, um primeiro aspecto a ser observado é o de que a possibilidade de o julgador determinar a produção de provas *ex officio* está sujeita aos mesmos critérios em sede de controles de racionalidade e de legalidade que são aplicáveis aos casos de solicitações das partes no que se refere à produção de provas. Esse controle não só é possível mas, acima de tudo, é necessário, cabendo à instância recursal ordinária lançar mão de tais critérios, com vistas à aferição da conduta oficial do juiz em sede de instrução processual, nos casos em que as partes suscitarem dúvida a esse respeito.

Uma questão importante a ser enfrentada nessa dimensão diz respeito à possibilidade de o órgão jurisdicional transpor as barreiras imponíveis às partes em função da preclusão, determinando a produção de provas *ex officio,* após esgotadas as oportunidades de manifestação apresentadas às partes. Na esteira da acertada opinião de José Roberto dos Santos Bedaque, refira-se que "nada indica tenha o sistema optado por inibir a iniciativa probatória oficial em razão da perda, pela parte, da faculdade de produzir determinada prova".[634]

Ainda a respeito desse último ponto, não se pode ignorar, do mesmo modo, que o perigo de transmutação do juiz em defensor de uma das partes, incorrendo em excessiva iniciativa probatória ou em liberalização de ajudas aos litigantes, reclama que o exercício de tal poder, nesse contexto, esteja sujeito ao crivo no que se refere a determinados mecanismos de controle. Uma primeira ferramenta importante a esse respeito é observação da atuação jurisdicional à luz do dever de imparcialidade que

---

[633] Essa também é a posição de BEDAQUE, 2001, op. cit., p. 147-153.
[634] BEDAQUE, 2001, op. cit., p. 157.

lhe é inerente.[635] Da mesma forma, o controle em face do perigo de surgimento de eventuais desvios e a correção daqueles eventualmente verificados em tal contexto também restam adequadamente viabilizados nos casos em que presente o respeito ao dever de motivação das decisões e à possibilidade de reexame da decisão em segundo grau de jurisdição[636]. A efetividade desse controle pressupõe, como se vê, seja assegurado o respeito à garantia do contraditório, estabelecendo-se oportunidades e condições para a implementação de constante diálogo entre as partes e o órgão jurisdicional no que se refere a toda e qualquer prova que vier a ser produzida nos autos, inclusive sobre aquelas cuja produção tenha sido determinada de ofício pelo juiz.[637]

É certo que a preclusão constitui-se em um poderoso instrumento capaz de garantir a efetividade do processo, estabelecendo estabilidade no que se refere ao alcance do debate do autos e minimizando os riscos de dilação indevida da marcha processual. Contudo, o verdadeiro comprometimento com tal escopo exige não só a concessão de tutela jurisdicional em tempo hábil, mas também a sua fundamentação a partir de alicerces sólidos. Nesse sentido, urge distinguir, com Carlos Alberto Alvaro de Oliveira, a acepção da idéia de efetividade em uma perspectiva *virtuosa,* que é aquela alcançada a partir da equilibrada conjugação dos poderes instrutórios do juiz com a adoção de medidas tendentes à otimização do andamento da dialética processual, em relação àquela outra em relação à qual a noção de efetividade ganha um viés *pernicioso*, que traduz a presença de uma preocupação exclusiva com concessão de decisões no menor tempo possível, independentemente da qualidade do conteúdo inserto em tais comandos jurisdicionais.[638] Deste modo, não há que se falar em incompatibilidade entre os poderes instrutórios do juiz e a idéia de preclusão, mas sim na convivência harmônica entre tais institutos.

A possibilidade de o juiz indeferir requerimentos de produção de provas envolve, por sua vez, a análise de tais requerimentos no que se refere à relevância e à valoração das provas. Os adjetivos empregados pelo legislador, para caracterizar os parâmetros a serem respeitados na análise de tais diligências ("inúteis", "meramente protelatórias"), configuram conclusões que, em verdade, são apenas sintomas de defeitos situados no âmbito dos juízos acima referidos. A verdadeira causa para que o requerimento de produção de provas seja indeferido não é, efetivamente, a *inutilidade* ou o *caráter protelatório* da diligência a ela associada, mas sim a *irrelevância da prova*

---

[635] DINAMARCO, 2005, op. cit., p. 56. Em uma visão mais extremada, com a qual não se concorda, como está exposto ao longo desta tese, ver BAUR, Friz. Potere giudiziale e formalismo del diritto processuale. *Rivista Trimestrale di Diritto e Procedura Civile*, n. 19, p. 1683-1704, 1965, especialmente p. 1699, ao afirmar que "investigare e giudicare sono ovviamente due funzioni diverse che non si possono riunire, o tuttavia si possono riunire solo in consizioni personali particolarmente favorevoli, in una sola persona, senza pregiudizio per l'ufficio del giudice".

[636] ALVARO DE OLIVEIRA, 2009, op. cit., p. 181 e CINTRA, 2003, op. cit., p. 4-5.

[637] Nesse sentido, ver TROCKER, 1974, op. cit., p. 534-536, especialmente p. 535-536, que sintetiza esse entendimento de maneira exemplar: "quando il giudice introduce la prova d'ufficio egli si trova rispetto all'esigenza del contradditorio nella stessa posizione della parte. Richiamando il divieto di fare uso della scienza privata, si potrebbe anche dire che alla luce del contradittorio si configura come scienza privata tutto ciò che viene utilizzato senza previo intervento e 'partecipazione' delle parti".

[638] Conforme ALVARO DE OLIVEIRA, Carlos Alberto. Efetividade e processo de conhecimento. In: *Revista Forense*, n. 348, p. 67-76, 2000, especialmente p. 68-69, "a efetividade só se revela virtuosa se não colocar no limbo outros valores importantes do processo, a começar pelo da justiça, mas não só por esse. (...) O que ponho em questão é a eficiência como fim, sem temperamentos, como meta absoluta, desatenta a outros valores e princípios normativos".

ou, ainda, a sua *incapacidade de produzir qualquer alteração em sede de convencimento jurisdicional*.

A ausência de relevância da prova impõe ao julgador o dever de indeferir o requerimento formulado pelas partes que pleiteiam a sua produção. Na esteira do magistério de Antonio Dall'Agnol, "não raro, no intuito de coletar o máximo possível de elementos – e precipuamente quando não cumpre o juiz com o previsto pelo art. 331, § 2º, do Código – as partes requerem a produção de prova desnecessária, ou porque o meio é inadequado, ou porque o fato, por notório, por admitido, ou por legalmente presumido, dispensa a sua realização (art. 334, do CPC), ou, ainda, por já estar provado por outro meio".[639]

Ainda sobre os limites do poder do juiz em face dos requerimentos formulados pelas partes em sede de produção de provas, impõe-se lembrar que a refira-se que a possibilidade de revisão de decisões judiciais que versem sobre tal matéria não autoriza falar em qualquer diminuição do poder do juiz, impondo-lhe o dever de, em caso de dúvida, determinar a produção de provas. Note-se que a mera possibilidade de modificação de tais decisões em grau de recurso não traz consigo, de forma alguma, qualquer espécie de dever judicial de realização de atividade de instrução para além dos limites daquilo que o julgador considerar *suficiente* para a formação do seu convencimento. O acerto da análise ora proposta é confirmado, ainda, pelo *poder outorgado ao próprio órgão recursal com vistas à produção de outras provas que entender necessárias à elucidação do litígio*.[640] Corrobora tal raciocínio, ainda, a constatação no sentido de que o juízo a quo detém, por força do recebimento do recurso no efeito devolutivo, o *poder de decidir com base em uma interpretação diversa daquela dada pela decisão recorrida no que se refere ao alcance da realidade considerada juridicamente relevante*. Nesse último caso, há que se observar que o juízo recursal promove, em sua decisão, uma alteração substancial das dimensões do próprio objeto da prova em limites que, muitas vezes, sequer poderiam ser considerados previsíveis, de maneira que seria inviável exigir do juiz de primeira instância a produção de provas sobre uma leitura da realidade por ele não cogitada ou que por ele é tida como estranha aos limites do possível.[641]

Situação diferente é a que ocorre nos casos em que verificada a *inexistência de conclusão definitiva em sede de formação do convencimento jurisdicional*[642] ou a *pos-*

---

[639] DALL'AGNOL, 2007, op. cit., p. 144.

[640] Comentando o art. 130 ora aludido, Antonio Dall'Agnol reconhece que "não merece ser invocado, por exemplo, para dispensa de diligência probatória porque já convencido o juiz da veracidade ou inveracidade de determinado fato. Do que está convicto o julgador de primeiro grau, pode não vir a estar o órgão de revisão, eventualmente chamado a se manifestar sobre o mesmo fato"; ressalva, contudo, linhas depois, em um paradoxo insuperável, que os poderes inscritos em tal comando podem ser exercidos também pelos "juízes integrantes do segundo grau, seja quando na direção de processo originário, seja quando no exercício de atividade revisional, neste último caso desde que competente para o reexame de matéria de fato". Ibid., p. 145.

[641] Observe-se, nesse sentido, julgado no qual o Superior Tribunal de Justiça, após determinar que "o magistrado de primeiro grau de jurisdição considerou impertinentes os quesitos explicativos formulados pela parte expropriada, deixando consignado, na sentença, que todas as provas pertinentes já haviam sido produzidas", concluiu no sentido de que "o indeferimento de quesitos impertinentes é faculdade atribuída ao julgador durante a fase de instrução do processo, não constituindo causa de nulidade da sentença" (Recurso Especial n. 811.429/RS, rel. Min. Denise Arruda, julgado pela Primeira Turma do Superior Tribunal de Justiça em 13.03.2007).

[642] O Superior Tribunal de Justiça confirmou decisão na qual foi determinado o retorno dos autos à primeira instância sob o argumento de que "tendo admitido expressamente o magistrado singular que as provas colacionadas aos autos não seriam suficientes para verificação da alegada violação de cláusulas contratuais,

---

sibilidade de alteração do valor probatório a ser atribuído a algum dos argumentos empregados para retratar a realidade histórica investigada nos autos. A presença de algum dos fatores acima elencados na mente do julgador constitui-se em sintoma indicativo da presença de utilidade da prova em relação à qual a parte requer seja produzida. Em tais casos, tem-se como imperioso o deferimento do requerimento formulado pelo litigante, sob pena de nulidade da sentença ou de acórdão que vier a ser proferido ao final do processo. Assim ocorre na medida em que a equivocada condução judicial da marcha do processo por parte do julgador que nega à parte a possibilidade de produção de uma prova considerada relevante faz com que o resultado resultante ao final do debate dos autos não possa ser considerado uma verdadeira síntese do trabalho conjunto que deve ser desenvolvido pelas partes e o julgador, importando em flagrante ofensa à garantia do contraditório.

Por fim, cumpre destacar a presença de outros dispositivos legais no Código de Processo Civil igualmente relacionados à outorga de poderes instrutórios ao órgão jurisdicional. Trata-se, no mais das vezes, de normas que estão inseridas no regime jurídico aplicável a determinados meios de prova, mas que não apresentam orientação discrepante daquela constante do art. 130 da codificação processual civil. A título de exemplo, observe-se o constante dos arts. 355, 399 e 400 do Código de Processo Civil, que revelam parâmetros a serem empregados em juízos quanto à relevância da prova que nada trazem de diferente em relação ao já previsto no dispositivo legal ora mencionado.

2.4. Os ônus de prova e os sujeitos processuais

O problema da repartição dos ônus de prova ganha cores mais vivas sob o prisma da dimensão argumentativa inerente ao conceito de prova anteriormente examinado. A fim de que se possa traçar as linhas gerais do horizonte formado a partir da inserção da parte no todo, impõe-se tecer algumas considerações a respeito das tarefas desempenhadas pelas normas jurídicas que dispõem sobre tais ônus. Cumprida tal tarefa, tornar-se-á possível o estabelecimento de uma discussão séria a respeito dos critérios que norteiam a formação de regras de julgamento em sede de ônus de prova.

2.4.1. A repartição dos ônus de prova, o estabelecimento de regras de julgamento e a otimização da ordenação do debate processual

O emprego da idéia de colaboração como norte da atividade de instrução processual faz com que as normas que dispõem sobre a repartição de ônus de prova possam ser examinadas à luz de duas perspectivas distintas. Ao mesmo tempo em que *dispõem sobre critérios a serem empregados pelo órgão jurisdicional em sede de julgamento*, ofertando alternativas ao julgador diante da proibição de *non liquet*, tais normas *estabelecem uma adequada ordenação do debate processual¸* incentivando as partes com vistas ao desenvolvimento de esforços em sede de persuasão racional do juiz.[643]

A correta compreensão dessa dúplice perspectiva em relação às regras sobre ônus da prova impõe sejam abandonados alguns preconceitos. A primeira dificuldade a ser enfrentada reside na confusão entre a *aceitação de que a existência de um incenti-*

---

deveria ter determinado, ex officio, sua realização" (Recurso Especial n. 629.312/DF, rel. Min. Hélio Quaglia Barbosa, julgado pela Quarta Turma do Superior Tribunal de Justiça em 23.03.2007).

[643] MICHELI, 1961 b, op. cit., p. 111.

vo às partes constitui-se em conteúdo das regras que estabelecem os ônus da prova, orientação que impõe à parte a necessidade de conjugar a sua *liberdade de agir ou não agir* e o *estabelecimento prévio de reflexos decorrentes da sua eventual inatividade*, e a *defesa de um conceito de ônus de prova construído à luz do seu aspecto subjetivo*. Efetivamente, não se há de aceitar, à luz do processo civil contemporâneo, um modelo pautado nas idéias de que *a cada uma das partes corresponde o dever exclusivo de fornecer as provas relativas às alegações sobre fatos juridicamente relevantes favoráveis à defesa dos seus respectivos interesses* e de que *a inércia da parte necessariamente acarreta a aplicação de uma regra de julgamento em seu desfavor*.[644] Sob o signo do espírito de colaboração que pauta o processo civil contemporâneo, em consonância com as exigências próprias de um Estado Social de Direito,[645] as partes não possuem o *dever de produzir provas*, mas apenas *dispõem da faculdade de participar ativamente da atividade de instrução do processo*[646] *juntamente com o órgão jurisdicional*.[647] Diante do aumento dos poderes do juiz em sede de instrução processual, a contraposição entre as idéias de *ônus da prova em sentido subjetivo* e *ônus de prova em sentido objetivo*, originalmente à luz de uma perspectiva histórica[648] cede lugar para a construção de um modelo pautado na idéia de *cargas probatórias imperfeitas* ou *incompletas*, no qual *a liberdade atribuída às partes para a produção de provas convive com o papel ativo do órgão jurisdicional na atividade investigação da realidade histórica considerada juridicamente relevante*.[649]

---

[644] A definição do *aspecto subjetivo do ônus da prova* segue a linha da exposição feita por Gian Antonio Micheli. Ibid., p. 105-106. No mesmo sentido, ver PACÍFICO, Luiz Eduardo Boaventura. *O ônus da prova no direito processual civil*. São Paulo: Revista dos Tribunais, 2001, p. 131-132, BARBOSA MOREIRA, José Carlos. Julgamento e ônus de prova. In: BARBOSA MOREIRA, José Carlos. *Temas de direito processual* – segunda série. São Paulo: Saraiva, 1989 a, p. 73-82, especialmente p. 74-75.

[645] Essa perspectiva é referida como uma tendência seguida pela nova Lei de Enjuiciamiento Civil espanhola, nos termos do referido por PICÓ I JUNOY, Juan. Los principios del nuevo proceso civil español. In: *Revista de Processo*, n. 103, p. 59-94, 2001, especialmente p. 64-69.

[646] Partindo da distinção entre os aspectos objetivo e subjetivo do ônus da prova, José Carlos Barbosa Moreira observa que "o estímulo à atividade probatória não fica eliminado, embora se possa fazer sentir, em certa medida, com menor vigor, por saber o litigante que o esforço próprio não é o único meio de convencer o órgão judicial", conclui, assim, que "nos limites em que algum relevo se lhe pode reconhecer, subsiste, pois – atenuado que seja – o aspecto 'subjetivo' do ônus da prova". Ibid., p. 78-79. No mesmo sentido, ver ARENHART, Sérgio Cruz. Ônus da prova e sua modificação no processo civil brasileiro. In: *Revista Jurídica* n. 343, p. 25-60, 2006, especialmente p. 30, sublinhando que "as duas teorias não são excludentes, mas complementares, representando apenas duas faces de um mesmo fenômeno".

[647] Paradigmática, aqui, é a lição de ALVIM, Teresa Arruda. Reflexões sobre o ônus da prova. In: *Revista de Processo*, n. 76, p. 141-145, especialmente p. 142, ao afirmar que "desaparece, segundo esse ângulo de análise, a subsidiariedade da atividade judicial no âmbito instrutório. O curioso é que, em nome também dos princípios da igualdade e da imparcialidade, que inspiram a outra visão, entendidos, porém, de outro modo. Diante de um quadro em que se tem em conta a problemática do acesso à justiça, tem-se necessariamente, como dado indiscutível, a eventual e até freqüente condição de desigualdade que possa haver entre os litigantes. O juiz, nesse contexto, seria parcial se assistisse inerte, como um expectador a um duelo, ao massacre de uma das partes, ou seja, se deixasse de interferir para tornar iguais, partes que são desiguais. A interferência do juiz na fase probatória, vista sob esse ângulo, não o torna parcial. Ao contrário, pois tem a função de impedir que uma das partes venha a vencer o processo, não porque tenha o direito, que assevera ter, mas porque é economicamente mais favorecida que a outra. (...) Em função desse parâmetro, pois, devem ser concebidas todas as regras do processo, inclusive e principalmente as que dizem respeito ao ônus da prova".

[648] Sobre a raiz histórica da discussão em torno de tal dicotomia, ver, por todos, MICHELI, 1961 b, op. cit., p. 105-106, PATTI, 1987, op. cit., p. 14.

[649] Conforme MICHELI, 1961 b, op. cit., p. 61, "mientras la necesidad de la obligación es absoluta, la que caracteriza la carga puede presentar diversos matices, variadas atenuanciones, en cuanto outro sujeto tenga

A mesma conclusão acima referida pode ser alcançada, ainda, a partir da observação das relações existentes entre as idéias de *comunhão da prova* e de *persuasão racional do juiz*. Na apreciação do retrato da realidade construído através da atividade de instrução, o problema a ser enfrentado diz respeito ao *conteúdo e à validade das provas produzidas na realidade processual*, e não à *responsabilidade pelo aporte de tais informações aos autos*.[650] Os esforços produzidos no âmbito da atividade de instrução passam a ser considerados como contribuições que se somam na construção de um *quadro de argumentos de interesse comum a todos os sujeitos do processo*, servindo a formação do convencimento jurisdicional como *ponto de convergência* que une os diversos atos processuais praticados em sede de produção de provas.

Sob a égide de um modelo de processo *dialeticamente ordenado, orientado à luz do estabelecimento de cargas probatórias imperfeitas* e *comprometido com a racionalidade na formação do convencimento jurisdicional*, o centro das atenções no estudo do instituto do ônus da prova deixa de ser o da *liberdade outorgada à parte com vistas à produção de provas em favor do interesse por ela defendido nos autos*. Impõe-se, antes, voltar os olhos em direção à *identificação dos critérios que norteiam a repartição de responsabilidades entre as partes no que se refere ao resultado obtido a partir da atividade de instrução*.[651]

A fim de deixar clara a perspectiva ora examinada, impõe-se distinguir, ainda, a dimensão das normas que *associam aos litigantes responsabilidades em sede de ônus de prova* em relação àquelas outras que *dispõem sobre o direito das partes à prova*. Trata-se, por certo, de ferramentas integrantes de uma estrutura maior, qual seja, o regime jurídico associado à prova, mas que ensejam o surgimento de tratamentos jurídicos distintos.

De tudo o que foi acima exposto, resta evidente que o estabelecimento de regras dispondo sobre a repartição dos ônus de prova é, pois, tarefa que evidencia a existência de duas funções principais associadas a tais normas. A primeira delas é de natureza *justificadora*, e a segunda, por sua vez, é de natureza *promocional*.

No que se refere à função justificadora associada às normas que dispõem sobre a repartição dos ônus de prova, impõe-se observar a íntima relação existente entre as *regras de julgamento aplicáveis em caso de incerteza do julgador quanto à veracidade ou não das alegações sobre fatos considerados juridicamente relevantes* e o *estabelecimento de um regime jurídico de responsabilização das partes em função do estado de incerteza quanto à veracidade de tais alegações*. Sob essa perspectiva, tem-se o estabelecimento de uma regra de julgamento radicada em um imperativo técnico-jurídico, que é a necessidade de o órgão jurisdicional apresentar uma decisão no final do processo. A identificação dos critérios a serem empregados em sede de repartição dos ônus de prova permite ao órgão jurisdicional a obediência ao dever de julgar nos casos em que inexistente prova capaz de formar o seu convencimento em

---

el poder de integrar el insuficiente ejercicio de la facultad". Na mesma esteira, ver PACÍFICO, 2001, op. cit., p. 152.

[650] Assim também PATTI, 1987, op. cit., p. 13-15.

[651] Semelhante entendimento pode ser encontrado nas palavras de DEVIS ECHANDÍA, 1988 a, op. cit., p. 485, ao afirmar que "no es correcto decir que la parte gravada con la carga debe sumistrar la prueba o que a ella le corresponde llevarla; es mejor decir que a esa parte le corresponde el interés en que tal hecho resulte probado o en evitar que se quede sin prueba y, por consiguiente, el riesgo de que le falte (el cual se traduce en una decisión adversa)".

relação ao pleito formulado pelas partes,[652] servindo como *justificação suficiente* para a sua atuação em tal contexto.

A exposição de critérios de decisão em regras de repartição dos ônus de prova traz consigo, como exigência que lhe é inerente, a necessidade do exame dos critérios de racionalidade que permeiam uma decisão judicial que, não sendo pautada na desejada convicção quanto ao que se passou do ponto de vista histórico, ainda assim possui o condão de estabelecer um ponto final no estado de incerteza jurídica até então existente. Como regra geral, a validade jurídica e a legitimidade política e social de tal decisão pressupõe que a regra de julgamento empregada obedeça a uma razão fundamental: *a responsabilidade pela incerteza do julgador pode ser atribuída à inércia da parte que, à luz de um parâmetro de normalidade, teria interesse e condições de colaborar mediante o aporte de prova capaz de confirmar a versão da realidade favorável aos seus interesses.*

À luz da análise acima efetuada, observa-se que a repartição das responsabilidades em sede de ônus de prova constitui-se em um expediente de divisão do trabalho entre os sujeitos do processo coerente com a orientação dialética do debate dos autos. Essa divisão de tarefas, por sua vez, vem regulada por *normas que associam o risco de um resultado possível em sede de instrução processual ao papel desempenhado por um dos litigantes.*[653]

A aplicação de normas que disponham sobre a repartição de responsabilidades em sede de ônus de prova pressupõe a análise de uma série de condições prévias, as quais devem ser atendidas para que a decisão que nelas seja fundamentada possa ser considerada racionalmente justificada. Primeiramente, impõe-se que o processo contemple oportunidades adequadas para que os litigantes participem ativa e efetivamente da construção do panorama a ser considerado na formação do convencimento jurisdicional. Basta ver, nesse sentido, que não se justifica falar em *responsabilização das partes* em um modelo de processo no qual o órgão jurisdicional concentre todas as possibilidades de iniciativa em sede de produção de provas exclusivamente em suas mãos, fechando-se ao diálogo com os demais sujeitos do processo.

De outro lado, a relação entre o insucesso na produção de provas e a posição da parte proposta no raciocínio acima exposto somente faz sentido se considerada à luz de um *contexto de normalidade no qual a conduta do autor e do réu seja fortemente orientada pelo valor liberdade.* A aferição quanto à presença de tal contexto, por sua vez, é tarefa que envolve a *identificação dos interesses defendidos pelos litigantes*, as *condições de que eles dispõem para fins de produção de provas* e a *influência exercida por valores reconhecidos pelo ordenamento jurídico como relevantes para a construção de soluções para determinadas espécies de litígio.* Sem que atendida tal condição, a aplicação de normas sobre ônus de prova não pode ser considerada como um critério válido de justificação de decisões judiciais.

---

[652] ALVARO DE OLIVEIRA, 2009, op. cit., p. 176.

[653] Conforme PELLEGRINI, José Francisco. Do ônus da prova – crítica do art. 333, do C.P.C. In: *Revista da AJURIS*, n. 16, p. 41-51, 1979, especialmente p. 46, "o que na verdade caracteriza o ônus da prova é a idéia de risco que ele contém. Em outras palavras: à parte onerada não se impõe provar como atitude indispensável para evitar uma conseqüência desfavorável que se apresenta como inevitável. O que ocorre é que ela assume o risco de que a prova não venha para o processo, e diante dessa ausência probatória o juiz se vai pronunciar na conformidade com as regras determinantes do ônus da prova, vale dizer, proferindo julgamento contra aquele que necessitando provar não o fez".

As razões acima apresentadas servem como ponto de partida para que se possa investigar a segunda tarefa asssociada às regras sobre ônus de prova, qual seja a sua *função promocional*. A observação dos fatores acima listados serve não só como critério para justificar a racionalidade das decisões baseadas em tais normas, mas também evidencia que os comandos jurídicos que dispõem sobre ônus de prova têm o condão de identificar os *fatores que devem ser considerados com vistas à otimização da participação dos sujeitos processuais em sede de instrução processual*. A cominação das responsabilidades associadas em sede de ônus de prova serve como alerta par que as partes orientem os seus esforços ao longo da atividade de instrução desenvolvida no seio da dialética processual. O prévio conhecimento dos enfoques a serem perseguidos pelas partes com vistas à persuasão racional do juiz serve como guia para que o julgador possa ordenar racionalmente os argumentos que se entrelaçam sob o manto da comunhão das provas. A existência de determinação legal, de convenção das partes ou de decisão judicial que disponha expressamente sobre as regras nas quais vêm cominadas tais responsabilidades constitui-se em medida indispensável com vistas ao exercício democrático e transparente do poder jurisdicional, permitindo que todos os sujeitos do processo conheçam de antemão quais serão os critérios de julgamento a serem empregados pelo julgador.[654]

O conhecimento dos fatores envolvidos na pauta de racionalidade subjacente às regras que dispõem quanto às responsabilidades das partes em sede de ônus de prova serve como ferramenta para a construção de poderosos instrumentos, de maneira a facilitar a formação do convencimento jurisdicional e, por conseqüência, reduzir o âmbito de incidência das regras de julgamento ora mencionadas. Exemplo disso pode ser encontrado nas relações entre as diversas conformações possíveis do módulo de prova a ser empregado com vistas à formação do convencimento jurisdicional e os critérios considerados para fins de repartição dos ônus de prova. As chances de o órgão jurisdicional restar em dúvida ao final da atividade de instrução tendem a ser consideravelmente reduzidas em casos nos quais se autorize a adoção, como módulo de prova, de um grau de correspondência menos intenso entre as versões trazidas pelas partes aos autos e o que efetivamente aconteceu do ponto de vista histórico. A mitigação das possibilidades de incerteza judicial, por sua vez, traz consigo a redução do âmbito de possibilidade de decisões baseadas na aplicação de regras em sede de repartição dos ônus de prova.[655]

Por fim, impõe-se reconhecer que a argumentação que constrói decisões com base em regras que dispõem sobre repartição dos ônus de prova não se confunde com aquela empregada em outros fenômenos igualmente comprometidos com a otimização da formação do convencimento jurisdicional, em especial no que se refere às presunções e aos argumentos de prova. O surgimento de presunções também importa em facilitação na formação do convencimento jurisdicional, na medida em que as exigências presentes em sede de prova direta são afastadas, permitindo que o julgador possa chegar à mesma conclusão através da combinação prova de um fato secundário com o disposto em uma regra de experiência. Diferentemente, os argumentos de prova são conclusões autorizadas por determinações legais ou judiciais que estabelecem que a inércia da parte, analisada à luz da incidência de uma regra de experiência, autoriza o julgador a dar

---

[654] Segue linha análoga ARENHART, 2006, op. cit., p. 30-31, para quem o aviso anterior pelo juiz às partes sobre os critérios a serem utilizados em sede de regras de julgamento é "conveniente, mas não obrigatório".

[655] Em posição semelhante, ver MARINONI; ARENHART, 2005 a, op. cit., p. 384-385.

como provada uma alegação sobre fato. A aplicação da regra de julgamento, pautada na repartição dos ônus de prova, por sua vez, pressupõe a incerteza do julgador, ao final do debate processual, a respeito da veracidade ou não de determinada alegação sobre fato.

2.4.2. A racionalidade subjacente aos critérios de responsabilização das partes nas regras de julgamento inscritas no art. 333 do Código de Processo Civil brasileiro

A compreensão do significado das regras de repartição dos ônus de prova, e, em especial, do regime jurídico geral estabelecido no art. 333 do Código de Processo Civil brasileiro, pressupõe o exame da racionalidade subjacente à relação existente entre os *critérios de julgamento que serão empregados em caso de dúvida do julgador* e os *fins tutelados pelo sistema jurídico no qual se inserem tais regras.*[656] Trata-se de investigar a exegese do comando legal ora citado à luz de uma perspectiva teleológica.

O primeiro ponto de partida a ser considerado é o da relação entre as regras sobre ônus de prova e a proibição de *non liquet* imposta ao julgador. Pelo prisma do direito constitucional à tutela jurisdicional efetiva, impõe-se conjugar a *vedação* ao órgão jurisdicional com a existência de uma *autorização* que lhe é outorgada para casos excepcionais. É nesse sentido que se justifica falar que o julgador, ainda que em estado de dúvida, ainda assim deve firmar posição, e, para tanto, deve lançar mão de critérios racionais previamente estabelecidos no ordenamento jurídico.[657]

Outro referencial a ser levado em conta para que se possa compreender o papel desempenhado pelas regras sobre ônus de prova como parcelas integrantes de um contexto harmônico é relação entre tais comandos e as normas que estabelecem os *standards* de prova a serem considerados para fins de formação do convencimento jurisdicional. Nas palavras de Luiz Guilherme Marinoni e Sérgio Cruz Arenhart, "o convencimento judicial somente pode ser pensado a partir do módulo de convencimento próprio a uma específica situação de direito material, pois o juiz somente pode se dizer convencido quando sabe até onde o objeto do seu conhecimento *abre oportunidade para o convencimento*".[658] Para que o juiz, diante de dúvida ao final do processo, ainda assim possa ofertar uma decisão, impõe-se, antes, conhecer qual o parâmetro de exigência a ser atendido com vistas à formação do seu convencimento. Somente nos casos em que a prova produzida não for capaz de atender o grau de probabilidade inserto em um determinado *standard* de prova é que se justifica o recurso às regras sobre ônus de prova para fins de construção de uma decisão.

Um fator igualmente importante na composição dessa teia de razões subjacente às regras sobre ônus de prova diz respeito à relação entre tais comandos e a idéia de *excepcionalidade da intervenção jurisdicional na regulação da esfera jurídica das partes.* A solicitação de tutela jurisdicional somente se justifica diante da demonstração, pela par-

---

[656] VERDE, Giovanni. Considerazioni sulla regola di giudizio fondata sull'onere della prova. In: *Rivista di Diritto Processuale*, n. 27, p. 438-463, 1972, especialmente p. 449, aborda a veiculação das regras de julgamento aludidas, como sendo "la necessaria conseguenza di un sistema giudiziario che affida le proprie risorse alla razionalità degli uomini destinati ad esercitare la relativa funzione".

[657] Sobre a relação entre a proibição de *non liquet* e o direito constitucional à tutela efetiva na realidade espanhola, ver GARCÍA, Silvia García-Cuerva. Las reglas generales del onus probandi. In: LLUCH, Xavier Abel; PICÓ I JUNOY, Joan (orgs). *Objeto y carga de la prueba.* Barcelona: J. M. Bosch Editor, 2007, p. 49-76, especialmente p. 49.

[658] MARINONI; ARENHART, 2005 a, op. cit., p. 387.

te, da necessidade de obtenção de proteção estatal dos seus interesses em face de lesões ou de ameaças a direitos. O interesse de agir que caracteriza a atuação de cada um dos litigantes pode ser aferido a partir da análise do resultado que cada um deles pleiteia em sede da tutela jurisdicional e das causas que autorizam a produção de tais conseqüências jurídicas. A relação entre os interesses dos sujeitos do debate processual e as hipóteses que ensejam a produção das conseqüências veiculadas nas sentenças pretendidas pelas partes serve não só como indicativo da justificação da intervenção jurisdicional, mas também da possibilidade de emprego de um critério de responsabilização de uma das partes como razão de decidir nos casos em que o julgador não restar convencido quanto a determinada alegação.

Da conjugação de tais fatores emerge, como síntese conclusiva, a formulação essencial subjacente aos comandos que dispõem sobre ônus de prova. A proibição do *non liquet* faz com que o órgão jurisdicional deva recorrer a um critério racional de julgamento nos casos em que esteja pendente dúvida a respeito da veracidade ou não a respeito das alegações sobre fatos considerados juridicamente relevantes. A repartição dos ônus atribuídos a cada uma das partes em face dos seus respectivos interesses na formação do convencimento jurisdicional permite a identificação de critérios de repartição de responsabilidades entre os sujeitos do processo. A racionalidade dessa pauta de repartição de responsabilidades, por sua vez, deve ser estabelecida a partir da combinação de quatro fatores fundamentais, a saber: a) a *atribuição de condições suficientes às partes para que possam produzir provas*; b) a *identificação dos interesses dos litigantes na formação do convencimento jurisdicional,* que, por sua vez, pressupõe o exame da *relação entre b.1) as alegações sobre fatos trazidas aos autos e b.2) a tutela jurisdicional por eles pretendida em face do problema proposto para a análise*; c) a *identificação do módulo de prova a ser atendido em sede de formação do convencimento jurisdicional* e a d) *identificação de uma pauta valorativa a ser considerada na construção do resultado da atividade jurisdicional para casos nos quais, ao final do debate, o julgador reste em estado de dúvida quanto à veracidade ou não de determinada alegação sobre fato considerado juridicamente relevante.*

A formulação acima proposta guarda compatibilidade com o regime jurídico inscrito no Código de Processo Civil brasileiro. Partindo da premissa de um regime jurídico orientado pela *paridade de armas outorgadas aos litigantes em sede de possibilidade de produção de provas* e pela *possibilidade de conhecimento da realidade histórica através da investigação processual,* o legislador associa a *dúvida quanto à veracidade ou não das alegações sobre fatos constitutivos do direito do autor* ao *demandante,* e a *dúvida quanto à veracidade ou não das alegações sobre fatos impeditivos, modificativos ou extintivos do direito do autor* ao *demandado.*

Uma atenção especial deve ser dada aos fatores envolvidos na composição da pauta valorativa subjacente às hipóteses acima identificadas. O primeiro deles é a *força exercida pela manutenção do status quo preexistente*, que atua como verdadeiro *padrão de normalidade.* Sob a égide da fórmula prevista no art. 333, I, não estando o juiz certo de que a versão da realidade retratada nos autos pelo autor como sendo favorável aos seus interesses corresponde àquilo que efetivamente aconteceu, sua decisão será no sentido de *não alterar a situação da relação jurídica até então existente entre as partes.* Desta maneira, a decisão que culmina por atribuir ao autor a responsabilidade pela incerteza do órgão jurisdicional pode ser justificada na idéia de que *a alteração da situação existente na esfera jurídica dos litigantes através de intervenção jurisdicional é, em princípio, medida que somente se opera em caráter excepcional.* Justifica-se, nesse sentido, a opção legislativa no sentido da manutenção do *status quo* preexistente à solicitação de tutela jurisdicional nos casos de incerteza do órgão jurisdicional quanto aos argumentos que favorecem aquele que solicita a excepcional intervenção estatal.

O mesmo raciocínio sustenta, ainda, a melhor exegese a ser outorgada ao constante do art. 333, II, da codificação processual referida. Observe-se que a alegação de fatos impeditivos, modificativos ou extintivos do direito do autor pressupõe o reconhecimento da presença dos fatos constitutivos do direito do demandante. Esse consenso quanto à veracidade das alegações sobre fatos constitutivos do direito do autor autoriza o julgador a concluir no sentido de que a intervenção jurisdicional na esfera jurídica dos litigantes de maneira a tutelar os interesses do demandante pode ser considerada justificada. Nesse contexto, a incerteza do órgão jurisdicional em relação a alegações sobre fatos impeditivos, modificativos ou extintivos do direito do autor serve como razão para que o réu, interessado direto em tais alegações, seja responsabilizado com as sanções inerentes ao ônus de prova.

Essa última situação é diversa daquela na qual o réu simplesmente infirma a alegação sobre o fato constitutivo do autor através de negativa pontual. A esse caso se molda a primeira regra anteriormente apresentada, ou seja, ao autor será imputada a responsabilidade pela falta de prova da alegação que lhe é favorável.[659]

Outro fator importantíssimo a ser considerado na composição da pauta valorativa subjacente às regras de julgamento inscritas no art. 333 do Código de Processo Civil é o papel desempenhado pelo princípio dispositivo. Deslocado o foco da atenção em relação à tradicional impostação da questão sob a égide dos aforismas latinos *onus probandi est qui dixit*[660] e *ei incumbit probatio qui dicit, non qui negat*[661], originalmente pensados como comandos destinados à solução de casos isolados, e não como regras gerais,[662] permite-se a aplicação de uma regra que conjuga a *necessidade de preservação da liberdade como valor a orientar atuação das partes em juízo* com a *necessidade de respeito ao princípio da comunhão da prova*.

Partindo da distinção entre a *liberdade da parte de comparecer em juízo na busca da defesa dos seus interesses jurídicos* em relação à *liberdade da parte de produzir provas com vistas à defesa dos seus interesses*, é possível distinguir três perspectivas fundamentais no que se refere à importância exercida pelo princípio dispositivo na formação da teia de racionalidade subjacente à previsão inscrita no art. 333 do Código de Processo Civil brasileiro. A primeira delas é a de que *a liberdade da parte pauta a repartição das tarefas no que se refere à delimitação do teor e do alcance dos interesses colocados em debate perante o órgão jurisdicional*. A segunda, por sua vez, compreende a noção segundo a qual *a liberdade que autoriza às partes a possibilidade de produção de provas*

---

[659] Assim também ALMEIDA, Flávio Renato Correia de. Do ônus da prova. In: *Revista de Processo, n. 71*, p. 46-63, jul./set. 1993, especialmente p. 57.

[660] FADEL, 1975, op. cit., p. 192, define tal máxima como um "princípio secular do direito, regra máxima do regime universal das provas processuais".

[661] Após referir a origem romano-canônica do aforisma, radicadas no texto de Paulo, o apóstolo, SANTOS, 1982, op. cit., p. 23, assevera o seu desdobramento em um sistema no qual se impunham duas máximas principais, quais sejam, as de que *afirmanti non neganti incumbit probatio* e aquela outra, segundo a qual *negativa non sunt probanda*. Afirma o autor citado, do mesmo modo, que "esse era o pensamento diretor no Direito medieval, que penetrou no mais antigo Direito português, com as restrições que desde logo se fizeram à segunda dessas máximas", que, por sua vez, corresponde às raízes últimas da formação do ordenamento jurídico processual brasileiro. Sobre essa perspectiva, ver, ainda, AGUIAR, 1974, op. cit., p. 56.

[662] Assim AROCA, 2005, op. cit., p. 115.

deve ser conjugada com a existência de uma mecânica de repartição de tarefas, a qual justifica a aplicação de sanção em caso de o juiz não se convencer quanto à veracidade das alegações correspondentes aos seus respectivos interesses. Uma terceira dimensão igualmente importante é a que envolve a idéia de que *a liberdade de disposição de direitos em juízo acaba por delimitar o alcance do retrato da realidade composto pelas versões da realidade histórica trazidas aos autos, de maneira que a repartição de interesses apontada pelo Código de Processo Civil acaba por guardar íntima relação com a posição das partes no que se refere à situação descrita pelas normas jurídicas em relação às quais pretendem ver aplicadas pelo órgão jurisdicional.*[663]

A aferição da validade das regras que repartem responsabilidades em sede de ônus de prova pressupõe o entrelaçamento das três dimensões ora apontadas, de maneira que a prévia e precisa delimitação dos âmbitos de debate dialético dentro dos quais os sujeitos do processo se comprometem a construir uma versão possível da realidade histórica considerada juridicamente relevante possa ser utilizada como critério racional a pautar a decisão judicial em caso de dúvida.

Em síntese, é possível firmar as seguintes conclusões sobre o ponto ora examinado:

a) à luz do conceito de prova como argumento, a compreensão das regras relativas aos ônus de prova revela a fragilidade da idéia de que *alguém deveria ser o responsável pelo aporte da prova aos autos,* e isso requer a adoção de um novo paradigma;

b) sob essa perspectiva, as regras de ônus de prova passam a ter o seu valor vinculado à *identificação de critérios objetivos de julgamento,* os quais serão *utilizados somente nos casos em que o julgador não reste convencido quanto à veracidade ou não de determinada versão da realidade;*

c) a compreensão da racionalidade subjacente a tais regras, por sua vez, demanda o exame da relação entre o *resultado de incerteza na formação do convencimento jurisdicional em relação a uma alegação sobre fato considerado juridicamente relevante* e o *estabelecimento de um conjunto de regras de responsabilidade processual das partes;*

d) nesse contexto, as regras que tratam dos ônus de prova passam a ter uma *função justificativa,* autorizando o órgão jurisdicional a proferir uma sentença de improcedência em desfavor de uma das partes, como conseqüência da inexistência de formação do convencimento jurisdicional, a respeito de uma alegação sobre fato considerado juridicamente relevante;

e) a determinação da parte a quem vem associada a sanção processual acima referida, por sua vez, demanda a análise de uma teia de fatores, a saber:

e.1) a *identificação dos interesses defendidos pelas partes no debate dialético processual,*[664] pautada na relação entre as *alegações sobre fatos trazidas pelas partes* e a *hipótese de incidência da norma que autoriza a produção da tutela jurisdicional por elas pretendida;*

---

[663] Sobre essa relação entre o pressuposto das normas jurídicas em relação às quais se pretende a aplicação através da tutela jurisdicional, adotada como critério para a identificação dos interesses das partes para fins de repartição dos *onus probandi,* ver ROSENBERG, Leo. Die Beweislast – Auf der Grundlage des Bürgerlichen Gesetzbuchs um der Zivilprozessordnung. 5. ed. München; Berlin: C. H. Becklische Verlagsbuchhandlung, 1965, p. 98 ss. No mesmo sentido, ver DEVIS ECHANDÍA, 1988 a, op. cit, p. 487 ss. AROCA, 2005, op. cit., p. 119 e PATTI, 1987, op. cit., p. 85.

[664] A conclusão ora defendida, nesse aspecto, é análoga àquela apresentada por DINAMARCO, 2005, op. cit., p. 72-73.

---

e.2) o *oferecimento à parte de condições adequadas de participação no debate processual no que se refere à atividade de produção de provas;*[665]

e.3) a *identificação do módulo de prova a ser atendido com vistas à formação do convencimento jurisdicional;*[666]

e.4) a *consideração da influência de valores juridicamente associados à construção de regras de julgamento.*

2.4.3. A racionalidade subjacente às regras de julgamento agrupadas sob o manto da idéia de inversão do ônus da prova

A racionalidade subjacente ao conjunto de situações previstas no ordenamento jurídico às quais vem associado o rótulo dogmático de *inversão dos ônus da prova* apresenta como ponto de partida um abrandamento da *Normentheorie,* usualmente referida pela doutrina como parâmetro a ser empregado para fins de estabelecimento da repartição dos ônus de prova. Conforme lembra Salvatore Patti, o acento formal-positivista, associado à repartição dos ônus de prova com base na posição da parte no que se refere à situação descrita na norma em relação à qual pretende ver aplicada através da tutela jurisdicional, "impedirebbe, cioè, di tenere conto di molteplici aspetti necessari per la realizzazione di una giusitiza sostanziale", de maneira a tornar "eccessivamente difficile la posizione di chi agisce in giudizio".[667]

A inversão dos ônus da prova opera-se por meio da *isenção de uma das partes em relação às responsabilidades inerentes à prova dos seus interesses, de maneira que a sanção pela incerteza do julgador ao final do processo recai sobre os ombros da outra parte, a quem incumbiria provar a insubsistência do fato constitutivo do direito do autor ou a presença de uma versão da realidade na qual se faça presente um fato impeditivo, modificativo ou extintivo do direito do demandante.* Partindo dessa premissa, é possível distinguir duas hipóteses fundamentais de inversão dos ônus da prova: a primeira delas é aquela pela qual *uma das partes é exonerada da tarefa de produção de prova do fato negativo que sustenta a sua demanda, atribuindo-se à outra parte o ônus de provar o fato positivo contrário*; a segunda, por sua vez, envolve *dispensar uma das partes da necessidade de produção de prova do fato constitutivo do seu direito, com a outorga à outra parte do ônus de provar o fato negativo correspondente.*[668]

Compreendida a forma como se opera a inversão dos ônus de prova, impõe-se examinar o conteúdo da justificativa que autoriza a dispensa de uma das partes em relação à prova das alegações sobre fatos considerados juridicamente relevantes. A validade da inversão dos ônus de prova pressupõe o reconhecimento, pelo legislador, de que *o afastamento da regra geral do art. 333 se faz imperioso por força da presença de um padrão de normalidade eticamente orientado,* o qual funciona como pano de fundo a exigir uma regra moldada às suas peculiaridades. Sob a égide de tal hipótese, tem-se que *a parte resta dispensada da prova toda vez que a aplicação das regras gerais antes*

---

[665] Concorda-se, aqui, com a opinião de TARUFFO, Michele. Presunzioni, inversioni, prova del fatto. In: *Rivista Trimestrale di Diritto e Procedura Civile*, n. 46, p. 733-756, 1992 b, especialmente p. 749-750, no sentido de que seria pouco racional uma distribuição dos ônus de prova que não levasse em conta a maior ou a menor dificuldade imposta à parte em sede de produção de provas.

[666] Sobre a relação entre ônus de prova e módulo de prova, ver GARCÍA, 2007, op. cit., p. 59-62

[667] PATTI, 1987, op. cit., p. 87-88.

[668] TARUFFO, 1992 b, op. cit., p. 748.

elencadas trouxesse, como efeito colateral, o rompimento com aquilo que seria consi-
derado normal em uma realidade axiologicamente ordenada.

A orientação axiológica da realidade constitui-se em um importante fator a ser considerado em tal contexto. A imposição do dever de prova à contraparte nos casos em que a presente uma realidade que rompe com o padrão de normalidade pressuposto pelo art. 333 do Código de Processo Civil atua como um poderoso instrumento com vistas à promoção do direito colocado em discussão nos autos. A referência à inversão dos ônus de prova como instrumento de facilitação de defesa de interesses em juízo constitui-se no caso mais célebre do fenômeno ora descrito. Exemplo sintomático desse entendimento pode ser visto na exegese do art. 6º, VIII, da Lei n. 8.078/90, que permite ao órgão jurisdicional determinar a inversão do ônus da prova diante do convencimento do julgador quanto à *hipossuficiência do consumidor* e à *verossimilhança de suas alegações.* Segundo entendimento majoritário, a referida hipossuficiência corresponde à condição de desvantagem técnica do consumidor em relação ao fornecedor, visto que aquele "não teria acesso às mesmas informações que o fornecedor tem".[669] A presença de um quadro de *assimetria de informação* em relação à determinada alegação sobre fato[670] nas relações de consumo corresponde à descrição um padrão de normalidade, sob a égide do qual é justificável a adoção de um expediente excepcional, qual seja a inversão dos ônus de prova.

A análise em sede de proporcionalidade permite identificar a presença de um valor eleito pelo ordenamento jurídico como prioritário em relação à liberdade de disposição pelas partes quanto aos seus interesses. Verificado tal contexto, tem-se por autorizada a intervenção jurisdicional no sentido de afastar o regime geral dos *onus probandi* e adotar outro moldado às exigências do caso concreto, em uma medida que tende a impedir o surgimento de decisões paradoxais para casos em relação aos quais seria considerada inadequada uma pauta de valores fortemente fulcrada na liberdade que permeia o princípio dispositivo. A quebra do padrão previsto no art. 333 do Código de Processo Civil brasileiro impõe-se como medida necessária com vistas à efetiva tutela de interesses albergados pelo ordenamento jurídico nos casos em que não haveria proteção condizente a tais interesses mediante uma pauta de repartição de responsabilidades em sede de prova exclusivamente baseada na identificação dos interesses dos litigantes.

Deste modo, impõe-se reconhecer a existência de casos nos quais se faz necessária uma verdadeira modulação das regras de ônus de prova estabelecidas no Código de Processo Civil brasileiro. Essa modulação, por sua vez, deve ser o resultado de duas equações fundamentais, quais sejam: a) a relação de proporcionalidade entre *um processo orientado em função da liberdade de disposição dos interesses dos litigantes* e o *inte-*

---

[669] ARENHART, 2006, op. cit., p. 40-42, faz uma ampla exposição dos posicionamentos doutrinários firmados a respeito da noção de hipossuficiência, contrapondo as noções de hipossuficiência técnica, hipossuficiência econômica e, ainda, a hipossuficiência como fenômeno presumido, ínsito à condição de consumidor, concluindo no sentido de que "a maioria dos autores da atualidade, que tentam encontrar a adequada definição da hipossuficiência considerada pelo CDC, conclui que esta exigência refere-se à chamada 'hipossuficiência técnica'". Sobre tal abordagem, ver, ainda, mais recentemente, SILVA, Bruno Freire e. A inversão judicial do ônus da prova no CDC. In: *Revista de Processo,* n. 146 p. 332-343, 2007, especialmente p. 338-339.

[670] A expressão é de SICA, Heitor Vitor Mendonça. *Questões velhas e novas sobre a inversão do ônus da prova.* Revista de Processo, n. 146, p. 49-68, 2007, especialmente p. 51-52. Em sentido análogo, ver ALVES, Maristela da Silva. Esboço sobre o significado do ônus da prova no processo civil. In: KNIJNIK, Danilo (org.). *Prova judiciária* – estudos sobre o novo Direito Probatório. Porto Alegre: Livraria do Advogado, 2007, p. 210.

---

resse do ordenamento jurídico na promoção de outros valores que com eles coexistam e b) a relação de proporcionalidade entre as *condições ofertadas às partes com vistas à participação na atividade de instrução* e o *grau de exigência a ser observado em sede de* standard *de prova para fins de obtenção da tutela jurisdicional por elas pretendida.*

Um exemplo sintomático do entendimento ora proposto pode ser encontrado na análise das regras sobre ônus da prova aplicáveis em sede de ação inibitória. Na medida em que a *prova da ameaça da lesão* se constitui em um requisito indispensável para a concessão da tutela inibitória, tem-se que a imposição ao autor do ônus de prova da alegação sobre fato constitutivo do direito de que sustenta ser titular poderia tornar inviável a concessão da proteção pleiteada nos casos em que a prova recaísse sobre um evento futuro.[671] Em um contexto como o acima descrito, as condições de produção de provas outorgadas ao demandante são reconhecidamente desproporcionais em face do *standard* de prova a ser considerado pelo julgador na formação do seu convencimento, impondo-se a presença de um modelo alternativo àquele constante do art. 333 do Código de Processo Civil. Da mesma forma, a necessidade de respeito à inafastabilidade do controle jurisdicional em face da ameaça a direito, proteção constitucionalmente tutelada no rol de direitos e garantias individuais, atua como sintoma a indicar que a regra de julgamento a ser aplicada em caso de incerteza do julgador não pode ser legitimamente construída apenas com base na observância ao princípio dispositivo.

Pensar o contrário, aqui, implicaria caminhar na contramão da idéia de efetividade do processo. No caso acima exposto, o que se observa é que a inobservância à racionalidade acima exposta faria com que o processo se tornasse em um jogo estéril, no qual as condições de as partes atuarem no debate são estabelecidas sem que se levasse em conta o fato de que elas produzem provas em juízo acreditando que sua atuação pode, de alguma forma, produzir o resultado almejado em sede de convencimento jurisdicional. Da mesma forma, um processo que se diga efetivo não pode simplesmente virar às costas para um comando de hierarquia constitucional e de ordem pública e, ao mesmo tempo, afirmar que a liberdade das partes de exercer sua defesa em juízo serve como justificativa para a manutenção de uma pauta anacrônica em relação às exigências do caso concreto.

O mesmo fenômeno acima descrito pode ser visto, ainda, a partir da análise dos requisitos que justificam a inversão do ônus da prova em sede de tutela jurisdicional do consumidor. Refere o art. 6º, VIII, do Código de Defesa do Consumidor, como primeiro pressuposto, a tomada das alegações trazidas pelo consumidor como semelhantes ao verdadeiro, estabelecendo-se, assim, um módulo de prova especial em face daquele tomado como padrão pelo Código de Processo Civil. Tal orientação mostra-se plenamente compatível com o modelo de prova ora proposto, partindo da idéia de que a presença de verossimilhança das alegações demanda um contato mínimo entre um retrato possível da realidade trazido aos autos na narrativa da parte e um critério de normalidade.[672]

O segundo requisito eleito pelo legislador como fator desencadeador do afastamento, por determinação judicial, do constante do art. 333 do Código de Processo Civil brasileiro é a *consideração do consumidor como parte tecnicamente hipossuficiente.* Em tal contexto, a inversão dos ônus da prova surge como meio idôneo com vistas ao

---

[671] ARENHART, 2006, op. cit., p. 53-54.

[672] A respeito da idéia de verossimilhança da alegação em aplicação ao comando legal em comento, ver RUTHES, Astrid Maranhão de Carvalho. *Ônus da prova no Código de Defesa do Consumidor.* Curitiba: Juruá, 2005, p. 146 e ARENHART, 2006, op. cit., p. 39.

estabelecimento de um debate no qual se deseja preservar a necessidade de promoção da tutela do consumidor, garantindo-se a isonomia entre litigantes que possuem distintas condições em termos de acesso à informação. Com efeito, a existência de indícios da condição de hipossuficiência técnica autoriza o julgador, com base na incidência do primado da promoção da proteção do consumidor, a construir uma regra de julgamento na qual esse se desonere do dever de produção de provas, restando ao fornecedor o ônus de fornecer a contraprova. O papel ativo desempenhado pelo juiz em tais casos constitui-se em poderoso instrumento para que se possa não só assegurar a proporcionalidade entre os meios outorgados às partes para fins de produção de provas e os resultados que deles se pode esperar, mas também a proporcionalidade que equaciona harmonicamente a necessidade de proteção especial ao consumidor com a liberdade de exercício do direito de defesa em juízo.

A jurisprudência é rica em exemplos que demonstram a aplicabilidade do raciocínio acima exposto. Observe-se, nesse sentido, caso no qual foi reconhecida a hipossuficiência técnica a partir da comparação entre a situação do fornecedor de veículo que possui condições de esclarecer e fixar a tecnologia empregada com vistas ao correto funcionamento de sistema de *air bag* em relação ao alcance limitado do conhecimento do consumidor, limitado à notícia de que tal sistema seria tendente à sua proteção em caso de sinistro. A prova da ocorrência do negócio jurídico de compra e venda entre fornecedor e consumidor funciona como indício a autorizar a aplicação do raciocínio ora proposto, visto que as regras de experiência comum confirmam a hipótese ora proposta, bem como a ordem jurídica reconhece a necessidade de uma especial atenção à tutela do consumidor.[673]

Ainda sobre tal ponto, cumpre referir que a inversão do ônus da prova em sede de tutela do consumidor não se opera apenas nos casos em que a responsabilidade civil é de natureza subjetiva.[674] Tanto nos casos de responsabilidade objetiva quanto nos de responsabilidade subjetiva, a inversão do ônus de prova corresponde à exoneração do dever do consumidor de provar a veracidade da alegação sobre fato constitutivo do seu direito e a conseqüente imposição de responsabilidade ao réu pela ausência de prova da inocorrência do referido fato constitutivo ou da presença de fatos impeditivos, modificativos ou extintivos do direito do demandante. A única distinção é a de que, nos casos em que a responsabilidade é objetiva, o consumidor pode ser exonerado do dever de produção de provas quanto à *conduta*, ao *nexo de causalidade* e ao *dano*, ao passo que, em sede de responsabilidade subjetiva, essa dispensa engloba, ainda, a necessidade de prova da *culpa do agente causador do dano*.

---

[673] Agravo Interno n. 70001515964, rel Des. Marco Aurélio dos Santos Caminha, julgado pela Quinta Câmara Cível do Tribunal de Justiça do Estado do Rio Grande do Sul em 19.10.2000.

[674] Discorda-se, assim, da posição externada por KRIGER FILHO, Domingos Afonso. Inversão do ônus da prova: regra de julgamento ou de procedimento. In: *Revista Jurídica*, n. 337, p. 53-64, 2005, especialmente p. 60-62, no sentido de que não se haveria de falar em verdadeira inversão dos ônus da prova, em casos de responsabilidade civil objetiva, como os de: a) acidente envolvendo pessoa que adquiriu veículo zero quilômetro decorrente de defeito em alguma de suas peças; b) recebimento, pelo cliente de instituição financeira ou de administradora de cartão de crédito, de débitos por ele não-realizados; c) negativa de cobertura securitária sob a alegação de cláusula excludente de responsabilidade; d) promoção de publicidade enganosa em relação a determinado produto. Deve-se referir que, em todos os casos acima citados, o que ocorre é exatamente a fórmula típica em sede de inversão do ônus de prova: exoneração do dever do autor de provar a veracidade da alegação sobre fato constitutivo do seu direito e a conseqüente imposição de responsabilidade ao réu pela ausência de prova da inocorrência do referido fato constitutivo ou da presença de fatos impeditivos, modificativos ou extintivos do direito do demandante.

2.4.4. A racionalidade subjacente às regras de julgamento agrupadas sob o manto da idéia de cargas probatórias dinâmicas

Igualmente complexa é a equação necessária com a finalidade de aplicar a chamada teoria da distribuição dinâmica dos ônus probatórios. Segundo tal perspectiva, é lícito ao julgador estabelecer uma repartição de riscos que, independentemente de previsão legal expressa, coloca sobre os ombros da parte que possui melhores condições de produzir provas uma carga mais intensa em termos de responsabilidade processual.[675]

A jurisprudência pátria oferta inúmeros precedentes a partir dos quais o funcionamento dessa orientação pode ser observado. Um primeiro caso a ser examinado é o da aplicação de regra de julgamento para condenar uma instituição bancária ao pagamento de indenização por danos morais decorrentes de inscrição indevida do autor em cadastro de proteção de crédito. Consignou-se, como motivo para a adoção de tal expediente, que a inexistência de provas imporia o julgamento em desfavor do réu, que possuiria, na visão do julgador, melhores condições de produzir a prova necessária à elucidação do litígio.[676]

Em outra ocasião, raciocínio análogo ao acima exposto foi invocado sob o argumento de que, tratando-se de ação revisional, "sabidamente é mais fácil à instituição bancária guardar e conservar os contratos de financiamento e apresentá-los em juízo quando solicitados, do que esperar que o mesmo aconteça com o consumidor, que talvez nem tenha recebido cópia das condições gerais do negócio (o que não é incomum)".[677] O mesmo posicionamento pode ser visto, ainda, em decisão na qual se reconheceu que, sob a égide da idéia de cargas probatórias dinâmicas, é devida a imposição do ônus de prova sobre os ombros de seguradora relativamente à existência do pagamento do seguro DPVAT em caso no qual o autor alega haver recebido alguma indenização há quase vinte anos, sem, contudo, lembrar de maiores detalhes a esse respeito.[678]

Interessante é observar a existência de decisões nas quais a doutrina das cargas probatórias dinâmicas vem empregada como razão que justifica a aplicação das próprias regras consagradas dentro do sistema do Código de Processo Civil brasileiro. Assim ocorreu em caso no qual o Tribunal de Justiça do Estado do Rio Grande do Sul afirmou que, em ação na qual se pedia a anulação de alienação de imóvel efetuada através de escritura pública, é do autor o ônus de provar a existência de vício ou de ilícito em tal negócio jurídico, sob o argumento de que "deve provar aquele que tem melhores condições de fazê-lo".[679]

Os parâmetros acima referidos serviram, ainda, para a adoção de orientação em caso no qual o mesmo tribunal firmou posição no sentido de que a ré, "concessionária

---

[675] Sobre o tema, ver: DALL'AGNOL JÚNIOR, Antonio Janyr. Distribuição dinâmica dos ônus probatórios. In: *Revista Jurídica*, n. 280, p. 5-20, 2001, especialmente p. 10 ss; ROCHA, Cleonice Rodrigues Casarin da. O ônus da prova na culpa médica. In: *Revista da AJURIS*, n. 90, p. 107-129, 2003, especialmente p. 124 ss; KNIJNIK, 2007, op. cit., p. 175 ss; ALVES, 2007, op. cit., p. 213-216.

[676] Recurso Inominado n. 71001265164, rel. Juiz João Pedro Cavalli Júnior, julgado pela Primeira Turma Recursal Cível dos Juizados Especiais Cíveis do Rio Grande do Sul em 28.06.2007.

[677] Apelação Cível n. 70019773225, rel. Des. Izabel de Borba Lucas, julgado pela Décima Quarta Câmara Cível do Tribunal de Justiça do Estado do Rio Grande do Sul em 14.06.2007.

[678] Recurso Inominado n. 71001041318, rel. Juiz João Pedro Cavalli Júnior, julgado pela Primeira Turma Recursal Cível dos Juizados Especiais Cíveis do Rio Grande do Sul em 07.12.2006

[679] Apelação Cível n. 70016553331, rel. Des. Osvaldo Stefanello, julgado pela Sexta Câmara Cível do Tribunal de Justiça do Estado do Rio Grande do Sul em 31.05.2007.

---

com enorme capacidade econômica e técnica, que dispõe de vários meios para demonstrar, por exemplo, que uma tonelada e meia de fumo, devidamente acondicionada numa estufa de secagem, não estraga em caso de interrupção no fornecimento de energia elétrica por mais de um dia (...) poderia ter produzido laudos técnicos por profissionais habilitados para fazer tal demonstração". Referiu-se, ainda, que que "para ela, é muito mais fácil, cômodo e possível produzir a prova da sua alegação".[680]

Em demanda na qual se buscava a reparação de danos originados a partir da publicação de anúncio ofensivo ao autor em um *site* de relacionamentos mantido pela demandada, concluiu o Tribunal de Justiça do Estado do Rio Grande do Sul no sentido de que, "atuando a ré como provedora de acesso à Internet e não sendo possível a identificação do real responsável pelo conteúdo ofensivo do anúncio, é seu o dever de indenizar pelos danos à personalidade da autora". Afirmou-se, em tal ocasião, que se tinha por "nítida a prevalência de condições do provedor de acesso de chegar à identificação do usuário responsável, pelo que perfeitamente cabível na espécie a aplicação da teoria da carga dinâmica do ônus da prova, a qual prevê ser ônus daquele que tem mais condições fazer a prova pertinente ao caso".[681]

O mesmo posicionamento pode ser visto, ainda, a partir da análise de ensinamentos colacionados em sede de doutrina que se debruça sobre a responsabilidade civil em sede de prestação de serviços médicos. A construção de um raciocínio análogo ao acima exposto parte, aqui, de duas premissas fundamentais. A primeira delas é a da existência de uma específica obrigação médica de documentar a informação relativa ao paciente, de maneira que o inadimplemento dessa obrigação "gera uma dificuldade probatória adicional para o paciente que tem que ser levada em consideração". A segunda, por sua vez, é a de que não raro os elementos probatórios se encontram na posse de médicos ou de centros hospitalares, que possuiriam acesso facilitado a essa documentação. Diante disso, ter-se-ia como justificável a atenuação da norma que faz recair a carga probatória sobre os ombros do paciente, deslocando-a para os do médico que "se encontra em melhor posição probatória".[682]

Tecnicamente, o fenômeno descrito em todas as situações acima referidas é o da identificação, pelo julgador, de diferentes conformações de dois binômios. Deve-se considerar, inicialmente, a *relação entre as condições ofertadas pelo ordenamento jurídico a uma das partes com vistas à participação na atividade de instrução e o standard de prova que lhe é imposto como parâmetro, com vistas à obtenção da tutela jurisdicional pretendida*. Deste modo, o respeito aos critérios de normalidade, de flexibilidade e de facilidade em sede de repartição dos ônus da prova, acomodando-os às exigências da

[680] Recurso Inominado n. 71001232859, rel. Juíza Maria José Schmitt Sant'Anna, julgado pela Terceira Turma Recursal Cível dos Juizados Especiais Cíveis do Estado do Rio Grande do Sul em 15.05.2007.

[681] Apelação Cível n. 70013361043, rel. Des. Artur Arnildo Ludwig, julgado pela Sexta Câmara Cível do Tribunal de Justiça do Estado do Rio Grande do Sul em 21.12.2006.

[682] ROCHA, 2003, op. cit, p. 126. Da mesma forma KFOURI NETO, Miguel. *Culpa médica e ônus da prova: presunções, perda de uma chance, cargas probatórias dinâmicas, inversão do ônus probatório e consentimento informado: responsabilidade civil em pediatria, responsabilidade civil em gineco-obstetrícia*. São Paulo: Revista dos Tribunais, 2002, p. 166, aponta que "tem-se constatado, sobretudo nessa última década, fissuras no edifício da responsabilidade subjetiva do médico. A fórmula probatória consagrada – que comete à vítima o encargo de demonstrar a culpa do médico – tem sido abandonada, em vários julgados, em favor da inversão do ônus probatório, da flexibilização desse encargo, do esgarçamento do nexo causal, da admissão reiterada de presunções – em clara subversão dos princípios até então monoliticamente vigentes".

realidade do caso concreto, possui o condão de evitar que a parte se coloque diante de uma *probatio diabolica*.[683]

O desafio verdadeiro está em explicar a "maior facilidade" sugerida como critério para repartição *ope iudicis* das responsabilidades entre as partes a ser empregado pelo julgador em situação de dúvida ao final do debate. A sua compreensão pressupõe o emprego de uma pauta lógica discursiva que envolva a consideração desses parâmetros como termos objetivamente identificáveis. Isso significa que a adoção do modelo das cargas probatórias dinâmicas não pressupõe a simples menção à falta de condições das partes de participar ativamente da atividade de produção de provas ou ao *standard* de prova a ser considerado pelo julgador. Ao contrário, é preciso que haja a indicação, no caso concreto, de como tais parâmetros concretizam-se.

O mesmo vale para a análise do outro binômio a ser considerado, qual seja, o da *relação entre os interesses defendidos pelas partes e a consagração de valores especialmente tutelados pelo ordenamento jurídico*. Essa orientação é levada ao extremo na obra de Luis Muñoz Sabaté, ao referir que "todo el problema de la carga de la prueba se dirime en el momento de confrontar las respectivas alegaciones de las partes, estudiando la valoración que cada una de ellas pudiera merecer a la luz de los principios de continuidad, normalidad, dificultad y colaboración o lealtad", consideradas pelo autor como correspondentes ao "criterio dominante en la doctrina moderna".[684] Com efeito, os valores que norteiam os critérios eleitos como parâmetros de valoração do material probatório (e, por via indireta, os parâmetros considerados também para fins de determinação das regras sobre ônus de prova) nascem, nas palavras de Giovanni Verde, "da stratificazioni che si sono assestate nel corso dei secoli".[685]

O exame da teia discursiva a ser considerada com vistas ao legítimoo emprego da técnica das cargas probatórias dinâmicas propicia a identificação das verdadeiras causas que legitimam o rompimento com o modelo tradicional consagrado na fórmula do art. 333 do Código de Processo Civil pátrio. A compreensão de tais causas permite a construção de um debate que vai muito além da afirmação – certamente correta, mas também imprecisa – de que o emprego de tal modelo dinâmico somente se justifica nos casos em que o emprego dos critérios fixados em regras legais importe na produção de "consecuencias manifiestamente desvaliosas".[686]

A compreensão do funcionamento das regras que dispõem sobre a inversão do ônus da prova e a repartição de cargas probatórias com base em critérios judiciais pressupõem o rompimento com fundamentos tradicionais que "ni eran bastantes ni contaban con la flexibilidad que sería de desear".[687] O desejo de construção de um modelo condizente com as crescentes exigências da contemporaneidade faz com que os critérios para a repartição dos ônus da prova devam guardar proporção em face da complexidade presente nessa realidade à qual eles serão aplicados. Na medida em que respeitada tal

---

[683] Sobre essa perspectiva no âmbito da realidade espanhola, ver AROCA, 2005, op. cit., p. 121-122.

[684] MUÑOZ SABATÉ, 1997, op. cit., p. 41.

[685] VERDE, Giovanni. L'inversione degli oneri probatori nel rocesso. In: *Rivista Trimestrale di Diritto e Procedura Civile*, n. 46, p. 715-731, 1992, especialmente p. 728.

[686] PEYRANO, Jorge W. Nuevos lineamentos de las cargas probatorias dinâmicas. In: PEYRANO, Jorge W. (org.). *Cargas probatorias dinâmicas*. Santa Fé: Rubinzal – Culzoni Editores, 2004 a, p. 19-24, especialmente p. 21.

[687] PEYRANO, Jorge W.; CHIAPPINI, Julio O. Lineamentos de las cargas probatorias 'dinámicas'. Santa Fe: Rubinzal – Culzoni Editores, 2004 b, p.13-18, especialmente p. 15.

equivalência, tem-se que as regras que tratam do ônus dinâmico da prova deixam de ser meros expedientes de cominação de critérios formais de decisão, e passam a ser poderosos instrumentos a serviço dos fins do processo como um todo, em especial no que se refere à concretização dos valores justiça, igualdade e liberdade.[688]

A adoção de uma estrutura dinâmica de repartição de ônus de prova é possível, mas não se constitui em tarefa fácil. No sistema de direito positivo brasileiro, a primeira dificuldade a ser enfrentada em sede de cargas probatórias dinâmicas diz respeito à necessidade de assegurar às partes a previsibilidade mínima quanto à forma pela qual se opera a construção da decisão jurisdicional, condição indispensável para a regularidade do processo, à luz das garantias do contraditório e do devido processo legal. Trata-se, pois, de condição indispensável para que a atuação judicial não venha a oscilar da excessiva rigidez imposta pela determinação legal em direção ao igualmente perigoso âmbito do arbítrio.[689]

Para que se possa superar esse óbice de validade, impõe-se o oferecimento de uma alternativa ao prévio conhecimento da cláusula legal de estipulação dos critérios que pautam a regra de julgamento baseada na repartição dos ônus de prova, assegurando-se, assim, a previsibilidade e o controle do exercício do poder jurisdicional no âmbito do Estado de Direito. Isso é possível através da informação às partes, no transcorrer da marcha processual, dos critérios que serão utilizados para fins de julgamento no caso de dúvida quanto à veracidade ou não de determinada alegação. Com isso, a dinamicidade dos *onus probandi* deixa de constituir um óbice à construção de sentenças sintonizadas com o espírito dialético próprio dos fenômenos processuais.

Outro desafio a ser considerado no que se refere ao emprego da técnica das cargas probatórias dinâmicas é o da identificação de uma base normativa alternativa que permita afastar, de modo excepcional, a incidência do constante do art. 333 do Código de Processo Civil brasileiro. Cumpre referir, aqui, a posição de Antônio Janyr Dall'Agnol Júnior, no sentido de que o ordenamento processual pátrio adotou princípios que "permitem inferir, com segurança, a possibilidade de utilização da carga dinâmica da prova". Exemplifica o autor citando o art. 14 da codificação citada, no qual contém a previsão de deveres pautados no princípio da probidade processual e do dever de colaboração para com o julgador, bem como a íntima relação entre tais comandos e o controle de improbidade processual, realizado com base nos arts. 129 e 130 do referido diploma legal. Na mesma trilha, o autor elenca, ainda, os ditames inscritos nos artigos 125, I e III, que veiculam os deveres impostos ao juiz de assegurar às partes igualdade de tratamento e de prevenir ou de reprimir atos contrários à dignidade da justiça. Em todos esses comandos, é possível vislumbrar, na visão do autor, pontos de partida que autorizam o julgador a atuar com base na distribuição dinâmica dos ônus de prova.[690]

---

[688] RAMBALDO, Juan Alberto. Cargas probatorias dinámicas: um giro epistemológico. In: PEYRANO, Jorge W. (org.). *Cargas probatorias dinámicas.* Santa Fe: Rubinzal – Culzoni Editores, 2004, p. 25-34, especialmente p. 33.

[689] Vale lembrar, aqui, a lição de DENTI, Vittorio. L'inversione dell'onere della prova: rilievi introduttiv. In: *Rivista Trimestrale de Diritto e Procedura Civile,* n. 46, p. 709-714, 1992, especialmente p. 711, ao lembrar que a contraposição entre legalidade e arbítrio judicial é um problema particularmente acentuado pela doutrina sensível aos perfis garantísticos das regras probatórias.

[690] DALL'AGNOL JÚNIOR, 2001, op. cit., p. 18-19. Ampla referência a tais fontes de raciocínio é feita também por KNIJNIK, 2007, op. cit., p. 178ss e ALVES, 2007, op. cit., p. 214. Sobre a relação entre inversão do ônus da prova e igualdade processual, ver, ainda, SANTOS, Sandra Aparecida Sá dos. *A inversão do*

A questão da alternativa normativa a fundamentar a aplicação judicial de normas dispondo sobre cargas probatórias dinâmicas pode e deve ser encarada, antes de tudo, pelo prisma constitucional. O risco de desrespeito à garantia do contraditório ou ao princípio do devido processo legal impõem ao julgador a necessidade de afastamento do critério legal estabelecido no art. 333 do Código de Processo Civil brasileiro. A lacuna verificada em função de tal exegese, por sua vez, deve ser preenchida mediante a adoção do modelo dinâmico de repartição dos ônus de prova. Essa mudança de rumo, contudo, pressupõe a prolação de decisão na qual se exponha, de maneira expressa e clara, de que forma o perigo de ofensa aos valores constitucionais antes apontados ganha concretude na hipótese específica examinada nos autos, não bastando a simples menção vaga a tais princípios.

Uma ulterior solução a ser considerada seria a incorporação, pelo ordenamento jurídico, do conjunto de idéias subjacentes à idéia de ônus dinâmico da prova. A efetividade da introdução de modificação legislativa nesses moldes, contudo, deve ser ponderada à luz do alerta de Jorge W. Peyrano sobre a inconveniência de "fórmulas legales demasiado rígidas y casuísticas, por ir ello a contrapelo de la connatural adaptabilidad a las circunstancias del caso propia de la doctrina de las cargas probatorias dinámicas".[691] De qualquer sorte, mostra-se sempre preferível o emprego de fórmulas veiculadas através de cláusulas gerais, expressamente consagradas pelo legislador ou compreendidas de maneira implícita no ordenamento jurídico, que permitam ao juiz, após alertar as partes quanto à forma pela qual tais comandos ganharão concretude, moldar a regra de julgamento às exigências da realidade examinada.

2.5. Os direitos e os deveres de terceiros na atividade de instrução processual

Por fim, um último grupo de direitos e de deveres a serem considerados na atividade de instrução processual é aquele atribuído a sujeitos que, não-investidos na condição de parte, ainda assim se encontram envolvidos como participantes da dialética processual e contribuem, de alguma forma, para a construção de um retrato possível da realidade histórica juridicamente relevante. O estudo desses direitos e desses deveres pode ser sistematizado através de uma abordagem que os agrupa sob o manto de duas grandes categorias, envolvendo as atividades de *exibição de documentos ou de coisas* e a *realização da prova testemunhal*. Havendo sido já examinadas as linhas gerais desses direitos no que se refere ao regime jurídico aplicável nessa segunda categoria, resta em aberto, ainda, a análise do primeiro grupo de normas ora aludido.

Em uma análise atenta dos principais fatores componentes desse microssistema, destaque especial deve ser dado às hipóteses de *justificação da recusa do terceiro ao cumprimento da ordem judicial de apresentação do documento ou de coisa*. Se, de um lado, todas as hipóteses previstas no art. 363 apresentam-se aplicáveis também àquele que não é parte, é certo que, de outro lado, as únicas possibilidades de o juiz não admitir a escusa apresentada pelo terceiro são a da *existência de obrigação legal de exibir* e

---

ônus da prova como garantia constitucional do devido processo legal. São Paulo: Revista dos Tribunais, 2002, p. 69.

[691] PEYRANO, 2004 a, op. cit., p. 18.

a de *ser o documento ou a coisa comuns às partes, ainda que em posse de terceiro.*[692] Mencionando o inciso II do art. 358 que o sujeito em face de quem se ordena a exibição de documento haver feito alusão à existência de um documento, tem-se que a hipótese legal somente pode estar fazendo referência a uma referência feita nos autos por uma das partes, e não por terceiros.

Ao terceiro que, chamado a exibir documento ou coisa, pretender justificar o não-cumprimento da ordem judicial de exibição de coisa ou de documento, abrem-se basicamente três possibilidades de motivação: a primeira delas é a fulcrada no *questionamento da existência do referido dever legal de exibição*; a segunda, a de que *o documento ou a coisa não pode ser considerado comum às partes*; e a última, por sua vez, é a *da negativa da detenção ou da posse da coisa ou do documento indicado no comando discutido*. Em tais hipóteses, plenamente compatíveis com a dicção do art. 361 do Código de Processo Civil (apesar de o comando legal elencar textualmente um leque mais restrito de situações), evidencia-se que o dever de exibição não é absoluto, e que os seus limites, no que se refere a terceiros, estão situados na esfera do direito material, e não do direito processual.[693] Em todos os casos, impõe-se ampliar a cognição de maneira a investigar, seja através da análise da prova documental, seja da realização da audiência prevista no mesmo art. 361, se alguma das justificativas acima referidas efetivamente se faz presente, ou se é o caso de expedição da ordem prevista no art. 362. Deve-se considerar, ainda, a possibilidade de que, diante da apresentação de justificação da recusa de apresentação de documento por terceiros, haja a necessidade de suspensão do processo até que seja resolvido o incidente processual aludido.[694] E, levando em conta esse fator, urge reconhecer a possibilidade da responsabilização civil do terceiro pelo dano causado às partes em função da demora injustificada ensejada pela recusa de apresentação da coisa ou de documento com caráter puramente protelatório, situação essa que deverá ser apurada em ação autônoma,[695] sem prejuízo de outras sanções processuais, penais e administrativas porventura aplicáveis.

---

[692] Segue-se, aqui, entendimento semelhante ao de SANTOS, 1982, op. cit., p. 137. Essa posição, contudo, não é unânime na doutrina: veja-se, nesse sentido, MARINONI; ARENHART, 2005 b, op. cit., p. 197, que fazem alusão à aplicabilidade do art. 358 a terceiros, sem, contudo, efetuar a distinção ora proposta.

[693] Sobre esse último aspecto, ver SANTOS, 1982, op. cit., p. 131.

[694] AGUIAR, 1974, op. cit., p. 149.

[695] Sobre a referida possibilidade de responsabilização do terceiro em tais casos, ver FADEL, 1975, op. cit., p. 221.

Conclusão

1. Ao final do presente estudo, tem-se como confirmada a possibilidade de identificação de parâmetros de controle da racionalidade do discurso judicial relacionado à prova no processo civil. Da mesma forma, constatou-se ser possível uma leitura do ordenamento jurídico positivo brasileiro à luz da definição da idéia de prova como argumento empregado na atividade de persuasão racional do juiz e destinado à formação do convencimento jurisdicional.

A conclusão acima noticiada é respaldada, em primeiro lugar, por razões resultantes de uma investigação em perspectiva histórica. Constatou-se que os diversos padrões de regramento jurídico concernentes à prova cível que se sucederam ao longo dos tempos podem ser sintetizados em três grandes modelos: a prova como *experimentum*, a prova como *ratio* e a prova como *argumentum*. A retomada desse último modelo na realidade contemporânea, por sua vez, é possível graças a uma equação que envolve a retomada de valores outrora presentes em momento histórico anterior e, ao mesmo tempo, a superação das dificuldades que levaram ao insucesso de outras experiências históricas. A identificação de um modelo que melhor explica o fenômeno da prova cível em suas feições atuais constitui-se em um passo fundamental que se insere em um processo evolutivo em constante desenvolvimento, e não em uma ruptura brusca ou artificial em relação aos panoramas antes existentes.

2. O reconhecimento da possibilidade de adoção de um modelo baseado na idéia de prova como *argumentum* é resultado alcançado a partir da consideração da força exercida por diversos fatores. Nesse sentido, observou-se o papel essencial exercido pela orientação científica que forma o paradigma pós-moderno, envolvendo a redescoberta da tópica, da retórica e da dialética e enfatizou-se preocupação com a construção de discursos cuja racionalidade possa ser compreendida a partir de um exame analítico da justificação interna e externa que a eles vêm associada. O influxo de orientações lógicas na conformação dos fenômenos jurídicos serve como ponto de partida para a construção de um conjunto de postulados normativos aplicativos.

Esse panorama vem enriquecido, ainda, por uma nova ordem vigente em sede de repartição de direitos, de deveres e de ônus entre os sujeitos do processo, resultado do influxo do princípio dispositivo, da imposição do dever de imparcialidade ao juiz e da necessidade de respeito à garantia do contraditório, valores que se erguem como pilares fundamentais do processo civil contemporâneo. Referiu-se, nesse sentido, que o valor liberdade permeia o processo civil sem que, com isso, esse se transforme em uma batalha entre as partes da qual o juiz é mero espectador. Ao contrário, o que se vê é a formação de um debate eminentemente dialético, no qual são ofertadas a todos os sujeitos que dele participam possibilidades de interferência no processo de construção da síntese veiculada no provimento jurisdicional. Essa perspectiva, intimamente ligada ao estudo das relações entre a garantia do contraditório e o princípio democrático, também revela que o processo pode e deve ser visto como um instrumento capaz de assegurar a legitimação do exercício do poder jurisdicional.

3. Definiu-se a idéia de prova como um argumento que, envolvido na atividade de persuasão racional do juiz, apresenta por escopo o de exercer influência na formação do convencimento jurisdicional no que se refere à reconstrução de um retrato possível da realidade histórica juridicamente relevante. A apresentação dessa definição trouxe, como conseqüência, a necessidade de reenfrentamento dos temas do objeto e da finalidade da prova.

Nessa trilha, esclareceu-se que o objeto da prova é constituído pelo conjunto de alegações sobre fatos juridicamente relevantes em face das quais seja estabelecida controvérsia no debate dialético dos autos. Identificou-se, a partir do exame crítico da idéia de verdade, que o emprego de critérios de racionalidade de natureza tópico-retórica permite a correta compreensão da distinção entre as *alegações feitas pelas partes* e a *realidade à qual as mesmas fazem referência*. Essa mesma pauta de racionalidade também se apresenta subjacente aos resultados obtidos no estudo do que se reconhece por *relevância jurídica* de tais alegações. Enfatizou-se a forma pela qual a construção de versões da realidade histórica investigada nos autos se dá à luz de um recorte axiologicamente orientado, cujos contornos dependem do significado da hipótese de incidência da norma na qual vem veiculada a tutela jurídica pretendida pela parte. Fez-se alusão ao papel criativo do juiz no processo interpretativo da hipótese de incidência da norma e aos reflexos decorrentes de tal atuação no que se refere à delimitação do alcance do objeto da prova, envolvendo fatores como, por exemplo, o papel exercido pela máxima *iura novit curia*.

Ainda no estudo do objeto da prova, verificou-se o papel da idéia de *controvérsia* na determinação do objeto da prova. Um destaque especial foi dado à orientação dialética do processo, a qual atua como força subjacente ao conceito de processo ao nortear a estruturação do procedimento em constante contraposição. Examinou-se que a identificação dos critérios jurídicos referentes à atribuição de ônus de alegação às partes pressupõe o entrelaçamento da liberdade subjacente ao princípio dispositivo com a democracia que permeia o conteúdo da garantia do contraditório. Nesse contexto, fatores como a imparcialidade do juiz e a disponibilidade das partes quanto às alegações sobre fatos foram examinados como componentes da rica equação na qual se faz possível a formação da controvérsia nos autos. Identificou-se, ainda, a racionalidade subjacente ao regime jurídico de tais ônus de alegação no âmbito do Código de Processo Civil, inclusive no que diz respeito aos comandos que mitigam a força que lhes é inerente, em especial no que tange aos efeitos do silêncio de uma das partes em face das alegações tecidas pela outra, às conseqüências do reconhecimento quanto à veracidade de tais alegações, ao papel desempenhado pelas questões de ordem pública e pelo emprego de fatos secundários. Verificou-se, por fim, a função exercida pelo princípio da estabilidade da demanda, o qual atua como fator vinculado à orientação tópico-retórica do processo e serve como baliza dos contornos da controvérsia a ser considerada pelo julgador, permitindo o controle dos limites do objeto da prova.

4. No que se refere ao estudo da finalidade da prova, enfatizou-se o papel da prova que se constitui em instrumento envolvido na atividade de persuasão racional do juiz, e, ao mesmo tempo, em premissa empregada com vistas à formação do convencimento jurisdicional. Realizou-se, também, a distinção entre as idéias de *persuasão racional do*

juiz, definida como a atividade desenvolvida pelas partes com vistas a exercer influência no resultado obtido através do debate dialético dos autos, e de *formação do convencimento jurisdicional*, concebida como o resultado a ser alcançado através dos esforços desenvolvidos pelas partes na busca de reconstrução de um retrato possível da realidade histórica considerada juridicamente relevante. A prova insere-se, nesse universo, como um instrumento que entrelaça esses dois universos como escopos a ela associados.

Estabeleceu-se, a seguir, um debate a respeito das relações entre a finalidade da prova e as finalidades do processo, examinando-se o papel da idéia de conhecimento da verdade histórica como um dos escopos da dialética processual, a qual tem como fim maior o oferecimento da tutela jurisdicional às partes. Rechaçou-se a contraposição aparente entre verdade real e verdade formal, que é, antes, fruto dos diferentes métodos empregados na investigação. Enfatizou-se que a idéia de verdade, tomada como realidade histórica a ser considerada em contraposição com as versões trazidas pelas partes, é uma só.

Mais adiante, constatou-se que os esforços que entrelaçam as idéias de prova e verdade sob o manto da noção de persuasão racional do juiz são desenvolvidos em duas dimensões possíveis, quais sejam as do *contexto de descoberta* e do *contexto de justificação*. Examinou-se o forte papel exercido pela retórica como norte a permear a construção do significado da versão da realidade histórica a ser considerada pelo julgador em ambas as dimensões.

Referiu-se, por fim, que o problema da existência de limites ao conhecimento da verdade histórica através do processo é, antes de tudo, o problema de inserção da verdade como um dos fins que, juntamente com outros fatores, compõe o universo a ser considerado pelo julgador na construção da tutela jurisdicional. Apontou-se que a complexidade, a incompletude e a fluidez do universo considerado na formação do convencimento jurisdicional são, em princípio, sintomas das dificuldades verificadas no entrelaçamento de diversos esforços empreendidos ao longo do debate dialético processual com vistas à persuasão racional do juiz. Nesse sentido, foi dito que o mesmo regime jurídico que exige e convida ao conhecimento da realidade histórica é o que impõe limitações ao seu conhecimento, as quais retratam orientações éticas e lógicas que, não raro, colocam-se como obstáculo entre os olhos do investigador e o objeto de investigação.

5. Da investigação da estrutura argumentativa subjacente à prova cível, constatou-se a influência exercida pelas noções de tópica, retórica e dialética como pautas de racionalidade do discurso envolvendo a relação entre os fatos conhecidos e os fatos que se pretende conhecer. O recorte da realidade histórica em função das normas que pautam o problema proposto ao julgador para análise é fenômeno que evidencia não apenas o influxo do pensamento problemático mas também a presença de um complexo processo hermenêutico aplicável na compreensão do alcance do objeto da investigação judicial.

Dessa mesma investigação é possível extrair, ainda, a importância da distinção entre as noções de *prova direta* e de *prova indireta*, distintas em função das diversas construções argumentativas que lhes são subjacentes. No exame da prova direta, verificou-se que a mesma pode ser resumida na seguinte fórmula: *se o significado obtido a partir da interpretação da alegação da parte sobre o fato principal for equivalente ao significado do resultado alcançado a partir da investigação da realidade histórica através do emprego de meios de prova, então a alegação sobre o fato principal deve ser considerada provada*. Do exame da estrutura argumentativa própria da prova indireta, por sua vez, resulta outra fórmula: *se o significado obtido a partir da interpretação da alegação da parte sobre o fato principal for equivalente ao significado do resultado alcançado a partir da investigação da realidade histórica através do emprego de meios de prova, e sendo esse último o resultado obtido a partir da consideração da prova de um fato secundário à luz de um padrão de normalidade, então a alegação sobre o fato principal pode ser considerada igualmente provada.*

A dicotomia prova direta x prova indireta diz respeito ao emprego de ferramentas diferentes entre si, que permitem ao julgador observar, através das narrativas feitas pelas partes, dois objetos distintos (o fato principal e o fato secundário), e que, por isso, comportam o desenvolvimento de raciocínios peculiares em sede de persuasão para fins de formação de convencimento. A verdadeira diferença entre as duas categorias está na estrutura inferencial que une as premissas examinadas, a qual compreende o emprego de premissas distintas nos raciocínios ora referidos. Não há, aqui, qualquer possibilidade de estabelecimento de hierarquia *prima facie* entre prova direta e prova indireta.

6. No estudo dos fatores envolvidos na equação destinada à formação do convencimento jurisdicional, destaque especial foi dado, em um primeiro momento, às regras de experiência, as quais, obtidas a partir do senso comum ou do emprego de conhecimentos científicos, permitem ao julgador concluir no sentido de que a prova produzida em relação a um indício autoriza considerar provada a alegação sobre o fato principal.

A natureza indutiva do raciocínio que emprega regras de experiência pautadas no senso comum demanda a consideração de um contexto determinado, no qual orientações de cunho ético são reconhecidas e, com isso, exercem influência na determinação do estado de coisas a ser considerado como *id quod plerunque accidit*. O controle da validade do emprego de máximas de experiência pautadas no senso comum, instrumentalizado a partir do respeito à garantia do contraditório, demanda que seja levado em conta: a) se as máximas são noções aceitas no ambiente social e cultural examinado, sendo pertencentes à cultura média existente no local e no tempo em que a situação ocorreu; b) se as máximas não contrariam conhecimento científico ou outras noções do mesmo senso comum; c) se foi respeitado o postulado da proporcionalidade, em especial no que se refere à proporcionalidade em sentido estrito, nos casos em que se fizer necessária a escolha pela aplicabilidade de uma ou outra máxima que se coloquem em um conflito aparente.

No que se refere à segunda espécie de regras de experiência anteriormente indicada, observa-se que o emprego de critérios racionais de investigação aceitos no âmbito da comunidade científica funciona como fator de legitimação jurídica e social da atividade jurisdicional. Neste sentido, a objetividade dos padrões empregados protege os participantes do debate contra os riscos do domínio das paixões ou de outras preferências situadas no campo do subjetivismo, assegurando a imparcialidade do julgador. A evolução do saber humano e a constante transição de informações entre os campos da ciência e do senso comum são indicativos no sentido de que o emprego de tais regras, contudo, não traz necessariamente como resultado a identificação de verdades absolutas.

Apontou-se que não há hierarquia entre regras de experiência pautadas no senso comum e aquelas baseadas em conhecimentos científicos. Ao contrário, a separação dos respectivos âmbitos de incidência pressupõe a existência de uma relação de especialidade de certas regras em relação a outras. Cabe ao juiz, com espírito crítico e com submissão ao contraditório, valorar também as informações pautadas em conhecimentos de cunho científico. Nesse sentido, foram oferecidos como critérios a serem empregados pelo julgador em relação ao aporte trazido pelo *expert*, a valoração de sua autoridade científica, a aquisição ao patrimônio científico comumente aceito dos métodos de investigação por ele seguidos e a coerência lógica de sua argumentação.

7. Um outro aspecto ressaltado foi a impossibilidade de confusão entre provas e presunções. Definidas como resultados obtidos a partir da análise da prova de um fato secundário à luz de uma regra de experiência, as presunções são o fruto de um raciocínio que viabiliza a afirmação no sentido da presença de prova indireta do fato principal. As presunções judiciais pressupõem a incidência de um padrão de normalidade que une a prova do fato secundário à prova do fato principal e é veiculado em uma regra de experiência ou em uma regra técnico-científica. As presunções legais relativas, por sua vez, pressupõem a incidência de disposição legal que consagre a adoção de um paradigma de normalidade unindo tais premissas. Por fim, nas presunções legais absolutas, o interesse do legislador, na proteção de outros valores é somado à incidência de um padrão de normalidade veiculado em uma norma, de maneira a tornar injustificada qualquer discussão quanto à maior ou à menor aproximação entre a presunção e a realidade examinada. Deste modo, a norma que dispõe quanto à impossibilidade de prova em sentido contrário nas presunções absolutas atua, em verdade, como critério de definição de um fato considerado como equivalente jurídico-legal daquele que se pretende conhecer, motivo pelo qual se faz justificado dizer que, nas presunções absolutas, dispensa-se o fato propriamente dito, e não apenas a sua prova.

8. Na seqüência do estudo, foi implementado o estudo das relações entre probabilidade, valoração da prova e formação do convencimento jurisdicional. Desse panorama resultou a identificação de um feixe de orientações no que diz respeito à racionalidade que permeia a construção da decisão judicial no que se refere à investigação da realidade histórica.

Consignou-se o fato de que as atividades de *apreciação da prova* e de *formação do convencimento do juiz* são exercidas sem que haja prévias amarras rígidas impostas por parte do legislador. Os eventuais limites aos quais o julgador está sujeito em tais atividades são anteriores a qualquer regulamentação legislativa, de maneira que à lei cabe somente a tarefa de explicitar os critérios que garantem um mínimo de racionalidade na atuação jurisdicional. De outro lado, é certo que o controle garantido através do emprego de critérios de racionalidade não dispensa o respeito a outras garantias fundamentais relacionadas à definição dos contornos da atuação do juiz e das partes, tais como o princípio dispositivo, a imparcialidade do juiz e a garantia do contraditório.

9. Reforçou-se, ainda, a validade do emprego da noção de probabilidade como ponto de partida para a identificação de critérios de racionalidade a serem empregados nas atividades de valoração da prova e, em última instância, de formação do convencimento jurisdicional a respeito da realidade histórica considerada juridicamente relevante. Frisou-se que a construção de um discurso sólido no que se refere às relações entre probabilidade, verossimilhança e verdade pressupõe o reconhecimento da possibilidade do erro na apreciação da realidade histórica retratada através da investigação processual. Nesse sentido, impõe-se reconhecer a relevância da falibilidade humana como fator que limita as chances de conhecimento daquilo que efetivamente ocorreu.

Apontou-se, ainda, que a afirmativa no sentido de que uma versão da realidade histórica juridicamente relevante é parecida com a verdade histórica pressupõe a afirmação da possibilidade de comunicação entre as idéias de *verdade* e de *verossimilhança*. Ao considerar verossímil uma alegação, o juiz restringe as inúmeras possibilidades lógicas de coincidência entre as versões propostas pelas partes e o que efetivamente se passou apenas àquelas hipóteses que convergem com as imagens da realidade histórica trazidas aos autos por intermédio das provas. A aferição quanto à verossimilhança de uma alegação por parte do julgador pressupõe não só que essa versão seja considerada possível mas também que ela se apresente convergente em face do retrato da realidade produzido através da atividade de instrução processual. A existência de probabilidade é, pois, condição para que se possa falar na verossimilhança de uma alegação.

10. Definiu-se a idéia de *probabilidade* como *grau de ressonância inferencial que permite afirmar a verossimilhança de uma alegação tecida a respeito de uma realidade histórica considerada juridicamente relevante*. Examinou-se, ainda, as implicações decorrentes do emprego de tal noção no exame da temática da valoração da prova, compreendendo a identificação de uma gama de parâmetros envolvidos na aferição da racionalidade que norteia a atividade de formação do convencimento jurisdicional.

A aferição do grau de probabilidade presente nos raciocínios indutivos em sede de prova jurídica, tanto no que se refere ao juízo individual aplicado a cada prova individualmente quanto em relação à ponderação do valor global do resultado da instrução processual, pode ser feita a partir da consideração do papel exercido pelas regras de experiência em tal panorama. A maior ou a menor conformidade com o conteúdo das regras de experiência atua como fator fundamental para que se possa justificar a maior ou a menor intensidade do grau de ressonância inferencial da prova que une uma realidade histórica às alegações sobre ela tecidas nos autos. Tais regras servem de parâmetro para a análise da maior ou da menor coerência interna do retrato possível da realidade, construído a partir da análise do conjunto de provas. A consideração daquilo que tende a acontecer em condições de normalidade, contrastando uma versão possível da realidade a *id quod plerunque accidit*, serve como justificativa para que se possa inferir a maior ou a menor proximidade com aquilo que se passou do ponto de vista histórico. Por via de conseqüência, quanto menor for a refutabilidade da generalização empregada para que se possa afirmar a ocorrência ou não de um fato com base na prova produzida nos autos, maior será a intensidade do grau de probabilidade inerente ao argumento que a empregar como elo a unir o conhecido àquilo que se quer conhecer.

Observou-se que a graduação dos resultados obtidos em sede de valoração da prova resta melhor expressa, do ponto de vista da probabilidade lógica, a partir da atribuição de *qualificativos*. Nesse sentido, merece destaque especial o estudo do emprego de módulos de prova, os quais servem como indicativo da exigência imponível ao julgador no que se refere ao grau de aproximação entre o retrato produzido nos autos através da atividade de instrução e a realidade objeto de investigação. Observou-se que a redução do módulo de prova para níveis menos exigentes que o da verdade deve sempre vir acompanhada de justificação pautada em juízo de proporcionalidade. Independentemente de tal redução ser estabelecida por lei ou ser fruto da atividade interpretativa do julgador, é certo que o seu estabelecimento pressupõe a obediência ao postulado da proporcionalidade.

11. A consideração da valoração da prova como um processo de evolução de graus de estados epistêmicos constitui-se em uma perspectiva que permite a construção de importantes avanços no que se refere à compreensão da racionalidade subjacente à formação do convencimento jurisdicional. Nesse sentido, observou-se que o resultado da valoração da prova constitui-se em um estado epistêmico que é construído a partir da análise do conjunto de *inputs* trazidos aos autos, e não uma conclusão inarredável em relação a eventos históricos nem sempre conhecidos em sua plenitude. O estado epis-

têmico último — que é aquele considerado na construção da sentença — ganha *status* de definitividade a partir do momento em que está limitada pelo julgador a introdução de novos elementos, de maneira que o conhecimento da verdade histórica é obtido nos limites do juridicamente possível. A atividade de valoração das provas constitui-se, assim, em uma constante e sucessiva análise em busca de estados epistemológicos cada vez mais qualificados ao longo da marcha processual.

Dessa última análise resultou a construção de um conjunto de regras a serem observadas como pauta de racionalidade da atividade jurisdicional em sede de valoração da prova e de formação do convencimento jurisdicional, a saber: a) a prova de uma alegação sobre fato revela-se substancialmente mais contundente do ponto de vista da persuasão do magistrado no momento em que não encontra outra que a infirme; b) a solução para o conflito entre provas a respeito de um mesmo fato depende da comparação entre o grau de probabilidade resultante a partir da análise da última prova produzida e o grau de probabilidade próprio do panorama que lhe precede; c) diante de provas relativas a alegações sobre fatos distintas entre si, e havendo pontos de convergência entre as provas produzidas, é preciso comparar o grau de probabilidade da situação de convergência das provas em relação ao grau de probabilidade da situação na qual não se verifica tal convergência; d) o grau de probabilidade de provas introduzidas sucessivamente em convergência com o sustentado por outra que tenha anteriormente trazida aos autos tende a ser sempre menor do que o grau de probabilidade da primeira prova considerada.

Destacou-se, ainda, que a racionalidade de visões pautadas em idéias como as do *Överviktsprincip* e do *Überwiegensprinzip*, baseadas na necessidade de identificação de um grau de probabilidade mínimo a ser alcançado pelo julgador para que possa proferir uma decisão favorável a uma das partes sem recorrer às regras sobre ônus de prova, pressupõe sejam levados em conta os reflexos da acumulação e da sobreposição de informações trazidas ao órgão jurisdicional no esforço de compreender o passado. Nesse contexto, a análise crítica dos reflexos da sobreposição de informações trazidas através de provas na formação do convencimento jurisdicional à luz do *Överviktsprincip* passa pela identificação dos corretos *standards* de prova a serem considerados na construção da decisão judicial.

12. Analisando-se o papel das presunções no que se refere à formação do convencimento jurisdicional, identificou-se que, relativamente às presunções legais relativas, é possível identificar o emprego de diferentes critérios quanto à racionalidade em sede de formação do convencimento jurisdicional, dependendo da existência ou não de prova que as infirme. Diante da existência de prova em sentido contrário daquele proposto pela presunção legal relativa, a construção de uma solução em sede de formação do convencimento jurisdicional passa a ter fundamento na aplicação de critérios de valoração da probabilidade em relação à prova contrária à presunção. De outro lado, nos casos em que não tenha sido produzida prova em sentido contrário em face de presunção legal relativa, a decisão judicial a respeito da alegação sobre fato respaldada por essa última é pautada na aplicação da regra de ônus de prova decorrente da sua incidência.

No que diz respeito à racionalidade da formação do convencimento jurisdicional nos casos em que se apresenta a contraposição entre presunções judiciais e prova, observou-se que a solução a ser empregada situa-se no plano da comparação dos graus de probabilidade inerentes às provas cotejadas. Referiu-se a necessidade de análise da consistência da regra de experiência empregada para a construção da presunção, bem como a análise do grau de probabilidade presente na afirmativa da prova do fato secundário do qual ela se origina e das variações possíveis em termos de probabilidade decorrentes das relações entre a prova (ou a presunção) e as alegações sobre fatos constitutivos, impeditivos, modificativos ou extintivos do direito do autor.

Relativamente ao emprego de presunções de segundo grau com vistas à formação do convencimento jurisdicional, tem-se que, somado o controle da racionalidade da decisão jurisdicional (garantido através do dever de motivação) àquele assegurado mediante a prévia sujeição ao contraditório das razões que serão consideradas na construção da síntese expressa na prestação jurisdicional, inexiste razão para que se sustente a imprestabilidade de tais ferramentas no âmbito da realidade brasileira.

Da análise do papel exercido pelos argumentos de prova na formação do convencimento jurisdicional, observou-se que estes são resultados decorrentes da aplicação de determinações de ordem legal que possuem como pressuposto a presença de uma situação relacionada ao comportamento processual das partes, sendo regulados exclusivamente por normas de direito processual. Reconheceu-se que os argumentos de prova possuem a sua validade jurídica condicionada à razoabilidade que os atrela a um padrão de normalidade. Apontou-se, nesse sentido, que, em se tratando de argumentos de prova, é possível a substituição do estágio epistemológico alcançado a partir do *input* decorrente do comportamento processual da parte por outro pautado em prova que infirme o conhecimento até então construído. Examinou-se, ainda, as diferenças existentes entre os regimes jurídicos aplicáveis a argumentos de prova na Itália e no Brasil, justificando-se, nesse sentido, a impossibilidade de transposição de entendimentos sedimentados na realidade estrangeira, por não guardarem compatibilidade com as escolhas feitas pelo direito positivo pátrio.

13. A aplicação da perspectiva em torno da prova ora proposta ao regime jurídico que pauta o emprego de meios de prova (veiculado no ordenamento jurídico processual brasileiro) permite a identificação de interessantes resultados possíveis no que se refere à identificação de regras que pautam a formação do convencimento jurisdicional.

13.1. Na análise das normas que pautam o fenômeno da confissão, tem-se que essa, visto que é ato exclusivo das partes, constitui-se em mais do que apenas uma forma de demonstração das alegações tecidas ao longo do debate dos autos. Na condição de verdadeira expressão da vontade do autor ou do réu no que se refere à delimitação da situação de fato a ser analisada por um terceiro imparcial, a confissão é fenômeno que pode ser definido como ato jurídico processual *stricto sensu*, o qual tem por escopo a produção de eficácia puramente processual, podendo produzir, indiretamente, conseqüências em sede de definição do direito material aplicável à espécie, mas também podendo se revelar inócua diante do quadro probatório no qual tal prova se insere.

Sob a ótica de tal orientação, dizer que a confissão é irrevogável é, em última instância, declarar que: a) não é lícito à parte pleitear que aquela manifestação de vontade por ela expressa seja liminarmente desconsiderada pelo julgador na formação do seu convencimento jurisdicional; b) a sua presença pode servir como justificativa suficiente a inibir a iniciativa probatória da parte no que se refere a esforços destinados à formação do convencimento jurisdicional em sentido contrário daquele indicado através da confissão, mas não restringe a atuação judicial destinada à investigação daquilo que efetivamente se passou nos autos; c) preserva-se a liberdade do magistrado no que se refere à valoração da confissão, podendo o juiz a aceitar como única prova se essa for contundente a ponto de formar o seu convencimento, refutando-se a excessiva simplificação presente na assertiva de que a confissão deveria ser lida obrigatoriamente como verdadeira prova plena dentro do sistema da livre apreciação.

13.2. Do enfrentamento do regime jurídico aplicável à prova testemunhal, é possível identificar uma série de critérios de racionalidade que pautam a formação do convencimento jurisdicional.

As normas que impõem limites à admissibilidade e à relevância da prova testemunhal são construídas com base em distintas espécies de justificativa e, com isso, encerram também distintas possibilidades em sede de valoração da prova. Observa-se, nesse sentido, que há casos nos quais se faz necessária a análise do grau de credibilidade a ser atribuído a cada meio de prova, o qual revelará se a prova realmente é útil ou não para o deslinde da questão proposta para debate nos autos; em outras situações, a incapacidade da prova testemunhal de produzir resultados úteis justifica que seja esvaziado o seu valor probatório.

Também no que diz respeito às normas que dispõem sobre a existência ou não do compromisso da testemunha de dizer a verdade é possível afirmar que o emprego de mais de um critério na eleição das hipóteses tratadas pelo legislador traz, como conseqüência, a possibilidade de construção de ditames distintos no que se refere a reflexos em sede de valoração da prova. Da afirmação dessa primeira premissa resulta, como uma dentre as várias conclusões possíveis, que a consideração dos três últimos parágrafos do art. 405, à luz do disposto no art. 131 do Código de Processo Civil, faz com que os casos arrolados pelo legislador, antes de serem proibições absolutas dirigidas ao julgador, devam ser tomados como indicativos de fatores que podem exercer influência na maior ou na menor atribuição de valor à prova testemunhal.

As normas que dispõem sobre a possibilidade de as testemunhas silenciarem em relação a determinados aspectos também servem como indicativos de pontos de partida para a construção de regras a respeito da valoração da prova. Tal possibilidade está sempre sujeita ao crivo judicial no caso concreto, e, diante do exercício de tal faculdade, o preenchimento da lacuna deixada pela ausência da prova testemunhal a respeito de determinada alegação sobre fato será feito por meio do emprego de regras de experiência aplicáveis com vistas à situação relatada nos autos. Deve-se considerar, ainda, os casos nos quais a norma processual, tratando de informações obtidas em função de estado ou de profissão, tem por finalidade o estabelecimento de limites à imposição de poder estatal, afastando a obrigatoriedade do depoimento. A aferição desses limites deve levar em conta a necessidade de ponderação, através do emprego do postulado da proporcionalidade, entre o dever constitucional de proteção da intimidade e a convergência entre os objetivos de conhecer a realidade histórica tal qual ela ocorreu e de proteger outros fins igualmente tutelados pelo ordenamento jurídico constitucional.

Concluiu-se, ainda, no sentido de que a aferição do peso efetivo a ser dado à prova testemunhal indireta dependerá da consistência dos fatores que integram a estrutura argumentativa que lhe é inerente, bem como da consideração da maior ou da menor relevância a ser atribuída aos filtros que se colocam entre o olhar da testemunha e a realidade descrita, que podem reduzir a riqueza da descrição a ser trazida ao julgador.

13.3. Seguindo essa linha de raciocínio, constatou-se que a análise do regime jurídico aplicável à prova documental revela outros critérios importantes quanto à racionalidade subjacente à formação do convencimento jurisdicional relativamente às alegações sobre fatos considerados juridicamente relevantes.

A racionalidade de um sistema que conjuga a liberdade do julgador na apreciação da prova com os limites de prévia fixação do valor da prova documental somente pode ser encontrada a partir da análise dos fins aos quais esse mesmo sistema serve, de maneira que a interpretação teleológica aqui parece indicar a melhor técnica para solucionar o dilema ora proposto. Estando a limitação legal em consonância com os objetivos tutelados pelo ordenamento jurídico, e ao não havendo outro fim que esteja em posição de primazia e possa ser melhor concretizado através do respeito à idéia de livre apreciação da prova, deve imperar aquilo que houver sido estabelecido pelo legislador. De outro lado, se a livre apreciação da prova se revelar um meio mais eficiente em face dos resultados almejados através da investigação processual do que outras fórmulas expressamente estabelecidas pelo legislador, deve então preponderar a fixação judicial de critérios de valoração da prova em detrimento daqueles legalmente previstos. Deverá ser considerada irracional a restrição imposta à livre apreciação da prova que não guardar consonância com os critérios de aferição de graus de probabilidade anteriormente descritos, sendo rechaçada pelo intérprete toda e qualquer visão que não estiver em sintonia com o objetivo de garantir a maior aproximação possível do olhar do julgador em relação à realidade histórica investigada.

No que se refere aos reflexos estabelecidos em sede de valoração da prova ligados à forma revestida pelo documento, referiu-se a necessidade de distinção entre *documentos públicos*, *instrumentos públicos* e *instrumentos particulares*, bem como da utilidade da diferenciação de *documentos públicos autógrafos* em relação aos *documentos públicos heterógrafos*. A definição precisa das categorias acima referidas serviu como base para a construção de uma pauta de racionalidade necessária à compreensão dos comandos que compõem o regime jurídico estabelecido no Código de Processo Civil, relativo à força probante dos documentos. Dentre outros resultados obtidos na construção de tal pauta, destaca-se que a melhor exegese a ser atribuída ao art. 367 é a que parte da idéia de redefinição da eficácia probatória do documento, preferível em relação àquela segundo a qual haveria a conversão do documento público em documento particular.

No que diz respeito às normas relativas à autenticidade dos documentos e a seus reflexos com vistas ao estabelecimento de critérios de valoração da prova, observou-se que o art. 369 do Código de Processo Civil brasileiro veicula norma que veicula mecanismo próprio de prova indireta. Segundo tal comando, a prova produzida em relação à assinatura (fato secundário) garante a prova da autenticidade do documento (fato principal). Tomando a parte pelo todo, tal dispositivo permite que seja considerado integralmente fiel o documento no caso de a assinatura aposta ganhar o reconhecimento público correspondente.

Analisando o regime jurídico aplicável à prova documental no que se refere ao conteúdo integrante de tais documentos, observa-se a possibilidade de distinção de espécies de critérios para a identificação do grau da eficácia probatória dos documentos particulares. Da análise do art. 368 do Código de Processo Civil, é possível distinguir a eficácia probatória: a) dos documentos particulares assinados pela parte sem reconhecimento de firma por oficial (existindo uma presunção de veracidade do conteúdo do documento em relação à parte signatária); b) dos documentos particulares assinados pela parte cuja firma vem reconhecida em tabelionato (que consiste no somatório da presunção anteriormente apontada com aquela outra de autenticidade da assinatura); e c) dos documentos particulares assinados pela parte que venham a ser objeto de registro público (nos quais se produz eficácia *erga omnes*). A assertiva no sentido de que a prova da declaração não se confunde com a prova da veracidade do fato a ela relacionado somente ganha sentido em se pensando, igualmente, no raciocínio em sede de prova direta, visto que, à luz de critérios de experiência e de outros fatores que confirmem tal conclusão, é possível inferir a presença de uma presunção relativa no que se refere à existência de um fato a partir da prova quanto à existência de uma declaração a respeito desse mesmo fato. Esse mesmo raciocínio, aliás, pode servir de pauta para a exegese de outros comandos inscritos no mesmo regime jurídico.

Uma ulterior questão que pode e deve ser examinada diz respeito à força probante dos documentos à luz das finalidades às quais esses são associados. Nesse sentido, tem-se que a força probante dos lançamentos feitos em livros destinados à escrituração contábil da atividade empresarial impõe que sejam levados em conta não apenas aqueles apontamentos que interessam à parte que a eles faz referência mas também a inserção desses lançamentos dentro de um contexto. A indivisibilidade que adjetiva a escrituração contábil não se coloca como uma conclusão inarredável a vincular os sujeitos do processo, mas como uma presunção legalmente estabelecida que é pautada em um padrão de normalidade, admitindo-se a produção de prova em sentido contrário pelo interessado em infirmar fatos referidos em tal documentação. De outro lado, a prova produzida a partir da exibição irregular de livros e de documentos que retratem a movimentação da atividade empresarial – ofendendo, em especial normas destinadas à proteção do direito ao sigilo de informações – deve ser considerada não apenas inválida mas também ineficaz, podendo, contudo, beneficiar o autor de tais livros e documentos. Nessa mesma esteira, ressalve-se que a escrituração empresarial irregular constitui documento que não merece qualquer valor probatório por si só apenas em favor do autor, sendo, desse ponto de vista, absolutamente ineficaz. No que se refere a documentos destinados à viabilização de comunicação de informações, nota-se que a prova da data da expedição e do recebimento pelo destinatário (ou por quem por ele tenha sido autorizado para tanto) autoriza o julgador a presumir autêntico o documento empregado na comunicação, em estrutura argumentativa própria de prova indireta. Essa mesma estrutura também norteia a construção de raciocínios subjacentes à exegese de outros dispositivos legais, como, por exemplo, o artigo 374 do Código de Processo Civil.

13.4. Também é possível identificar critérios de racionalidade aplicáveis em sede de formação do convencimento jurisdicional subjacentes aos comandos que compõem o regime jurídico aplicável à prova pericial. Com efeito, o juiz não está adstrito às conclusões do laudo pericial, porém deve tomar tais resultados como parte integrante de um contexto, assegurando sempre o respeito à garantia do contraditório e o controle crítico dos resultados construídos em análise técnica. Deve-se distinguir, nesse sentido, alegações sobre fatos juridicamente relevantes que somente podem ser provadas graças ao emprego de técnicas científicas em relação àquelas outras em face das quais a produção de prova pericial apenas complementa a análise anteriormente produzida através do emprego de outros meios de prova. No que diz respeito à necessidade ou não de oitiva prévia do perito antes da realização de novo laudo, tem-se que essa é dispensável nos casos em que estão presentes falhas incorrigíveis por meio de simples esclarecimentos, sendo justificado tal condicionamento, contudo, nos casos em que o laudo contiver contradições, incertezas, omissões ou obscuridades, à primeira vista passíveis de serem removidas por meio de indagações ao próprio *expert*. Refira-se que não se sobrepõe a segunda perícia à primeira, mas apenas com ela se combina, confirmando-a, infirmando-a ou esclarecendo algum aspecto constante do laudo pericial que em face dessa foi produzido, de maneira que o julgador pode adotar as suas conclusões ou, ainda, preferir àquelas do laudo anteriormente produzido.

14. Outro tema que mereceu atenção foi que a compreensão do significado da idéia de persuasão racional do juiz pressupõe o estudo da influência exercida pelas normas que compõem o regime jurídico da atividade de instrução processual.

14.1. No que se refere às relações entre admissibilidade da prova e persuasão racional do juiz, uma primeira constatação a ser feita é aquela no sentido da existência de uma posição hoje adotada pelo ordenamento no sentido de permitir o emprego de outros meios de prova que não apenas aqueles considerados típicos. A ausência de barreiras legislativas que impeçam o emprego na investigação processual de outros instrumentos que não sejam aqueles referidos pelo legislador traz consigo a possibilidade de construção de ferramentas mais eficazes no que se refere a possibilitar o conhecimento da realidade histórica investigada nos autos.

14.2. No estudo da pauta de racionalidade a ser respeitada com o fim de viabilizar o controle da possibilidade de legítimo emprego de provas atípicas, parte-se da idéia de que o conceito de provas atípicas contempla o uso, para fins probatórios, de instrumentos não-previstos na lei, ou previstos para outros escopos que não o de produção de provas, ou, ainda, aqueles empregados com vistas à produção de provas em processo distinto daquele no qual tais provas serão valoradas. Refira-se que um primeiro critério a ser respeitado em tal análise é a necessidade de observância da garantia do contraditório, recomendando-se, nos casos em que são trazidas aos autos as provas produzidas perante outro juízo, que, sempre que possível, seja feita a reinquirição das pessoas em relação às manifestações por elas efetuadas em documentos trazidos a conhecimento do órgão jurisdicional. Nos casos em que for impossível tal reinquirição (a exemplo do que ocorre na experiência dos *V-Leute* da realidade alemã), deve-se examinar a garantia do contraditório no bojo de um juízo de proporcionalidade em sentido estrito.

14.3. Outra dimensão a ser considerada no que se refere às relações entre o juízo de admissibilidade da prova e o fenômeno da persuasão racional do juiz envolve o regime jurídico aplicável em sede de licitude das provas. Partindo da distinção entre provas ilícitas (aquelas colhidas com infração a normas ou a princípios de direito material) e provas ilegítimas (aquelas cuja produção importe em ofensa a uma norma processual), conclui-se no sentido de que a liberdade de forma existente no ordenamento jurídico processual em sede de instrução não autoriza que seja afirmada a equivalência entre tais categorias. Da análise construída a partir da menção, pelo texto constitucional, à idéia de inadmissibilidade das provas ilícitas, exsurge, como conclusão imperiosa, a associação necessária entre a inadmissibilidade da prova ilícita e a ineficácia do ato jurídico de sua produção nos autos.

14.4. À defesa da proibição da produção de provas ilícitas como sendo a expressão da proteção constitucionalmente assegurada a direitos fundamentais deve ser conjugada a conclusão no sentido de que a abertura de exceções à regra geral depende da aplicação do postulado da proporcionalidade. Nesse sentido, refutam-se interpretações como aquelas de que a afirmação da livre apreciação da prova como uma conquista histórica poderia atuar como causa autorizativa do emprego de provas ilícitas. Defende-se que a garantia inscrita no art. 5º, LVI, da Constituição Federal constitui uma situação de prevalência da tutela de um valor fundamental em face do dever de investigação da verdade histórica através do processo, a qual é apurada mediante a aplicação de postulados normativos, e que poderia ser aferida independentemente de sua consagração expressa no texto constitucional.

14.5. Partindo para a análise dos vínculos possíveis entre a idéia de persuasão racional do juiz e o juízo de relevância da prova, identificou-se, como primeiro critério de racionalidade a ser respeitado pelo julgador, a necessidade de identificação da relação entre o objeto da prova e a descrição contida na norma jurídica que veicula a proteção jurisdicional pretendida pela parte. Da correspondência ou da contradição entre tais premissas resulta a relevância da prova direta; no caso da prova indireta, deve-se examinar, antes disso, a existência de conformidade entre o significado da prova do fato secundário e a descrição contida na hipótese de incidência de uma regra de experiência que veicula como conseqüência lógica a conclusão no sentido da presença do fato principal, para que, em um segundo momento, possa se passar à análise própria da prova direta. Refuta-se, assim, a tese no sentido de que o juízo de relevância envolveria a análise da possibilidade de uma sentença de procedência ou de improcedência, visto que, em verdade, o parâmetro de análise a ser considerado corresponde às alternativas desenhadas pelo ordenamento jurídico diante do problema que se pretende que seja resolvido pela prestação jurisdicional. Rejeita-se, aqui, a idéia de que o juízo de relevância importa na antecipação de resultados hipotéticos.

Há, ainda, outros fatores determinantes para que se possa justificar, do ponto de vista jurídico-argumentativo, a assertiva no sentido da desnecessidade ou da inutilidade da prova.

A inexistência de controvérsia é uma das situações nas quais o ordenamento jurídico, considerando desnecessária qualquer atuação no sentido de produção de provas, ao contrastar as alegações sobre fatos considerados juridicamente relevantes e a realidade histórica, autoriza o julgador a formar o seu convencimento a respeito da veracidade ou não de uma alegação sobre fato com base em tal premissa. Registre-se que o juiz não está obrigado a considerar verdadeiras as alegações sobre fatos albergadas por argumentos de prova. Do ponto de vista argumentativo, tem-se que a prova é considerada irrelevante desde que tiver como objeto uma versão da realidade caracterizada pelo atendimento cumulativo a dois requisitos: a inexistência de controvérsia entre as partes sobre a sua existência histórica ou não; a conformidade dessa versão da realidade em face de um padrão de normalidade explicitado em uma regra de experiência. O estabelecimento de uma regra de exclusão, pautada em critérios de normalidade, não impede que essa tenha a sua aplicabilidade afastada diante da presença de prova que, infirmando o padrão descrito em tal comando, estabeleça um grau de ressonância inferencial mais intenso entre a realidade histórica e a narrativa feita nos autos.

Outro fator a ser considerado com vistas à determinação da irrelevância ou não da prova é a existência de presunções. No caso das presunções absolutas, tem-se que o legislador equipara duas hipóteses de incidência no plano do direito material, de maneira que o atendimento a qualquer uma delas autoriza a produção da mesma conseqüência jurídica, de modo a tornar possível a assertiva no sentido da desnecessidade de produção de prova que tome por referencial de relevância outra causa normativa que leve ao mesmo resultado. No que se refere às presunções relativas, tem-se que a presença de uma regra de experiência a sustentar a validade da prova indireta funciona como fator a justificar a desnecessidade de provas ulteriores a respeito da alegação sobre o fato principal.

15. A identificação de critérios de racionalidade norteadores do discurso jurídico relacionado à prova cível pode ser alcançada, ainda, a partir da análise da repartição de

direitos, de deveres e de ônus entre os sujeitos do processo na dinâmica da atividade de instrução processual.

15.1. Uma primeira abordagem nesse sentido é a que envolve o dever de colaboração entre os sujeitos da dialética processual na atividade de instrução, esteado na existência de uma pauta normativa comum a nortear, de maneira vinculante, todos os que assumam o papel de participantes do processo. Paradigmática, nesse sentido, é a orientação inscrita no artigo 339 do Código de Processo Civil, que veicula verdadeira cláusula geral de colaboração com vistas à conformação do debate dos autos à verdade. Sob esse prisma, a equânime divisão do trabalho, por meio de iniciativas conjuntas do juiz e das partes reciprocamente integradas, faz com que a colheita do material em sede de produção de provas necessárias e suficientes para a formação do convencimento jurisdicional tenda a ser cumprida em um menor número de etapas processuais. Igualmente importante, nesse sentido, é a conduta do julgador no sentido de remover os obstáculos que limitam as possibilidades de colaboração entre os sujeitos do processo. Constata-se, nesse sentido, a influência da tópica, da retórica e da dialética como fatores que compõem a pauta de racionalidade subjacente ao regime jurídico de direito positivo hoje vigente em sede de atividade de instrução. É importante também frisar que o conceito de verdade deve ser examinado à luz de um processo estruturalmente comunicativo, crítico e cognoscitivo.

15.2. A perspectiva ora proposta pressupõe, de outro lado, a redefinição o direito das partes à prova. Nesse sentido, impõe-se reconhecer que tal direito não se esgota apenas na liberdade de criar ou de reforçar os pressupostos para a obtenção de uma sentença favorável aos interesses da parte, porém envolve também o poder de exercer influência na determinação do conteúdo do debate em face do qual se dá a construção da decisão a ser proferida pelo órgão jurisdicional. Esse direito à prova possui um conteúdo lógico-jurídico intangível, derivado do próprio conceito de prova, o qual não pode ser negligenciado pelo legislador, dotado de quatro projeções, a saber: a) o direito à proposição, ao órgão jurisdicional, de produção de provas; b) o direito à admissão, pelo juiz, da prova proposta; c) o direito à produção de provas admitidas pelo juiz; e d) o direito à valoração, pelo juiz, das provas produzidas. Essas quatro projeções, por sua vez, são instrumentalizadas através de duas garantias fundamentais, quais sejam, a) o direito à participação na construção das decisões relacionadas à propositura, à admissibilidade, à produção e à valoração de provas e o b) direito à motivação das decisões relacionadas à proposição, à admissão, à produção e à valoração das provas.

15.3. Também nesse contexto segue a correta exegese do regime jurídico aplicável aos poderes instrutórios do juiz. O direito à prova não pode ser associado à idéia de exclusividade dos litigantes no que se refere à iniciativa probatória, mas sim deve ser instrumentalizado também através da atribuição de poderes ao órgão jurisdicional. Partindo da premissa de que a atividade de instrução processual se desenvolve à luz da conjugação do interesses das partes com o interesse público que norteia o processo como um todo, tem-se que, ao dispor sobre o emprego de determinado meio de prova de ofício, a atuação do juiz deve estar sempre relacionada a outros objetivos situados para além dos problemas relacionados à própria atividade de instrução. A participação ativa do julgador no desenrolar de investigação processual não subtrai o poder da parte de dispor quanto à possibilidade de pleitear ou não a tutela jurisdicional e de delimitar qual será a situação em torno da qual o debate será estabelecido. Essa participação é situada em uma dimensão eminentemente pública, pertinente a todos os sujeitos do processo, na qual se desenvolve um trabalho de colaboração entre eles.

A melhor exegese a ser atribuída ao art. 130 do Código de Processo Civil é aquela segundo a qual ao juiz não se dá, em tais comandos, a possibilidade de decidir exclusivamente com base no binômio conveniência/oportunidade, próprio de juízos discricionários, mas sim é imposto um regramento jurídico cujo significado é definido à luz do caso concreto. No que se refere à iniciativa de produção de provas outorgada ao órgão jurisdicional, tem-se que essa não é condicionada ao esgotamento das oportunidades de manifestação apresentadas às partes, evitando-se o surgimento de eventuais desvios decorrentes do excesso no emprego de tais poderes e corrigidos aqueles eventualmente verificados através do respeito à garantia do contraditório, ao dever de motivação das decisões e à possibilidade de reexame da decisão em segundo grau de jurisdição. Relativamente ao poder atribuído ao juiz no sentido de indeferir requerimentos de produção de provas, correspondente às análises em sede de relevância e de valoração das provas propostas pelas partes, observa-se que o fato de o tribunal poder revisar a decisão do julgador de primeira instância não obriga esse a determinar a produção de provas para além do suficiente em relação aos limites quanto à relevância da prova. Na mesma esteira, a inexistência de conclusão definitiva em sede de formação do convencimento jurisdicional ou a possibilidade de alteração do valor probatório a ser atribuído a algum dos instrumentos empregados para retratar a realidade histórica investigada nos autos são fatores que indicam sintomas da utilidade da prova.

15.4. Na análise do regime jurídico aplicável em sede de ônus de prova, tem-se que o microssistema processual formado por tais comandos apresenta o condão de oferecer ao órgão jurisdicional um critério de julgamento que permite evitar o *non liquet* e, ainda, proporcionar uma adequada ordenação do debate processual no que se refere às partes, incentivando-as para que desenvolvam esforços com vistas à persuasão racional do juiz. Na medida em que o regime jurídico processual civil brasileiro baseia-se na noção de carga probatória imperfeita ou incompleta, a sua preocupação central é a da identificação das responsabilidades a serem divididas entre as partes no que se refere ao resultado da atividade de instrução. Seu desafio é o da determinação da racionalidade da relação entre uma regra de julgamento aplicável em caso de incerteza do julgador quanto à veracidade ou não das alegações sobre fatos considerados juridicamente relevantes e um regime jurídico de responsabilidades processuais que possam ser repartidas entre os litigantes.

O estabelecimento de tal relação entre o insucesso na produção de provas e a posição da parte somente possui a sua razão de ser à luz de um contexto de normalidade pautado pelo valor liberdade, envolvendo a) a identificação dos interesses defendidos pelos litigantes, b) as condições de que eles dispõem para fins de produção de provas e c) a influência exercida por valores reconhecidos e tutelados pelo legislador como relevantes com vistas à construção de soluções para determinadas espécies de litígio. A regra geral é a de que *a responsabilidade pela incerteza do julgador pode ser atribuída à inércia da parte que, à luz de um parâmetro de normalidade, teria interesse e condições de colaborar trazendo aos autos a prova capaz de confirmar a versão da realidade favorável aos seus interesses*. A racionalidade dessa pauta de repartição de responsabilidades entre as partes, por sua vez, deve ser estabelecida a partir da combinação de quatro fatores fundamentais, a saber: a) a atribuição de condições suficientes às partes para que possam produzir provas; b) a identificação dos interesses dos litigantes na formação do convencimento jurisdicional, pautada na relação estabelecida entre b.1) as alegações sobre fatos trazidas aos autos e b.2) a tutela jurisdicional por eles pretendida em face do problema proposto para a análise; c) a identificação do módulo de prova a ser atendido em sede de formação do convencimento jurisdicional e a d) identificação de uma pauta valorativa que exerce influência na conformação do resultado da atividade jurisdicional nos casos em que, ao final do debate, reste dúvida quanto à veracidade ou não de determinada alegação sobre fato considerado juridicamente relevante.

15.4.1. Uma primeira derivação dessa primeira fórmula envolve a chamada inversão dos ônus da prova, a qual se opera por meio da isenção de uma das partes em relação às responsabilidades inerentes à prova dos seus interesses, de maneira que a sanção pela incerteza do julgador ao final do processo recai sobre os ombros da outra parte, a quem incumbiria provar a insubsistência do fato constitutivo do direito do autor ou a presença de uma versão da realidade na qual se faça presente um fato impeditivo, modificativo ou extintivo do direito do demandante. A validade da inversão dos ônus de prova pressupõe o reconhecimento, pelo legislador, de que *o afastamento da regra geral do art. 333 se faz imperioso por força da presença de um padrão de normalidade eticamente orientado*, o qual funciona como pano de fundo a exigir uma regra moldada às suas peculiaridades. Sob a égide de tal hipótese, tem-se que *a parte resta dispensada da prova toda vez que a aplicação das regras gerais antes elencadas trouxesse, como efeito colateral, o rompimento com aquilo que seria considerado normal em uma realidade axiologicamente ordenada.*Em tais casos, impõe-se que seja produzida uma verdadeira modulação das regras de ônus de prova, a qual é resultante de duas equações fundamentais, quais sejam: a) a relação de proporcionalidade entre *um processo orientado em função da liberdade de disposição dos interesses dos litigantes* e o *interesse do ordenamento jurídico na promoção de outros valores que com eles coexistam* e b) a relação de proporcionalidade entre as *condições ofertadas às partes com vistas à participação na atividade de instrução* e o *grau de exigência a ser observado em sede de* standard *de prova para fins de obtenção da tutela jurisdicional por elas pretendida.*

15.4.2. A equação acima referida vale, ainda, como indicativo para o controle da racionalidade no emprego da técnica denominada *ônus dinâmico da prova,* que ganha maior complexidade à medida que o afastamento dos critérios gerais se dá *ope iudicis.* Nesse sentido, é fundamental que sejam as partes informadas, por intermédio de decisão judicial, dos critérios que serão utilizados para fins de julgamento no caso de dúvida quanto à veracidade ou não de determinada alegação, de forma que a dinamicização dos *onus probandi* não importe na construção de sentenças desapegadas do espírito dialético próprio dos fenômenos processuais.

15.5. No que se refere aos direitos e aos deveres de terceiros na atividade processual, tem-se que esses podem ser sistematizados sob o manto de duas grandes categorias, envolvendo a) as atividades de exibição de documentos ou de coisas e a b) realização da prova testemunhal. Do exame das hipóteses de justificação da recusa de terceiros ao cumprimento da ordem judicial de apresentação do documento ou de coisa, evidencia-se que o dever de exibição imposto a tais pessoas não é absoluto, e que os seus limites são situados na esfera do direito material, e não do direito processual.

Bibliografia

ABELLAN, Marina Gascón. *Los hechos em el Derecho* – bases argumentales de la prueba. 2. ed. Madri: Marcial Pons Ediciones Jurídicas e Sociales S. A., 2004.

AGUIAR, João Carlos Pestana de. *Comentários ao Código de Processo Civil.* v. 4. São Paulo: Revista dos Tribunais, 1974.

ALEXY, Robert. *Teoria de la argumentación jurídica* – la teoria del discurso racional como teoria de la fundamentación jurídica. Traduzido para o espanhol por Manuel Atienza e Isabel Espejo. Madrid: Centro de Estúdios Constitucionales, 1997.

ALMEIDA, Flávio Renato Correia de. Do ônus da prova. In: *Revista de Processo*, n.71, p. 46-63, jul./set. 1993.

ALVARO DE OLIVEIRA, Carlos Alberto. A garantia do contraditório. In: *Revista da AJURIS*, n. 74, p. 103-120, 1998.

——. *Do formalismo no processo civil.* São Paulo: Saraiva, 2009.

——. Efetividade e processo de conhecimento. In: *Revista Forense*, n. 348, p. 67-76, 2000.

——. O juiz e o princípio do contraditório. In: *Revista de Processo*, n. 73, p. 7-14, 1994.

——. Poderes do juiz e visão cooperativa do Processo. *Revista da AJURIS*, n. 90, p. 55-84, 2003.

——. Problemas atuais da livre apreciação da prova. In: ALVARO DE OLIVEIRA, Carlos Alberto (org.). *Prova cível.* 2. ed. Rio de Janeiro: Forense, 2005.

ALVES, Maristela da Silva. Esboço sobre o significado do ônus da prova no processo civil. In: KNIJNIK, Danilo (org.). *Prova judiciária* – estudos sobre o novo Direito Probatório. Porto Alegre: Livraria do Advogado, 2007.

ALVIM, Teresa Arruda. Reflexões sobre o ônus da prova. *Revista de Processo*, n. 76, p. 141-145, 1994.

ANDRADE, Adalberto Guedes Xavier de. A aplicabilidade do princípio da inadmissibilidade das provas obtidas por meio ilícito no processo civil. In: *Revista de Processo*, n. 126, p. 219-245, 2005.

ANZANELLI, Vincenzo. Problemi di corretta utilizzazione della 'prova scientífica'. In: *Rivista Trimestrale di Diritto e Procedura Civile*, n. 56, p. 1333-1351, 2002.

ARENHART, Sérgio Cruz. Ônus da prova e sua modificação no processo civil brasileiro. In: *Revista Jurídica* n. 343, p. 25-60, 2006.

AROCA, Juan Montero. *La prueba en el proceso civil.* 4. ed. Navarra: Thompson-Civitas, 2005.

ATIENZA, Manoel. *As razões do Direito* – teorias da argumentação jurídica – Perelman, Viehweg, Alexy, MacCormick e outros. Traduzido do espanhol por Maria Cristina Guimarães Cupertino. São Paulo: Landy Livraria Editora e Distribuidora, 2003.

ÁVILA, Humberto. *Teoria dos princípios* – da definição à aplicação dos princípios jurídicos. São Paulo: Malheiros, 2003.

AVOLIO, Luiz Francisco Torquato. *Provas ilícitas* – interceptações telefônicas, ambientais e gravações clandestinas. 3. ed. São Paulo: Revista dos Tribunais, 2003.

AZENHA, Nívia Aparecida de Souza. *Prova ilícita no processo civil* (de acordo com o novo Código Civil). Curitiba: Juruá, 2003.

AZEVEDO, Plauto Faraco de. Do método jurídico – reflexões em torno da tópica. *Revista da AJURIS*, n. 64, p. 5-26, 1995.

BALTAZAR JÚNIOR, José Paulo. Standards probatórios. In: KNIJNIK, Danilo (org.). *Prova judiciária* – estudos sobre o novo Direito Probatório. Porto Alegre: Livraria do Advogado, 2007.

BARBI, Celso Agrícola. *Comentários ao Código de Processo Civil.* v. 1. Rio de Janeiro: Forense, 1975.

BARBOSA MOREIRA, José Carlos. A Constituição e as provas ilicitamente obtidas. *Revista de Processo,* n. 84, p. 144-155, 1996.

———. A função social do processo civil moderno e o papel do juiz e das partes na direção e na instrução do processo. In: *Revista de Processo,* n. 37, p. 140-150, 1985.

———. As presunções e a prova. In: BARBOSA MOREIRA, José Carlos. *Temas de direito processual.* São Paulo: Saraiva, 1977.

———. Julgamento e ônus de prova. In: BARBOSA MOREIRA, José Carlos. *Temas de direito processual – segunda série.* São Paulo: Saraiva, 1989a.

———. Notas sobre o problema da 'efetividade' do processo. In: *Revista da AJURIS,* n. 29, p. 77-94, 1983.

———. *O novo processo civil brasileiro.* 22. ed. Rio de Janeiro: Forense, 2004.

———. Os poderes do juiz na direção e na instrução do processo. In: BARBOSA MOREIRA, José Carlos. *Temas de direito processual – quarta série.* São Paulo: Saraiva, 1989 b.

———. O problema da "divisão de trabalho" entre juiz e partes: aspectos terminológicos. In: BARBOSA MOREIRA, José Carlos. *Temas de direito processual – quarta série.* São Paulo: Saraiva, 1989c.

———. Provas atípicas. *Revista de Processo,* n. 76, p. 114-126, 1994.

———. Regras de experiência e conceitos jurídicos indeterminados. In: *Revista Forense,* n. 263, p. 13-19, 1978.

———. Sobre a "participação" do juiz no processo civil. In: BARBOSA MOREIRA, José Carlos. *Temas de direito processual – quarta série.* São Paulo: Saraiva, 1989 d.

BARRIOS DE ANGELIS, Dante. *Teoría del processo.* 2. ed. Montevidéu; Buenos Aires: Editorial B. de F. Ltda, 2002.

BAUR, Fritz. Il Processo e le correnti culturali contemporanee (rilievi attuali sulla Conferenza di Franz Klein dal Medesimo Titolo). *Rivista di Diritto Processuale,* n. 27, p. 253-271, 1972.

———. Potere giudiziale e formalismo del Diritto Processuale. *Rivista Trimestrale di Diritto e Procedura Civile,* n. 19, p. 1683-1704, 1965.

BEDAQUE, José Roberto dos Santos. *Poderes instrutórios do juiz.* 3. ed. São Paulo: Revista dos Tribunais, 2001.

BELTRÁN, Jordi Ferrer. *Prueba y verdad en el Derecho.* 2. ed. Madrid: Marcial Pons, 2005.

BOBBIO, Norberto. Considérations introductives sur le raisonnement des juristes. *Revue Internationale de Philosophie,* v. 27-28, p. 67-83, 1974.

BONAVIDES, Paulo. *Curso de Direito Constitucional.* 13. ed. São Paulo: Malheiros, 2003.

———. O método tópico de interpretação constitucional. In: *Revista de Direito Público,* n. 98, p. 5-11, abr./jun. 1991.

BÖTTICHER, Eduard. L'ugualglianza di fronte al giudice. *Jus,* n. 8, p. 462-478, 1957.

BRÜGGEMANN, Dieter. *Judex statutor und judex investigator.* Bielefeld: Verlag Ernst und Werner Gieseking, 1968.

CAHN, Edmond. Jerome Frank's Fact-Skepticism and our future. In: TWINING, William; STEIN, Alex. *Evidence and proof.* New York: New York University Press, 1992.

CALAMANDREI, Piero. Il giudice e lo storico. *Rivista di Diritto Processuale Civile,* n. 16, p. 105-128, 1939.

———. Verità e verossimiglianza nel Processo Civile. *Rivista di Diritto Processuale,* n. 10, p. 164-192, 1955.

CALMON DE PASSOS, José Joaquim. *Comentários ao Código de Processo Civil.* v. 3. Rio de Janeiro: Forense, 2004.

CAMBI, Eduardo. *A prova cível – admissibilidade e relevância.* São Paulo: Revista dos Tribunais, 2006.

———. *Direito Constitucional à prova no processo civil.* São Paulo: Revista dos Tribunais, 2001.

CANNARIS, Claus-Wilhelm. *Pensamento sistemático e conceito de sistema na ciência do Direito.* Traduzido para o português por Antonio Menezes Cordeiro. 2. ed. Lisboa: Fundação Calouste Gulbenkian, 1996.

CANOTILHO, Joaquim José Gomes. *Direito Constitucional e teoria da Constituição*. 6. ed. Coimbra: Livraria Almedina, 2002.

CAPPELLETTI, Mauro. Iniziative probatorie del giudice e basi pregiudiriche della struttura del processo. *Rivista di Diritto Processuale*, n. 22, p. 407-428, 1967.

———. *La testimonianza della parte nel sistema dell'oralità*. Milano: Giuffrè Editore, 1974.

CARNELUTTI, Francesco. *La prova civile* – parte generale – il concetto giuridico della prova. Milano: Giuffrè Editore, 1992.

———. *Sistema di Diritto Processuale Civile*. v. 1. Padova: Cedam, 1936.

CARNACINI, Tito. Tutela giurisdizionale e tecnica del processo.In: AZZARITI, Gaetano (apres.). *Studi in onore di Enrico Redenti*. Milano: Giuffrè Edittore, 1957, p. 693-772.

CARRATTA, Antonio. Funzione dimostrativa della prova (verità del fatto nel processo e sistema probatório). *Rivista di Diritto Processuale*, n. 56, p. 73-103, 2001.

CARREIRA ALVIM, José Eduardo. *Teoria geral do processo*. 8. ed. ampl. e atual. Rio de Janeiro: Forense, 2003.

CATALANO, Elena Maria. Prova indiziaria, probabilistic evidence e modelli matematici di valutazione. *Rivista di Diritto Processuale*, n. 51, p. 514-536, 1996.

CAVALLONE, Bruno. Crise delle 'maximen' e disciplina dell'istruzione probatória. In: CAVALLONE, Bruno. *Il giudice e la prova nel processo civile*. Padova: Cedam, 1991a.

———. I poteri istruttorii del giudice – premessa storico-crítica. In: CAVALLONE, Bruno. *Il giudice e la prova nel processo civile*. Padova: Cedam, 1991b.

———. Critica della teoria delle prove atipiche. In: CAVALLONE, Bruno. *Il giudice e la prova nel Processo Civile*. Padova: Cedam, 1991c.

CHIARLONI, Sergio. Riflessioni sui limiti del giudizio di fatto nel processo civile. *Rivista Trimestrale de Diritto e Procedura Civile*, n. 55, p. 819-876, 1986.

CINTRA, Antônio Carlos de Araújo. *Comentários ao Código de Processo Civil*. v. 4. 2. ed. Rio de Janeiro: Forense, 2003.

COHEN, Laurence Jonathan. *The probable and the provable*. Hampshire: Gregg Revivals, 1991.

COMOGLIO, Luigi Paolo. Direzione del processo e responsabilità del giudice. Rivista di Diritto Processuale, v. 32, p. 14-56, 1977.

———. I modelli di garanzia costituzionale del processo. *Rivista Trimestrale di Diritto e Procedura Civile*, n. 45, p. 673-741, 1991.

———. Il "giusto processo" civile nella dimensione comparatistica. *Rivista di Diritto Processuale*, n. 57, p. 702-758, 2002.

———; FERRI, Corrado; TARUFFO, Michele. *Lezioni sul processo civile*. 2. ed. Bolonha: Società editrice Il Mulino, 1998.

CORDOPATRI, Franco. Presunzione (Diritto Processuale Civile). In: *Enciclopedia del Diritto*, v. 35. Milano: Giuffrè Editore, 1988.

COSTA, José Rubens. Da confissão em direito processual civil. In: *Revista Forense*, n. 351, p. 179-185, 2000.

COSTA, Susana Henriques da. Os poderes do juiz na admissibilidade das provas ilícitas. In: *Revista de Processo*, n. 133, p. 85-120, 2006.

CRUZ E TUCCI, José Rogério; AZEVEDO, Luiz Carlos de. *Lições de história do processo civil romano*. São Paulo: Editora Revista dos Tribunais, 2001 a.

———. *Lições de processo civil canônico* (História e Direito vigente). São Paulo: Editora Revista dos Tribunais, 2001 b.

DALL'AGNOL, Antonio. *Comentários ao Código de Processo Civil*. v. 2. 2. ed. rev., atual. e ampl. São Paulo: Revista dos Tribunais, 2007.

DALL'AGNOL JÚNIOR, Antônio Janyr. Distribuição dinâmica dos ônus probatórios. In: *Revista Jurídica*, n. 280, p. 5-20, 2001.

DELLEPIANE, Antonio. *Teoria general de la prueba*. Buenos Aires: Valerio Abeledo Editor, 1919.

DENTI, Vittorio. L'evoluzione del diritto delle prove nei processi civili contemporanei. In: DENTI, Vittorio. *Processo civile e giustizia sociale*. Milano: Edizione de Comunità, 1971.

————. Il ruolo del giudice nel processo civile tra vecchio e nuovo garantismo. *Rivista di Diritto Processuale*, n. 38, p. 726-740, 1984.

————. L'inversione dell'onere della prova: rilievi introduttivi. *Rivista Trimestrale de Diritto e Procedura Civile*, n. 46, p. 709-714, 1992.

————. Perizie, nullità processuali e contraddittório. *Rivista di Diritto Processuale*, n. 22, p. 395-406, 1967.

————. Scientificità della prova e libera valutazione del giudice. *Rivista di Diritto Processuale*, n. 27, p. 414-437, 1972.

DEVIS ECHANDÍA, Hernando. *Teoria general de la prueba judicial.* t. 1. 6. ed. Buenos Aires: Víctor P. de Zavalía S.A., 1988 a.

————. *Teoria general de la prueba judicial.* t. 2. 6. ed. Buenos Aires: Víctor P. de Zavalía S.A., 1988 b.

DINAMARCO, Cândido Rangel. *A instrumentalidade do processo.* 7. ed. São Paulo: Malheiros, 1999.

————. *Instituições de direito processual civil.* v. 3. 5. ed. São Paulo: Malheiros, 2005.

————. O princípio do contraditório e sua dupla destinação. In: DINAMARCO, Cândido Rangel. *Fundamentos do processo civil moderno.* v. 1. 3. ed. São Paulo: Malheiros, 2000.

DÖHRING, Erich. *La prueba* – su practica y apreciacion. Traduzido do alemão por Tomás A. Banzhaf. Buenos Aires: Ediciones Jurídicas Europa América, 1972.

EKELÖF, Per Olof. Free evaluation of evidence. In: TWINING, William; STEIN, Alex. *Evidence and proof.* New York: New York University Press, 1992.

————. Le mie riflessioni sul valore probatorio. In: GÄRDENFORS, Peter; HANSSON, Bengt; SAHLIN, Nils-Eric (org.). *La teoria del valore probatorio.* Milano: Giuffrè Editore, 1997, p. 1-21.

ENGELMANN, Arthur. The Germanic Procedure. In: ENGELMANN, Arthur et alii. *A History of Continental Civil Procedure.* New York: Augustus M. Kelley Publishers, 1969a.

————. Modern Continental Procedure – Germany and Austria. In: ENGELMANN, Arthur et alii. *A History of Continental Civil Procedure.* New York: Augustus M. Kelley Publishers, 1969 b.

————. The Roman Procedure. In: ENGELMANN, Arthur et alii. *A History of Continental Civil Procedure.* New York: Augustus M. Kelley Publishers, 1969 c.

————. The Romano-Canonical Procedure. In: ENGELMANN, Arthur et alii. *A History of Continental Civil Procedure.* New York: Augustus M. Kelley Publishers, 1969 d.

ERDMAN, Martin. La combinazione di prove indipendenti. In: GÄRDENFORS, Peter; HANSSON, Bengt; SAHLIN, Nils-Eric (org.). *La teoria del valore probatorio.* Milano: Giuffrè Editore, 1997, p. 129-140.

FABBRINI, Giovanni. Potere del giudice (diritto processuale civile). In: *Enciclopedia del Diritto.* v. 34. Milano: Giuffrè Editore, 1988, p. 721-744.

FABRÍCIO, Adroaldo Furtado. Fatos notórios e máximas de experiência. In: *Revista Forense,* n. 376, p. 3-10, 2004.

FADEL, Sérgio Sahione. *Código de Processo Civil comentado.* t. 2. Rio de Janeiro: José Konfino Editor, 1975.

FALCÓN, Enrique M. *Tratado de la prueba.* 2 tomos. Buenos Aires: Editorial Astrea, 2003.

FAZZALARI, Elio. La imparzialitá del giudice. *Rivista di Diritto Processuale,* n. 27, p. 193-203, 1972.

————. La dottrina processualistica italiana: dall''Azione' al 'Processo' (1864-1994). *Rivista di Diritto Processuale,* n. 49, p. 911-925, 1994.

————. Procedimento (teoria generale). In: *Enciclopedia del Diritto,* v. XXXV. Milão, Giuffrè Editore, 1986, p. 819-836.

————. Processo (teoria generale). In: *Novissimo Digesto Italiano.* v. 13. Torino: UTET, 1982, p. 1067-1076.

————. Valori permanenti del processo. *Rivista di Diritto Processuale,* n. 44, p. 1-11, 1989.

FERRAND, Frédérique. Le principe contradictoire et l'expertise en Droit Comparé europeen. *Revue Internationale de Droit Comparé,* n. 2, v. 52, p. 345-369, 2000.

FERRAZ JR., Tércio Sampaio. *A ciência do Direito.* 2. ed. São Paulo: Atlas.

FINKELSTEIN Michael O.; FARLEY, William B. A bayesian approach to identification evidence. *Harvard Law Review,* n. 83, p. 489-517, 1970.

————. A comment on 'Trial by Mathematics'. *Harvard Law Review*, n. 84, p. 1801-1809, 1971.

FORIERS, Paul. Introduction au droit de la preuve. In: PERELMAN, Chaïm; FORIERS, Paul (org.). *La preuve em Droit*. Bruxelas: Établissements Émile Bruylant, 1981.

FURNO, Carlo. *Contributo alla teoria della prova legale*. Pádua: Cedam, 1940.

GADAMER, Hans-Georg. *Verdade e método* – traços fundamentais de uma Hermenêutica Filosófica. Traduzido do alemão por Flávio Paulo Meurer. v. 1. 4. ed. Petrópolis: Editora Vozes, 2002.

GARBOLINO, Paolo. Introduzione. In: GÄRDENFORS, Peter; HANSSON, Bengt; SAHLIN, Nils-Eric (org.). *La teoria del valore probatorio*. Milano: Giuffrè Editore, 1997.p. VII-XXVI.

GARCÍA, Silvia García-Cuerva. Las reglas generales del onus probandi. In: LLUCH, Xavier Abel; PICÓ I JUNOY, Joan (orgs.). *Objeto e carga de la prueba*. Barcelona: J.M. Bosch Editor, 2007.

GERALDES, António Santos Abrantes. *Temas da reforma do processo civil*. v. 1. 2. ed. rev. e ampl. Coimbra: Livraria Almedina, 1998.

GIANNICO, Maricí. *A prova no Código Civil* – natureza jurídica. São Paulo: Saraiva, 2005.

GIULIANI, Alessandro. *Giustizia ed ordine econômico*. Milano: Giuffrè Editore, 1997.

————. *Il concetto di prova* (contributo alla lógica giuridica). Milano: Dott. A. Giuffrè Editore, 1961.

————. Logica del Diritto (Teoria dell'Argomentazione). In: *Enciclopedia del Diritto*, v. 25. Milano, Giuffrè Edittore, 1988 a, p. 13-34.

————. Prova (filosofia). In: *Enciclopedia del Diritto*, v. 27. Milano: Giuffrè Editore, 1988 b, p. 518-579.

GRASSO, Eduardo. La colaborazione nel Processo Civile. *Rivista di Diritto Processuale*, n. 21, p. 580-609, 1966.

GRECO, Leonardo. A prova no Processo Civil: do Código de 1973 ao Novo Código Civil. In: *Revista Forense*, n. 374, p. 183-199, 2004.

GRECO FILHO, Vicente. *Direito processual civil brasileiro*. v. 1. 17. ed. São Paulo: Saraiva, 2003.

————. *Direito processual civil brasileiro*. v. 2. 16. ed. São Paulo: Saraiva, 2003 b.

GRINOVER, Ada Pellegrini. Liberdades públicas e processo penal – as interceptações telefônicas. São Paulo: Saraiva, 1976.

HAACK, Susan. *Filosofia das Lógicas*. Traduzido para o português por Cezar Augusto Mortari e Luiz Henrique de Araújo Dutra. São Paulo: Editora da UNESP, 2002.

HABERMAS, Jürgen. Correção versus verdade – o sentido da validade deontológica de juízos e normas morais. In: HABERMAS, Jürgen. *Verdade e justificação* – ensaios filosóficos. Traduzido para o português por Milton Camargo Mota. São Paulo: Brasil, 2004 a.

————. Verdade e justificação. In: HABERMAS, Jürgen. *Verdade e justificação* – ensaios filosóficos. Traduzido para o português por Milton Camargo Mota. São Paulo: Brasil, 2004 b.

HALLDÉN, Sören. I meccanismi probatori. In: GÄRDENFORS, Peter; HANSSON, Bengt; SAHLIN, Nils-Eric (org.). *La teoria del valore probatorio*. Milano: Giuffrè Editore, 1997, p. 141-151.

IRTI, Natalino. Dubbio e decisione. *Rivista di Diritto Processuale*, n. 56, p. 64-72, 2001.

IVAINER, Theodor. L' interpretation des faits em Droit — essai de mise em perspective cybernétique dês 'Lumières du Magistrat'. Paris: Librarie Géonerale e Droit et de Jurisprudence. 1988.

KELSEN, Hans. *Teoria pura do Direito*. Traduzido para o português por João Baptista Machado. São Paulo: Martins Fontes, 1999.

KFOURI NETO, Miguel. *Culpa médica e ônus da prova: presunções, perda de uma chance, cargas probatórias dinâmicas, inversão do ônus probatório e consentimento informado: responsabilidade civil em pediatria, responsabilidade civil em gineco-obstetrícia*. São Paulo: Revista dos Tribunais, 2002.

KIELMANOVICH, Jorge L. *Teoría de la prueba y médios probatórios*. 3ª ed. Buenos Aires: Rubinzal-Culzoni Editores, 2004.

KNIJNIK, Danilo. *A prova nos juízos cível, penal e tributário*. Rio de Janeiro: Forense, 2007.

————. Os standards do convencimento judicial: paradigmas para o seu possível controle. In: *Revista da Pós-Graduação da Faculdade de Direito da Universidade de São Paulo*, n. 3, p. 103-151, 2001.

KRIGER FILHO, Domingos Afonso. Inversão do ônus da prova: regra de julgamento ou de procedimento. In: *Revista Jurídica*, n. 337, p. 53-64, 2005.

LACERDA, Galeno. O Código como sistema legal de adequação do processo. In: *Revista do Instituto dos Advogados do Rio Grande do Sul,* Edição Comemorativa do Cinqüentenário p. 161-170.

———. O Código e o formalismo processual. In: *Revista da AJURIS,* n. 28, p. 7-14, 1983.

LARENZ, Karl. *Metodologia da ciência do Direito.* Traduzido para o português por José Lamego. 4. ed. Lisboa: Fundação Calouste Gulbenkian, 2005.

LEVY-BRUHL, Henri. *La preuve judiciaire.* Paris: Librairie Marcel Rivière et Cie, 1963.

LIEBMAN, Enrico Tullio Fondamento del principio dispositivo. *Rivista di Diritto Processuale,* n. 15, p. 551-565, 1960.

LIMA, Ruy Cirne. *Princípios de Direito Administrativo.* 6. ed. São Paulo: Revista dos Tribunais, 1987.

LOMBARDO, Luigi. Prova scientifica e osservanza del contraddittorio nel Processo Civile. *Rivista di Diritto Processuale,* n. 57, p. 1083-1122, 2002.

LOPES, João Batista. *A prova no direito processual civil.* 2. ed. rev., atual. e ampl. São Paulo: Revista dos Tribunais, 2002.

LOPES, José Reinaldo de Lima. *O Direito na História* – lições introdutórias. São Paulo: Max Limonad, 2000.

LUHMANN, Niklas. *Legitimação pelo procedimento.* Traduzido para o português por Tércio Sampaio Ferraz Júnior. Brasília: Editora Universidade de Brasília, 1980.

MARINONI, Luiz Guilherme; ARENHART, Sérgio Cruz. *Processo de conhecimento.* 6. ed. rev., atual. e ampl. São Paulo: Revista dos Tribunais, 2006.

———. *Comentários ao Código de Processo Civil.* v. 5. t. 1. 2. ed. São Paulo: Revista dos Tribunais, 2005a.

MARINONI, Luiz Guilherme; ARENHART, Sérgio Cruz. *Comentários ao Código de Processo Civil.* v. 5. t. 2. 2. ed. São Paulo: Revista dos Tribunais, 2005b.

MARCHEIS, Chiara Besso. Probabilità e prova: considerazioni sulla struttura del giudizio di fatto. *Rivista Trimestrale di Diritto e Procedura Civile,* n.45, p. 1119-1163, 1991.

MARQUES, José Frederico. *Manual de direito processual civil.* v. 2. 2. ed. São Paulo: Saraiva, 1976.

MATTOS, Sérgio Luiz Wetzel de. *Da iniciativa probatória do juiz no processo civil.* Rio de Janeiro: Forense, 2001.

MELERO, Valentin Silva. *La prueba procesal.* t. 1. Madrid: Editorial Revista de Derecho Privado, 1963.

MELLO, Rodrigo Pereira de. *Provas ilícitas e sua interpretação constitucional.* Porto Alegre: Sergio Antonio Fabris Editor, 2000.

MENDES, João de Castro. *Do conceito de prova em processo civil.* Lisboa: Ática, 1961.

MENGONI, Luigi. L'argomentazione orientata alle conseguenze. *Rivista Trimestrale di Diritto e Procedura Civile,* n.48, p. 1-18, 1994

MICHELI, Gian Antonio. Jura Novit Curia. *Rivista di Diritto Processuale,* n. 16, p. 575-605, 1961 a.

———. *La carga de la prueba.* Traduzido do italiano por Santiago Sentís Melendo. Buenos Aires: Ediciones Jurídicas Europa-América, 1961 b.

MILHOMENS, Jônatas. *A prova no processo.* Rio de Janeiro: Forense, 1982.

MILLAR, Robert Wyness. The formative principles of civil procedure. In: ENGELMANN, Arthur et alii. *A History of Continental Civil Procedure.* New York: Augustus M. Kelley Publishers, 1969 a.

———. Modern Continental Procedure – Italy. In: ENGELMANN, Arthur et alii. *A History of Continental Civil Procedure.* New York: Augustus M. Kelley Publishers, 1969 b.

MONTESANO, Luigi. Le 'prove atipiche' nelle 'presunzioni' e negli 'argomenti' del giudice civile. *Rivista di Diritto Processuale,* n. 35, p. 233-251, 1980.

MONTROSE, James Louis. Basic concepts of the law of evidence. In: TWINING, William; STEIN, Alex. *Evidence and proof.* New York: New York University Press, 1992.

MOREU, Diego Aísa. *El razonamiento inductivo en la ciência y en la prueba judicial.* Zaragoza: Prensas Universitarias de Zaragoza, 1997.

SABATÉ, Luis Muñoz. *Técnica probatoria* – estudios sobre las dificultades de la prueba em el Proceso. Bogotá: Editorial Temis S/A, 1997.

NERY JÚNIOR, Nelson; NERY, Rosa Maria de Andrade. *Código de Processo Civil comentado e legislação extravagante*. 9. ed. rev., atual. e ampl. São Paulo: Revista dos Tribunais, 2006.

NÖRR, Knüt Wolfgang. Temi Fondamentali della Riforma del Processo Civile nell'Ottocento in Germania. *Jus*, n. 21, p. 411-420, 1974.

———. *Zur Stellung des Richters im Gelehrten Proze der Frühzeit:* Iudex secundum allegata non secundum conscientiam iudicat. München: C. H. Beck, 1967.

NOVAIS, Jorge Reis. *As restrições aos direitos fundamentais não expressamente autorizadas pela Constituição*. Coimbra: Coimbra Editora, 2003.

NUVOLONE, Pietro. Le prove vietate nel processo penale nei paesi di Diritto Latino. *Rivista di Diritto Processuale*, n. 21, p. 442-475, 1966.

OLIVEIRA, Regis Fernandes de. A prova colhida em fita magnética. In: *Revista dos Tribunais*, n. 643, p. 25-28, 1989.

PACÍFICO, Luiz Eduardo Boaventura. *O ônus da prova no direito processual civil*. São Paulo: Revista dos Tribunais, 2001.

PASTORE, Baldissare. *Giudizio,* prova*, ragione pratica*. Milano: Giuffrè Editore, 1996.

PATTI, Salvatore. *Commentario del Codice Civile Scialoja-Branca – Della Prova Testimoniale*. Delle Presunzioni (art. 2721-2729). Bolonha: Zanichelli Editore, 2001.

———. *Commentario del Codice Civile Scialoja-Branca – Prove*. Disposizioni Generali (art. 2697-2698). Bolonha: Zanichelli Editore, 1987.

———. Libero convincimento e valutazione delle prove. *Rivista di Diritto Processuale*, n. 40, p. 481-519, 1985.

PELLEGRINI, José Francisco. Do ônus da prova – crítica do art. 333, do C.P.C. In: *Revista da AJURIS,* n. 16, p. 41-51, 1979.

PERELMAN, Chaïm. *Lógica jurídica* – Nova Retórica. Traduzido do francês por Vergínia K. Pupi. São Paulo: Martins Fontes, 2004.

———; OLBRECHTS-TYTECA, Lucie. *Tratado da argumentação* – a Nova Retórica. Traduzido do francês por Maria Ermantina Galvão. São Paulo: Martins Fontes, 2002.

PEYRANO, Jorge W. Nuevos lineamentos de las cargas probatorias dinámicas. In: ___. (org.). *Cargas probatorias dinámicas.* Santa Fé: Rubinzal – Culzoni Editores, 2004 a.

———; CHIAPPINI, Julio O. Lineamentos de las cargas probatorias 'dinámicas'. In: PEYRANO, Jorge W. (org.). *Cargas probatorias dinámicas.* Santa Fé: Rubinzal – Culzoni Editores, 2004 b.

PICCARDI, Nicola. Processo (Dir. Moderno). In: *Enciclopedia del Diritto*, v. 36. Milano: Giuffrè Editore, p. 101-118.

PICÓ I JUNOY, Joan. La prueba ilícita e y su control judicial em el proceso civil. In: LLUCH, Xavier Abel; PICÓ I JUNOY, Joan (orgs.). *Aspectos prácticos de la prueba civil.* Barcelona: J.M. Bosch Editor, 2006.

———. Los principios del nuevo proceso civil español. In: *Revista de Processo*, n. 103, p. 59-94, 2001.

PINHEIRO, Fernanda Letícia Soares. *Princípio da proibição da prova ilícita no processo civil.* Curitiba: Juruá, 2004.

PONTES DE MIRANDA, Francisco Cavalcanti. *Comentários ao Código de Processo Civil.* t. 2. 3. ed. rev. e aumentada, com atualização legislativa efetuada por Sérgio Bermudes. Rio de Janeiro: Forense, 1997 a.

———. *Comentários ao Código de Processo Civil.* t. 4. 3. ed. rev. e aumentada, com atualização legislativa efetuada por Sérgio Bermudes. Rio de Janeiro: Forense, 1997 b.

PUGLIESE, Giovanni. La prova nel processo romano classico. In: *JUS – Revista di Scienze Giuridiche*, n. 9, p. 386-424, 1960.

RAMBALDO, Juan Alberto. Cargas probatorias dinámicas: um giro epistemológico. In: PEYRANO, Jorge W. (org.). *Cargas probatorias dinámicas.* Santa Fe: Rubinzal – Culzoni Editores, 2004.

REGO, Hermenegildo de Souza. *Natureza das normas sobre prova.* São Paulo: Revista dos Tribunais, 1985.

REICHELT, Luis Alberto. Equilíbrio processual. 2002. 263p. Dissertação (Mestrado em Direito). Faculdade de Direito, UFRGS.

RIBEIRO, Darci Guimarães. Provas atípicas. Porto Alegre: Livraria do Advogado, 1998.

RICCI, Edoardo F. Il principio dispositivo come problema di Diritto vigente. *Rivista di Diritto Processuale*, n. 29, p. 380-389, 1974.

———. Su alcuni aspetti problematici del 'Diritto alla Prova'. *Rivista di Diritto Processuale*, n. 39, p. 159-162, 1984.

RICCI, Gian Franco. L'allegazione dei fatti nel nuovo processo civile. *Rivista Trimestrale di Diritto e Procedura Civile*, n. 46, p. 835-873, 1992.

———. *Le prove atipiche*. Milano: Giuffrè Editore, 1999.

———. Prove e argomenti di prova. *Rivista Trimestrale de Diritto e Procedura Civile*, n. 57, p. 1036-1104, 1988.

ROCHA, Cleonice Rodrigues Casarin da. O ônus da prova na culpa médica. In: *Revista da AJURIS*, n. 90, p. 107-129, 2003.

ROHNELT, Ladislau Fernando. Prova emprestada. In: *Revista da AJURIS*, n. 17, p. 37-46, 1979.

ROSEMBERG, Leo. *Die Beweislast* – Auf der Grundlage des Bürgerlichen Gesetzbuchs um der Zivilprozessordnung. 5. ed. München; Berlin: C. H. Becklische Verlagsbuchhandlung, 1965.

ROSITO, Francisco. *Direito Probatório – As Máximas de Experiência em Juízo*. Porto Alegre: Livraria do Advogado Editora, 2007.

RUTHES, Astrid Maranhão de Carvalho. *Ônus da prova no Código de Defesa do Consumidor*. Curitiba: Juruá, 2005.

SÁNCHEZ DE MOVELLÁN, Pedro Álvares. *La prueba por presunciones* – particular referencia a su aplicación judicial em supuestos de responsabilidad extracontractual. Granada: Editorial Comares, 2007.

SANTOS, Moacyr Amaral. *Comentários ao Código de Processo Civil*. v. 4. Rio de Janeiro: Forense, 1982.

———. *Prova judiciária no cível e no comercial*. v. 1. 5. ed. atual. São Paulo: Saraiva, 1983.

———. *Prova judiciária no cível e no comercial*. v. 4. 4. ed. São Paulo: Max Limonad, 1972.

———. *Primeiras linhas de direito processual civil*. v. 2. 23. ed. rev. e atual. por Aricê Moacyr Amaral Santos. São Paulo: Saraiva, 2004.

SANTOS, Sandra Aparecida Sá dos. *A inversão do ônus da prova como garantia constitucional do devido processo legal*. São Paulo: Revista dos Tribunais, 2002.

SCHWARZEMBERG, Claudio. Processo civile (storia del Diritto). In: *Novisimo Digesto Italiano*. v. 13. Torino: UTET, p. 1120-1157.

SENTÍS MELENDO, Santiago. La prueba – los grandes temas del Derecho Probatorio. Buenos Aires: Ediciones Juridicas Europa-America, 1978.

SICA, Heitor Vitor Mendonça. Questões velhas e novas sobre a inversão do ônus da prova. In: *Revista de Processo*, n. 146, p. 49-68, 2007.

SILVA, Bruno Freire e. A inversão judicial do ônus da prova no CDC. In: *Revista de Processo*, n. 146, p. 332-343, 2007.

SILVA, Ovídio A. Baptista da. *Curso de processo civil*. v. 1. 6. ed. São Paulo: Revista dos Tribunais, 2003.

SOSA, Angel Landoni. Principio de razonabilidad, sana crítica y valoración de la prueba. In: *Revista de Processo* n. 88, p. 208-227, out./dez. 1997.

STEIN, Friedrich. *El conocimiento privado del juez*. Traduzido para o espanhol por Andrés de la Oliva Santos. Madrid: Centro de Estudios Ramón Areces, 1990.

SUDATTI, Ariane Bueno. *Raciocínio jurídico e Nova Retórica*.São Paulo: Editora Quartier Latin do Brasil, 2003.

TARUFFO, Michele. Elementi per un'analisi del giudizio di fato. *Rivista Trimestrale di Diritto e Procedura Civile*, n. 49, p. 785-821, 1995.

———. Funzione della prova: la funzione dimostrativa. In: *Rivista Trimestrale di Diritto e Procedura Civile*, n. 51, p. 553-573, 1997.

———. Giudizio: processo, decisione. In: *Rivista Trimestrale di Diritto e Procedura Civile*, n. 52, p. 787-804, 1998.

————. Il controllo di razionalità della decisione fra Logica, Retorica e Dialettica. In: *Revista de Processo*, n. 143, p. 65-77, 2007.

————. Il diritto alla prova nel processo civile. In: *Rivista di Diritto Processuale*, n. 39, p. 74-120, 1984.

————. Il giudice e lo storico: considerazioni metodologiche. In: *Rivista di Diritto Processuale*, n. 22, p. 438-465, 1967.

————. *La prova dei fatti giuridici* – nozioni generali. Milano: Giuffrè Editore, 1992 a.

————. Le prove scientifiche nella recente esperienza statunitense. In: *Rivista Trimestrale di Diritto e Procedura Civile*, n. 50, p. 219-249, 1996.

————. L'obbligo di motivazione della sentenza tra Diritto Comune e Illuminismo. In: *Rivista di Diritto Processuale*, n. 29, p. 265-295, 1975.

————. Modelli di prova e di procedimento probatorio. In: *Rivista di Diritto Processuale*, n. 45, p. 420-448, 1990.

————. Presunzioni, inversioni, prova del fatto. In: *Rivista Trimestrale di Diritto e Procedura Civile*, n. 46, p. 733-756, 1992b.

————. Problemi e linee evolutive nel sistema delle prove civile in Italia. In: *Rivista Trimestrale di Diritto e Procedura Civile*, n. 31, p. 1558-1582, 1977.

————. Prove atipiche e convincimento del giudice. In: *Rivista Trimestrale di Diritto e Procedura Civile*, n. 28, p. 389-434, 1973.

————. Senso comum, experiência e ciência no raciocínio do juiz. In: *Revista Forense,* n. 355, p. 101-118, 2001.

————. *Studi sulla rilevanza della prova.* Pádua: Cedam, 1970.

TARZIA, Giuseppe. L'Art. 111 Cost. e le garanzie europee del Processo Civile. In: *Rivista di Diritto Processuale*, n. 56, p. 1-22, 2001.

THEODORO JR, Humberto. *Comentários ao novo Código Civil.* v. 3. t. 2. Rio de Janeiro: Forense, 2005.

————. *Curso de Direito Processual Civil.* v. 1. 41. ed. Rio de Janeiro: Forense, 2004.

————. A gravação de mensagem telefônica como meio de prova no processo civil. In: *Revista IOB de Direito Civil e Processual Civil*, n. 42, p. 32-45, 2006.

TILLERS, Peter ; GREEN, Eric D. *L'inferenza probabilistica nel diritto delle prove* – usi e limiti del Bayesianismo. Traduzido para o italiano por Alberto Mura. Milano: Giuffrè Editore, 2003.

TRIBE, Lawrence H. A further critique of mathematical proof. In: *Harvard Law Review*, n. 84, p. 1810-1820, 1971 a.

————. Trial by Mathematics: precision and ritual in the legal Process. In: *Harvard Law Review*, n. 84, p. 1329-1393, 1971 b.

TROCKER, Nicolò. *Processo Civile e Costituzione* – problemi di Diritto tedesco e italiano. Milano: Giuffrè Editore, 1974.

TWINIG, William. Debating probabilities. In: TWINING, William; STEIN, Alex. *Evidence and proof.* New York: New York University Press, 1992.

ULLMANN-MARGALIT, Edna. On presumption. In: TWINING, William; STEIN, Alex. *Evidence and proof.* New York: New York University Press, 1992.

VAN CAENEGEN, R. History of European Civil Procedure. *International Enciclopedia of Comparative Law.* New York: Oceana Publications Inc.

VERDE, Giovanni. Considerazioni sulla regola di giudizio fondata sull'onere della prova. In: *Rivista di Diritto Processuale*, n. 27, p. 438-463, 1972.

————. La prova nel processo civile (profili di teoria generale). In: *Rivista di Diritto Processuale*, n. 43, p. 2-25, 1998.

————. L'inversione degli oneri probatori nel processo. In: *Rivista Trimestrale di Diritto e Procedura Civile*, n. 46, p. 715-731, 1992.

————. Prova (teoria generale e Diritto Processuale Civile). In: *Enciclopedia del Diritto*, v.37. Milano: Giuffrè Editore, 1988, p. 579-649.

VIEHWEG, Theodor. *Topica y jurisprudência.* Traduzido para o espanhol por Luis Diez-Picazo Ponce de Leon. Madrid: Taurus Ediciones S.A., 1964.

VIOQUE, David Velásquez. El juicio sobre la admisión de los medios de prueba. In: LLUCH, Xavier Abel; PICÓ I JUNOY, Joan (orgs.). *Aspectos prácticos de la prueba civil.* Barcelona: J.M. Bosch Editor, 2006.

WALTER, Gerhard. I diritti fondamentali nel processo civile tedesco. In: *Rivista di Diritto Processuale*, n. 56, p. 733-749, 2001.

————. *Libre apreciación de la prueba* (investigación acerca del significado, las condiciones y limites del libre convencimiento judicial). Traduzido do original alemão por Tomás Banzhaf. Bogotá: Editorial Temis Librería, 1985.

WAMBIER, Luiz Rodrigues; ALMEIDA, Flávio Renato Correia de; TALAMINI, Eduardo. *Curso avançado de processo civil.* v. 1. 9. ed. São Paulo: Revista dos Tribunais, 2007.

WRÓBLEWSKI, Jerzy. *La preuve juridique: axiologie, logique et argumentation.* In: PERELMAN, Chaïm; FORIERS, Paul (org.). *La preuve en Droit.* Bruxelas: Établissements Émile Bruylant, 1981.

GRÁFICA EDITORA
Pallotti
IMAGEM DE QUALIDADE

Santa Maria - RS - Fone/Fax: (55) 3220.4500
www.pallotti.com.br